HISTÓRIA DO DINHEIRO

VOLUME I

O valor das moedas, das coisas e do trabalho da pré-história até o fim da Idade Média

Antonio Luiz M. C. Costa

1ª edição

Editora Draco

São Paulo
2018

ANTONIO LUIZ M. C. COSTA

Formou-se em engenharia de produção e filosofia, fez pós-graduação em economia e foi analista de investimentos e assessor econômico-financeiro antes de reencontrar sua vocação na escrita, no jornalismo e na ficção especulativa. Além de escrever sobre a realidade na revista CartaCapital, é autor do romance *Crônicas de Atlântida: o tabuleiro dos deuses*, *Crônicas de Atlântida: O olho de Agarta* e de dezenas de contos e novelas.

© 2018 by Antonio Luiz M. C. Costa

Todos os direitos reservados à Editora Draco

Publisher: Erick Santos Cardoso
Revisão: Ana Lúcia Merege
Produção editorial: Janaina Chervezan
Capa: Ericksama

Dados Internacionais de Catalogação na Publicação (CIP)
Ana Lúcia Merege 4667/CRB7

C 837

Costa, Antonio Luiz M. C.

História do dinheiro - volume 1: O valor das moedas, das coisas e do trabalho da pré-história até o fim da Idade Média / Antonio M. C. Costa. – São Paulo : Draco, 2018.

ISBN 978-85-8243-238-9

1. Moeda - História   2. Dinheiro - História   I. Título

CDD-332.49

Índices para catálogo sistemático:
1. Moeda - História 332.49

1ª edição, 2018

Editora Draco
R. César Beccaria, 27 - casa 1
Jd. da Glória – São Paulo – SP
CEP 01547-060
editoradraco@gmail.com
www.editoradraco.com
www.facebook.com/editoradraco
Twitter e Instagram: @editoradraco

Sumário

Introdução 8
Glossário 14
Pré-história 64
Povos tribais agrícolas 70
Wampum 71
Tavau 72
Gaw, Yar, Rai, Mbul e outros
pseudodinheiros de Yap 74
O circuito Kula 79
Outros 80
Bibliografia 82

Os primórdios
da civilização 84
O Neolítico 90
A Idade do Bronze 92
Os sumerianos antigos
(3100 a.C. – 2340 a.C.) 92
Acadianos, neossumerianos e amorreus
(2340 a.C. – 1750 a.C.) 94
Babilônia e o fim da Idade
do Bronze (1800 a.C. – 1150 a.C.) 102
Assírios e neobabilônios
(1150 a.C. – 539 a.C.) 111
Egito faraônico (3100 a.C. – 343 a.C.) 113
Hebreus (1000 a.C. – 587 a.C.) 117
Bibliografia 122

Antiguidade Clássica:
a invenção do dinheiro 124
A invenção do dinheiro e a Era Axial 127
Periodização 129
Evolução 131
Grécia 133
Período Homérico
(1100 a.C. – 800 a.C.) 133

Grécia Arcaica (800 a.C. – 510 a.C.) 136
Lídia e Jônia 136
O rei Creso 138
Egina 139
Atenas arcaica 140
As "moedas heráldicas" ou
Wappenmünzen 143
Atenas Clássica (510 a.C. – 323 a.C.) 144
Outras cidades 151
Esparta 153
Sicília e Magna Grécia
(colônias gregas na Itália) 154
Etrúria 156
Império Persa 157
Dinastia Aquemênida
(546 a.C. – 330 a.C.) 157
Arsácidas ou Império Parta
(247 a.C. – 227d.C.) 159
Império Sassânida (224-388) 159
Celtas 161
Império de Alexandre e reinos helenísticos
(330 a.C. – 63 a.C.) 161
Judeia 165
Fenícios 165
Cartago 167
Egito ptolomaico 169
Roma 172
O aes rude 172
O aes signatum (300 a.C. – 280 a.C.) 173
O asse libral (280 a.C.-260 a.C.) 175
Do asse libral leve ou dextantal
ao quadrantal (241 a.C.-217 a.C.) ... 175
O asse sextantal (211 a.C. – 187 a.C.) 177
O asse uncial (187 a.C. – 141 a.C.) 179
O início da era do sestércio
(141 a.C. – 23 a.C.) 185

O sestércio de Augusto e a
moeda fiduciária (23 a.C. – 64 d.C.) 190
O sestércio de Nero
(64 d.C. – 169 d.C.) 201
A era do denário
inflacionado (169 – 215) 209
A era do antoniniano (215-274) 212
A era do aureliano (274-293) 213
A era do nummus (293-305) 214
O solidus de Constantino (306 -330) 234
Guerra civil, hiperinflação
e reforma de Constâncio II (350-380) 239
O surgimento da tremisse (381-476) 240
Bibliografia 243

ALTA IDADE MÉDIA 248
Sistemas monetários 250
Talha de fuste 253
Finanças 254
Império Romano do Oriente 255
Início do período "bizantino"
e da era do nomisma (629-714) 257
A era do miliaresion (717-963) 258
A era do histamenon (963-1000) 260
O Império Islâmico 261
Os primeiros califas 261
Califado Omíada
de Damasco (661-750) 262
Califado Abássida de Bagdá 264
Califado Omíada
de Córdoba (929-1031) 267
Califado Idríssida
do Marrocos (789-917) 267
Califado Fatímida (909-1171) 268
Ilhas Britânicas 268
Reinos anglo-saxões 268
Gales 272
Irlanda 275
Vikings 276
Rússia 277
Suevos 278
Visigodos 278
Astúrias e Leão 279
Vândalos (norte da África) 280
Ostrogodos 281

Lombardos 281
Burgúndios 282
Francos 283
Império Carolíngio 286
Frância Ocidental 289
Aragão e Barcelona 289
Frância Oriental 290
Frísia 291
Reino de Arles
(segundo Reino da Burgúndia) 292
Itália 292
Roma papal 293
Bibliografia 294

BAIXA IDADE MÉDIA 296
A quebra da moeda 299
A (des)organização do
sistema monetário 304
Fichas, contos ou jetons 311
Talhas de fuste 313
Finanças e bancos 313
O poder aquisitivo da prata
na Baixa Idade Média 319
Orçamentos dos reinos europeus 328
Países Muçulmanos 328
Egito, Síria e Arábia 329
Irã e Iraque 333
Turquia 336
Península Ibérica e Marrocos 338
Império Romano do Oriente 343
O histamenon escifato (1000-1092) 344
A era do hyperpyron (1092-1204) 346
A era do baslikon (1304-1367) 348
A era do stavraton (1367-1453) 348
Reino de Jerusalém e vassalos 349
Armênia Menor 352
Bulgária 352
Rússia 353
Veneza 355
Sacro Império Romano 360
Baixa Renânia
(União Monetária do Reno) 362
Alta Renânia (União Monetária
do Rappen) 365

Alemanha do Norte
(União Monetária Vêneda) 366
Tirol e Áustria 368
Frísia 373
Groningen 374
Boêmia 374
Milão 377
Gênova 381
Florença 385
Roma 390
Sicília e Nápoles 394
Ordem Teutônica (Prússia) 400
Países Nórdicos 401
Islândia 405
Polônia 407
Hungria 408
Inglaterra 409
Século XII 411
Século XIII 411
Século XIV 414
Século XV 423
Escócia 425
França 427
Luís IX 430
Filipe IV 431
Século XIV 433
Século XV 437
Flandres 445
Borgonha e Países Baixos 446
Leão e Castela 452
Coroa de Castela 453
Portugal 462
A era dos dinheiros:
Dinastia de Borgonha (1143-1383) 466
A era dos reais: Dinastia de Avis
até Afonso V (1383-1481) 484
Aragão 491
Bibliografia 496

Moedas ficcionais
DE FANTASIA 502
AD&D e D&D 503
GURPS Fantasy 506
Harry Potter (J. K. Rowling) 508
Terra Média (J. R. R. Tolkien) 509
Castelo Falkenstein 510
Iron Claw 510
Anima: Beyond Fantasy 510
Discworld (Terry Pratchett) 510
Era Hiboriana (Robert E. Howard) 512
Melniboné (Michael Moorcock) 512
As Crônicas de Gelo e Fogo
(George R. R. Martin) 513
Um Ianque na Corte
do Rei Artur (Mark Twain) 514
Crônicas de Atlântida
(Antonio Luiz M. C. Costa) 516
O Brasil dos Outros 500
(Antonio Luiz M. C. Costa) 520
Bibliografia 527

Introdução

Este livro não foi concebido para quem quer se aprofundar na história da economia, nem para quem busca números exatos para pedir correção monetária em um processo ou reajuste salarial, mas para o leigo curioso pelo uso do dinheiro em tempos antigos e por ter uma ideia sobre o significado de preços e salários de outras épocas, com uma consideração especial por quem escreve ficção histórica, mesmo que seja sobre um passado de há poucas décadas.

Quando vemos um filme de faroeste no qual o xerife oferece um prêmio de tantos mil dólares pela captura de tal bandido, ouvimos que Judas recebeu trinta dinheiros por trair Jesus ou lemos num romance da década de 1920 que oferecem ao protagonista um salário de tantos mil francos, ficamos sem saber se isso é pouco ou muito. As mesmas dúvidas surgem quando queremos saber quanto vale, em moeda de hoje, um salário mínimo de 1940 ou quando lemos *O Capital* e nos deparamos com os salários de tantos shillings e tantos pence dos operários britânicos do século XIX.

O problema é particularmente complicado no Brasil, que teve oito moedas diferentes desde 1942. Mas não se pense que um britânico ou estadunidense tem uma noção muito mais clara de quanto sua moeda valia há cinquenta ou cem anos. Para complicar, às vezes tradutores e editores tentam "ajudar" os leitores convertendo ingenuamente valores de décadas ou séculos atrás por taxas de câmbio atuais. Ou, quando se trata de antigas moedas de ouro e prata, pela cotação atual dos metais nelas contidos, o que não é muito mais exato.

Adiantamos que, para facilitar as comparações, introduzimos

uma unidade de medida do poder aquisitivo, ou moeda imaginária, que chamaremos de **numo**[1] e representaremos por ñ.

O valor do numo foi escolhido de maneira arbitrária, mas cômoda. Os múltiplos simples correspondem em números redondos a referências comuns:

Exemplo	ñ
Uma libra esterlina da era vitoriana (1837-1901) na Inglaterra	1.000
Um dólar dos anos 1920 nos EUA	100
Um dólar em 2003 nos EUA	10
Um real em 2000 no Brasil	10
Um real em 2015 no Brasil	4
Um dia de salário mínimo nacional brasileiro em 2015	100
Um dia de salário de artesão urbano, pré-industrial	100
Um dia de consumo digno de uma família pré-industrial (*)	75
Um dia de consumo digno de um trabalhador pré-industrial	25
Um dia de salário de trabalhador não qualificado, pré-industrial	50
Um dia de consumo mínimo de uma família pré-industrial	25
Sustento diário de um escravo agrícola pré-industrial	10
Limiar de pobreza extrema do Banco Mundial, renda per capita diária	10
Trigo ou arroz para um trabalhador braçal pré-industrial por um dia	10
Fruta popular média ou ovo de galinha	1 a 2

(*)Como se recebia por dia efetivamente trabalhado e normalmente não se trabalhava mais de 250 dias por ano, um salário diário de 100 garantia um consumo de 75.

Antes de prosseguir, é preciso advertir que preços e valores não podem ser quantificados com a mesma objetividade que a massa de um planeta ou a duração de um dia. São produtos de relações sociais e dependem não só de tempo e lugar, como também de ponto de vista.

Como se comparam preços, salários e moedas de épocas e países diferentes? Com uma técnica análoga ao do cálculo rotineiro da inflação, que nada mais é do que a comparação do custo de vida no mesmo país em dois momentos diferentes. Por meio de pesquisas de mercado ou outros métodos, define-se uma "cesta" de produtos

---

1 Do latim *nummus*, "moeda", é um sinônimo pouco usado de "dinheiro" em português e também o nome de várias moedas romanas e de uma unidade de conta na era bizantina.

e serviços representativa do consumo de determinadas camadas sociais e compara-se o seu preço em lugares ou tempos diferentes.

Os problemas práticos são muitos: o que as pessoas consomem habitualmente em Pequim pode ser muito diferente do que consomem em São Paulo ou em Nova Iorque; o que elas consomem na São Paulo de 2000 pode ser muito diferente do que consumiam na São Paulo de 1940 ou de 1750. Para se definir a relação entre cestas de consumo assim diferentes é inevitável tomar decisões arbitrárias e mais ou menos carregadas de subjetividade e dependentes de concepções sociais e culturais. Um apartamento de cobertura no Jardim América em 2000 equivale a um palacete na Paulista em 1930? Um quilo de arroz em Pequim equivale a um quilo de batatas em Nova Iorque? Um Big Mac em Nova Iorque equivale a um prato de talharim em Pequim? Diferentes analistas podem chegar a diferentes resultados, ainda que disponham dos mesmos dados brutos. As variações do custo de vida do ponto de vista de um servente de pedreiro podem ser muito diferentes das percebidas pelo engenheiro.

As comparações tornam-se ainda mais arbitrárias quando se trata de comparar preços na Antiguidade e Idade Média. Não há como fazer pesquisas de mercado para determinar objetivamente os padrões de consumo da época, muito diferentes dos atuais, nem como coletar preços de forma sistemática. Tanto para preços quanto para hábitos de consumo, é preciso confiar em informações pontuais e incompletas de crônicas, leis, regulamentos ou anotações contábeis.

Note-se também que, em tempos pré-industriais, era comum uma só mercadoria, aquela em que consiste o alimento básico de uma civilização (como o trigo na Europa ou o arroz na Ásia), representar 40% a 60% do custo total de vida de um trabalhador comum. Nessas condições, o valor real do dinheiro e das mercadorias flutuava muito mais que hoje, de ano para ano e mesmo de mês para mês, ao sabor de safras agrícolas, guerras e epidemias. E, como ainda acontece hoje, o custo de vida num grande centro podia ser várias vezes mais alto do que numa região rural e periférica. No auge do Império Romano, o trigo custava quatro vezes mais em Roma do que no Egito. Nos dias de hoje, segundo o Banco Mundial, o custo de vida nos Estados Unidos é duas a quatro vezes maior do que na maioria dos países pobres.

Estes números são, portanto, aproximações, às vezes apenas a ordens de grandeza. Para evitar a ilusão de uma precisão impossível, procuramos trabalhar com números redondos.

Nossas comparações, assim como muitos estudos do gênero, baseiam-se em "The Great Divergence in European Wages and Prices from the Middle Ages to the First World War" estudo do historiador econômico estadunidense Robert C. Allen, professor em Oxford, publicado em *Explorations in Economic History 38*, de 2001. O objetivo desse artigo era analisar as divergências entre salários reais de países europeus de 1500 a 1750, mas outros pesquisadores estenderam o método a outras épocas e continentes.

O padrão por ele usado foi uma cesta de mercadorias que representa o consumo anual necessário a um homem adulto urbano na linha de pobreza, ou seja, em condições mínimas de dignidade, na cidade francesa de Estrasburgo em 1745-1754. A cesta consiste no seguinte:

item	quantidade	unidade	Preço unitário gramas de prata	Preço total gramas de prata	% do total
pão	182	kg	0,693	126,1	30,4%
feijão ou ervilha	52	l	0,477	24,8	6,0%
carne	26	kg	2,213	57,5	13,9%
manteiga	5,2	kg	3,470	18,0	4,4%
queijo	5,2	kg	2,843	14,8	3,6%
ovos	52	un	0,100	5,2	1,3%
cerveja	182	l	0,470	85,5	20,6%
sabonete	2,6	kg	2,880	7,5	1,8%
linho	5	m	4,369	21,8	5,3%
velas	2,6	kg	4,980	12,9	3,1%
óleo de lâmpada	2,6	l	7,545	19,6	4,7%
combustível	5	MBTU (*)	4,164	20,8	5,0%
total				414,9	100,0%

(*) corresponde a 5.275 joules, 355 kg de madeira de faia, bordo ou carvalho ou 252 kg de carvão vegetal

Os alimentos forneceriam 1.941 quilocalorias e 80 gramas de proteína por dia. Para outras cidades, de diferentes hábitos de consumo, substituíram-se esses produtos por outros considerados equivalentes. Para Nápoles, por exemplo, Allen considerou azeite de oliva em vez de manteiga, vinho em vez de cerveja (segundo as mesmas quantidades de álcool contido) e 2 MBTU de combustível em vez de 5, por ser menor a necessidade de aquecimento.

O valor total dessa cesta em nossa moeda convencional *numo* é 8.572 ñ, ou aproximadamente 714 ñ por mês e 24 ñ por dia, e resulta em 20,7 ñ por grama de prata. Para uma família de um homem, uma mulher, uma criança de 4 a 6 anos e outra de 1 a 3 anos, as necessidades seriam três vezes maiores e se acrescentariam mais 5% para o pagamento de aluguel. Com isso, o gasto anual total da família seria de 27.000 ñ, o mensal 2.250 ñ e o diário 75 ñ. Considerando uma média de 250 dias trabalhados por ano, seria preciso um salário diário de 108 ñ.

Quando possível, usamos os dados levantados por historiadores econômicos por esse critério para comparar o poder aquisitivo da prata e das moedas em diferentes épocas. Quando não, fizemos estimativas com base nos preços disponíveis para produtos importantes, como o trigo.

Glossário

Alguns termos úteis para melhor entendimento das questões relativas a moeda e dinheiro:

Ágio (*premium* ou *goodwill*): acréscimo ao valor nominal com o qual um item monetário, moeda estrangeira ou título é negociado em moeda corrente.

Alinhamento (alignment): posição do reverso de uma moeda em relação ao anverso. Quando estão em sentidos opostos, ou seja, é preciso girar a moeda verticalmente para ver as duas faces em posição correta, diz-se "alinhamento de moeda", usado no Brasil e na maioria dos países. Quando estão no mesmo sentido, ou seja, é preciso girá-la horizontalmente, diz-se "alinhamento de medalha", embora na verdade seja usado por muitas moedas, principalmente as do Reino Unido e da maioria de suas ex-colônias, do Japão e da Zona do Euro.

Anverso (*obverse*): o lado considerado mais importante ou "frontal" de uma moeda ou nota, por conter o principal símbolo da autoridade em nome da qual foi emitida. Nas moedas batidas a martelo, era o lado gravado pelo cunho de base, cunho inferior ou troquel (*obverse die*), apoiado no cepo ou bigorna. É chamado popularmente "cara" em português (*heads* em inglês), porque esse lado das moedas ocidentais (inclusive papel-moeda) frequentemente contém, nas monarquias, a efígie do soberano e, nas repúblicas, a de um personagem histórico ou simbólico, como ex-presidentes nas moedas e notas dos EUA, a "cabeça da República" nas moedas e notas brasileiras e a deusa Atena nas antigos dracmas atenienses. Na falta de uma "cara" propriamente dita, o lado que contém o nome do soberano ou da república é geralmente considerado o anverso. Nas notas mais antigas (e em muitas do Reino Unido até 1956), era o único lado impresso. Nas notas de euro, é o lado com a bandeira da União Europeia e as siglas do Banco Central Europeu, e nas moedas é o lado "nacional", com face de soberano, personagem histórico ou símbolo do país. Nas moedas bizantinas, era o lado onde se apresentava a face de Cristo, sendo o reverso reservado para a face do imperador reinante. Nas moedas islâmicas, anverso é o lado que contém a profissão de fé islâmica, ou *shahada*. Nas moedas chinesas antigas, era o lado que continha o nome do imperador. Nas ilustrações de moedas em livros, conveciona-se representar o anverso sempre à esquerda.

Aviltamento (*debasement*): o mesmo que quebra (q.v.).

Banco central (*central bank*): instituição à qual se confiou o dever de regular o volume de dinheiro e de crédito da economia pela emissão de papel-moeda e eventualmente de dinheiro eletrônico (q.v.). Geralmente também tem as funções de fiscalização e regulamentação bancárias, supervisão do sistema de pagamentos, administração das reservas, o monopólio da emissão de papel-moeda e o papel de emprestador de último recurso a instituições financeiras em dificuldades. O primeiro banco central foi o Banco da Suécia, criado em 1668 para substituir o falido Banco de Estocolmo (privado) como banqueiro do Estado e resgatar o papel-moeda emitido pelo antecessor. O segundo foi o Banco da Inglaterra, de 1694.

Em tese, o objetivo principal de um banco central é a estabilidade do poder de compra da moeda corrente. Na prática trata-se de manter a inflação dentro de limites considerados desejáveis. Podem ainda ser encarregados de promover a eficiência e o desenvolvimento do sistema financeiro e ajudar o governo a atingir metas de emprego e crescimento econômico. Podem ser privados, como ainda é hoje o Sistema de Reserva Federal (Fed)[2] dos EUA e foi o Banco da Inglaterra até 1946; estatais, como é o caso da maioria dos bancos

---

2   O *Federal Reserve System* foi criado em 23 de dezembro de 1913 para oferecer segurança contra crises bancárias como a de 1907, contida com ajuda do grupo privado JP Morgan. É controlado por uma junta de até sete governadores nomeada pela Casa Branca e formado por doze bancos regionais, cujo capital pertence aos bancos de sua região participantes do sistema, os quais supervisiona. Seis dos membros da diretoria de cada banco são eleitos pelos acionistas e os outros três pela junta.

centrais de hoje; ou multiestatais, como é o caso do Banco Central Europeu, cujas ações pertencem aos bancos centrais nacionais (sendo o alemão o maior acionista). Quando estatais, podem ter simples autonomia operacional e estar sujeitos a eventual substituição de seus dirigentes, ou ter independência garantida por lei de modo que seu presidente e diretores, obrigatoriamente nomeados entre banqueiros experientes, definam as metas e não possam ser demitidos.

Base monetária (*monetary base*): no sentido restrito, a soma do dinheiro (papel-moeda e moeda metálica) com os depósitos dos bancos comerciais no banco central.

Bolhão (*billon*): liga de prata e metais não preciosos (geralmente cobre) com menos de 50% de prata e às vezes menos de 2%. Foi mais comum durante a decadência do Império Romano e na Baixa Idade Média, embora tenha sido ocasionalmente usado até o século XX. Na maioria das vezes foi resultado do aviltamento progressivo de moedas originalmente de prata pura.

Bolsa selada (*sealed bag*): bolsa de couro cheia de metal precioso em pó, fragmentos, lingotes ou moedas e fechada com um selo por um comerciante ou banqueiro que atesta seu peso e qualidade. Se sua reputação for reconhecida, a bolsa pode ser usada em transações pelo valor atestado, sem necessidade de ser aberta para conferência. Frequente na Antiguidade e Idade Média, constituiu um tipo de moeda-mercadoria. Mesmo que contenha moedas de curso legal, estas são avaliadas por seu peso e não pelo valor legal.

Bordo (*edge*): superfície curva lateral das moedas, que pode ser lisa (mais comum), mas em moedas de metal precioso passou geralmente a ser serrilhada (a partir do final do século XVII) ou conter uma inscrição (usada pela primeira vez em 1794, nos EUA) para evitar o cerceio (q.v.). Mesmo depois de abandonarem o uso de metais preciosos, muitos países vieram a distinguir moedas de diferentes valores e tamanhos parecidos por bordos distintos, de forma a facilitar sua identificação por deficientes visuais ou no escuro. Podem ser lisos, entalhados, ondulados, edentados, poligonais, serrilhados, inscritos etc.

Bracteata: moeda de prata muito delgada, cunhada numa só face e de vida curta, comum na Europa central e Escandinávia dos séculos XII ao XVI, onde se praticava a renovação monetária (q.v.) anual ou semestral como principal fonte de impostos de muitos governantes.

Carimbo (em moedas, *countermark*, em notas, *overprint*): em moedas, o mesmo que contramarca (q.v.); em notas, sobreimpressão acrescentada após a cédula ser impressa para mudar sua denominação, reautorizar sua circulação ou cancelar seu valor (se destinada a servir de espécime ou amostra ou ser retirada de circulação e vendida a colecionadores). Alguns países usaram selos (q.v.) colados sobre as notas para finalidades semelhantes.

Casa da moeda (*mint* em inglês, *monnaie* em francês, *zecca* em italiano, *ceca* em castelhano, *Münzprägeanstalt* em alemão): a instituição que fabrica moedas metálicas usadas como dinheiro e às vezes também o papel-moeda. A produção de moedas metálicas historicamente foi feita por três métodos:

- cunhagem a martelo, na maior parte do mundo, da Lídia antiga até o século XVII,

- fundição, na China da Antiguidade e civiliações por ela influenciadas (Coreia, Japão, Vietnã) até início do século XX e na Roma republicana (e algumas outras cidades-estados da Itália) até o século III a.C.;

- cunhagem mecânica (inicialmente com o chamado balancim), a partir do final do século XVII nos países ocidentais mais avançados e mais tarde em suas colônias e países não ocidentais.

Cédula (*bill*): uma peça de papel-moeda, também chamada nota ou bilhete.

Cédula comemorativa (*commemorative bill*): peça de papel-moeda impressa e de curso legal com um motivo concebido para comemorar um evento ou efeméride de forma análoga a uma moeda comemorativa (q.v.).

Cédula do tesouro (*treasury paper currency*): cédula de papel-moeda emitida não por bancos, mas diretamente pelo tesouro nacional, braço do governo sem a autonomia relativa de um banco central. Cédulas do tesouro podem ser:

Fiduciárias: representam uma dívida do tesouro e têm curso legal ou forçado. Na China, essa foi a forma dominante de dinheiro do século XI ao XV. Em alguns países, cédulas fiduciárias do tesouro foram emitidas apenas excepcionalmente, geralmente para suplementar a moeda metálica em falta (na guerra, por exemplo), mas foram rotineiras em outros países sem banco central nem moeda metálica suficiente, caso do Brasil de 1835 a 1965. Nos EUA, as *United States Notes* foram emitidas em massa na Guerra Civil e continuaram a ser impressas em valores e quantidades menores até 1913 para flexibilizar a oferta monetária. Após a fundação do Fed, ainda foram emitidas até 1971 porque a lei exigia certo volume delas em circulação.

Lastreadas: com garantia de resgate em moeda metálica, foram emitidas por tesouros para pagar a particulares que lhes vendiam ouro ou prata em lingotes e não desejavam moedas, ou para servirem de lastro às emissões do banco central ou de bancos comerciais. Incluem certificados de ouro (q.v.), certificados de prata (q.v.) e certificados de moeda (q.v.).

Cerceio: prática fraudulenta de raspar ou aparar bordas de moedas de valor intrínseco para se apoderar de metal precioso. Um problema praticamente inevitável desde o surgimento da moeda metálica até o final do século XVII, quando a cunhagem a máquina possibilitou a produção de moedas de formato mais regular e com bordas serrilhadas, de modo a tornar óbvia a tentativa de cerceio. Moedas cerceadas muitas vezes continuavam a circular e ser aceitas no dia-a--dia por seu valor nominal mesmo depois de perder até 40% de seu peso, mas cambistas e casas da moeda só as aceitavam pelo seu peso.

Certificado de câmbio (*foreign exchange certificate*): uma cédula de papel-moeda ou uma moeda metálica que representa uma moeda estrangeira a uma taxa cambial especificada, usada para possibilitar o controle rigoroso do câmbio pelo Estado quando a moeda nacional é inconversível e divisas são escassas. Foram usados em muitos países europeus nos primeiros anos após a II Guerra Mundial e mais tarde por países socialistas ou internacionalmente isolados. Nesses casos, estrangeiros são obrigados a trocar sua moeda por certificados de câmbio para gastos locais e muitos produtos de luxo ou importados só podem ser comprados com esses certificados. É o caso do *peso cubano convertible* (CUC), trocado por um dólar ou o equivalente em outras divisas internacionais e no mercado interno (em 2015) por 25 pesos correntes, hoje usados apenas para produtos racionados de primeira necessidade. Na Coreia do Norte, chegou-se a usar dois tipos de certificado de câmbio ao lado da moeda corrente, o "vermelho" para estrangeiros de países socialistas e o "azul" para os de países capitalistas.

Certificado de moeda (*coin note*): cédula de papel-moeda resgatável em moedas de ouro ou prata à escolha do emissor. Nos EUA, foram emitidas de 1890 a 1893 pelo Tesouro com o nome de *Treasury Notes* para pagar por prata em lingotes.

Certificado de ouro (*gold certificate*): cédula de papel-moeda com 100% de lastro em ouro, em contraste com as notas lastreadas comuns (tipicamente com lastro de 40%) ou fiduciárias, representando, portanto, a propriedade direta de ouro. Nos EUA, foram emitidas por bancos privados da Califórnia durante a Corrida do Ouro, de 1870 a 1890 (*National Gold Bank Notes*) e de 1863 a 1933 pelo Tesouro, com reverso alaranjado (*goldbacks*) para distingui-lo das demais formas de papel-moeda, com reverso verde (*greenbacks*). Com a suspensão do padrão-ouro, a posse de certificados de ouro foi proibida ao público, mas foram usados até 1960 para representar a movimentação de reservas entre bancos do Federal Reserve, enquanto o ouro físico era centralizado e imobilizado em um só local, o Forte Knox.

No Brasil, foram emitidos como notas da Caixa de Conversão em 1906 a 1913 e da Caixa de Estabilização de 1926 a 1929. A falta de ouro para converter estas últimas e a crise subsequente foram um dos fatores a desencadear a Revolução de 1930. Sua conversibilidade foi cancelada, continuaram em circulação com curso legal até 1951.

Certificado de prata (*silver certificate*): cédula de papel-moeda com 100% de lastro em prata, representando, portanto, a propriedade direta de prata. Nos EUA, foram emitidas de 1878 a 1964, circularam ao lado das moedas de prata e continuaram a ser resgatáveis até 1968. Entretanto, isso tinha pouco significado prático, pois o valor da prata contida em um dólar de moedas era inferior ao poder aquisitivo do dólar no mercado.

Cifrão (*calderón* em castelhano): símbolo monetário (q.v.) de origem ibérica inicialmente usado para representar mil unidades (geralmente mil maravedis na Espanha e mil reais ou réis em Portugal) na transição dos antigos números romanos para os algarismos arábicos. Derivado do símbolo romano *apostrophus* C|Ɔ, era originalmente representado como U ou Ʉ, embora fosse usado um M para a mesma finalidade em outros países e contextos.

No século XVIII, o cifrão, cada vez mais estilizado e sinuoso, passou a ter a forma de 𝇍, depois de ₿, que no século XIX evoluiu para um S cortado por **dois traços** oblíquos ou verticais ₷, embora tipógrafos continuassem a usar um simples U quando não dispunham de caracteres especiais. Com a transformação do mil-réis em escudo em Portugal e cruzeiro no Brasil, o mesmo signo passou a representar essas novas unidades monetárias.

Paralelamente, um S cortado por **um só traço** ($) surgiu na América espanhola durante o século XVIII para designar o peso, antes de ser adotado pelos EUA para o dólar em 1785. Há três hipóteses plausíveis para sua origem: 1) a evolução da abreviação PS usada pelos escrivães para "peso", com letras sobrepostas; 2) as colunas envolvidas por faixas sinuosas com os lemas PLUS ULTRA ("além") e UTRAQUE UNUM ("ambos são um") que nos pesos cunhados a partir de 1732 representavam as Colunas de Hércules e os hemisférios do mundo; 3) a marca da casa da moeda de Potosí, que incluía as letras S e I entrelaçadas[3]. Pela semelhança, o signo do peso (ou signo do dólar), foi chamado também cifrão em português.

O cifrão de dois traços ($) continuou a ser usado para representar as moedas de Portugal, Brasil e algumas ex-colônias portuguesas[4] até a padronização das fontes para computadores eliminar a distinção. O cifrão passou a ter um ou dois traços conforme o estilo de cada fonte.

Conto (*cuento* em castelhano): 1) nome medieval para ficha (q.v.) de contabilidade, equivalente a *token* em inglês e *jeton* em francês; 2) sinônimo na Idade Moderna de um milhão, principalmente um milhão de réis em Portugal ou um milhão de maravedis na Espanha; 4) mil escudos em Portugal de 1911 a 2002 e mil cruzeiros no Brasil de 1946 a 1967; 5) um cruzeiro novo no Brasil de 1967 a 1986; 6) o

---

3   Na versão mais fantasiosa, *"o general muçulmano Táriq teria mandado gravar, em moedas comemorativas de sua conquista da Península Ibérica, uma linha sinuosa, em forma de S, representando o longo e tortuoso caminho percorrido para alcançar o continente europeu. Cortando essa linha sinuosa mandou colocar, no sentido vertical, duas colunas paralelas, representando as Colunas de Hércules, significando a força, poder e a perseverança da empreitada".* Consta da Wikipédia em português e do site da Casa da Moeda do Brasil, mas é absurdo. Tal desenho não existiu nem poderia existir nas moedas muçulmanas medievais, que continham apenas legendas em árabe.

4   O cifrão de dois traços também foi usado no México, Colômbia e Chile para o dólar dos EUA de modo a distingui-lo dos pesos nacionais, representados pelo S de traço simples.

símbolo monetário (q.v.) outrora usado para representar um conto ou milhão em contabilidade, originalmente q° (da grafia castelhana antiga *quento*) e depois simplificado para dois pontos (:).

Contramarca (*countermark*, *punchmark* ou *counterstamp*): uma marca adicional gravada a martelo ou a máquina numa moeda já cunhada para modificar sua denominação, autorizar a circulação de moeda estrangeira com valor nominal em moeda nacional, reautorizar a moeda sob a autoridade de um novo Estado ou atestar o pagamento de uma taxa.

Correção monetária (*inflation accounting*): atualização do valor do dinheiro por meio de um índice de inflação apurado por instituições de economia e estatística ou por índices oficiais definidos pelo Estado (mas não pela taxa de câmbio, preço de uma mercadoria ou salário mínimo), aplicado a financiamentos, arrendamentos e outros contratos de longo prazo em economias inflacionárias e mesmo a contratos de curto prazo em casos de hiperinflação. No Brasil, foi usada para evitar o recurso a moeda estrangeira e incentivar financiamentos e investimentos de longo prazo em tempos de alta inflação, mas criou desigualdades entre agentes econômicos, nem todos igualmente capazes de tirar proveito da correção monetária. Transformou-se, assim, numa correia de transmissão de aumento de preços que tornou o controle da inflação ainda mais difícil quando esta voltou a se acelerar, a partir dos anos 1970.

Talvez os primeiros exemplos de correção monetária tenham sido as correções (abaixo da inflação real) de contratos de arrendamento decretadas a partir de 1386 pelo rei português D. João I de Avis, durante cujo reinado os preços se multiplicaram por 1.260, uma média de 20% ao ano. Em contabilidade, a atualização monetária de ativos começou a ser usada durante a crise dos anos 1930 nos EUA. No Brasil, a correção monetária se generalizou de 1964 a 1986 com base nas Obrigações Reajustáveis do Tesouro Nacional (ORTNs), títulos públicos de valor atualizado por um índice oficial inicialmente muito próximo da inflação verdadeira, mas depois progressivamente defasado para tentar conter o que se tornara uma realimentação automática do processo inflacionário a caminho de uma hiperinflação. Após a extinção da ORTN, outros indicadores oficiais (OTN, BTN, UFIR e URV) vieram a ser usados até 2000. A eliminação da correção monetária e da indexação foi uma prioridade da maioria dos planos brasileiros de estabilização econômica dos anos 1980 e 1990, com sucesso apenas parcial.

Criptomoeda (*criptocurrency*): (quase-)moeda digital (q.v.) baseada em rede descentralizada, na qual cada nó da rede é um "cartório" com uma cópia do mesmo livro contábil (*blockchain*) no qual, um bloco (*block*) é uma de suas "páginas" e toda transação da rede é um registro criptografado nesse livro (por isso, "criptomoeda"). A criação de unidades monetárias é limitada por um algoritmo inalterável e não por uma autoridade central, de modo a supostamente evitar a inflação, mas isso também significa que não pode ser manejada para atender às necessidades da economia. O *bitcoin*, criado em 2009, foi a primeira criptomoeda e continua a ser, de longe, a mais importante, mas ainda é fundamentalmente um ativo especulativo e instrumento de transações ilegais, muito limitado como meio de troca e inadequado como unidade contábil ou reserva de valor por sua alta volatilidade.

Cunho (*die*): peça de ferro ou aço inscrita e gravada para marcar em relevo moedas e medalhas.

Deflação (*deflation*): é o contrário de inflação (q.v.), ou seja, queda sustentada do nível de preços. Outrora, se devia principalmente à contração da oferta monetária ou à sua rigidez ante o crescimento da economia (principalmente na vigência do padrão-ouro ou na tentativa de restabelecê-lo), mas hoje está mais relacionada a crises de confiança no sistema bancário e no futuro da economia, às vezes causadas por cortes de gastos do Estado ou juro excessivamente alto ante um clima de estagnação. A tendência de queda de preços leva a cortes de custos, demissões, falências, fuga do risco de investimento e aumento do entesouramento, fatores que podem criar um ciclo vicioso de contração da economia difícil de romper.

Denominação (*denomination*): é a descrição do valor de uma moeda, nota, vale ou título na unidade monetária em vigor ou em algum de seus múltiplos ou submúltiplos. Geralmente é indicada no reverso das moedas e em ambas as faces das notas e às vezes pode ser alterada por uma contramarca, carimbo ou selo. O mesmo que valor nominal ou valor de face.

Deságio (*discount* ou *negative goodwill*): decréscimo em relação ao valor nominal com o qual um item monetário, moeda estrangeira ou título é negociado em moeda corrente.

Desmonetização (*demonetization*): 1) retirada do curso legal (aceitação obrigatória) de um item monetário de modo a descaracterizá-lo como dinheiro, geralmente para forçar sua substituição por outra moeda; 2) redução da quantidade de dinheiro na economia.

Dinheiro (*currency, cash, hard money*): 1) *denarius*, antiga moeda romana, 2) pequena moeda de prata ou bolhão que serviu de unidade monetária na Europa medieval; e 3) qualquer moeda de curso legal (q.v.), intrínseca, lastreada ou fiduciária, na forma física de moedas metálicas ou papel-moeda e no futuro, talvez também o dinheiro eletrônico (q.v.). Não inclui moeda escritural bancária, nem a quase-moeda, nem moedas (complementares, digitais etc.) de emissão privada. Também não incluímos neste conceito a moeda-mercadoria não expressa em unidades monetárias oficiais, que chamamos de protodinheiro. Neste sentido, o dinheiro foi inventado no século VII a.C. tanto na China quanto na Lídia, de forma independente.

No sentido marxista, uma moeda-mercadoria (q.v.) que servia de equivalente-geral (q.v.) se torna dinheiro quando é socialmente aceita para destituir todas as outras mercadorias dessa função. Historicamente isso ocorreu quando uma moeda-mercadoria foi oficialmente vinculada a uma unidade monetária e tais unidades continuaram em uso mesmo após perder qualquer vínculo com uma mercadoria concreta com valor de troca, embora seu "valor real" ou poder aquisitivo seja avaliado em relação a uma cesta de mercadorias com valor de troca.

Dinheiro de emergência (*notgeld*): notas, moedas, certificados e fichas, às vezes de materiais pouco usuais, emitidos por particulares ou autoridades locais para suprir a falta de dinheiro oficial (ou pelo menos de pequenas denominações) em épocas de guerra e crise grave, de maneira a representar mercadorias ou quantias em moeda oficial. O *Notgeld* propriamente dito foi emitido por bancos, municípios e empresas da Alemanha e Áustria para suprir a falta de moeda divisionária durante a I Guerra Mundial e nos anos seguintes (pela falta de metais para moedas), bem como na Alemanha durante a crise hiperinflacionária de 1922, para suplementar a oferta insuficiente de moeda oficial do banco central. Tornou-se muito popular entre colecionadores pela variedade e pelo aspecto atraente ou inusitado de muitas peças.

Dinheiro eletrônico (*electronic currency* ou *e-currency*): a expressão é às vezes usada para traduzir *e-money* ou *e-cash*, que aqui chamamos moeda eletrônica (q.v.) e para *digital currency* ou moeda digital (q.v.), mas aqui a usamos para o conceito de moeda oficial emitida por um banco central (portanto, dinheiro no sentido mais estrito) para substituir totalmente o dinheiro físico, ou pelo menos as notas de maior valor. A ideia, comum na ficção científica, foi oficialmente proposta pelo banco da Noruega em 2013 e é defendida por muitos economistas. Dificultaria sonegação, transações ilegais e lavagem de dinheiro (hoje as razões principais para fugir das transações bancárias e usar papel-moeda em grande quantidade) e possibilitaria a bancos centrais incentivar a circulação monetária com juros nominais negativos substanciais, pois não seria possível fugir deles pelo entesouramento de dinheiro físico.

Divisas (*foreign exchange* em inglês, *devises* em francês): moeda ou quase-moeda estrangeira (inclusive títulos e ordens de pagamento) disponível num país, principalmente se conversível e internacionalmente aceita. O mesmo que disponibilidade cambial.

Electro (*electrum*): liga de ouro com 20% ou mais de prata. Os primeiros ocidentais, cunhados na Lídia e Jônia, tinham 55% de ouro e seu teor foi gradualmente reduzido para cerca de 45%, embora fossem avaliados por 75% do peso em ouro. A liga voltou a ser usada como resultado do aviltamento de moedas originalmente de ouro por reinos bárbaros da Alta Idade Média, no Império Bizantino dos séculos XI ao XIV e no Japão dos séculos XVIII e XIX.

Equivalente geral (*universal equivalent*): no sentido marxista, uma mercadoria cujo valor de troca (q.v.) serve para medir o valor de todas as outras. O conceito inclui o que aqui chamamos de moeda-mercadoria ou protodinheiro (q.v.) assim como o dinheiro (q.v.) propriamente dito.

Escambo (*barter*): no sentido estrito, negociação e troca direta de mercadorias, sem mediação de moeda física ou escritural. É uma prática excepcional, encontrada apenas no contato entre culturas que não têm um sistema monetário comum, nem confiança mútua. Não se confunde com permuta, que é troca de mercadorias (avaliadas e contabilizadas em moeda corrente), dentro de uma cultura monetária, nem com o uso de moeda-mercadoria, que pressupõe uma cultura comum com praxes comerciais pelas quais certas mercadorias servem de referência aos preços e são geralmente aceitas como meio de pagamento.

Escifato (*scyphate*): formato convexo no anverso e côncavo no reverso, resultado da cunhagem a martelo de discos delgados e típico das moedas bizantinas dos séculos XI ao XIV.

Estalão monetário: o mesmo que padrão monetário (q.v.)

Exergo (*exergue*): parte inferior do anverso ou reverso, onde geralmente se inscrevem a data, a marca monetária, a sigla ou monograma do gravador e às vezes o valor.

Ficha (*token* em inglês, *jeton* em francês, *conto* em português antigo): item físico, geralmente com forma de moeda metálica (mas também couro, madeira, porcelana ou plástico), usado por comerciantes, igrejas ou autoridades locais para facilitar a contabilidade ou o pagamento de serviços e às vezes aceito localmente como quase-moeda.

Hiperinflação (*hyperinflation*): a hiperinflação se caracteriza quando a inflação se torna alta a ponto de fazer as pessoas evitarem possuir dinheiro e procurarem aplicá-lo em mercadorias ou comprar moeda estrangeira tão rapidamente quanto possível. Na maioria das vezes, resulta de um governo não conseguir cobrir um déficit público elevado com impostos e recorrer à emissão excessiva e crescente de papel-moeda fiduciário para pagar suas despesas. Pela definição de Phillip Cagan em 1956, a hiperinflação se caracteriza por um aumento de preços mensal de 50% ou mais, correspondente a uma taxa diária de 1,36% ou anual de 12.874%. No caso mais famoso, a hiperinflação alemã de 1922-1923, chegou-se a 21% por dia. Houve casos ainda mais extremos, como em Zimbábue de 2007 a 2008 (auge de 98% por dia) e Hungria de 1945 a 1946 (auge de 207% por dia). O Brasil teve inflação alta pela maior parte do século XX, mas só chegou à hiperinflação, por esse critério, entre dezembro de 1989 e março de 1990 (máximo de 2% ao dia), quando foi deflagrado o Plano Collor I.

Inflação (*inflation*): o termo foi criado em 1838 pelo congressista estadunidense Daniel Barnard para denominar o aumento da quantidade de papel-moeda em relação ao lastro em metal precioso, e assim ainda era geralmente entendido às vésperas da I Guerra Mundial. No pós-guerra, o termo passou a se referir a um aumento sustentado do nível de preços, tal como medido por um índice (geralmente o de preços ao consumidor), fenômeno antes chamado "depreciação". A inflação no primeiro sentido (inflação monetária) pode causar inflação no segundo sentido (inflação de preços ou simplesmente inflação), mas essa relação sempre dependeu das circunstâncias e a partir de meados dos anos 1980 tornou-se quase irrelevante para a inflação em economias com sistemas financeiros avançados, dada a rapidez com que investimentos se transformam uns nos outros ou em moeda e vice-versa, alterando sua velocidade de circulação de forma imprevisível.

O controle ortodoxo da inflação passou a ser feito pela administração não da oferta de dinheiro, mas de sua demanda, por meio da taxa de juro básica. Há consenso entre economistas contemporâneos quanto a preferir não uma inflação zero e sim uma inflação moderada e constante, para desestimular o entesouramento em favor do investimento e dar flexibilidade a salários e contratos de longo prazo. A meta de inflação dos países desenvolvidos gira em torno de 2% anuais desde os anos 1980, mas, após a crise de 2008, alguns economistas têm defendido sua elevação para 4% (normal em países periféricos e na Europa e Japão dos anos 1950 e 1960) a fim de estimular a economia com juros reais negativos mais altos.

Juro *(interest):* Juro é a remuneração cobrada pelo proprietário de uma quantia emprestada (credor) ao emprestador (devedor) além da devolução do capital ou principal (a quantia emprestada), cobrada como uma porcentagem sobre o valor por período (mês ou ano, por exemplo), a *taxa de juro (interest rate)*. Se os juros não pagos são acrescidos ao principal para cálculo dos juros do período seguinte (como usual), fala-se de *juro composto (compound interest)*, caso contrário, trata-se de *juro simples (simple interest)*. A prática surgiu na Mesopotâmia e é geral no capitalismo, mas muitas civilizações não a conheceram, como o Egito faraônico, ou a condenaram, como o cristianismo medieval e o Islã tradicional. Para evitá-lo, bancos islâmicos, que hoje manejam 1% das finanças mundiais, recorrem a alternativas como a *murabaha*, na qual o banco compra um ativo do cliente (um carro, uma casa, uma loja) e o vende de volta com lucro, a prestações.

Note-se que uma prestação, na concepção ocidental, inclui amortização (devolução de parte do principal) e juro (calculado sobre a parte não devolvida até o pagamento anterior), em proporções variáveis conforme o contrato. Do ponto de vista ocidental, a *murabaha*, quando executada conforme o contrato, equivale a um empréstimo a juros. Entretanto, no caso do financiamento ocidental, o atraso no pagamento geralmente implica rolagem da dívida e juros adicionais, enquanto no caso da *murabaha* isso não é permitido. Se o devedor estiver insolvente por motivo de força maior, o pagamento deve ser adiado sem acréscimo. Em caso de má fé do devedor, cabe multa, em princípio destinada à caridade.

Lei de Gresham (*Gresham's law*): princípio segundo o qual moeda "ruim" (fiduciária, aviltada ou cerceada) expulsa da circulação a moeda "boa" (de maior valor intrínseco por unidade monetária) quando correm lado a lado legalmente, porque os usuários procuram passar para a frente as moedas com menor conteúdo em metal precioso e entesourar, exportar ou derreter as melhores moedas. Foi formalizada em 1860 pelo economista Henry Dunning Macleod e batizada em homenagem ao financista sir Thomas Gresham, que explicara o fato à rainha Elizabeth I no século XVI. O fenômeno já fora anteriormente notado por outros, inclusive o astrônomo Nicolau Copérnico, os pensadores medievais Al-Maqrizi e Nicolas de Oresme e o comediógrafo ateniense Aristófanes. Entretanto, moedas "ruins" e "boas" podem coexistir no mesmo espaço geográfico se forem aceitas em diferentes esferas de circulação, como o comércio local, inter-regional e internacional. Além disso, a moeda "ruim" pode vir a ser rejeitada em casos extremos de alta inflação ou hiperinflação.

Lingote (*bullion*): massa de metal fundida ou cunhada em formato convencional, comumente por agentes privados, frequentemente com marcas para atestar pureza e peso e de tamanho padronizado, mas sem curso legal e não denominada em uma unidade monetária convencional. No Ocidente moderno, são mais frequentemente barras retangulares, mas também há ou houve lingotes redondos, ovais, em forma de barco (típicos da China), meias-luas (antigo Sião), braceletes, espirais, conchas, vermes, línguas, pelotas e simples massas irregulares. No passado, foram produzidos principalmente para ser usados como moeda-mercadoria, mas hoje servem para fins de entesouramento, especulação e investimento, embora ocasionalmente ainda sejam usados em transações entre bancos centrais. Lingotes pequenos são também produzidos como item de coleção, com formatos fantasiosos e ilustrações decorativas ou comemorativas. Barras de ouro variam de pequenas barras padronizadas de um grama para colecionadores e pequenos investidores (15 x 8 x 0,4 mm, menor que a maioria das moedas) às grandes barras usadas como reservas de bancos centrais e na bolsa de Londres, ditas de 400 onças (12,4 kg, 25 x 7 x 3,5 cm), mas que na verdade são obrigatoriamente pesadas a cada transação e podem variar de 350 a 430 onças. Barras de prata variam de 5 gramas a 1.000 onças (31,1 kg, 30 x 13 x 8 cm). Além das unidades métricas, usam-se nas bolsas de metais preciosos a onça *troy* anglo-americana (31,103 g), a tola indiana (11,664 g), o tael chinês (37,429 g) e o baht tailandês (15,244 g).

Marca monetária (*mintmark*): símbolo ou letra (neste caso, letra monetária) que identifica o local ou a casa da moeda onde a peça foi cunhada, principalmente quando há mais de uma.

Medalha (*medal*): peça gravada cunhada ou fundida para comemorar um acontecimento, sinalizar devoção religiosa, premiar um feito ou vitória, honrar um mérito, ser insígnia de um cargo ou profissão, servir como presente diplomático ou pessoal ou ainda como forma de expressão artística. Medalhas feitas de metal precioso foram, por vezes, entesouradas (funcionaram como reserva de valor, portanto) e vendidas ou postas em circulação quando surgiu a necessidade. Em alguns casos, foram oficialmente monetizadas, como as medalhas de Nossa Senhora da Conceição de D. João IV em 1651.

Metal precioso ou **metal nobre** (*precious metal*): metal de alto preço em relação ao peso, outrora usado em moedas intrínsecas ou como lastro de papel-moeda. Foram usados dessa forma o ouro, a prata, o electro (liga de ouro e prata), o bolhão (liga de prata e cobre) e, na Rússia do século XIX, a platina. As últimas moedas de ouro de uso corrente[5] foram cunhadas em 1936 na França, as últimas de prata em 1967 no Canadá e Suíça e a última de bolhão nos EUA, em 1969. Desde então, metais preciosos são usados apenas em moedas-lingotes e moedas-medalhas para colecionadores e investidores, às vezes com metais não tradicionais: paládio em vários países desde 1967, nióbio na Áustria e Canadá desde 2003 e irídio ou ródio em Ruanda desde 2013.

Metal não precioso ou **metal vil** (*base metal*): metal barato em relação ao peso, às vezes usado no passado em moedas intrínsecas (algumas delas enormes, como as placas de cobre suecas do século XVII, que pesaram até 19,72 quilos), porém mais frequentemente como moedas fiduciárias para representar pequenos valores. Desde 1970 não se cunham mais moedas para circulação que não sejam de metais não preciosos, dos quais citamos:

---

[5] Houve ainda cunhagens de moedas de ouro para comércio exterior na Arábia Saudita em 1947 e no Reino Unido de 1957 a 1968, neste caso para pagar agentes clandestinos e subornos no Oriente Médio.

- Cobre, o mais usado desde a Antiguidade, nas formas de:
    - cobre puro, comum em moedas fiduciárias de pequeno valor do início da Idade Moderna ao século XIX (e em grandes moedas intrínsecas da Suécia dos séculos XVII e XVIII);
    - bronze-chumbo, bronze de chumbo ou bronze plúmbico (cobre, chumbo e às vezes estanho, liga chamada *ganza* na Birmânia e *potin* na França) : macio e fácil de cunhar ou derreter, foi usado nas moedas chinesas desde o século VII a.C. e em moedas gregas e romanas a partir do século IV a.C.;
    - bronze clássico (cobre e estanho), usado em moedas gregas do século V a.C., voltou a ser comum em moedas ocidentais a partir de 1848, na França[6];
    - cobre ferroso (cobre e ferro), no *aes rude* da Roma republicana;
    - latão, oricalco ou tombac (liga dourada de cobre e zinco), no sestércio romano a partir de 23 a.C., em moedas de emergência alemãs de 1923, em canadenses de 1943 e como o patenteado "ouro nórdico" (com alumínio e estanho), desde 1991 na Suécia e em moedas de 10, 20 e 50 cêntimos de euro;
    - alpaca (liga prateada de cobre, níquel e zinco chamada *nickel silver* ou *nickel brass* em inglês, *neusilber* em alemão e *maillechort* em francês), a partir de 1850 na Suíça e na variante patenteada como *virenium* a partir de 1978;
    - cuproníquel (liga prateada de cobre e níquel), a partir de 1857 nos EUA e ainda usado nesse país nas moedas de 5, 10, 25 (revestimento) e 50 cents;
    - bronze-alumínio, bronze de alumínio ou cuproalumínio

---

6 Moedas de cobre e quaisquer de suas ligas da Antiguidade (exceto o oricalco) são indistintamente ditas de "bronze" em Numismática. Os antigos as chamavam, também indistintamente, de *aes* em latim e *khalkos* em grego, mas na maioria são de bronze-chumbo, em variadas proporções. O bronze propriamente dito, cuja dureza o fazia difícil de cunhar com técnicas antigas, foi pouco utilizado.

(cobre e alumínio, *aluminum-bronze* em inglês), a partir de 1920 na França;

- bronze-manganês (cobre, zinco, manganês e níquel), nas moedas de um dólar dos EUA a partir de 2000.

• Ferro, também muito usado da Antiguidade até os dias de hoje, principalmente nas moedas de menor valor e nas seguintes formas:

- ferro forjado quase puro, usado na Grécia arcaica e na Esparta clássica como moeda-mercadoria na forma de espetos de tamanho padrão e no século XX em moedas da Alemanha, territórios ocupados, Suécia e Finlândia durante as guerras mundiais, devido à escassez de cobre;

- ferro fundido (alto teor de carbono), usado na China desde a dinastia Han até (esporadicamente) o século XIX e no Japão dos séculos XVIII e XIX;

- aço inoxidável (ferro e cromo), a partir de 1941 na Itália;

- aço carbono revestido com zinco, em 1943 nos EUA e na ocupação aliada da Bélgica em 1944;

- aço carbono revestido com cromo, em moedas canadenses de 1944 a 1954;

- aço carbono revestido com bronze, em moedas alemãs de 1948 a 2001;

- aço carbono revestido com latão, em moedas alemãs de 5 e 10 pfennig, de 1949 a 2001;

- aço carbono revestido com cobre, no *pfennig* alemão de 1950 a 2001, nas atuais moedas brasileiras e nas menores moedas britânicas e da Zona do Euro;

- aço carbono revestido com níquel, na Finlândia em 1953, na Bolívia em 1965 e nas atuais moedas britânicas de 5p e 10p.

- Chumbo na China e Índia antigas e medievais e no Sião e Birmânia até o século XIX.

- Estanho, na China medieval e nos sultanatos malaios e alguns outros Estados do Sudeste Asiático e Índia do século XV ao XIX, às vezes no XX, geralmente em liga com chumbo (calaim) ou com chumbo e cobre (tutanaga). Nunca foi usado em países com inverno rigoroso, pois o estanho tende a se pulverizar em baixas temperaturas.

- Zinco, no Vietnã do século XVI ao XX, no III Reich e em algumas das moedas de menor valor do século XXI (inclusive o *cent* dos EUA, com revestimento de cobre).

- Níquel, a partir de 1881 na Suíça.

- Alumínio, a partir de 1907 na África Oriental Britânica.

- Antimônio, usado em moedas de Guangzhou, China, de 1931.Magnésio, usado em liga com alumínio em moedas cunhadas para o gueto de Lodz sob ocupação nazista em 1943.

- Titânio, usado a partir de Gibraltar em 1999 em moedas para colecionadores.

Moeda (*money, coin* ou *currency*): é definida em economia como um item que cumpre as funções de 1) meio de troca, 2) unidade contábil, 3) reserva de valor e 4) padrão de pagamento diferido, ou seja, meio de crédito. Esta última função é às vezes considerada resultado lógico da segunda e terceira, mas é a que melhor distingue a moeda propriamente dita de quase-moedas. A palavra vem do latim *moneta*, referência ao Templo de Juno Moneta, no qual eram cunhadas as primeiras moedas romanas. Desde o início esteve historicamente mais ligado à instituição monetária no sentido amplo do que às peças de dinheiro propriamente ditas. No uso corrente em português, "moeda" pode ser entendida como:

- Unidade monetária abstrata na qual se baseia um sistema (*monetary unit*)[7].

- Sistema monetário (*system of money, currency*), conjunto de instituições formais pelas quais a circulação de moeda é providenciada e seu montante e valor administrados.

- Meio de pagamento físico na forma de peça de metal, moeda metálica (*coin*).

- Meio de pagamento físico de curso legal, nesse sentido sinônimo de dinheiro (*currency*).

- Meio de pagamento em geral (*money*), incluindo a moeda escritural criada por bancos comerciais, conceito às vezes estendido para incluir quase-moedas.

Moeda alternativa (*alternative currency*): moeda proposta segundo teorias sociais, econômicas ou políticas heterodoxas para substituir a moeda corrente e servir à implantação de um sistema social e político alternativo, por exemplo, ultraliberal (o bitcoin) ou socialista libertário (a "moeda livre" de Silvio Gesell). Embora nenhuma dessas ideias tenha substituído de fato o dinheiro corrente, algumas delas inspiraram moedas complementares (q.v.) bem-sucedidas em escala local ou dentro de redes econômicas específicas.

Moeda batida (*hammered coin*): cunhada com um golpe manual de martelo sobre uma peça de metal previamente fundida, cortada e pesada, método usual no Ocidente até o século XVII. A marca é nítida e uniforme, pois os mesmos cunhos são usados até se quebrarem ou desgastarem. O peso é razoavelmente regular, mas o formato, com frequência, é irregular, o que facilita a falsificação e o cerceio (q.v.).

Moeda bimetálica (*bi-metallic coin*): moeda feita de dois metais ou ligas de cores diferentes, uma usada no núcleo (parte central) e outra na coroa (parte periférica), de forma a dificultar a falsificação. Houve experimentos isolados desde o século XVII, mas começaram a se tornar comuns a partir de 1982 e hoje são a maioria das moedas correntes

---

7 Um sistema monetário geralmente tem o mesmo nome de sua unidade (real, dólar etc.), mas são conceitos diferentes. Na China, *renminbi* ("dinheiro do povo") é o sistema monetário e *yuan* sua unidade. No Reino Unido, às vezes se distinguem *sterling*, o sistema monetário, e *pound*, a unidade.

de valor mais alto, incluindo as atuais moedas correntes de um real e de um e dois euros. Algumas moedas-medalhas comemorativas são trimetálicas, com três círculos concêntricos de diferentes metais.

Moeda cambial (*trade money*): moeda "forte" criada para ser usada no comércio exterior, normalmente imune às quebras ou desvalorizações a que está sujeita a moeda corrente, mas que não pode servir de referência a contratos no mercado interno. Na Idade Moderna, esse papel foi desempenhado principalmente por ducados de ouro e por táleres e pesos de prata.

Moeda colorida (*colored coin*): moeda com figuras coloridas, aplicadas por meio de decalques, tinta ou esmalte, ou com superfície colorida pela formação controlada de uma camada de óxido anodizado numa superfície de titânio ou nióbio. Técnica inicialmente usada em moedas de fantasia, começou a ser usada em moedas-medalhas oficiais em 1993. Em 2015, a Nova Zelândia usou esmalte preto e branco numa moeda comemorativa posta em circulação.

Moeda comemorativa (*commemorative coin*): propriamente, é uma moeda cunhada com um motivo concebido para comemorar um evento, como uma coroação ou vitória militar, ou uma efeméride, como um centenário da independência. Na prática o termo também é usado para moedas criadas em homenageam a personagens, monumentos e assuntos diversos independentemente de um evento, e seria mais correto chamá-las de moedas temáticas. Moedas comemorativas e temáticas podem ser postas em circulação pelo valor nominal, para chamar a atenção para uma data ou tema e como propaganda política ou podem ser feitas apenas para serem vendidas a colecionadores, geralmente por preços bem superiores ao valor nominal. Neste último caso, podem ser consideradas moedas-medalhas (q.v.).

Moeda complementar (*complementary currency*): quase-moeda criada por empresas, particulares , organizações não governamentais ou governos locais para uso restrito a uma rede econômica de associados ou cooperados. Em geral, serve de meio de troca a uma comunidade à margem do capitalismo concorrencial em grande escala, de forma a viabilizar juros baixos, organizações não lucrativas e pequenos negócios locais ameaçados pela concorrência capitalista. Juridicamente, é considerada um instrumento de crédito cooperativo e a moeda oficial corrente continua a ser exigida para o pagamento de impostos.

Moeda-convênio (*clearing currency*): moeda de conta (q.v.) usada no comércio entre dois ou mais países com um convênio de crédito recíproco, de modo a permitir a troca de mercadorias entre eles sem o uso de divisas ou de outra moeda física. Foi o caso do rublo transferível usado entre os países do bloco soviético de 1964 a 1991 e do SUCRE (Sistema Unitário de Compensação Regional) usado entre países da ALBA desde 2010. Pressupõe o equilíbrio das trocas no longo prazo, pois, caso um dos países acumule superávits sistemáticos, não terá como liquidá-los. O *bancor* proposto como moeda internacional por John Maynard Keynes e E. F. Schumacher em 1940-1942, mas rejeitado em Bretton Woods, teria sido uma moeda-convênio baseada em uma cesta de trinta mercadorias, incluindo ouro e petróleo.

Moeda conversível (*convertible currency*): aquela que é amplamente aceita fora de seu país de origem e por isso se presta ao comércio e ao financiamento internacionais.

Moeda corrente (*current money*): moeda criada para uso no mercado interno, eventualmente sujeita a quebras e outras medidas inflacionárias e na qual é normalmente obrigatório denominar todos os contratos no mercado interno. Inclui o dinheiro propriamente dito (moedas metálicas e papel-moeda) e a moeda escritural.

Moeda cunhada: moeda metálica produzida com cunhos (não por fundição), seja batida a martelo (*hammered*) ou prensada a máquina (*milled*).

Moeda de conta (*money of account*): uma unidade monetária (q.v.) ou um de seus múltiplos ou submúltiplos, principalmente se não existe na forma concreta de moeda metálica ou papel-moeda. Essas moedas às vezes chamadas "imaginárias", "fictícias" ou "ideais" surgiram por diferentes motivos:

> Para facilitar a contabilidade de grandes quantidades de moedas metálicas, coisa nada trivial antes da popularização dos algarismos arábicos. É o caso do talento (6.000 dracmas) e da mina (100 dracmas) da Grécia antiga, assim como da libra (240 dinheiros) e do soldo (12 dinheiros) da Alta Idade Média.
>
> Como decorrência da manutenção de contratos originalmente denominados em moedas metálicas de grande valor abandonadas ou cujo valor se alterou em relação à unidade monetária legal, seja pela mudança da relação entre os preços

dos metais, seja pela quebra (q.v.) dessa unidade. Por exemplo, a Espanha adotou em 1497 uma moeda de ouro chamada ducado, de 375 maravedis, mas em 1535 ela foi substituída pelo escudo, um pouco menor (originalmente 350 maravedis). Muitos contratos continuaram a ser denominados em ducados como moeda de conta de 375 maravedis, e estes continuaram a ter esse valor nominal nas décadas seguintes, apesar de o ouro se valorizar ante a prata a ponto de o escudo valer 400 e depois 440 maravedis, e também depois das crises do século XVII, quando o maravedi foi aviltado e o escudo (ainda fisicamente inalterado) passou a valer 1.280 maravedis.

Porque uma unidade monetária originalmente concreta teve seu valor reduzido por quebra ou inflação a ponto de desaparecer como moeda metálica ou papel-moeda, mas continuou a ser usada na contabilidade ou como denominador comum das peças concretas. Isto se deu com o *denarius* romano durante a decadência do Império, com o maravedi espanhol e o real português no século XVII e com várias unidades monetárias brasileiras usadas no século XX. Hoje, o centavo brasileiro (como algumas unidades de outros países) é usado dessa maneira. Não circula como moeda metálica, mas denomina preços e moeda escritural, e as quantias são arredondadas para a menor fração física ao se pagar ou sacar em dinheiro.

Como uma moeda fracionária definida desde o início de forma a ser pequena demais para ser cunhada, mas servir como denominador comum de peças maiores ou de certos preços e impostos unitários, como foi o caso do *mill* (1/1.000 de dólar) dos EUA e de outras frações de centavos, cêntimos ou *pence* usadas nas cotações de ações e de certas mercadorias.

Como uma unidade de referência de valores criada para fins de correção monetária, como a URV do Plano Real em 1994.

Como uma unidade contábil de transações internacionais, como o ECU europeu na transição das moedas nacionais para o euro.

Como uma moeda-convênio (q.v.).

Moeda de curso forçado (*forced currency*): moeda cuja conversibilidade em metais foi suspensa ou cancelada (logo, fiduciária) e a aceitação pelo valor nominal tornada obrigatória, acompanhada da retirada de outros tipos de moeda de circulação.

Moeda de curso legal (*legal tender*): no sentido estrito, moeda cuja aceitação ao valor nominal é obrigatória a todos os credores, sem que outros meios de pagamento sejam necessariamente proibidos. Costuma-se estender o conceito a moedas que o Estado (e em geral o sistema bancário) promete aceitar, mesmo se outros credores puderem recusá-la. A obrigatoriedade da aceitação pode sofrer restrições conforme o tipo de moeda. Por exemplo, nos EUA, durante a vigência do padrão-ouro, havia onze tipos de moedas reconhecidos pelo Fed, cada uma com diferentes normas de aceitação:

Moedas oficialmente de curso legal:

- Curso legal sem restrições:
    - Moedas de ouro;
    - Moedas de prata de um dólar;
    - Certificados de ouro (q.v.);
    - Certificados de moeda (q.v.) (*Treasury Notes*);
- Curso legal com restrições:
    - Moedas fracionárias de prata (10, 25 e 50¢): aceitação obrigatória até $20;
    - Moedas de cobre e níquel (1 e 5¢): aceitação obrigatória até 25¢;
    - Cédulas do tesouro (q.v.) (*United States Notes*): aceitação obrigatória para todos os fins, exceto tarifas de importação e juros da dívida pública.

Moedas extraoficialmente de curso legal:

- Notas de bancos comerciais (*National Bank Notes*): recebíveis por todos os bancos autorizados (*chartered*) e para todos os impostos, exceto tarifas;
- Notas bancárias do Fed (*Federal Reserve Bank Notes*):

recebíveis por todos os bancos do sistema Fed e para todos os impostos, exceto tarifas;

- Notas do Fed (*Federal Reserve Notes*): recebíveis por todos os bancos do sistema e para todos os impostos, inclusive tarifas;
- Certificados de prata (q.v.): aceitos para todos os impostos.

Moeda de fantasia (*fantasy coin*): Pseudomoedas cunhadas por governos locais que não são autoridades monetárias reconhecidas ou mesmo por particulares, às vezes com o nome de países desaparecidos ou imaginários. Legalmente são meras medalhas, não têm proteção legal contra a falsificação e na sua venda incidem os impostos usuais para mercadorias comuns.

Moeda fundida (*cast coin*): moeda produzida pelo vazamento de metal derretido (mais frequentemente bronze de chumbo, raramente metais preciosos) em um molde cavado com o formato desejado, onde se resfria e solidifica. Geralmente várias moedas de uma só vez em uma fieira ou árvore, a menos que as peças sejam muito grandes. Esse método produz moedas de formato circular ou quadrado mais regular, mas com marcas menos nítidas e menos uniformes, uma vez que as peças são produzidas simultaneamente em múltiplos moldes que podem não ser exatamente iguais.

Moeda de esmola (*alms coin*): "prima pobre" da moeda de prestígio (q.v.), é uma moeda especialmente feita para ser distribuída como esmola aos pobres por um monarca, às vezes menor do que as moedas correntes, mas de curso legal e metal nobre. Um exemplo é o *Maundy Money*, moedas de prata de 1 a 4 pence distribuídas pelo rei ou rainha da Inglaterra na cerimônia do lava-pés da Quinta-Feira Santa.

Moeda inconversível (*inconvertible currency*): aquela que dificilmente é aceita fora do país de origem e por isso não se presta ao comércio internacional.

Moeda de prestígio (*presentation coin*): moeda-medalha (q.v.) feita para ser presenteada pelo soberano ou outras autoridades a seus favoritos, a dignitários estrangeiros e outras pessoas que queiram impressionar. Geralmente eram de ouro ou prata e muito maiores que as moedas usuais dos mesmos metais. Foram mais frequentemente entesouradas para serem fundidas em caso de necessidade, mas ocasionalmente chegaram a circular. Filipe III cunhou moedas de ouro de 100 escudos (338 gramas) e D. Manuel I de Portugal teria cunhado uma de 500 cruzados (1,8 kg), mas as maiores foram as do Shah Jahan, de até 1.000 mohur (11,9 kg).

Moeda digital (*digital currency*): (quase-)moeda na forma de registros digitais na internet que permite transferências de propriedade e transações instantâneas. A primeira, *e-gold*, surgiu em 1996. Denominada em gramas de ouro e sujeita a uma taxa de manutenção de 1% ao ano, era em tese uma moeda lastreada (q.v.), mas foi bloqueada pelo governo dos EUA em 2007, devido a uso ilegal e fraudes. Outro tipo de "moeda" digital é a criptomoeda, da qual o exemplo mais conhecido é o bitcoin (q.v.). Do ponto de vista legal, moedas digitais são consideradas um ativo financeiro e não uma moeda para fins de taxação dos ganhos de capital. Economicamente, o caráter restrito de seu uso e a volatilidade do seu valor em relação às mercadorias também as caracteriza como quase-moeda (q.v.).

Moeda divisionária (*fractional money*): peça monetária denominada como uma fração da unidade monetária.

Moeda eletrônica (*e-money* ou *e-cash*): moeda registrada em um cartão pré-pago (*store-value card*) e não numa conta bancária, o que torna possível seu uso anônimo. Começou a ser usado em 1990, mas representa uma parcela muito pequena da circulação monetária.

Moeda em espécie (*specie money*): outrora, o mesmo que moeda intrínseca. Atualmente, o mesmo que dinheiro.

Moeda escritural (*scriptural money* ou *bank money*): moeda criada por meio de depósito de dinheiro num banco ou instituição comparável. A quantia segue à disposição do correntista, que pode usá-lo por meio de cheques ou cartões de débito, mas é também usada pelo banco para empréstimo a terceiros, que por sua vez o depositam em outras contas e assim por diante, de modo que seu montante na economia se multiplica várias vezes em relação ao dinheiro originalmente emitido pela casa da moeda ou banco central. Tão antiga quanto os banqueiros, a moeda escritural ultrapassou o dinheiro físico em importância durante o século XIX e hoje representa mais de 95% da moeda circulante e 90% das transações em países industrializados.

Moeda ficcional (*fictional currency*): moeda imaginada em obras de ficção, tais como romances, filmes e jogos, mas que nunca existiu no mundo real.

Moeda fictícia: o mesmo que moeda de conta (q.v.).

Moeda fiduciária (*fiat money*): moeda sem valor intrínseco nem lastro, cujo valor depende da confiança na autoridade emissora de administrá--la, regular sua quantidade e garantir sua aceitação. Toda moeda hoje em circulação é fiduciária, seja papel-moeda ou moeda metálica.

Moeda forte (*hard currency* ou *strong currency*): outrora, moeda corrente de lastro confiável ou conteúdo intrínseco em ouro ou prata de fato muito próximo do valor nominal, e por isso facilmente aceita no comércio internacional. Hoje, moeda fiduciária de ampla aceitação internacional, por ser moeda corrente de uma economia poderosa (como o dólar estadunidense) ou com bancos confiáveis e uma expectativa de inflação baixa ou mesmo negativa (como o franco suíço).

Moeda fraca (*weak currency*): quando moedas intrínsecas e lastreadas predominavam, era uma moeda corrente fiduciária, de valor intrínseco inferior ao nominal, ou de lastro duvidoso, por isso aceita apenas no mercado interno. Atualmente, moeda fiduciária de baixa aceitação fora do próprio país, por ser corrente em uma economia pequena, fechada, instável ou com expectativa de inflação alta ou crescente.

Moeda ideal: o mesmo que moeda de conta (q.v.).

Moeda imaginária: o mesmo que moeda de conta (q.v.).

Moeda intrínseca (*intrinsec money*): moeda metálica cunhada ou fundida por uma autoridade monetária que lhe impõe sua marca e lhe atribui uma denominação (q.v.) relativa à unidade monetária (q.v.) na qual são fixados preços, contratos e pagamentos. Em tese correspondente ao valor intrínseco do metal nela contido, mas às vezes algo superior. Embora a teoria monetária tradicional a considere um sinônimo de moeda-mercadoria, a distinguimos porque nela a autenticidade da marca do Estado e a relação abstrata com a unidade monetária são mais importantes que o conteúdo material na lei e mesmo na praxe comercial. Quando se usa moeda intrínseca, contam-se as unidades monetárias e seu desgaste e deficiências em relação ao padrão teórico são amplamente tolerados, enquanto a moeda-mercadoria no sentido estrito é pesada e testada a cada transação. Além disso, enquanto a unidade de peso da moeda-mercadoria é uma unidade física inalterável, a unidade monetária da moeda intrínseca pode ser redefinida para atender a necessidades do Estado ou da economia, abrindo caminho para sua eventual transformação em moeda fiduciária. Entretanto, fora da jurisdição do Estado que controla e garante seu valor e lhe dá curso legal (ou mesmo forçado), a moeda intrínseca pode ser tratada como mera moeda-mercadoria.

Moeda lastreada (*commodity-backed money*): moeda sem valor intrínseco, geralmente na forma de papel-moeda, mas que dá direito ao portador a resgatar certa quantidade de metal precioso no banco emissor (originalmente banco comercial, depois banco central), ou seja, converter a moeda lastreada em moeda intrínseca. Geralmente, o lastro metálico era apenas uma fração do papel-moeda em circulação (20% no Reino Unido, 40% nos EUA e Suíça durante a vigência do padrão-ouro). Numa crise, a falta de liquidez por parte do banco emissor pode levar à suspensão temporária da conversibilidade ou à transformação definitiva da moeda lastreada em fiduciária. A moeda lastreada deixou de existir em quase todo o mundo em 15 de agosto de 1971, quando os EUA abandonaram o padrão-ouro, pois a maior parte das demais moedas já era lastreada apenas por dólares. A Suíça foi exceção e só abandonou o padrão-ouro em 2000, por exigência do FMI, ao qual se filiou em 1992 (até então, a Constituição impunha ao franco suíço um lastro de 40% em ouro).

Moeda livre (*Freigeld* em alemão): originalmente, a moeda perecível (q.v.) proposta por Silvio Gesell.

Moeda-lingote (*bullion coin*): lingote (q.v.) de metal nobre com o formato de uma moeda metálica, cujo valor de troca é definido pela cotação do metal no mercado. Moedas-lingotes foram moeda-mercadoria em algumas épocas e lugares, notadamente no Califado Abássida, mas hoje são cunhadas principalmente para fins de entesouramento, especulação, investimento ou coleção e podem ser de ouro, prata, paládio ou platina. Hoje, a maioria dessas moedas tem pesos em onças *troy* ou frações, variando, para ouro, de 1/50 de onça (0,62 g) a 5 onças (155,5 g) e para prata de ¼ de onça (7,78 g) a 10 onças (311,3 g).

Moeda-medalha (*medallic coin*, *monetary medal* ou NCLT, *non-circulating legal tender*): moeda de curso legal cunhada por um Estado reconhecido e com um valor nominal simbólico, mas não feita para circulação e às vezes com tratamento artístico de medalha. É o caso da maioria das moedas comemorativas atuais, principalmente as de metal precioso, vendidas pelas casas da moeda a colecionadores por preço muito superior ao valor de face. Incluem a chamada "maior moeda do mundo"[8], uma peça de ouro puro fundida em 2011 pela Casa da Moeda de Perth, Austrália, com valor nominal de um milhão de dólares australianos, peso de 1.000 kg em ouro puro, diâmetro de 80 cm e espessura de 12 cm. Há também uma moeda de um milhão de dólares canadenses com peso de 100 kg e 50 cm de diâmetro e uma moeda austríaca de 100 mil euros, com peso de 31,1 kg e 37 cm.

Moeda-mercadoria (*commodity money*): mercadoria aceita como meio de pagamento e referência de preços, contratos, indenizações, multas e tributos. Isso inclui, por exemplo, cereais e metais na Antiguidade oriental, tecido de lã nos países nórdicos medievais, cacau no Império Asteca e cauris (búzios) na China da Antiguidade e na Índia e África medievais e modernas. Mesmo quando tem a forma de peça de metal precioso, difere da moeda intrínseca porque é pesada e não contada segundo unidade monetária (q.v.) e não depende de uma autoridade monetária para ser autenticada e ter seu valor definido ou redefinido. Portanto, não pode ser modificada para atender às necessidades do Estado ou da economia. Apesar disso, o Estado pode lhe dar curso legal e fixar sua equivalência com a moeda corrente, caso do açúcar no Brasil colonial e do tabaco na colônia inglesa da Virgínia.

Moeda metálica (*coin* ou *hard money*): a forma mais comum de moeda das origens na Lídia até a I Guerra Mundial, quando o papel-moeda começou a predominar. No século VII a.C., as primeiras moedas lídias eram ovais e alongadas. As primeiras moedas chinesas tiveram formas variadas, das quais as mais comuns eram as de lâmina de pá e de faca. As moedas redondas começaram a predominar no Ocidente a partir das moedas de prata de Egina, no século VI a.C.; e na China, no século IV a.C. Nesse país e nas civilizações por ele influenciadas, as moedas tiveram um furo no meio para serem juntadas em fieiras até o início do século XX. No Japão, além das moedas redondas furadas, as moedas retangulares, oblongas e ovais foram comuns nos séculos XVII ao XIX. Na Índia e Ásia Central, as primeiras moedas, do século VI a.C., foram barras curvas; as do século IV a.C. eram na maioria quadradas ou irregulares e as redondas se tornaram mais comuns no século II a.C., mas moedas quadradas continuaram a ser cunhadas no período colonial e ainda hoje. Na

---

8   Em um conceito amplo de moeda, a maior seria a *Ruwegarus*, uma moeda de pedra de Yap com 3,6 metros de diâmetro, meio metro de espessura e mais de seis toneladas.

cidade de Lar, Irã, foram cunhadas a partir do século XIV moedas na forma de arames de prata dobrados, chamadas larins, populares nas costas do Índico até o século XX. Na Europa e colônias, moedas quadradas, losangulares ou retangulares foram cunhadas antes do século XX, principalmente como moedas de emergência (como as do Brasil holandês) ou quando em tamanhos muito pequenos, mas também no caso das moedas de cobre gigantes da Suécia dos séculos XVII e XVIII.

Formatos variados ressurgiram no século XX para evitar a confusão entre moedas com pouca diferença de tamanho, pois as moedas se tornaram fiduciárias e seu valor deixou de ser proporcional ao peso. Em 1901, a Bélgica cunhou moedas de cuproníquel com um furo para evitar a confusão com moedas de prata quase do mesmo tamanho, e foi imitada por outros países; em 1906 a Índia Britânica as fez de bordo ondulado (*scalloped* em inglês); em 1913, os Países Baixos fizeram moedas quadradas; o Congo Belga teve a primeira moeda hexagonal em 1943, e depois surgiram outros tipos de moedas poligonais. A partir dos anos 1960, muitos países cunharam moedas-medalhas com formatos fantasiosos para colecionadores: retangulares, triangulares, folhas, guitarras, fechaduras, corações, escudos, conchas, mapas, silhuetas de construções famosas e até sólidos geométricos.

A maior moeda metálica feita para circulação foi uma moeda de cobre sueca de 10 dáleres *silvermynt*, emitida em 1644-1646 na forma de uma placa de cobre de 19,72 kg (63 x 32 x 0,7 cm). A maior moeda redonda a circular foi o *quincussis* (5 asses) de bronze da República Romana de cerca de 211 a.C., de 1,37 kg e 107 mm de diâmetro. A moeda de maior valor intrínseco cunhada para circulação foi provavelmente a dupla octadracma de ouro (equivalente a 200 dracmas de prata) de Ptolomeu II, com 55,4 gramas de ouro puro, seguida de perto pelo dobrão português (cunhado em Minas Gerais em 1720 e anos seguintes) de 24 mil réis e 53,8 gramas de ouro de 22 quilates. As menores moedas metálicas foram o *jawa* do Nepal do século XVIII, uma peça de prata quadrada de 0,01 grama e 4 mm de lado (às vezes cortada em quatro para facilitar o troco!) e a moeda de 1/192 de estáter da Lídia, peça de electro aproximadamente redonda de 0,075 grama e 3 mm de diâmetro. As peças de menor valor intrínseco antes das inflações do século XX foram provavelmente moedas de emissão privada da China do século VI, com 0,1 grama de bronze e 7 mm de diâmetro.

Moeda não metálica (*non metallic coin*). Foram usados como material de moedas:

- cartolina, em cartas de baralho ou em cartões brancos assinados por autoridades locais no Canadá francês, Luisiana, Suriname dos séculos XVII e XVIII, como moedas de emergência da República na guerra civil espanhola (às vezes com selos de correio de valor apropriado nelas colados) e (coloridas) no Manchukuo de 1944 e 1945;

- porcelana, em fichas de jogo às vezes usadas como moedas no Sião de 1760 a 1875 e em moedas de emergência alemãs de 1915 a 1923 e portuguesa (Gaia) de 1922;

- carvão comprimido, em moedas de emergência alemãs de 1922, do município de Rothenbach;

- plástico, em moedas da Transnístria (república separatista da Moldávia) a partir de 2014.

Moeda obsidional (*obsidional coin*): moeda de emergência (q.v.) emitida por uma cidade sob assédio ou cerco.

Moeda perecível (*dwindling money* ou *demurrage currency* em inglês, *Schwundgeld* em alemão): moeda concebida para perder valor a uma taxa prefixada, de forma a criar um imposto sobre a posse de dinheiro, evitar o entesouramento e estimular a atividade econômica como a inflação, mas sem implicar aumento de preços. Proposta como moeda alternativa (q.v.) pelo empresário e pensador anarquista germano-argentino Silvio Gesell, foi experimentada como moeda complementar (q.v.) em comunidades de vários países. A experiência mais conhecida é a de Wörgl, Áustria, de 1932 a 1934. A moeda tomava a forma de um certificado no qual era preciso colar um selo de determinado valor por semana ou mês[9] para voltar a usá-lo. Podia-se também depositar os certificados a juro zero no banco, que tinha todo o interesse em emprestá-lo para não arcar com o custo de manutenção. Em 2003, a região bávara de Chiemgau lançou a *Chiemgauer* na forma de notas revalidadas por adesivos por 2% do valor a cada três meses ou de moeda eletrônica revalidada por

---

9 A proposta original de Gesell (aplicada em alguns lugares) era de uma taxa semanal de 0,1% (5,2% anuais), mas em Wörgl usou-se uma taxa mensal de 1% (12% anuais)

uma taxa anual de 8%, em ambos os casos podendo ser convertida em euros com o pagamento de uma taxa de 5%. Títulos públicos com juros nominais negativos de até 0,75% ao ano, emitidos por vários países ricos desde a crise de 2008, podem ser considerados uma quase-moeda perecível, aceita pelos bancos porque o custo de armazenar e manter papel-moeda de valor equivalente seria maior. Alguns economistas propõem substituir o papel-moeda por dinheiro eletrônico (q.v.) de modo a viabilizar juros reais negativos mais substanciais.

Moeda selada (*stamped money* ou *stamped currency*): no sentido restrito, moeda perecível (q.v.) na forma de certificados nos quais é preciso periodicamente colar selos ou adesivos pagos para mantê-los em circulação.

Moeda semifiduciária (*semi-fiat money*): moeda metálica cujo valor nominal é respaldado em parte não insignificante pelo valor intrínseco ou papel-moeda cujo lastro é menor que o valor total em circulação, mas suficiente para possibilitar o resgate em tempos normais.

Nas moedas fundidas pela China imperial, por exemplo, o valor do metal contido era tipicamente a metade do seu poder aquisitivo, o que normalmente era suficiente para desencorajar a falsificação. Também foi semifiduciária a maioria das moedas de prata dos países ocidentais que adotaram o padrão-ouro no século XIX. Passaram a conter prata correspondente a algo entre 90% e 95% do valor nominal (garantido pela possibilidade de trocá-las por moedas de ouro), de modo a evitar seu derretimento caso o preço da praça flutuasse um pouco para cima. No fim do século, o preço da prata despencou em relação ao ouro e o valor intrínseco dessas moedas caiu para cerca de 40% do valor nominal. Num sentido mais amplo, mesmo as moedas chamadas intrínsecas foram em certa medida semifiduciárias, pois na prática foram frequentemente cunhadas com um conteúdo um pouco menor que o teórico e perdiam parte dele por desgaste e cerceio (q.v.) antes de saírem de circulação.

A maioria das notas bancárias durante o padrão-ouro foi também semifiduciária, com lastro geralmente entre 30% e 50% quando se usava ouro em espécie e 25% durante o acordo de Bretton Woods. Apenas os certificados de ouro (q.v.) tinham lastro integral.

Moeda simbólica (*token money*): moeda fiduciária na forma metálica (às vezes aplicado também a papel-moeda).

Moeda sonante: o mesmo que dinheiro.

Moeda social (*social currency*): moeda complementar (q.v.) cuja finalidade principal é a promoção da solidariedade e do desenvolvimento social de grupos marginalizados pelo mercado capitalista.

Moeda virtual (*virtual currency*): uma quase-moeda digital não regulamentada para uso dentro de uma comunidade, tal como um jogo online (como o *Linden dollar* de *Second Life*) ou uma rede social. Por poder ser usada apenas para um conjunto restrito de mercadorias (geralmente também virtuais) e nenhuma garantia, não é realmente uma moeda, embora possa haver compra e venda de moeda virtual por moeda real.

Monetização (*monetization*): 1) dar curso legal (tornar obrigatória a aceitação como dinheiro) a um item antes não monetário (açúcar no Brasil colonial, por exemplo) ou quase monetário (notas bancárias originalmente de aceitação voluntária ou uma moeda estrangeira, por exemplo); 2) aumento da quantidade de moeda em circulação numa economia.

Nota bancária (*banknote*): cédula de papel-moeda emitida por um banco. No princípio, era um certificado de depósito ou nota promissória pela qual um comerciante ou banqueiro se comprometia a pagar a quantia indicada em moedas metálicas a um beneficiário nominal (que podia transferi-la a terceiros com seu endosso) ou a qualquer portador. Gradualmente, a necessidade de promover a aceitação e circulação de cédulas ante a insuficiência da moeda metálica as restringiu a bancos comerciais supervisionados e autorizados (*chartered*), chamados bancos de emissão; às vezes também deu a essas notas curso legal e, na maioria dos países, acabou por autorizá-las apenas a um banco central. Há quatro categorias:

> **Nota de banco comercial sem curso legal**: assim como qualquer título bancário ou comercial, é mera nota promissória do ponto de vista jurídico e do econômico é quase-moeda e não estritamente dinheiro. Por não ter garantia legal, pode ser recusada ou aceita apenas com deságio. Caso o banco quebre, as notas perdem automaticamente o valor. Foram o primeiro tipo de papel-moeda, mas hoje só circulam no Reino Unido,

onde são emitidas por bancos da Escócia e Irlanda do Norte, notadamente o RBS[10].

Nota de banco central sem curso legal: foi o caso das notas do Banco da Inglaterra de 1694 a 1833, quando receberam curso legal para garantir de antemão sua aceitação em caso de crise.

Nota de banco comercial de curso legal: é uma nota de banco comercial à qual o Estado deu curso legal (q.v.) e aceita no pagamento de impostos, tornando-se dinheiro para todos os fins. Importantes em vários países até o início do século XX[11], hoje existem apenas em Hong Kong e Macau, onde são emitidas, por exemplo, pelo HSBC e pelo Banco Ultramarino.

Nota de banco central de curso legal: nota de curso legal emitida pelo banco central de um país ou grupo de países. Hoje é a forma dominante de dinheiro em quase todo o mundo. Surgiu inicialmente na Suécia do século XVIII, foi adotada na Inglaterra em 1833, nos EUA após a fundação do Federal Reserve em 1913 e no Brasil com a criação do Banco Central em 1965.

Nota privada não bancária (*nonfinancial companies notes*): em alguns países e períodos, foi permitido a empresas não financeiras emitir notas promissórias ao portador em valores fixos, usadas como quase-moeda no mercado. Isto se deu em maior escala nos EUA de antes da Guerra Civil, onde companhias ferroviárias e algumas empreiteiras foram autorizadas a emitir papel-moeda para financiarem seus projetos.

Numerário (*numéraire*): 1) o mesmo que dinheiro (q.v.), 2) na teoria econômica neoclássica, a moeda considerada como padrão de valor ou (na terminologia marxista) equivalente geral.

---

10 Na Inglaterra, permissões para emissão de notas bancárias foram suspensas em 1844 e os bancos já autorizados perderam suas licenças à medida que se fundiam com outros bancos. O último foi o Fox, Fowler, and Company, de Somerset, até 1921. Nos EUA, esse tipo de nota foi eliminado em 1865. No Brasil, notas de bancos privados circularam no século XIX a partir de 1853 e foram um dos fatores da crise do encilhamento de 1890-91 ao ser estimuladas pelo ministro da Fazenda Ruy Barbosa.

11 Nos EUA, licenças federais e garantia de aceitação às notas começaram a ser concedidas em 1863 e criaram as *National Bank Notes*, forma mais importante de dinheiro nos EUA até o surgimento do Federal Reserve em 1913. No Brasil, notas do Banco do Brasil tiveram curso legal oficial de 1923 a 1955.

Numo (*nummus*): 1) originalmente qualquer moeda metálica, mas principalmente o sestércio romano, 2) pequena moeda de cobre usada na decadência do Império Romano e no Império Bizantino, 3) dinheiro (q.v.), e 4) neste livro, uma unidade arbitrária (símbolo ñ) de poder aquisitivo, usada para comparar moedas de diferentes épocas e civilizações.

Oferta monetária (*money supply* ou *money stock*) é o montante de meios de pagamento ou ativos financeiros disponíveis numa economia, hoje constituídos na maior parte de moeda escritural. Os economistas têm várias maneiras de defini-la e medi-la:

M0: dinheiro (q.v.), ou seja, moedas metálicas e papel-moeda

MB: base monetária (q.v.), dinheiro mais depósitos dos bancos comerciais no banco central.

M1: M0 mais moeda escritural de liquidez imediata. No Brasil, depósitos a vista. Nos EUA, também cheques de viagem e contas remuneradas sem restrição a retiradas.

M2: M1 mais moeda escritural de liquidez teoricamente não imediata, mas acessível a curto prazo: no Brasil, depósitos especiais remunerados, quotas de fundos de renda fixa de curto prazo e títulos públicos de alta liquidez. Nos EUA, também contas de poupança, "pequenos" depósitos a prazo fixo (hoje definidos como menos de 100 mil dólares) e fundos de renda fixa (*money market accounts*) de indivíduos. É o conceito tradicionalmente usado pelos bancos centrais para prever e controlar a inflação.

M3: no Brasil, M2 mais contas de poupança. Nos EUA, M2 mais "grandes" depósitos a prazo fixo (100 mil dólares ou mais) e fundos de investidores institucionais.

M4: no Brasil, M3 mais títulos emitidos por instituições financeiras (letras de câmbio).

MZM (*money zero maturity*): nos EUA, M1, mais contas de poupança, mais todos os fundos de investimento do mercado monetário, considerado mas relevante que o M2.

Padrão monetário (*monetary standard*): o padrão segundo o qual o valor da unidade monetária é fixado ou administrado. Historicamente, existiram os seguintes tipos de padrões:

- Padrão-prata (*silver standard*): a unidade monetária é definida como certa quantidade de prata de determinado grau de pureza, contida na moeda metálica ou resgatável por meio de papel-moeda lastreado. O padrão esterlino (*sterling*) da Inglaterra, por exemplo, foi originalmente definido em 1275 como um *penny* ou *denarius* de 32 grãos *tower* (1,458 g) de prata esterlina, ou seja, com teor de 37/40 (92,5%). Foi o mais comum na história da civilização, da Egina de 600 a.C. até (em alguns países) o século XX. Em Portugal, durou da independência até 1853, embora na prática já houvesse um padrão-ouro no século XVIII. No Brasil, funcionou, pelo menos em tese, do início do período colonial às primeiras décadas da independência.

- Padrão-cobre (*copper standard*): foi usado pela República Romana das origens às Guerras Púnicas, pela China e países por ela influenciados da Antiguidade até o século XIX e pela Suécia em alguns períodos dos séculos XVII e XVIII.

- Padrão bimetálico (*bimetallic standard*): consiste na adoção simultânea de moedas de dois metais (geralmente ouro e prata, mas prata e cobre na Suécia de certos períodos) e notas resgatáveis em um deles ou ambos. Tentado em várias ocasiões, sempre se mostrou instável na prática. Exige uma relação fixa entre os valores do ouro e da prata que é insustentável no longo prazo, pois a oferta e demanda dos dois metais oscila de forma independente. Em alguns casos, acaba na expulsão de um dos metais da circulação e em outros (quando cada moeda encontra uma esfera de circulação distinta), na coexistência de dois padrões monetários cujas taxas de câmbio flutuam com o mercado como se fossem moedas estrangeiras.

- Padrão-ouro em espécie (*gold specie standard*): a unidade monetária é definida como certa quantidade de ouro de determinada pureza, intrínseco à moeda metálica ou resgatável com papel-moeda lastreado. Da Antiguidade até o século XVII, o ouro foi preferido no comércio internacional, mas raro nas transações locais e como padrão, devido à escassez do metal ante as necessidades do comércio na maioria dos países. Os principais exemplos foram a Lídia e Jônia dos primórdios (pelo uso do electro), o Império Romano do Oriente (ou Bizantino) do século V ao XIV e o Califado abássida. Entretanto, Reino Unido e Portugal do século XVIII usaram ouro em grande escala no mercado interno, graças à abundância do metal proveniente das Minas Gerais. O sistema mostrou-se conveniente para as novas elites burguesas, por favorecer o comércio internacional, os credores e o sistema financeiro. O ouro foi adotado pela maioria dos países europeus e pelos EUA nos anos 1870 e pela Rússia, Japão e Índia nos anos 1890 e lastreava 30% a 50% do valor das notas bancárias nos países que o adotaram. Entretanto, a I Guerra Mundial obrigou as potências a suspender o padrão-ouro e emitir dinheiro fiduciário em massa para cobrir as despesas militares. No Brasil, existiu (na forma de ouro em pó ou barras de curso legal) nas Minas Gerais durante o ciclo do ouro. Em Portugal, esteve vigente, na prática, desde o século XVIII, mas legalmente durou de 1854 a 1891.

- Padrão-ouro em lingote (*gold bullion standard*): é um sistema em que as moedas de ouro são retiradas da circulação, mas o papel-moeda ainda é lastreado e teoricamente pode ser usado para resgatar barras de ouro. O Reino Unido, seguido por alguns outros países europeus, tentou implantá-lo em 1925, mas isso implicou redução da oferta monetária e deflação a ponto de gerar crises financeiras e políticas que causaram o colapso do sistema e da cooperação financeira internacional a partir de 1931. Ao fim da II Guerra Mundial, esse padrão foi implantado nos EUA pelo acordo de Bretton Woods, pelo qual o país lastrearia em ouro 25% do valor de suas notas, mas estas só seriam resgatáveis pelos bancos centrais de outros países do sistema. Durou até 1971, quando os EUA, sob pressão da guerra do Vietnã e dos resgates de ouro da França, suspenderam a conversibilidade do dólar. No Brasil, o sistema foi tentado em 1906-1914 e 1926-1930, mas se mostrou incompatível com a oscilação das exportações baseadas no café[12]. Em Portugal, foi tentado apenas durante 82 dias, em 1931.

- Padrão-ouro cambial (*gold exchange standard*): o papel-moeda não é resgatável em ouro, mas reservas em moeda estrangeira lastreada em ouro garantem uma relativa estabilidade da taxa de câmbio e retêm um vínculo indireto com o ouro. Foi o caso da maioria dos países ocidentais de 1944 a 1971, durante o acordo de Bretton Woods, no qual os países do sistema fixavam o câmbio em dólar, embora na prática o câmbio viesse a ser repetidamente reajustado na maioria delas, dada a divergência das taxas de inflação em relação aos EUA.

- Padrão-ouro nominal (*gold nominal standard*): a moeda não é resgatável em ouro, mas ainda assim é legalmente definida em termos de ouro para fins de referência contábil no comércio internacional, realizado na prática com moeda-convênio (q.v.). Foi o caso do rublo e de outras moedas do bloco soviético de 1950 a 1991. Na prática, é um padrão fiduciário.

Padrão fiduciário (*fiat standard*): hoje vigente em todo o mundo, não tem lastro significativo em metais e oferece como única garantia do valor da moeda a confiança na capacidade das autoridades monetárias de controlar a inflação (hoje pela administração da oferta monetária e da taxa de juro básica) e a volatilidade da taxa de câmbio (hoje pela compra e venda de reservas internacionais) dentro de limites razoáveis. Moedas de emergência à parte, a primeira moeda fiduciária de uso amplo e sustentado foi provavelmente o sestércio romano do século I a.C., seguido pelo papel-moeda chinês do século XI. No Ocidente, foi usado em situações emergenciais em vários países desde o século XVIII e em alguns de forma mais

---

12 Apesar da crença popular, a expressão "No Tesouro Nacional se pagará ao portador desta a quantia de (tantos réis ou cruzeiros) Valor Recebido", impressa nas antigas notas do Tesouro Nacional, nunca significou lastro em ouro. O valor era recebido em títulos bancários, principalmente do Banco do Brasil, e o pagamento consistia em trocar cédulas velhas por novas. Para evitar mal-entendidos, a expressão foi substituída em 1961 por "Valor Legal", simplesmente. As únicas notas lastreadas no Brasil foram as da Caixa de Conversão (1906-14) e da Caixa de Estabilização (1926-30).

sistemática (inclusive no Brasil, na maior parte de sua história independente) e generalizou-se desde 1971.

Papel-moeda (*paper money*, *paper currency* ou *soft money*): dinheiro na forma de cédulas (não necessariamente de papel) que representam moeda corrente.

Quase sempre, cédulas são retangulares (geralmente horizontais, mas às vezes verticais) e raramente quadradas. Além de papel propriamente dito, usou-se ocasionalmente couro, alburno, madeira, cartão e até placas de bronze ("papel-moeda" quando representam uma quantia em moedas metálicas). Desde 1983 vários países emitem cédulas de polímero (plástico). Em 1996, a Austrália substituiu totalmente as cédulas de papel por plástico (no caso, polipropileno) e há uma tendência a seguir seu exemplo, por possibilitar notas mais duráveis e difíceis de falsificar. Fisicamente, as maiores notas foram a de 1 Kuan da dinastia Ming de 1367-1398, com 22 x 33,5 cm e a comemorativa filipina de 100.000 pesos de 1998, com 35,6 x 21,6 cm. As menores foram notas de cartão de 50 cêntimos, 1 franco e 2 francos emitidas no Marrocos francês em 1944, com 4,2 x 3,1 cm e notas de 10 bani da Romênia de 1917, de 3,4 x 4,5 cm, em ambos os casos para substituir moedas divisionárias em falta.

Sabe-se de uma cédula de couro de veado branco, destinada ao pagamento de tributos por ministros e reis vassalos e usada na dinastia Han no século II a.C. e de notas promissórias de papel impresso, conhecidos como *fei qian* ou "dinheiro voador", usadas para grandes pagamentos entre mercadores (principalmente de chá) na dinastia Tang, século IX. Mas o uso continuado de papel-moeda impresso e fiduciário, com valores redondos, começou no século XI (dinastia Song) e durou até meados do século XV (dinastia Ming).

Na Europa, existiram cartas de crédito desde a Alta Idade Média, mas estas podiam ser descontadas apenas por seu beneficiário nominal. Títulos endossáveis (transmissíveis por endosso a outra pessoa que não o credor original) surgiram no século XIII e ganharam maior importância no século XVI, quando recibos de depósitos emitidos por banqueiros eram endossáveis e corriam quase como dinheiro em Londres. Notas bancárias impressas ao portador com valores redondos e fixos surgiram na Suécia em 1661, mas a experiência foi interrompida pela bancarrota do Banco de Estocolmo.

O uso continuado começou a partir das notas do Banco da Inglaterra em 1694. Essas notas eram originalmente escritas à mão, de valores arbitrários e em nome de um beneficiário, legalmente o único com direito a processar o banco se este recusasse o saque do valor em moedas de ouro. Como essas notas logo deixaram de ser usadas como cheques e de circular como (quase-)moeda, o beneficiário nominal logo passou a ser um funcionário de confiança. Só em 1853 passaram a ser totalmente impressas e sem indicação de beneficiário. O papel-moeda era pouco menos de 50% do meio circulante do Reino Unido pouco antes do fim do padrão-ouro, em 1913. Nos EUA, já era mais de 80% às vésperas da crise de 1929.

As cédulas para circulação de maior valor foram as notas de 10.000 dólares emitidas pelos EUA de 1878 a 1934, seguidas pelas notas de 1.000 libras esterlinas emitidas pelo Reino Unido de 1725 a 1943. Nos EUA, notas de valor superior a 100 dólares foram gradualmente tiradas de circulação a partir de 1969[13] para dificultar sonegação, transações ilegais e lavagem de dinheiro. Muitos outros países também têm eliminado suas notas de maior denominação pela mesma razão. Estima-se que metade ou mais do dinheiro físico em circulação (60% na Noruega) é usada para ocultar transações ilegais e economistas, e alguns bancos centrais propõem hoje sua substituição total ou quase total por dinheiro eletrônico (q.v.).

As notas de maior valor a circular no século XXI são a tailandesa de 500.000 bath emitida em 2000 para comemorar as bodas de ouro do rei (equivalente a cerca de 14 mil dólares estadunidenses) e as notas de 10.000 dólares de Cingapura e Brunei (cerca de 8 mil dólares estadunidenses). As maiores de aceitação internacional são as de 1.000 francos suíços e de 500 euros, estas últimas em vias de serem abolidas. Em termos de denominação, a maior foi a nota húngara de 100 quintilhões de pengos (100.000.000.000.000.000.000 ou 10^{20}), que ao ser emitida durante a hiperinflação de 1946 equivalia a US$ 0,20. Uma nota de um sextilhão de pengos foi impressa, mas não chegou a circular.

Existem notas não destinadas ao público, de 100 milhões de libras esterlinas (apelidada "Titan") e de 1 milhão ("Giant"), emitidas pelo Banco da Inglaterra a partir de 1908 para servirem de lastro às notas emitidas pelos bancos centrais da Escócia e Irlanda do Norte e ainda em uso. Existiram também certificados de ouro (q.v.) de

---

13 Como todas as notas às quais o governo de Washington chegou a dar curso legal, jamais foram oficialmente desmonetizadas, mas sim recolhidas e destruídas ao chegar ao Federal Reserve. Na prática, as poucas ainda existentes deixaram de circular e se tornaram itens de coleção.

100.000 dólares, usados para movimentação de reservas entre os bancos do sistema Federal Reserve de 1934 a 1960.

Paridade (*parity*): 1) em geral, diz-se que uma moeda metálica, cédula ou título é negociado ao par ou em condições de paridade quando sua cotação de mercado em moeda corrente iguala o valor nominal ou oficial. Se é negociada acima do valor nominal, diz-se que se paga um ágio ou prêmio e, caso contrário, um deságio ou depreciação. 2) no que se refere a taxas de câmbio entre moedas fiduciárias modernas, há paridade quando a relação das cotações de mercado de duas moedas corresponde às relações entre os respectivos poderes aquisitivos em cada um dos dois países. Por exemplo, o dólar está em paridade com o iene a uma cotação de 100 ienes por dólar se um dólar compra nos EUA o equivalente a 100 ienes no Japão.

Pecúnia: o mesmo que dinheiro.

Pieforte (*piedfort*): uma moeda com diâmetro, anverso e reverso semelhantes aos das moedas normais, mas espessura duas ou três vezes maior. Pode ser feita para ser apresentada às autoridades como protótipo de uma nova cunhagem, como presentes a favoritos ou como peças para coleção.

Poder aquisitivo ou **poder de compra** (*purchase power*): é a capacidade de adquirir bens e serviços com determinada unidade monetária. Pela comparação do preço de uma mesma cesta de mercadorias (ou de cestas consideradas equivalentes) em diferentes países, regiões e épocas, geralmente uma cesta de consumo representativa das necessidades de uma família média, pode-se comparar o poder aquisitivo real de uma mesma unidade monetária ou de unidades diferentes, que não se confunde com seu equivalente em metal precioso, nem com a taxa de câmbio oficial ou de mercado (quando se trata de moedas contemporâneas).

Preço (*price*): o valor de uma mercadoria, serviço ou patrimônio expresso em unidades monetárias. Numa economia onde circula mais de uma moeda ou padrão monetário, a mesma mercadoria pode ter mais de um preço, como acontecia em alguns países onde moedas de ouro, prata e fiduciárias correram lado a lado e hoje em países como o Peru, onde o dólar circula legalmente ao lado da moeda nacional.

Protodinheiro (*primitive currency*): um nome dado neste livro para as moedas-mercadorias, inclusive metais não cunhados ou fundidos na forma de peças padronizadas denominadas numa unidade monetária, usadas desde o início da Idade do Bronze na Mesopotâmia, Egito faraônico, Fenícia, Grécia arcaica, primeiras dinastias da China, Índia védica e civilizações pré-coloniais do México, África e Sudeste Asiático, entre outras. Desempenharam as funções básicas da moeda e serviram à criação de mercados, redes comerciais, operações financeiras, pagamento de multas e indenizações e arrecadação de tributos, ainda que de forma menos ampla, eficiente e manejável que o dinheiro propriamente dito.

Pseudodinheiro (*non-commercial money*): nome adotado neste texto para objetos destinados a transações especiais dentro de sociedades não mercantis. Nessas sociedades, geralmente não estatais, não existem verdadeiros preços e mercados, mas um sistema de dons e retribuições esperados ou devidos a parentes, superiores, subordinados e aliados em obediência a determinadas tradições, ou espontaneamente, como política de boa vizinhança ou de busca de prestígio e reconhecimento. A maioria dessas prestações e contraprestações é feita em serviços, alimentos, gado e objetos de uso prático, mas algumas sociedades usam certos itens simbólicos em transações especialmente importantes, como dotes, reparação por homicídio, admissão em sociedades secretas, formalização de alianças, prêmios e aquisição de terras, gado, escravos, canoas e outros símbolos de status. Tais objetos, às vezes obtidos à custa de muito trabalho e perigos, são às vezes decorativos, mas têm pouco ou nenhum uso prático. Incluem objetos naturais raros, como presas de javali e conchas incomuns, e produtos artesanais, como cinturões de conchas, bobinas de penas, discos esculpidos em pedra e barras, espirais ou placas de metal. Cada situação pode exigir um tipo específico de pseudodinheiro, de modo que seu valor seja mais qualitativo do que quantitativo. Com usos muito específicos e não mercantis, os objetos não podem ser considerados moeda, muito menos dinheiro. Em vez de servir de equivalente geral às mercadorias, servem principalmente para hierarquizar relações sociais, de forma análoga ao uso ocidental de joias, obras de arte e medalhas.

Prova (*proof*): as primeiras moedas de um novo cunho, originalmente produzidas para testar os cunhos e sere arquivadas, mas hoje feitas com especial cuidado, nitidez e polimento para ser vendidas a colecionadores por altos preços.

Quase-moeda (*quasi-money, near money, soft money*): um item que desempenha parte das funções de uma moeda. Hoje, as quase-moedas mais importantes são os ativos líquidos fáceis de converter em dinheiro, tais como títulos do tesouro, poupanças e fundos de investimento, pois são reserva de valor, mas não (imediatamente) meio de troca. Também são quase-moedas as moedas-convênios (q.v.) e as unidades oficiais de conta e referência de valores usadas na correção monetária oficial, como a URV (Unidade Real de Valor) usada em 1994 na transição do cruzeiro real para o real, ou em transações internacionais, como a ECU (*European Currency Unit* – Unidade Monetária Europeia) usada entre os bancos centrais europeus de 1999 a 2002, durante a transição das moedas nacionais para o euro e o SDR (*Special Drawing Right* – Direito Especial de Saque) baseado em uma cesta das moedas internacionalmente mais importantes (atualmente dólar, euro, libra, iene e yuan) e usado em certas operações do FMI. Há muitos outros tipos menos importantes, como as moedas complementares (q.v.) e moedas digitais (q.v.).

Quebra ou **aviltamento** (*debasement* em inglês, *mutatio monetae* em latim): redução do conteúdo em metal precioso de uma unidade monetária, para atender às necessidades de um governo (arrecadação rápida de recursos para uma guerra, reconstrução ou outra urgência) ou de uma economia (aumentar a quantidade de moeda em circulação ou evitar sua exportação para outras regiões). A prática foi usada desde a Antiguidade até se deixarem de usar moedas intrínsecas e foi feita de três maneiras:

- Aumento no valor nominal da moeda em circulação sem alteração de peso e composição, frequentemente com a aplicação de uma contramarca;

- Redução do peso da moeda com manutenção do valor nominal;

- Redução da proporção de metal precioso na moeda sem alterar peso e valor nominal.

O aviltamento era decretado para atender às necessidades do Estado, que por meio dele se apropriava de uma senhoriagem (q.v.) muito maior que a normal, mas este ganho era viabilizado pelo interesse privado. O Estado se apropriava da maior parte da moeda extra, mas interessava aos particulares transformar moedas antigas e barras de metal precioso em moedas aviltadas e obter um valor nominalmente maior. A operação tendia a gerar inflação, mas esta não era instantânea e os primeiros a obter as novas moedas tinham um ganho real.

Quando a unidade monetária legal era quebrada, peças de ouro e prata podiam continuar a circular e a ser cunhadas com seu valor nominal aumentado, principalmente se usadas como moeda cambial (q.v.), mas em geral contratos se mantinham constantes em moeda corrente, a menos que fossem renegociados. Por exemplo, em Milão, o florim de ouro valia 384 dinheiros no início do século XV, mas, com o aviltamento da unidade monetária, passou a 480 dinheiros em 1403, 780 em 1465 e 984 em 1474. A peça de ouro continuou a circular e a ser cunhada, mas quem em 1402 arrendara um terreno por 1.000 florins de ouro a longo prazo continuava a dever apenas 384.000 dinheiros anuais. Convencionou-se que o florim valia 384 dinheiros como moeda de conta (q.v.), enquanto a moeda de ouro propriamente dita passou a ser chamada "florim de ouro em ouro" e depois "ducado" ou "cequim", para evitar mal-entendidos. Portanto, a quebra beneficiava o Estado, detentores de dinheiro vivo, devedores e arrendatários, prejudicava credores, proprietários, pensionistas e assalariados e em princípio pouco afetava artesãos, camponeses e pequenos comerciantes não endividados.

Recunhagem (*recoining*): cunhagem de novas moedas a partir de moedas antigas derretidas.

Renovação monetária (*compulsory recoining* em inglês, *renovatio monetae* em latim): consiste em retirar o curso legal de uma moeda e impor um prazo para a sua troca por exemplares de uma nova emissão, impondo uma taxa de permuta de até 25% como forma de arrecadar fundos para o Estado, às vezes de forma excepcional e às vezes de forma periódica (a cada sete anos, anual ou mesmo semestral). Essa prática foi comum em muitos Estados europeus na Baixa Idade Média e Renascença, do século XII ao XVI.

Reservas bancárias (*bank reserves*): dinheiro nos cofres dos bancos comerciais mais seus depósitos no banco central. Servem para cobrir as retiradas de seus clientes.

Reservas compulsórias (*reserve requirement*): quantia mínima, determinada pelo banco central, que cada banco comercial deve manter como reserva bancária, conforme o tipo e volume dos saldos de clientes. Dependendo do país, do tipo de depósito e da conjuntura, podem variar de zero a 100%. Quanto a depósitos à vista, são hoje de zero no Reino Unido e 1% na Zona do Euro, 10% nos EUA (para volumes acima de US$ 110 milhões) e 45% no Brasil. Dos bancos de atuação global, o BIS exige 4,5%. Além de garantir a liquidez, servem para limitar a multiplicação da moeda escritural (q.v.) e assim regular a oferta monetária.

Reservas internacionais (*international reserves*): divisas (q.v.) disponíveis para uso imediato do banco central, originadas da compra da moeda estrangeira obtida das exportações ou de financiamentos externos. Podem ser brutas (total), ou líquidas, quando descontadas de empréstimos de curto prazo com as quais foram obtidas. Servem para cobrir os eventuais déficits nas contas e controlar a taxa de câmbio. No sentido estrito ("conceito caixa") refere-se apenas a dinheiro; no sentido amplo ("liquidez internacional"), inclui títulos públicos e outras quase-moedas.

Reverso (*reverse*): o lado "traseiro" de uma moeda ou nota. Nas moedas batidas a martelo, era o lado gravado pelo cunho superior, cunho de martelo, contracunho ou batedor (*reverse die*), que era apoiado no disco (*flan*) a ser cunhado e recebia o golpe do malho. Nas primeiras moedas, tendia a ser ligeiramente côncavo, não recebia cunho e era plano, ou recebia apenas uma marca simples gravada na cabeça do martelo. É chamado popularmente em português "coroa" (*tails* em inglês), porque nas moedas da monarquia portuguesa e do Brasil imperial era geralmente gravado com o brasão do Estado, encimado por uma coroa real ou imperial. Nas moedas modernas, geralmente contém a indicação do valor e um motivo decorativo. No caso das moedas de euro, é o lado "comum", com indicação de valor e um mapa continental. Nas ilustrações de moedas em livros, convenciona-se representar o reverso sempre à direita.

Selo (*stamp*): Em alguns países, selos especiais foram colados sobre papel-moeda para revalidá-lo após uma mudança de unidade monetária, regime político ou valor nominal (em tempos de hiperinflação) e às vezes se cobrou uma taxa pela revalidação, especialmente no caso da moeda perecível (q.v.). Além disso, selos de correio, colados sobre pedaços de papel ou cartolina, foram às vezes usados como moeda de emergência (q.v.).

Senhoriagem (*seigniorage*): nos tempos da moeda intrínseca (q.v.), o proprietário de metal precioso que desejava trocá-lo por moeda de curso legal o entregava à casa da moeda e esta ficava com uma parte do metal, tipicamente 4% a 8% da prata e 1% a 2% do ouro, mas às vezes mais de 20%, principalmente quando a moeda sofria quebra (q.v.) ou renovação monetária (q.v.). Esta era a senhoriagem bruta, dividida entre a braçagem (custo de cunhagem, para pagar a mão de obra e outras despesas) e a senhoriagem propriamente dita (líquida), recolhida como imposto. Em compensação, a moeda cunhada podia ser usada com maior facilidade e com um ágio em relação ao metal em barras ou peças fora de circulação.

Para moedas fiduciárias, a senhoriagem é a diferença entre o valor nominal da moeda cunhada e o custo de produção. O ganho para a casa da moeda pode ser substancial no caso de moedas de alto valor, principalmente as cunhadas para colecionadores, mas em alguns casos (como, por exemplo, as moedas estadunidenses de 1 e 5 cents cerca de 2004), a senhoriagem é negativa, pois a inflação reduziu o poder aquisitivo dessas moedas abaixo de seu custo.

No caso de papel-moeda fiduciário, além de os custos de produção e distribuição serem em geral insignificantes (nos EUA de 2016, 5,5 cents para notas de um dólar, 10 cents para notas de 5 a 50 dólares e 14 cents para notas de 100 dólares) as notas são usadas pelo emissor para comprar títulos remunerados, proporcionando à instituição um ganho com juros[14]. Constituem, portanto, um empréstimo a juro zero do público ao emissor (hoje geralmente o banco central, mas no passado frequentemente um banco comercial ou o tesouro nacional).

Isto vale também para o dinheiro eletrônico (q.v.), com a diferença de que nesse caso o custo de produção e distribuição é zero. Entretanto, neste caso acredita-se que a senhoriagem seria substancialmente diminuída, pois se eliminaria a demanda de dinheiro para fins ilegais. Além disso, o dinheiro eletrônico viabilizaria títulos de juro negativo quando a política monetária o exigisse, o que poderia eliminar o lucro do banco central.

No caso dos EUA, a senhoriagem foi cerca de 30 bilhões de dólares anuais em 2002-2007, cerca de 0,25% do PIB e 1,25% da

---

[14] No caso do papel-moeda lastreado, uma parte (tipicamente 40%) é obrigatoriamente depositada em ouro ou prata, que não rendem juros e têm custos para ser guardados e protegidos.

receita fiscal federal e 70 bilhões anuais (0,5% do PIB, 3% da receita) logo após a crise de 2008[15]. Em países modernos com inflação substancial e arrecadação fraca, a senhoriagem pode chegar a entre 10% e 50% da receita do Estado, como também se deu em tempos antigos, em épocas de aviltamento de moeda. Houve mesmo casos em que a senhoriagem se tornou a receita única, ou praticamente única, do governo.

Símbolo monetário (*currency sign*): sinal usado para representar uma unidade monetária (ou um de seus múltiplos e submúltiplos) na contabilidade. Frequentemente uma letra cortada, desde os romanos, que representavam o sestércio como HS (dois asses e meio, ou "semi", também representados como HS) e o denário como X̶ (dez asses), mas também se usam letras estilizadas, abreviações e sinais diversos. Os mais importantes, hoje, são o cifrão (q.v.) usado para várias moedas, $; o símbolo do euro, €; da libra esterlina, £; e do iene e iuan, ¥.

Sobrecunhagem (*overstrike*): cunhagem sobre uma peça anteriormente cunhada sem esta ter sido derretida, o que frequentemente deixa vestígios da cunhagem original, como nos patacões cunhados por D. João VI sobre pesos espanhóis no século XIX.

Taxa de câmbio (*exchange rate*): relação entre duas moedas que expressa o preço de uma delas em relação à outra. Geralmente se refere ao preço de moedas estrangeiras em moeda nacional, mas na Idade Média e alguns países e períodos da Idade Moderna coexistiram duas ou mais moedas legais nos mesmos espaços (uma moeda de ouro e outra de prata, por exemplo), trocadas umas pelas outras por cambistas a taxas variáveis. Fala-se de câmbio flutuante quando a taxa varia livremente no mercado e de câmbio fixo quando a taxa é definida pela autoridade monetária, o que implica, no curto prazo, em dispor de reservas suficientes para enfrentar ataques especulativos e, no longo prazo, em manter a inflação em ritmo semelhante ao do país de origem da moeda de referência. Em alguns casos, principalmente de escassez de divisas, duas ou mais taxas coexistem. Uma ou mais taxas são fixadas pelo Estado para certas transações (principalmente importações essenciais) e as demais são deixadas

---

15 Como pelo menos a metade dos dólares estadunidenses circula no mercado internacional, metade ou mais da senhoriagem é paga por outros países. Acredita-se que a proporção seja semelhante ou maior nos casos do euro, do franco suíço e do dólar de Hong Kong.

ao câmbio livre ou flutuante, geralmente menos favorável à moeda nacional. Quando este é ilegal ou extraoficial, é chamado câmbio paralelo, ou "câmbio negro".

Taxa de juro básica (*basic interest rate*): é a taxa de juro paga pelo Tesouro Nacional a seus credores, geralmente arbitrada pela autoridade monetária (Banco Central ou equivalente) e chamada no Brasil de taxa Selic (*Sistema Especial de Liquidação e de Custódia*). Essa taxa serve de referência aos empréstimos entre bancos e, portanto, de base a todas as demais taxas de juros bancárias e comerciais, pois ao buscar lucro todas embutem uma margem (*spread*) maior ou menor em relação à taxa básica, ou seja, são maiores que esta. Ao baixar ou elevar a taxa básica, o Banco Central influi em todas as taxas de juros cobradas no mercado e assim estimula ou desestimula os empréstimos e portanto os investimentos e toda a atividade econômica.

Normalmente, a taxa de juro básica é a mais baixa do sistema financeiro, mas é positiva em termos reais (q.v. juro real). Entretanto, quando o governo ou o Banco Central querem estimular mais intensamente a economia, pode fixar a taxa básica em nível inferior à taxa de inflação. Enquanto os títulos do Tesouro Nacional forem considerados seguros, os credores (principalmente bancos) tendem a aplicar neles mesmo quando oferecem juro real negativo, pois são preferíveis a manter o dinheiro sem aplicação, com rendimento zero. Como se viu após a crise de 2008, até uma taxa de juro *nominal* ligeiramente negativa pode ser aceita por valer mais a pena pagar algo ao Tesouro Nacional para aceitar seus empréstimos do que arcar com os custos de manter o dinheiro fisicamente estocado nos cofres.

Períodos de deflação (q.v.), geralmente acompanhados de recessão ou depressão, criam um problema complicado para as autoridades monetárias porque mesmo quando a taxa de juro básica é reduzida a zero, o dinheiro não aplicado oferece rendimento real, o que desestimula o investimento e tira eficácia à manipulação da taxa básica. Por isso, uma taxa de inflação moderada, ao oferecer uma margem de manobra, é normalmente preferida à inflação zero.

Taxa de juro de referência (*reference rate*): é uma taxa calculada por uma organização independente e fora do controle dos contratantes, usada por estes para determinar juros variáveis (q.v.). As taxas de referência hoje mais importantes são as calculadas diariamente como média das taxas de empréstimos interbancários no mercado de Londres (Libor – *London Interbank Offered Rate*), Zona do Euro (Euribor), Tóquio (Tibor), Cingapura (Sibor) e Xangai (Shibor). Taxas de juro básicas e preferenciais também podem servir como taxas de referência.

Taxa de juro fixa (*fixed rate of interest*): é uma taxa de juro aplicada por acordo prévio a um empréstimo para ser mantida até o fim do contrato.

Taxa de juro preferencial (*prime interest rate* ou *prime rate*): é a taxa de juro cobrada dos bancos aos clientes ditos preferenciais, isto é, com as melhores avaliações de crédito (inclusive outros bancos), normalmente um pouco superior à taxa de juro básica.

Taxa de juro real (*real interest rate*): a taxa de juro é expressa como uma porcentagem sobre uma quantia expressa na unidade monetária corrente, mas esta pode perder poder aquisitivo devido à inflação, de forma a reduzir a remuneração real do credor ou mesmo fazê-lo perder dinheiro em termos reais. Nesse caso, o poder aquisitivo da quantia devolvida, mesmo acrescida dos juros, é menor do que a da quantia quando originalmente emprestada. A diferença entre a taxa de juro dita nominal e a taxa de inflação é chamada *taxa de juro real* e se a primeira é menor que a segunda, fala-se de *taxa de juro real negativa*. Por exemplo, se um credor emprestou 100 por um ano com taxa de juro de 8% e a inflação foi de 20%, ele recebe de volta 108 com poder aquisitivo de 90 em termos do ano anterior. A preços do início do período, perdeu 10 em termos reais. A taxa de juro real foi negativa e igual a -10%. Para proteger os credores, algumas legislações permitem ou permitiram em certas épocas a prática da correção monetária, ou seja, a correção periódica do valor do principal por um índice oficial. Note-se que se houver deflação (q.v.), a taxa de juro real pode ser *superior* à nominal.

Taxa de juro variável (*floating interest rate*): também chamada taxa de juro flutuante, é por contrato revisada periodicamente (mensalmente ou a cada seis meses, por exemplo) em função de uma taxa de juro de referência (q.v.), à qual se soma uma margem fixa (*spread*). A taxa inicial para um financiamento de juro variável é geralmente inferior à de um financiamento de prazo semelhante com taxa de juro fixa (q.v.), mas varia imprevisivelmente. O primeiro empréstimo importante nessas condições, de US$ 80 milhões de bancos britânicos para o Irã em 1969, foi baseado na taxa Libor. Com a instabilidade financeira resultante do colapso do sistema de Bretton Woods e resultante imprevisibilidade do câmbio e das taxas de juros, bancos passaram a preferir esse sistema para empréstimos de longo prazo, que assim podem ser cobertas por aplicações de prazo mais curto. O risco foi demonstrado em 1979, quando os EUA aumentaram de repente a taxa de juro básico e com isso fizeram explodir as taxas de referência e causaram crises na maioria dos países endividados, inclusive o Brasil.

União monetária (*currency union* ou *monetary union*): adoção de um padrão monetário (q.v.) comum a dois ou mais países, pelo uso de uma unidade monetária única administrada em comum (como o euro) ou por unidades monetárias administradas separadamente, mas fixadas a um padrão único e de igual valor (como os francos, liras, pesetas e dracmas da União Monetária Latina do século XIX, de idêntico conteúdo metálico e formato). Pode ser informal, quando um país adota unilateralmente uma moeda estrangeira (como o Equador na dolarização de 2000); ou formal, quando adota por meio de um acordo bilateral ou multilateral uma moeda estrangeira (Liechtenstein ao adotar o franco suíço) ou uma moeda comum administrada em conjunto (como o franco CFA em várias ex-colônias francesas da África).

Unidade monetária (*currency unit*): unidade de valor de um sistema monetário (como o real ou o euro), que pode existir ou não em forma física e em relação à qual são definidos múltiplos e submúltiplos (por exemplo, o centavo ou o cêntimo) que também servem de denominação (q.v.) às peças físicas de dinheiro e à moeda escritural. No caso da moeda intrínseca (q.v.) ou lastreada (q.v.), era legalmente definida como uma certa quantidade de ouro, prata ou cobre, mas não se confundia com esta, pois novas leis e decretos puderam alterar essa quantidade, substituir o metal ou cancelar totalmente a sua conversibilidade. Assim, a libra esterlina, que originalmente equivalia a uma libra *tower* inglesa (unidade de peso de 349,9 gramas) de moedas de prata esterlina, foi gradualmente reduzida para cerca de 120 gramas de prata até o século XVIII, foi redefinida em 1821 como 7,99 gramas de ouro de 22 quilates e em 1931 se tornou moeda fiduciária, sem deixar de ser legalmente a mesma unidade.

Usura (*usury*): como taxa pelo uso, é um sinônimo de juro (q.v.). Pela associação com a condenação religiosa da cobrança de juros, "usura" ganhou uma carga negativa. "Juro", com o sentido original de "direito" (latim *juris*) passou a ser entendido como o juro dentro da moral e da lei, enquanto "usura" é o que o excede, por impor uma taxa acima da razoável ou do legalmente permitido (quando há regulamentação) ou em situações nas quais é considerado injusto (para Tomás de Aquino, por exemplo, o juro é admissível em empreendimentos comerciais, mas não em empréstimos a consumidores em dificuldades). No Islã, o conceito equivalente é *riba*, literalmente "excesso" e se aplica a qualquer cobrança de juros.

Vale (*scrip* ou *voucher*): certificados, cupons, comprovantes e outros papéis que representam o direito a um valor monetário, serviço ou mercadoria. Pode ser usado por empresas para pagar empregados de forma a obrigá-los a comprar nas lojas da empresa, em campos de prisioneiros para pagar seu trabalho sem que possam usá-lo numa eventual fuga ou por comunidades empobrecidas para promover a solidariedade com seus trabalhadores e comerciantes, servindo nesses casos como quase-moeda de uso local.

Valor de troca (*exchange value*): na teoria marxista, é o tempo de trabalho (ou, mais especificamente, o tempo de trabalho produtivo não especializado) socialmente necessário para produzir uma mercadoria, que serve (em geral inconscientemente) de base à sua troca por outras mercadorias ou dinheiro numa economia de mercado. O conceito é polêmico porque a relação do valor de troca com o preço efetivo é complexa e nem sempre demonstrável. Numa economia capitalista, o valor de troca das mercadorias tende a cair com o aumento da produtividade e o mesmo acontece com os salários de trabalhadores não especializados, na medida em que a concorrência os mantém próximos do mínimo necessário para a reprodução da força de trabalho. Numa economia propriamente socialista, os preços, enquanto existirem, seriam determinados pela conveniência social e não necessariamente pelo valor de troca, embora o modelo soviético tenha dado a este muita importância.

Pré-História

Povos caçadores-coletores

A se acreditar em muitos livros-texto de economia, seres humanos praticaram a troca de mercadorias desde o início de sua existência social. Uma formulação clássica desse axioma liberal se encontra no capítulo II de *A Riqueza das Nações* de Adam Smith, obra de 1776:

> Essa divisão do trabalho, da qual derivam tantas vantagens, não é, em sua origem, o efeito de uma sabedoria humana qualquer, que preveria e visaria esta riqueza geral à qual dá origem. Ela é a consequência necessária, embora muito lenta e gradual, de uma certa tendência ou propensão existente na natureza humana que não tem em vista essa utilidade extensa, ou seja: a propensão a intercambiar, permutar ou trocar uma coisa pela outra (...). Essa propensão encontra-se em todos os homens, não se encontrando em nenhuma outra raça de animais.(...) Não é da benevolência do açougueiro, do cervejeiro ou do padeiro que esperamos nosso jantar, mas da consideração que eles têm pelo seu próprio interesse. (...)Dirigimo-nos não à sua humanidade, mas à sua autoestima, e nunca lhes falamos das nossas próprias necessidades, mas das vantagens que advirão para eles (...) é por negociação, por escambo ou por compra que conseguimos uns dos outros a maior parte dos serviços recíprocos de que necessitamos, da mesma forma é essa mesma propensão ou tendência a permutar que originalmente gera a divisão do trabalho. Em uma tribo de caçadores ou pastores, por exemplo, uma determinada pessoa faz arcos e flechas com mais habilidade e rapidez do que qualquer outra. Muitas vezes trocá-los-á com seus companheiros, por gado ou por carne de caça; considera que, dessa forma, pode conseguir mais gado e mais carne de caça do que conseguiria se ele mesmo fosse à procura deles no campo.

Partindo pois da consideração de seu interesse próprio, resolve que o fazer arcos e flechas será sua ocupação principal, tomando-se uma espécie de armeiro. Um outro é particularmente hábil em fazer o madeiramento e as coberturas de suas pequenas cabanas ou casas removíveis. Ele está habituado a ser útil a seus vizinhos dessa forma, os quais o remuneram da mesma maneira, com gado e carne de caça, até que, ao final, acaba achando interessante dedicar-se inteiramente a essa ocupação, e tornar-se uma espécie de carpinteiro dedicado à construção de casas. Da mesma forma, um terceiro torna-se ferreiro ou apascentador de gado, um quarto se faz curtidor ou preparador de peles ou couros, componente primordial da roupa dos silvícolas. E dessa forma, a certeza de poder permutar toda a parte excedente da produção de seu próprio trabalho que ultrapasse seu consumo pessoal estimula cada pessoa a dedicar-se a uma ocupação específica e a cultivar e aperfeiçoar todo e qualquer talento ou inclinação que possa ter por aquele tipo de ocupação ou negócio.

Apesar de Adam Smith e de todos os seus imitadores, porém, não se conheceu entre os povos caçadores indígenas da América do Norte aos quais ele se referia nenhum fabricante de arcos e flechas, de tendas cônicas ou de roupas de couro que vivesse de trocá-los por carne de caça. Nem entre caçadores-coletores tribais de qualquer outro continente. Na verdade, jamais se conheceu qualquer sociedade humana baseada no escambo tal como Smith o entendia.

A troca direta de mercadorias negociadas caso a caso, sem mediação de alguma forma de dinheiro ou crédito, sempre foi exceção. Um dos casos é quando povos estranhos fazem contato sem ter um sistema de valores comum, sejam dois grupos nômades, sejam civilizações mercantis em contato com povos nativos. Assim os primeiros mercadores europeus obtinham pau-brasil e provisões dos tupis do litoral em troca de machados, facões, ferramentas, lanças, tecidos, miçangas e espelhos, por exemplo. Outro caso é quando uma sociedade acostumada com o dinheiro tem de lidar temporariamente com o colapso súbito de seu sistema monetário, como aconteceu nos primeiros meses após a queda da União Soviética ou a crise da conversibilidade na Argentina de 2002.

No dia-a-dia das culturas humanas do paleolítico, que representou 95% do tempo de existência do *Homo sapiens* neste planeta (99,5% se consideradas as espécies ancestrais de *Homo*) e que continuou a ser o modo de vida dos povos de caçadores-coletores até tempos modernos, não há lugar para o escambo. Essas comunidades humanas são formadas por pequenos grupos nômades de umas poucas dezenas de pessoas, com pouca ou nenhuma chefia, especialização ou organização formal. Pode existir alguma divisão de trabalho, sempre flexível, em função de sexo, grupos de idade e características individuais, mas é a partir dos laços familiares e de amizade e do costume da partilha e da cooperação – "benevolência e humanidade" – que as necessidades são atendidas e não por meio da negociação ou escambo.

Nos caçadores-coletores do paleolítico e às vezes em alguns povos da atualidade sequer existiu o aparato conceitual necessário para contabilizar. Muitas línguas de aborígenes australianos, indígenas amazonenses, nativos da Nova Guiné e bosquímanos do Kalahari só têm palavras para "um", "dois" e "muitos". No caso dos Pirahã da Amazônia brasileira, as únicas palavras para quantificar são "pequeno/poucos", "grande/muitos" e "juntar".

O proto-indo-europeu, língua falada no neolítico da qual derivou a maioria das línguas modernas da Europa e Índia, teve originalmente a mesma limitação. Há evidências de que inicialmente também teve originalmente uma estrutura baseada em "um", "dois" e "muitos". A raiz indo-europeia de "três" (*treies*) parece cognata do latim *trans*, "além", do inglês *throng*, "multidão", do português "tropa", do francês *trop* e do italiano *troppo* (muito), todos com o sentido de quantidade grande e indefinida, ou seja, "muitos". Todos os nomes indo-europeus de números maiores do que "cinco" (dedos de uma mão) parecem ter sido tomados de outros grupos linguísticos que presumivelmente desenvolveram a aritmética e as trocas mais cedo, principalmente os semitas. Daí a semelhança, por exemplo, entre as palavras indo-europeias para "sete", como latim *septem* e termos semitas, como o árabe *sab'at*.

Não há necessidade de negociar e computar trocas quando um vizinho conhecido nos pede uma xícara de açúcar ou para tomar conta do filho pequeno por algumas horas, muito menos quando é um amigo ou parente próximo. Grupos de caçadores-coletores obedecem à mesma lógica. Tensões podem surgir quando alguém sistematicamente foge às suas obrigações e abusa dos companheiros, mas normalmente não se contabilizam trocas, ganhos ou perdas. O importante é manter laços valiosos em si mesmos. Quando alguém se interessa por um objeto atraente ou útil, espera recebê-lo a troco de nada e da mesma forma o cede a um terceiro, prática que provoca frequentes mal-entendidos no relacionamento com povos mais ciosos de suas posses. Nos anos 1960, a antropóloga Lorna Marshall presenteou seu informante favorito, um !Kung do Kalahari, com uma faca nova e bonita. Ao voltar um ano depois, soube que depois ela chegara a pertencer a praticamente todos os membros do grupo, um por vez.

Em outro episódio bem conhecido, o escritor e antropólogo dinamarquês Peter Freuchen conta em seu *Livro dos Esquimós*, sobre sua convivência com os *inuit* da Groenlândia nos anos 1910 e 1920, de sua participação em uma caçada de morsas em grupo. Segundo o costume, "quem tem a sorte de lançar o primeiro arpão" fica com a melhor parte, o segundo com a seguinte e assim por diante, mas mesmo aqueles que chegam após a morte do animal lançam também seus arpões para reivindicar sua parte e a dividem segundo suas regras. Freuchen, ao chegar entre os últimos, agradeceu com lágrimas nos olhos ao primeiro caçador por lhe "dar" uma generosa parte da carne e o ancião do grupo o repreendeu:

— *Você não deve agradecer pela carne, ter uma parte é direito seu. Neste país, ninguém quer depender de outros, portanto, não há quem dê ou peça presentes, pois isso o torna dependente. Com presentes se fazem escravos, assim como com chicotes se fazem cães!*

É no contato entre diferentes bandos que surge algo parecido com o escambo. Grupos de caçadores-coletores são demasiado pequenos para se fecharem endogamicamente em si mesmos. O mais vital para esses encontros é a troca de parceiros sexuais jovens, embora a oportunidade seja aproveitada para trocas de itens diversos. Há evidências de que desde 120.000 a.C., pelo menos, matérias-primas como conchas e pigmentos (ocre), talvez usados em rituais, chegavam a centenas de quilômetros de seus locais de origem na África.

Se é válida a analogia com o comportamento de povos observados por antropólogos modernos, esses encontros se davam em ambiente festivo, no qual os grupos reunidos formavam uma comunidade expandida temporária e a circulação de produtos assumia a forma de troca de presentes, sem se buscar uma retribuição exata. O antropólogo Ronald Berndt descreveu nos anos 1940 uma troca cerimonial ou *dzamalag* entre bandos de Gunwinggu, aborígenes da terra de Arnhem (norte da Austrália), que possuem certa especialização entre grupos, cada um com seu produto característico a ser trocado por outros, mas linguagem e costumes comuns, inclusive divisão dos bandos em metades dentro das quais relações sexuais e casamentos são proibidos, ao passo que com parceiros da metade oposta são aceitáveis. Os visitantes, após algumas negociações iniciais, são convidados ao acampamento principal. Nesse exemplo, os hóspedes são famosos por suas lanças serrilhadas, e os anfitriões têm acesso a tecidos europeus. O grupo dos visitantes, homens e mulheres, entra no terreiro de dança do acampamento, o "lugar do anel", e três deles começam a entreter os anfitriões com música, dois homens cantam e o terceiro toca o didjeridu (instrumento de sopro aborígene).

Homens e mulheres se levantam e começam a dançar. Duas mulheres dos anfitriões "dão dzamalag" aos cantores, sempre da metade oposta. Presenteiam-nos com uma peça de tecido e os tocam, golpeiam e derrubam no chão, chamam-nos de "marido de dzamalag" e brincam eroticamente com eles. Então outra mulher faz o mesmo com o instrumentista.

Começa então o "escambo". Os homens visitantes sentam-se em silêncio enquanto as anfitriãs da metade oposta chegam, lhes dão tecidos, os golpeiam e os convidam ao sexo. As mulheres tomam qualquer liberdade que queiram com eles em meio a diversão e aplauso, enquanto o canto e a dança continuam. Tentam despir as tangas dos homens ou tocar seus pênis e arrastá-los para fora do "lugar do anel" para fazer sexo. Fingindo relutância, os homens vão com suas parceiras de dzamalag para o bosque, longe da fogueira que ilumina os dançarinos, e dão às mulheres tabaco ou contas. Quando as mulheres voltam, dão parte do tabaco aos maridos que as encorajaram a "fazer dzamalag", e estes o usarão para presentear às suas próprias parceiras de dzamalag. Mais cantores e músicos aparecem e são de novo atacados e arrastados para o bosque. Os maridos incitam suas esposas a "não ser tímidas" e manter a reputação de hospitalidade do grupo.

Depois, é a vez de os anfitriões tomarem a iniciativa com as esposas dos visitantes, oferecendo-lhes tecidos, golpeando-as de brincadeira e levando-as para o mato. Contas e tabaco circulam novamente. Por fim, quando todos os participantes tiveram seu par pelo menos uma vez e os convidados estão satisfeitos com os tecidos que ganharam, as mulheres param de dançar, formam duas filas e os visitantes se alinham para recompensá-las.

Então os visitantes de uma metade dançam rumo às anfitriãs da metade oposta para "lhes dar dzamalag". Seguram lanças com pontas de pá preparadas e fingem cravá-las nas mulheres, mas em vez disso lhes batem com o lado chato da lâmina, lhes dizem "não vou espetar você, porque já a espetei com meu pênis" e as presenteiam com as armas. Depois os visitantes da outra metade fazem o mesmo com as anfitriãs da metade oposta e lhes dão lanças de pontas serrilhadas. Isto encerra a cerimônia, que é seguida por uma abundante distribuição de comida. Não deixa de ser uma forma de escambo, mas embutido em festa, diversão e troca de presentes, de tal modo que o valor das "mercadorias" é o que menos importa.

Povos tribais agrícolas

O período de transição entre o paleolítico e o neolítico, que ocorreu na região do Levante entre 20.000 a.C. e 10.000 a.C. e na Europa entre 9.660 a.C. e 5.000 a.C., foi caracterizado pela formação de grupos maiores e mais sedentários, para os quais a caça de animais menores, a coleta de mariscos e a colheita e moagem de cereais selvagens substituem as grandes caçadas e as técnicas de coleta mais primitivas. E por isso pouco a pouco começam a se tornar importantes o planejamento a longo prazo, a agricultura e a criação de animais. Surgem a cerâmica e as primeiras formas de estocagem de alimentos. Nesse período, começam a se formar as chefias, a divisão social de trabalho e papéis de gênero mais rígidos. Sociedades com centenas ou milhares de membros se articulam em torno de redes de parentescos reais ou convencionais, as chamadas "tribos", e de aldeias permanentes ou semipermanentes.

A maioria dos povos tribais modernos das Américas, África e Ásia tem ou teve até recentemente um modo de vida comparável, no qual o sedentarismo, a agricultura e a hierarquia social existem de forma limitada, mas não o Estado propriamente dito, a vida urbana ou outras características associadas à civilização. Nessas condições, os conflitos são mais comuns e sua administração mais importante, pois migrar para evitá-los é mais difícil. Pessoas com o poder de solucioná-los (chefes, xamãs, juízes, anciãos) e interpretar as normas tradicionais se tornam mais relevantes.

A circulação de bens e serviços também ganha importância, mas em geral toma a forma de distribuição de recursos comuns (arrecadados e administrados por chefias ou instituições tribais – conselhos de mulheres, por exemplo, no caso dos iroqueses) e pedidos e doação de presentes e favores sem expectativa de compensação exata com prazo definido.

Algumas dessas sociedades criaram, além disso, formas do que às vezes é chamado de "protodinheiro", mas preferimos chamar "pseudodinheiro", pois não têm várias das características da moeda propriamente dita e não são usadas num mercado. Consomem muito trabalho para serem coletadas ou produzidas, mas geralmente têm pouca ou nenhuma utilidade prática além de seu papel simbólico. Não são usadas para adquirir as necessidades do dia-a-dia, mas em certas situações delicadas e importantes, principalmente:

• Dote, geralmente pago pelo noivo ou sua família à família da noiva[16];

• Solução de disputas, principalmente as originadas de morte, ferimentos ou ofensas graves;

• Presentes que reafirmam o prestígio social em casamentos, funerais e outros eventos importantes;

• Aquisição de recursos para realização de grandes celebrações;

• Prêmios por feitos notáveis;

• Presentes para firmar acordos de paz ou alianças políticas;

• Resgate de prisioneiros ou corpos capturados pelo inimigo;

• Aquisição de certos bens cuja posse tem consequências sociais importantes, tal como terras, gado e canoas.

Eis alguns exemplos dos mais bem estudados e interessantes:

Wampum

O nome é uma abreviação de *wampumpeag*, palavra da língua dos índios Massachusetts que originalmente significava apenas "enfiada de contas brancas". São enfiadas ou cinturões feitos de contas feitas de conchas do litoral atlântico da América do Norte, brancas (dos búzios *Busycon canaliculatum*) e pretas ou roxas (das amêijoas

---

[16] Entre povos tribais, entre os quais a terra tem menos valor e a mulher responde pela maior parte do trabalho agrícola, são o noivo e sua família que pagam um dote à família da noiva, como compensação pela força de trabalho e reprodução (a mulher e os futuros filhos) acrescentadas ao grupo. O dote pago pela família da noiva ao noivo é típico de sociedades monogâmicas baseadas na propriedade da terra, em que o homem responde pela propriedade fundiária e a parte tida como mais importante da lavoura.

Mercenaria mercenária), entretecidas com fibras vegetais e animais. Podem formar padrões que codificam mensagens e acordos, como uma forma de escrita pictográfica que serve de ajuda à memória. Eram usadas pelos iroqueses e outros povos indígenas do leste dos atuais Estados Unidos como compensações pagas pelas noivas, na reconciliação entre grupos divididos por um assassinato ou outro crime (nesse caso, um wampum todo branco) e como presentes rituais em funerais e tratados de paz (codificando suas condições). Os maiores cinturões chegavam a ter dois metros e 6 mil contas.

Quando colonos europeus, holandeses e ingleses começaram a negociar com os nativos, fabricaram também *wampum*, principalmente na Nova Inglaterra (onde foram moeda legal de 1637 a 1661), Nova Amsterdã (depois Nova York), Nova Jersey e Delaware. Até 1673, oito contas brancas ou quatro pretas equivaliam em Nova Amsterdã a um *stuiver* holandês (8 ñ). Nas colônias inglesas, seis contas brancas ou três pretas valiam um *penny* inglês (8 ñ).

A produção em massa de *wampum* com ferramentas modernas causou a inflação e desvalorização dessas contas. Em 1705, na Virgínia, uma jarda (91 centímetros) de contas brancas valia 9 pence (76 ñ) e das pretas, 18 pence (152 ñ). O uso chegou a ser legalizado também na Carolina do Norte em 1710, quando já estava sendo abandonado em Nova York.

Tavau

Também chamado *tau*, *tiale* ou *nauada*, é uma tira dupla de fibras vegetais de 4 a mais de 11 metros de comprimento e 25 a 45 centímetros de largura, coberta com as penas vermelhas do pequeno papamel escarlate (*Myzomela cardinalis*), ave do Pacífico Sul, geralmente uma bobina dupla, que não pode ser subdividida. Usada no arquipélago de Santa Cruz (parte das ilhas Salomão), era fabricada no sudoeste da ilha de Nendö em três etapas. Primeiro, um caçador capturava as aves usando seiva adesiva de amoreira num galho e tirava as penas. Depois, um artesão fazia plaquetas com penas de pombos e seiva de amoreira, sobre as quais prendia as penas vermelhas. Por fim, um segundo artesão unia as plaquetas numa bobina, montando-as como telhas sobre duas tiras paralelas de casca de árvore, separadas com ossos de asas de raposas voadoras (um grande morcego). Contas, conchas e dentes de porco eram acrescentados como enfeite, e amuletos de madeira davam caráter sagrado ao produto. As bobinas eram embrulhadas em folhas e panos e penduradas perto do fogo para livrá-las de fungos e insetos. Mesmo assim, duravam apenas algumas décadas antes de se deteriorarem.

Havia onze qualidades de bobinas, cada uma com o dobro do valor da imediatamente inferior, embora também se desvalorizassem ao se deteriorar. Variavam na cor (penas vermelhas, cinzentas ou pretas) e no tamanho. Em ordem decrescente de valor:

1. *nopamur*, de vermelho mais vivo, plaquetas maiores e pelo menos onze metros de comprimento, era feita com três mil plaquetas de 9 centímetros das penas mais brilhantes, o que exigia cerca de mil aves

2. *mar-li*, cerca de 1.800 plaquetas. Tnham 6,5 centímetros, demandavam 600 aves e valiam um quarto das de primeira qualidade;

3. *mar-tu*, mais estreita que a anterior, cerca de 1.100 plaquetas do tamanho da segunda falangeta do indicador, exigiam 400 aves e valiam a metade da segunda qualidade;

4. *mar-we*, vermelha;

5. *mar-alune*, vermelha;

6. *mar-ejame*, vermelha e preta;

7. *mar-elime*, vermelha e preta;

8. *mar-etume*, vermelha e preta;

9. *mar-epueme*, vermelha e preta;

10. *mar-naplu*, vermelha e preta;

11. *puckay*, preta com umas poucas penas vermelhas.

As de grau um a cinco eram chamadas "porcos" porque eram usadas para comprar porcos cevados para celebrações, e as demais eram "leitões". Nos anos 1930, sob domínio britânico, as de melhor qualidade eram avaliadas em dez a quinze libras para venda a estrangeiros (10.000 a 15.000 ñ) e as mais deterioradas em 6 *pence* (25 ñ).

No século XIX, faziam-se quarenta *tavau* por ano, o que exigia cerca de 20 mil aves. Em 1932, dos 1.200 habitantes das ilhas, dez pessoas ainda as faziam (pediam aos ocidentais 4 shillings, cerca de 200 ñ, por 100 plaquetas, mais 50% para o encarregado do acabamento), mas apenas as *mar-li* e *mar-tu*, com uma produção total de vinte bobinas por ano (cada um fazia até cinco se tivesse matéria-prima suficiente). Uma *nopamur* teria comprado uma canoa de nove a doze metros para uma tonelada de carga, mas eram necessárias quatro *mar-li* para o mesmo efeito. Demandavam 50 mil a 60 mil penas e 500 a 700 horas de trabalho cada uma. Nos anos 1960, se faziam dez por ano. O último artesão a conhecer a técnica morreu nos anos 1980.

Quando o casamento era anunciado, parentes e amigos do noivo se comprometiam a fornecer bobinas. Supunha-se que o pai do noivo iria fornecer a de melhor qualidade, posta na base da pilha e assim chamada "unidade de baixo". Tios paternos forneciam o grau dois, irmãos o grau três e assim por diante, até chegar a tavaus mais gastos e deteriorados. Isso consolidava as relações com o noivo. Se o pai do noivo não cumprisse sua obrigação, cedia suas prerrogativas a quem pudesse fornecer o grau um, inclusive a de dar o nome ao primogênito do casal.

Em média, dez bobinas de diferentes qualidades pagavam uma noiva. Nas ilhas ocidentais, as noivas valiam mais por serem consideradas particularmente hábeis na pesca, no remo e em subir em árvores frutíferas. O povo dessas ilhas pouco férteis "exportava" mulheres para Nendö em troca de *tavau*, depois usado para comprar madeira, porcos e grandes canoas.

Gaw, Yar, Rai, Mbul e outros pseudodinheiros de Yap

As ilhas Yap, da Micronésia, que possuem uma sociedade complexa com chefias, propriedade privada da terra e castas sociais fortemente segregadas, possuem quinze tipos tradicionais de pseudodinheiro, dos quais os mais conhecidos são

Gaw, um colar de conchas trabalhadas e dentes de baleia, com até 4 metros de comprimento, é o mais valioso. Importado da ilha de Ganat, no arquipélago de Pohnpei, é trocado entre aldeias para promover relacionamentos, dado em cerimônias importantes e como compensação por transgressões sérias. A peça mais valiosa é chamada *Angumang*, por ser a primeira trazida a Yap.

Fe' ou *Rai*, o segundo em importância. Consiste em discos com até 3,6 metros de diâmetro usados para várias finalidades, inclusive compra de terras. Uma peça antiga, chamada *Rayningochol*, é a mais valorizada por ter sido trazida a Yap de Palau por balsa.

Mbul, raramente usado hoje, é uma esteira de fibra de folhas de bananeira e palmeira de areca (tecido chamado lavalava e usado também em saias e tangas) de 60 centímetros, produzida no município de Aalipebinaw em Yap. Outrora era considerada equivalente a um *rai* de 60 centímetros.

Yar, madrepérolas de ostras perlíferas, chegando a 25 centímetros de comprimento e 10 de largura, presas em cordões ou cabos de corda de coco que são decorados com conchas e presas de javali. Vêm da Austrália e Nova Guiné, são trabalhadas em Yap e servem principalmente como dote da família do noivo à da noiva. As peças chamadas *balaw*, com concha de bordas pretas, são de maior valor que as *ngebehey*, de bordas douradas.

Reng, um pacote de cúrcuma (usada como condimento e cosmético) de 30 centímetros envolvido em fibras vegetais, é originário da própria Yap.

Au, um pedaço de corda de fibra de coco.

Figaa, um cinturão de pequenas conchas usado por mulheres na dança.

Ma ou *Giy*, pilões cerimoniais feitos de conchas.

Com exceção do *reng*, um produto razoavelmente útil, relativamente durável e de ampla aceitação, a maioria desses itens tem pouca ou nenhuma utilidade além de intermediar relações sociais.

Dessas formas de pseudodinheiro, o *fe'* ou *rai* é o que mais desperta a curiosidade dos visitantes. São discos esculpidos em pedra calcária – calcita ou aragonita, variando de brancas com pequenos cristais brilhantes (mais valorizadas) a cor de chocolate – com um furo no meio, pelo qual se passa uma corda, vara ou tora de madeira para que sejam transportados. Foram talhadas e trazidas por yapenses de outras ilhas da Micronésia, principalmente Palau (a 402 quilômetros) e Guam, para o arquipélago de Yap, onde esse material é raro[17]. Há histórias de que em tempos antigos Yap dominava as ilhas vizinhas e recebia as pedras como tributos, mas no século XIX o direito de lavra era pago pelos yapenses aos nativos dessas ilhas com coco, copra e serviços, tais como construção de caminhos.

Originalmente, os nativos precisavam da permissão do chefe para ir às ilhas vizinhas lavrar pedras. Quando trazidas para Yap, eram distribuídas pelo chefe, que retinha as maiores e dois quintos das menores para si mesmo. Nomes individuais de pedras podem ser o do chefe que autorizou sua produção ou de trabalhadores mortos na produção ou transporte.

Essas pedras parecem ter sido extraídas desde 1100-1400, mas originalmente eram pequenas. As de três ou quatro centímetros de diâmetro, hoje desprezadas, eram comuns segundo visitantes de até meados do século XIX. Até 1860, as maiores eram descritas como relativamente raras, com 20 a 30 centímetros e cerca de três quilos. Em 1873, fala-se de pedras de até 50 a 90 centímetros, pesando em torno de 30 quilos.

As moedas de pedra foram inflacionadas depois de 1871, quando o náufrago irlandês-americano David Dean O'Keefe se instalou em Yap e organizou um negócio de exportação de copra e pepinos do mar, que recebia em troca de ajudar os nativos a produzir *rai* com ferramentas modernas e trazê-los em navios europeus, em vez de canoas e jangadas tradicionais que comportavam, no máximo, pedras de até 1,2 metro. Isso reduziu o papel dos chefes, tornou mais individual a produção e posse e aumentou o tamanho para 1,8 metro ou mais, pesando de centenas de quilos a mais de uma tonelada. Entretanto, as pedras adquiridas com sua ajuda ou mais tarde são menos valiosas. As últimas foram extraídas nos anos 1930, quando os governantes japoneses impuseram uma segurança rígida

---

17   Há raras peças feitas dos poucos depósitos de aragonita encontradas em Yap. São chamadas *daryor*, "ninguém chorou", porque ninguém morreu ou se arriscou para trazê-las e têm pouco valor.

e dificultaram o contato de Yap com o exterior, mas as existentes continuam a ser usadas da maneira tradicional.

Em 1929, foram contadas 13.281 *rai* nas ilhas Yap, para uma população de 4,4 mil (haviam sido 7,8 mil habitantes em 1899). Na grande maioria foram produzidas entre 1875 e 1915, mas durante a II Guerra Mundial muitas foram usadas pelos japoneses como âncoras ou material de construção, e em 1965 restava apenas a metade. Hoje, a maior *rai*, chamada *Ruwegarus* e mantida na ilha de Rumung, tem 3,6 metros de diâmetro, meio metro de espessura e mais de seis toneladas ; a segunda, nas suas proximidades, é de 2,8 metros e quatro toneladas. Pedras de 60 centímetros a 1,8 metro são comuns, a maioria tem de 30 a 55 centímetros e a menor registrada em coleções tem 3,5 centímetros.

As maiores, por serem difíceis de carregar e quebradiças, normalmente são deixadas em locais públicos, à beira de trilhas ou junto às casas de reunião dos homens, chamadas *failu*, e não são transportadas ao mudar de donos. A história oral se encarrega de registrar as transações e a série de proprietários pelos quais passou cada pedra. Há mesmo o caso de uma pedra que afundou ao ser transportada pelo mar, mas continuou a ser transacionada, pois todos concordavam que ela ainda existia.

O valor de cada pedra baseia-se no tamanho (que os nativos medem em braças, palmos e dedos), na qualidade do acabamento (quanto mais lisa, melhor) e na sua história. Se alguém morreu para transportar a pedra, ou um marinheiro famoso a trouxe, seu valor aumenta.

As pedras eram mais comumente usadas como pagamento de equipamento de pesca, canoas ou comida para uma festa, casamento ou funeral (não para o dia-a-dia), para premiar espetáculos (grupos de dança podem até especificar em suas canções o nome do *rai* que desejam como presente), para distribuir como presentes a convidados e também para acertar acordos políticos, alianças, resgates, indenizações e casamentos.

A propriedade de uma pedra de 1,5 metro foi contestada na justiça formal de Yap em 1961 e por isso teve sua história, típica antes da disputa, registrada nos autos do processo:

a. Urun e Tamangiro, da aldeia de Af, município de Tamil, foram às Ilhas Palau e obtiveram três peças. Deram a maior ao povo de Af e, por acordo entre eles, Urun manteve uma das menores e Tamangiro a outra. A peça em questão na ação era a mantida por Urun.

b. A casa de Urun incendiou-se e o povo de Af ajudou a reconstruí-la. Em troca da ajuda, Urun deu a pedra ao povo de Af.

c. Durante uma festa *tam* oferecida por Af, o povo da aldeia Dechumur dançou sobre pessoas que faziam uma viagem. Em agradecimento pela dança, o povo de Af deu a pedra em questão, além de outras coisas, ao povo de Dechumur. Este levou a pedra à sua aldeia, onde permaneceu até cerca de 15 de janeiro de 1960.

d. Algumas pessoas da Dechumur foram a Palau e trouxeram *rai* de vários tamanhos. A peça trazida nesta viagem por Tamag era do mesmo tamanho que aquela dada por Af a Dechumur. Tamag deu sua peça a Af e recebeu, em troca, a peça em questão.

e. Tamag deu a peça em questão ao irmão Fazagol quando este estava prestes a construir uma casa e Fazagol a deu a Puguu para pagar por seu telhado de lata.

f. Em 15 janeiro de 1960, o réu Pong, com um grupo de homens reunidos por ele, retirou a pedra em questão de Dechumur sob os protestos do queixoso Choo, segundo o qual a pedra lhe pertencia. Mais tarde, com autorização de Pong, a rai foi enviada ao Museu do Dinheiro do Banco Nacional de Detroit, Michigan, conforme acordo de venda com Pong pelo qual ele recebeu 125 dólares[18] (7.300 ñ).

g. Choo afirmava que a pedra lhe fora dada por Puguu como *gigiden*, um tipo de presente de casamento, em troca da promessa de cuidar de três crianças, as quais sua noiva trouxe para casa. Pong alegava que Puguu lhe dera a pedra em troca de álcool, duas peças de *yar* e serviços. O juiz decidiu por Choo, por ter recebido a pedra primeiro, e ordenou que Pong o indenizasse.

18　Essa história, na qual concordam juiz e litigantes, é diferente da contada pelo museu. Segundo este, a pedra foi trazida de Palau entre 1875 e 1885 por Falluwem e presenteada a Af em troca da ajuda de seus trabalhadores. A aldeia a deu a Dachumur em troca de serviços e esta a teria transferido a um chefe chamado Gubgol, que a teria usado nos anos 1920 para pagar materiais de construção a um homem de Talangith que a presenteou à filha. Após sua morte, o marido a teria vendido ao museu.

No século XIX, uma pedra do tamanho de um pires e com a grossura de um antebraço comprava inhame e peixe suficiente para uma família por um mês. Uma pedra de três palmos comprava um porco de 45 quilos, 50 cestas de comida ou mil cocos (na época, 20 a 43 marcos, 1.200 a 2.580 ñ). Uma pedra de 1,8 metro valia uma grande canoa ou um colar de Palau.

Alguns estrangeiros compararam o valor de *rai* com moedas modernas. Em 1877, um capitão dinamarquês doou uma pedra de 29 por 24 centímetros ao museu nacional de seu país e disse que ela valia dez coroas dinamarquesas (600 ñ). Uma peça de 28 centímetros, levada a um museu alemão nos anos 1880, valia 40 marcos (2.400 ñ) segundo o viajante que a trouxe. Em 1897, um cônsul alemão doou uma pedra de 38 centímetros e disse que seu valor era de 10 marcos (600 ñ). Em 1896, uma *rai* de 24 centímetros foi doada a um museu holandês com a observação de que tinha sido trocada por uma quantidade de copra equivalente a 1½ florim (150 ñ). Em 1910, uma *rai* de 20 centímetros era estimada em três marcos (140 ñ); em 1912, em dois marcos (87 ñ). Em 1915, yapenses presentearam uma *rai* de 85 centímetros ao comandante da marinha japonesa e lhe disseram que valia 500 ienes (41.600 ñ); mas em 1918, um estudioso japonês comprou uma de 68 centímetros por 5 ienes (230 ñ).

Nos anos 1950 e início dos 1960, quando as ilhas eram governadas pelos EUA, os chefes locais estabeleciam o valor de uma *rai* como 25 dólares (1.600 ñ) por pé de diâmetro (52 ñ/cm). Em 1966, passaram a exigir 3,75 dólares (190 ñ) por polegada (76 ñ/cm).

O circuito Kula

Entre as ilhas Trobriand e dezessete grupos vizinhos de ilhas da Melanésia, hoje pertencentes à Papua Nova Guiné, desenvolveu-se em períodos pré-coloniais um interessante circuito protocomercial, conhecido como *Kula*. Os participantes viajavam centenas de quilômetros em canoas, com grande risco, para presentear bijuterias aparentemente sem valor. A saber, colares de conchas vermelhas chamados *veigun* ou *soulava*, que circulavam em sentido horário, e braceletes de conchas brancas chamados *mwali*, em sentido anti-horário. Ambos os tipos eram usados com os trajes de dança cerimoniais desses povos.

Quem recebia um colar *soulava* devia corresponder, mais tarde, com um braçalete *mwali* e vice-versa. Essa troca, efetuada com muita cerimônia, criava uma relação chamada *karayta'u*, "parceria", que implicava hospitalidade, proteção e assistência mútua. Os líderes mais importantes podiam ter centenas de parceiros, enquanto os de menor status tinham menos de uma dúzia. A ocasião também servia para a barganha e escambo de outros itens, mas isso era de importância apenas econômica, sem maiores consequências sociais.

O doador ganhava status em relação ao receptor enquanto este não retribuísse com um presente de valor igual ou superior. Os objetos usados no Kula eram classificados de acordo com sua fama e idade, e os participantes se esforçavam espalhar sua fama pelo arquipélago ao obter os mais renomados. A posse desses objetos trazia prestígio. Diferentes pessoas passavam a competir entre si com ofertas e presentes ao proprietário, procurando assim induzi-lo a se envolver em uma relação de troca de presentes envolvendo o objeto desejado. Quem era percebidos como muito apegado a esses objetos e lento para presenteá-los ganhava má reputação.

Receber um presente Kula não significava, porém, tornar-se seu "verdadeiro" proprietário. Cada objeto era *kitoum* (propriedade) de uma pessoa ou grupo a quem devia eventualmente retornar, embora as pessoas que o presenteavam e recebiam não necessariamente o conhecessem. Pessoas de maior prestígio possuam três a sete objetos como *kitoum*. Só esses proprietários tinham o direito de vender, trocar ou destruir o objeto uma vez que voltasse às suas mãos – um pouco como um Banco Central em relação às notas que emite.

Outros

Muitos outros tipos de pseudodinheiro são conhecidos, inclusive em culturas que chegaram a desenvolver plenamente a agricultura e a metalurgia. Podem ser conchas, tecidos, ferramentas (facas, machados, enxadas, barras de metal) ou suas miniaturas estilizadas, metal em barras ou com formas simbólicas, armas, adornos (cintos, braceletes, tornozeleiras, colares, torques), contas, sementes etc.

O povo Afo, do nordeste da Nigéria e sudeste do Níger, usou um grande escudo de ferro fundido de 80 por 60 centímetros, que pode ter sido inspirado nos escudos heráldicos europeus ou numa cabeça de enxada superdimensionada (versões menores parecem ter tido uso prático). Um desses "escudos" comprava um escravo; um escudo e duas cabras era o dote devido por um noivo ao sogro.

Em partes da Nigéria e Camarões foi usada uma barra de ferro comprida e achatada chamada *dubil*, com 33 a 38 centímetros de comprimento e 3,2 a 4,4 de largura, 250 a 480 gramas. Treze compravam uma noiva.

No Congo, usou-se o *boloko*, barra de cobre em forma de U, com os pés redondos, feita por ferreiros Nkutshu. Um *boloko* comprava um carneiro; dois, um escravo homem; três, uma escrava; e dez eram o dote para adquirir uma noiva livre.

Também no Congo, região de Catanga, usou-se uma barra de cobre em forma de cruz, de 18 a 30 centímetros, feita derramando-se cobre fundido em um molde de areia. Duas valiam uma arma de fogo. Uma noiva foi paga com 14 dessas cruzes, uma cabra, uma arma e uma escrava.

Estes exemplos, assim como os anteriores detalhados mais acima, devem ser suficientes para deixar claro por que esses itens em geral não chegam a ser realmente moeda. Não servem de denominador comum para serviços e mercadorias em trocas rotineiras, nem como unidade contábil, que são as funções principais do dinheiro propriamente dito, mas como itens usados em ocasiões especiais, em trocas de valores mais qualitativos que quantitativos e para consolidar (e fortalecer) relações hierárquicas e de parentesco. O uso mais comum, que é "pagar pela noiva", torna o casamento uma dispendiosa relação de troca e homenagem entre famílias e põe o noivo na dependência da solidariedade dos parentes capazes de ajudá-lo a reunir o dote para se casar, que eventualmente terá de retribuir. Ao mesmo tempo, faz o marido e sua família acreditarem ter direitos sobre a noiva adquirida com tanto esforço.

Outros usos lembram menos o dinheiro do que a forma como, na civilização ocidental moderna, se adquirem, presenteiam, trocam ou distribuem medalhas, troféus, obras de arte, joias famosas e itens raros de coleção, como uma interação na qual não estão em jogo lucros e perdas, mas sim a fama e prestígio dos envolvidos. Se tais peças chegam a ter um valor mais preciso, é apenas quando essas culturas interagem com civilizações mercantis que insistem em quantificar as trocas com precisão, ainda que os nativos nem sempre se mostrassem coerentes quanto à avaliação desses objetos em relação a dinheiro ou mercadorias ocidentais.

Bibliografia

BEASLEY, H. G. Notes on Red Feather Money from Santa Cruz Group New Hebrides. *The Journal of the Royal Anthropological Institute of Great Britain and Ireland*, Vol. 66, (Jul. - Dec., 1936), pp. 379-391.

FEATHER money (tevau). Disponível em http://www.britishmuseum.org/explore/highlights/highlight_objects/aoa/f/feather_money_tevau.aspx

FEATHER money Disponível em http://www.nbbmuseum.be/2010/10/feather-money.htm

FERGUSON, Sue. *Yap: Micronesia's Kingdom of the Mantas*. Disponível em http://www.dtmag.com/Stories/DiveGeos/yapgeo.htm

FREUCHEN, Peter. *Book of the Eskimos*. Disponível em http://courses.knox.edu/anso231/bk_eskimos.htm

GILLILAND, Cora Lee C. *The Stone Money of Yap: A Numismatic Survey*. Washington: Smithsonian Institution Press, 1975.

GRAEBER, David. *Debt : the first 5,000 years*. New York: Melville, 2010.

KONING, J. P. *Yap stones and moneyness*. Disponível em http://jpkoning.blogspot.com.br/2013/01/yap-stones-and-moneyness.html

OPITZ, Charles. 2003 Trip to Yap & Palau. Disponível em http://traditionalmoney.bizhosting.com/trips/Yap/Yap.htm

PYCROFT, A. T. *Santa Cruz Red Feather-Money — Its Manufacture and Use*. Disponível em http://www.jps.auckland.ac.nz/document/Volume_44_1935/Volume_44,_No._175/Santa_Cruz_red_feather-money_-_Its_manufacture_and_use,_by_A._T._Pycroft,_p_173-183

Os primórdios da civilização

Teorias da origem

No Neolítico, que se inicia perto de 10.000 a.C. no Oriente Médio e no VII milênio a.C. na Europa, a vida econômica passa a depender em grau muito maior da agricultura e da criação de animais. A especialização aumenta, e vilas fortificadas começam a ser construídas. Nessas condições, armazenagem, planejamento, contagem e quantificação tornam-se fundamentais para a sobrevivência.

Assim, um denominador comum de produtos e serviços para facilitar trocas rotineiras e para instrumento de contabilidade e crédito (não necessariamente nessa ordem) se torna uma necessidade. Não se sabe exatamente como e quando, mas o processo é objeto da especulação de pensadores desde a Antiguidade.

Uma das formulações mais antigas é a de Aristóteles, ao pressupor a formação da sociedade humana a partir das trocas de indivíduos independentes (ou, mais exatamente, de núcleos familiares patriarcais), na Ética a Nicômaco (Livro V), obra escrita cerca de 350 a.C.:

> Ora, a retribuição proporcional é garantida pela conjunção cruzada. Seja A um arquiteto, B um sapateiro, C uma casa e D um par de sapatos. O arquiteto, pois, deve receber do sapateiro o produto do trabalho deste último, e dar-lhe o seu em troca. Se, pois, há uma igualdade proporcional de bens e ocorre a ação recíproca, o resultado que mencionamos será efetuado. Se não, a permuta não é igual, nem válida, pois nada impede que o trabalho de um seja superior ao do outro. Devem, portanto, ser igualados.
>
> E isto é verdadeiro também das outras artes, porquanto elas não subsistiriam

se o que o paciente sofre não fosse exatamente o mesmo que o agente faz, e da mesma quantidade e espécie. Com efeito, não são dois médicos que se associam para troca, mas um médico e um agricultor, e, de modo geral, pessoas diferentes e desiguais; mas essas pessoas devem ser igualadas. Eis aí por que todas as coisas que são objetos de troca devem ser comparáveis de um modo ou de outro. Foi para esse fim que se introduziu o dinheiro, o qual se torna, em certo sentido, um meio-termo, visto que mede todas as coisas e, por conseguinte, também o excesso e a falta — quantos pares de sapatos são iguais a uma casa ou a uma determinada quantidade de alimento.

O número de sapatos trocados por uma casa (ou por uma determinada quantidade de alimento) deve, portanto, corresponder à razão entre o arquiteto e o sapateiro. Porque, se assim não for, não haverá troca nem intercâmbio. E essa proporção não se verificará, a menos que os bens sejam iguais de um modo. Todos os bens devem, portanto, ser medidos por uma só e a mesma coisa, como dissemos acima. Ora, essa unidade é na realidade a procura, que mantém unidas todas as coisas (porque, se os homens não necessitassem em absoluto dos bens uns dos outros, ou não necessitassem deles igualmente, ou não haveria troca, ou não a mesma troca); mas o dinheiro tornou-se, por convenção, uma espécie de representante da procura; e por isso se chama dinheiro (νόμισμα), já que existe não por natureza, mas por lei (νόμος), e está em nosso poder mudá-lo e torná-lo sem valor.

A maioria dos livros-texto de economia tradicionais, inspirados na tradição liberal, preferem alguma versão da tese de Adam Smith em *A Riqueza das Nações*, de 1776 (capítulo IV):

> Uma vez plenamente estabelecida a divisão do trabalho, é muito reduzida a parcela de necessidades humanas que pode ser atendida pela produção individual do próprio trabalhador. A grande maioria de suas necessidades, ele a satisfaz permutando aquela parcela do produto de seu trabalho que ultrapassa o seu próprio consumo, por aquelas parcelas da produção alheia de que tiver necessidade. Assim sendo, todo homem subsiste por meio da troca, tornando--se de certo modo comerciante; e assim é que a própria sociedade se transforma naquilo que adequadamente se denomina sociedade comercial.
>
> Quando a divisão do trabalho estava apenas em seu início, este poder de troca deve ter deparado frequentemente com grandes empecilhos. Podemos perfeitamente supor que um indivíduo possua uma mercadoria em quantidade superior àquela de que precisa, ao passo que um outro tem menos. Consequentemente, o primeiro estaria disposto a vender uma parte de seu

supérfluo, e o segundo a comprá-la. Todavia, se esta segunda pessoa não possuir nada daquilo que a primeira necessita, não poderá haver nenhuma troca entre as duas. O açougueiro tem consigo mais carne do que a porção de que precisa para seu consumo, e o cervejeiro, e o padeiro estariam dispostos a comprar uma parte do produto. Entretanto, não têm nada a oferecer em troca, a não ser os produtos diferentes de seu trabalho ou de suas transações comerciais, e o açougueiro já tem o pão e a cerveja de que precisa para seu consumo.

Neste caso, não poderá haver nenhuma troca entre eles. No caso, o açougueiro não pode ser comerciante para o cervejeiro e o padeiro, nem estes podem ser clientes do açougueiro; e portanto diminui nos três a possibilidade de se ajudarem entre si. A fim de evitar o inconveniente de tais situações, toda pessoa prudente, em qualquer sociedade e em qualquer período da história, depois de adotar pela primeira vez a divisão do trabalho, deve naturalmente ter se empenhado em conduzir seus negócios de tal forma, que a cada momento tivesse consigo, além dos produtos diretos de seu próprio trabalho, uma certa quantidade de alguma(s) outra(s) mercadorias(s) - mercadoria ou mercadorias tais que, em seu entender, poucas pessoas recusariam receber em troca do produto de seus próprios trabalhos.

Provavelmente, muitas foram as mercadorias sucessivas a serem cogitadas e também utilizadas para esse fim. Nas épocas de sociedade primitiva, afirma-se que o instrumento generalizado para trocas comerciais foi o gado. E, embora se trate de uma mercadoria que apresenta muitos inconvenientes, constatamos que, entre os antigos, com frequência os bens eram avaliados com base no número de cabeças de gado cedidas para comprá-los. A couraça de Diomedes, afirma Homero, custou somente 9 bois, ao passo que a de Glauco custou 100 bois. Na Abissínia, afirma-se que o instrumento comum para comércio e trocas era o sal; em algumas regiões da costa da Índia, o instrumento era um determinado tipo de conchas; na Terra Nova era o bacalhau seco; na Virgínia, o fumo; em algumas das nossas colônias do oeste da Índia, o açúcar, em alguns outros países, peles ou couros preparados; ainda hoje – segundo fui informado – existe na Escócia uma aldeia em que não é raro um trabalhador levar pregos em vez de dinheiro, quando vai ao padeiro ou à cervejaria[19].

Entretanto, ao que parece, em todos os países as pessoas acabaram sendo

---

19   Os exemplos dados por Adam Smith nesse parágrafo são na maioria, se não todos, historicamente equivocados. Como se verá adiante, os gregos homéricos não compravam seus bens com bois, apenas os usavam como uma unidade convencional de valor. Fumo e açúcar não foram usados como moeda por livre escolha dos agentes econômicos, mas por imposição de autoridades coloniais. Os pescadores de bacalhau e os trabalhadores que usavam pregos negociavam em moeda convencional e esses itens serviam apenas para liquidar ou transferir seus débitos e créditos com comerciantes.

levadas por motivos irresistíveis a atribuir essa função de instrumento de troca preferivelmente aos metais, acima de qualquer outra mercadoria. Os metais apresentam a vantagem de poderem ser conservados, sem perder valor, com a mesma facilidade que qualquer outra mercadoria, por ser difícil encontrar outra que seja menos perecível; não somente isso, mas podem ser divididos, sem perda alguma, em qualquer número de partes, já que eventuais fragmentos perdidos podem ser novamente recuperados pela fusão – uma característica que nenhuma outra mercadoria de durabilidade igual possui, e que, mais do que qualquer outra, torna os metais aptos como instrumentos para o comércio e a circulação.

A concepção de Aristóteles de que o dinheiro existe "não por natureza, mas por lei" está na raiz da tese conhecida como cartalismo ou papelismo, segundo a qual o dinheiro não passa de uma convenção imposta por uma autoridade que pode modificá-la segundo as conveniências do Estado ou da sociedade. Foi formulada em termos modernos no início do século XX pelos economistas Georg Friedrich Knapp e Alfred Mitchell-Innes e adotada por John Maynard Keynes, pelos keynesianos e pós-keynesianos. Nessa perspectiva, não há nenhuma necessidade de o dinheiro ter valor intrínseco ou lastro. Basta a vontade da autoridade para criá-lo a partir de algo sem valor, como no caso do papel-moeda – para Knapp o dinheiro se define como aquilo que o Estado aceita como pagamento dos impostos que cobra. Nessa concepção, o dinheiro é em primeiro lugar uma unidade de conta abstrata e um meio de pagamento da dívida criada pelo Estado ao emiti-la, que só secundariamente se tornou um meio de troca. As relações de débito e crédito precedem a instituição do dinheiro e do próprio mercado, ele mesmo criado para atender a necessidades estatais.

A concepção oposta, expressa por Adam Smith, é conhecida como metalismo. Segundo essa teoria, o dinheiro necessariamente deriva seu valor do poder de compra da mercadoria na qual é baseado, normalmente um metal, pelas razões dadas pelo pensador escocês. O papel-moeda e outras moedas fiduciárias só expressam valor na medida em que embutem alguma garantia de poder ser trocadas por uma quantidade definida de metal precioso. Nessa concepção, o mercado origina "naturalmente" o dinheiro que nada mais é que um meio de facilitar as trocas. As relações de crédito surgem como um refinamento posterior. O papel do Estado na economia monetária é acessório e *a posteriori*, limitando-se a regulamentar a unidade de troca como faz com pesos e medidas e a fiscalizar e punir as fraudes.

O metalismo foi a ortodoxia predominante entre os economistas clássicos, neoclássicos e mesmo marxistas desde 1776. Apesar disso e de o keynesianismo ter caído em desfavor entre políticos ocidentais, financistas e economistas acadêmicos desde a era de Margaret Thatcher e Ronald Reagan, hoje nenhuma moeda do mundo se baseia em metal precioso. O cartalismo se tornou, na prática, o fundamento dos atuais sistemas monetários desde que Richard Nixon acabou formalmente com a convertibilidade do dólar em ouro, em 15 de agosto de 1971.

Isso não implica, necessariamente, que a versão cartalista também seja a explicação correta para a origem histórica da moeda, mas ela é persuasiva. Numa sociedade agrícola igualitária, clãs e famílias podem prover a própria subsistência; as trocas, se existem, são contingências ocasionais. A troca só se torna sistemática quando uma elite arrecada parte da produção coletiva para se sustentar e passa a depender da troca para atender suas necessidades. Se arrecada tributos em produtos agrícolas e pecuários, pode usar parte deles diretamente para seu sustento, mas com outra parte precisa alimentar, abrigar e vestir guerreiros para controlar seus súditos e proteger-se de rivais, trabalhadores para construir templos, palácios e obras públicas e artesãos, curandeiros e outros especialistas para atender a outras necessidades.

Se um chefe precisa alimentar e organizar um exército, um sistema de templos e uma administração palaciana, identificar, localizar e exigir as quantidades necessárias de alimentos, roupas e serviços, o trabalho envolvido é imenso e extremamente complexo. Se pudesse apenas entregar moedas a seus soldados e servidores e cobrá-las dos súditos por meio dos impostos, simplificaria a tarefa e transformaria seu povo numa máquina de abastecer o Estado. Cada família, para obter moeda e pagar seus impostos, precisaria encontrar um meio de prover os soldados e funcionários com as mercadorias de que necessitam.

Os mercados surgiriam como uma consequência. Não há como observar diretamente seu nascimento no passado remoto, mas registrou-se como eles foram impostos por autoridades coloniais modernas a povos que não os conheciam. Um dos primeiros atos do general francês Joseph Gallieni, ao completar a conquista de

Madagascar em 1901, foi impor um pesado imposto *per capita* em francos malgaxes – ou seja, emitiu dinheiro e exigiu que cada um no país lhe trouxesse um pouco de volta. Chamou isso de "imposto moralizador", pois visava com isso "ensinar o valor do trabalho" aos nativos. Como era arrecadado logo após a colheita, os nativos, em vez de consumir a própria produção, teriam de vender parte dela a comerciantes (geralmente chineses e indianos) e, para não passar fome, tinham de se dedicar à agricutura de exportação ou enviar seus filhos para trabalhar por salários nas fazendas francesas ou nas cidades. Os documentos da administração colonial também explicitavam a importância de algum dinheiro sobrar na mão dos trabalhadores para que adquirissem pequenos luxos – guarda-sóis, batons, biscoitos, por exemplo – a fim de criar demanda para produtos franceses.

O Neolítico

O registro contábil mais antigo consiste em fichas de argila que começam a ser produzidas nas regiões montanhosas do norte do Oriente Médio (atuais Síria, Iraque e Irã), no neolítico, por volta de 8.000 a.C., com diferentes formatos e marcas e em dois tamanhos: um pequeno, com três a cinco milímetros de diâmetro, e outro maior, com um a dois centímetros.

Esses objetos foram provavelmente usados para contar, como as pedrinhas utilizadas pelos romanos para a mesma finalidade, chamadas cálculos (das quais vêm tanto o nome das pedras nos rins ou vesícula de doentes quanto o nome das operações matemáticas) ou, para dar exemplos algo mais refinados, as contas de um ábaco ou os nós dos quipos incas. Nestes, o material e cor dos cordões indicavam tipos de produtos, cujas quantidades eram indicadas pelos nós. No Oriente Médio, as marcas e formas indicavam diferentes produtos, cuja quantidade era indicada pelo número e às vezes também pela forma das fichas.

Pela comparação com os logogramas cuneiformes usados mais tarde, é razoável supor, por exemplo, que um disco com uma cruz entalhada em uma face originou o logograma de "ovelha" e um ovoide com uma incisão ao longo da ponta redonda, lembrando um jarro, o símbolo de "óleo".Outras fichas claramente representavam "gado", "cão", "metal", "roupa", "bracelete", "perfume" e assim por diante. Em alguns casos as formas de fichas expressam numerais. Por exemplo, o cone representava uma unidade de cevada, a esfera 10 unidades e um cone grande, 60 unidades; um disco, dez ovelhas. Essas fichas, com cinco tipos principais e sete menos comuns, podem ter sido usadas para controlar o conteúdo de silos e poços de armazenamento (a sobrevivência dependia da acumulação de reservas nas estações favoráveis para enfrentar o inverno e as secas) e para calcular e registrar as taxas e contribuições de cada membro da comunidade e a distribuição de produtos por alguma autoridade.

O sistema permanece sem modificações até pouco antes do início da Idade do Bronze, cerca de 4.400 a.C., quando começam a aparecer em maior variedade. Atingem o auge por volta de 3.500 a.C., quando surgem no vale do Tigre e Eufrates as primeiras comunidades urbanas, a organização tribal é substituída por uma administração sacerdotal ou monárquica e surgem classes sociais, grandes proprietários, lojas de artesãos especializados e mercadores de artigos de luxo como lápis-lazúli, ouro, prata e madeiras nobres.

As formas das fichas se multiplicam para 15 tipos principais, incluindo rombóides, paraboloides, ferramentas e móveis em miniatura, frutas, cabeças de animais e figuras humanas. A mudança mais notável, no entanto, é a proliferação de marcações nas fichas. Pelo menos 55% das esferas, discos, cilindros, cones e ovóides têm incisões ou punções para criar 250 subtipos.

As transações eram menos frequentemente realizadas com produtor e consumidor cara a cara e mais com intermediários. Duas inovações do sistema de símbolos sugerem um esforço para acomodar o comércio de longa distância.

Uma é o aparecimento, em cerca de 30% das fichas, de perfurações que sugerem que eram carregadas juntas num cordão, em ordem definida. Poderiam significar uma mensagem como "30 jarras de óleo, 12 lingotes de cobre" e assim por diante, com os símbolos organizados de acordo com uma sintaxe rudimentar.

Outra é o surgimento de um "envelope" de barro conhecido pelos arqueólogos como *bulla* ("bolha" em latim), uma esfera oca de três a nove centímetros de diâmetro, às vezes até vinte, com certo número de fichas no interior e quase sempre selada com marcas pessoais na superfície, provavelmente do remetente. Algumas têm duas ou mais marcas diferentes, talvez do intermediário ou testemunhas. O fato de muitas terem sido encontradas intatas sugere que foram mantidas como cópias em arquivos até o regresso das caravanas, ou para registrar dívidas, recibos de impostos ou comprovantes de venda de terras. Além disso, as *bullae* levavam na superfície marcas indicativas da forma e número de fichas no interior, feitas por pressão das próprias fichas na superfície úmida ou com um polegar ou vareta.

A julgar pelo uso posterior das tabuinhas de argila, as *bullae* registravam um sistema de crédito e débito de variadas mercadorias (mais de uma dezena, depois centenas) anterior ao surgimento de uma mercadoria como um equivalente geral que pudesse ser chamada de dinheiro ou mesmo protodinheiro e certamente anterior à prata, que só começa a ser encontrada em artefatos a partir de 3600 a.C. Se houvesse uma unidade comum de preço e valor, seria de se esperar que fosse registrada nesses documentos primitivos. Vale notar que, embora pepitas de ouro e, mais raramente, de prata ou cobre possam ter sido encontradas desde o paleolítico, o chumbo parece ter sido o primeiro metal a ser sistematicamente refinado e usado para fazer contas de colares e adornos, a partir de 6500 a.C.

A *bulla* com as fichas permanecia em mãos do credor, que não podia alterar seu conteúdo sem quebrar o invólucro selado. Ao pagar a dívida, o devedor recebia de volta o comprovante do empréstimo e podia destrui-lo. Depois se compreendeu, porém, que as fichas eram supérfluas e o sistema de *bullae* recheadas de fichas e cobertas de sinais foi substituído por tabuinhas de argila cobertas com as mesmas marcas (inicialmente de forma arredondada e convexa), que deram origem à escrita cuneiforme. Por volta de 2700 a.C., as fichas eram usadas apenas em contas caseiras e logo passaram a ser uniformes, dando origem ao ábaco.

A Idade do Bronze

Os sumerianos antigos (3100 a.C. – 2340 a.C.)

Entre 3100 a.C. e 2500 a.C., o desenvolvimento da escrita cuneiforme permite compreender melhor as transações comerciais e verificar a existência de alguns equivalentes gerais. Nas cidades sumérias da Mesopotâmia, tabuinhas indicavam listas de equivalência de tipos diferentes de mercadorias em cevada ou prata. Localmente, outras mercadorias também parecem ter sido usadas da mesma maneira, principalmente peixe, lã, cobre, estanho, chumbo e dias de trabalho.

O trigo era cultivado nas montanhas do norte da Mesopotâmia, mas a cevada era mais adequada ao cultivo nas terras baixas e salinas onde nasceram as primeiras cidades sumérias. Representava a base de sua alimentação e bebida (cerveja) e foi provavelmente o primeiro equivalente geral. A medida fundamental era a *sila* ("pote"), 1,4 a 1,67 litro ou cerca de um quilo de cevada (12 ñ). Seis *sila* formavam um *ban* ("ração humana", 72 ñ), 24 *sila* um *sadu* ou *sadug* ("igualamento", unidade usada em oferenda a templos, 288 ñ); 36 *sila* um *barig* ou *bariga* ("cesta de catar espigas", 432 ñ), 72 *sila*, um *gurul;* e 144 *sila* um *gur* ("cesta de caniço", 1.728 ñ). Um *ban* produzia 30 a 50 pães de cevada.

Os textos em sumeriano antigo referem-se à distribuição de rações mensais a trabalhadores, geralmente variando de 1 *barig* (36 *sila*) a 1 *barig* e 2 *ban* (48 *sila*) para homens (432-576 ñ), chegando a máximos de 2 *barig* (72 *sila*) ou mesmo 96 *sila*. Para as mulheres, a ração variou de 2 *ban* (12 *sila*) a 6 *ban* (36 *sila*), geralmente 3 *ban* (18 *sila*, 216 ñ).

Deve-se supor que os trabalhadores usavam parte da cevada para comprar outros produtos dos quais necessitavam e complementavam suas necessidades com produtos cultivados em suas próprias hortas e jardins.

A partir do período Uruk III (3100 a.C.-2900 a.C.) encontra-se também o uso ocasional da prata como equivalente: 10 *sila* de creme (ou manteiga) ou 150 *sila* de queijo fresco por um *gin* de prata. Enquanto a cevada continuou por muito tempo a ser preferida no pagamento de trabalhadores e no comércio varejista urbano, a prata aos poucos se tornou preferida dos mercadores, por ser durável e cômoda de carregar em longas viagens. Mas ainda seriam necessários muitos séculos para que ela se tornasse dinheiro.

Data do final do período sumeriano antigo, da primeira dinastia de Lagash, a primeira evidência de empréstimos a juros. O Cone de Enmetena, de cerca de 2400 a.C., registra uma guerra entre os reinos de Umma e Lagash por uma alegada dívida em cevada não paga pelo primeiro. O empréstimo original teria sido de 1.152.000 sila sobre a qual incidiram juros compostos de 33,33% ao ano por sete anos, elevando a dívida a 8.640.000 sila. Enmetena, rei de Lagash, venceu e matou o rei Ur-lumma de Umma, cujo filho Umma II pagou a dívida.

Acadianos, neossumerianos e amorreus (2340 a.C. – 1750 a.C.)

No período acadiano (2340 a.C. – 2218 a.C.), as instituições tradicionais da Suméria, em que conselhos de anciãos e de guerreiros tinham muito poder, desaparecem em favor de reis (*lugal*) despóticos. Povos semitas que haviam migrado para a Suméria e se misturado com a população local conquistaram Uruk e unificaram a Mesopotâmia sob Sargão I, rei de Akkad.

Após a queda do império acadiano, seguiu-se o período neossumeriano (2218 a.C.-1932 a.C.) no qual a hegemonia sumeriana é restaurada sob a liderança de Ur. Quando a capital da III Dinastia de Ur foi tomada por elamitas em 2004 a.C., a Suméria voltou a se dividir em cidades-estados que a partir de 1932 a.C. são dominadas pelos amorreus, povo semita vindo do Oeste que havia conquistado a antiga cidade sumeriana de Larsa e funda ali a Dinastia de Isin. O período se encerra com a ascensão de Babilônia depois de 1750 a.C.

Nesse período a cultura sumério-acadiana cria um sistema de pesos e medidas mais complexo e regular, de base sexagesimal, com relações lógicas entre unidades de volume, peso, comprimento, área e tempo. O dia de trabalho, de 12 horas, era dividido em 60 *gin* de 12 minutos para fins de contabilidade e pagamento.

A sila equivalia agora a 0,842 litro[20]. Um sila de cevada pesava uma *mana* (meio quilo) e correspondia a um dia de ração para um trabalhador (com valor aproximado de 6 ñ). Sessenta silas, cerca de 30 quilos, passaram a formar um *barig*, uma carga adequada para ser transportada por um homem num cesto ou saca e o equivalente a dois meses de ração (360 ñ). Trezentas silas, aproximadamente a ração anual de um trabalhador, faziam um *gur* (1.800 ñ).

Os pagamentos em cevada eram a partir de 40 *sila* para homens, 20 *sila* para rapazes e 10 *sila* para moças, mas frequentemente complementados com outros produtos, tais como óleo, lã e cerveja. Oleiros do período neossumeriano, por exemplo, recebiam 30 a 60 sila de cevada (180-360 ñ)e 3 a 4 minas de lã (500-650 ñ)por mês; seus filhos, 10 a 20 sila de cevada (60-120 ñ) e 1 a 1,5 minas de lã (160-240 ñ) por mês.

O seguinte quadro resume as principais medidas:

---

20   Não há consenso sobre o volume exato, e muitos consideram o valor redondo de um litro.

unidades de volume*					unidades de massa			
nome sumério	nome acadiano	significado	valor (sila)	volume	nome sumério	nome acadiano	significado	valor (mana)	peso
she	uttatu	grão	1/10.800	0,078 cm³	she	uttatu	grão	1/10.800	0,047 g
					gintur	shiqlu shehru	medidinha	1/3.600	0,14 g
gin	shiqlu	medida	1/60	14 cm³	gin	shiqlu (siclo)	medida	1/60	8,4 g
sila	qu/qa	pote	1	842 cm³	mana	manu (mina)	conta	1	504 g
ban	sutu	ração	10	8,42 l					
barig	parsiktu	cesta de catar	60	50,5 l	gun	biltu	carga	60	30,24 kg
					anshe	imeru	jumento	180	90,72 kg
gur	kurru	cesta de caniço	300	252,6 l					

* Note-se que, antes da popularização das balanças de mola ou dinamômetros (patenteadas em 1838), a pesagem era uma operação trabalhosa e demorada, usada apenas para as mercadorias mais valiosas. Não apenas líquidos, mas a maioria das mercadorias a granel eram medidas por volume (tigelas, vasos, cestas, sacas, caixas, latas) ou porções convencionais (como a "baciada" das feiras livres brasileiras).

Dessas unidades se orginam a maioria das unidades de peso usadas na Antiguidade até o período greco-romano e mesmo depois. O grão é a base da maioria das unidades de massa e peso anteriores ao sistema métrico, o *gin* ou *shiqlu* originou o *shekel* ou siclo dos hebreus e fenícios, o *mana* ou *manu* a mina dos gregos, o arrátel dos árabes e a libra medieval e o *gun* ou *biltu* o talento de gregos e romanos. O *ban* tinha volume muito próximo do *modius* romano e a *bariga* tinha quase o mesmo do *medimno* dos gregos.

Os preços relativos variavam conforme as condições do comércio e das safras, mas a relação vista como normal entre as duas principais mercadorias, prata e cevada, era de um *gin* de prata para um *gur* de cevada. Assim, pode-se fazer a seguinte equivalência para as principais formas de protodinheiro sumeriano:

Unidade de cevada	Unidade de prata	Valor em ñ
sila / qu / ka	–	6
–	she / uttatu	10
½ ban / ½ sutu	gintur / shiqlu shehru	30
ban / sutu	2 gintur / 2 shiqlu shehru	60
barig / parsiktu	12 gintur / 12 shiqlu shehru	360
gur / kurru	gin / shiqlu	1.800
60 gur / 60 kurru	mana /manu	108.000

A cevada era de longe a mercadoria mais importante para o conjunto da sociedade, inclusive como equivalente geral. A superioridade da cevada foi literalmente cantada em prosa e verso: "Quem quer que possua ouro, ou prata, ou gado, ou ovelhas / Que espere à porta daquele que possui cevada e aí passe o dia", escreveu um poeta sumeriano. Computando-se milhares de equivalências de preços atestadas em tabuinhas de argila do período neossumeriano, encontram-se as seguintes frequências:

Unidade de equivalência	atestações	%
cevada	4.000	32,5%
extensão (de terra)	2.600	21,1%
trabalho	2.000	16,2%
prata	1.560	12,7%
lã	290	2,4%
tâmaras	280	2,3%
óleos (1)	260	2,1%
servos	190	1,5%
comprimento	170	1,4%
perda	140	1,1%
conversão de cevada	130	1,1%
superfície	110	0,9%
caniço	110	0,9%
gado	100	0,8%
solo	80	0,6%
espelta	70	0,6%
meses	60	0,5%
roupas	50	0,4%
lados	40	0,3%
peixes	40	0,3%
couros	30	0,2%
dízimos	10	0,1%
total	12.320	100,0%

(1) soma de óleo de gergelim, óleo de manteiga (gui) e óleo de peixe

Entretanto, à medida que crescia a importância dos mercadores, crescia também a da prata, usada como equivalente geral nas tabuinhas de argila que registravam operações de mercadores e também fisicamente, mais frequentemente na forma de espirais e anéis, fáceis de quebrar em frações de forma a proporcionar aproximadamente a quantidade desejada.

Os anéis, chamados *har (shewirum* em acadiano), variavam em peso de 1 a 10 *gin* (1.800 a 18.000 ñ), mas, na maioria (85%) dos casos, em torno de 5 *gin,* cerca de 42 gramas e 9.000 ñ. Eram protodinheiro, não moeda, pois seu peso não era exato e tinham de ser pesados (não contados) a cada transação, o que fazia seu uso depender de mercadores qualificados para pesar o metal e avaliar sua pureza. As espirais, que continham várias espiras, as quais, separadas, se tornavam anéis, parecem ter sido feitas com pesos padronizados de uma mina (108.000 ñ) e meia mina (54.000 ñ). Podiam ser usadas como braceletes e quebradas em *gin* ou frações de *gin* quando se necessitava da prata. Anéis separados podiam ser usados também como brincos, pulseiras ou enfeites.

Também eram usados lingotes achatados, discoides ou ovalados, de 80 a 250 gramas, lingotes alongados de 40 a 100 gramas, pequenos discos achatados e irregulares de 20 a 40 gramas, varetas, contas, pelotas, fragmentos e folhas, variando de menos de 1 grama a 200 gramas. Pedaços de prata (mais raramente também de ouro e outros metais) de todos os tamanhos eram às vezes entesourados em jarros selados, com o conteúdo (de meio quilo a vários quilos) anotado em tabuinhas de argila.

Alguns exemplos para equivalência de um gin ou siclo de prata na cidade suméria de Girsu, em 2100 a.C. – 2000 a.C.:

mercadoria	quantidade por *gin* de prata		unidade moderna	ñ por unidade moderna	
	mínimo	máximo		mínimo	máximo
cevada	4 barig	1 gur 2 barig 2 ban	kg	7,8	14,4
trabalho	22,5 dias	180 dias	dia	10	80
bandicota (*)	48		unidade	38	
porco gordo	0,5		unidade	3.600	
ovelha ou cabra	0,5	2	unidade	900	3.600
queijo seco	2 barig 3 ban	3 barig 2 ban	kg	9,7	13,0
gui (óleo de manteiga)	8 sila	1 ban	litro	214	267
óleo de sésamo	9 sila	1 ban 3,33 sila	litro	160	238
óleo de peixe	1 ban 6 sila	4 ban	litro	53	134
banha	1 ban	2 ban	kg	130	261
sebo	2 ban		kg	123	
peixe (qualidade inferior)	1600		unidade	1,1	
peixe	360	900	unidade	2,0	5,0
tartaruga pequena	10		unidade	180	
tartaruga grande	6		unidade	300	

peixe defumado	1 gur 1 barig	2 gur	kg	5,9	9,9
cera	2 mana		kg	1.786	
peles de porco	30		unidade	60	
peles de ovelha	60	90	unidade	20	30
pares de sandálias de couro	15	20	par	90	120
odres de couro	10	18	unidade	100	180
lã	9 mana	13 mana 20 gin	kg	268	397
grão de bico	1 barig	2 barig	kg	24	48
lentilha	2,5 barig	3 barig	kg	15	19
tâmaras	1 gur	1,5 gur	kg	9,7	14,5
tâmaras envelhecidas	3 barig		kg	24	
passas	0,5 barig	1 barig	kg	57	114
réstias de figos	12	15	réstia	120	150
mel de tâmaras	1,25 sila	3 sila	litro	713	1.710
alho-poró	1 ban 5 sila	4 ban 8 sila	kg	138	441
alho-poró (feio)	2 barig 3 ban		kg	44	
alho	2 barig 3 ban		kg	25	
alho (feio)	1 gur		kg	12,5	
dentes de alho	1 barig 1 ban 5 sila		kg	50	
sumagre	1 gur	1 gur 1 barig	kg	20	23
cominho	1,5 ban	2 ban	kg	224	299
sal	8 mana	12 mana	kg	298	446
potassa	1 gur 1 barig	4 gur	kg	1,6	5,4
sementes de junípero	2 sila	5 sila	kg	1.069	2.672
coriandro	1 barig 3 ban	3 barig 4 ban 5 sila	kg	30	74
caniço aromático	20 mana	30 mana	kg	119	179
cipreste aromático	1 ban	1 ban 2 sila	kg	349	419
cana doce	3 ban		kg	71	
tábua de macieira de 3 cúbitos (**)	36		unidade	50	
tábua de macieira de 2 cúbitos	60		unidade	30	
betume líquido	1 barig	2,5 barig	litro	14	36
betume seco	10 gun	12 gun	kg	5,0	6,0
estanho	12 gin	20 gin	kg	10.714	17.857
ouro vermelho	1/15 gin		grama	3.214	
ouro	1/20 gin	1/7 gin	grama	1.500	4.286
prata	1 gin		grama	214	
cobre	80 gin	110 gin	kg	1.948	2.679
bórax	30 gin	120 gin	kg	1.786	7.143

(*) espécie de rato selvagem, usado como alimento

(**) um cúbito (kush em sumeriano, ammatu em acadiano) equivalia a 49,7 cm

O comércio a longa distância se tornara importante o suficiente para que selos e pesos da Mesopotâmia sejam hoje encontrados em Susa, no atual Irã, em Mohenjo-Daro e outras cidades do Vale do Indo, em Dilmun (golfo Pérsico, em torno da atual ilha de Barém), e vice-versa, demonstrando a existência de trocas importantes entre essas regiões.

Também é a partir do período neossumeriano que os registros de empréstimos a juros começam a ser comuns, embora a prática seja anterior. A taxa usual era de um *gin* por *mana* (1/60) por mês, ou 20% ao ano para prata e 100 *sila* por *gur* ao ano ou 33 1/3% anual (a mesma parcela da produção paga por rendeiros pelo usufruto da terra) para cevada. Há quem deduza do termo para "juros" em sumeriano – *mash*, literalmente "cabritos"– que estes foram originalmente aplicados a empréstimos para a criação de gado, mas é arriscado levar a metáfora ao pé da letra. É mais provável que tenham sido inicialmente aplicados a empréstimos de templos ou palácios (as instituições que acumulavam prata) a caravanas comerciais. Teria sido uma forma de se proteger de fraudes e garantir um retorno fixo de um empreendimento no qual não se podia confiar em partilha de lucros, pois ganhos e perdas não podiam ser controlados além das fronteiras.

Em todo caso, esses juros passaram a ser aplicados também a empréstimos de mercadores a camponeses em dificuldades financeiras e tomam o caráter de usura. Se os devedores não conseguiam pagar, os credores se apropriavam de seu grão, gado, mobília e por fim dos próprios filhos e esposa do endividado, às vezes do próprio. Surge assim a peonagem, ou escravidão por dívida: esses reféns eram submetidos a trabalho forçado para o credor ou para templos e palácios, para sempre ou até que a dívida fosse paga. O preço médio de um escravo era de 20 *gin* (36.000 ñ).

Quando as safras eram ruins o número de endividados crescia a ponto de ameaçar de ruína o conjunto da sociedade. Campos eram abandonados e camponeses fugiam para se juntar aos nômades que viviam às margens das cidades. Para conter o colapso, reis sumerianos recorriam a seu poder absoluto e anulavam as dívidas agrárias (não as do financiamento de empreendimentos comerciais) por decretos chamados "declarações de liberdade". É a primeira vez que o conceito de "liberdade" surge na história, pois não tem sentido a não ser em contraste com a servidão. O termo sumeriano usado é *amagi* ou *amargi*[21], literalmente "volta à mãe", como faziam os alforriados.

Outra fonte de informação sobre o uso do dinheiro são os códigos legais, que frequentemente estabeleceram listas de preços e multas. As leis de Ur-Nammu (rei de Ur, r. 2112 – 2095 a.C.), as mais antigas com registro escrito, mencionam pesos, medidas e valores já no prólogo:

"... Depois que An e Enlil concederam a realeza de Ur a Nanna, naquela época Ur-Nammu fez, o filho nascido de Ninsun, para sua amada mãe que o deu à luz, segundo seus princípios de equidade e de verdade ... Então Ur-Nammu, poderoso guerreiro, rei de Ur, rei de Sumer e Akkad, pelo poder de Nanna, o senhor da cidade, e de acordo com a verdadeira palavra de Utu, assim fez e estabeleceu a equidade na terra. Baniu a maldição, a violência e o conflito e definiu os gastos mensais do Templo em 90 *gur* de cevada, 30 ovelhas e 30 *sila* de manteiga. Ele definiu a sila como uma medida de bronze, padronizou o peso de uma mina, e padronizou o peso de pedra de um siclo de prata em relação a uma mina ... o órfão não foi entregue ao homem rico, a viúva não foi entregue ao homem poderoso, o homem de um *gin* não foi entregue ao homem de uma *mana*".

Algumas multas e indenizações previstas pelas leis de Ur-Nammu:

- Se um homem comete sequestro, deve ser preso e pagar 15 *gin* de prata.

- Se um homem recorre à força para estuprar a escrava virgem de outro homem, deve pagar 5 *gin* de prata.

- Se um homem se divorcia de uma esposa que se casou pela primeira vez com ele, deve lhe pagar uma *mana* de prata.

- Se um homem se divorcia de uma esposa que se casou com ele viúva, deve lhe pagar meia *mana* de prata.

- Se um homem for acusado de feitiçaria, deve passar pelo

---

21 Os caracteres cuneiformes de *amagi* são usados como logo de várias organizações liberais e *libertarians*, e a palavra dá nome a um instituto liberal na Costa Rica. É um contrassenso, pois tais instituições defendem a redução ou eliminação da intervenção do Estado na economia, mas a *amagi* resultava da intervenção de um Estado autoritário na "liberdade do mercado".

ordálio da água; se for provado inocente, seu acusador deverá pagar três *gin* de prata.

- Se um homem acusar a esposa de outro homem de adultério, e o ordálio do rio provar-lhe a inocência, o acusador deverá pagar um terço de *mana* de prata.

- Se um escravo escapa dos limites da cidade e alguém o devolve ao amo, o proprietário deverá pagar dois *gin* de prata a quem o devolveu.

- Se um homem arranca o olho de outro homem, deve pesar (pagar) meia *mana* de prata.

- Se um homem decepar o pé de outro homem, deve pagar dez *gin* de prata.

- Se um homem, no decorrer de uma briga, quebrar um membro de outro homem com um porrete, deverá pagar uma *mana* de prata.

- Se alguém cortar o nariz de outro homem com uma faca de cobre, deverá pagar dois terços de uma *mana* de prata.

- Se um homem arrancar um dente de outro homem, deverá pagar dois *gin* de prata.

- Se um homem depor como testemunha e se provar que cometeu perjúrio, deverá pagar cinco *gin* de prata.

- Se um homem inundar o campo de outro homem, deve medir (pagar) três *gur* de cevada por *iku* (3.600 m²) de campo[22].

- Se um homem confiar um campo cultivável a outro homem para o cultivo, mas ele não cultivá-la e deixá-lo transformar-se em terreno baldio, ele deve medir (pagar) três *gur* de cevada por *iku* de campo.

---

22 Estima-se que isso equivale à metade da produtividade normal da terra na época.

Babilônia e o fim da Idade do Bronze (1800 a.C. – 1150 a.C.)

O período começa com a ascensão de Babilônia, que, fundada como cidade-estado independente em 1894 a.C. por invasores amorreus, tornou-se capital de um império após as conquistas do rei Hammurabi (r. 1792 a.C. – 1750 a.C.), o qual submeteu as cidades sumerianas, transformou a Assíria em vassala e estendeu seus domínios da Síria ao Irã.

Hammurabi é também conhecido pelo seu extenso código legal (1772 a.C.), cujas 282 leis revelam importantes mudanças sociais e políticas em relação ao período sumeriano.

Em códigos sumerianos, não existia lei de talião: a maioria das penalidades são conversíveis em prata ou cevada e de modo geral o código é benevolente em comparação com as leis de Hammurabi e seus sucessores no Oriente Médio, ou mesmo com as da Antiguidade greco-romana. Compare-se as leis de Ur-Nammu com estes exemplos de Hammurabi:

> 196º - Se alguém arranca o olho a um outro, se lhe deverá arrancar o olho.
>
> 197º - Se ele quebra o osso a um outro, se lhe deverá quebrar o osso.
>
> 198º - Se ele arranca o olho de um *mushkenum*[23], deverá pagar uma mina.
>
> 199º - Se ele arranca um olho de um escravo alheio, ou quebra um osso ao escravo alheio, deverá pagar a metade de seu preço.
>
> 200º - Se alguém parte os dentes de um outro, de igual condição, deverá ter partidos os seus dentes.
>
> 201º - Se ele partiu os dentes de um *mushkenum* deverá pagar um terço de mina.

---

23 *Mushkenum* eram servos ou súditos semilivres, intermediários entre os *awilum* (homens livres) e os *wardu* (escravos). *Mushkenum* podiam possuir propriedades e escravos, mas dependiam do templo ou do palácio. Não podiam deixar suas terras e eram forçados a participar de campanhas militares, se houvesse.

202º - Se alguém espanca um outro mais elevado que ele, deverá ser espancado em público sessenta vezes, com o chicote de couro de boi.

203º - Se um nascido livre espanca um nascido livre de igual condição, deverá pagar uma mina.

204º - Se um mushkenum espanca um *mushkenum*, deverá pagar dez siclos.

205º - Se o escravo de um homem livre espanca um homem livre, se lhe deverá cortar a orelha.

206º - Se alguém bate um outro em rixa e lhe faz uma ferida, ele deverá jurar : "eu não lhe bati de propósito", e pagar o médico.

207º - Se ele morre por suas pancadas, aquele deverá igualmente jurar e, se era um nascido livre, deverá pagar meia mina.

208º - Se era um *mushkenum*, deverá pagar um terço de mina.

209º - Se alguém bate numa mulher livre e a faz abortar, deverá pagar dez siclos pelo feto.

210º - Se essa mulher morre, se deverá matar o filho dele.

211º - Se a filha de um *mushkenum* aborta por pancada de alguém, este deverá pagar cinco siclos.

212º - Se essa mulher morre, ele deverá pagar meia mina.

213º - Se ele espanca a serva de alguém e esta aborta, ele deverá pagar dois siclos.

214º - Se essa serva morre, ele deverá pagar um terço de mina.

Nestas leis, o talião é a pena para crimes entre iguais e a indenização só é admitida quando se trata de escravos ou servos (*mushkenum*), considerados como mercadoria.

Outro aspecto em que a civilização sumeriana parece mais moderna que suas sucessoras é no papel das mulheres. Ainda que em menor número que os homens, estavam presentes entre soberanos, funcionários, escribas, médicos e mercadores. Um pai dava à filha e ao genro um dote que eles possuiriam em conjunto, mas que ela controlava e podia legar em herança. Marido e esposa tinham direitos iguais em relação aos filhos. Uma mulher de classe alta podia conduzir seus próprios negócios e manter ou vender seus próprios escravos.

A autonomia das mulheres também decaiu muito na Babilônia e civilizações sucessoras. Se entre os sumérios era preciso um motivo para um homem pedir divórcio (geralmente a esterilidade da mulher) e só a infidelidade comprovada autorizava matar a esposa, as leis de Hammurabi permitiam ao homem afogar a mulher negligente em relação à casa, marido ou filhos e repudiá-la mesmo sem motivo, se lhe devolvesse o dote. As mulheres desaparecem de funções de governo e profissões liberais e a partir de 1400 a.C., na Assíria, começam a ser fechadas em haréns e (se não fossem prostitutas ou escravas) forçadas a usar véus. As explicações para essas mudanças incluem a gradual substituição da cultura agrícola sumeriana pela dos povos nômades pastoris que a cercavam (de costumes mais rígidos e patriarcais), o crescente militarismo e a crescente mercadização das relações familiares, que transformavam as mulheres e sua virgindade em mercadoria, mesmo nas classes superiores.

Pesos e medidas permaneceram pouco modificados em relação ao período sumeriano, e o Código de Hammurabi inclui a regulamentação de vários preços de serviços, em prata ou grão. Seguem-se alguns exemplos de artigos:

> 3º - Se alguém deve grão ou prata e não tem grão ou prata com que pagar, mas possui outros bens, deverá levar diante dos anciãos o que está à sua disposição e dá-lo ao negociante. Este deve aceitar sem exceção.
>
> 4º - Se alguém se apresenta como testemunha por grão e prata, deverá suportar a pena cominada no processo.
>
> 7º - Se alguém, sem testemunhas ou contrato, compra ou recebe em depósito ouro ou prata ou um escravo ou uma escrava, ou um boi ou uma ovelha, ou um asno, ou outra coisa de um filho alheio ou de um escravo, é considerado como um ladrão e morto.

8º - Se alguém rouba um boi ou uma ovelha ou um asno ou um porco ou um barco, se a coisa pertence ao Deus ou a Corte, ele deverá dar trinta vezes tanto; se pertence a um *mushkenum*, deverá dar dez vezes tanto; se o ladrão não tem nada para dar, deverá ser morto.

10º - Se o comprador não apresenta o vendedor e as testemunhas perante as quais ele comprou, mas o proprietário do objeto perdido apresenta um testemunho que reconhece o objeto, então o comprador é o ladrão e morrerá. O proprietário retoma o objeto perdido.

44º - Se alguém se obriga a pôr em cultura, dentro de três anos, um campo que jaz inculto, mas é preguiçoso e não cultiva o campo, deverá no quarto ano cavar, destorroar e cultivar o campo inculto e restituí-lo ao proprietário e por cada dez *gan*[24] pagar dez *gur* de trigo.

48º - Se alguém tem uma dívida a juros, e uma tempestade devasta o seu campo ou destrói a colheita, ou por falta d'água não cresce o trigo no campo, ele não deverá nesse ano dar trigo ao credor, deverá modificar sua tábua de contrato e não pagar juros por esse ano.

88º - Se um comerciante deu grão em empréstimo, pode levar 100 *sila* de grão de juros por um *gur* (33,3%); se deu prata em empréstimo, ele pode tomar 1/6 de siclo e 6 *she* de juros por um siclo de prata (20%).

108º - Se uma taberneira não aceita grão por preço das bebidas por seu peso, mas exige prata e o preço da bebida é menor do que o do grão, deverá ser presa e lançada n'água.

111º - Se uma taberneira fornece sessenta *qa* de *usakani* (boa cerveja) deverá receber ao tempo da colheita cinquenta *qa* de grão (portanto, um litro de cerveja custava 5/6 de litro de grão, meio quilo ou 6 ñ e era vendida a crédito).

117º - Se alguém tem um débito vencido e vende por dinheiro

---

24 Um *gan* equivalia a 64.800 m².

a mulher, o filho e a filha, ou lhe concedem descontar com trabalho o débito, aqueles deverão trabalhar três anos na casa do comprador ou do senhor, no quarto ano este deverá libertá-los.

121º - Se alguém deposita a grão na casa de outro, deverá dar-lhe, como aluguel do armazém, cinco *qa* de grão por cada *gur* de grão ao ano (ou seja, 1/60 do volume).

215º - Se um médico trata uma ferida grave com a lanceta de bronze e a cura ou se faz uma incisão com a lanceta de bronze e o olho é salvo, deverá receber dez siclos (18.000 ñ).

216º - Se é um *mushkenum*, ele receberá cinco siclos (9.000 ñ).

217º - Se é o escravo de alguém, o seu proprietário deverá dar ao médico dois siclos (3.600 ñ).

218º - Se um médico trata alguém de uma ferida grave com a lanceta de bronze e o mata ou lhe abre uma incisão com a lanceta de bronze e o olho fica perdido, se lhe deverão cortar as mãos.

219º - Se o médico trata o escravo de um *mushkenum* de uma ferida grave com a lanceta de bronze e o mata, deverá dar escravo por escravo.

220º - Se ele abriu a sua incisão com a lanceta de bronze e o olho fica perdido, deverá pagar metade de seu preço.

221º - Se um médico restabelece o osso quebrado de alguém ou as partes moles doentes, o doente deverá dar ao médico cinco siclos.

222º - Se é um *mushkenum*, deverá dar três siclos.

223º - Se é um escravo, o dono deverá dar ao médico dois siclos.

224º - Se o médico dos bois e dos burros trata um boi ou um burro de uma grave ferida e o animal se restabelece, o proprietário deverá dar ao médico, em pagamento, um sexto de siclo (300 ñ).

228º - Se um arquiteto constrói uma casa para alguém e a leva a execução, deverá receber em paga dois siclos (3.600 ñ) por cada *sar* (36 m²) de superfície edificada.

241º - Se alguém sequestra e faz trabalhar um boi, deverá pagar um terço de mina.

242º - Se alguém aluga por um ano um boi para lavrar, deverá pagar quatro *gur* de grão (7.200 ñ).

243º - Como paga do boi de carga três *gur* de grão ao proprietário (5.400 ñ).

251º - Se o boi de alguém dá chifradas e se tem denunciado seu vício de dar chifradas, e, não obstante, não se têm cortado os chifres e prendido o boi, e o boi investe contra um homem e o mata, seu dono deverá pagar meia mina (54.000 ñ).

252º - Se ele mata um escravo de alguém, dever-se-á pagar um terço de mina (36.000 ñ).

255º - Se alguém deu em locação os bois do homem ou roubou as sementes e não planta nada no campo, deverá ser preso e pagar por cem *gan*, sessenta *gur* de grão.

257º - Se alguém aluga um lavrador de campo lhe deverá dar anualmente oito *gur* de grão (14.400 ñ, 40 ñ por dia).

258º - Se alguém aluga um guarda de bois, seis *gur* de grão por ano (10.800 ñ, 30 ñ por dia).

259º - Se alguém rouba do campo uma roda d'água, deverá dar ao proprietário cinco siclos.

260º - Se alguém rouba um balde para tirar água ou um arado deverá dar três siclos.

261º - Se alguém aluga um pastor para apascentar bois e ovelhas, lhe deverá dar oito *gur* de grão por ano.

268º - Se alguém aluga um boi para debulhar, a paga é vinte *qa* de grão (120 ñ).

269º - Se alguém aluga um burro para debulhar, a paga é vinte *qa* de grão.

270º - Se alguém aluga um animal jovem para debulhar, a paga é dez *qa* de grão.

271º - Se alguém aluga bois, carros, e guardas, deverá dar cento e oitenta *qa* de grão por dia (1.080 ñ)

272º - Se alguém aluga um carro apenas, deverá dar quarenta *qa* de grão por dia (240 ñ).

273º - Se alguém aluga um lavrador mercenário, deverá lhe dar do novo ano ao quinto mês seis *she* por dia (60 ñ); do sexto mês até o fim do ano deverá lhe dar cinco *she* (50 ñ) por dia.

274º - Se alguém aluga um operário, lhe deverá dar cada dia: cinco *she* ao tijoleiro; cinco *she* ao alfaiate, cinco *she* ao canteiro, quatro *she* ao carpinteiro, quatro *she* ao cordoeiro, quatro *she* ao pedreiro (e outros, sempre 50 ñ ou 40 ñ por dia).

275º - Se alguém aluga um barco a vela deverá dar seis *she* (60 ñ) por dia como paga.

276º - Se ele aluga um barco a remos, dois e meio *she* (25 ñ) por dia.

277º - Se alguém aluga um barco de sessenta *gur*, deverá pagar um sexto de siclo por dia.

Note-se nos artigo 3º e 4º como apenas o grão (cevada) e a prata passam a ter neste período o caráter de dinheiro, embora o comerciante possa ter de aceitar outros bens se o devedor não os possui, e que, embora aluguéis de animais e equipamentos agrícolas sejam pagos normalmente em cevada, os salários de trabalhadores urbanos são fixados em prata (embora provavelmente pagos em mercadorias, como se fez até muito mais tarde). Os juros de empréstimos em cevada eram mais altos do que os de empréstimos em prata, o que talvez signifique que os clientes desse tipo de empréstimo eram vistos como de risco mais alto.

É possível encontrar mais de uma análise liberal que, criticando Hammurabi por impor o controle de juros, preços e salários sem dar margem à oferta e procura, garante que esses controles "fracassaram" e até os culpa pela decadência de Babilônia. É um anacronismo, pois nesse período a produtividade era limitada pelos costumes e recursos tecnológicos, o capitalismo não existia e a ascensão e queda de impérios era determinada por fatores climáticos, políticos e militares e não pelo comportamento de um mercado ainda incipiente e restrito. Como entre os sumerianos, que também estabeleciam equivalências de valores (por exemplo, 1 *gin* de prata equivalia a 1 *gur* de trigo ou 6 *mana* de lã pelo Código de Eshnunna, pouco anterior ao de Hammurabi), o poder real regulava o comércio e estabelecia preços máximos ou mínimos como forma de garantir a estabilidade em períodos difíceis, assim como limitava a escravidão por dívidas a três anos (artigo 117) e periodicamente redistribuía terras. Seu código apenas atesta que a sociedade e as práticas comerciais haviam se tornado mais complexas e passado a exigir uma regulamentação mais completa.

Nove anos após a morte de Hammurabi, os vassalos começaram a se rebelar contra seu filho e sucessor. Elam e Assíria voltaram a ser independentes, os acádio-sumerianos do sul criaram um reino independente chamado Mat Tamti ("Terramar") e os territórios de Babilônia se reduziram à região central. Em 1595 a.C. a cidade foi saqueada pelos hititas e em cerca de 1570 a.C. foi conquistada juntamente com Mat Tamti pelos cassitas, povo vindo do Irã que criou um império babilônico mais estável: sua dinastia durou mais de 400 anos.

Entre 1200 a.C. e 1150 a.C., porém, as civilizações da Idade do Bronze enfrentaram um súbito colapso, cujas causas podem ter incluído secas, grandes erupções vulcânicas e mudanças climáticas que desencadearam migrações em massa de bárbaros a pé que desestruturaram as civilizações tradicionais defendidas por bigas e guerreiros de elite. Praticamente todas as cidades da Idade do Bronze da Grécia à Palestina foram destruídas e com elas as civilizações micênica e hitita. Os cassitas foram vencidos e Babilônia sujeita a repetidas invasões. Assíria e Egito foram os principais Estados que, apesar de enfraquecidos, conseguiram resistir à crise. O comércio a longa distância praticamente desapareceu e a dificuldade de conseguir cobre e estanho, metais relativamente raros e importados de longe, estimulou o desenvolvimento da metalurgia do ferro, cujo minério é mais comum, apesar de exigir uma tecnologia mais avançada para sua redução a metal.

Até o fim desse período, cevada e prata se mantiveram como formas de protodinheiro, e as práticas de registro e contabilidade continuaram a ser aprimoradas. Uma forma comum de registrar dívidas era uma tabuinha de argila com a informação necessária, envolvida por um envelope de argila. O envelope trazia a mesma informação que a tabuinha interior, mais os selos das partes e testemunhas. A tabuinha permanecia nas mãos do credor, que não podia alterar o texto interior sem destruir o invólucro, de forma a proteger o devedor de fraudes. Uma delas, que data de 1267 a.C., dinastia cassita, diz: "cinquenta *gur* de cereais do imposto total de B e meu do armazém de Nippur, N, filho de S, recebeu e deu às famílias. No dia da colheita ele deve coletar e pagar e depois disso poderá quebrar o selo". Há registros escritos minuciosos de vendas de imóveis, escravos, gado e mercadorias, pois a lei os exigia, como indicam os artigos 7 a 10 do Código de Hammurabi. De 1582-1562 a.C., há uma escritura completa de venda de uma casa de 54 m^2 em Nippur a uma sacerdotisa, que detalha o endereço exato, o pagamento de 17 siclos (30.600 ñ), incluído adiantamento de meio siclo, e atesta o direito de propriedade do vendedor, que a comprara por 6 siclos e 5/6 (12.300 ñ) e presumivelmente lhe fez melhoramentos.

Existe alguma especulação sobre o uso de algo mais parecido com moeda neste período, ainda inconclusiva. Uma tabuinha indica que Hammurabi recompensou soldados de Mari com *shamshatum* ("discos solares"), anéis de ouro, peças de prata de 5 ou 10 siclos e "pequenas peças de prata marcadas com selo". Não há, porém, evidência destas ou de que tivessem peso e qualidade padronizados.

Naufrágios na costa da Anatólia dos anos 1300 ou 1200 a.C. incluem lingotes de cobre e estanho em forma de pizzas de quatro quilos (8.000 ñ) ou em forma de couros de boi de vinte a trinta quilos (40 mil a 60 mil ñ), que poderiam ter sido usados como meio de troca e às vezes têm marcas que tanto poderiam ser de propriedade quanto de garantia do peso ou valor.

Contratos da cidade de Larsa do século XVIII a.C. fazem menção a bolsas seladas de prata (*kaspum kankum*), cujo selo garantiria sua qualidade. Uma tabuinha dá como fonte da prata selada um certo Sin-uselli, possivelmente a mesma pessoa cujo selo o identifica como "Ensaiador da Casa da Verdade" de Ur e "Servo do (rei) Samsuiluna", o que sugere uma atestação pelo Estado do valor da prata. Possivelmente, a exigência de pagamento de bens do governo com "prata selada" representa um esforço do palácio para controlar a qualidade de sua receita, garantindo a qualidade do metal.

Um tesouro formado por 17 bolsas de linho seladas contendo prata (com 11% de ouro, talvez originária da Península Ibérica) em quantidades padronizadas de 490,5 gramas (uma mina), datado do final do século XI a.C. foi encontrado em Dor, perto de Haifa (Israel).

Assírios e neobabilônios (1150 a.C. – 539 a.C.)

Durante a turbulência que se seguiu ao colapso da Idade do Bronze e início da Idade do Ferro, Babilônia veio a ser tomada e dominada pelo povo caldeu. A Assíria, que permaneceu relativamente estável, mas isolada, emergiu como potência militar agressiva a partir de 911 a.C., e, durante o século IX a.C., dominou Babilônia e a maior parte da Síria até submeter Damasco. Nos séculos VIII a.C. e VII a.C., o Império Assírio dominou a maior parte do Oriente Médio e chegou a conquistar o Egito e transformá-lo em satélite. Em 627 a.C., porém, Babilônia se rebelou. Em aliança com os medas, combateu e destruiu o Império Assírio em 605 a.C. Um Império Meda e um Império Neobabilônico (ou Caldeu) passaram a dividir o Oriente Médio até ambos serem conquistados pelos persas em 549 a.C. e 539 a.C., respectivamente.

Ainda que muitas das transações (ao menos no varejo) envolvessem trocas de mercadoria, e a cevada ainda fosse a base do pagamento dos salários, a aparência de escambo era ilusória. As transações eram pagas por meio de um sistema de créditos e débitos avaliados em quantidades de prata, bronze e cobre, também usados como meio de pagamento físico. Até 783 a.C., a maioria dos pagamentos registrados é em bronze, e daí a 711 a.C, em cobre. A prata passa a predominar a partir do saque de grandes quantidades de metal precioso por Sargão II (r. 722 – 705 a.C.), principalmente na conquista de Carchemish (717 a.C.).

São usados neste período dois tipos de unidades de peso: a leve, tradicional (cerca de 8,4 gramas para o siclo, 505 gramas para a mina), e a pesada, que valia o dobro. Desapareceram os anéis e espirais de prata usados na Idade do Bronze: os metais eram trocados na forma de lingotes, cortados em pedaços menores quando necessário. Tesouros dessa época são geralmente formados por pequenos pedaços irregulares de prata, juntamente com joias gastas ou danificadas, avaliadas pelo peso em prata.

Mesmo no período de predomínio da prata, não se mencionam grãos (*she*) de prata em pagamentos, e frações do siclo de prata são pagas em cobre. Um texto parece mencionar peças de cobre de meio siclo (9 ñ) usadas por ordem do rei Senaquerib (r. 705 - 681 a.C.) que poderiam ter sido as primeiras moedas, mas não se encontrou evidência física de sua existência. O menor valor atestado em documentos é de meia mina de cobre (540 ñ). A razão dos valores entre os metais era 60:1, ou seja, um siclo de prata equivalia a uma mina de cobre.

O preço normal de um escravo na Assíria era de uma mina a uma mina e meia de prata (64.800 a 97.200 ñ), e o de uma escrava, a metade desse preço. Para o Império Neobabilônico, entre 636 a.C. e 536 a.C., as variações de preços mais importantes estão resumidas abaixo:

produto	unidade antiga	unidades antigas por siclo de prata			unidade moderna	ñ por unidade moderna		
		mínimo	mediana	máximo		mínimo	mediana	máximo
cevada	Qa	55	180	421	kg	4,9	11,5	38
tâmaras	Qa	50	225	372	kg	6,8	11,2	50
gergelim	Qa	6	12	60	kg	36	181	362
mel	litros		4		litro		270	
lã	mina	1,16	4	6,67	kg	321	536	1.847
		siclos de prata por unidade				ñ por unidade moderna		
escravo	unidade		90		unidade		97.200	
salários	Mês	1		4	mês	1.080		4.800
boi	unidade	10		20	unidade	10.800		21.600
ovelha	unidade		2		unidade		2.160	
asno	unidade	5		120	unidade	5.400		129.600

Note-se a queda do poder aquisitivo da prata: um siclo comprava um gur ou 300 *qa* de cevada no período sumério, mas agora compra, normalmente, 180 *qa*; de 300 a 450 qa de tâmaras, passou a comprar 225; e de 9 a 13,33 minas de lã, passou a comprar apenas 4. Pode-se estimar o valor do siclo de prata ou da mina de cobre neste período em cerca de 1.080 ñ.

Egito faraônico (3100 a.C. – 343 a.C.)

Os mais antigos pesos e balanças conhecidos são egípcios e datam de 3800 a.C. e 3300 a.C. O *deben* originalmente usado para medir metais e mercadorias preciosas parece ter sido baseado nos pesos chamados *beqa*, cuja unidade equivalia a 12,8 a 13,5 gramas e pode ter sido baseada no peso de 256 grãos de cevada. Só foi padronizada com rigor, porém, depois de 1200 a.C., com um peso de 12,4 gramas ou 1/40 da mina de cerca de 500 gramas.

Um segundo sistema de pesos entrou em uso a partir de 1550 a.C., baseado no *deben* de 89 a 99 gramas (mediana 93 gramas), no *qadet* ou *quite*, com 1/10 desse peso, e no *sep* de 10 *deben*. Em transações comerciais, a prata também foi medida em unidades chamadas *shat*, de 7,6 gramas (1/12 *deben*).

Alguns textos sugerem que o *shat* de prata e o *deben* de cobre existiam na forma de peças de metal e funcionavam quase como moedas metálicas, mas não há prova arqueológica disso. *Shat* parece estar relacionado a *shayet*, "biscoito", o que sugere peças achatadas, e o hieróglifo que a representa indica um selo. Equivalia a oito *deben* de cobre (relação de preços entre metais de 96:1) durante o Novo Império até a XIX dinastia (1292 a.C. – 1190 a.C.) e 5 *deben* (relação de 60:1) na XX dinastia (1190 – 1077 a.C.), quando passou a ser chamado de *seniu*. Pesos de cobre referidos em transações comerciais parecem nunca ter sido inferiores a cinco *qadet* ou meio *deben*. *Deben*, por sua vez, está ligado à ideia de círculo, o que pode indicar que tivesse a forma de disco, pulseira ou anel.

Dada sua abundância no país, o ouro valia bem menos no Egito, em relação à prata, do que na Mesopotâmia e na maior parte do mundo antigo. Acredita-se que no Antigo e Médio Impérios a prata valia mais que o ouro, pois sempre era mencionada em primeiro lugar nos textos. Durante o Novo Império (a partir de 1550 a.C.) a relação normal entre ouro e prata era 2:1 e chegou cair para 1,67:1 no reinado de Amenhotep II (r. 1427 - 1401 a.C.). Só após a conquista macedônia (332 a.C.) a relação de preços entre o ouro e a prata no país se igualou à existente no resto do mundo mediterrâneo. Em termos de poder aquisitivo de grãos, a prata valia no Egito do Novo Império cerca de 2,6 vezes mais do que na Mesopotâmia da mesma época, e o ouro, aproximadamente 52%.

Outras unidade de valor foram o *hin* ("jarro"), equivalente a 0,48 litro de óleo de gergelim[25], normalmente equivalente a um *deben* de cobre e o *khar* ("saca"), equivalente a 96,5 litros no Médio Império e 76,88 litros de cevada (48 kg) ou espelta (56 kg) no Novo Império, avaliado no período Raméssida (1292 – 1069 a.C.) como dois *deben* de cobre e dividido em quatro *oipe* de 19,22 litros.

Pães foram também usados como medida de valor: enquanto um trabalhador comum recebia como pagamento diário 10 pães e 1/3 a 2 jarros de cerveja, um funcionário superior recebia "500 pães", o que não pode ser entendido ao pé da letra, mas como gêneros ou produtos de valor equivalente.

Pode-se estimar grosseiramente o valor dessas unidades em ñ como segue, para a maior parte da duração do Novo Império:

Unidade	ouro	prata	cobre	óleo	cevada
Deben	60.000	30.000	300	–	–
qadet ou qite	6.000	3.000	–	–	–
shat ou seniu	5.000	2.500	–	–	–
Hin	–	–	–	300	–
Khar	–	–	–	–	600

Assim como na Mesopotâmia, os egípcios fixavam preços e liquidavam dívidas usando como referência pesos de metal, óleo ou grão, mesmo que estes não trocassem de mãos fisicamente nas transações. Os trabalhadores eram pagos com gêneros avaliados nessas unidades. Um recibo da época do Novo Império atesta, por exemplo: "Pagamento pela pintura de um sarcófago: tecelagem de uma peça de roupa no valor de 3 *seniu*, uma saca de cereal no valor de ½ *khar*, uma esteira coberta no valor de ½ *seniu* e um vaso de bronze no valor de ½ *seniu*", no total de 4 seniu e 1 khar (10.600 ñ). Uma jovem escrava, adquirida na XIX dinastia (1292-1189 a.C.) por 4 *deben* e 1 *qadet* de prata (123.000 ñ), foi paga com 6 vasos de bronze, 10 *deben* de cobre, 15 vestes de linho, uma mortalha, um cobertor e um pote de mel.

Há menos informações sobre preços e salários egípcios do que sobre a Mesopotâmia. A maioria se refere ao período Raméssida e provém principalmente de Deir el-Medina, a vila onde viviam e trabalhavam os artesãos empregados nas obras das tumbas do Vale

---

25   Dez *hin* formava um *hekat* de 4,8 litros; 30 *hekat* (144 litros) equivaliam a um cúbito cúbico.

dos Reis, que possivelmente possuíam certos privilégios e não eram necessariamente representativos da maior parte do Egito.

Salários (Novo Império)

Trabalhador	por mês			por dia	
	khar	deben	ñ	kg de espelta	ñ
capataz	7½	15	4.500	14,5	150
escriba	7½	15	4.500	14,5	150
operário	5½	11	3.300	10,6	110
porteiro (*)	1½	3	900	2,9	30
médico (*)	1½	3	900	2,9	30

(*) provavelmente em tempo parcial

Vale notar que não há registro de crédito comercial ou da prática de cobrança de juros na maior parte da história do Egito faraônico, embora existissem empréstimos (principalmente como ajuda mútua entre vizinhos) e devedores pudessem ser punidos com multas ou chibatadas e às vezes perder terras ou serem escravizados por não pagarem suas dívidas. É só no reinado do faraó Bakenranef (r. 720-715 a.C.), já no final da história do Egito como civilização independente, que se tem notícia, pela primeira vez, de prisões por dívida.

Preços (Novo Império)

Produto	unidade antiga	preço	preço (ñ)
espelta	saca (khar)	1 a 2 deben	300 a 600
cevada	saca (khar)	2 deben	600
óleo de gergelim	jarro (hin)	1 deben	300
azeite de oliva	jarro (hin)	1½ deben	450
banha	recipiente	30 deben	9.000
pão	filão	0,1 deben	30
cerveja	jarro	½ deben	150
bolo	unidade	0,2 deben	60
vinho	jarro	1 deben	300
quarto traseiro de vaca	unidade	3½ seniu	8.750
feixe de vegetais	unidade	½ deben	150
peixes	50	2 deben	600
vaso kebet	unidade	20 deben	6.000
vaso gai	unidade	16 deben	4.800
jarro de bronze	unidade	18 deben	5.400

taça de bronze	unidade	5 deben	1.500
recipiente de madeira	unidade	2 deben	600
balde de couro	unidade	3 deben	900
cesta	unidade	4 deben	1.200
lança grande	unidade	2 deben	600
lança normal	unidade	1½ deben	450
lençol de linho	unidade	33 deben	10.000
túnica	unidade	2½ a 5 deben	750 a 1.500
kalasiris (veste longa de linho)	unidade	20 deben	6.000
par de sandálias	par	2 deben	600
corda	100 cúbitos (*)	1 deben de prata	30.000
navalha	unidade	1 a 2 deben	300 a 600
espelho	unidade	6 deben	1.800
espanta-moscas	unidade	1 deben	300
colar de contas de vidro	unidade	5 deben	1.500
amuleto	unidade	1 deben	300
casa	unidade	2 deben de prata	60.000
esteira	unidade	1 deben	300
cama	unidade	12-20 deben	3.600 a 6.000
cadeira	unidade	20 deben	6.000
mesa	unidade	15 deben	4.500
arca	unidade	1 deben	300
esteira de dormir	unidade	2 deben	600
ave	unidade	¼ deben	75
cabra	unidade	2½ deben	750
asno	unidade	25 a 40 deben	7.500 a 12.000
vaca	unidade	até 140 deben	até 42.000
touro	unidade	50 a 120 deben	15.000 a 36.000
boi	unidade	60 deben	18.000
terra (arrendamento anual)	arura (**)	cerca de 5 deben	1.500
terra	arura	0,1 a 0,6 deben de prata	3.000 a 18.000
mortalha de linho	unidade	50 deben (5 qadet de prata)	15.000
caixão de madeira	unidade	20 a 40 deben	6.000 a 12.000
caixão para escriba	unidade	200 deben	60.000
ushabti (estatueta funerária)	unidade	0,02 deben	6
vasos canópicos simples	conjunto	5 deben	1.500
Livro dos Mortos	exemplar	100 deben	30.000
estatueta de madeira	unidade	10 deben	3.000
garota escrava	unidade	4 deben de prata	120.000
escravo comum	unidade	3 deben 1 qadet de prata	93.000

(*) Um cúbito egípcio equivalia a 52,3 cm

(**) Uma arura equivalia a 2.735 m². Semeada com 1 *khar* de grão, produzia uma colheita de 10 *khar* (6.000 ñ). Um hectare custaria 11.000 a 66.000 ñ.

Hebreus (1000 a.C. – 587 a.C.)

As unidades de peso e capacidade usadas pelos hebreus, provavelmente as mesmas dos fenícios, eram derivadas do modelo sumério e mesopotâmico (sexagesimal), mas com influência egípcia (decimal), resultando nas seguintes medidas (poder aquisitivo estimado com base na prata da Mesopotâmia da Idade do Ferro):

Capacidade

unidade hebraica (sólidos)	unidade hebraica (líquidos)	Unidade hebraica em logs	volume (litros)	massa (kg de cevada)
bezah	bezah	1/6	0,051	0,032
log	log	1	0,305	0,19
kab	kab	4	1,2	0,76
omer	–	7,2	2,2	1,36
–	hin	12	3,7	–
se'ah	–	24	7,3	4,6
ephah	bath	72	22	13,6
letek	–	360	110	68,2
kor	kor	720	220	136,4

Peso

unidade hebraica	massa (gramas)	massa em shekels	Valor em prata (ñ)	Valor em ouro (ñ)
gerah (óbolo ou jeira)	0,57	1/20	75	750
beka (meio siclo)	5,71	½	750	7.500
pim (*)	7,62	2/3	1.000	10.000
shekel (siclo)	11,42	1	1.500	15.000
maneh (mina)	571,2	50	75.000	750.000
kikkar (talento)	34.272	3.000	4.500.000	45.000.000

(*) possivelmente uma unidade dos filisteus, pois é mencionada no 1º livro de Samuel como o preço cobrado por seus ferreiros para afiar as ferramentas dos hebreus.

O uso do shekel de prata (siclo) como unidade de valor e em transações comerciais é mencionado no Antigo Testamento desde o Gênesis, ao contar a história de Abraão (contemporâneo dos neossumerianos, segundo as cronologias tradicionais) que migrou da "Ur dos Caldeus" para Canaã. Abimeleque lhe dá mil siclos como compensação por ter levado temporariamente sua esposa Sara (que Abraão apresentara apenas como irmã), além de animais e escravos.

Mais tarde, na primeira transação registrada na Bíblia, Abraão compra uma caverna de Efrom por 400 siclos para servir de túmulo a Sara e depois a si mesmo e sua família. Depois, um de seus servos procura esposa para seu filho Isaac. Escolhe Rebeca pela generosidade ao buscar água para ele e seus dez camelos e a presenteia com um anel de nariz de ouro de um beka e dois braceletes de ouro, somando dez siclos. Jacó, neto de Abraão, tem doze filhos dos quais José, o mais querido, é objeto do ciúme dos irmãos, que o vendem como escravo por vinte siclos[26] e enganam o pai, dizendo que ele havia sido devorado por feras. Após uma longa aventura, José se torna vizir do faraó e quando sua família vai ao Egito para escapar da seca, os recebe e presenteia cada um dos irmãos com roupas e 300 siclos.

Todas essas histórias têm, porém, caráter lendário. Na época em que Abraão supostamente viveu, os camelos ainda não haviam sido domesticados. Da mesma forma, nomes, práticas e relações sociais, bem como provavelmente os preços e práticas comerciais não refletem a Idade do Bronze e sim o período bem posterior no qual as histórias do Pentateuco foram compostas, no século VIII ou VII a.C.

Da mesma forma, devem ser consideradas como lendárias as alusões a pagamentos e valores em siclos dos livros dos Juízes (como o prêmio de 1.100 siclos pago por cada chefe filisteu a Dalila por trair Sansão) e especialmente à fabulosa riqueza do rei Salomão, que supostamente recebia 666 talentos de ouro em tributos a cada ano (cerca de 30 bilhões de ñ). Neste último caso, trata-se de numerologia simbólica ou de exagero nostálgico de uma Idade de Ouro idealizada após o exílio babilônico, pois representa um poder aquisitivo superior ao da arrecadação anual do Império Romano em seu apogeu, e este foi duzentas vezes maior em área e população do que os domínios de Salomão, mesmo supondo que estes tenham alcançado as improváveis dimensões indicadas pelo texto bíblico. Se, como acreditam arqueólogos modernos como Israel Finkelstein, Salomão reinou apenas sobre a pequena tribo de Judá, então área e população seriam da ordem de um milésimo dos domínios romanos.

As narrativas sobre os reis posteriores de Israel e Judá têm um caráter menos exagerado e lendário. No 2º livro dos Reis, por

---

26   O Alcorão fala em 20 dirrãs, o que é ainda mais anacrônico.

exemplo, conta-se que o rei Ezequias de Judá (r. 715-686 a.C.), após o confronto com o assírio Senaqueribe, ofereceu-lhe 300 talentos de prata e 30 de ouro (2,7 bilhões de ñ), "todo o dinheiro que se encontrava no templo do Senhor e nas reservas do palácio real", para não invadir Jerusalém. Equivale a pouco mais de um mês da suposta receita de Salomão, mas é um valor plausível para as reservas de um pequeno reino (100 mil a 150 mil habitantes e 8,9 mil km^2 no século VII a.C.). Uma inscrição do próprio Senaqueribe fala de 800 talentos, mas a discrepância pode ser explicada pela conversão do ouro em prata equivalente e das medidas hebraicas em assírias.

As menções a multas e indenizações expressas em siclos de livros como o Êxodo, o Levítico e o Deuteronômio provavelmente se referem a leis de fato vigentes antes da conquista de Judá por Babilônia (587 a.C.). Alguns exemplos:

- Se um boi ferir mortalmente um homem ou uma mulher com as pontas dos chifres, será apedrejado e não se comerá a sua carne; mas o dono do boi não será punido. Porém, se o boi era já acostumado a dar chifradas, e o dono, tendo sido avisado, não o vigiou, o boi será apedrejado, se matar um homem ou uma mulher, e seu dono também morrerá. Se, para resgatar sua vida, lhe for imposta uma quitação, ele deverá dar todo o preço que lhe tiver sido imposto. Se o boi ferir um filho ou uma filha, aplicar-se-á a mesma lei. Mas, se ferir um escravo ou uma escrava, pagar-se-á ao seu senhor trinta siclos de prata (45.000 ñ), e o boi será apedrejado. (Êxodo 21:28-32).

- "Quando fizeres os recenseamentos dos israelitas, cada um pagará ao Senhor o resgate de sua vida, para que esse alistamento não atraia sobre ele algum flagelo. Cada um daqueles que forem recenseados pagará meio siclo (segundo o valor do siclo do santuário, que é de vinte gueras), meio siclo (750 ñ) como contribuição devida ao Senhor". (Êxodo 30: 12-13).

- O Senhor disse a Moisés: "Dize aos israelitas o seguinte: se alguém fizer um voto, as pessoas serão do Senhor segundo a tua avaliação. Se se tratar de um homem de vinte a sessenta anos, o valor será de cinquenta siclos de prata (75.000 ñ), segundo o siclo do santuário; se for uma mulher, o valor será de trinta siclos (45.000 ñ). Para a idade de cinco a vinte anos, o valor será de vinte siclos para o menino (30.000 ñ), e dez siclos para a menina (15.000 ñ). De um mês até cinco anos, o valor será de cinco siclos de prata para um menino (7.500 ñ), e três para uma menina (4.500 ñ). Aos sessenta anos, e daí para cima, a estimação será de quinze siclos para um homem (22.500 ñ) e dez siclos para uma mulher (15.000 ñ). (Levítico 27: 1-7)

• Se alguém consagrar ao Senhor uma parte da terra que lhe pertence, tu a avaliarás segundo a quantidade de grãos que se pode semear nela, à razão de cinquenta siclos de prata por homer de cevada. (Levítico 27, 16)

• Se um homem, depois de ter desposado uma mulher e a ter conhecido, vier a odiá-la, e, imputando-lhe faltas desonrosas, se puser a difamá-la, dizendo: desposei esta mulher e, ao aproximar-me dela, descobri que ela não era virgem, então o pai e a mãe da donzela tomarão as provas de sua virgindade e as apresentarão aos anciães da cidade, à porta. O pai dirá aos anciães: dei minha filha por mulher a este homem, mas porque ele lhe tem aversão, eis que agora lhe imputa faltas desonrosas, pretendendo não ter encontrado nela as marcas da virgindade. Ora, eis aqui as provas da virgindade de minha filha. E estenderão diante dos anciãos da cidade a veste de sua filha. E os anciãos da cidade tomarão aquele homem e fá-lo-ão castigar, impondo-lhe, além disso, uma multa, de cem siclos de prata (150 mil ñ), que eles darão ao pai da jovem em reparação da calúnia levantada contra uma virgem de Israel. E ela continuará sua mulher sem que ele jamais possa repudiá-la. Se, porém, o fato for verídico e não se tiverem comprovado as marcas de virgindade da jovem, esta será conduzida ao limiar da casa paterna, e os habitantes de sua cidade a apedrejarão até que morra, porque cometeu uma infâmia em Israel, prostituindo-se na casa de seu pai. Assim, tirarás o mal do meio de ti. (Deuteronômio 22: 13-21)

• Se um homem encontrar uma jovem virgem, que não seja casada, e, tomando-a, dormir com ela, e forem apanhados, esse homem dará ao pai da jovem cinquenta siclos de prata (75 mil ñ), e ela tornar-se-á sua mulher. Como a deflorou, não poderá repudiá-la em todos os dias de sua vida.(Deuteronômio 22: 28-29).

Vale também notar a instituição hebraica do ano sabático, análoga ao perdão periódico das dívidas e libertação dos escravizados por dívidas na Mesopotâmia:

- No final de cada sete anos as dívidas deverão ser canceladas. Isso deverá ser feito da seguinte forma: Todo credor cancelará o empréstimo que fez ao seu próximo. Nenhum israelita exigirá pagamento de seu próximo ou de seu parente, porque foi proclamado o tempo do Senhor para o cancelamento das dívidas. Vocês poderão exigir pagamento do estrangeiro, mas terão que cancelar qualquer dívida de seus irmãos israelitas. (Deuteronômio: 15: 1-3)

- Se seu concidadão hebreu, homem ou mulher, vender-se a você e servi-lo seis anos, no sétimo ano dê-lhe a liberdade. E, quando o fizer, não o mande embora de mãos vazias. Dê-lhe com generosidade dos animais do seu rebanho, do produto da sua eira e do seu lagar. Dê-lhe conforme a bênção que o Senhor, o seu Deus, lhe tem dado. (Deuteronômio 15:12-14)

- Não se sinta prejudicado ao libertar o seu escravo, pois o serviço que ele prestou a você nesses seis anos custou a metade do serviço de um trabalhador contratado. Além disso, o Senhor, o seu Deus, o abençoará em tudo o que você fizer. (Deuteronômio 15:18)

Bibliografia

DUNN, Jimmy. *Prices, Wages and Payments in Ancient Egypt*. Disponível em http://www.touregypt.net/featurestories/prices.htm

ENGLUND, Robert K. Equivalency Values and the Command Economy of The Ur III Period in Mesopotamia. *The Construction of Value*, org. John K. Papadopoulos e Gary Urton. Los Angeles: Cotsen Institute of Archaeology, 2012.

GRAEBER, David. *Debt : the first 5,000 years*. New York: Melville, 2010.

HALLO, William W. *Origins: The Ancient Near Eastern Background of Some Modern Western Institutions*. Leiden: E. J. Brill, 1996.

HALLORAN, John. *Sumerian Lexicon*, 1999. Disponível em http://www.sumerian.org/

HARDNER, Karen. Money in the Neo-Assyrian Empire.*Trade and Finance in Ancient Mesopotamia*, ed. J.G. Dercksen. Nederlands Historisch-Archaeologisch Instituut te Instanbul, 1999.

HARING, Ben. "Economy" em *UCLA Enciclopedia of Egyptology*. Los Angeles: UCLA, 2009.

HOUSEHOLD economics: making ends meet. Disponível em www.reshafim.org.il/ad/egypt/economy/wages_and_prices.htm

HUDSON, Michael. *How Interest Rates Were Set, 2500 BC – 1000 AD (2000)*. Disponível em http://michael-hudson.com/2000/03/how-interest-rates-were-set-2500-bc-1000-ad/

PEYRONEL, Lucia. Ancient Near Eastern Economics: The Silver Question Between Methodology and Archaeological Data.*Proceedings of the 6th International Congress on the Archaeology of the Ancient Near East*. Wiesbaden: Harrassowitz Verlag, 2010.

SCHMANDT-BESSERAT, Denise. Reckoning Before Writing.*Archaeology*. May/June 1979, v. 32, n. 3, p. 22-31. Disponível em http://en.finaly.org/index.php/Reckoning_before_writing

_____. *From Counting to Cuneiform*. Austin: University of Texas Press, 1992.

SILVER, Morris. *TOPIC III: Evidence for Pre-Lydian Coin and Currency (Last revised JULY 15, 2004)*. Disponível em http://sondmor.tripod.com/index-7.html

VAN LEEUWEN, Bas, PIRNGRUBER, Reinhard, e VAN LEEUWEN-LI, Jieli. *The standard of living in ancient societies: a comparison between the Han Empire, the Roman Empire, and Babylonia.*

VOLLMERS, Gloria. *Recordkeeping in Mesopotamia.* University of Maine.

Antiguidade Clássica: A Invenção do Dinheiro

Neste período, surge o que veio a se chamar "moeda metálica", um pequeno pedaço de metal (mais tarde, também papel ou uma informação digital) com uma marca de autenticidade do Estado ou de um emissor privado que garante sua aceitação como meio de pagamento de curso legal, ou seja, dinheiro. Nas moedas ocidentais tradicionais, essa marca geralmente é a imagem do monarca, de um santo, herói ou divindade padroeira (a deusa Atena nas dracmas atenienses) ou uma alegoria representativa do Estado (a "cabeça da República" nas moedas brasileiras), por isso chamada popularmente a "cara", tecnicamente *anverso*, enquanto a "coroa" ou *reverso* leva símbolos secundários sobre o emissor ou o valor. Na origem, a marca atestava em teoria o peso e composição do metal. Na prática, sempre atestou um valor nominal para o qual o metal serve, se tanto, de referência.

Isso é evidente hoje, quando toda peça monetária física é feita de papel ou metal barato cujo valor é dado pela capacidade da autoridade monetária de controlar sua emissão e aceitação. Mas, mesmo na origem, a diferença decisiva entre os pedaços de prata usados por sumérios, egípcios e fenícios durante milênios como meio de troca e as verdadeiras moedas de prata é serem estas aceitas não por seu peso e composição real, mas por sua marca. Chama-se tradicionalmente de "moeda fiduciária" aquela sem valor intrínseco, mas em certo sentido toda moeda propriamente dita é fiduciária, pois o teste decisivo está em o recebedor confiar na marca do emissor e aceitá-la sem se dar ao trabalho de pesá-la e testar a qualidade do metal. Na Antiguidade e Idade Média, e mesmo na Idade Moderna antes da cunhagem mecânica (difundida a partir de meados do século XVII), as moedas tinham peso e composição irregular. Moedas pequenas muitas vezes tinham menos de metade ou 50% a mais do que seu conteúdo teórico de metal precioso, mas o público estava disposto a ignorar essa imprecisão.

A moeda de curso legal ou dinheiro não é indispensável à existência de Estados e comércio, como atestam três mil anos de civilizações do Egito, Síria e Mesopotâmia e da prosperidade dos mercadores sumérios, cretenses e fenícios, que nunca necessitaram dela. Mas, para o Estado ou qualquer organização complexa, o dinheiro simplifica as necessidades administrativas e logísticas. Na sua ausência, é preciso arrecadar tributos na forma de volumosos produtos agrícolas e artesanais, contabilizá-los e armazená-los para fornecer a cada servidor ou soldado (e suas famílias) roupas, moradia e alimentação adequadas à sua função e graduação. Como a produção é sazonal e perecível, o comércio, a coleta e o pagamento dependem de crédito. E, como as necessidades e o crédito são culturais, o recrutamento de servidores e soldados precisa ser interno, e a consolidação do Estado e de relações comerciais exige aculturação e gradual construção de relações de lealdade e confiança.

Quando é possível pagar em dinheiro, funcionários e militares buscam onde atender suas necessidades, comerciantes organizam mercados para atendê-los, e com isso os coletores têm meios rápidos e eficientes de calcular e cobrar tributos. Um governante com um tesouro pode manter uma estrutura mais enxuta e mobilizar recursos com rapidez, recrutando mercenários e servidores de quaisquer nações, leais à língua internacional do metal sonante.

Para produzir dinheiro, não é preciso esvaziar os tesouros nacionais, pelo contrário. Os proprietários privados de metais preciosos têm interesse em transformá-los em moedas metálicas para facilitar a compra e venda de mercadorias e serviços – obter o que hoje se chama "liquidez" –, a ponto de estarem dispostos a entregar uma razoável porcentagem do metal ao Estado em troca desse serviço, a "senhoriagem", às vezes muito substancial.

Outra possibilidade criada pelo dinheiro é a do aviltamento ou, como se diria na Idade Média, "quebra", redução do conteúdo de metal precioso para uma mesma unidade monetária. Ao menos dentro dos limites de seu território e sobre as classes sujeitas a seu poder, o governante pode impor a aceitação de moedas aviltadas pelo mesmo valor nominal. A manobra atrai os proprietários de metais preciosos, na medida em que obtêm mais moedas pelo mesmo peso de ouro ou prata. Eventualmente, o aumento da quantidade de moeda em circulação produz alta dos preços e sua desvalorização proporcional, ou seja, inflação, mas Estado e mercadores obtêm por algum tempo um ganho real e os devedores e arrendatários têm suas dívidas aliviadas. O abuso da inflação desmoraliza o sistema monetário, provoca a permuta de mercadorias e mata a "galinha dos ovos de ouro", mas, se o governante souber mantê-la dentro de limites toleráveis para o mercado, é uma manobra valiosa, capaz de proporcionar recursos para uma emergência (principalmente militar) quando a arrecadação de impostos é insuficiente. Mais de uma vez, o aviltamento da moeda salvou um trono ou financiou uma conquista historicamente decisiva. Nas economias capitalistas modernas, a inflação tem, além disso, o papel de estimular o investimento, mas essa é outra questão.

Na Grécia clássica, a inflação foi inibida pela fragmentação do território em pequenas cidades-estado que viviam de comércio exterior. Visto não ser possível impor a aceitação de uma moeda aviltada fora das fronteiras, esse recurso lhes era inútil. Mas ele se tornou importante quando surgiram grandes Estados com comércio interno significativo. Os primeiros usos sistemáticos foram dos Ptolomeus do Egito e de Roma nas Guerras Púnicas.

Outra possibilidade é a cunhagem de moedas de cobre ou outro material barato, sem valor intrínseco significativo, mas com possibilidade garantida pela marca do Estado de troca de um certo número delas por moedas de metal precioso. Começou na Grécia clássica como uma forma de facilitar o troco de dracmas e óbolos no comércio varejista, em substituição a moedas de prata minúsculas demais para serem práticas. No Império Romano, porém, o sestércio de latão, puramente fiduciário, tornou-se a principal moeda do dia-a-dia e teve seu valor sustentado apenas pela garantia do imperador de aceitá-lo no pagamento de impostos e admitir sua troca por denários de prata ou áureos de ouro, mesmo que a quantidade destes talvez não fosse suficiente para trocar todos os sestércios existentes.

A invenção do dinheiro e a Era Axial

Essas vantagens não eram óbvias para as primeiras civilizações. Não se sabe como nem por que surgiu a iniciativa de inventar a cunhagem e o dinheiro, mas sim aproximadamente onde e quando: na Lídia, no século VII a.C., de onde se espalhou primeiro para as cidades-estado gregas da Jônia (litoral asiático do Egeu), depois para as cidades-estado do outro lado do mar, em seguida para as colônias gregas no Mar Negro e no Mediterrâneo e finalmente para as outras civilizações, exceto a China, onde o dinheiro foi inventado de forma independente.

É possível que as primeiras moedas tenham sido cunhadas pelos reis lídios para pagar mercenários gregos, o que ajudaria a explicar a rápida difusão da cunhagem pela Grécia. Soldados estrangeiros, sem raízes na Lídia nem intenção de se estabelecer, seriam mais atraídos pela perspectiva de receber e acumular pequenas peças de ouro do que por crédito ou mercadorias perecíveis. A invenção se ajustava bem a uma Grécia dividida em centenas de cidades-estado rivais que necessitavam comerciar entre si, mas cujas alianças eram voláteis e não tinham confiança mútua suficiente para estabelecer relações de crédito.

Nas ágoras das cidades-estado da Jônia, o clima social e intelectual também era propício para a novidade. Os primeiros sistemas filosóficos e as primeiras assembleias democráticas, que surgem na mesma época e lugar, atestam a disposição de romper com crenças e relações tradicionais e construir uma sociedade baseada em uma dinâmica racional, matemática e dialética. De qualquer modo, a disposição de igualar todas as mercadorias a uma unidade monetária surge juntamente com a de igualar os cidadãos no voto e as diferentes entidades numa matéria-prima comum, como propunham os três filósofos de Mileto: Tales (c.624 a.C. – c. 546 a.C.), para o qual essa substância era a água; Anaximandro (c. 610 a.C. – c. 546 a.C.), que propunha o ar; e Anaxímenes (c. 585 a.C. – c. 525 a.C.), que em lugar desses elementos familiares defendeu a ideia mais abstrata do *apeiron*, "infinito" ou "indefinido".

De forma mais geral, como notou o antropólogo David Graeber, a invenção e difusão do uso de moeda pelo mundo coincide com o período chamado de "Era Axial" pelo filósofo Karl Jaspers, marcado pelo despertar da reflexão filosófica e religiosa e dos valores individuais (em contraste com a aceitação irreflexiva de crenças e valores étnicos tradicionais) entre pensadores gregos, hebreus, persas, indianos e chineses. Para ele, religião e mercados estão intimamente associados: a introdução da cunhagem criou uma "divisão ideal de esferas da atividade humana que perdura até hoje: de um lado o mercado, de outro, a religião". A fé na moeda de valor garantido por símbolos, mais do que pelo metal, surgiu juntamente com a fé na religião baseada em abstrações mais do que em imagens e ritos tradicionais e concretos.

Periodização

Para facilitar o entendimento da evolução das moedas antes de entrarmos nos detalhes de cada época e local, começamos por um resumo panorâmico:

Período arcaico (800 a.C.-510 a.C.). No início do período arcaico, não existe moeda cunhada. Sabe-se, porém, do uso de espetos de ferro como meio de troca no Peloponeso e de pedaços informes de cobre (*aes rude*) na Península Itálica.

No século VII a.C., surgem as primeiras moedas na Lídia, logo imitadas por cidades-estado da Jônia como Mileto. Têm por base um estáter (moeda padrão) de 14 gramas de electro (cerca de 55,5% ouro e 45,5% prata), com um poder aquisitivo da ordem de 12.000 ñ. Mesmo as frações eram de valor muito alto para pequenas compras cotidianas, e o uso do dinheiro era provavelmente ainda limitado.

Por volta de 600 a.C., moedas de prata pura começam a ser cunhadas do outro lado do Egeu, inicialmente por Egina, onde o estáter era uma moeda de 12 gramas (2 dracmas de Egina) e poder aquisitivo perto de 1.000 ñ, com frações mais adequadas para o comércio varejista. Ainda no século VI a.C., Corinto e Atenas começam suas cunhagens, com diferentes padrões. Em meados desse século, o rei Creso da Lídia abandona as cunhagens em electro e passa a cunhar um estáter de ouro (cerca de 9.000 ñ) e outro de prata (cerca de 900 ñ). Pouco depois seu reino é conquistado pelo Império Persa, que continua suas cunhagens.

Período clássico (510 a.C. – 323 a.C.). O Império Persa reformou o sistema monetário herdado de Creso, passando a cunhar o darico de ouro e o siglo de prata. As moedas mais famosas e características deste período são, porém, as atenienses, que, com a formação da Liga de Delos (478 a.C.), começam a ser impostas às cidades subordinadas. A dracma é a unidade nominal, mas a moeda mais importante no comércio internacional é o estáter de quatro dracmas ou tetradracma e a mais usada no varejo é o óbolo, de um sexto de dracma. Todas as cidades gregas passam a cunhar moedas, exceto Esparta, apegada às antigas barras de ferro.

Não há reduções das moedas, e os padrões monetários originais de cada cidade-estado são conservados enquanto conseguem manter sua independência, mas, em relação ao período arcaico, o poder aquisitivo dos mesmos pesos de ouro ou prata cai aproximadamente para a metade no século V a. C. e um terço no século IV a.C., com alta proporcional dos preços. Essa inflação, depois de milênios de relativa constância do valor relativo dos metais sob as civilizações da Idade do Bronze, foi provavelmente consequência da própria invenção da moeda e consequente aumento da mineração, oferta e circulação de metais.

Na idade de ouro ateniense (século V a.C.), o tetradracma vale cerca de 720 ñ, a dracma 180 ñ e o óbolo 30 ñ. Uma dracma representa o salário diário de um trabalhador. Um darico persa de ouro paga um mercenário por um mês. Neste período, usam-se em Atenas moedas de prata com valor a partir de 1/8 de óbolo. Em Roma, a libra de *aes rude* compra um módio de cereal e equivale aproximadamente a um terço de dracma ou dois óbolos.

Moedas de cobre são usadas apenas na Sicília, por cidades como Siracusa, por influência do uso do cobre como dinheiro pelos povos itálicos, enquanto os etruscos (mas ainda não os romanos) começam a cunhar moedas de prata por influência dos gregos. Também os fenícios (exceto, por enquanto, Cartago) aderem à nova moda.

No século IV a.C., Atenas é derrotada por Esparta, mas suas moedas continuam a dominar o comércio no Mediterrâneo. Moedas de cobre começam a ser cunhadas também em Atenas. Cartago começa a cunhar moedas, primeiro para pagar mercenários gregos e depois também para usá-las no comércio.

Período helenístico (323 a.C. – 146 a.C.). Alexandre conquistou a Pérsia e difundiu as moedas gregas baseadas no padrão ateniense, mas seu império logo se fragmentou em vários reinos, dos quais os mais importantes foram a Macedônia, o Egito dos Ptolomeus e o Império Selêucida. O saque dos tesouros persas pôs em circulação uma grande quantidade de metais preciosos e provocou uma redução adicional do poder aquisitivo dos metais preciosos, para cerca da metade do período clássico ou um quinto do arcaico.

Nesse período, Roma surgiu como potência regional e começou a cunhar suas próprias moedas, primeiro grandes asses de cobre, depois também moedas de prata semelhantes às gregas. O fenômeno da inflação deliberadamente provocada pela quebra da moeda foi observado pela primeira vez entre 241 a.C. e 187 a.C. em Roma, devido às despesas criadas pelas Guerras Púnicas, e entre 230 a.C. e 140 a.C. no Egito, por razões menos claras.

Período romano (146 a.C. – 235 d.C.). A República Romana conquistou a Grécia, tornou-se hegemônica no Mediterrâneo e se transformou em Império em 27 a.C. Seu sistema monetário se impôs a toda a região e gradualmente substituiu o grego. Embora incluísse áureos de ouro e denários de prata análogos aos estáteres e dracmas helenísticos, a moeda romana mais característica do período e base da contabilidade era o sestércio, uma moeda de latão com o valor de um quarto de denário ou quatro asses e poder aquisitivo em torno de 20 ñ, algo como o preço de uma libra romana de azeite ou toucinho, embora o valor do metal nela contido fosse insignificante. O relativo fechamento da economia (exportações e importações eram pequenas em relação ao seu tamanho) e a estabilidade política permitiram por muitas gerações o funcionamento de um mercado baseado em moeda fiduciária estável.

Antiguidade tardia (235 d.C – 476 d.C). Neste período de decadência do Império Romano, marcado por pestes, guerras civis e invasões de bárbaros e conversão ao cristianismo, a moeda é fortemente inflacionada por sucessivos imperadores ou pretendentes ao trono em busca de recursos para a guerra ou a administração. O sestércio é substituído primeiro por um denário desvalorizado, depois por moedas de dois denários e, com Diocleciano, por um nummus equivalente ao antigo sestércio, mas com valor nominal de 10, depois 25 denários.

Por fim, Constantino cria um novo sistema monetário baseado em um *aureus* reduzido e conhecido a partir de então como *solidus*, com poder aquisitivo próximo de 1.440 ñ, acompanhado pela *siliqua*, moeda de prata de 1/24 solidus, e por *nummus* de cobre sujeitos a repetidas quebras inflacionárias e cada vez menores. O denário é reduzido a uma moeda de conta teórica e de valor ínfimo.

Evolução

É interessante notar como o estáter lídio e a dracma de Egina, passando por muitas reduções, raros aumentos e muitas modificações, mas de forma continuada, deram origem a várias moedas antigas, medievais e modernas, algumas delas em uso até hoje.

Linhagem do dracma

Época	Moeda	Peso em gramas
Série ocidental (prata)		
Século VII a.C.	Dracma de Egina	6,2

Século VI a.C.	Dracma de Egina	6,2
Séculos V a.C. – IV. a.C.	Dracma de Atenas	4,3
Séculos III a.C.	Dracma macedônico	4,2
Séculos I a.C. – VII d.C.	Drahm persa	4,2
Séculos VIII – XI	Dirham árabe	3,0
Séculos XII – XXI (*)	Dirham árabe	3,0
Série indiana (prata)		
Séculos III a.C. – I a.C.	Dracma greco-bactriana	2,4
Séculos I a.C. – IV d.C.	Dracma indo-cita	2,4
Séculos IV – VI	Dramma gupta	2,2
Séculos VII – XIII	Dramma do Rajasthan	0,8
Séculos XIV – XXI	Dam ou Paisa indiano, Baisa omani	bolhão, depois cobre e fiduciária

(*) moeda de prata no Marrocos até 1912, restaurada como moeda fiduciária em 1960

Linhagem do estáter

Época	Moeda	Peso em gramas
Série ocidental (electro)		
Século VII a.C.	Estáter lídio	14,2
Séculos VI a.C. – IV a.C.	Estáter jônio	14,1-16,1
Série ocidental (ouro)		
Século VI a.C.	Criseida lídia	10,8 e depois 8,1
Séculos V a.C. – IV. a.C.	Darico persa	8,4
Século III a.C.	Estáter macedônico	8,6
Século I a.C.	Áureo romano	8,2
Séculos I d.C – II d.C.	Áureo romano	7,2
Século III	Áureo romano	3,6-6,6
Séculos IV – VI	Sólido romano /Denar persa	4,5
Século VII	Sólido romano /Denar persa	4,5
Séculos VIII – XI	Nomisma bizantino / Dinar árabe	4,5 /4,3
Século XII	Hyperpyron bizantino / Dinar árabe	4,3
Séculos XIII-XX	Ducado, Cequim, Florim, Guilder, Zloty ou Gulden (até 1914 na Áustria)	3,5
Serie ocidental (unidade de conta)		
Século VI	Sólido franco de ouro	4,5 e depois 3,9
Século VII	Soldo franco de 3 tremisses de electro	3,9
Séculos VIII-IX	Soldo franco ou Xelim anglo-saxão de 12 dinheiros ou pence de prata	18-20

Séculos X-XXI	Soldo ou Xelim de 12 dinheiros ou pence de prata, bolhão ou fiduciários	variável
Serie nórdica (unidade de conta)		
Século VI	Sólido franco ou bizantino	4,5
Século VII – X	Eyrir, Öre ou Ora de 30 dinheiros ("soldo longo" na Alemanha)	27,0
Séculos XI-XV	Idem, também Skot na Prússia e Skojec na Polônia (30 dinheiros)	8-13
Séculos XVI-XXI	Öre ou Øre como moeda nórdica de prata, depois cobre, depois fiduciária	variável
Série ocidental (prata)		
Século XV	Guldengroschen (*)	31,9
Século XVI	Thaler / Real de a 8	27,2 - 27,5
Séculos XVIII-XIX	Peso/Piastra/Dólar/Pataca/Yen/Yuan/ Dong/Riel/Kip/Ringgit/Birr/Riyal	27,0-27,5
Séculos XX-XXI	Idem (moeda fiduciária)	–
Série indiana (ouro)		
Séculos I – IV	Dinara kushana	8,0
Séculos V-VI	Dinara gupta	7,3-9,3
Séculos VI-XIX	Gadyana, Hon, Varaha, Pardau ou Pagoda do sul da Índia	3,4

(*) O Guldengroschen foi originalmente cunhado para ser uma moeda de prata equivalente ao Gulden ou florim de ouro. O táler austríaco e a peça de 8 espanhola (depois peso ou dólar) foram seus sucessores.

Grécia

Período Homérico (1100 a.C. – 800 a.C.)

As referências mais antigas a preços e valores encontram-se na Ilíada e Odisseia, atribuídas a Homero e provavelmente compostas no século VIII a.C. Referem-se a acontecimentos supostamente situados no século XII a.C., mas parecem refletir o estado da sociedade grega no século X a.C. Nestas obras, embora os reis e chefes gregos possuam tesouros em ouro, prata, bronze e ferro forjado (valioso nesse período de transição da Idade do Bronze para a Idade do Ferro), os valores são sempre medidos em "bois", ou cabeças de gado.

Eis as alusões mais interessantes a valores nas obras homéricas:

• Laerte comprou a escrava Euricleia (ama de leite de Odisseu) pelo valor de vinte bois.

• Glauco é motivo de zombaria por ter trocado sua armadura enfeitada de ouro, que valia cem bois, pela armadura simples de bronze de Diomedes, que valia apenas nove.

• Licaon diz ter sido vendido como escravo em Lemnos pelo valor de cem bois.

• Cada uma das cem borlas do escudo da deusa Atena valeria cem bois.

• Aquiles organiza jogos funerários em homenagem a Pátroclo e oferece ao vencedor na luta livre uma trípode de doze bois e ao perdedor uma escrava prendada no valor de quatro bois. Para o arremesso de dardo, o prêmio é um caldeirão no valor de um boi.

Em algumas ocasiões, fala-se de "talentos de ouro" (nunca de prata), mas nunca como medida de valor e sim como prendas físicas:

• Como prêmios para a corrida de bigas, Aquiles oferece ao primeiro uma escrava prendada e um caldeirão de 22 medidas, ao segundo uma égua grávida, ao terceiro um caldeirão de 4 medidas, ao quarto dois talentos de ouro e ao quinto, uma urna nova.

• Para a corrida a pé, Aquiles oferece ao primeiro uma cratera (vaso de misturar vinho e água) fenícia de prata trabalhada de 4 medidas, ao segundo um boi "grande e gordo" e ao terceiro meio talento de ouro. Ao receber o terceiro prêmio, Antíloco elogia Aquiles e ganha dele mais meio talento de ouro.

• No escudo de Aquiles, há uma cena de julgamento na qual dois talentos de ouro são destinados ao ancião que der o melhor parecer sobre a causa.

• Para se reconciliar com Aquiles, Agamemnon oferece sete

trípodes, vinte caldeirões, doze cavalos premiados, sete belas escravas lésbias e dez talentos de ouro, além da cativa troiana Briseida, motivo inicial do rompimento.

• Pelo resgate do corpo do filho Heitor, Príamo paga cinco dúzias de valiosas peças de tecido (mantos, tapeçarias etc.), duas trípodes, quatro caldeirões, uma taça preciosa e dez talentos de ouro.

• Por poupar a vida de Maron, sacerdote de Apolo, no saque da cidade de Ismaro, Odisseu ganha uma cratera de prata, doze ânforas de vinho e sete talentos de ouro.

• Pólibo, suposto faraó em Tebas, presenteia Menelau, vindo de Troia com Helena, com duas banheiras de prata, duas trípodes e dez talentos de ouro.

Visto que dois talentos valiam menos que uma égua e meio talento menos que um boi, a *Ilíada* certamente não se refere aos talentos de 26 quilos usados como medida de peso na Grécia clássica, que em ouro valeriam centenas de bois ou dezenas de cavalos. Fala de uma medida de peso muito menor, de valor comparável ao de um boi. A palavra grega *talanton* significava originalmente "peso" ou "balança" e em Siracusa era uma unidade muito menor quando se tratava de ouro: três estáteres ou 25,8 gramas. Citação de um autor anônimo de Alexandria informa que o talento de Homero equivalia "ao darico de ouro persa (8,4 gramas) ou a dois dracmas áticos (8,4 gramas na época alexandrina)", peso semelhante ao do siclo babilônico. Um siclo de ouro, equivalente a dez a doze siclos de prata, era um preço plausível para um boi na antiga Mesopotâmia (flutuou entre 7 e 17 siclos de prata na Ugarit da Idade do Bronze e entre 7 e 37 siclos no império neobabilônico). Um didracma ático de ouro poderia ser de valor comparável a um talento clássico de cobre, de peso exatamente três mil vezes maior.

O contexto épico não dá informações mais mundanas sobre o custo de vida, mas, a julgar pelo custo de um boi na Atenas clássica, pode-se supor que o poder aquisitivo de um boi ou de um "talento de ouro" homérico (provavelmente contas ou pepitas de peso padronizado, mas não cunhadas) seria da ordem de 9.000 ñ. Obviamente, tal medida seria aplicável apenas a mercadorias de luxo, do tipo intercambiado por reis e heróis. No dia a dia, as trocas foram provavelmente baseadas em medidas de cevada, como nos primórdios da história de Atenas, da qual trataremos adiante, ou em óbolos.

Grécia Arcaica (800 a.C. – 510 a.C.)

Óbolo significa "espeto", e originalmente a palavra referia-se a espetos de ferro – o nome de "obelisco" dado pelos gregos aos monumentos egípcios significa, literalmente, "espetinho". Serviam fundamentalmente para assar carne e para manter juntos pedaços de carne e gordura enrolados sobre o fogo, sendo por isso geralmente encontrados em conjuntos de três a seis, mas eram também um popular meio de troca, usado pelo menos desde o século IX a.C.

Em Argos, cada óbolo tinha perto de 1,18 m de comprimento (quatro pés atenienses) e pesava 405 gramas. Podia ser partido em dois ou quatro, de modo a se obter valores menores. Um punhado pode-se dizer em grego *drachma* – assim, originalmente, uma dracma não era mais do que um punhado de espetos de ferro. Por volta de 600 a.C., quando Egina começou a cunhar moedas de prata, a que pesava 1,01 grama, de valor equivalente, foi chamada também de óbolo, e a moeda com valor de seis óbolos tornou-se, por convenção, uma dracma. Em outras palavras, um grama de prata valia então 400 gramas de ferro. Pela relação costumeira de 1:12 entre preços de ouro e prata, o óbolo de Argos valia 1/100 do talento homérico ou 90 ñ.

Lídia e Jônia

No século VII a.C., o reino da Lídia deu um passo decisivo para a história da economia: a invenção da moeda propriamente dita, cunhada em um pedaço de metal de peso padronizado, rapidamente imitada pelas cidades-estado gregas da Jônia, principalmente Mileto e Éfeso.

O autor da inovação e seus motivos continuam obscuros. O primeiro a cunhar moedas pode ter sido o rei lídio Aliates II (r. 619-560 a.C.), ao qual se atribui ter fixado o peso do estáter em 168 "grãos de trigo", ou mesmo seu avô Giges (r. 687 a.C. -652 a.C.), fundador da dinastia dos Mêrmnadas, ou ainda mineiros e joalheiros privados, dos quais um desses reis tomou a ideia e o monopólio. Mesmo no início, quando o formato das moedas era muito irregular e a cunhagem grosseira, a quantidade de metal nelas contida era controlada com razoável precisão (menos de 1% de erro, ao menos nas moedas maiores), mas sistematicamente um pouco menor do que o teórico, de forma a cobrir o custo da cunhagem e dar um lucro ao Estado, a chamada senhoriagem. Nessa região, as primeiras moedas não eram de ouro nem de prata, mas de uma liga dos dois metais chamada electro. Essa liga era encontrada naturalmente com uma proporção de 70% a 90% de ouro, mas era misturada à prata de forma a obter cerca de 55,5% de ouro, outra oportunidade para a senhoriagem.

Marcadas com uma cabeça de leão, símbolo da dinastia lídia e da deusa Cibele, essas moedas foram cunhadas como frações de um padrão, *estáter* em grego, de 14 gramas, cuja origem também é obscura. Como nada se sabe sobre custo de vida e preço de mercadorias nessa época e região, as estimativas de valor abaixo são hipotéticas. Supõem que o electro era avaliado como 75% do valor do ouro e este mantinha a equivalência de 8,4 gramas por um boi.

Denominação	Valor em estáteres	Peso em gramas (Lídia e Mileto)	Valor em ñ (séc. VII a.C.)
Moedas de electro			
Estáter	1	14,15	12.000
Hemistáter	1/2	7,07	6.000
Trite	1/3	4,70	4.000
Hekte	1/6	2,35	2.000
Hemiekton	1/12	1,18	1.000
Mysemiekton	1/24	0,59	500
n/d	1/48	0,29	250
n/d	1/96	0,15	125
n/d	1/192	0,075	62,5

Se esta relação é aproximadamente correta, a moeda de maior valor equivalia a algo mais que um boi (ou um "talento" homérico) e a menor a pouco menos que um óbolo. Mesmo a menor moeda, fisicamente minúscula, era de valor alto demais para as transações do varejo, o que indica que essas moedas ainda não eram usadas em vendas miúdas a consumidores. Um *mysemiekton*, moeda de 0,6 grama e 6 milímetros, era mais que o suficiente para pagar a alimentação de uma pessoa por um mês.

O rei Creso

Uma tradição atribui a Creso (r. 560 a.C. – 547 a.C.), filho de Aliates II, a invenção da moeda, mas na verdade ele apenas criou a primeira cunhagem bimetálica ao deixar de cunhar (em 570 a.C.) as moedas de electro que já estavam em uso em seu reino. Fez derretê-las e separar o ouro e a prata para substituir as moedas de electro por moedas de ouro e prata puros, provavelmente para facilitar o comércio com países onde o electro não tinha aceitação, tais como o Egito, Babilônia e cidades-estado gregas do lado europeu do Egeu.

As moedas de ouro de Creso, também chamadas creseidas, tiveram inicialmente o peso de 10,76 gramas e as de prata o mesmo peso. Supõe-se que o estáter de ouro e o de electro tinham o mesmo valor (logo, a relação de preço entre os metais era 1:0,76) e o de prata valia 1/13,33 do estáter de ouro.

Denominação	Valor em estáteres de prata	Peso em gramas	Valor em ñ (séc. VI a.C.)
Moedas de ouro			
Estáter (creseida)	13,33	10,76	12.000
Hemistáter	6,67	5,38	6.000
Trite	4,44	3,59	4.000
Hekte	3,33	1,79	2.000
Hemiekton	1,11	0,90	1.000
Mysemiekton	0,55	0,45	500
1/48 estáter	0,28	0,23	250
Moedas de prata			
Estáter	1	10,76	900
Hemistáter (siglos)	1/2	5,38	450
Trite	1/3	3,59	300
Hekte	1/6	1,79	150
Hemiekton	1/12	0,90	75
Mysemiekton	1/24	0,45	37,5
1/48 estáter	1/48	0,23	18,8

Mais tarde, os estáteres de ouro passaram a ser cunhados com o peso de 8,1 gramas, de modo a valer exatamente 10 estáteres de prata. A cunhagem das moedas de ouro e prata de Creso, alongadas e caracterizadas pela figura de um leão e um touro, foi continuada até cerca de 510 a.C. pelos conquistadores persas.

Denominação	Valor em estáteres de prata	Peso em gramas	Valor em ñ (séc. VI a.C.)
Moedas de ouro			
Estáter (Creseida)	10	8,1	9.000
Hemistáter	5	4,0	4.500
Trite	3,33	2,7	3.000
Hekte	1,67	1,35	1.500
Hemiekton	0,86	0,68	750
Mysemiekton	0,43	0,34	375
1/48 estáter	0,21	0,17	188

As cidades jônias continuaram a cunhar moedas de electro até cerca de 330 a.C., quando a invasão da Ásia por Alexandre desorganizou os padrões monetários da região, substituídos pelas novas cunhagens de ouro e prata dos reis macedônios.

Egina

Do lado europeu do Egeu, a primeira cidade a cunhar moedas foi Egina, ilha ao sul de Atenas, por volta de 600 a.C. Há uma tradição segundo a qual essas cunhagens teriam sido ordenadas por Fédon de Argos (675-655 a.C.), líder de uma aliança que incluía Egina, razão pela qual o padrão de Egina é também chamado "fedoniano", mas a arqueologia não confirma uma data tão recuada. Ao contrário das moedas da Jônia, as de Egina eram de prata pura e marcadas pela figura de uma tartaruga, um dos símbolos de Afrodite, cujo templo pode ter sido o local das primeiras cunhagens. Cinquenta estáteres de Egina, cada um de 12,34 gramas (aproximadamente equivalente à *beqa*, unidade de peso egípcia) faziam uma mina eginética, unidade de peso de 617 gramas. Trinta e cinco estáteres faziam 432 gramas, o peso mais usual da mina na Grécia.

Denominação	Valor em estáteres	Peso em gramas	Valor em ñ (séc. VII a.C.)	Valor em ñ (séc. V a.C.)	Valor em ñ (séc. IV a.C.)
Unidades de conta					
Talento	3.000	37.020	3.240.000	1.512.000	1.008.000

Unidade					
Mina egineta	50	617	54.000	25.200	16.800
Mina	35	432	37.800	17.640	11.760
Moedas de prata					
Estáter	1	12,34	1.080	504	336
Dracma	1/2	6,17	540	252	168
Trióbolo	1/4	3,09	270	126	84
Dióbolo	1/6	2,06	180	84	56
Óbolo	1/12	1,03	90	42	28
Hemióbolo	1/24	0,51	45	21	14
Tritemórion	1/36	0,34	30	14	–
Tetartemórion	1/48	0,26	22,5	10,5	–
Moedas de bronze					
6 calcos	1/24	6,55	–	–	14
4 calcos	1/36	4,27	–	–	9,3
3 calcos	1/48	3,32	–	–	7
2 calcos	1/72	2,21	–	–	4,7
calco	1/144	1,1	–	–	2,3

Atenas arcaica

A moeda ateniense do período clássico, a dracma, teria sido definida pelas reformas legais de Sólon, a partir de 594 a.C. Provavelmente, a dracma existiu inicialmente apenas como unidade de peso, equivalente a 1/100 da mina de 434 gramas. Este peso pode ser o resultado de uma equivalência em valor com a mina (*mana*) da Mesopotâmia, que pesava 500 gramas, mas com referência a prata com teor de 87,5%, enquanto os gregos usavam prata quase pura.

A reforma de Sólon teria modificado os pesos e moedas de Atenas da seguinte forma:

Unidade	antes de Sólon	depois de Sólon
Talento	26,0 kg	26,0 kg
Mina	434 g	434 g
Estáter	12,34 g	17,36 g
Dracma	6,17 g	4,34g
Óbolo	1,03 g	0,72 g

Segundo a tradição, a desvalorização da dracma ateniense aliviou tensões sociais ao impor um desconto de 30% nas dívidas que oprimiam muitos cidadãos. Seria o primeiro caso registrado de uso da inflação como instrumento de política econômica, mas a história é duvidosa, pois Atenas ainda não cunhava moedas e provavelmente não usava a prata como principal meio de pagamento. Só gerações mais tarde o crescimento do comércio com outras cidades haveria de generalizar o uso da prata.

Um aspecto bem conhecido das instituições de Sólon é a divisão dos cidadãos atenienses segundo classes de renda, a partir das quais se estabeleciam os respectivos direitos e deveres políticos. É a partir daí que se pode fazer uma estimativa do valor da moeda em sua época, pois a renda era medida em medimnos de produção agrícola, unidade equivalente a 52 litros (40 quilos de trigo ou 32 de cevada). Consideravam-se oito medimnos de grãos como o necessário para alimentar um homem por um ano e 25 medimnos como o suficiente para uma família pelo mesmo período. O medimno dividia-se em 6 hecteus, 12 hemiecteus e 48 choinikes. Este correspondia à ração diária de um homem adulto e se dividia em 24 kyathes.

Classes de renda na Atenas de Sólon

Classe	significado	renda anual mínima em medimnos	Capital tributável mínimo em medimnos (*)	renda anual mínima em kñ	Renda diária mínima em ñ	Capital tributável mínimo em kñ	propriedade mínima em hectares (**)
Pentacosio-medimno	500 medimnos	500	6.000	180	500	2.160	17-28
Hippeis	cavaleiro	300	3.000	108	300	1.080	10-17
Zeugita	junta de bois	200	1.333	72	200	480	7-11
Theta	trabalhador	–	–	–	–	–	–

(*) Em Atenas, convertiam-se legalmente receitas em capital tributável na proporção de 1 para 12 para o pentacosiomedimno, 1 para 10 para o hippeis e 1 para 6,67 para o zêugita.

(**) Com base na produtividade da terra em Atenas, em quilos de cevada por hectare

O *pentacosiomedimno* tinha poder aquisitivo suficiente para assumir os principais encargos do Estado, patrocinar espetáculos e armar trirremes. O *hippeis* devia ser capaz de comprar cavalo e armas para participar da guerra como cavaleiro. O que definia um *zeugita*, a princípio um pequeno proprietário agrícola, era ser capaz de comprar uma panóplia (conjunto de armas e armadura) de hoplita e se qualificar como parte do principal corpo militar de Atenas e cidadão pleno. O *theta*, sem tais recursos, lutava como infantaria leve auxiliar, sem armadura e com dardos ou funda ou como remador nas trirremes. Provavelmente, os níveis de renda não eram definidos por censos, mas apenas indicativos. Na prática, a classificação dos cidadãos era em normalmente consensual e os limites legais eram invocados e verificados apenas se a classificação de um indivíduo era contestada. Pode-se deduzir o preço do hectare de terra como 77 mil a 127 mil ñ, comparável com a média de 100 mil ñ da época clássica.

Na interpretação tradicional das leis de Sólon, consideravam-se equivalentes um medimno de quaisquer grãos, uma metreta (ânfora de 39,3 litros) de vinho ou azeite e todas essas unidades valiam uma dracma ou uma ovelha. E uma suposta lei de Sólon recompensa um homem com 5 dracmas por caçar um lobo e 1 por um filhote de lobo. Segundo Demetrios de Falero, o primeiro valor seria o preço de um boi e o segundo o de uma ovelha.

Equiparar um medimno de cevada a uma dracma é verossímil: na mesma época, na Mesopotâmia, essa quantidade de prata compraria em média o equivalente a um e meio medimno de cevada (entre meio medimno e três e meio medimnos de cevada, dependendo do ano e estação). Mas as outras equivalências são pouco plausíveis, pois uma mesma extensão de terra produz quantidades diferentes de cada uma dessas mercadorias e estas historicamente sempre tiveram preços por unidade bem diferentes. O mais provável é que a cevada, o produto agrícola mais abundante e barato (do qual fazia-se a *maza*, pão de cevada e a *alphita*, mingau de farinha de cevada torrada, base da alimentação dos atenienses) fosse o equivalente geral e os demais produtos avaliados segundo uma proporção legalmente estabelecida: um medimno de trigo valeria dois de cevada, digamos.

A equiparação de uma ovelha a uma dracma ou um boi a cinco dracmas é muito improvável: na Babilônia da mesma época, uma ovelha custaria dois siclos (4 dracmas atenienses, em termos de pesos de prata) e um boi, dez a vinte siclos (20 a 40 dracmas).

Outra das leis de Sólon proibia mulheres de carregar comida ou bebida em valor superior a um óbolo ou uma cesta de mais de um cúbito (46 centímetros). Uma cesta desse tamanho, que mulheres gregas costumavam levar à cabeça (como mostra sua arte, por exemplo, nas cariátides), carrega pelo menos meio medimno, o que corresponderia, em preços babilônicos, a um terço de dracma ou dois óbolos de produtos mais baratos, como a cevada.

É improvável que o valor aquisitivo da prata em Atenas tenha sido várias vezes maior do que na Mesopotâmia. Se essas leis que sugerem "dracmas" com valor perto de 1.800 ñ são tradições autênticas, talvez se referissem originalmente a moedas de electro. Quando Atenas começou a cunhar moedas, algumas delas eram de electro e tinham peso muito próximo de um óbolo de prata, embora provavelmente tivessem valor próximo ao de uma dracma.

As "moedas heráldicas" ou *Wappenmünzen*

Foi provavelmente na época de Pisístrato (545 a.C.), ou no início do governo de seu filho Hípias (527 a.C.) que Atenas começou realmente a cunhar moedas de dracma, que neste período parecem ter circulado apenas em seu território, a Ática.

Denominação	Valor em dracmas	Peso em gramas	Valor em ñ (séc. VI a.C.)
Moedas de electro			
Hemiekton (?)	≈2	1,32	720
Mysemiekton (?)	≈1	0,64	360
Moedas de prata			
Tetradracma (a partir de Hípias, c. 525 a.C.)	4	17,2	1.440
Didracma	2	8,6	720
Dracma	1	4,3	360
Óbolo	1/6	0,72	60
Hemióbolo	1/12	0,36	30

Essas moedas foram chamadas "heráldicas" (*Wappenmünzen*, "moedas de brasão" em alemão) pelos primeiros numismatas que as estudaram, por supor que a variedade de símbolos em seus anversos – 14 tipos, incluindo ânfora, astrágalo, escaravelho, roda, cavalo, coruja, górgona etc. – representavam os brasões das famílias aristocráticas atenienses que as teriam cunhado. Essa ideia está hoje desacreditada, mas a expressão permaneceu.

A partir de 525 a.C. (ou 513 a.C., segundo a teoria alternativa), as moedas atenienses começaram, pela primeira vez na história, a ser cunhadas com figuras também no reverso. Foi introduzida uma moeda de quatro dracmas, provavelmente para substituir as moedas de electro no comércio exterior. Essa ainda não era a tetradracma clássica: tinha a cara de uma górgona no anverso e a de um leão no reverso.

Atenas Clássica (510 a.C. – 323 a.C.)

O período clássico começa em 510 a.C. com a queda do tirano Hípias, as reformas de Clístenes e o estabelecimento da democracia. A moeda e os preços se mantiveram relativamente estáveis. Foi então que Atenas começou a cunhar sua moeda mais característica.

Estáter era o nome dado nas cidades gregas à moeda considerada como padrão do sistema. No caso de Atenas, passou a ser a tetradracma, que constituía a maior parte dos tesouros e do meio circulante, principalmente no atacado e no comércio a longa distância. Com cerca de 24 mm de diâmetro, era caracterizada pela cabeça da deusa Atena no anverso ("cara") e pela coruja no reverso ("coroa") e foi apelidada de *glauka* (coruja). A moeda passou a ter um caráter de afirmação política como um dos símbolos da coletividade e do Estado democrático. A moeda mais usada no varejo era provavelmente o óbolo de um sexto de dracma, com um diâmetro de aproximadamente 9 milímetros[27].

Atenas praticamente monopolizou a mineração de prata entre as cidades-estados gregas a partir da descoberta de um grande veio nas minas de Láurion, em 493 a.C. O aumento da oferta de metal fez os preços subirem, mas o conteúdo metálico permaneceu praticamente inalterado por cerca de 500 anos, feito raro na história das moedas.

Até Alexandre (332 a.C.), a dracma possuiu 4,34 gramas de prata pura – teoricamente falando, pois o peso efetivo das moedas, belas, mas cunhadas de forma artesanal, variava ligeiramente. Encontram-se hoje com pesos de 4,04 a 4,35 gramas, com média de 4,27 gramas

---

27 O costume do "óbolo de Caronte", a colocação de uma moeda na boca ou na mão dos mortos para pagar ao barqueiro do Hades o custo do transporte para o outro mundo, surgiu na época clássica e teve sua maior difusão na época romana. A citação mais antiga da tradição está na comédia *As Rãs* de Aristófanes, apresentada perto do final da Guerra do Peloponeso, em 405 a.C. No mundo grego foi muitas vezes usado de fato usado o óbolo ou o *danake*, moeda persa praticamente equivalente, mas nos túmulos se encontra um maior número de moedas de cobre e às vezes moedas de ouro ou electro. O costume se difundiu para outros povos e moedas com essa finalidade são encontradas em túmulos celtas, celtiberos, germânicos, persas e mesmo judeus e cristãos até a Antiguidade Tardia. Os persas, mais generosos, prefeririam dracmas (*drahm*). Os romanos da Itália usaram o *triens* na época republicana e sestércios na era julio-claudiana (27 a.C. – 68 d.C.), enquanto nos túmulos das províncias é mais comum encontrar-se asses, semisses ou quadrantes de cobre.

(talvez ligeiramente reduzidas pelo desgaste). O peso teórico foi reduzido em 3% na época de Alexandre para se conformar ao padrão de 4,21 gramas imposto em seu império e daí em diante ficou inalterado até 42 a.C., quando os romanos proibiram sua cunhagem e o substituíram por seu denário.

Neste período, pode-se considerar a dracma como equivalente, em média, a 180 ñ no século V a.C. e 120 ñ no século IV a.C. As moedas cunhadas segundo o modelo ateniense tinham os seguintes valores:

Denominação	Valor em dracmas	Peso em gramas	Valor em ñ (séc. V a.C.)	Valor em ñ (séc. IV a.C.)
Unidades de conta				
talento	6.000	25.800	1.080.000	720.000
mina (*)	100	430	18.000	12.000
Moedas de ouro				
didracma ou estáter	(**) 25	8,60	4.500	3.000
Moedas de prata				
decadracma	10	43,00	1.800	1.200
tetradracma ou estáter	4	17,20	720	480
didracma	2	8,60	360	240
dracma	1	4,30	180	120
tetróbolo	2/3	2,85	120	80
trióbolo ou hemidracma	1/2	2,15	90	60
dióbolo	1/3	1,43	60	40
óbolo	1/6	0,72	30	20
tritartemórion	1/8	0,54	22,5	15
hemióbolo	1/12	0,36	15	10
triemitartemórion	1/16	0,27	11,25	7,5
tartemórion	1/24	0,18	7,5	5
hemitartemórion	1/48	0,09	3,75	2,5
Moedas de cobre				
tetracalco	1/12	12-12,5	–	10
dicalco	1/24	6-6,5	–	5
calco	1/48	3-3,5	–	2,5

(*) às vezes circulava como barra de prata

(**) valor médio: na prática, variou de 20 a 30 dracmas, conforme a relação de preços entre ouro e prata.

O calco (*chalkous*) não era avaliado pelo peso em cobre. Era uma moeda de valor fiduciário (em algumas cidades, de ferro e chamado *síder*o), que começou a ser usada nas cidades gregas como um substituto mais prático dos minúsculos hemitartemórions de prata (as menores moedas já cunhadas no Ocidente, com 4-5 mm de diâmetro) para facilitar o troco. Moedas de cobre de valor fiduciário parecem ter surgido na Sicília a partir de 450 a.C. e foram adotadas regularmente em Atenas a partir de 340 a.C. Em 406 a.C., quando sofreu cerco prolongado e perdeu acesso às minas de prata, Atenas também cunhou moedas de cobre banhadas a prata como substitutas das dracmas verdadeiras.

Moedas de ouro foram cunhadas apenas em emergências, quando Atenas teve necessidade de dinheiro extra para fazer frente a despesas militares e converteu em moedas parte de seus tesouros. A primeira vez em que isso aconteceu foi em 406 a.C., na guerra do Peloponeso, quando foram cunhados 361,2 quilos de ouro. Em 296 a.C., Lácares mandou fundir a cobertura de ouro das vestes da famosa estátua de Atena no Pártenon (44 talentos, cerca de 1.135 quilos com valor de 317 milhões de ñ) e as substituiu por bronze dourado.

O valor efetivo das peças de ouro, atenienses ou estrangeiras, variava conforme os preços relativos do ouro e prata em Atenas: 15,66 para 1 em 478-477 a.C.; 13 a 13,33:1 por volta de 450 a.C.; 14:1 em 440-433 a.C.; 12:1 em 406 a.C.; 11:1 em 398-397 a.C.; 13:1 em 370/69 a.C.; 9,5:1 a 10:1 em 337 a.C. A taxa de juros costumeira era a chamada *tokoi epidekatoi*, 1/10 ou 10% ao ano, o que significava 5 óbolos por mês e 10 dracmas por ano para cada mina.

Segue uma lista de preços (arredondados) de mercadorias em Atenas, retirada de várias fontes. Referem-se a preços médios no caso dos produtos mais padronizados e a máximos e mínimos nas mercadorias com grandes variações de tamanho e qualidade.

Século V a.C.

Mercadoria	unidade	preço (dracmas/óbolos)	unidade moderna	preço em ñ por unidade moderna
trigo	medimno	3/0	kg	13
cevada	medimno	2/0	kg	10
azeitonas	medimno	2/0	kg	10
figos secos	medimno	2/0	kg	10
mel	kotyle	0/3	kg	240

azeite	kotyle	0/0,5	l	55
vinho	chous	0/1	l	9
passagem de Egina a Atenas	–	0/2	–	60
passagem do Egito ou mar Negro a Atenas	–	2/0	–	360
folha de papiro	–	1/2	–	240
curso de dialética	–	50/0	–	9.000
ferro forjado	talento	15/0	kg	100
bronze	talento	65/0	kg	450
marfim	Mina	7/1,5	kg	3.000
prata	Mina	100/0	kg	41.500
electro (liga natural de ouro e prata)	Mina	720/0	kg	298.800
ouro	Mina	1.333/2	kg	553.300
casa modesta	–	300/0	–	54.000
casa média	–	410/0	–	73.800
casa de luxo	–	12.000/0	–	2.160.000
terra agrícola	pletro	50/0	ha	100.000
leitão	–	3/0	–	540
boi médio (*)	–	51/1	–	9.200
cavalo comum	–	300/0	–	54.000
cavalo de corrida	–	1.200/0	–	216.000
equipamento completo de hoplita	–	300/0	–	54.000
"	–	500/0	–	90.000
lança	–	3/0	–	540
escudo	–	20/0	–	3.600
quíton (túnica masculina) para escravo	–	3/3	–	630
escravo não especializado médio	–	174/0	–	31.320
enxada	–	3/0	–	540
remo	–	3/0	–	540
escada	–	2/0	–	360
"	–	8/0	–	1.440
broca	–	5/1	–	930
mó (pedra de moinho)	–	5/0	–	900
"	–	10/0	–	1.800
pregos	Mina	2/0	kg	800
"	Mina	8/0	kg	3.300

entrada nos festivais teatrais (válida por um dia)	–	0/2	–	60
patrocinar uma tragédia	–	3.000/0	–	540.000
patrocinar uma comédia	–	1.600/0	–	288.000
patrocinar um ditirambo	–	5.000/0	–	900.000

(*) valor médio de 100 bois oferecidos em sacrifício em 410 a.C.

Século IV a.C.

Mercadoria	unidade	preço (dracmas/óbolos)	unidade moderna	preço em ñ por unidade moderna
trigo	medimno	5/0	kg	15
cevada	medimno	3/0	kg	10
azeite	metreta	15/0	l	45
vinho	metreta	4/3	l	15
chumbo	talento	2/5	kg	13
ferro fundido	Mina	0/0,5	kg	23
ferro forjado	talento	14/1	kg	65
cobre	talento	35/0	kg	160
bronze	talento	60/1,5	kg	278
estanho	talento	230/0	kg	1.060
marfim	Mina	24/3	kg	6.760
prata	Mina	100/0	kg	27.650
ouro	Mina	1.250/0	kg	345.625
peixe salgado	–	0/1	–	20
maza (pão de cevada)	–	0/1	–	20
alphita (mingau de cevada)	choinix	0/0,5	porção	10
linguiça de fígado de frango	–	0/0,5	–	10
acompanhamento de azeitona e repolho	–	0/0,5	–	10
tremoços e grãos-de-bico	–	0/0,5	–	10
peixe seco com legumes	–	0/2	–	40
peixe seco com legumes e alcaparras	–	0/3	–	60
ouriço do mar	–	0/4	–	80
polvo	–	0/4	–	80

tordos	–	1/0	–	120
enguias	–	1/4	–	200
chá de menta	–	1 calco	–	2,5
quíton (túnica masculina) para escravo	–	7/0	–	840
himation (capa de lã)	–	5/0	–	600
"	–	20/0	–	2.400
himation de luxo	–	30/0	–	3.600
"	–	200/0	–	24.000
vestido bordado de luxo	–	1.000/0	–	120.000
par de calçados	–	6/0	–	720
"	–	8/0	–	960
anel encantado contra cobras	–	1/0	–	120
leitura da sorte (oniromancia)	–	0/2	–	40
serviço de prostituta comum	–	4/0	–	480
serviço de hetaira famosa	–	100/0	–	12.000
banquinho	–	1/1	–	140
mesa	–	4/0	–	480
"	–	6/0	–	720
cama importada	–	8/0	–	960
boi médio (*)	–	77/1,5	–	9.260
cabra	–	10/0	–	1.200
carneiro	–	17/0	–	2.040
"	–	12/0	–	1.440
ovelha	–	12/0	–	1.440
"	–	11/0	–	1.320
escravo condutor de burro	–	140/0	–	16.800
escravo trácio ou ilírio	–	150/0	–	18.000
escravo sírio	–	240/0	–	28.800
"	–	300/0	–	36.000
escravo ourives	–	360/0	–	43.200
escrava bonita	–	310/0	–	37.200
escrava-hetaira	–	3.000/0	–	360.000

(*) valor médio de 109 bois oferecidos em sacrifício em 374 a.C.

Os salários mais facilmente disponíveis para a Atenas clássica são os pagos pelo Estado ou por templos, registrados em inscrições ou por cronistas, mas os pagos pelo setor privado parecem ter sido comparáveis. Eram muito baixos pelos padrões de hoje, mas os trabalhadores livres parecem ter sido mais bem pagos que seus equivalentes em Roma ou na Idade Média. No século V a.C., um óbolo por dia era suficiente para sustentar decentemente um escravo e dois óbolos por dia eram o mínimo de subsistência para uma família. Essa quantia era paga pela cidade aos pobres desempregados em situações de crise e era paga regularmente aos jurados, para permitir que cidadãos pobres desempenhassem seus deveres cívicos sem desamparar suas famílias. Entretanto, a maioria dos trabalhadores não especializados ganhava o triplo disso – um dracma ou seis óbolos – por um dia de trabalho e a mesma quantia era paga pelo aluguel de um escravo.

Vale notar que, em Atenas, havia pelo menos 130 dias por ano de festivais, talvez até 180. Embora nem todos os trabalhadores livres participassem de todos eles, é provável que em média, não se trabalhasse mais de 240 dias por ano, talvez menos. Mesmo assim, a remuneração anual de um trabalhador ateniense foi das melhores da era pré-industrial.

Alguns exemplos:

Trabalhador/soldado	unidade	salário (dracmas/ óbolos)	salário (ñ)
Século V a.C.			
cavaleiro (*)	dia	4/0	720
hoplita (*)	dia	2/0	360
Remador	dia	1/0	180
Trabalhador	dia	1/0	180
Artesão	dia	2/0	360
"	dia	2/3	450
Pedreiro	1.000 tijolos	12/0	2.160
"	1.000 tijolos	15/0	2.700
canteiro (por inscrições públicas)	50 palavras	1/0	180
jurado (450 a.C. – 425 a.C.)	dia	0/2	60
jurado (a partir de 425 a.C.)	dia	0/3	90
diobelia (ajuda da cidade a desempregados,413-404 a.C.)	dia	0/2	60
manutenção de um escravo	dia	0/1	30
Século IV a.C.			
Remador	dia	1/3	180

Trabalhador	dia	1/3	180
Pedreiro	1.000 tijolos	17/0	2.040
"	1.000 tijolos	25/0	3.000
Jurado	dia	0/3	60
Comparecimento à Assembleia (393 a.C.)	dia	0/3	60
Comparecimento à Assembleia (393 a.C.)	dia	1/0	120

(*) inclui o pagamento de um servidor ou "escudeiro"

Outras cidades

O mundo grego chegou a ter mais de mil cidades-estado. A maioria delas teve suas próprias moedas, e muitas só são conhecidas dos historiadores por sua cunhagem. Muitas cidades gregas adotaram o padrão ateniense na cunhagem de suas moedas, por escolha ou imposição (Atenas obrigou suas aliadas a adotá-lo em 449 a.C.), mas houve outros. O quadro abaixo resume os conhecidos no mundo grego e helenístico e nas civilizações vizinhas, do período arcaico ao helenístico. Como na maioria dos casos há poucas informações sobre preços e custo de vida na maioria desses locais, os valores estimados das tabelas abaixo se referem ao valor médio de câmbio dessas moedas no mercado de Atenas.

Moedas de prata

Cidade ou região	Estáter (gramas de prata)	Valor em ñ (séc. IV a.C.)	Denominação	Dracma (gramas de prata)	Valor em ñ (séc. IV a.C.)
Acaia	15,6	435	tridracma	5,20	145
Afeganistão	8,4	234	tetradracma	2,10	59
Ásia menor	13,3	371	tetradracma	3,30	92
Atenas	17,2	480	tetradracma	4,30	120
Campânia	7,5	209	didracma (nomos)	3,75	105
Córcira (arcaico)	11,6	324	didracma	5,80	162
Córcira (helenístico)	10,0	280	didracma	5,00	140
Corinto	8,6	240	tridracma	2,90	80
Egina	12,2	340	didracma	6,10	170
Egito (posterior)	14,4	400	tetradracma	3,60	100
Egito (Ptolomeu I)	15,6	435	tetradracma	3,90	109

Eubeia	17,2	480	didracma	8,60	240
Fenícia	7,0	195	didracma (shekel)	3,50	98
Indo-grego	9,8	273	tetradracma	2,45	68
Lícia (leve)	8,6	240	didracma	4,30	120
Lícia (pesado)	10,0	279	didracma	5,00	140
Macedônia	7,4	207	didracma	3,70	103
Peônia	9,8	273	didracma	4,90	137
Pérgamo (cistofórico)	12,6	352	tetradracma	3,20	89
Pérsia (antigo)	10,7	300	estáter (dois siclos)	5,35	150
Pérsia (posterior)	11,1	310	estáter (dois siclos)	5,55	155
Quios	15,6	435	tetradracma	3,90	109
Rodes	15,2	424	tetradracma	3,80	106
Rodes (plintofórico)	13,2	368	tetradracma	3,30	92
Samos (leve)	13,0	363	tetradracma	3,25	91
Samos (pesado)	13,4	374	tetradracma	3,35	93
Sinope	6,6	184	didracma	3,30	92

Moedas de ouro

Cidade ou região	Estáter (gramas de ouro)	Valor em ñ (séc. IV a.C.)	Denominação	Dracma (gramas de ouro)	Valor em ñ (séc. IV a.C.)
Babilônia/ Lídia (pesado)	10,8	3.620	didracma	5,40	1.810
Eubeia/Lídia (leve)	8,1	2.720	didracma	4,05	1.360
Pérsia	8,4	2.820	darico	4,20	1.410
Atenas / Eubeia	8,6	2.880	didracma	4,30	1.440
Fenícia	7,2	2.420	didracma	3,60	1.210

Moedas de electro

Cidade ou região	Estáter (gramas de electro)	Valor em n (séc. IV a.C.)	Denominação	Hekte (gramas de electro)	Valor em ñ (séc. IV a.C.)
Lâmpsaco	15,3	2.820	estáter	2,55	470
Mileto / Pérsia	14,1	2.640	estáter	2,35	440
Foceia / Cízico	16,1	3.000	estáter	2,68	500

Apesar das muitas variações no peso do estáter e da dracma, quase todas as cidades usavam talentos e minas de pesos semelhantes: 26 quilos e 434 gramas, aproximadamente. Assim, em Atenas uma mina se dividia em 25 estáteres e 100 dracmas e em Corinto, em 50 estáteres e 150 dracmas.

Assim como Atenas, e independentemente do padrão local, praticamente todas as cidades cunhavam moedas de dois e quatro dracmas. Nos padrões da Acaia e Corinto, cunharam-se também moedas de três dracmas. Macedônios e reinos helenísticos tiveram ainda moedas de oito dracmas, e Cartago, moedas de 12 dracmas. Também foram generalizadas as frações de um sexto de dracma (óbolo) e 1/24 de dracma (tartemórion), até que estas últimas foram substituídas por moedas de cobre ou bronze, na metade do século IV a.C.

Na maioria dos casos, os calcos, moedas de bronze básicas, tinham o valor de 1/8 de óbolo ou 1/48 de dracma, como em Atenas. Uma exceção a essa regra era o padrão de Egina ou fedoniano, onde o calco valia 1/12 de óbolo ou 1/72 de dracma. Valia, portanto, 0,95 calco de Atenas, pois 70 dracmas fedonianos equivaliam a 100 dracmas atenienses.

Outra exceção, da qual se tratará em detalhes mais adiante, eram as cidades da Sicília e Magna Grécia (sul da Itália), onde a dracma, equivalente ao ateniense em peso de prata, era dividida em 5 litras e 60 onkias de cobre.

Também independentemente do padrão, os estáteres de electro eram subdivididos em terços (*trites*), quartos (*tetartes*), sextos (*hektes*) até a fração 1/24 (*mysemiekton*), segundo o modelo lídio. Em Atenas, de 452 a 429/8 a.C. um estáter de Cízico valia 27 dracmas (4.860 ñ), em 418/7 - 409/8 a.C., 25 dracmas (4.500 ñ) e na época de Alexandre, 21 dracmas e 4 óbolos (2.600 ñ). No Bósforo, porém, um estáter ciziceno valia 28 dracmas áticas na mesma época (3.360 ñ).

Esparta

Esparta foi a única cidade grega a ainda usar na época clássica algo parecido com os óbolos de ferro arcaicos, na forma de barras de ferro conhecidas como *pelanors*. Segundo Plutarco, o *pelanor* espartano pesava uma mina egineta (617 gramas) e valia 4 calcos, ou meio óbolo ateniense (15 ñ no século V a.C., cerca de 10 ñ no IV d.C.). Isso significa que a prata passara a valer 1.700 vezes mais que o ferro. Segundo a tradição clássica, Licurgo impusera aos espartanos o uso de ferro como uma forma propositalmente incômoda de dinheiro para desencorajar a acumulação de riquezas – uma casa que seria comprada em Atenas por 500 dracmas, 2,15 quilos de prata, custaria em Esparta 6 mil óbolos, 3,7 toneladas de ferro – , mas é mais provável que isso tenha acontecido de maneira natural, devido à ausência de prata e disponibilidade de minas de ferro no território espartano.

As primeiras moedas verdadeiras de Esparta foram cunhadas pelo rei Areus I, entre 268 a.C. e 265 a.C. Eram tetradracmas segundo o padrão ateniense, inicialmente cunhadas para pagar mercenários na guerra em que se aliou a Atenas contra a Macedônia. A partir dessa época, Esparta perde as peculiaridades que a distinguiam das demais cidades-estado gregas.

Sicília e Magna Grécia (colônias gregas na Itália)

Os povos nativos da Sicília tinham como padrão nativo pesos de metal medidos em uma unidade de peso local chamada litra (libra), dividida em 12 onkias (onças), que foi considerada equivalente a 1/5 da dracma de prata ateniense. O estáter, ou padrão, era a moeda de 10 litrai, equivalente a duas dracmas atenienses.

Metrologistas acreditam que a litra original pesava 218 gramas e a onkia, 18 gramas, uma proporção de 1:250 em relação à prata. As maiores moedas de bronze de uma litra pesavam, porém, 108 gramas, uma proporção de um para 125. Talvez a litra fosse originalmente um peso de cobre e o bronze fosse avaliado pelo dobro do peso do cobre puro. Esse padrão foi adotado também pelos etruscos, que cunhavam moedas de prata equivalentes à litra.

Denominação	Valor em onkias	Peso em gramas	Valor em ñ (Atenas, século IV a.C.)	Valor em ñ (Siracusa, séc. V a.C.)
Moedas de ouro				
50 litrai	600	4,30	1.200	2.400
25 litrai	300	2,15	600	1.200

Moedas de electro				
50 litrai	600	7,30	1.200	2.400
25 litrai	300	3,65	600	1.200
10 litrai	120	1,82	240	480
5 litrai	60	0,73	120	240
Moedas de prata				
50 litrai (=decadracma)	600	43,00	1.200	2.400
24 litrai (*)	288	20,64	576	1.152
20 litrai (=tetradracma)	240	17,20	480	960
10 litrai (estáter)	120	8,60	240	480
5 litrai (=dracma)	60	4,30	120	240
trilitron	36	2,58	72	144
litra	12	0,86	24	48
dekonkion (=óbolo)	10	0,72	20	40
Moedas de bronze				
litra	12	108	24	48
hemilitron	6	54	12	24
pentonkion	5	45	10	20
tetras	4	36	8	16
trias	3	27	6	12
hexas	2	18	4	8
onkia	1	9	2	4
hemionkia	½	4,5	1	2

(*)A moeda de 24 litrai pode ter sido uma medalha comemorativa

O peso para as moedas de bronze dado acima é referente às moedas de Lípara do século IV a.C., nas quais houve razoável proporção entre peso e valor. Essa proporção não foi seguida por moedas de outras comunidades, onde as moedas de bronze eram fiduciárias. A litra de Siracusa do século IV a.C., embora tivesse poder aquisitivo equivalente, continha 9,3 gramas de bronze ou menos.

No caso da Sicília, existe uma indicação utilizável dos preços locais por parte do comediógrafo Epicarmo de Cós (540 a.C. – 450 a.C.), que viveu em Siracusa. Numa linha de uma de suas peças que sobreviveu, o personagem pede: "compre-me uma vitela por dez *nomoi* (moedas)". Se a moeda em questão é a litra, pode-se estimar o preço de uma vaca adulta em dezenas de litras e a litra em cerca de 48 ñ. Em termos de quantidades de prata, o custo de vida na Sicília seria metade do vigente em Atenas no século V a.C. O número é plausível, pois a ilha era muito mais fértil do que a Ática, mas precisava importar sua prata de Atenas.

Etrúria

As cidades etruscas usaram inicialmente pedaços irregulares de cobre como unidade de valor, semelhantes ao *aes rude* dos romanos, dos quais falaremos adiante, passando depois a usar bronze fundido como *aes formatum*, com o formato definido, tal como uma vieira (concha), grão de cevada, gota, cinzel, meia-lua, noz ou astrágalo. Os etruscos tinham como padrão uma libra de 216 gramas, dois terços da libra romana, dividida em 12 onças de 18 gramas.

Por volta de 470 a.C., cidades como Vulci e Populonia começaram a cunhar moedas de prata: tetradracmas, didracmas e dracmas baseadas em um padrão grego de 5,8 gramas por dracma. Populonia cunhou pouco depois moedas com números 20, 10 e 5[28] baseados em uma unidade de 1,13 gramas de prata, a metade da anterior e de peso equivalente ao escrópulo romano. Se representava uma libra de cobre, a relação de preços entre prata e cobre seria 1:192. Se o custo de vida era semelhante ao de Siracusa, o valor da unidade seria 64 ñ. Não se sabe o nome da unidade etrusca, mas usavam para o cobre e o bronze o mesmo termo que os romanos, *aes* ou *ais*, e como eles talvez o aplicassem à libra de metal.

Entre 400 a.C. e 300 a.C., Populônia cunhou moedas com os números 20 (16,8 gramas), 10 (8,4 gramas), 5 (4,2 gramas) e 2½ (2,1 gramas) e 1 (0,84 grama) o que indica uma unidade equivalente à litra de Siracusa e de poder aquisitivo da mesma ordem, cerca de 48 ñ.

Por volta de 325 a.C., Luca marcou moedas de 11,25 gramas de prata com o símbolo V, indicando uma unidade de 2,25 gramas ou dois escrópulos, cerca de 128 ñ.

Entre 300 a.C. e 250 a.C., Populônia passou a cunhar moedas de

---

28 Os etruscos expressavam números de forma semelhante, mas não idêntica aos romanos: >|<=100, ↑=50, XXX=30, ΛXX=25, XX=20, >||X=12½, X=10, Λ=5, ||Λ ou <||=2½, e |=1.

prata com os números 20 (8,6 gramas), 10 (4,3 gramas), 5 (2,1 gramas) e 2½ (1,1 gramas). A unidade passara a ser equivalente a meia litra de Siracusa ou 0,43 grama de prata. A moeda de 10 unidades é praticamente idêntica em peso ao denário romano que seria adotado em 211 a.C. e pode tê-lo inspirado. Na mesma época foram cunhadas moedas de ouro de 50 unidades (2,8 gramas), 25 unidades (1,4 grama) e 12½ unidades (0,7 grama). Considerando o custo de vida na Roma da mesma época, a unidade teria poder aquisitivo de 13 ñ e seria aproximadamente equivalente ao contemporâneo *sextans* romano de bronze.

Volsinii teve na mesma época uma cunhagem de moedas de ouro de 20 (4,67 gramas) e 5 (1,2 grama) e uma moeda de prata de 1 (2,8 gramas). A unidade, nessa época, teria poder aquisitivo perto de 80 ñ, valor equivalente ou pouco superior ao do asse romano da mesma época.

Império Persa

Dinastia Aquemênida (546 a.C. – 330 a.C.)

Os persas começaram a cunhar moedas a partir da conquista da Lídia por Ciro II, o Grande (r. 559 a.C. -530 a.C.) em 546 a.C. e seguiram inicialmente o modelo do rei lídio Creso.

Dario (r. 522 a.C. – 486 a.C.) reformou o sistema monetário entre 515 a.C. e 500 a.C., criando a moeda conhecida pelos gregos como **darico** (*dareikos stater*), equivalente a 20 moedas de prata chamadas **siglos** (*sigloi medikoi*) pelos gregos, embora na realidade correspondessem a meio *shekel* oriental, por sua vez divididas em 8 **danakas** (*danakes*). Os gregos relacionavam a moeda ao nome de Dario, mas vem mais provavelmente do persa *dari*, "áureo". Foi também conhecido pelos gregos como *toxotes* ("arqueiro") pela imagem de um guerreiro coroado segurando lança e arco, provavelmente um herói, uma encarnação da divindade zoroastrista ou uma representação da realeza, mas não o imperador como indivíduo, pois a figura permaneceu a mesma por sucessivos reinados.

Essas moedas continuaram a ser cunhadas até a conquista do Império Persa por Alexandre em 330 a.C., mas parecem ter circulado apenas em sua parte ocidental, em contato com o comércio grego e fenício. Na parte oriental, o sistema babilônico de moeda contábil baseada em pesos de prata parece ter continuado em uso e não foi sentida a necessidade de moeda cunhada. Trabalhadores e funcionários da corte em Persépolis recebiam seu pagamento em produto – por exemplo, uma ovelha por três *shekels*, um jarro de cerveja para um *shekel*.

Os atenienses avaliavam o darico em 25 dracmas e o siglo em 7,5 óbolos (1,25 dracma); o danaka era quase igual ao óbolo. Os persas pagavam a seus mercenários um darico por mês até o início do século IV a.C., quando passaram a pagar um dracma ático por dia.

Denominação	Valor em daricos	Peso em gramas	Valor em ñ (séc. V a.C.)	Valor em ñ (séc. IV a.C.)
Unidades de conta				
talento de ouro	3.600	30.240	16.200.000	10.800.000
mina de ouro	60	504	270.000	180.000
Moedas de ouro				
duplo darico	2	16,8	9.000	6.000
darico	1	8,4	4.500	3.000
meio darico	½	4,2	2.250	1.500
Moedas de prata 95%				
siglo	1/20	5,6	225	150
1/3 siglo	1/60	1,9	75	50
¼ siglo	1/80	1,4	56	38
1/6 siglo	1/120	0,9	38	25
1/8 siglo = danaka	1/160	0,7	28	19
1/12 siglo	1/240	0,47	19	12,5
1/24 siglo	1/480	0,23	9	6
1/32 siglo	1/640	0,17	7	4,7

Arsácidas ou Império Parta (247 a.C. – 227d.C.)

O segundo império persa, criado após a expulsão dos gregos do Irã pelos partas, cunhou tetradracmas ou estáteres (*ster*) de 16 gramas, dracmas (*drahm*) de 4 gramas e óbolos ou *danakes* de 2/3 de grama (*dang*). Não houve cunhagens oficiais de ouro, embora possa ter havido medalhões cerimoniais. Após 45 d.C. as tetradracmas pesavam 14 gramas e as dracmas 3,5 gramas, acompanhando a redução dos denários romanos.

Sátrapas e cidades foram autorizados a cunhar moedas de cobre e bronze de uso local, originalmente com base nos calcos gregos de 2 gramas. Estas moedas se aviltaram gradualmente e, na época da conquista sassânida em 224 d.C., continham menos de 1 grama de metal. Os poderes aquisitivos abaixo estimados supõem que o dracma parta (*drahm*) fosse equivalente ao denário romano, de peso praticamente igual.

Denominação	Valor em dracmas	Peso em gramas	Valor em ñ (séc. I a.C.)
Moedas de prata			
tetradracma (ster)	4	16	384
dracma (drahm)	1	4	96
óbolo (dang)	1/6	0,67	16
Moedas de cobre			
calco	1/48	2	2

Império Sassânida (224-388)

Os sassânidas restauraram o peso original da dracma arsácida e cunharam também moedas de ouro chamadas **denar** (do latim *denarius aureus*) para fins cerimoniais. As moedas sassânidas foram as primeiras cunhadas com um disco delgado e em baixo relevo, em contraste com as moedas gregas e romanas, espessas e com figuras em alto relevo. O modelo sassânida foi mais tarde imitado pelos árabes, depois pelos bizantinos (a partir de 721), e mais tarde seguido por Carlos Magno e pelas cunhagens medievais e modernas do Ocidente.

Denominação	Valor em dracmas	Peso em gramas	Valor em ñ (séc. I a.C.)
Moedas de ouro			
duplo denar	40	14,8	2.880
denar	20	7,4	1.440
1/6 denar	3,33	1,2	240
Moedas de prata			
tetradracma (ster)	4	16,6	288
dracma (drahm)	1	4,15	72
meia dracma	1/2	2,07	36
óbolo (dang)	1/6	0,69	12
meio óbolo	1/12	0,35	6
Moedas de cobre			
pashiz	1/48	2	1,5

O *Pahlavi Videvdad* e a literatura zoroastrista dão uma ideia do poder de compra da dracma. Uma ovelha custava três sters; uma vaca, 12, 14, ou 30 sters, dependendo se era de inferior, média ou superior qualidade, e um escravo, 125 sters. De acordo com *Madayan i Hazar dadestan* (600-632), um escravo era vendido por 500 dracmas e uma ovelha por 10. Pecados eram redimidos por multas que variavam de 1 dracma a 300 sters.

Bahram IV (r. 388-399) introduziu a cunhagem de peças de ouro de 4,54 gramas, correspondentes ao *solidus* romano, e cunhou uma peça de 1,5 denar. Ele e dois de seus sucessores, Yazdegerd I (r. 399-420) e Yazdegerd II (r. 438-57), também cunharam moedas de um terço de denar, correspondentes ao tremisse romano (ver adiante).

Denominação	Valor em dracmas	Peso em gramas	Valor em ñ (séc. I a.C.)
Moedas de ouro			
1½ denar	15	6,75	1.080
denar	10	4,5	720
1/3 denar	3,33	1,5	240
Moedas de prata			
tetradracma (ster)	4	16,6	288
dracma (drahm)	1	4,15	72
meia dracma	1/2	2,07	36
óbolo (dang)	1/6	0,69	12
meio óbolo	1/12	0,35	6

Moedas de cobre			
pashiz	1/48	2	1,5

Essas moedas persas foram usadas também na Península Arábica e serviram de base, a partir do século VII, ao sistema monetário dos árabes muçulmanos, fundado no dinar de ouro e no dirrã e *daniq* de prata.

Celtas

As moedas chamadas "celtas" surgiram do comércio e fornecimento de mercenários para os gregos e foram cópias de moedas das colônias gregas de Massilia (Marselha), Emporiae (Ampurdán, Espanha) e Rhoda (Rosas, Espanha), de moedas macedônicas, de cidades gregas da Itália e Sicília e romanas. Centenas de tribos "celtas" (no uso arqueológico, o termo abrange povos europeus não gregos ou romanos da Idade do Ferro com cultura material semelhante, de qualquer família linguística) cunharam suas próprias moedas do século IV a.C. ao I a.C., na Britânia, Gália, Península Ibérica, norte da Itália, Suíça, sul da atual Alemanha, Boêmia e bacia do Danúbio. Na maioria dessas regiões, foram as primeiras moedas a ser cunhadas.

Há pouco estudo sistemático dessas moedas, que incluem imitações de estáteres de ouro greco-macedônios e de suas frações (1/4, principalmente). Moedas de prata incluíram versões celtas de tetradracmas e dracmas gregos, de denários e quinários romanos. Pequenas moedas de prata de 0,7 a 1,4 grama são consideradas "unidades de prata" celtas e há moedas de 0,25 grama. No norte da Gália e Britânia, também se cunharam moedas de bronze ou de *potin*, liga de cobre, estanho e chumbo, em média de 4,15 gramas no continente e 3,15 gramas nas ilhas, que parecem imitar moedas de cobre de Massilia cunhadas perto de 140 a.C.

Império de Alexandre e reinos helenísticos (330 a.C. – 63 a.C.)

Após a conquista do império Aquemênida, Alexandre III, o Grande, estabeleceu o padrão baseado no ático em todo o seu império. Sua cunhagem padrão consistiu no estáter de ouro de 8,6 g e na tetradracma de prata com a cabeça de Héracles envolta em uma pele de leão no anverso e um Zeus sentado no reverso, pesando 16,8 g.

Os daricos e siglos persas e os tetradracmas atenienses também continuaram a circular livremente, assim como cunhagens dos sátrapas. A princípio, os sátrapas e governadores de cidades também cunharam moedas em ouro e prata, alguns com letras gregas ao lado do arqueiro Aquemênida no anverso .

Com a morte de Alexandre (323 a.C.) e de seu herdeiro Alexandre IV (311 a.C.), o império foi dividido entre seus generais. Seleuco apoderou-se do Irã e Mesopotâmia, Ptolomeu fundou outro grande reino no Egito, Lisímaco na Trácia, Antígono na Ásia Menor e Cassandro na Macedônia e Grécia. Dos conflitos entre esses rivais, chamados "diádocos", vieram a resultar quatro reinos principais, estabilizados a partir de 281 a.C.: Macedônia (incluindo a hegemonia sobre a Grécia), governada pela dinastia Antigônida; Egito, governado pela dinastia Ptolomaica; Síria (incluindo inicialmente também a Mesopotâmia, o Irã e o Afeganistão), governada pela dinastia Selêucida; e Pérgamo, governado pela dinastia Atálida.

A formação desses reinos encerra o período clássico da civilização grega e inicia o período chamado helenístico, marcado pelo intenso sincretismo entre a cultura grega e as culturas asiáticas e africanas. As rotas comerciais gregas se espalharam do Mediterrâneo Ocidental à Índia, bem como o sistema monetário baseado na dracma.

As moedas de Lisímaco tinham Alexandre com o chifre de Amon no anverso e a deusa Atena no reverso. As primeiras de Ptolomeu, Alexandre usando uma pele de elefante e Atena. As de Seleuco, Alexandre com uma pele de leopardo e Zeus. Essas imagens de Alexandre morto divinizado foram os primeiros retratos individualizados em moedas, nas quais até então figuravam apenas deuses, heróis e símbolos.

Demétrio I da Macedônia (r. 294 a.C.-288 a.C.) foi o primeiro a pôr seu próprio retrato no anverso de sua moeda (com Poseidon no reverso) e a divinizar-se em vida, recebendo culto com o título de Sóter ("Salvador"). Outros reis helenísticos, principalmente os Ptolomeus e Selêucidas, seguiram o seu exemplo e foram depois imitados pelos imperadores romanos e pelos reis europeus. As moedas de Pérgamo, a partir de Átalo I, tinham Fileteiro (tio-avô do primeiro rei, eunuco que servira a Antígono e depois a Lisímaco, que o fez governador de Pérgamo) no anverso e Atena no reverso.

Com exceção das peculiaridades do Egito ptolomaico, que será abordado mais adiante, o sistema monetário helenístico foi relativamente uniforme em pesos e tamanhos das moedas. O quadro seguinte resume as principais denominações:

Denominação	Valor em dracmas	Peso em gramas	Valor em ñ (séc. III a.C. e II a.C.)
Unidades de conta			
talento	6.000	25.200	432.000
mina	100	420	7.200
Moedas de ouro			
estáter (depois de 288 a.C.)	25	8,60	1.800
estáter (336 a.C. – 288 a.C.)	20	8,60	1.440
Moedas de prata			
tetradracma ou estáter	4	16,80	288
dracma	1	4,20	72
hemidracma	1/2	2,10	36
dióbolo	1/3	1,40	24
óbolo	1/6	0,70	12
Moedas de cobre			
tetracalco	1/12	12-12,5	6
dicalco	1/24	6-6,5	3
calco	1/48	3-3,5	1,5
meio calco	1/96	1-1,6	0,75

Os valores acima estimados baseiam-se em preços registrados na ilha de Delos de 282 a.C. a 169 a.C. para trigo (4,5 a 11 dracmas por medimno), cevada (2 a 5 dracmas por medimno), vinho (11 dracmas a metreta), azeite (½ a 3 dracmas o *khous*), porcos (1 dracma e 2½ óbolos a 6 dracmas) e lenha (4 a 10 óbolos o talento). O quadro abaixo resume alguns preços médios registrados em Delos nos séculos III a.C. e II a.C.:

Mercadoria	unidade	preço (dracmas/ óbolos)	unidade moderna	preço em ñ por unidade moderna
trigo	medimno	7/0	kg	12,5
cevada	medimno	3/2	kg	7,5
azeite	chous	1/2	l	30

vinho	metreta	11/0	l	20
lenha	talento	1/2	kg	3,8
porco	unidade	3/3	unidade	252
boi	unidade	120/0	unidade	8.640
touro jovem	unidade	50/0	unidade	3.600
cordeiro	unidade	20/0	unidade	1.440
leito (*kline*)	unidade	19/0	unidade	1.368
porta (*thura*)	unidade	18/0	unidade	1.296
piche	metreta	20/4	l	38
tijolos	milheiro	64/0	milheiro	4.608

Alguns salários, também de Delos, pago por templos:

Trabalhador/soldado	unidade	salário (dracmas/óbolos)	salário (ñ)	salário (ñ/dia)
trabalhador qualificado	dia	1/3	108	108
trabalhador não especializado	dia	0/5	60	60
hoplita mercenário	dia	2/0	144	144
garota flautista	ano	125/0	9.000	25
remador (*hyperetes*)	ano	190/0	13.680	38

Os preços em dracmas são bem mais altos do que os da época clássica, o que equivale a dizer que os valores dos metais diminuíram, pois não houve alteração significativa no peso e composição das moedas. Isto provavelmente se deve à inundação do mercado grego pelo ouro e prata saqueados dos palácios e templos persas por Alexandre e imediatamente cunhados em moedas para pagar seus mercenários, o que reduziu seu poder aquisitivo ante as demais mercadorias. Uma forma totalmente real de inflação, mesmo sem qualquer aviltamento do conteúdo metálico.

Recapitulando, um boi valia:

• No período homérico, um "talento" de 8,3 gramas de ouro

• No século V a.C., o equivalente a 2 daricos de mesmo peso

• No século IV a.C., o equivalente a 3 daricos

- No século III a.C., algo como 5 daricos (6 pela cotação do ouro logo após as conquistas)

Judeia

Em 164 a.C., a revolta dos Macabeus libertou a Judeia do domínio selêucida. Em 135 a.C. o país se tornou independente sob a dinastia dos Hasmoneus, que governou até 37 a.C., quando foi deposta pelos romanos. Estes impuseram Herodes como rei (r. 37 a.C. – 4 a.C.). Durante esse período de independência, os reis judeus cunharam moedas de cobre que circularam ao lado das moedas de prata selêucidas e romanas, com as seguintes denominações:

Denominação	Valor em prutot	Peso em gramas	Valor em ñ
hadras	8	7	6
hannas	4	5	3
shemen	2	3,5	1,5
prutah	1	1,75	0,75

Fenícios

O comércio fenício foi importante no Mediterrâneo desde, pelo menos, a IV dinastia egípcia (2613 a.C.– 2494 a.C.), atingiu seu auge entre 1200 a.C. e 800 a.C. e só por volta de 750 a.C. começou a enfrentar concorrência significativa dos gregos. E, durante mais de dois mil anos de prosperidade, a mais famosa civilização mercantil da Antiguidade não conheceu o dinheiro.

As primeiras moedas fenícias surgem apenas durante a decadência de sua civilização e bem após sua conquista pelos persas, que se deu em 539 a.C. Sob domínio persa, os territórios fenícios originais foram divididos entre quatro reinos vassalos – Sídon, Tiro, Arado (Arwad) e Biblos – e a colônia tiriana de Cartago tornou-se independente e dominou as antigas possessões fenícias no Mediterrâneo Ocidental.

A primeira cidade fenícia a cunhar moeda parece ter sido Tiro, por volta de 455 a.C., seguindo modelos gregos. Suas moedas tinham a efígie do deus Melcarte no anverso e uma águia no reverso, baseando-se num estáter de 13,9 gramas de prata, dividido em dois siclos, com frações de ¼ e 1/24 de siclo. Sídon cunhou moedas logo a seguir, inicialmente baseadas no mesmo padrão, com a figura do rei persa no anverso e uma galera no reverso. A partir do rei Abd-Astart I (r. 374 a.C. - 363 a.C.), seu estáter foi reduzido para 12,9 gramas, aparentemente para facilitar o comércio, pois isso fazia um duplo estáter equivalente a 6 dracmas atenienses. Depois de 360 a.C., porém, Tiro e depois Sídon passam a adotar o padrão ateniense de dracmas e tetradracmas.

Biblos cunhou, além de siclos, moedas baseadas no *kite* egípcio, com a representação de uma esfinge. Arado usou e manteve desde o começo um padrão baseado no dos persas aquemênidas, com moedas de 2 siglos, 1 siglo, ½ e 1/3 de siglo.

Denominação	Valor em siclos	Peso em gramas de prata	Valor em ñ (Atenas, século IV a.C.)
Tiro			
estáter (2 siclos)	2	13,90	384
siclo	1	6,95	192
¼ siclo	¼	1,74	48
1/24 siclo	1/24	0,29	8
Sídon (Abd-Astart I)			
duplo estáter (4 siclos)	4	25,80	720
estáter (2 siclos)	2	12,90	360
siclo	1	6,45	180
¼ siclo	¼	1,61	45
1/24 siclo	1/24	0,27	7,5
Arado			
duplo siglo	2	11,2	312
siglo	1	5,6	156
1/2 siglo	1/2	2,8	78
1/3 siglo	1/3	1,9	52
Biblos			
duplo siglo	2	13,2	368
kite	1 1/3	8,9	248
siglo	1	6,6	187

Cartago

Ainda mais que as antigas metrópoles fenícias, a nova colônia de Cartago resistiu a cunhar moedas e só começou a fazê-lo para pagar mercenários gregos na Segunda Guerra Greco-Púnica (410 a.C. – 340 a.C.), contra as colônias gregas da Sicília, com denominações gregas. As moedas cartaginesas tinham a representação da cabeça da deusa Tanit ou de uma tamareira (*phoinix*, em grego) no anverso e um cavalo ou cabeça de cavalo no reverso.

Cartago, 410-350 a.C.

Denominação	Valor em dracmas	Peso em gramas	Valor em ñ (séc. IV a.C.)
Moedas de ouro			
25 dracmas	25	7,63	3.000
5 dracmas	5	1,52	600
Moedas de prata			
tetradracma	4	18,12	480
Óbolo = dekonkion	1/6	0,69	20
pentonkion	1/12	0,21	10
Moedas de bronze			
unidade (litra?)	1/5	8,4	24
½ unidade	1/10	1,6	12
¼ unidade	1/20	1,3	6

A partir de 350 a.C., Cartago passa a cunhar também moedas baseadas em padrões fenícios, que sugerem que também as usou no comércio.

Cartago, 350-300 a.C.

Denominação	Valor em dracmas	Peso em gramas	Valor em ñ (séc. IV a.C.)
Moedas de ouro			
estáter	30	9,75	3.600
½ estáter	15	4,72	1.800
¼ estáter	7,5	2,50	900
1/5 estáter	6	2,05	720
1/10 estáter	3	0,98	360
Moedas de prata			
tetradracma	4	18,12	480
siclo	1½	6,16	180

Moedas de bronze			
siclo	1/5	8,4	24
Meio siclo	1/10	4,8	12

Sob pressão das despesas de guerra, Cartago cunhou muitas diferentes denominações, mas em muitos casos precisou recorrer ao aviltamento da moeda metálica. Além da substituição de moedas de ouro por electro, em muitas das moedas de prata cunhadas durante a primeira guerra púnica o peso real foi metade do teórico, ou ainda menos. Os poderes aquisitivos abaixo indicados são hipotéticos, pois não há indicações de preços locais.

Cartago, 264-215 a.C. (Primeira e Segunda Guerras Púnicas)

Denominação	Valor em shekels	Peso em gramas	Valor em ñ (séc. IV a.C.)
Moedas de ouro			
20 shekels	20	12,57	4.000
estáter	16	10,84	3.200
"dracma"	6,7	4,26	1.334
6 shekels	6	3,92	1.200
3,3 shekels	3,3	2,06	667
Moedas de electro (30%-45% ouro)			
tristater (hexadracma)	18	24,93	3.600
12 shekels	12	22,82	2.400
10 shekels	10	13,35	2.000
estáter	6	11,10	1.200
¼ estáter	1,5	2,70	300
Moedas de prata			
6 shekels	6	45,61	1.200
5 shekels	5	39,45	1.000
3 shekels	3	23,00	600
2 shekels	2	13,85	400
1½ shekel	1½	12,12	300
shekel	1	7,58	200
¾ shekel	¾	5,88	150
½ shekel	½	3,80	100
¼ shekel	¼	1,90	50
dióbolo	1/6	1,27	33
1/8 shekel	1/8	1,09	25
litra	1/10	0,75	20

Moedas de bronze	
3 shekels	23,50
2 shekels = sextans	14,40
1½ shekel?	12,84

Após a derrota nessas guerras, Cartago foi reduzida a um pequeno Estado, mas ainda efetuou algumas cunhagens antes de sua destruição final pelos romanos, em 146 a.C.

Denominação	Valor em shekels	Peso em gramas	Valor em ñ (séc. IV a.C.)
Moedas de ouro			
unidade	5	3,08	1.000
meia unidade	2½	1,55	500
Moedas de prata			
15 shekels	15	121,10	3.000
3 shekels	3	26,70	600
2 shekels	2	13,60	400
1 shekel	1	6,35	200
½ shekel	½	2,60 a 3,90	100
1/8 shekel	1/8	0,95	25

Egito ptolomaico

O Egito da era dos Ptolomeus usou várias denominações em bronze, prata e especialmente ouro. Suas moedas de ouro, das quais a mais comum era o *mnaeion*, foram as maiores da Antiguidade.

Denominação	Valor em dracmas de prata	Peso em gramas	Valor em ñ (*) (Atenas, século IV a.C.)	Valor em ñ (Egito, séc. III a.C.)
Moedas de ouro				
dupla octadracma	200	55,4	20.000	60.000
octadracma ou *mnaeion*	100	27,8	10.000	30.000
pentadracma ou *trichrysous*	60	17,7	6.000	18.000
tetradracma ou *pentekontadrachma*	50	13,9	5.000	15.000
2½ dracmas	30	8,7	3.000	9.000
Estáter ou *chrhysous*	(**) 25	7,2	2.500	7.500

dracma	12,5	3,5	1.250	3.750
hemidracma	6,25	1,75	625	1.875
triemióbolo (1/4 dracma)	3,125	0,88	312	938
¾ óbolo	1,5625	0,44	156	469
Moedas de prata				
dodecadracma	12	43,2	1.200	3.600
decadracma	10	36,0	1.000	3.000
octadracma	8	28,8	800	2.400
tetradracma	4	14,4	400	1.200
dracma	1	3,6	100	300
hemidracma	1/2	1,8	50	150
dióbolo	1/3	1,2	33	100
Moedas de bronze				
8 óbolos ou octóbolo	4/3	91,3	133	400
6 óbolos ou dracma	1	68,5	100	300
3 óbolos ou hemidracma	1/2	45,7	50	150
2 óbolos	1/3	22,8	33	100
1½ óbolo	1/4	17,1	25	75
óbolo	1/6	11,4	16	50
hemióbolo (tetracalco)	1/12	5,7	8	25
3/8 óbolo (tricalco)	1/16	3,8	6	20
¼ óbolo (dicalco)	1/24	2,9	4	12,5
1/8 óbolo (calco)	1/48	1,4	2	6,25

(*) baseado no conteúdo em prata da tetradracma após a reforma de Ptolomeu II (260 a.C.), de 14,4 gramas a 99,5%. O teor de prata foi reduzido para 97,5% em 148 a.C., 91,5% em 136 a.C. e 33% em 51 a.C.

(**) cunhada segundo padrão anterior a Ptolomeu II, originalmente valia 20 dracmas de prata

Logo depois do padrão acima ter sido instituído, uma artaba de trigo (38,8 litros ou 30 quilos) custava um a dois dracmas e um trabalhador ganhava um óbolo a um óbolo e meio por dia. Isto sugere um poder aquisitivo de 300 ñ por dracma alexandrino, 83 ñ por grama de prata.

Alguns preços de produtos em relação ao trigo podem ser estimados de acordo com as proporções legais de conversão (considerando as diferenças de densidade):

Mercadoria	Razão de conversão	unidade moderna	preço em ñ por unidade moderna
trigo	1	kg	13
cevada	3:5	kg	10
espelta (*olyra*)	2:5	kg	8
chícharo (*arakos*)	3:5	kg	8
gergelim	2:1	kg	34

As moedas de bronze se desvalorizaram fortemente a partir do final do século III a.C. Em 260 a.C. (Ptolomeu II), a dracma de prata e a de bronze tinham igual valor. De 220 a.C. a 200 a.C. (Ptolomeu IV), uma dracma de prata valia duas de bronze.

A partir de 200 a.C., as moedas de bronze deixaram de ser aceitas pelo valor fiduciário e passaram a ser transacionadas pelo seu valor metálico. De 200 a.C. a 183 a.C. (Ptolomeu V), a dracma de prata valia 60 de bronze; de 183 a.C. a 163 a.C. (Ptolomeu VI), 120; de 163 a.C. a 130 a.C. (Ptolomeu VIII), 240. Na época de Cleópatra VII, dracmas de prata passaram a conter apenas um terço do seu peso em metal precioso e a dracma de bronze passou a ser uma moeda de conta avaliada a 480 por dracma de prata, que existia apenas na forma de moedas de bronze de 80 e 40 dracmas.

Em 200 a.C. – 182 a.C., um trabalhador ganhava 20 dracmas de bronze por dia e a artaba de trigo valia 150 a 180 dracmas. Isso indica uma dracma de bronze de 2,7 ñ e a de prata 160 ñ, com salário de 55 ñ.

Por volta de 162 a.C, - 159 a.C., a artaba de trigo valia 500 a 900 dracmas. Seria uma dracma de bronze de 0,65 ñ e a de prata 155 ñ. Um salário registrado nessa época é de 45 dracmas, 30 ñ.

Em 118 a.C. – 50 a.C., um trabalhador ganhava 120 dracmas por dia e a artaba de trigo valia mil a dois mil dracmas, o que indica uma dracma de bronze de 0,3 ñ e salário de 36 ñ. A dracma de prata, com Cleópatra VII, valia 144 ñ. De 260 a.C. a 118 a.C., os preços se multiplicaram por mil, uma inflação média de 5% ao ano.

Roma

O aes rude

Medir o valor de mercadorias em bois parece ter sido uma prática comum a outras civilizações do Mediterrâneo. O latim e as línguas que dele derivam mostram os sinais de que a riqueza foi originalmente expressa em animais: *pecúnia* (dinheiro), *pecúlio* (poupança), *peculiar* (originalmente propriedade privada pertencente ao pecúlio, daí algo pessoal, individual, característico) e *peculato* (desvio de dinheiro público) derivam de *pecu*, "gado" em latim, tanto quanto *pecuária* (criação de gado). A palavra *capital* (e seu derivado popular, "cabedal") originalmente se refere à *capita* (cabeça) de gado.

O que é *peculiar* aos romanos foi a demora a usar moedas propriamente ditas. Apesar de ter contatos diretos e indiretos com os gregos desde as origens, Roma foi a última cidade importante da região do Mediterrâneo a cunhar moedas. Como muitas outras culturas tradicionais da Itália, os romanos usaram cobre em pedaços irregulares chamado *aes rude* na troca e entesouramento de valores e continuaram a fazê-lo até o fim do século IV a.C., quando já dominavam grande parte da Itália Central e sua capital era maior que Atenas.

Usadas desde o século VIII a.C., talvez desde antes da fundação de Roma, as peças de *aes rude* pesavam de 8 gramas a 300 gramas (mais frequentemente 20 a 25 gramas) e eram feitas de uma liga de cobre (67% a 83%) e ferro (13% a 27%), com pequenas quantidades de chumbo e impurezas de outros metais, difícil de trabalhar e praticamente inútil, o que indica serem feitas unicamente para uso como "dinheiro". São identificáveis por ter uma face achatada pelo processo de fundição e às vezes por alguma estampa. Uma variante é o *aes formatum*, no qual era dado ao cobre um formato definido, tal como uma vieira (concha), grão de cevada, gota, cinzel, meia-lua, noz ou astrágalo, de peso geralmente variando de 5 a 55 gramas.

Essas peças eram certamente pesadas em libras, onças (1/12 da onça), escrópulos (1/288) e sílíquas (1/1.728) conforme o padrão vigente em cada cidade. Na Etrúria e na Sicília, usou-se aparentemente uma libra de 216 gramas, dividida em onças de 18 gramas,

mas em Roma a libra tinha 328,9 gramas e se dividia em onças de 27,4 gramas e escrópulos de 1,14 grama.

A Lei Atérnia, tradicionalmente datada de 454 a.C., estabelecia para fins de pagamento de multas (originalmente fixadas em cabeças de gado, variando de duas ovelhas a 30 bois e duas ovelhas) uma equivalência entre um boi, dez ovelhas e 100 asses, ou libras de *aes rude*. Outras indicações de preços vêm de Plínio, que dá o preço de um asse por módio (8,78 litros, cerca de 6,8 quilos de trigo ou 5,4 de cevada) de farro ou espelta[29] para a época do tribuno L. Minutius Augurinus, 439 a.C. e da quantia originalmente dada pelo Estado a cada cavaleiro patrício a fim de que comprasse um cavalo para servir o exército (1.000 asses, segundo Varrão).

Vimos acima que 100 litras poderia ser o preço de uma vaca na Siracusa da mesma época. Embora representada na cidade grega por uma moeda de prata, a litra equivalia à libra de *aes rude* siciliano, igual à libra etrusca e a cerca de dois terços da libra romana. A litra valia 0,86 grama de prata e, segundo a proporção de 1:250 da Sicília, a libra romana valeria 1,32 grama, pouco menos de dois óbolos atenienses. Se a proporção seguida em Roma fosse de 1:288, uma libra de cobre equivaleria a um escrópulo de prata e três libras corresponderiam a uma dracma da Campânia.

Considerando os preços mais tarde registrados para animais e trigo em Roma, estimamos o asse da Lei Atérnia em cerca de 75 ñ, e as onças em que se dividia, 6 ñ. Os didracmas gregos que circulavam na região valeriam em Roma 450 ñ.

O aes signatum (300 a.C. – 280 a.C.)

O primeiro passo dos romanos para algo mais parecido com uma moeda foi a fundição em barras retangulares e regulares, de liga e peso verificados e atestados, o que os etruscos fizeram desde 450 a.C. e os romanos por volta de 300 a.C. Essas barras não eram de cobre ferroso como o *aes rude* e sim de uma liga mais maleável e utilizável de cobre (63% a 79%), estanho (5% a 8%) e chumbo (16% a 29%), que pode ser chamado, lato sensu, de "bronze".

---

29 Base da alimentação romana no início da República, mais tarde parcialmente substituído pelo trigo, embora continuasse obrigatório nos rituais religiosos. Com espelta ou trigo se fazia pão (semelhante a uma pizza de 6 fatias e 5 centímetros de espessura) ou *puls* (polenta)

As barras etruscas variavam de 600 gramas a 3 quilos. As barras romanas, conhecidas como *aes signatum*, pesavam cinco libras romanas, 1,64 quilo, mas eram frequentemente divididas em pedaços de uma libra. Continuaram a ser fundidas até a primeira Guerra Púnica, em 240 a.C. Visto serem bronze e não cobre de baixa qualidade, é provável que seu poder aquisitivo fosse equivalente a dez libras de *aes rude*. Eram marcadas com a figura de um boi de ambos os lados para assinalar o caráter de *pecúnia* e mediam 163 x 95,5 milímetros quando inteiras.

Em 281 a.C. didracmas em estilo grego começaram a ser cunhadas para Roma por gregos de Neápolis (atual Nápoles), com a cabeça de Marte no anverso e uma cabeça de cavalo no reverso, para pagar tropas romanas e aliadas na guerra com Pirro, rei do Epiro (280-275 a.C.). Pouco antes ou depois, os romanos também começaram a fundir grandes moedas de bronze. Só então tiveram um sistema monetário verdadeiro, apesar de tosco. É chamado "libral" por ser baseado em enormes asses de bronze fundido, as moedas menos práticas da história antiga, com 65 milímetros de diâmetro e uma libra romana de peso (329 gramas).

Para administrar esse sistema, foi criado o colégio dos *tresviri aere argento auro flando feriundo* ("três homens para cunhar e fundir bronze, prata e ouro") ou *tresviri monetalis* ("três homens monetários"). *Monetários* porque a "casa da moeda" foi inicialmente instalada no templo de Juno Moneta ou em um anexo, pois essa deusa era considerada protetora dos fundos e propriedades. O epíteto da deusa provavelmente deriva do grego *moneres*, "única", mas os romanos clássicos o entendiam como derivado de de *monere*, "advertir" ou "lembrar", palavra cujos derivados incluem "admoestar", "monitor", "monumento", "premonição", "monir"(chamar a depor) – e, naturalmente, "moeda", "monetário" e "monetizar".

No início da guerra, Roma já vencera os samnitas e dominava a Itália Central. Ao fim, conquistava também o sul e a antiga Magna Grécia. As moedas de prata só foram cunhadas na própria cidade a partir de 269 a.C., quando Roma já conquistara os etruscos, dominava toda a Itália e era uma das maiores potências do Mediterrâneo.

O asse libral (280 a.C.-260 a.C.)

Denominação	Valor em asses	Peso em gramas	Valor em ñ (*) (Atenas, séc. IV a.C.)	Valor em ñ (Roma, séc. III a.C.)
Moedas de prata				
didracma	3	7,3	192	225
Moedas de bronze				
aes signatum	5	1.644,5	320	375
asse	1	328,9	64	75
semis	1/2	164,5	32	37,5
triens	1/3	109,6	21	25
quadrans	1/4	82,2	16	19
sextans	1/6	54,8	11	12,5
uncia	1/12	27,4	5,3	6,25
semuncia	1/24	13,7	2,7	3,13

As moedas cunhadas em Neápolis pesavam 7,3 gramas de prata a 93,5% (6,8 gramas de prata pura) e as cunhadas em Roma 7,1 a 7,2 gramas a 92% ou 93,5% (6,5 a 6,7 gramas de prata pura). Não há informações sobre preços neste período, mas supusemos acima que o poder aquisitivo da prata era semelhante ao do período seguinte, sobre o qual há mais informações.

Em 264 a.C., iniciou-se a Primeira Guerra Púnica, que duraria até 241 a.C. e representou para Roma um enorme esforço financeiro e militar. Para cobrir suas despesas, os romanos começaram a reduzir sistematicamente o conteúdo metálico de suas moedas, prática à qual voltariam a recorrer muitas vezes. Assim, ao contrário da estável dracma ateniense, o asse e seus sucessores conheceriam uma história de sucessivas desvalorizações.

Do asse libral leve ou dextantal ao quadrantal (241 a.C.-217 a.C.)

Ao fim da guerra, o peso do asse de bronze foi reduzido de 12 para 10 onças, o *aes signatum* deixou de ser produzido e a moeda de prata também sofreu uma redução para 6,6 gramas, com 95% a 97% de prata (6,3 a 6,4 gramas de prata pura). Cunhada com a figura de uma deusa Vitória conduzindo uma quadriga no reverso, veio a ser conhecida como *quadrigatus*. A moeda de prata equivalente ao dracma, com a figura de Vitória colocando uma grinalda sobre um troféu (monumento a uma vitória) teve o nome de *victoriatus*. Moedas de ouro de padrão semelhante também foram cunhadas, com a figura de soldados romanos prestando um juramento sobre o sacrifício de um leitão. Este sistema é conhecido como "libral leve" ou dextantal.

Denominação	Valor em asses	Peso em gramas	Valor em ñ (*) (Atenas, séc. IV a.C.)	Valor em ñ (Roma, séc. III a.C.)
Moedas de ouro				
estáter	30	6,8	1.800	2.160
meio estáter	15	3,4	900	1.080
Moedas de prata				
didracma ou quadrigatus	3	6,6	180	216
dracma ou victoriatus	1½	3,3	90	108
Moedas de bronze				
quincussis	5	1.370	300	360
tressis	3	822	180	216
dupondius	2	488	120	144
Asse	1	274	60	72
Semis	1/2	137	30	36
Triens	1/3	91	20	24
quadrans	1/4	69	15	18
sextans	1/6	46	10	12
Uncia	1/12	23	5	6
semuncia	1/24	11	2,5	3
quartuncia	1/48	5,5	1,25	1,5

O quincussis de bronze fundido foi a maior moeda desse período, com mais de 1,3 quilo de peso efetivo e até 107 milímetros de diâmetro. O asse, de 274 gramas, tinha 61 mm de diâmetro. Esse sistema durou até a Segunda Guerra Púnica (218 a.C. a 201 a.C.), que foi a mais difícil de Roma em seu período de expansão e exigiu um esforço financeiro refletido no padrão monetário. Já no início da guerra, em 217 a.C., o asse de bronze foi reduzido a um sistema semilibral (meia libra, seis onças ou 164 g), depois triental (110 g) , quadrantal (82 g) em 214 a.C. e sextantal (55 gramas) em 211 a.C. Durante esse período de redução do padrão foram cunhados também *decussis* (moeda de 10 asses), pelo menos a partir do padrão triental, com 1,1 quilo e 117 milímetros de diâmetro.

Encontra-se uma indicação de preços deste período na *História Natural* de Plínio. Quando da comemoração do triunfo do cônsul Lucius Metellus na guerra com Cartago, em 250 a.C., o *módio* de espelta era vendido por um asse, o mesmo preço de um côngio (3,48 litros) de vinho, 30 libras (9,9 quilos) de figos secos, 10 libras (3,5 litros) de azeite ou 12 libras (3,9 quilos) de carne. Isto sugere um teto (pois são preços subsidiados, em ambiente festivo) de 72 ñ para o asse e os seguintes preços:

Mercadoria	unidade	preço (asses)	unidade moderna	preço em ñ por unidade moderna
espelta	módio	1	kg	11
figos secos	30 libras	1	kg	7
vinho	côngio	1	l	21
azeite	10 libras	1	l	21
carne	12 libras	1	kg	18

O asse sextantal (211 a.C. – 187 a.C.)

O *quadrigatus* teve seu teor de prata reduzido de 97% para 91% no início da guerra e continuou a cair até conter apenas 30% de metal precioso. Mas em 211 a.C., graças à captura e saque de Siracusa, os romanos obtiveram uma grande quantidade de prata e a usaram para cunhar uma nova moeda, o *denarius nummus*, ou seja, "moeda de dez", pois equivalia a dez asses desvalorizados. De *denarius* ou **denário** derivam o nome da moeda árabe e sérvia *dinar* e a palavra portuguesa "dinheiro", assim como suas cognatas *denier* (francês), *dinero* (castelhano) e *denaro* (italiano). O quadrigatus, antes de desaparecer, foi retarifado como moeda de 15 asses. Isso indica uma inflação de 400% em sete anos de guerra, uma considerável média de 26% ao ano. Também foram cunhadas moedas de ouro de 60, 40 e 20 asses.

A partir do início do século III a.C., a vitória sobre Cartago e as novas conquistas romanas na Península Ibérica asseguraram o acesso a minas de ouro e prata que permitiram uma estabilização temporária da moeda num padrão teoricamente sextantal (1/6 de libra). Na prática, moedas de bronze geralmente pesavam bem menos que o conteúdo teórico e foram gradualmente reduzidas ao padrão uncial (27 gramas) entre 210 a.C. e 201 a.C.

Moedas romanas (210 a.C. – 187 a.C.)

Denominação	Valor em asses	Peso em gramas	Valor em ñ (*) (Atenas, séc. IV a.C.)	Valor em ñ (Roma, séc. III a.C.)
Moedas de ouro				
60 asses	60	3,4	720	900
40 asses	40	2,2	480	600
20 asses	20	1,1	240	300
Moedas de prata				
denarius	10	4,5	120	150
dracma (*)	7½	3,6	90	135
quinarius	5	2,2	60	75
sestertius	2½	1,1	30	37,5
óbolo (*)	1¼	0,6	15	18,75
Moedas de bronze				
dupondius	2	110	24	30
asse	1	55	12	15
dextans	5/6	46	10	12,5
semis	1/2	28	6	7,5
quincunx	5/12	23	5	6,25
triens	1/3	18	4	5
quadrans	1/4	14	3	3,75
sextans	1/6	9	2	2,5
uncia	1/12	4,5	1	1,25
semuncia	1/24	2,3	0,5	0,625

(*) das cidades gregas do sul da Itália, onde ainda circulavam sob domínio romano

Tito Lívio informa que os edis de Roma venderam trigo à plebe por quatro asses o *módio* em 203 a.C. e por dois asses em 199 a.C. e 196 a.C., o que sugeriria um poder aquisitivo de 18 ñ a 36 ñ para o asse. O contexto indica, porém, que em todos os casos esses preços eram subsidiados. Adotamos 15 ñ como um número mais provavelmente representativo, tendo em vista também a evolução dos preços e do valor da prata.

O asse uncial (187 a.C. – 141 a.C.)

Em 187 a.C., Roma reduziu o padrão do denário de uma fração 1/72 da libra romana (4,5 gramas), que na prática se apresentava como 1/80 a 1/76 (4,1 a 4,3), para um novo padrão oficial de 1/84 da libra (3,9 gramas) que era efetivamente respeitado. As moedas de bronze foram cunhadas no padrão uncial (asse de uma onça) e as moedas de ouro abandonadas.

Denominação	Valor em asses	Peso em gramas	Valor em ñ (*) (Atenas, séc. IV a.C.)	Valor em ñ (Roma, séc. III a.C.)
Moedas de prata				
denarius	10	3,9	100	120
dracma (*)	9	3,6	90	108
quinarius	5	1,9	50	60
sestertius	2½	1,0	25	30
óbolo (*)	1½	0,6	15	18
Moedas de bronze				
dupondius	2	56	20	24
asse	1	28	10	12
semis	1/2	14	5	6
triens	1/3	9	3,3	4
quadrans	1/4	7	2,5	3
sextans	1/6	4,5	1,7	2
uncia	1/12	2,3	0,8	1

(*) das cidades gregas do sul da Itália, onde ainda circulavam sob domínio romano

Eis alguns preços, em função dos quais estimamos o valor do asse nesse período em 12 ñ para a cidade de Roma e imediações:

Mercadoria	unidade	preço 170 a.C. (asses)	preço 161 a.C. (asses)	unidade moderna	preço em ñ por unidade moderna (170 a.C.)	preço em ñ por unidade moderna (161 a.C.)
trigo	módio	8	8	kg	14	14
cevada	módio	3,33	4	kg	7	9
vinho	ânfora	40	60	l	18	27
azeitonas salgadas	módio	12,5	n/d	kg	26	n/d

azeite (varejo)	cotyla	1,25	n/d	l	88	n/d
azeite (atacado)	ânfora	n/d	100	l	n/d	46
carne de boi	libra	1,5	n/d	kg	55	n/d
carne de novilho	libra	n/d	4,5	kg	n/d	164
carne de porco	libra	5,33	6,5	kg	195	237
sal	libra	0,167	n/d	kg	6	n/d
boi de tração	–	700	700	–	8.400	8.400
novilho	–	200	n/d	–	2.400	n/d
porco	–	200	n/d	–	2.400	n/d
ovelha	–	80	70	–	960	840
cordeiro	–	28	n/d	–	336	n/d
cabrito	–	6	n/d	–	72	n/d
telha	–	1	n/d	–	12	n/d
mó (pedra de moinho)	–	450	n/d	–	5.400	n/d
custo total de um moinho	–	1.810	n/d	–	21.720	n/d
escravo (máximo, para Catão)	–	15.000	n/d	–	180.000	n/d

A ração para uma família de quatro camponeses era estimada em 120 módios (800 quilos) de trigo, 120 sestários (65 litros) de azeite e 720 sestários (400 litros) de vinho por ano. O preço total disso seria pouco de 1,8 mil a 2,1 mil asses por ano, 20 a 25 kñ por ano, 50 a 70 ñ por dia.

Esses são preços vigentes em Roma. Para o Vale do Pó e Lusitânia da mesma época, províncias romanas, o historiador Políbio (203 a.C. – 120 a.C.) dá preços em média quatro vezes menores.

Mercadoria		Lusitânia					Vale do Pó				
	unidade grega (*)	Preço em dracmas / óbolos	Preço em asses por unidade romana	unidade moderna	Preço local em ñ por unidade moderna	Preço romano em ñ por unidade moderna	unidade	preço (asses)	unidade moderna	Preço local em ñ por unidade moderna	Preço romano em ñ por unidade moderna
trigo	medimno	1/3	2,25	kg	16	4	módio	2	kg	14	3,5
cevada	medimno	1/0	1,5	kg	13	3,3	módio	1,667	kg	15	3,7
vinho	metreta	1/0	6	l	11	2,7	ânfora	6,667	l	12	3,1

ANTIGUIDADE CLÁSSICA: A INVENÇÃO DO DINHEIRO

figos	talento	0/3	0,056	kg	8	2,1	–	–	–	n/d	n/d
carne de boi	–	–	–	–	n/d	n/d	libra	0,4	kg	58	15
carne de porco	–	–	–	–	n/d	n/d	libra	1,333	kg	195	49
boi de tração	–	10/0	90	–	4.320	1.080	–	100	–	4.800	1.200
novilho	–	5/0	45	–	2.160	540	–	50	–	2.400	600
porco (**)	–	5/0	45	–	2.160	540	–	50	–	2.400	600
ovelha	–	2/0	18	–	864	216	–	20	–	960	240
cordeiro	–	0/3	4,5	–	216	54	–	7	–	336	84
"	–	0/4	6	–	288	72	–	–	–	–	–
cabrito	–	0/1	1,5	–	72	18	–	1,5	–	72	18
lebre	–	0/1	1,5	–	72	18	–	n/d	–	n/d	n/d

(*) um medimno equivale a 6 *módios*, uma metreta a 1½ ânfora e um talento a 80 libras

(**) no caso da Lusitânia especificado como porco de 100 minas (43 kg), equivalentes a 133 libras romanas

Os preços por unidade moderna estão expressos segundo dois critérios: com o asse avaliado em 48 ñ, para refletir o custo de vida local e com a mesma moeda valendo 12 ñ, segundo o custo de vida em Roma. Os dois pontos de vida de fato existiam: o primeiro era o do provinciano local e o segundo o do viajante ou proprietário romano. O soldo diário de um legionário, por exemplo, era 3,33 asses, com poder aquisitivo de míseros 40 ñ em Roma, mas razoáveis 160 ñ em províncias como essas, onde muitos deles de fato serviam. A enorme diferença se deve ao alto custo dos transportes na época. A cidade de Roma crescera tanto que a produção agrícola das vizinhanças não mais lhe bastava e precisava importar das províncias seus alimentos, principalmente trigo. O Vale do Pó, apesar de parecer relativamente perto de Roma num mapa, está, em termos de transporte marítimo, bem longe (1.510 km), pois os navios precisavam contornar toda a península italiana (já a Lusitânia está a 2.470 km por via marítima). Numa província a distância intermediária, como a Sicília (427 km), o custo de vida era cerca da metade do romano e o poder aquisitivo do asse, cerca de 24 ñ.

Os romanos eram divididos em classes de propriedade para fins políticos e militares, com base na avaliação de suas posses pelos censos quinquenais. Os valores para sua qualificação são relacionados, nos textos de Tito Lívio (59 a.C. – 17 d.C.) e Dionísio de Halicarnasso (60 a.C. – ?), às reformas do rei Sérvio Túlio (578 a.C. – 535 d.C.), o que levou muitos a supor que eram expressos nas libras de cobre (*aes rude*) usadas em seu tempo. Entretanto, a ordem de grandeza dos valores, o fato de que Políbio alude a eles como se fossem contemporâneos e outras pistas dadas pelas leis romanas indica que as quantias citadas pelos dois primeiros historiadores se referem à primeira metade ou meados do século II a.C.

Ao ser convocado o comício, os cidadãos se apresentavam no Campo de Marte, formados por centúrias, cada uma com seu centurião eleito e estandarte (signum) à frente, os cavaleiros ante uma bandeira verde e as demais classes ante uma vermelha. Como votavam por ordem decrescente de prestígio e havia 18 centúrias de cavaleiros e 80 de hoplitas de primeira classe, se estes dois grupos estivessem de acordo (o que, segundo Tito Lívio, geralmente acontecia), a questão era dada por decidida e as demais classes deixavam de votar.

As classes eram assim definidas:

Classe		centúrias	centúrias (após 220 a.c.)	votos (após 220 a.c.)	censo mínimo (asses)	censo mínimo (kñ)	características
Equites	patrícios	6	6	6	–	–	Com direito a receber cavalos do Estado
	plebeus	12	12	12	300.000	3.600	Serviam com os próprios cavalos.
Classici (*)	1ª classe	82	71	71	100.000	1.200	Com equipamento equivalente ao hoplita grego ou artesãos desarmados (carpinteiros e metalúrgicos) encarregados de armar máquinas de guerra
Infra classem (*)	2ª classe	20	70	20	75.000	900	Com escudo mais leve e sem cota de malha
	3ª classe	20	70	20	50.000	600	Como o anterior, mas sem grevas.
	4ª classe	20	70	20	25.000	300	Sem armadura e espada, usavam dardos
	5ª classe (**)	32	72	42	11.000	132	Usavam fundas e pedras ou eram corneteiros

Immunes (***)	1	2	2	0	0	"Imunes" da obrigação militar, mas podiam servir como carregadores. Também chamados *proletarii* ou *capite censi*
Total		193	373	193		

(*) *Classici* e *infra classem* eram coletivamente chamados *assidui* ou *locupletes*, em contraste com os *immunes*.

(**) Valores segundo Tito Lívio. Segundo Dionísio, censo mínimo de 12.500 asses ou 150 kñ.

(***) Segundo uma interpretação não consensual, a partir da Primeira Guerra Púnica os cidadãos com posses de 4.000 asses (48 kñ) passaram a ser convocados, formando uma subclasse chamada *accensi* ("acrescentados ao censo").

Ao se comparar este quadro com o das classes atenienses, o poder aquisitivo dos *classici* é da mesma ordem de grandeza daquele dos *hippeis* (cavaleiros) atenienses, e sua renda diária era provavelmente comparável (300 ñ). Os zêugitas atenienses correspondiam em termos de posses aproximadamente às segunda e terceira classes romanas, que nas legiões republicanas formavam a retaguarda dos hoplitas. Os tetas atenienses equivaliam às classes inferiores romanas, que também em Roma serviam como infantaria leve ou como marinheiros. A grande diferença é que em Atenas todas as classes, a partir das reformas de Pisístrato, tinham igual direito à voto, enquanto em Roma o voto das classes inferiores na *Comitia Centuriata*, que elegia os principais cargos da República Romana, era pouco mais que simbólico e o dos proletários quase inexistente. Isso era em parte compensado pelo Conselho da Plebe, que tinha poderes legislativos e elegia os tribunos.

Os équites (cavaleiros) plebeus já tinham na República um censo mínimo definido, mas não se sabe com certeza seu valor. O número de 300 mil asses é o mais provável, dadas algumas referências indiretas. Nessa hipótese, o piso dos équites romanos seria superior ao dos pentacosiomedimnos atenienses e sua renda média diária, considerado um rendimento de 6% ao ano sobre a propriedade, superior a 600 ñ. Os patrícios não tinham censo mínimo, pois sua condição era definida pelo nascimento. Independentemente de suas propriedades, recebiam do Estado 10 mil asses para comprar um cavalo (120 mil ñ) e 2 mil asses anuais (24 mil ñ) para pagar uma *vidua* (viúva ou solteirona) para cuidar do animal.

Trabalhador/soldado	unidade	salário (asses)	Salário (ñ/dia)
Legionário	dia	3,333	40
Centurião	dia	6,667	80
Cavaleiro	dia	10	120
cuidadora de cavalo	ano	2.000	67
trabalhador que monta um moinho	dois dias (?)	20	120
Boiadeiro	dia	5	60
trabalhador não especializado em Roma	dia	7,5	90

Os legionários romanos recebiam uma ração mensal de 4 *módios* de trigo (cerca de 27 quilos) e os cavaleiros 42 *módios* de cevada (228 quilos) e 12 de trigo (81 quilos), que, segundo Políbio, eram deduzidos de seu estipêndio (pagamento), assim como roupas e armadura. A infantaria aliada recebia a mesma ração, mas não precisava pagar por ela, e seus cavaleiros recebiam 30 *módios* de cevada e 8 de trigo.

É de supor que as rações distribuídas aos soldados romanos fossem tarifadas a um preço fixo estipulado pelo Estado. Se era inferior ao do mercado, o poder aquisitivo real dos soldados era algo superior ao indicado. Uma estimativa especulativa é que o desconto era de 30% pelo alimento (o que significaria 30 asses mensais, 7,5 asses por *módio* ou 13 ñ por quilo) e de 7,5% pelas roupas (90 asses anuais ou 1.080 ñ), o que deixava um salário líquido de pouco mais de dois asses ou 25 ñ diários.

Enquanto os soldados recebiam ração fixa de alimento básico para fazer pão ou polenta, precisavam comprar os complementos e condimentos, inclusive o sal, com o estipêndio descontado que recebiam em espécie, daí a origem da palavra "salário". Para seu soldo, também usado mais imediatamente para comprar complemento à ração básica (em seu caso, não descontado), os mercenários gregos usavam a expressão *opson*, equivalente à "mistura" da linguagem popular do Brasil (carne, ovos, peixe etc. acrescentados ao arroz e feijão básicos) ou ao *pulmentarium* dos romanos.

Empréstimos a juros eram comuns em Roma e a taxa usual era o *unciarium fenus*, juro de 1/12 ou 8,33% ao ano.

O início da era do sestércio (141 a.C. – 23 a.C.)

Em 141 a.C., um denário, que até então valia dez asses, passou a valer 16, embora seu conteúdo em prata não se alterasse. Foi provavelmente um ajuste devido à redução progressiva do peso em bronze dos asses cunhados em Roma e outras cidades de seus domínios, que agora pesavam na prática dois terços de onça. Ao mesmo tempo, a unidade das contas públicas e da maioria dos preços, que até então havia sido o asse, passou a ser o sestércio, agora com o valor de quatro asses, simbolizado por HS (originalmente HS, quer dizer, dois asses inteiros e um "semi", cortados), enquanto o símbolo do denário era X̄.

Denominação	Valor em HS	Peso em gramas	Valor em ñ (*) (Atenas, século IV a.C.)	Valor em ñ (Roma, 141 a.C. – 23 a.C.)
Unidades de conta				
talento	24.000	23.400	600.000	576.000
mina	400	390	10.000	9.600
Moedas de ouro				
nummus aureus	100	(*)	2.500	2.400
Moedas de prata				
denarius	4	3,9	100	96
quinarius	2	1,9	50	48
sestertius	1	1,0	25	24
Moedas de bronze				
dupondius	1/2	36	12,5	12
asse	1/4	18	6,3	6
semis	1/8	9	3,1	3
triens	1/12	6	2,1	2
quadrans	1/16	4,5	1,6	1,5
sextans	1/24	3	0,8	0,75
uncia	1/48	1,5	0,4	0,375

(*) cunhado com 10,8 gramas (1/30 libra) por Sulla, 88 a.C., 9,1 gramas (1/36 libra) por Pompeu e 8,6 (1/38), depois 8,2 gramas (1/40) por César em 48 a.C., variando conforme a relação de preços entre ouro e prata (1: 8,9; 1:10,7; 1:11,3 e 1:11,9)

Alguns denários deste período tiveram borda serrilhada. Aparentemente, foram usados para pagar tribos do norte que desconfiavam das moedas romanas, muitas vezes falsificadas com cobre folheado a prata. As serrilhas, feitas com formão no disco de metal antes da cunhagem, comprovavam a autenticidade. A prática foi abandonada no Império e moedas serrilhadas só voltariam a ser produzidas quando a Inglaterra introduziu a cunhagem a máquina, em 1696.

O custo de vida em prata continuou a aumentar, e, por volta de 100 a.C., igualou ou ultrapassou o vigente em grandes cidades gregas como Atenas. Um legionário recebia agora 5,33 asses por dia, mas isso comprava menos que os 3,33 asses do período anterior. Em 123 a.C., o tribuno Caio Graco aprovou que os pobres de Roma recebessem 5 *módios* por mês de trigo subsidiado a um preço de 6,33 asses por *módio*, o que indica que o preço normal era bem mais alto. Essa quantidade seria suficiente para metade das necessidades de uma família. Em 58 a.C., por iniciativa do tribuno Clodius Pulcher, essa distribuição passou a ser gratuita.

Cícero, questor na Sicília em 75 a.C., processou o ex-governador da província por extorquir latifundiários como ele e deixou um arrazoado no qual dá explicações sobre a venda de cereais. Os agricultores entregavam 10% da colheita ao Estado a título de imposto (dízimo) e além disso eram obrigados a vender-lhe outros 10% a 3 denários o módio e mais 10% a 3,5 denários para abastecimento de Roma e dos legionários, além de quantidades menores a 4 sestércios para a administração local, preço legal para o trigo superior (o do trigo inferior era 3 sestércios e o da cevada, 2 sestércios), que refletia uma média que variava de 3 sestércios logo após a safra a 5 sestércios às vésperas da safra seguinte. Com base nesse preço, estimamos um valor aproximado de 6 ñ para o asse e 24 ñ para o sestércio. Outra pista para os preços dessa época vem de uma fonte inusitada. Um casal de Aesernia (atual Isérnia na região de Molise, na Itália), Lucius Calidius Eroticus e Fannia Voluptas ("Lúcio Sexo Quente" e "Fânia Volúpia", nomes profissionais, obviamente), donos de um misto de estalagem e bordel, registraram em sua lápide do século I a.C. (ou anúncio imitando uma lápide) a seguinte piada:

— *Estalajadeiro, vamos ver a conta!*
— *Um sesteiro[30] de vinho e um pão: um asse. Mistura[31]: dois asses.*

---

30 *Sextarius*, ou 546 mililitros
31 No original *pulmentarium*, possivelmente um cozido.

– *De acordo.*
– *A garota, oito asses.*
– *De acordo, também,*
– *Feno para a mula, dois asses.*
– *Essa mula vai me levar à falência!*

Com base nesses dados e outras fontes, temos os seguintes preços para este período:

Mercadoria	unidade	preço (asses se não se indica a moeda)	unidade moderna	preço em ñ por unidade moderna
trigo	módio	16	kg	14
cevada	módio	8	kg	9
trigo (subsidiado)	módio	6,33	kg	6
ração mensal de trigo subsidiado	5 módios	31,66	32 kg	190
vinho e pão	refeição	1	–	6
mistura	refeição	2	–	12
prostituta	–	8	–	48
feno para mula	≈ 5 kg	2	kg	2,4
vinho grego e falerniano (*)	ânfora	8	l	1,8
peixe	libra	8	kg	145
estada em estalagem por pessoa	dia	0,5	dia	3
entrada em banho público (homem)	–	0,25	–	1,5
entrada em banho público (mulher)	–	0,5	–	3
aluguel de escravo não especializado	dia	12	–	72
pavoa nova	–	✶ 50	–	4.800
ovo de pavoa	–	✶ 5	–	480
casal de pombos reprodutores	–	HS 400	–	9.600
"	–	HS 1.000	–	24.000
asno reprodutor	–	HS 40.000	–	960.000
púrpura violácea (corante)	libra	✶ 100	kg	29.000
púrpura de Tiro (corante)	libra	> ✶ 1.000	kg	>290.000
taça trabalhada	–	HS 12.000	–	288.000

coluna	–	HS 10.000	–	240.000
escravo médio		HS 1.200		28.800
"		HS 1.500		36.000
aluguel anual de casa na cidade	–	HS 6.000	–	144.000
aluguel anual de andar térreo	–	HS 3.000		72.000
aluguel anual de andar superior	–	HS 2.000		48.000
terra perto de Roma	jugerum	HS 11.500	ha	1.090.000
depósito de candidato antes da eleição	–	HS 500.000	–	12.000.000
pérola comprada por César para a amante Servília	–	HS 6.000.000		144.000.000

(*) preço máximo fixado por censores em 89 a.C., provavelmente para impedir a venda de vinhos estrangeiros de luxo

Os preços de certos escravos atingiram valores altíssimos. Enquanto um escravo médio valia 300 a 375 denários, o *princeps senatus* Marcus Scaurus (cônsul em 117 a.C.) ofereceu 700 mil sestércios (17,5 milhões de ñ) por um gramático chamado Daphnis, nascido escravo. Panurgus custou quatro mil sestércios (100 mil ñ), mas passou a valer mais de 100 mil (2,5 milhões de ñ) depois de treinado por Quintus Roscius Gallus, ator e ex-escravo que chegou a ganhar 1.000 (25 mil ñ) por apresentação e 500 mil por ano antes de comprar a própria liberdade. Este período acelerou enormemente a concentração de propriedade em Roma. Os nobres romanos apoderaram-se das terras conquistadas, enquanto os pequenos proprietários perdiam suas posses pela concorrência crescente da mão de obra escrava e pela obrigação militar que os afastava de seus afazeres. Para possibilitar o recrutamento, o censo mínimo para a convocação às legiões foi reduzido em 130 a.C. para irrisórios 375 sestércios (9.000 ñ), possivelmente o preço de uma cabana com uma horta.

O já mencionado estipêndio dos legionários era de 5,33 asses por dia, 32 ñ. Apesar de haver as mesmas ressalvas do período anterior quanto a seu poder aquisitivo fora de Roma, seu poder aquisitivo estava em queda. Para tentar amenizar o problema, Caio Graco fez aprovar em 123 a.C. uma lei militar que isentou os legionários do desconto por roupas e equipamentos, deixando um salário líquido possivelmente de 3,73 asses ou 22,4 ñ. Os salários de trabalhadores eram da ordem de 12 sestércios diários (72 ñ). Na mesma época, o équite Cícero, advogado e filósofo estoico, escrevia que seus 100 mil sestércios anuais (2,4 Mñ, 6.667 ñ por dia) eram o mínimo para uma vida digna em Roma e 600 mil (14,4 Mñ, 40.000 ñ por dia) o necessário para o luxo. Ele recebia a maior parte dessa renda (80 mil) do aluguel de *insulae* (prédios de apartamentos, praticamente cortiços) em Roma.

A partir de 107 a.C., com as reformas militares de Gaius Marius, foi abolida de vez a exigência de propriedade para o recrutamento. O exército passou a ser profissionalizado e os proletários passaram a ter seu armamento financiado pela República desde que se comprometessem com 16 anos de serviço militar, ao fim do qual receberiam um pedaço de terra.

Para garantir a fidelidade dos soldados, caudilhos do final da República como Pompeu, Crasso e César passaram a reforçar seus ganhos com bônus retirados de seus próprios tesouros ou das pilhagens das guerras civis, prática que acabou por causar o colapso do sistema republicano. Estima-se que um bilhão de denários foram distribuídos dessa forma entre 69 a.C. e 29 a.C. O poder não era mais questão de conquistar votos ou mesmo de comprá-los, mas de sustentar legiões com o próprio bolso. Plutarco estimou a fortuna de Marcos Crasso em 7.100 talentos ou 170,4 milhões de sestércios (4.090 Mñ), mais que a arrecadação anual do Erário romano, e a de Cneu Pompeu em 4.000 talentos ou 96 milhões de sestércios (2.304 Mñ).

Marius, Sulla e Lucullus também tiveram fortunas da ordem de 100 milhões de sestércios, e a de César era no mínimo da mesma ordem de grandeza. Aos 25 anos, ao navegar pelo Mar Egeu, ele foi capturado por piratas da Cilícia, que lhe disseram que pediriam 20 talentos (11,52 Mñ) por seu resgate. César riu deles e lhes disse para pedir 50 talentos (28,8 Mñ), que foram levantados por seus seguidores em 38 dias. Assim que se viu livre, o jovem patrício armou uma frota do seu bolso, capturou os piratas e mandou crucificá-los a todos. Os espólios da conquista da Gália que entregou a Roma foram avaliados em 1.620 milhões de sestércios (38.880 Mñ) em 46 a.C. e 600 milhões (14.400 Mñ) em 45 a.C e fizeram baixar o preço do ouro em 25%. Quando morreu, seu testamento somou 700 milhões de sestércios (16.800 ñ).

Ao elevar o soldo permanentemente para 10 asses por dia, cerca de 60 ñ, em vez de simplesmente oferecer bônus, Júlio César ganhou a fidelidade incondicional das tropas e encerrou na prática a história da República Romana, embora a instituição formal do principado ficasse para seu filho adotivo e sucessor Otaviano Augusto.

O sestércio de Augusto e a moeda fiduciária (23 a.C. – 64 d.C.)

Pouco depois de liquidar a República e assumir o poder como *princeps*, Augusto realizou uma reforma na cunhagem romana. Fez das moedas de ouro, até então cunhadas de maneira excepcional, uma parte normal do meio circulante e criou uma série de moedas de *aurichalcum* ou oricalco, bronze dourado que é uma variedade de latão (75% cobre, 20% zinco e 5% estanho). O asse e o *quadrans* passaram a ser cunhados não em bronze, mas em cobre puro e com peso bem menor, o que as fazia moedas fiduciárias.

Denominação	Valor em HS	Peso em gramas	Valor em ñ (Roma, 23 a.C. – 64 d.C..)
Unidades de conta			
Talento	24.000	23.400	576.000
Mina	400	390	9.600
Moedas de ouro			
aureus = dinar zahav	100	8,2	2.400
quinarius aureus	50	4,1	1.200
Moedas de prata			
tetradracma grego = estáter = siclo ou sela = sela de Tiro (*)	16	15	384
cistophorus (*)	12	12,75	288
didracma = meio siclo = shekel (*)	8	7,5	192
denarius = dracma =dinar ou zuz	4	3,9	96
quinarius = istira ou sela medinah	2	1,9	48
óbolo = maah (*)	2/3	0,6	16
Moedas de prata 25%			
tetradracma alexandrino (*)	4	15	96
Moedas de oricalco (latão)			
Sestertius	1	25	24
dupondius = pondion	1/2	12,5	12
semis (a partir de Nero)	1/8	3,25	3
Moedas de cobre			
Asse	1/4	11	6

Quadrans	1/16	3	1,5
Moedas de bronze regionais			
dracma alexandrino (*)	1	22,5	24
óbolo alexandrino (*)	1/7	3,75	3,4
pundion (**)	1/3	18	8
assarion = dicalco = issar (**)	1/6	9	4
calco = mismis (*)	1/12	4,5	2
kodrantes = quntron (**)	1/24	3	1
lepton = prutah (*)	1/48	0,8 -2,3	0,5

(*) moedas regionais. Dracma, óbolo, calco e múltiplos nas cidades gregas; cistophorus, na Ásia (Pérgamo) e Síria; siclo ou sela, shekel, dinar, istira, maah, pundion, issar, mismis, quntron e prutah na Judeia; dracmas e óbolos alexandrinos, no Egito.

(**) versão de menor valor das moedas romanas, que circulou na Judeia e outras províncias asiáticas

Os óbolos alexandrinos, que em princípio valiam 1/24 do tetradracma alexandrino, eram cotados pelos cobradores de impostos romanos como 1/28 ou 1/29 denário (1/7 sestércio. A literatura rabínica (Mishná e Talmude) considera o issar (asse) como 1/24 do denário em vez de 1/16 e reduz proporcionalmente o valor das demais moedas de cobre, bronze e oricalco em relação à prata. Assim, um *prutah* ou *lepton*, considerado na Mishná e nos Evangelhos como meio quadrans, é cotado nas discussões talmúdicas como 1/768 da sela ou tetradracma de Tiro e não 1/512. Não se sabe ao certo se isso reflete seu poder aquisitivo nessas regiões ou um ágio para a conversão de moedas de cobre provincianas em prata.

O custo de vida em Roma era notoriamente mais alto que nas províncias, mas um número considerável de cidadãos (reduzidos para 200 mil e depois 150 mil por Augusto) recebia grãos gratuitos. Isso custava, segundo Cassius Dio, 60 denários anuais por cabeça, ou 16 asses por módio se a distribuição continuava a ser de 5 módios por beneficiário. Considerando que cada um destes alimentava pelo menos mais uma pessoa (mulher ou criança) e que 300 mil a 350 mil dos 900 mil habitantes da capital eram escravos alimentados pelos amos, vê-se que menos de um terço da população de Roma comprava trigo a preços de mercado.

As moedas de prata que constituíam a base da circulação não foram alteradas, e não há indicação de que os preços em geral tenham se elevado em relação ao século anterior, pelo menos não antes de Nero reduzir o conteúdo em prata do denário, em 64 d.C.

No *Satyricon* de Petrônio, um pão (supostamente suficiente para duas pessoas) custa um asse, o que é compatível com os preços do final da república. O preço registrado de transações com trigo é equivalente a 8 asses por módio no Egito e 16 na Palestina. Quando do incêndio em Roma (64 d.C.), Nero tabelou o trigo em 12 asses por módio. Na falta de indicações convincentes de um aumento significativo de preços, preferimos supor que os asses, sestércios e denários continuaram a ter o mesmo poder aquisitivo do fim da República.

A concentração da riqueza continuou a crescer, agora com uma parte significativa reunida sob o controle do imperador. Suas receitas em 40 anos de governo são estimadas em mais de 2,5 bilhões de sestércios (60.000 Mñ), seus principais gastos pessoais em 1,16 bilhão e sua herança em 240 milhões (150 milhões aos herdeiros, 90 milhões a soldados e cidadãos).

Os senadores, agora em número de 600, passaram a ter como requisito um censo de pelo menos um milhão de sestércios (24 Mñ), o que permitiria uma renda diária de 10.000 ñ. Sua fortuna média era avaliada em 2,5 milhões (60 Mñ), e alguns tiveram muito mais que isso. Sêneca teve 300 milhões (7.200 Mñ), Tarius Rufus, 100 milhões e Plínio, o Jovem, équite promovido que muito insistia em seus escritos que sua riqueza era modesta para um senador, tinha 15 milhões de sestércios em imóveis e 100 escravos.

O piso para a qualificação dos équites foi elevado por Augusto para 400 mil sestércios (9,6 Mñ), o que permite supor uma renda diária a partir de 1.600 ñ. Alguns tinham muito mais que isso, rivalizando com senadores (o poeta Virgílio, por exemplo, tinha 10 milhões de sestércios) e em conjunto possuíam cerca de 20% da riqueza privada, mas, na maioria – cerca de 40 mil em todo o Império –, eles não eram homens poderosos, a menos que conseguissem cargos civis ou militares. Isso exigia que primeiro pertencessem à *ordo equestris* (ordem dos cavaleiros), formada por 3 mil cavaleiros organizados em seis turmas que mantinham o antigo privilégio do *equus publicus* (cavalo pago pelo Estado) e desfilava em parada a cada cinco anos.

Para se eleger para os senados municipais, o patamar mínimo de riqueza passou a 100 mil sestércios (2,4 Mñ), correspondentes a uma renda diária de 400 ñ. Embora representasse apenas um número pequeno de cidadãos – cerca de 3% dos chefes de família, 360 mil dos quais tinham de fato assentos em senados municipais – esse estrato, cuja riqueza média era provavelmente o dobro do patamar mínimo, poderia ser considerado a "classe média" romana, proprietária de três quartos da riqueza privada.

A escala de soldos dos legionários foi reformada. Os centuriões, que no tempo da República ganhavam apenas o dobro dos soldados comuns, passaram a receber 15 vezes mais. Como se fazia antes, alimentos e roupas eram descontados do estipêndio e o pagamento era feito três vezes por ano (janeiro, maio e setembro).

Soldado	estipêndio		
	HS/ano	ñ/ano	ñ/dia
Legião			
peão (pedes)	900	21.600	60
cavaleiro (eques)	1.050	25.200	70
corneteiro e tesserarius (sentinela noturno)	1.350	32.400	90
optio (imediato do centurião), signifer, aquilifer e imaginifer (porta-estandartes)	1.800	43.200	120
evocatus (veterano servindo como auxiliar de oficial superior)	2.700	64.800	180
centurião ordinário (comandante de centúria) e	13.500	324.000	900
decurião (comandante de turma de cavalaria)	13.500	324.000	900
centurião de primeira ordem (comandante de coorte)	27.000	648.000	1.800
centurião primipilar (imediato do legatus)	54.000	1.296.000	3.600
praefectus castrorum (administrador, centurião veterano)	60.000	1.440.000	4.000
tribunus militum (filho de senador em treinamento ou équite, auxiliar do comandante)	45.000	1.080.000	3.000
legatus legionis (comandante, normalmente um senador)	63.000	1.512.000	4.200
Ala auxiliar (cavalaria de elite)			
cavaleiro	1.050	25.200	70
Sesquiplicarius	1.575	37.800	105
signifer, vexillarius (porta-estandarte da ala) e curator (imediato do decurião)	2.100	50.400	140
decurião e beneficiarius (imediato do comandante)	5.250	126.000	350
praefectus equitum (comandante de ala)	52.500	1.260.000	3.500
Coorte auxiliar (cavalaria e infantaria)			
Peão	750	18.000	50
cavaleiro	900	21.600	60

tesserarius (sentinela noturno)	1.125	27.000	75
signifer, optio, vexillarius (porta-estandarte da coorte)	1.500	36.000	100
centurião e beneficiarius (imediato do comandante)	3.750	90.000	250
praefectus cohortis (comandante de coorte)	37.500	900.000	2.500
Guarda pretoriana			
Pretoriano	3.000	72.000	200
Guarda urbaniciana (polícia militar)			
Urbaniciano	1.500	36.000	100
Guarda noturna			
Vigia	900	21.600	60
Marinha			
marinheiro (classiarius)	750	18.000	50

Além do soldo e eventuais gratificações (em média, 300 sestércios a cada três anos, um acréscimo de 11%), um legionário recebia ao fim de 25 anos de serviço a *praemia*: 12 mil sestércios (288 kñ) ou 200 *iugera* (52,6 hectares) de terras, ou 53% sobre o soldo recebido (para os cerca de 50% que sobreviviam, bem entendido). Isso elevava o ganho total a uma média efetiva de 1.480 sestércios por ano, quase 100 ñ por dia. Por outro lado, grande parte do soldo era descontada por alimentos, roupas e outros gastos obrigatórios.

Um trabalhador civil não especializado ganhava entre 8 e 16 asses por dia (48 a 96 ñ), mas trabalhava algo entre 225 e 250 dias por ano. Sua renda média diária era 32 a 64 ñ. O custo de manutenção de um escravo agrícola (produzindo seu próprio alimento ao custo de dois sestércios por módio) era estimado em 142 sestércios anuais (3.400 ñ, 9,5 ñ por dia). Um escravo urbano recebia, segundo Sêneca, 5 denários (480 ñ) e 5 módios de trigo (cerca de 480 ñ) por mês para sua subsistência, ou 32 ñ por dia.

O centurião *primus pilus*, ao cumprir seu serviço, recebia 720 mil sestércios (17.280 ñ). Essa quantia foi reduzida para 600 mil (14.400 ñ) por Calígula, mas ainda era mais que o suficiente para garantir o status de équite.

Contando apenas os *stipendia*, uma legião da era júlio-claudiana (incluindo ferreiros, enfermeiros etc. num total de 5.831 com o contingente completo) custava 6,8 milhões de sestércios (164 Mñ) por ano e, cerca de 9,4 milhões (225 Mñ) com bônus e *praemia*. Uma ala quingenária (480 cavaleiros) custava um milhão de sestércios (24 Mñ), uma coorte quingenária de infantaria, meio milhão (12 Mñ) e uma coorte quingenária mista (480 peões e 120 cavaleiros) 700 mil (16,8 Mñ). Havia também algumas alas e coortes miliárias, com contingente 50% a 70% maior. Na época de Augusto, as cerca de 25 legiões, 70 alas, 240 coortes e marinha (cerca de 40 mil homens) representavam uma despesa total de 520 milhões de sestércios anuais (12.480 Mñ), empregavam 320 mil (cerca de 2% da população masculina adulta) e absorviam 2,5% do produto interno bruto romano.

Os guardas pretorianos (nove coortes, cada uma com 480 homens, no primeiro século d.C.) recebiam originalmente 1.500 sestércios por ano, 66% a mais que os legionários comuns pelas mesmas graduações e 20 mil sestércios de *praemia*. Entre 9 d.C. e 14 d.C., alguns anos antes da morte de Augusto, seu estipêndio foi duplicado. Não se sabe quanto ganhavam um cavaleiro, centurião e *tribunus cohortis* (comandante de coorte) pretorianos, mas é de supor que seguissem a mesma proporção das legiões, isto é, 1½, 15 e 30 vezes o estipêndio dos infantes. Os urbanicianos (polícia militar da cidade de Roma) ganhavam a metade dos pretorianos e os vigilantes (guarda noturna) o mesmo que os legionários. Os marinheiros ganhavam tanto quanto as tropas auxiliares do exército.

Os altos funcionários civis tinham a seguinte escala de pagamentos:

Funcionário	estipêndio		
	HS/ano	ñ/ano	ñ/dia
Senatoriais			
Procônsules (governadores de províncias senatoriais)	1.000.000	24.000.000	66.667
Legados (assistentes de procônsules e governadores de províncias imperiais)	500.000	12.000.000	33.333
Equestres			
procuratores ducenarii (fiscais de grandes províncias, ministros, comandantes das frotas italianas, a partir de Cláudio também o governador do Egito)	200.000	4.800.000	13.333
procuratores centenarii (fiscais de províncias médias, comandantes de frotas médias, a partir de Cláudio também governadores de províncias menores, como a Judeia)	100.000	2.400.000	6.667
procuratores sexagenarii (fiscais de províncias pequenas, comandantes de frotas pequenas)	60.000	1.440.000	4.000

Na época de Augusto havia 25 procuradores, com vencimentos totais de 4 milhões de sestércios. O número aumentou gradualmente para 45 com Nero. Na época deste imperador, havia 11 províncias governadas por procônsules, 15 províncias governadas por legados imperiais e 10 governadas por procuradores, inclusive o Egito.

Há relativamente poucos preços registrados dessa época. Segue uma lista de alguns dos mencionados na literatura romana para esse período. O caso do salmonete-da-vasa vale uma explicação: esse peixe (*Mullus barbatus*) foi uma obsessão gastronômica. Normalmente não pesa mais de duas libras romanas (657 gramas), mas exemplares maiores alcançaram preços fantásticos. No reinado de Calígula, um certo Asinus Celer pagou um preço de 8 mil sestércios por um desses peixes e no de Tibério, três foram vendidos por 30 mil. Juvenal escreveu sobre um peixe de seis libras vendido por 6 mil – mais do que valeria o pescador, segundo ele.

Mercadoria	unidade	preço (asses se não se indica a moeda)	unidade moderna	preço em ñ por unidade moderna
Roma				
Pão	–	1	–	6
pêssego da Ásia	–	✶ 1	–	96
Trigo	módio	HS 4	kg	14
vinho (vendido pelo agricultor)	ânfora	HS 8	l	7,3
vinho (vendido pelo agricultor)	culleus	HS 300	l	14
Lampreia	–	HS 2	–	48
salmonete-da-vasa	–	HS 5.000	–	120.000
Auripigmento	libra	✶ 4	kg	1.170
roupa de escravo	–	HS 10	–	240
escravo comum	–	✶ 300	–	28.800
escravo jovem e forte	–	✶ 500	–	48.000
"	–	✶ 600	–	57.600
escravo viticultor	–	✶ 2.000	–	192.000
escravo chefe de cozinha	–	✶ 8.000	–	768.000
escravo gladiador (média de 13)	–	✶ 692.000	–	66.500.000
terra de fronteira (distribuída a legionários)	jugerum	HS 60	–	5.475

terra não cultivada na Itália (pastos e florestas)	jugerum	HS 1.000	ha	95.000
vinha altamente produtiva	jugerum	HS 6.667		634.000
Palestina				
Pão	–	10 prutot	–	5
azeite (atacado)	ânfora	✻ 1	l	3,5
azeite (varejo)	sestário	✻ 1/20	–	8,8

Pode-se acrescentar algumas interessantes referências a dinheiro no Novo Testamento:

Marcos 6: *Já era tarde e, por isso, os seus discípulos aproximaram-se dele e disseram: "Este é um lugar deserto, e já é tarde. Manda embora o povo para que possa ir aos campos e povoados vizinhos comprar algo para comer". Ele, porém, respondeu: "Deem-lhes vocês algo para comer". Eles lhe disseram: "Isto exigiria duzentos denários! Devemos gastar tanto dinheiro em pão e dar-lhes de comer?"* – É o caso da multiplicação dos cinco pães e dois peixes, que teriam alimentado 5 mil pessoas. Sem milagre, o pão custaria 200 denários (19.200 ñ). Pão para uma pessoa custaria perto de 4 ñ (um *assarion*).

Marcos 12: *Jesus sentou-se em frente do lugar onde eram colocadas as contribuições e observava a multidão colocando o dinheiro nas caixas de ofertas. Muitos ricos lançavam ali grandes quantias. Então, uma viúva pobre chegou-se e colocou duas pequeninas moedas de cobre, de muito pouco valor. Chamando a si os seus discípulos, Jesus declarou: "Afirmo que esta viúva pobre colocou na caixa de ofertas mais do que todos os outros. Todos deram do que lhes sobrava; mas ela, da sua pobreza, deu tudo o que possuía para viver".* – Essa passagem é frequentemente referida como "o óbolo da viúva", mas o original grego explicita que essas moedas eram *lepta* e valiam meio quadrante cada uma. A viúva doou 1 ñ.

Marcos 14: *Estando Jesus em Betânia, reclinado à mesa na casa de um homem conhecido como Simão, o leproso, aproximou-se dele certa mulher com um frasco de alabastro contendo um perfume muito caro, feito de nardo puro. Ela quebrou o frasco e derramou o perfume sobre a cabeça de Jesus. Alguns dos presentes começaram a dizer uns aos outros, indignados: "Por que este desperdício de perfume? Ele poderia ser vendido por trezentos denários, e o dinheiro ser dado aos pobres". E eles a* *repreendiam severamente.* – O perfume valia respeitáveis 28.800 ñ, suficientes para alimentar mais de sete mil, como se viu.

Mateus 10: *"Não se vendem dois pardais por uma moedinha? Contudo, nenhum deles cai no chão sem o consentimento do Pai de vocês".* **Lucas 12**: *"Não se vendem cinco pardais por duas moedinhas? Contudo, nenhum deles é esquecido por Deus".* – O texto grego explicita que as moedinhas são *assaria*, portanto 4 ñ e 8 ñ, respectivamente. Um pardal valia 2 ñ.

Mateus 17: *Quando Jesus e seus discípulos chegaram a Cafarnaum, os coletores do imposto de duas dracmas vieram a Pedro e perguntaram: "O mestre de vocês não paga o imposto do templo?" "Sim, paga", respondeu ele. Quando Pedro entrou na casa, Jesus foi o primeiro a falar, perguntando-lhe: "O que você acha, Simão? De quem os reis da terra cobram tributos e impostos: de seus próprios filhos ou dos outros?" "Dos outros", respondeu Pedro. Disse-lhe Jesus: "Então os filhos estão isentos. Mas para não escandalizá-los, vá ao mar e jogue o anzol. Tire o primeiro peixe que você pegar, abra-lhe a boca, e você encontrará uma moeda de quatro dracmas. Pegue-a e entregue-a a eles, para pagar o meu imposto e o seu".* – A dracma usada na Palestina era equivalente ao denário e o imposto do templo a 192 ñ.

Mateus 18: *"O reino dos céus é semelhante a um rei, que resolveu ajustar contas com os seus servos. Tendo começado a ajustá-las, trouxeram-lhe um que lhe devia dez mil talentos. Não tendo, porém, o servo com que pagar, ordenou o seu senhor que fossem vendidos - ele, sua mulher, seus filhos e tudo quanto possuía -, e que se pagasse a dívida. O servo, pois, prostrando-se, o reverenciava, dizendo: 'Tem paciência comigo, que te pagarei tudo'. O senhor teve compaixão daquele servo, deixou-o ir e perdoou-lhe a dívida. Tendo saído, porém, aquele servo, encontrou um dos seus companheiros, que lhe devia cem denários; e segurando-o, o sufocava, dizendo-lhe: Paga o que me deves. Este, caindo-lhe aos pés, implorava: 'Tem paciência comigo, que te pagarei'. Ele, porém, não o atendeu; mas foi-se embora e mandou conservá-lo preso, até que pagasse a dívida. Vendo, pois, os seus companheiros o que se tinha passado, ficaram muitíssimo tristes, e foram contar ao seu senhor tudo o que havia acontecido. Então o seu senhor, chamando-o, disse-lhe: 'Servo malvado, eu te perdoei toda aquela dívida, porque me pediste; não devias tu também ter compaixão do teu companheiro, como eu tive de ti?' Irou-se o seu senhor e o entregou aos verdugos, até que pagasse tudo o que lhe devia. Assim também* *meu Pai celestial vos fará, se cada um de vós do íntimo do coração não perdoar a seu irmão".*– Dez mil talentos (240 milhões de sestércios ou 5,76 bilhões de ñ), é um valor absurdamente alto, superior à fortuna dos maiores magnatas romanos (exceto, talvez, o próprio imperador). Já cem denários (9.600 ñ) equivaliam a alguns meses de salário de um trabalhador qualificado, um valor realista de uma dívida opressiva para uma pessoa comum, como o pescador Simão Pedro, a quem Jesus se dirigia. A desproporção entre as duas dívidas (600 mil para 1) é praticamente tão infinita, diz a parábola, quanto a que existe entre a dívida de cada um para com Deus e aquilo que um homem pode dever a outro.

Mateus 20: *"Pois o Reino dos céus é como um proprietário que saiu de manhã cedo para contratar trabalhadores para a sua vinha. Ele combinou pagar-lhes um denário pelo dia e mandou-os para a sua vinha".* – Não se sabe se essa parábola refletia os salários reais da Judeia da época, mas é de 96 ñ por dia, um tanto alto mas não exagerado.

Mateus 22: *Mas Jesus, percebendo a má intenção deles, perguntou: "Hipócritas! Por que vocês estão me pondo à prova? Mostrem-me a moeda usada para pagar o imposto". Eles lhe mostraram um denário e ele lhes perguntou: "De quem é esta imagem e esta inscrição?" "De César", responderam eles. E ele lhes disse: "Então, deem a César o que é de César e a Deus o que é de Deus".* – A moeda é um denário, com valor de 96 ñ. Era o tributo anual pago a Roma, metade do que se pagava ao templo de Jerusalém.

Mateus 26: Então, um dos Doze, chamado Judas Iscariotes, dirigiu-se aos chefes dos sacerdotes e lhes perguntou: "O que me darão se eu o entregar a vocês?" E fixaram-lhe o preço: trinta moedas de prata. Desse momento em diante Judas passou a procurar uma oportunidade para entregá-lo. – O original grego diz *argyria*, peças de prata. Algumas edições traduzem como "trinta dinheiros" (denários) ou 2.880 ñ, mas no contexto palestino a palavra se refere mais provavelmente a trinta tetradracmas (11.520 ñ).

Lucas 10: *"Mas um samaritano, estando de viagem, chegou onde se encontrava o homem e, quando o viu, teve piedade dele. Aproximou-se,* *enfaixou-lhe as feridas, derramando nelas vinho e óleo. Depois colocou-o sobre o seu próprio animal, levou-o para uma hospedaria e cuidou dele. No dia seguinte, deu dois denários ao hospedeiro e lhe disse: 'Cuide dele. Quando eu voltar, pagarei todas as despesas que você tiver'".* – O bom samaritano adiantou 192 ñ.

Lucas 15: *"Ou, qual é a mulher que, possuindo dez dracmas e, perdendo uma delas, não acende uma candeia, varre a casa e procura atentamente, até encontrá-la? E quando a encontra, reúne suas amigas e vizinhas e diz: 'Alegrem-se comigo, pois encontrei minha moeda perdida'".*
– Para uma mulher pobre, 96 ñ era uma quantia respeitável.

Apocalipse 6: *Quando o Cordeiro abriu o terceiro selo, ouvi o terceiro ser vivente dizer: "Venha!" Olhei, e diante de mim estava um cavalo preto. Seu cavaleiro tinha na mão uma balança. Então ouvi o que parecia uma voz entre os quatro seres viventes, dizendo: "Um quilo de trigo por um denário e três quilos de cevada por um denário, e não danifique o azeite e o vinho!"* – Esse cavaleiro é a Fome e fixa preços altos, de extrema escassez: 16 asses por um *choinix* (traduzido como "quilo") de trigo ou três de cevada. O valor real depende da época em que foi escrito, pois a moeda romana se desvalorizou a partir do reinado de Nero. Se o Apocalipse foi escrito durante esse reinado, como pensam alguns, o valor da moeda se mantinha no mesmo patamar e esses preços seriam equivalentes a 115 ñ por quilo moderno, 47 ñ por quilo para a cevada. Se o Apocalipse data do reinado de Domiciano, como julga a maioria dos eruditos, esses valores caem para 86 ñ e 35 ñ, respectivamente.

Atos dos Apóstolos 19: *Quando isso se tornou conhecido de todos os judeus e gregos que viviam em Éfeso, todos eles foram tomados de temor; e o nome do Senhor Jesus era engrandecido. Muitos dos que creram vinham, e confessavam, e declaravam abertamente suas más obras. Grande número dos que tinham praticado ocultismo reuniram seus livros e os queimaram publicamente. Calculado o valor total, este chegou a cinquenta mil dracmas.* – Trata-se da primeira grande queima de livros por cristãos, entre 52 e 55 d.C. A palavra usada em grego é novamente *argyria*, "peças de prata". Se eram dracmas, é um valor de 4.800.000 ñ, mas poderiam ser também *cistophori* de Éfeso, de valor três vezes maior.

O sestércio de Nero (64 d.C. – 169 d.C.)

Dez anos após o início de seu reinado, o imperador Nero reduziu o conteúdo em prata do denário em cerca de 20%, provavelmente como meio de arrecadar fundos para a reconstrução de Roma após o grande incêndio de 64 d.C., quando muito do tesouro já havia sido gasto na guerra com os partas pela Armênia, que durou de 58 a 63. De 3,9 gramas (1/84 de libra) de prata a 96%-98%, a moeda foi reduzida a 3,4 gramas (1/96 de libra) com prata a 80% (com uma camada superficial de prata pura, para que não se notasse a diferença). O aureus também caiu em peso, de 8,2 gramas (1/40 de libra) para 7,3 gramas (1/45 de libra). No início, as novas moedas foram aceitas pelo mesmo valor das antigas, mas o efeito a médio prazo foi inflacionário, tanto que em 84 d.C. Domiciano precisou aumentar o estipêndio dos legionários em 33% para restaurar seu poder aquisitivo.

Denominação	Valor em HS	Peso em gramas	Valor em ñ (Roma, 64-161)
Unidades de conta			
Talento	24.000	20.400	432.000
Mina	400	340	7.200
Moedas de ouro			
nummus aureus = dinar zahav	100	7,2	1.800
Semisse	50	3,6	900
Moedas de prata			
tetradracma grego = estáter = siclo ou sela = sela de Tiro (*)	16	14	288
cistophorus (*)	12	11	216
didracma = meio siclo = shekel (*)	8	6,8	144
denarius = dracma = dinar ou zuz	4	3,4	72
quinarius = istira ou sela medinah	2	1,7	36
óbolo = maah (*)	2/3	0,6	12
Moedas de prata 25%			
tetradracma alexandrino (*)	4	15	72
Moedas de oricalco (latão)			
Sestertius	1	25	18
dupondius = pondion	1/2	12,5	9
semis	1/8	3,25	2,25
Moedas de cobre			
asse	1/4	11	4,5

quadrans	1/16	3	1,125
Moedas de bronze regionais			
dracma alexandrino (*)	1	22,5	18
óbolo alexandrino (*)	1/28	3,75	2,6
pundion (**)	1/3	18	6
assarion = dicalco = issar (**)	1/6	9	3
calco = mismis (*)	1/12	4,5	4,5
kodrantes = quntron (**)	1/24	3	0,75
lepton = prutah (*)	1/48	0,8 -2,3	0,375

(*) moedas regionais. Dracma, óbolo, calco e múltiplos eram usados nas cidades gregas; cistophorus, na Ásia e Síria; siclo ou sela, shekel, dinar, istira, maah, pundion, issar, mismis, quntron e prutah na Judeia; dracmas e óbolos alexandrinos, no Egito.

(**) versão de menor valor das moedas romanas, que circulou na Judeia

O peso e a composição das moedas de prata variou ligeiramente ao longo dos sucessivos reinados, mas sem chegar a alterar qualitativamente o sistema monetário. Pode-se supor que até o início do reinado de Marco Aurélio, pelo menos, seu poder aquisitivo foi praticamente constante, com um valor aproximado de 72 ñ para o denário e 18 ñ para o sestércio.

O *semis* (1/2 asse) deixou de ser cunhado a partir da época de Adriano (r. 117-138). Também nessa época, Atenas voltou a cunhar moedas de bronze de 10 gramas denominadas dracmas, mas com valor de apenas 1/6 do denário (ou seja, 12 ñ), e Rodes cunhou moedas com o dobro desse peso com a denominação de didracmas (24 ñ).

O pagamento dos legionários foi aumentado de 900 para 1.200 sestércios anuais a partir de 84 d.C. por meio de um quarto pagamento anual (supõe-se que, em algum momento posterior, retornou-se ao sistema de três pagamentos, aumentados de um terço). Os estipêndios dos legionários graduados e dos oficiais foram aumentados na mesma proporção, de modo que os valores reais podem ser considerados iguais aos do quadro do capítulo anterior.

Para este período, dispõe-se de um demonstrativo (em dracmas alexandrinos, equivalentes a sestércios) do quanto era descontado dos pagamentos de legionários, registrado na contabilidade de dois deles que serviram em Nicópolis, Cirenaica, por volta de 81-83, logo antes do aumento: uma média de 27 a 29 ñ por dia de um soldo de 45 ñ. Aparentemente, parte do soldo era pago em moeda e o resto contabilizado a crédito do soldado.

Item	Quintus Julius Proculus					Gaius Valerius Germanus				
	1 HS	2 HS	3 HS	total anual HS	ñ	1 HS	2 HS	3 HS	total anual HS	ñ
Feno (*)	10	10	10	30	540	10	10	10	30	540
Alimentação	80	80	80	240	4.320	80	80	80	240	4.320
Calçados	12	12	12	36	648	12	12	12	36	648
Saturnalia (**)	20	0	0	20	360	20	0	0	20	360
Estandartes (***)	0	4	0	4	72	0	4	0	4	72
Vestimentas	60	0	145,5	205,5	3.699	100	0	145,5	245,5	4.419
Total descontado	182	106	247,5	535,5	9.639	222	106	247,5	575,5	10.359
Depósito em conta	65,5	141,5	0	207	3.726	25,5	141,5	0	167	3.006
Pago em dinheiro	52,5	52,5	52,5	157,5	2.835	52,5	52,5	52,5	157,5	2.835
Total	300	300	300	900	16.200	300	300	300	900	16.200

(*) provavelmente para alimentação da mula que ajudava a carregar os pertences do *contubernium* de oito soldados

(**) dedução pelos gastos com festa de fim de ano

(***) supõe-se ser uma dedução para um fundo funeral comum

Para 74-75, há também um papiro encontrado em Masada que dá os seguintes descontos para o estipêndio quadrimestral de um certo Caius Messius (em denários), provavelmente um cavaleiro. A média dos descontos foi de 30 ñ diários nesse quadrimestre:

- Cevada: 64 (1.152 ñ)

- Alimentação: 80 (1.440 ñ)

- Calçados: 20 (360 ñ)

- Correias de couro: 8 (72 ñ)

- Túnica de linho: 28 (504 ñ)

- Total: 200 (3.600 ñ, 30 ñ por dia)

Um outro papiro, de 138 d.C., especifica um desconto de seis denários (432 ñ) por uma túnica militar de lã (1,55 x 1,40m e 1,6 kg) e seis por um *sagum* (2,66 x 1,77m e 1,6 kg), manto usado sobre a túnica (substituindo a toga dos civis). Quanto à ração, desde a época de Júlio César, pelo menos, se distribuía aos soldados, além do grão, no mínimo azeite, vinho ou vinagre (para fazer a posca, refresco de vinagre e água) e sal. Digamos, por quadrimestre, 16 módios de trigo a 4 sestércios o módio (HS 64), 16 libras de azeite a dois asses a libra (HS 8), 60 sesteiros de vinagre a meio asse o sesteiro (HS 7,5) e meio sesteiro de sal a um asse o sesteiro (HS 0,5). Por dia, dois sesteiros de trigo (0,85 kg), meio sesteiro de vinagre (ou um de posca), uma onça e meia (um *cyathus*, quer dizer, uma concha) de azeite e uma colherada de sal.

Preços civis para essa época, da literatura ou de inscrições em paredes de Pompeia:

Mercadoria	unidade	preço (asses se não se indica a moeda)	unidade moderna	preço em ñ por unidade moderna
Roma				
farinha de grão integral (farina)	módio	40	kg	36
farinha de trigo duro (similago)	módio	48	kg	38
farinha de trigo suave peneirada (siligo)	módio	80	kg	62
colinabos	libra	HS 1	kg	55
consulta a arúspice	–	10	–	45
holocausto de boi (tarifa do templo)	–	100	–	450
holocausto de cordeiro	–	25	–	113
sacrifício de cordeiro	–	15	–	68
holocausto de galo	–	15	–	68
sacrifício de galo	–	13	–	59
coroa de flores	–	4	–	18
água quente em homem (ablução ritual)	–	3	–	14
livro de poemas de Marcial (*)		✶ 5	–	360
Xenia, de Marcial (*)		✶ 4	–	288
papel, tinta e vara para livro (*)		✶ 2,5	–	180
jumento		✶ 180	–	12.960
cópia autografada do livro II da Eneida de Virgílio		HS 2.000	–	36.000
cópia da Retórica de Tísias		HS 3.000	–	54.000
Indenização legal pela morte de escravo		HS 2.000	–	36.000

Pompeia e Herculano				
trigo duro	módio	30	kg	20
centeio	módio	HS 3	kg	9
tremoços	módio	HS 3	kg	8
tigela de polenta	–	1	–	5
salsicha	–	1	–	5
pão	libra	1,5	kg	21
pão para escravo	2 libras	2	kg	13
azeite	libra	4	l	51
carne de porco	libra	HS 10	kg	547
toucinho	libra	4	kg	55
vinho barato	sesteiro	1	l	8
vinho de Falerno	sesteiro	4	l	33
uvas	libra	3	kg	41
túnica (para escravo?)	–	HS 15	–	270
lavagem de túnica	–	HS 4	–	72
panela de barro	–	1	–	5
prato de barro	–	1	–	5
lâmpada de barro	–	1	–	5
caneca	–	2	–	9
balde	–	8	–	36
peneira de prata	–	✳ 90	–	6.480
corte de cabelo	–	HS 2	–	36
asno	–	HS 520	–	9.360
escravo	–	HS 1.450	–	26.100
cavalo	–	HS 2.667	–	192.000
serviço de prostituta	–	2	–	9
"	–	23	–	104

(*) rolos de papiro. *Xenia* tem 2.100 palavras e 13.400 toques em latim e outros livros de Marcial têm até 3.500 palavras.

Muitos preços de mercadorias exóticas, animais, vegetais e minerais, são citadas na *História Natural* de Plínio, morto na mesma erupção do Vesúvio que sepultou Pompeia em 79 d.C.

Mercadoria	unidade	preço (asses se não se indica a moeda)	unidade moderna	preço em ñ por unidade moderna
lã da melhor qualidade	libra	HS 100	kg	5.473
penas de ganso	libra	✳ 5	kg	1.095

garum sociorum (molho de cavala da espanha)	congius	HS 500	l	2.752
byssus (algodão?)	escrópulo	✳ 4	kg	252.632
gengibre	libra	✳ 6	kg	1.313
pimenta vermelha	libra	✳ 15	kg	3.284
pimenta branca	libra	✳ 7	kg	1.532
pimenta preta	libra	✳ 4	kg	876
bdélio	libra	✳ 3	kg	657
raiz de costo (planta indiana)	libra	✳ 25,5	kg	5.582
folhas de nardo	libra	✳ 100	kg	21.891
"	libra	✳ 30	kg	6.567
nardo gálico (espicanardo ou valeriana céltica)	libra	✳ 3	kg	657
cardamomo	libra	✳ 3	kg	657
incenso	libra	✳ 5	kg	1.095
"	libra	✳ 3	kg	657
mirra	libra	✳ 16	kg	3.612
"	libra	✳ 11	kg	2.408
mástique branco	libra	✳ 10	kg	2.189
mástique negro	libra	✳ 2	kg	438
ládano	libra	40	kg	547
canela do lêmen	libra	✳ 1.000	kg	218.912
cássia (canela-da-china)	libra	✳ 50	kg	10.946
"	libra	✳ 5	kg	1.095
óleo de palma	libra	✳ 2	kg	438
junco	libra	✳ 1	kg	219
cálamo aromático (açoro)	libra	✳ 11	kg	2.408
goma-amoníaco	libra	40	kg	547
bálsamo puro	libra	✳ 300	kg	65.673
cyprinum (óleo de hena)	libra	✳ 5	kg	1.095
estoraque ou benjoim	libra	✳ 17	kg	3.721
gálbano	libra	✳ 5	kg	1.095
opopônax	libra	✳ 2	kg	438
malabatro (óleo de folhas de canela)	libra	✳ 900	kg	197.020
goma de acácia	libra	✳ 3	kg	657
púrpura (pelagiae)	libra	HS 5	kg	274
púrpura (buccinum)	libra	HS 1	kg	55
chumbo branco (estanho)	10 libras	✳ 80	kg	1.751
chumbo negro (chumbo)	10 libras	✳ 7	kg	153
tertiarium, solda de canos (2 partes de Pb, 1 de Sn)	10 libras	✳ 20	kg	438

chrysocolla (melhor qualidade) (malaquita?)	libra	✻ 7 kg	1.532
chrysocolla (pior qualidade)	libra	✻ 3 kg	657
cinábrio	libra	HS 50 kg	2.736
sil ou ocre amarelo (maior preço)	libra	✻ 2 kg	438
sil (menor preço)	libra	6 kg	82
sinopis ou ocre vermelho (maior preço)	libra	✻ 12 kg	2.627
sinopis (menor preço)	libra	8 kg	109
caeruleum (azul egípcio)	libra	✻ 8 kg	1.751
índigo (anil da índia)	libra	✻ 17 kg	3.721
lomentum (corante azul inferior)	libra	5 kg	68
paraetonium (pigmento branco, talvez areia de sílica)	libra	✻ 8,33 kg	1.824
melinum (pigmento branco, talvez mistura de alunita)	libra	HS 1 kg	55
cerussa (carbonato de chumbo)	libra	✻ 6 kg	1.313
cerussa usta (mínio, óxido de chumbo vermelho)	libra	✻ 6 kg	1.313
sandaracha (realgar, pigmento vermelho de arsênio)	libra	5 kg	68

Aluguéis urbanos custavam a partir de 360-500 sestércios anuais (6.480-9.000 ñ, 18-25 ñ por dia). Uma lista de compras de uma família de um casal e um escravo durante oito dias em Pompeia resulta num gasto médio de 28 asses por dia (112 ñ), que provavelmente chegariam a algo entre 8 e 10 sestércios (144 a 180 ñ) com roupas, aluguel e outras despesas menos frequentes. Sobre salários, há pouca informação além dos soldos militares. Inscrições em Pompeia indicam que escravos eram alugados a 5 asses (23 ñ, mais pão, provavelmente, a 9 ñ por dia), um padeiro ou vindimador ganhava um denário (72 ñ) e um carreteiro seis sestércios (108 ñ) por dia. Um mineiro da Dácia, no início do reinado de Marco Aurélio (164 d.C.), assinou um contrato de seis meses por 70 denários para ele e 10 denários para os filhos, uma média de 32 ñ por dia (28+4), com multa de 5,5 sestércios (99 ñ) para cada falta.

As legiões aumentaram em tamanho a partir de 80 d.C.: a primeira coorte passou a ter 5 centúrias de tamanho dobrado, em vez de 6 centúrias comuns. O número de legionários por legião passou de 4.800 para 5.120 e o contingente de 5.831 para 6.219. Contando também o aumento nos estipêndios a partir de 84, o custo anual de uma legião passou de 9,4 milhões para 13,3 milhões de sestércios anuais (238 Mñ) com bônus e *praemia*. Além disso, o número de legiões passou de 25 para cerca de 30 e as tropas auxiliares cresceram proporcionalmente. O custo teórico das forças armadas passou para 850 milhões de sestércios anuais (15.300 Mñ). Na prática, deveria ser algo menor, pois as legiões raramente tinham seu quadro completo.

Walter Scheidel estima o orçamento do Império Romano no apogeu, com cerca de 70 milhões de habitantes, em 1 a 1,3 bilhão de sestércios (18 bilhões a 23 bilhões de ñ), dos quais 600 milhões a 725 milhões eram destinados às forças armadas, 75 milhões a 100 milhões a salários de funcionários (estimados em 10 mil, inclusive escravos), 70 milhões a 100 milhões à corte e presentes para a elite, 20 milhões a 40 milhões a construções na capital, 80 milhões a 100 milhões a construções nas províncias, 50 milhões a 70 milhões em distribuição de trigo a proletários e 20 milhões a 40 milhões em jogos e espetáculos. Isso não inclui os impostos municipais, que podem ter somado 600 milhões de sestércios (10,8 bilhões de ñ) e sustentado um grande número de funcionários e gastos locais.

O número de procuradores para administrar essa máquina aumentou: 55 com Vespasiano, 62 com Domiciano, 80 com Trajano, 107 com Adriano, 109 com Antonino Pio: 36 ducentenários, 37 centenários e 36 sexagenários, com salário total de 13,06 milhões de sestércios anuais.

Por outro lado, o Império atingia o apogeu em população (um terço maior do que na época de Augusto) e extensão territorial (incluindo as minas de prata da Dácia) e a proporção de seu produto bruto absorvido por esse exército expandido de aproximadamente 381 mil homens permaneceu praticamente a mesma até a irrupção da "Praga de Galeno".

Essa epidemia de varíola, também chamada "Praga dos Antoninos", começou entre legionários romanos no cerco de Selêucia do inverno de 165-166, espalhou-se pelo exército e dele para a população civil. Chegou a Roma em 169, causando uma redução de 20% a 30% na população do Egito e provavelmente também de outras partes do Império. Isso enfraqueceu suas defesas ante os bárbaros, provocou uma forte alta de preços e reduziu seriamente a população e a arrecadação real, dando início à crise monetária que desvalorizaria drasticamente a moeda romana a partir do final do século II.

A era do denário inflacionado (169 – 215)

A crise causada pela epidemia de varíola no reinado de Marco Aurélio causou uma alta dos preços e custos e levou a reduzir o conteúdo em prata do denário para facilitar o pagamento das despesas, política continuada por Cômodo. Além disso, ambos deixaram de cunhar os *quadrans*, sinal de que a inflação reduzira seu valor real a ponto de torná-lo pouco relevante.

Vale mencionar um decreto (*senatusconsultum*) de Marco Aurélio para tentar conter a inflação de preços de gladiadores e seus espetáculos, que vieram a ser assim classificados:

Classe de espetáculo	Custo total sestércios	Preços dos gladiadores individuais em sestércios				
		1ª categoria	2ª categoria	3ª categoria	4ª categoria	5ª categoria
I	150.000	15.000	12.000	9.000	7.000	6.000
II	100.000	12.000	10.000	8.000	6.000	5.000
III	60.000	8.000	6.000	5.000	-	-
IV	30.000	5.000	4.000	3.000	-	-

Em cada classe, metade dos gladiadores lutariam individualmente por categorias e metade em grupo (*gregarii*), estes com preço de mil a 2 mil sestércios conforme a experiência. Além disso, criminosos condenados podiam ser comprados por 600 sestércios e vítimas destinadas a sacrifício, na Gália, por 2 mil sestércios. Esperava-se economizar 20 milhões a 30 milhões abrindo mão da taxa de 25% a 33% devida ao fisco na venda de gladiadores. Os gastos com essas lutas eram de 60 milhões a 120 milhões de sestércios anuais em todo o Império.

Após a morte de Cômodo, Pertinax, em 193, tentou restaurar o padrão do denário anterior a Marco Aurélio, mas foi morto em três meses. Daí em diante, a moeda romana sofreu um contínuo aviltamento do conteúdo em prata. A população e a arrecadação caíam (apesar de Caracala conceder cidadania a todos os habitantes livres para poder cobrar mais impostos), as necessidades militares cresciam e os imperadores tentavam cobrir as despesas militares com a emissão de moedas com menor quantidade de metal precioso. As moedas de prata passaram a conter quantidades cada vez maiores de cobre até serem simplesmente banhadas em prata.

Cômodo (r. 180-192) e Septímio Severo (r. 193-211) reconheceram a inflação elevando a remuneração básica dos legionários num porcentual não registrado. As estimativas por diferentes autores variam de 33% a 100% para os aumentos combinados. Em 212, Caracala (r. 211-217) voltou a aumentá-la em 50%, mas há dúvidas sobre se isso se aplicou a todo o exército ou apenas a certas legiões. Em 235, Maximino Trácio (r. 235-238) prometeu dobrar o soldo dos legionários para que o levassem ao trono, mas não se sabe com certeza se cumpriu a promessa. Também não se sabe se e quando houve outros reajustes.

Antes se supunha que o aumento de preços fora imediato e inversamente proporcional à queda do conteúdo em prata da moeda e consequência desta. Mais recentemente, a análise de papiros egípcios indicou que os preços, depois de uma forte alta, se mantiveram relativamente estáveis dos anos 190 aos 260.

No que se refere ao trigo, por exemplo, observa-se 7 a 16 dracmas por artaba (mediana 8) de 68 a 162 e 12 a 24 dracmas por artaba(mediana 18) de 191 a 269, o que sugere uma inflação de 125% entre os dois períodos e um poder aquisitivo para o denário em torno de 32 ñ no segundo período. E, apesar do aviltamento das moedas de prata, as moedas de ouro aparentemente permaneceram cotadas a 25 denários ou 100 sestércios.

Isso significa que o aumento dos preços precedeu o aviltamento da moeda, e este foi consequência, não causa da inflação. Um efeito comparável ao da Peste Negra, que, na Idade Média, provocaria uma mortandade de 33% e um aumento de preços de 50%.

O quadro a seguir resume os ajustes no sistema monetário e nos soldos (hipotéticos) dos legionários para dar uma ideia do comportamento dos preços.

Imperador	ano	denário			antoniniano			Aureus (g)	Soldo X /ano	denário (ñ)	
		Peso (g)	% prata	prata pura (g)	Peso (g)	% prata	prata pura (g)			(*)	(**)
Augusto	27 a.C.	3,90	96,0%	3,74				8,2	225	96	96
Nero	64	3,41	80,0%	2,73				7,3	225	72	70
Vespasiano	70	3,22	90,0%	2,90				7,3	225	72	74
Domiciano	82	3,33	98,0%	3,26				7,3	225	72	84
	85	3,27	93,5%	3,06				7,3	300	72	78
	107	3,21	89,0%	2,86				7,3	300	72	73
Antonino Pio	148	3,23	83,5%	2,70				7,3	300	72	69
Marco Aurélio	161	3,23	79,0%	2,55				7,3	300	72	65
	168	3,24	82,0%	2,66				7,3	300	72	68
	170	3,26	79,0%	2,58				7,3	300	32	66
Cômodo	180	3,07	76,0%	2,33				7,3	300	32	60
	186	2,98	74,0%	2,21				7,3	375	32	57
Pertinax	193	3,16	87,0%	2,75				7,3	375	32	70
Dídio Juliano	193	2,95	81,5%	2,40				7,3	375	32	62
Septímio Severo	193	3,14	78,5%	2,46				7,3	375	32	63
	194	3,07	64,5%	1,98				7,3	375	32	51
	196	3,22	56,5%	1,82				7,3	375	32	47
	197	3,22	56,5%	1,82				7,3	450	32	47
Caracala	212	3,23	51,5%	1,66				6,6	675	32	43
	215	3,23	51,5%	1,66	5,20	52,0%	2,70	6,6	675	32	43
Macrino	217	3,15	58,0%	1,83	5,20	52,0%	2,70	6,6	675	32	47
Heliogábalo	219	3,05	46,5%	1,42				6,6	675	32	36
Alexandre Severo	222	3,00	43,0%	1,29				6,6	675	32	33
	229	3,24	45,0%	1,46				6,6	675	32	37
	230	2,94	50,5%	1,48				6,6	675	32	38
Maximino Trácio	235	3,07	46,0%	1,41				6,6	1.350	32	36
Gordianos I e II	238	2,77	63,0%	1,75				6,6	1.350	32	45
Pupieno e Balbino	238	2,80	55,0%	1,54	4,79	49,5%	2,37	6,6	1.350	32	30
Gordiano III	238	2,80	55,0%	1,54	4,50	48,5%	2,18	6,6	1.350	32	28
	241	3,03	48,0%	1,45	4,50	48,5%	2,18	6,6	1.350	32	28
	243				4,16	41,5%	1,73	6,6	1.350	32	22
Filipe, o Árabe	244				4,12	43,0%	1,77	6,6	1.350	32	23
	248				4,12	47,0%	1,94	6,6	1.350	32	25
Décio	250				3,97	41,0%	1,63	6,6	1.350	32	21
Treboniano Galo	251				3,46	36,0%	1,25	3,6	1.350	32	16
Emiliano	253				3,53	35,5%	1,25	3,6	1.350	32	16
Valeriano	253				3,10	22,0%	0,68	3,3	1.350	32	8,7
	255				3,07	19,0%	0,58	3,0	1.350	32	7,5
Galiano	260				3,03	18,0%	0,55	2,5	1.350	32	7,0
	261				2,97	15,5%	0,46	2,5	1.350	32	5,9
	263				2,75	13,0%	0,36	2,5	1.350	32	4,6
	265				2,81	9,0%	0,25	2,5	1.350	32	3,2
	267				2,69	6,0%	0,16	2,5	1.350	32	2,1
Cláudio II, o Gótico	268				2,95	3,0%	0,09	5,3	1.350	32	1,1
	269				2,60	2,0%	0,05	5,3	1.350	32	0,7
	270				3,39	3,0%	0,10	5,3	1.350	32	1,3
Aureliano	270				3,15	2,5%	0,08	4,6	1.350	2,5	1,0
	274				3,88	5,0%	0,19	6,6	1.350	2,5	2,5

(*) estimado pelo poder aquisitivo aparente (segundo o preço do trigo e outros produtos básicos no Egito a partir de 169)
(**) estimado pelo conteúdo em prata (denário de Augusto = 96)

A era do antoniniano (215-274)

Caracala criou em 215 uma nova moeda de liga de prata, o antoniniano, com valor de face de dois denários, mas conteúdo em prata equivalente a apenas 1,6 denários e depois 1,5. Essa cunhagem foi descontinuada por Heliogábalo, mas retomada em 238 por Pupieno e sucessores. Com isso, os denários saíram de circulação, pois passaram a ser entesourados por seu valor em prata, enquanto os antoninianos eram usados nos pagamentos.

A partir de Décio (r. 249-251), passou-se a cunhar duplos sestércios (ou seja, meio denário) em moedas de bronze de 33 gramas e duplos antoninianos em moedas de liga de prata de 6,8 gramas. Os sestércios continuaram a ser cunhados até o reinado de Aureliano (r. 270-275), mas com peso e qualidade reduzidos: de 23% de zinco na época de Augusto passaram a 15% na época de Nero, 12% na de Antonino Pio, 7% na época de Marco Aurélio e 3,4% na época de Cômodo, a partir do qual se tornaram praticamente cobre comum. Treboniano Galo (r. 251) reduziu também o peso do *aureus*, reduziu seu teor de 99% para 97% e criou uma moeda com valor duplo, mas peso apenas 60% superior. O sistema podia ser assim resumido:

Denominação	Valor em ✳	Peso em gramas	Valor em ñ (Roma, 251)
Moedas de ouro			
aureus binio	50	5,86	1.600
aureus	25	3,58	800
Moedas de prata a 36%			
duplo antoniniano	4	6,85	128
antoniniano	2	3,70	64
Bronze folheado a prata			
tetradracma (Egito)	1	12	32
Moeda de conta			
denário (fora de circulação)	1	–	32
Moedas de cobre			
sestércio	1/4	24	8
dupôndio	1/8	18	4
asse	1/16	6	2

Com a perda de valor aquisitivo do denário, surgiu a partir de Marco Aurélio mais uma categoria de procuradores, os tricentenários, mas ainda assim seu ganho real era inferior ao dos funcionários mais altos dos primeiros tempos do Império. O quadro administrativo superior ficou assim:

Funcionário	estipêndio			Número na administração			
	HS/ano	ñ/ano	ñ/dia	Marco Aurélio	Cômodo	Septímo Severo	Caracala
procuratores tricenarii	300.000	2.400.000	6.667	1	1	10	12
procuratores ducenarii	200.000	1.600.000	4.444	35	36	37	37
procuratores centenarii	100.000	800.000	2.222	45	48	56	56
procuratores sexagenarii	60.000	480.000	1.333	46	51	71	77
Número total	–	–	–	127	136	174	182
Salário anual total em sestércios	–	–	–	14.560.000	15.360.000	20.260.000	21.220.000

A era do aureliano (274-293)

Um novo choque inflacionário atingiu o Império Romano por volta de 270. Desta vez, o fator determinante foi a chamada Crise do Terceiro Século, uma série de guerras civis iniciadas com a secessão do Império Gálico (260-274, cujo imperador, Póstumo, que reinou até 268, cunhou duplos sestércios a partir de moedas antigas de um sestércio) e do Império de Palmira (260-271, liderado por Odenato e depois por sua viúva Zenóbia). Além disso, os bárbaros alamanos invadiram as Gálias e o norte da Itália em 268-271. Combinada com uma segunda grande epidemia de varíola, a "Praga de Cipriano" (251-270), essas guerras interromperam o fluxo normal do comércio e fizeram os preços disparar, enquanto os imperadores em luta cunhavam moedas cada vez mais aviltadas para pagar suas legiões.

Em 274, após vencer os alamanos e reunificar o Império, Aureliano fez uma reforma monetária baseada numa moeda com teor de prata de 5%, conhecida como aureliano ou *bicharacta*. Os antigos antoninianos foram redenominados como meio aureliano. As moedas de prata do antigo padrão de Nero a Cômodo, ainda existentes, foram revalorizadas como moedas de 20 aurelianos, e voltou-se a cunhar sestércios e asses numa última tentativa de restaurar os padrões antigos.

Começou o uso do *denarius communis* ou *usualis* como moeda de conta, referência para denominar o valor das moedas reais.

O sistema monetário criado por Aureliano teve a seguinte configuração:

Denominação	Valor em ✖	Peso em gramas	Valor em ñ (Roma, 274)
Moedas de conta			
denarius communis	1	–	3,75
Moedas de ouro			
aureus binio	2.000	8,3	7.500
aureus	1.000	6,6	3.750
Moedas de prata			
denarius argenteus (denário antigo)	40	3,9	150
Moedas de prata a 10%			
duplo aureliano (*)	4	3,9	15
Moedas de prata a 5%			
aureliano	2	3,9	7,5
Moedas de prata a 2,5%			
antoniniano	1	2,6-3,2	3,75
Moedas de latão			
sestércio	10	19	37,5
Moedas de cobre			
dupondius	5	14,6	18,75
asse	2,5	8	9,38

(*) cunhados por Tácito, Caro e Carino (275-285)

As moedas voltaram a ser aviltadas nos reinados seguintes. O *aureus* de Tácito (r. 275-276) pesou 4,61 gramas e o de Carinus (r. 283-285) 4,91 gramas.

A era do nummus (293-305)

A tentativa seguinte de reforma monetária foi realizada por Diocleciano. Ele cunhou novas moedas: o *aureus* e *argenteus* de ouro e prata puros e uma moeda folheada a prata chamada *nummus* com

10 gramas (1/32 da libra romana) e 4% de prata, concebida como sucessor dos desaparecidos sestércios. O *radiatus* (semelhante ao antigo antoniniano, mas sem nenhuma prata) e o *laureatus* foram cotados a 2 e 1 denário, mas este deixou de existir como moeda corrente. Era agora apenas uma moeda de conta para fins fiscais. Essa reforma também aboliu a cunhagem das moedas regionais, como o tetradracma do Egito, mas o talento nele baseado (6.000 dracmas ou 1.500 denários) continuou a ser usado como moeda de conta.

No ano 300 d.C., donativos (bônus) para as legiões eram pagos em *folles* (bolsas) grandes de mil *nummi* (25.000 ñ nessa época) ou uma "miríade" (dez mil denários) e pequenas de dez *nummi* (250 ñ). Houve também um "*follis* senatorial", uma bolsa de 60 *aurei* ou uma libra de ouro (150.000 ñ). Diocleciano também cunhou medalhões de ouro distribuídos como donativos a soldados e funcionários em ocasiões especiais, com pesos de 1¼, 1½, 2, 2½ 3, 4, 5, 6, 8 e 10 *aurei* e de prata, com peso de uma libra (100 *argentei*).

Denominação	Peso em gramas	Valor em ✠ (293-299)	Valor em ñ (293-299)	Valor em ✠ (300-301)	Valor em ñ (300-301)	Valor em ✠ (Edito)	Valor em ñ (Edito)
Moedas de ouro							
aureus (depois da reforma)	5,45	1.000	3.750	1.250	3.750	2.500	3.750
aureus (antes da reforma)	4,67	833	3.125	1.000	3.125	2.080	3.125
semisse	2,33	417	1.563	500	1.563	1.040	1.563
Moedas de prata							
denarius argenteus	3,4	40	150	50	150	100	150
quinarius argenteus	1,7	20	75	25	75	50	75
Moedas de prata a 4%							
nummus	10,3	10	37,5	12,5	37,5	25	37,5
Moedas de prata a 5%							
aureliano	3,9	4	15	4	12	4	6
Moedas de cobre							
radiatus = antoniniano	3,0	2	7,5	2	6	2	3
laureatus	1,7	1	3,75	1	3	1	1,5

Moedas de conta							
miríade = follis (grande)	–	10.000	37.500	12.500	37.500	25.000	37.500
talento	–	1.500	5.624	1.500	4.500	1.500	2.250
follis (pequeno)	–	100	375	125	375	250	375
denarius communis	–	1	3,75	1	3	1	1,5

Os valores em denários das moedas de ouro e prata parecem ter aumentado 25% até 300, reajuste sobre o qual não se tem maiores informações. Conhece-se com mais detalhes o edito de setembro de 301, que reajustou essas mesmas moedas em 100% e impôs um tabelamento de preços, com quase 1.400 itens, sob pena de morte ou exílio para os transgressores.

O edito foi alvo de uma diatribe de Lactâncio, apologista cristão que veio a ser conselheiro de Constantino I, primeiro imperador de sua religião. Segundo ele, o edito criou um mercado negro, execuções em massa e paralisação da produção. "O número de beneficiários começou a ultrapassar o número de contribuintes, tanto que, com os recursos dos agricultores esgotado pelo tamanho enorme das requisições, os campos se tornou desertos e terra cultivada foi transformada em floresta. Muito sangue foi derramado por causa de itens pequenos e baratos. Depois de muitos encontrarem a morte, a pura necessidade levou à revogação da lei.".

A narrativa tradicional dos economistas segue ao pé da letra a retórica de Lactâncio e descreve o edito como um completo fracasso que deveria servir de advertência contra qualquer tentativa de interferência no livre mercado. Diocleciano teria erradamente culpado especuladores e atravessadores por uma inflação causada simplesmente por emissão excessiva de dinheiro. Além disso, teria fixado preços irrealmente baixos e assim agravado a escassez. O edito teria sido uma "loucura econômica" abandonado logo após sua abdicação.

Os historiadores modernos têm uma visão mais complexa da questão. Lactâncio tinha todos os motivos para detestar Diocleciano, responsável pela maior perseguição a cristãos da história romana, e é provável que tenha exagerado drasticamente as consequências negativas do edito: nenhum outro autor contemporâneo registrou tais impactos. Foi uma manobra mais sofisticada do que um ingênuo tabelamento, e a maioria dos preços parece ter sido razoavelmente realista, ao menos no início. No que se refere às requisições do Império, o Edito ainda era acatado em plena guerra civil entre Constantino I e Licínio II (até o ano 324, quase um quarto de século depois, quando o nível geral de preços se multiplicara por 5 ou 6).

Diocleciano dobrou o valor em denários de suas moedas de ouro e prata e estava consciente de que dobraria os preços médios das mercadorias. No caso do trigo, a mercadoria mais importante, o preço de mercado no Egito, em janeiro-fevereiro de 301, era 640 dracmas por artaba, o equivalente a 53,33 denários por módio castrense (unidade usada no Edito, equivalente a 1,5 módio comum), um preço conjunturalmente alto. Nos dois primeiros anos do seu reinado os preços foram 300 e 220 dracmas por artaba (25 e 18,33 denários por módio castrense) e não tinha havido, até aquela data, inflação das moedas de ouro e prata. Pois o preço máximo decretado por Diocleciano foi 100 denários por módio castrense, dando margem a uma quase duplicação do preço nominal, embora continuasse a se pagar cerca de 4 *nummi*. Ao fisco não interessava subestimar o preço do trigo, pois nesse caso agricultores poderiam pagar impostos em dinheiro em vez de cereal. As únicas mercadorias para as quais se fixaram preços artificialmente baixos foram o ouro e a prata, como indica o quadro abaixo:

Item	preço de mercado (301)	preço duplicado	preço do Edito	valor em moedas cunhadas
Libra de ouro	63.000	126.000	72.000	150.000
Libra de prata	(*) 4.270	8.540	6.000	9.600

(*) estimado com base na relação entre ouro e prata no mercado nos anos 340

O fisco podia requisitar ouro e prata em posse de grandes proprietários a um preço 30% a 40% inferior ao de mercado e cunhá-lo em moedas com valor algo superior ao dos preços de mercado (60% a 108% superior aos preços pagos), para financiar parte importante de sua despesa. Além disso, o Edito explicitou que as dívidas anteriores a 1º de setembro seriam pagas por seu valor nominal em denários, um desconto de 50% em seu valor real que deve ter aliviado soldados, funcionários e outros endividados. Mais que tabelamento, foi uma tentativa de compensar uma arrecadação fraca, taxar credores e proprietários e pôr ouro entesourado em circulação, tática que parece ter sido em boa parte bem sucedida.

Produtos de mercearia

Item	unidade antiga	preço (✻)	unidade moderna	preço (ñ)
trigo bruto (*frumentum*)	módio castrense	100	kg	15
espelta bruta	módio castrense	30	kg	7
espelta limpa	módio castrense	100	kg	16
espelta polida (*alica*)	módio castrense	200	kg	32
cevada bruta	módio castrense	60	kg	11
cevada limpa	módio castrense	100	kg	15
centeio	módio castrense	60	kg	9
arroz limpo	módio castrense	200	kg	39
painço	módio castrense	50	kg	9
painço moído	módio castrense	100	kg	18
feijões secos	módio castrense	100	kg	15
favas	módio castrense	60	kg	11
favas moídas	módio castrense	100	kg	18
grãos de bico	módio castrense	100	kg	13
ervilhas	módio castrense	60	kg	9
ervilha partida	módio castrense	100	kg	15
ervilhas-forrageiras	módio castrense	80	kg	12
ervilhas-de-pombo	módio castrense	100	kg	15
lentilhas	módio castrense	100	kg	15
aveia	módio castrense	30	kg	8
feno-grego	módio castrense	100	kg	15
sementes de papoula	módio castrense	150	kg	29
sementes de alfafa	módio castrense	150	kg	22
sementes de mostarda	módio castrense	150	kg	23
sementes de feno	módio castrense	30	kg	18
linhaça	módio castrense	150	kg	24
gergelim	módio castrense	200	kg	38
cominho	módio castrense	200	kg	53
mostarda preparada	sesteiro	8	kg	21
limpadura (sobra da limpeza dos cereais)	4 libras	2	kg	2,3
amêndoas	sesteiro	6	kg	25
castanhas	cento	4	unidade	1,5
nozes frescas	50 unidades	4	unidade	3
nozes secas	cento	4	unidade	1,5
pistache	sesteiro	16	kg	90
alho	módio itálico	60	kg	18
cebola seca	módio itálico	50	kg	36

alcaparra	módio itálico	100	kg	34
uvas passas	sesteiro	8	kg	35
"	sesteiro	4	kg	18
tremoços crus	módio castrense	60	kg	9
tremoços cozidos	sesteiro	4	kg	16
azeitonas pretas	sesteiro	4	kg	19
azeitonas em salmoura	40 unidades	4	unidade	0,15
azeitonas de Tarso	vintena	4	unidade	0,30
sal	módio castrense	100	kg	5,2
sal temperado	sesteiro	8	kg	6,8
vinagre	sesteiro	6	l	16
azeite	sesteiro	40	l	110
"	sesteiro	24	l	66
azeite lampante (*olei cibari*)	sesteiro	12	l	33
óleo de rícino	sesteiro	8	l	22
mel	sesteiro	40	l	110
"	sesteiro	24	l	66
mel de tâmaras	sesteiro	8	l	22

Os preços de cereais foram tabelados em módios castrenses, equivalentes a 1½ módio romano (ou "itálico") tradicional. Entre os tabelados estão produtos hoje abandonados ou usados apenas como forragem – como a ervilha-forrageira –, que estiveram entre as primeiras plantas cultivadas, alguns dos quais tinham preços equivalentes aos de produtos hoje nobres.

Produtos de quitanda

Item	unidade antiga	preço (✱)	unidade moderna	preço (ñ)
cardos ou alcachofras	cinco	10	unidade	3,00
caracóis (*sponduli*)	dezena	6	unidade	0,90
alface, couve ou beterraba	cinco	4	unidade	1,20
"	dezena	4	unidade	0,60
endívia	dezena	10	unidade	1,50
"	dezena	4	unidade	0,60
aspargos	25 unidades	6	unidade	0,36
aspargos silvestres	50 unidades	4	unidade	0,12
nabo, alho-poró, pepino, cabaço	dez unidades	4	unidade	0,60

	vinte unidades	4	unidade	0,30
cebola fresca	25 unidades	4	unidade	0,24
"	50 unidades	4	unidade	0,12
melancia	duas unidades	4	unidade	3,00
"	4 unidades	4	unidade	1,50
melões	4 unidades	4	unidade	1,50
figos	25 unidades	4	unidade	0,24
"	40 unidades	4	unidade	0,15
tâmaras	8 unidades	4	unidade	0,75
"	16 unidades	4	unidade	0,38
pêssegos	dezena	4	unidade	0,60
"	vintena	4	unidade	0,30
maçãs mattianas ou salignianas	dezena	4	unidade	0,60
maçãs comuns	vintena	4	unidade	0,30
"	40 unidades	4	unidade	0,15
ameixas	30 unidades	4	unidade	0,20
"	40 unidades	4	unidade	0,15
romãs	dezena	8	unidade	1,20
"	vintena	8	unidade	0,60
marmelos	dezena	4	unidade	0,60
"	vintena	4	unidade	0,30
rosas	cento	8	unidade	0,12
uvas de mesa	4 libras	4	kg	4,60
jujubas	sesteiro	4	kg	29
cerejas	4 libras	4	kg	4,60

Embora esses produtos fossem vendidos em porções de pelo menos quatro denários (6 ñ), reduzimos seus preços a unidades para facilitar a comparação, pois não sabemos o peso médio das frutas e verduras vendidas nos mercados de Roma.

Bebidas

Item	unidade antiga	preço (✳)	unidade moderna	preço (ñ)
zythum ("cerveja" egípcia, feita de cevada, cártamo e sal)	sesteiro	2	l	5,5
cerveja	sesteiro	4	l	11
vinho rústico	sesteiro	8	l	22

vinhos regionais: amineu, falerno, piceno, sabino, tiburtino	sesteiro	30 l	82
vinho envelhecido	sesteiro	24 l	66
"	sesteiro	16 l	44
vinho crisático	sesteiro	24 l	66
vinho mesoniano, engrossado a um terço	sesteiro	30 l	82
mosto fervido	sesteiro	16 l	44
mosto fervido e engrossado à metade	sesteiro	20 l	55
vinho de rosas	sesteiro	20 l	55
vinho condimentado	sesteiro	24 l	66
vinho com losna	sesteiro	20 l	55

Produtos de açougue e avícolas

Item	unidade antiga	preço (✳)	unidade moderna	preço (ñ)
carne de boi	libra	8	kg	36
carne de boi moída	libra	10	kg	46
fígado	libra	16	kg	73
útero de vaca	libra	24	kg	109
útero de porca	libra	20	kg	91
carne de porco	libra	12	kg	55
carne de porco moída	onça	2	kg	109
presunto menápico ou cerritano	libra	20	kg	91
toucinho	libra	16	kg	73
banha	libra	12	kg	55
graxa	libra	12	kg	55
sebo	libra	6	kg	27
salsicha	libra	16	kg	73
"	libra	10	kg	46
leitão	libra	16	kg	73
carne de cabra ou ovelha	libra	8	kg	36
carne de cordeiro ou cabrito	libra	12	kg	55
carne de cervo	libra	12	kg	55
carne de javali	libra	16	kg	73
galinhas	par	60	un	45
patos	par	40	un	30
perdiz	unidade	30	un	45
rolinha	unidade	16	un	24
rolinha selvagem	unidade	12	un	18
tordo	dezena	60	un	9

pombo-torcaz	par	20	un	15
pombo	par	24	un	18
francolim (*attagena*)	unidade	20	un	30
papa-figos	dezena	40	un	6
codornizes	dezena	20	un	3
estorninhos	dezena	20	un	3
pardais	dezena	16	un	2,4
pavão	unidade	300	un	450
pavoa	unidade	200	un	300
leite de ovelha	sesteiro	8	l	22
manteiga	libra	16	kg	73
queijo fresco	libra	8	kg	36
queijo seco	libra	12	kg	54
ovos	quatro unidades	4	un	1,5

Peixaria

Item	unidade antiga	preço (✳)	unidade moderna	preço (ñ)
peixe de água doce	libra	12	kg	55
"	libra	8	kg	36
peixe de água salgada	libra	25	kg	114
"	libra	16	kg	73
peixe salgado	libra	6	kg	27
ostras	centena	100	un	1,5
ostras espinhosas (espôndilos)	centena	50	un	0,75
ouriços frescos	sesteiro	50	kg	137
ouriços salgados	sesteiro	100	kg	274
liquamen (molho de peixe)	sesteiro	16	l	44
"	sesteiro	12	l	33

Roupas e tecidos

Item	unidade antiga	preço (✳)	unidade moderna	preço (ñ)
tanga	unidade	200	unidade	300
túnica simples	unidade	500	unidade	750
capa africana	unidade	500	unidade	750
túnica de inverno de soldado	unidade	750	unidade	1.125
capa de chuva (*birrus*)	unidade	1.500	unidade	2.250
túnica dálmata	unidade	2.000	unidade	3.000

túnica militar de linho	unidade	1.500	unidade	2.250
"	unidade	1.250	unidade	1.875
"	unidade	1.000	unidade	1.500
túnica militar de lã (sticharium)	unidade	2.000	unidade	3.000
capa militar (chlamys)	unidade	4.000	unidade	6.000
túnica com capuz laodiceana	unidade	4.500	unidade	6.750
dalmática	unidade	11.000	unidade	16.500
véu (*mafortium*) com listras de púrpura	unidade	55.000	unidade	82.500
colchão e travesseiro	conjunto	2.750	conjunto	4.125
"	conjunto	250	conjunto	375
corda feita de cabelo	libra	10	kg	46
corda de cânhamo	libra	6	kg	27
"	libra	4	kg	18
lã de Tarento	libra	75	kg	342
lã em flocos ou para enchimento	libra	8	kg	36
lã "púrpura" de Niceia (escarlate)	libra	1.500	kg	6.841
lã púrpura de Mileto	libra	12.000	kg	54.728
lã púrpura *oxytyria*	libra	16.000	kg	72.971
lã púrpura *hypoblatta*	libra	32.000	kg	145.941
lã púrpura de Tiro	libra	50.000	kg	228.033
seda branca	libra	12.000	kg	54.728
seda púrpura de Tiro	libra	150.000	kg	684.099

Desde os últimos séculos da República, a púrpura se tornara o mais alto símbolo de status no Império Romano. Na época de Diocleciano, só podia ser usada com permissão do imperador. A mais valorizada era a púrpura de Tiro, de cor mais intensa. Gradações mais diluídas eram menos caras. Seda tingida de púrpura valia mais que o dobro do seu peso em ouro.

Calçados

Item	unidade antiga	preço (✳)	unidade moderna	preço (ñ)
botas (*caligae*) de tropeiro ou lavrador	par	120	par	180
botas militares	par	100	par	150
botas femininas	par	60	par	90
botas de senador	par	100	par	150
botas de équite	par	70	par	105

botas (campagi) de oficial militar	par	75	par	113
sapatos (calcei) de patrício, vermelhos	par	150	par	225
sandálias (gallicae) de sola dupla para lavradores	par	80	par	120
sandálias de sola simples	par	50	par	75
sandálias de corrida	par	60	par	90
sandálias femininas de sola dupla	par	50	par	75
sandálias femininas de sola simples	par	30	par	45

Fretes

Item	unidade antiga	preço (✳)	unidade moderna	preço (ñ)
transporte em jumento (300 libras)	milha romana	4	tonelada-quilômetro	41
transporte em mula ou camelo (600 libras)	milha romana	8	tonelada-quilômetro	41
transporte em carro de bois (1.200 libras)	milha romana	20	tonelada-quilômetro	51
transporte fluvial (20 milhas romanas)	módio castrense	1	tonelada-quilômetro	5
Alexandria a Roma (1.700 milhas romanas, 18 dias) de navio	módio castrense	16	tonelada	2.360
Selêucia a Roma (22 dias) de navio	módio castrense	18	tonelada	2.660
Éfeso a Roma (15 dias) de navio	módio castrense	16	tonelada	2.360
Roma a Sicília (4 dias) de navio	módio castrense	6	tonelada	885
Roma a Tessalônica (17 dias) de navio	módio castrense	18	tonelada	2.660
Roma a Corinto (9 dias) de navio	módio castrense	14	tonelada	2.065
Roma à Espanha (9 dias) de navio	módio castrense	10	tonelada	1.475
Roma à Provença (7 dias) de navio	módio castrense	14	tonelada	2.065
Nicomédia a Roma (20 dias) de navio	módio castrense	18	tonelada	2.660
Bizâncio a Roma (19 dias) de navio	módio castrense	18	tonelada	2.660

Transporte marítimo custava aproximadamente um denário por dia por módio castrense, ou 148 ñ por tonelada de trigo e por dia. Um passageiro devia pagar o equivalente a 25 módios, um boi, cavalo ou mula 60 módios, uma cabra ou porco, 10 módios. Como um navio fazia em média 96 milhas romanas ou 142 quilômetros por dia, o frete marítimo por tonelada-quilômetro era muito próximo de 1 ñ. O frete fluvial era 5 ñ, mais alimentação do barqueiro.

Metais, vidros e produtos químicos

Item	unidade antiga	preço (✳)	unidade moderna	preço (ñ)
auricalco (latão)	libra	100	kg	456
cobre refinado	libra	75	kg	342
bronze maleável (8% estanho)	libra	60	kg	274
bronze comum (3-4% estanho)	libra	50	kg	228
ouro	libra	72.000	kg	328.367
prata	libra	6.000	kg	27.364
índigo	libra	750	kg	3.420
tinta de escrever	libra	12	kg	55
alúmen	libra	10	kg	45
enxofre	libra	6	kg	27
piche sólido	libra	8	kg	36
piche líquido	libra	12	kg	73
cinábrio	libra	500	kg	2.280
"	libra	300	kg	1.368
cyanus (azul egípcio)	libra	150	kg	684
"	libra	80	kg	365
soda (carbonato de sódio)	libra	250	kg	1.140
vidro de Alexandria (claro)	libra	24	kg	109
taças e vasos em vidro de Alexandria	libra	30	kg	137
vidro da Judeia (esverdeado)	libra	13	kg	59
taças e vasos em vidro da Judeia	libra	20	kg	91
vidro de janela (leitoso)	libra	8	kg	36
"	libra	6	kg	27

Perfumaria e especiarias

Item	unidade antiga	preço (✳)	unidade moderna	preço (ñ)
pimenta	libra	800	kg	3.649
mirra	libra	400	kg	1.824

Item	unidade antiga	preço	unidade moderna	preço
bdélio	libra	175	kg	798
costo	libra	250	kg	1.140
ládano	libra	100	kg	456
"	libra	50	kg	228
estoraque da Cilícia	libra	500	kg	2.280
estoraque de Antioquia	libra	200	kg	912
cássia (canela da China)	libra	120	kg	547
mástique branco	libra	175	kg	798
mástique negro	libra	24	kg	109
cardamomo	libra	40	kg	182
xilobálsamo de Alexandria	libra	40	kg	182
xilobálsamo da Judeia	libra	20	kg	91
bálsamo	libra	600	kg	2.736

Peles

Item	unidade antiga	preço (✳)	unidade moderna	preço (ñ)
não curtidas				
texugo	unidade	10	unidade	15
castor	unidade	20	unidade	30
lobo	unidade	25	unidade	38
hiena	unidade	40	unidade	60
lince	unidade	40	unidade	60
veado	unidade	75	unidade	113
urso	unidade	100	unidade	150
leão	unidade	1.000	unidade	1.500
leopardo	unidade	1.000	unidade	1.500
foca	unidade	1.250	unidade	1.875
gazela-dorcas	unidade	10		15
couro de boi	unidade	500	unidade	750
"	unidade	300	unidade	450
couro de cabra	unidade	40	unidade	60
couro de bode	unidade	20	unidade	30
couro de cabrito	unidade	10	unidade	15
curtidas				
texugo	unidade	15	unidade	23
castor	unidade	30	unidade	45
lobo	unidade	40	unidade	60
hiena	unidade	60	unidade	90
lince	unidade	60	unidade	90
veado	unidade	100	unidade	150

urso	unidade	150	unidade	225
leão	unidade	1.250	unidade	1.875
leopardo	unidade	1.250	unidade	1.875
foca	unidade	1.500	unidade	2.250
gazela-dorcas	unidade	15	unidade	23
couro de boi preparado para solas de sapato	unidade	750	unidade	1.125
couro de boi preparado para selas e arneses	unidade	600	unidade	900
couro de cabra	unidade	50	unidade	75
couro de bode	unidade	30	unidade	45
couro de cabrito	unidade	16	unidade	24
colcha de pele de cabra	unidade	600	unidade	900

Equipamentos e serviços para tropeiros e soldados

Item	unidade antiga	preço (✕)	unidade moderna	preço (ñ)
cabresto para cavalo	unidade	70	unidade	105
rédeas para cavalo	unidade	100	unidade	150
cabresto para mula	unidade	80	unidade	120
rédeas para mula	unidade	120	unidade	180
sela de jumento	unidade	250	unidade	375
sela de mula ou camelo	unidade	350	unidade	563
sela militar	unidade	500	unidade	750
bolsa de couro para roupa	unidade	1.500	unidade	2.250
odre	unidade	120	unidade	180
aluguel de odre	dia	2	dia	3
odre para azeite	unidade	100	unidade	150
garrafa de couro para azeite de um sesteiro	unidade	20	unidade	30
chicote de tropeiro (com cabo)	unidade	16	unidade	24
chicote de carroceiro	unidade	2	unidade	3
bainha de espada	unidade	100	unidade	150
albarda de mula ou camelo	unidade	350	unidade	525
albarda de jumento	unidade	250	unidade	375
sacolas de viagem para 30 libras	par	40	par	60
polimento de espada	unidade	25	unidade	38
polimento de capacete	unidade	25	unidade	38
polimento de machado	unidade	6	unidade	9
polimento de machado duplo	unidade	8	unidade	12

Animais vivos

Item	unidade antiga	preço (✱)	unidade moderna	preço (ñ)
leão	unidade	150.000	unidade	225.000
"	unidade	125.000	unidade	187.500
leoa	unidade	125.000	unidade	187.500
"	unidade	100.000	unidade	150.000
leopardo	unidade	100.000	unidade	150.000
"	unidade	75.000	unidade	112.500
avestruz	unidade	5.000	unidade	7.500
urso	unidade	25.000	unidade	37.500
"	unidade	20.000	unidade	30.000
javali	unidade	6.000	unidade	9.000
"	unidade	4.000	unidade	6.000
cervo	unidade	3.000	unidade	4.500
"	unidade	2.000	unidade	3.000
onagro	unidade	5.000	unidade	7.500
cavalo de corrida (*curulis*)	unidade	100.000	unidade	150.000
cavalo militar	unidade	36.000	unidade	54.000
mula ou mulo	unidade	36.000	unidade	54.000
égua	unidade	10.000	unidade	15.000
camelo de duas corcovas	unidade	60.000	unidade	90.000
camela de duas corcovas	unidade	30.000	Unidade	45.000
camelo bactriano	unidade	25.000	unidade	37.500
dromedário	unidade	20.000	Unidade	30.000
camelo árabe	unidade	12.000	unidade	18.000
touro reprodutor	unidade	5.000	unidade	7.500
boi	par	10.000	unidade	7.500
vaca	unidade	2.000	unidade	3.000
jumento reprodutor	unidade	15.000	unidade	22.500
jumento de carga	unidade	7.000	unidade	10.500
jumenta grávida	unidade	5.000	unidade	7.500
bode ou carneiro	unidade	500	unidade	750
cabra ou ovelha	unidade	400	unidade	600

Instrumentos de trabalho

Item	unidade antiga	preço (✳)	unidade moderna	preço (ñ)
enxada, enxadão ou pá de joeirar	unidade	12	unidade	18
forcado	unidade	8	unidade	12
escada de 30 degraus	unidade	150	unidade	225
eixo de carroça	unidade	250	unidade	375
cálamo de escrever	dezena	4	unidade	0,6
"	vintena	4	unidade	0,3
estojo para 5 cálamos	unidade	40	unidade	60
lançadeira	unidade	14	unidade	21
varas de suporte para videiras	centena	10	centena	15
velas	libra	4	kg	18
fitas	cúbito	2	metro	7
cânhamo trançado em corda	libra	6	kg	27
cesta de fibra de palmeira	unidade	4	unidade	6
cesto para uma libra	unidade	2	unidade	3
cesto para um módio	unidade	4	unidade	6

Madeira

Item	comprimento	m	perímetro	m	preço (✳)	unidade moderna	preço (ñ)
abeto ou pinheiro	50 cúbitos	22,2	4 cúbitos	1,78	50.000	m³	17.137
"	45 cúbitos	20,0	4 cúbitos	1,78	40.000	m³	15.233
"	40 cúbitos	17,8	4 cúbitos	1,78	30.000	m³	12.853
"	35 cúbitos	15,5	80 dedos	1,48	12.000	m³	8.461
"	28 cúbitos	12,4	4 cúbitos	1,78	10.000	m³	6.120
"	30 cúbitos	13,3	72 dedos	1,33	8.000	m³	8.124
"	28 cúbitos	12,4	64 dedos	1,18	6.000	m³	8.263
"	25 cúbitos	11,1	64 dedos	1,18	5.000	m³	7.712
carvalho	14 cúbitos	6,2	68 dedos	1,26	250	m³	610
freixo	14 cúbitos	6,2	48 dedos	0,89	200	m³	979
lenha	carrada (1.200 libras)	-	-	-	150	tonelada	570

Salários de trabalhadores (com pasto)

Item	unidade antiga	preço (✳)	unidade moderna	preço (ñ)
pedreiro (*)	4 tijolos de 60 cm	2	milheiro	750
pedreiro (*)	8 tijolos de 30 cm	2	milheiro	375
atendente ou guardador de roupas em banho	cliente	2	cliente	3
pastor	dia	20	dia	30
lavrador	dia	25	dia	38
tropeiro ou cameleiro	dia	25	dia	38
limpa-fossas	dia	25	dia	38
almocreve	dia	25	dia	38
aguadeiro	dia	25	dia	38
outros trabalhadores não especializados	dia	25	dia	38
caieiro	dia	50	dia	75
marceneiro	dia	50	dia	75
carpinteiro	dia	50	dia	75
canteiro	dia	50	dia	75
outros trabalhadores de construção	dia	50	dia	75
construtor de embarcações fluviais	dia	50	dia	75
ladrilhador	dia	50	dia	75
ferreiro	dia	50	dia	75
construtor de carroças	dia	50	dia	75
marmorista	dia	60	dia	90
mosaicista	dia	60	dia	90
construtor de embarcações marítimas	dia	60	dia	90
modelador (de fôrmas para figuras em argila)	dia	75	dia	113
pintor de paredes	dia	75	dia	113
pintor de figuras	dia	150	dia	225
tecelão	manto	175	manto	263

(*) Tijolos feitos a partir do barro e colocados. Um pedreiro podia fazer e colocar, em média, 150 tijolos comuns por dia.

Em todos esses casos, o edito especifica "com pasto", ou seja, além da remuneração em dinheiro o empregador provia alimento em valor estimado perto de 12,5 ñ por dia. Isso elevava o salário efetivo da maioria dos trabalhadores não especializados a 50 ñ por dia.

Outros salários de trabalhadores e profissionais

Item	unidade antiga	preço (✳)	unidade moderna	preço (ñ)
veterinário	animal (apara de cascos ou tosa)	6	animal	9
barbeiro (corte)	cliente	2	cliente	3
barbeiro (sangria ou purga)	cliente	20	cliente	30
pergaminheiro	quaternion (8 folhas)	40	quaternion	60
trabalho em latão	libra	8	kg	36
trabalho em cobre	libra	6	kg	27
trabalho em bronze	libra	4	kg	18
trabalho em prata	libra	300	kg	1.368
"	libra	150	kg	684
"	libra	75	kg	382
ourives	onça	80	kg	4.738
"	onça	50	kg	2.736
advogado	abertura do caso	250	abertura do caso	375
"	defesa do caso	1.000	defesa do caso	1.500
escriba, primeira qualidade	100 linhas	25	100 linhas	38
escriba, segunda qualidade	100 linhas	20	100 linhas	30
tabelião	100 linhas	10	100 linhas	15
alfaiate por capa de chuva (*birrus*)	unidade	60	unidade	90
"	unidade	40	unidade	60
alfaiate por túnica longa (*caracalla*)	unidade	25	unidade	38
"	unidade	20	unidade	30
alfaiate por par de calças	par	20	par	30
alfaiate por par de pantufas	par	6	par	9
mestre (primeiras letras ou literatura)	mensalidade	50	mensalidade	75
mestre (aritmética)	mensalidade	75	mensalidade	113
mestre (arquitetura)	mensalidade	100	mensalidade	150
mestre (gramática ou geometria)	mensalidade	200	mensalidade	300
mestre (retórica ou filosofia)	mensalidade	250	mensalidade	375

Dado o valor das mensalidades, um mestre de primeiras letras precisava ter pelo menos 25 alunos para ganhar o mesmo que um operário qualificado.

O *quaternion* (palavra da qual derivam o português "caderno" e o inglês *"quire"*) é um caderno de folhas de pergaminho preparadas com 8 folhas e 16 páginas. O pagamento de escribas era por 100 linhas, cuja extensão padrão era a de um verso de Virgílio ou Homero: em média, 16 sílabas ou 36 letras. Um escriba experiente escreveria cerca de 150 a 200 linhas e ganharia 50 ñ a 60 ñ por dia, aproximadamente o mesmo que um operário.

Uma página de pergaminho podia ter 2.000 a 2.500 letras, dependendo do arranjo das linhas e colunas. Assim, um *quaternion* tinha 32 mil a 40 mil letras e uma média de mil linhas padrão, resultando em um custo de 60 ñ para o trabalho do pergaminheiro e de 300 a 375 ñ para o escriba. Encadernação à parte, reproduzir um livro pequeno como a *Xenia* de Marcial custaria 113-136 ñ; a Torá (304.845 letras), 3.050-3.700 ñ; a *Eneida* de Virgílio (9.896 linhas), 3.600-4.300 ñ; e uma Bíblia católica completa (4 milhões de letras), 36.000-44.000 ñ.

Escravos

Item	unidade antiga	preço (✱)	unidade moderna	preço (ñ)
escravo 16-40 anos	unidade	30.000	unidade	45.000
escrava 16-40 anos	unidade	25.000	unidade	37.500
escravo 40-60 anos	unidade	25.000	unidade	37.500
escrava 40-60 anos	unidade	20.000	unidade	30.000
escravo ou escrava 8-16 anos	unidade	20.000	unidade	30.000
escravo de menos de 8 ou mais de 60 anos	unidade	15.000	unidade	22.500
escrava de menos de 8 ou mais de 60 anos	unidade	10.000	unidade	15.000

Os preços acima se referem a escravos não especializados. O edito especificava que escravos que conhecessem um ofício podiam ser negociados até ao dobro desses limites.

O pagamento de legionários foi reformado, como também as próprias legiões. A parte crucial do pagamento era agora a gratificação ou donativo, incluindo 2.500 denários em ocasiões especiais como o aniversário do nascimento e da coroação do Augusto e 1.200 denários na posse dos Césares (herdeiros e auxiliares) como cônsules. Os estipêndios ainda eram pagos, mas seu valor real era agora secundário. Por outro lado, os soldados recebiam sua *annona* (ração) à parte em dinheiro e trigo, em vez de tê-la descontada do estipêndio. Os valores anuais estimados por Richard Duncan-Jones (1990) são os seguintes:

Item	✱ (Edito)	ñ
estipêndio	1.800	2.700
donativos	10.000	15.000
annona	600	900
trigo (30 módios castrenses)	3.000	4.500
total	15.400	23.100

Isto resultaria numa média de 42,8 denários diários, ou 64 ñ segundo seu poder aquisitivo previsto pelo Edito de Diocleciano, incluindo ✱ 10 (15 ñ) para alimentação. Os oficiais agora recebiam relativamente menos, pois, se os estipêndios continuavam mantendo as antigas proporções, os outros elementos do pagamento eram iguais. Assim, para um *praepositus* ou *praefectus*, comandante de cerca de 400 homens, cujo estipêndio nominal era 30 vezes maior que o de um legionário, o valor efetivamente recebido era pouco mais de quatro vezes maior:

Item	✱ (Edito)	ñ
estipêndio	54.000	81.000
donativos	10.000	15.000
annona	600	900
trigo (30 módios)	3.000	4.500
Total	67.600	101.400

Um *protector* (comandante de cerca de 200) cujo estipêndio era doze vezes o básico recebia pouco mais que o dobro de um legionário ao se considerar os demais pagamentos. Os auxiliares, cujo estipêndio eram dois terços do básico ou 1.200 denários por ano, recebiam na prática quase tanto quanto os legionários:

Item	✱ (Edito)	ñ
estipêndio	1.200	1.800
donativos	10.000	15.000
annona	600	900
trigo (30 módios)	3.000	4.500
Total	14.800	22.200

A estrutura do exército foi também profundamente reformulada. Diocleciano aumentou as legiões de 39 para 63, mas as novas legiões eram unidades menores e móveis, de mil a 1,5 mil legionários cada uma, enquanto as tradicionais se tornaram milícias de soldados-camponeses, permanentemente estacionadas em regiões de fronteira. Uma guarnição de fronteira era comandada por um *dux* (literalmente "duque", mas a palavra é geralmente traduzida como "general"), que recebia 100 vezes o estipêndio de um legionário comum, uma força intermediária por um *comes rei militaris* e uma legião maior por um *magister militum*.

Além disso, excluiu totalmente os senadores e seus filhos de comandos militares e administrativos (exceto na Itália) e impôs o alistamento obrigatório de filhos de soldados e veteranos, começando a transformar o exército numa casta fechada.

O solidus de Constantino (306 -330)

Diocleciano retirou-se em 305, e Constantino iniciou sua luta pelo poder em 306. Devido às guerras civis que se seguiram, o *argenteus* caiu para menos de 50% de prata em 309-310, e o o *nummus* perdeu 30% do peso e sua prata a partir de 308. O valor da libra de ouro, segundo papiros egípcios, subiu dos 72.000 denários do Edito de Diocleciano para 100.000 em 304, 110.500 em 313 e 432.000 em 317.

Aparentemente por escassez de ouro na sua parte (ocidental) do Império, Constantino reduziu o peso da sua moeda de ouro em 309 e criou o chamado *solidus nummus* ("moeda inteira"), que permaneceria inalterada por mais de 700 anos. Chamado *nomisma* em grego e *besante* na Idade Média europeia, deu origem ao dinar árabe. A palavra latina originou o português e italiano "soldo", o espanhol "*sueldo*" e o francês "*sou*", nomes dados tanto a moedas quanto à paga de soldados, como também o português e italiano "saldo". Seu rival Licínio II cunhou moedas de *aureus* e *nummus* no Oriente até a derrota em 324.

O sólido pesava 1/72 da libra romana, 1/6 de onça, quatro escrópulos, oito óbolos ou 24 síliquas ou quilates, unidade de peso de 0,19 grama, peso da semente da alfarrobeira (*siliqua* em latim, *keration* em grego) . Daí se originou o costume de medir a pureza do ouro em quilates. A moeda de prata básica, cunhada em pequena quantidade, foi também chamada de síliqua (quilate) por ser cotada a 1/24 do soldo, uma síliqua ou quilate de ouro.

No auge do conflito entre Constantino e Licínio II, as moedas eram as seguintes:

Licínio II (até 324)

Denominação	Valor em ✵	Peso em gramas	Valor em ñ (Antioquia, 320)
Moedas de conta			
talento	1.500	–	360
denarius communis	1	–	0,24
Moedas de ouro			
nummus aureus (Licínio)	7.200	5,45	1.728
Moedas de cobre (25% de prata)			
denarius argenteus (313)	100	3,40	24
Moedas de cobre (2,5% de prata)			
nummus duplo	50	4,54	12
Moedas de cobre (1,5% prata)			
nummus italicus (*)	25	4,54	6
Moedas de cobre			
nummus com a inscrição xiμ	12,5	4,54	3

(*) 3,36 gramas e 1,5% de prata em 313, deixou de ser cunhada em 318

Constantino

Denominação	Valor em ✵ (323)	Peso em gramas	Valor em ñ
Moedas de conta			
talento	1.500	–	360
denarius communis	1	–	0,24
Moedas de ouro			
solidus nummus (a partir de 309)	6.000	4,54	1.440
Moedas de prata			
denarius argenteus ou síliqua	250	3,40	60
Moedas de cobre (25% de prata)			
denarius argenteus (313)	100	3,40	24
Moedas de cobre (4,7% de prata) (*)			
nummus centenionalis (318-330)	100	2,92	24
meio centenionalis	50	1,46	12
Moedas de cobre (1,5% prata)			
nummus italicus (**)	25	4,54	6

(*) 2,2% de prata nos anos 320-321

(**) 3,36 gramas e 1,5% de prata em 313, deixou de ser cunhada em 318

Após a vitória final de Constantino, financiada em parte com a inflação da moeda de bronze, a cunhagem do sólido foi reforçada com a conversão do imperador ao cristianismo (motivada, segundo a lenda, por sua vitória sobre Magêncio em 312), assinalada pela dedicação de sua nova capital Constantinopla ao deus dos cristãos em 330. Isso lhe serviu para confiscar as estátuas de ouro, prata e bronze dos templos pagãos e convertê-las em moedas de 331 a 336. Até então secundário como moeda, o ouro se tornou a base do sistema monetário romano e passou a ser exigido na cobrança de tributos, ao passo que as moedas de cobre, sujeitas a periódicas manobras inflacionárias para compensar a arrecadação insuficiente, eram desprezadas. Mais que antes, acumular ouro se tornou uma obsessão dos ricos.

Sem alteração de peso, as moedas de ouro mantiveram seu poder aquisitivo estável durante todo o século IV, como indicam os preços registrados ao serem convertidos em frações do sólido:

Preços típicos do século IV

Item	Unidade antiga	Preço (sólidos)			Unidade moderna	preço (ñ)		
		máximo	mediano	mínimo		máximo	mediano	mínimo
trigo	módio itálico	1/18	1/30	1/48	kg	12	7	4
vinho barato	sesteiro	1/53	1/64	1/100	l	50	41	26
vinho bom	sesteiro	1/33	1/37	1/38	l	80	71	69
azeite	sesteiro	1/40	1/41	1/42	l	66	64	63
carne de porco	libra	1/43	1/80	1/100	kg	102	55	44
salário	dia	1/40	1/56	1/66	dia	36	26	22

Fonte: Ryszard Pankiewicz, Value of Gold in Relation to Goods in the Late Roman Empire

As peças de prata diminuíram de peso a partir de 358 sem diminuir em valor, o que significa que esse metal se valorizou em relação ao ouro.

Já as de cobre eram cunhadas com um valor nominal fixo em *denarii communes*, enquanto as cotações das moedas de ouro e prata subiam a cada crise. Quem precisasse delas (para pagar impostos, por exemplo) e só tivesse moedas de cobre tinha de comprá-las ao câmbio do dia. Quando o poder aquisitivo das moedas de cobre caía abaixo do valor de mercado de seu metal, aquelas eram derretidas e novas moedas de cobre lançadas, com valores nominais mais altos ou peso mais baixo.

O valor da libra de ouro em denários foi registrado em vários documentos, principalmente papiros egípcios. O quadro abaixo resume os valores conhecidos:

Documento	data	libra de ouro em X	1/72 libra (peso do sólido) em X
P. Beatty Panop. 2, 215 ff	26/2/300	60.000	833
Edito de Diocleciano (*)	1/9/301	72.000	1.000
P. Oxy. XVII 2107 (*)	c.304-306?	100.000	1.389
P. Heid IV 323 C	310	150.000	2.083
P. Ryl. IV 616 ii (*)	c.312?	110.500	1.535
P. Oxy. XLIII 3121	c.316-318	432.000	6.000
Inscrição ILS 9420 em Feltre, Itália	23/8/323	430.200	5.975
CPR VIII 27 (*)	324?	252.720	3.510
P. Oxy. XII 1430.17 (*)	324	313.200	4.350
P. Vindob. G 13187	?	1.890.000	26.250
SB XVI 12825	330-337	10.800.000	150.000
SB XIV 11593.39	?	19.800.000	275.000
P. Oxy. LIV 3773	c.340?	25.920.000	360.000
P. Ryl. IV 657 verso	?	27.360.000	380.000
P. Oxy. XXXIV 2729	c.350?	525.600.000	7.300.000
P. Oxy. XX 2267.11-13	?	329.040.000	4.570.000
P. Oxy. LI 3624	359	979.200.000	13.600.000
P. Oxy. XLVIII 3426	?	1.620.000.000	22.500.000
P. Oxy. IX 1223	?	1.454.400.000	20.200.000
P. Oxy. XLVIII 3429	?	2.336.400.000	32.450.000
PSI VIII 959.13	?	2.700.000.000	37.500.000
P. Oxy. LI 3628-3636	c.423?	2.844.000.000	39.500.000
CPR 26 (Skar Codex)	c.450?	3.024.000.000	42.000.000
P. Oxy. XIV 1729	?	3.393.597.600	47.133.300
P. Oxy. XVI 1911.208	557	3.721.824.000	51.692.000
P. Oxy. 2195.48,141-4	562-563?	3.590.280.000	49.865.000
P. Oxy. LV 3804.271	566	3.456.000.000	48.000.000
P. Oxy. LVIII 3958.26	614	3.456.000.000	48.000.000
P. Oxy. XVI 1917.59	616-617	5.184.000.000	72.000.000
P. Oxy. XVI 1904.3	618	5.529.600.000	76.800.000

(*) preços oficiais de requisição, inferiores aos de mercado

Fonte: Jairus Banaji, *Agrarian Change in Late Antiquity : Gold, Labour, and Aristocratic Dominance*.

É uma situação familiar para brasileiros e outros latino-americanos que viveram as inflações do século XX, nas quais o dólar (ou moedas nacionais indexadas, como a ORTN da ditadura brasileira) fizeram o papel do sólido.

O valor da libra de ouro no início dos anos 330 era de 1.296.000 denários, o que resultava em 18.000 denários para o sólido. Além de moedas de ouro representando frações do *solidus*, foi cunhada uma moeda de prata maior que a sílíqua chamada "miliarense" por ser inicialmente equivalente a mil denários (e não a um milésimo de uma libra de ouro, como dizem alguns). Parece não ter sido destinada à circulação e sim a ser um donativo distribuído entre militares e funcionários para ser entesourado pelos beneficiários, assim como as moedas de ouro múltiplas do sólido, nos valores de 1,2 (equivalente ao antigo *aureus*), 1½, 1¾, 2, 3, 4½, 6, 7, 8 e 9 sólidos. O sistema na época da fundação de Constantinopla era o seguinte:

Denominação	Valor em ✘ (330)	Peso em gramas	Valor em ñ (Constantinopla, 330)
Moedas de conta			
libra de ouro	1.296.000	328,9	103.680
libra de prata	72.000	328,9	5.760
miríade	10.000	–	800
talento	1.500	–	120
denarius communis	1	–	0,08
Moedas de ouro			
solidus nummus	18.000	4,54	1.440
semisse	9.000	2,27	720
sesquiscripulum	6.750	1,70	540
Moedas de prata			
miliarense triplo	3.000	13,62	240
miliarense pesado	1.200	5,45	96
miliarense leve	1.000	4,54	80
denarius argenteus ou siliqua	750	3,40	60
Moedas de cobre (1,4% de prata)			
nummus centenionalis (330-348) (*)	100	2,47	8

(*) peso reduzido para 1,7 grama em 336

Após a redução de peso de 336, a primeira substituição das moedas de bronze aconteceu em 348, durante o reinado de Constante I (Ocidente) e Constâncio II (Oriente), com a retirada dos *centenionales* e o lançamento de três moedas para comemorar os 1.100 anos da fundação de Roma:

- Bronze pesado (*pecunia majorina* ou duplo *centenionalis*), 5,48 g com 3% de prata, ✗ 800, 6 ñ

- Bronze médio (*centenionalis*), com 4,54 g e 1,5% de prata, ✗ 400, 2,4 ñ

- Bronze leve (*nummus* ou meio *centenionalis*), com 2,72 g e sem prata, ✗ 200, 1,2 ñ

As estimativas acima para o valor nominal supõem sólido a ✗ 360 mil e síliqua a ✗ 15 mil. Em 349, Constâncio II proibiu derreter a *majorina*, o que sugere que seu valor nominal não era maior do que o valor de mercado de seu metal (750 a 900 denários, por papiros dos anos 340).

Guerra civil, hiperinflação e reforma de Constâncio II (350-380)

A guerra civil de Constâncio II e Magnêncio, de 350 a 353, parece ter tido um enorme impacto inflacionário. A peça menor foi abandonada e as outras duas reduzidas progressivamente em peso. Em 356, o mesmo imperador proibiu que comerciantes carregassem para pagar suas despesas mais de mil *folles* (12,5 milhões de denários, a essa altura equivalente a um sólido ou pouco mais) em seus animais (para inibir a especulação com o metal) e proibiu que as moedas de 348 fossem compradas e vendidas, devendo ser recolhidas. Cunhava-se então uma nova moeda de bronze de 2,72 g sem prata, cujo valor nominal pode ter sido de ✗ 12.500 (1,5 ñ) e que foi chamada *follis* em recordação das bolsas de Diocleciano.

Em 358, houve outra reforma monetária, por Constâncio II. A menor moeda de prata, síliqua, foi reduzida em peso, devido a uma revalorização da prata em relação ao ouro. De 18 para 1 desde o tempo de Constantino I, a relação de valor entre os dois metais voltou a ser 12 para 1. As moedas de bronze passaram a ser cunhadas com 2,09 gramas. Em 362, estas foram substituídas por duas novas moedas, uma de 9,08 gramas e outra de 3,4 gramas (teóricas).

Denominação	Valor em X (362)	gramas (362)	Valor em ñ (362)
Moedas de conta			
libra de ouro	1.036.800.000	328,9	103.680
libra de prata	93.600.000	328,9	8.640
miríade	10.000	–	1
talento	1.500	–	0,15
denarius communis	1	–	0,0001
Moedas de ouro			
solidus nummus	14.400.000	4,54	1.440
semisse	7.200.000	2,27	720
sesquiscripulum	5.400.000	1,7	540
Moedas de prata			
miliarense triplo	3.900.000	13,62	390
miliarense pesado	1.560.000	5,45	156
miliarense	1.300.000	4,54	130
síliqua	600.000	2,1	60
meia síliqua	300.000	1,05	30
Moedas de cobre			
pecunia majorina ou follis	30.000	9,08	3
nummus minimus	6.000	3,05	0,6

Os valores assinalados para as moedas de cobre são hipotéticos, mas os outros são, no mínimo, muito próximos da realidade. O *nummus minimus*, também chamado *nummia* ou *kerma* em grego, era usado em bolsas seladas.

O surgimento da tremisse (381-476)

Um novo padrão de moedas de bronze foi criado em 381 pelos imperadores Graciano (Oriente) e Valentiniano II (Ocidente). O sólido era cotado então a 36 milhões de denários e as pequenas moedas de cobre foram cotadas a 6 mil denários, próximo do seu valor metálico. A moeda de bronze maior deixou de ser cunhada depois de 395, mas o *follis* continuou a ser usado como moeda de conta com o valor de 5 *nummi*.

Denominação	Valor em X (388)	gramas (388)	Valor em ñ (388)	Valor em X (445)	Valor em ñ (445)
Moedas de conta					
libra de ouro	2.592.000.000	328,9	103.680	3.024.000.000	172.800
libra de prata	324.000.000	328,9	12.960	378.000.000	21.600
miríade de talentos	15.000.000	–	4.000	15.000.000	857
follis	30.000	–	1,2	30.000	1,7
miríade	10.000	–	0,4	10.000	0,57
talento	1.500	–	0,06	1.500	0,086
denarius communis	1	–	0,00004	1	0,000057
Moedas de ouro					
solidus nummus	36.000.000	4,54	1.440	42.000.000	2.400
semisse	18.000.000	2,27	720	21.000.000	1.200
tremisse	12.000.000	1,51	480	14.000.000	800
Moedas de prata					
miliarense triplo	13.500.000	13,62	540	15.750.000	900
miliarense pesado	5.400.000	5,45	216	6.300.000	360
miliarense	4.500.000	4,54	180	5.250.000	300
síliqua	1.500.000	1,51	60	1.750.000	100
meia síliqua	750.000	0,75	30	875.000	50
Moedas de cobre					
majorina ou follis (até 395)	30.000	5,45	1,2	–	–
nummus minimus (*)	6.000	1,70	0,24	6.000	0,34

(*) 1,30 grama no Oriente a partir de 388. O valor de 6 mil denários para o *nummus* é atestado por um papiro.

A partir de 384, a moeda de ouro menor foi cunhada com o valor de um terço do sólido e se chamou *tremis*, tremisse em português, que teria um papel muito importante nos reinos bárbaros do Ocidente. A síliqua foi novamente reduzida a partir de 387 e passou a pesar 1,5 grama. Isso significa uma nova valorização da prata e redução da relação entre o preço da prata e o do ouro, que deve ter passado de 12 a 1 para 8 a 1. Além disso, a partir do final do século IV, há uma elevação do poder aquisitivo real do ouro e da prata em relação à maioria das mercadorias, de modo que o sólido passa a valer cerca de 2.400 ñ e a síliqua, 100 ñ.

Preços típicos dos século V e VI

Item	Unidade antiga	Preço (sólido)			Unidade moderna	preço (ñ)		
		máximo	mediano	mínimo		máximo	mediano	mínimo
trigo	módio itálico	1/11	1/35	1/60	kg	32	10	6
vinho	sesteiro	1/140	1/200	1/442	l	31	22	10
azeite	sesteiro	1/40	1/42	1/45	l	110	105	98
carne de porco	libra	1/120	1/130	1/144	kg	61	56	51
escravo não especializado	unidade	30	20	12	unidade	72.000	48.000	28.800
jumento	unidade	8,5	5	3	unidade	20.400	12.000	7.200

Fonte: Ryszard Pankiewicz, *Value of Gold in Relation to Goods in the Late Roman Empire*

A cunhagem de moedas de prata praticamente parou por volta de 425, salvo por meias síliquas em quantidade muito pequena e só no Ocidente. Em 445, os imperadores Valentiniano III (Ocidente) e Teodósio II (Oriente) estabeleceram, por decreto conjunto, que o sólido deveria ser aceito por 7.000 *nummi* para compra e 7.200 para venda. O *nummus*, reduzido em relação a 382, valia ainda seu peso em cobre ou cerca de 0,34 ñ: eram necessárias 8 ou 9 quilos de moedas de cobre para comprar um sólido. Em 498, eram trocados 14.400 *nummi* por um *solidus*.

Bibliografia

ANCIENT economy coins worth at the time they were minted? *Forvm Ancient Coins*. Disponível em http://www.forumancientcoins.com/board/index.php?topic=87248.0

BAGNALL, Roger S. Fourth-Century prices: new evidence and further thoughts". *Zeitschrift für Papyrologie und Epigraphik*, 76, 1989.

BAGNALL, Roger S., SIJPESTEIJN, P. J. Currency in the fourth century and the date of CPR V 26. *Zeitschrift für Papyrologie und Epigraphik*, 24, 1977.

BANAJI, Jairus. *Agrarian Change in Late Antiquity:* Gold, Labour, and Aristocratic Dominance. Oxford University Press, 2002.

BOECKH, August. *The Public Economy of the Athenians, with Notes and a Copious Index.* Boston: Little, Brown and Company, 1857.

BOMGARDNER, D. L. *The story of the roman amphitheatre.* London/New York, Routledge, 2000.

BRANSBOURG, Gilles. Rome and the Economic Integration of Empire. Disponível em http://dlib.nyu.edu/awdl/isaw/isaw-papers/3/

BROWN, I.D., HAZARD, R.A. The silver standard of the Ptolemaic coinage. *Revue numismatique*, 1984. Vol. 6, n. 26, pp. 231-239. Disponível em http://www.persee.fr/web/revues/home/prescript/article/numi_0484-8942_1984_num_6_26_1865

CALLU, J. P. Monnaie de compte et monnaies réelles: L'Ostracon 54 de Douch. *Zeitschrift für Papyrologie und Epigraphik*, 79. 1989.

COPE, Lawrence H. Diocletian's price edict and second coinage reform in light of recent discoveries. *The Numismatic Cronicle* vol. 17 , 1977

CORBIER, Mireille. Dévaluations et évolution des prix (Ier-IIIe siècles).*Revue numismatique*, 6ª série - Tomo 27, pp. 69-106, 1985.

DAEHN, Bill. *Greek coin weight standards*, 2011. Disponível em http://pt.scribd.com/doc/94991480/Weight-Standards-for-Greek-Coins

DAVIS, Gil. Dating the Drachmas in Solon's Laws. *Zeitschrift für Alte Geschichte*, 61, 2012.

DEPEYROT, Georges. Le Système Monétaire de Dioclétien à la Fin de L'Empire Romain. *Revue Belge de Numismatique et de Sigillographie*, CXXXVIII, 1992.

DIOCLETIAN's edict on Maximum Prices. http://www.forumancientcoins.com/NumisWiki/view.asp?key=Edict+of+Diocletian+Edict+on+Prices

DUNCAN-JONES, R. P. The Choenix, the Artaba and the Modius. *Zeitschrift für Papyrologie und Epigraphik*, 21, 1976

DUNCAN-JONES, Richard. *Structure and Scale in the Roman Economy*. Cambridge University Press, 1990.

EQUESTRIAN procurators, numbers and costs. Disponível em http://www.csun.edu/~hcfll004/equestproc-text.html

ERIM, Kenam T., REYNOLDS, Joyce, CRAWFORD, Michael. Diocletian's Currency Reform; A New Inscription. *The Journal of Roman Studies*, v. 61, pp. 171-177, 1971

FAUCHER, Thomas, LORBER, Catharine. Bronze coinage of Ptolemaic Egypt in the Second Century BC. Disponível em https://www.academia.edu/935192/Bronze_Coinage_of_Ptolemaic_Egypt_in_the_Second_Century_BC

GARDNER, Percy. *A History of Ancient Coinage*. Oxford: Clarendon, 1918. Disponível em http://archive.org/stream/cu31924029779133/cu31924029779133_djvu.txt

GLASS in the price edict of Diocletian. Disponível em http://www.cmog.org/article/glass-price-edict-diocletian

GLOTZ, Gustave. *A Cidade Grega*. Rio de Janeiro: Bertrand Brasil, 1988.

GRAEBER, David. *Debt : the first 5,000 years*. New York: Melville, 2010.

GUCKELSBERGER, Marianne. *The purple murex dye in antiquity*. Háskóli Íslands, 2013.

HARL, Kenneth W. *Coinage in the Roman Economy, 300 B.C. to A.D. 700*.

HISTORY of Phoenician coinage. Disponível em http://www.usc.edu/dept/LAS/arc/profilecoin/html/page1.htm

KAY, Philip. *Rome's economic revolution*.

LIN, Foxhall. A view from the top: evaluating the Solonian property classes. *The Development of the Polis in Archaic Greece*, org. Lynette G.Mitchell e P.J.Rhodes. Londres: Taylor & Francis, 2005.

MARKOWITZ, Mike. *The coinage of Carthage*: an introduction. Ancient Numismatic Society of Washington.

MURRAY, William M. The Weight of trireme rams and the price of bronze in fourth-century Athens. Disponível em https://www.academia.edu/3364670/The_Weight_of_Trireme_Rams_and_the_Price_of_Bronze_in_Fourth-Century_Athens

ORIGIN of money in Greece: agio. Disponível em http://www.metrum.org/money/agio.htm

PANKIEWICZ, Ryszard. Value of Gold in Relation to Goods in the Late Roman Empire. *Eos* LXXIII 1985.

PANNEKEET, C.G.J. *Yet another view on Aurelian's monetary reform, or should I say restoration?* Slootdorp, 2013

REDEN, Sitta von. *Money in classical antiquity*. New York: Cambridge 2010

_____. *Money in ptolemaic Egypt: From the macedonian conquest to the end of the third century BC*. New York: Cambridge 2007

RIDGEWAY, William. The homeric talent, its origin, value, and affinities". *The journal of hellenic studies*, vol. 8, 1887.

SCHEIDEL, Walter. *Explaining the maritime freight charges in Diocletian's price edict*. Stanford University

_____. *State revenue and expenditure in the Han and Roman empires*. Stanford University, abril de 2012.

_____. *The monetary systems of the Han and Roman empires*. Stanford Universiti, fevereiro/2008.

SMEKALOVA, T.N. *Coinage alloys of the Northern Black Sea littoral states*. Disponível em http://www.pontos.dk/publications/papers-presented-orally/Foral-files/Sme_coinage_alloys.htm

SMITH, William et al. *A Dictionary of Greek and Roman Antiquities*.London: J. Murray, 1891. Disponível em https://archive.org/details/adictionarygree01smitgoog

THE SOLONIAN reform. Disponível em http://www.metrum.org/measures/solonian.htm

THE STANDARD of the Heraion. Disponível em http://www.metrum.org/measures/heraion.htm

THOMPSON, Dorothy Burr. *An Ancient Shopping Center: The Athenian Agora*. American School of Classical Studies at Athens, 1993.

THROUGH the ages: athenian owls. Disponível em http://athenianowlcoins.reid-gold.com/

VAN ALFEN, Peter G. The Coinage of Athens, Sixth to First Century B.C. *The Oxford Handbook of Greek and Roman Coinage*, ed. William E. Metcalf. New York: Oxford University Press, 2012.

VAN LEEUWEN, Bas, PIRNGRUBER, Reinhard, VAN LEEUWEN-LI, Jieli. *The standard of living in ancient societies: a comparison between the Han Empire, the Roman Empire, and Babylonia.*

VECCHI, Italo G. Etruscan Numismatics: A Notorious Dating and Identification Problem. *Etruscan Studies: Journal of the Etruscan Foundation.* V. 10, Article 8, 1-1-2007.

WAGES and prices at Athens, 480-300 B.C. Disponível em http://www.tulane.edu/~august/handouts/100coin4.htm

Alta Idade Média

A imagem da Alta Idade Média (nesta obra entendida como o período de 476 a 1000 na Europa, África do Norte e Oriente Médio) como destituída de dinheiro e baseada no escambo ou em tributos em mercadoria e trabalho dentro de feudos autossuficientes é uma simplificação excessiva. Não só a civilização urbana continuava a florescer no mundo árabe (incluindo a Península Ibérica), em Veneza e no Império Bizantino, como havia mais comércio e cultura nos reinos cristãos do Ocidente do que geralmente se imagina.

Muitos camponeses podiam passar toda uma vida sem sair das vizinhanças de sua aldeia e muitas das relações sociais e econômicas mais importantes não envolviam moeda física. O dízimo devido à Igreja era pago em produtos. Um servo pagava suas principais obrigações ao senhor feudal na forma de parte de sua produção, geralmente a metade (a chamada talha) e de serviços prestados três ou mais dias por semana no solar, no castelo ou nas terras de uso exclusivo do senhor (corveia), além de pagar a moagem de farinha e o uso de fornos ou de prensas de vinho e azeite com parte do produto, variável de 1/14 a 1/3 (banalidades). Por sua vez, o senhor feudal pagava sua vassalagem ao suserano com a prestação de serviços militares durante parte do ano (geralmente 40 dias).

Entretanto, muitos produtos necessários (sal e metais, por exemplo) e a maioria dos artigos de luxo consumidos pelos reis e nobres dependiam de comércio de longa distância. Mesmo servos precisavam de utensílios e ferramentas que não podiam fabricar sozinhos. Camponeses livres, numerosos em certas regiões (notadamente Inglaterra e Flandres), pagavam impostos. Contratos de arrendamento de propriedades exigiam pagamentos regulares.

É enganoso supor que essas transações dependiam de escambo no sentido dado pelos economistas clássicos à palavra, de troca imediata sem uso de crédito ou medida comum de valor. É mais adequado falar de permuta, pois essas trocas eram mediadas por moedas de conta (eventualmente suplementadas por moedas físicas) e envolviam promessas de pagamento e contratos de dívida, fossem registrados por escrito (onde havia clérigos ou escrivães públicos disponíveis), pela presença de testemunhas ou autoridades púbicas, ou ainda por meios informais de contabilidade, como a talha de fuste (ver adiante).

Isso é claro no caso de valores de multas e indenizações conservados em códigos legais da Alta Idade Média, que para certas épocas e lugares são as únicas evidências de valores e preços. São sempre expressos em alguma moeda, romana, anglo-saxônica ou carolíngia, mas muitas vezes os códigos incluem disposições sobre a avaliação de bens usados para pagá-los na falta de dinheiro, tais como escravos, cabeças de gado, falcões amestrados, armas e armaduras. Onde se podem encontrar registros de compras e vendas, como nas abadias ibéricas, veem-se contabilizadas ovelhas, moios de trigo e soldos de dinheiro carolíngio como valores equivalentes, somados como se fossem da mesma natureza.

Sistemas monetários

A evolução do sistema monetário na Alta Idade Média pode ser dividida em três fases:

Período romano (476-629): neste período, o Império Romano com capital em Constantinopla, mesmo tendo perdido o controle do Ocidente, continuou a ser o Estado mais rico e a maior potência militar e naval da Europa e Oriente Médio. No século VI chegou a varrer do mapa vândalos e ostrogodos e reconquistar a Itália e a África do Norte. Até meados do século VI, os principais reinos bárbaros se consideraram seus vassalos e cunharam moedas em nome do imperador. Mesmo nas ilhas Britânicas e no norte da Europa se usaram moedas romanas e suas imitações, ou pelo menos elas foram uma referência contábil.

No Império Romano, moedas de prata estavam em desuso e se usavam moedas de ouro (sólidos e frações) e de cobre (foles e frações).

Nos reinos bárbaros, cunhavam-se principalmente tremisses (terços de sólidos) e síliquas (moedas de prata com o valor de 1/24 de sólido). No Império Sassânida da Pérsia, rival dos romanos no Oriente, usa-se um equivalente do sólido com o nome de *denar* ao lado do *drahm* (continuação do dracma grego) e de moedas de cobre. Este quadro simplificado e algo inexato dos sistemas monetários ajudará a fixar as ideias gerais antes de entrarmos nos detalhes da evolução em cada região:

Denominação (Império Romano)	Denominação (Império Sassânida)	Denominação (Ocidente)	gramas	Valor em ñ
Moedas de ouro	**Moedas de ouro**	**Moedas de ouro**		
sólido	denar	Nomisma	4,5	2.400
tremisse	1/3 denar	Tremisse	1,5	800
Moedas de prata	**Moedas de prata**	**Moedas de prata**		
–	drahm (dracma)	–	4,25	300
–	–	Síliqua	1,5	100
–	dang (óbolo)	–	0,71	50
Moedas de cobre	**Moedas de cobre**	**Moedas de cobre**		
fole	–	–	18	10
–	pashiz	–	2	6,25
numo	–	–	0,5	0,25

Expansão árabe (629-750): O Islã, fundado em 622 por Maomé, empolgou os povos da Arábia, e estes partiram para a conquista do mundo. Conquistaram o império sassânida, tomaram aos romanos a Síria, o Egito, a África do Norte, e aos bárbaros visigodos a Península Ibérica. O Império Árabe, com capital em Damasco a partir de 661, tornou-se a potência mais dinâmica do Ocidente e Oriente Médio e combinou os sistemas monetários romano e persa em um sistema próprio, formado por dinares de ouro, dirrãs de prata e faluzes de cobre. As moedas se caracterizavam pela ausência de imagens, substituídas pela profissão de fé islâmica. O Império Romano continuou a existir muito reduzido em extensão e formado essencialmente por regiões de língua grega. A partir deste período é conhecido retroativamente pelos historiadores como Império Bizantino. O sólido continuou a existir com o nome grego de nomisma e acompanhado por uma moeda de prata chamada *miliaresion*, que era essencialmente uma versão cristã do dirrã islâmico.

Durante esse período, a instabilidade e o entesouramento maciço fizeram ouro e prata escassear, provocando queda generalizada de preços e multiplicação por dois a quatro do poder aquisitivo dos metais e moedas. No Ocidente, a escassez de ouro fez o sólido praticamente desaparecer, salvo como moeda de conta. Foram cunhadas tremisses de electro com cerca de 30% de ouro e do valor das tremisses bizantinas, ao lado das síliquas, que passaram a ser conhecidas como *peningar* nos países de língua germânica e como dinheiros nos de língua latina. O esquema abaixo simplifica a relação entre as principais moedas:

Denominação (Império Bizantino)	Denominação (Império Árabe)	Denominação (Ocidente)	gramas	Valor em ñ
Moedas de ouro	Moedas de ouro	Moedas de ouro		
nomisma	dinar	sólido	3,9-4,5	6.000
Moedas de electro	Moedas de electro	Moedas de electro		
–	–	Tremisse	1,3-1,5	600
Moedas de prata	Moedas de prata	Moedas de prata		
miliaresion	dirrã	–	3,0	300
–	–	denarius ou pæning	1,3-1,5	150
Moedas de cobre	Moedas de cobre	Moedas de cobre		
fole	–	–	9	12,5
–	faluz	–	2,2	5

Período franco (750-1000): Liderados pela dinastia fundada por Carlos Martel, os francos detiveram a expansão árabe, assumiram o papel de protetores do Papa em Roma e se tornaram hegemônicos no Ocidente, salvo nas Ilhas Britânicas. Criaram um novo sistema monetário totalmente baseado na prata, que foi imitado pelos anglo-saxões e tornou-se ponto de partida da evolução monetária de toda a Europa Ocidental: pequenas moedas chamada dinheiros, contadas de 12 em 12 como soldos (derivados dos "sólidos de conta" de electro) e de 240 em 240 como libras. Francos e anglo-saxões tentaram cunhar moedas de ouro de 30 dinheiros para comerciar com árabes e bizantinos, mas sem continuidade. Em geral, cristãos ocidentais só lidavam com moedas de ouro ao comerciar com árabes ou bizantinos.

O Império Bizantino desfrutou de uma fase de reconstrução e expansão limitada e continuou a usar moedas à maneira tradicional. O Império Árabe, então centrado em Bagdá, cessou a expansão (salvo nas ilhas do Mediterrâneo) e começou a se desintegrar política e sectariamente, mas ainda era a região cultural e economicamente mais próspera. Suas moedas circulavam pela Europa e formavam a maior parte dos tesouros vikings. Numa evolução peculiar, o sistema monetário deixou de ser controlado pelo Estado, e a interpretação da *sharia* pelos ulemás obrigou a considerar as moedas de ouro e prata como pequenos lingotes.

Denominação (Império Bizantino)	Denominação (Império Árabe)	Denominação (Ocidente)	gramas	Valor em ñ
Moedas de ouro	Moedas de ouro	Moedas de ouro		
nomisma	dinar	mancuso (raro)	4,2-4,5	3.000
Moedas de prata	Moedas de prata	Moedas de prata		
miliaresion	dirrã	–	3,0	200
–	–	denarius ou pæning	1,5-1,7	100
Moedas de cobre	Moedas de cobre	Moedas de cobre		
fole	–	–	5,7	8,3
–	faluz	–	2,2	3,3

Talha de fuste

Na falta de documentos escritos, o meio comum de se registrar uma venda fiada, um empréstimo ou um tributo devido na Idade Média, mesmo entre analfabetos e sem testemunhas, foi a "mossa de pau" ou "talha de fuste" (inglês *tally stick*, francês *bâton de taille*), uma vara ou pedaço de madeira (geralmente de aveleira, ao menos na Inglaterra) dividida em diagonal, que trazia marcada em cada uma das partes mossas ou entalhes (em inglês *indentations*, de onde vem o termo *indentured*) indicadores do valor da dívida, ficando o devedor com uma parte e o credor com a outra.

A parte maior, chamada em inglês *stock*, ficava com o credor, por isso chamado em inglês *stockholder*. A menor era chamada em inglês *stub* ou *foil*, da qual vem a expressão inglesa *ticket stub* ("canhoto de ingresso"). Ao ser paga a dívida, o credor ou cobrador devolvia sua parte. Como o tipo de madeira era selecionado por seus veios evidentes, a textura da madeira tinha um papel semelhante ao da marca d'água no papel moeda de hoje. Como as duas partes precisavam se encaixar perfeitamente, era difícil perpetrar uma fraude. O imposto assim cobrado, proporcional à posse de imóveis e considerado uma taxa pela proteção oferecida pelo rei ou senhor feudal, era chamado "talha".

O credor podia, se quisesse, vender o *stock* a um terceiro (normalmente com um desconto), para que este se encarregasse da cobrança ou o passasse adiante, assim como hoje se endossa um cheque, uma nota promissória ou qualquer outro título de crédito. Ou seja, a talha de fuste podia circular como dinheiro e multiplicar a quantidade efetiva de moeda em circulação, assim como ocorre hoje com o dinheiro depositado em bancos. Em regiões rurais do sul da França, Suíça e bacia do Danúbio, as talhas ainda eram usadas entre particulares no início do século XX.

Finanças

Instrumentos de crédito mais sofisticados foram usados pelos mercadores judeus conhecidos pelos árabes como "radanitas", cujas rotas se estendiam pela maior parte da Europa, Oriente Médio, Norte da África e Ásia Central e atingiam a China e a Índia. Por meio deles, o Ocidente exportava escravos, peles, espadas e brocados e importava seda, especiarias, perfume, incensos e pedras preciosas. Presentes como conselheiros e financistas nas cortes tanto dos reis cristãos quanto dos sultões muçulmanos, os radanitas podem ter sido responsáveis pela transmissão de muitos conhecimentos do Oriente para a Europa, incluindo o papel, os algarismos arábicos e pesos, medidas e sistemas monetários.

Os radanitas tornaram-se os principais provedores de crédito, pois tanto cristãos quanto muçulmanos eram proibidos por suas religiões de emprestar a juros, e criaram uma rede financeira de dimensões sem precedentes ao transportar grandes quantidades de dinheiro em suas viagens sem risco de roubo, por meio de cartas de crédito, que podiam ser descontadas por seus correligionários na maior parte da Eurásia e África do Norte.

Império Romano do Oriente

Em 476, caiu definitivamente o Império Romano do Ocidente, mas o Império Romano continuou uma existência relativamente próspera no Oriente.

Pela redução progressiva do peso e valor em cobre (pois não houve inflação aparente em denários), o *nummus* continuou a cair de valor. Basilisco (475-476) reduziu seu peso de 1,14 para 0,94 grama para manter o valor do sólido em 7.000 ante uma valorização do cobre, mas este voltou a cair de preço relativo. No início dos anos 480 eram necessários 12 mil *nummi* para comprar um sólido e no início dos 490, 14,4 mil, o que os tornava pouco práticos como meio circulante e tornava o sistema excessivamente dependente do ouro.

A reforma monetária de 498 por Anastácio I (491-518) estabeleceu os padrões típicos do Império Romano medieval ao criar moedas de bronze mais substanciais que o *nummus*. Não houve cunhagem de moedas de prata, salvo miliarenses cerimoniais. Em 512, houve uma segunda reforma pela qual as moedas anteriores foram reduzidas a metade do valor e foi introduzida uma moeda maior. O resultado foi o seguinte:

Denominação	Valor em ✱ (498)	Valor em nummi (498)	gramas (498)	Valor em ñ	Valor em nummi (512)	Valor em ✱ (512)	gramas (512)	Valor em ñ
Moedas de conta								
libra de ouro	3.024.000.000	1.008.000	328,9	172.800	604.800	3.024.000.000	328,9	172.800
libra de prata	378.000.000	126.000	328,9	21.600	75.600	378.000.000	328,9	21.600
miríade de talentos	15.000.000	5.000	–	857	3.000	15.000.000	–	857
miríade	10.000	3,33	–	0,57	2	10.000	–	0,57
talento	1.500	0,5	–	0,086	0,3	1.500	–	0,086
denarius communis	1	0,00033	–	0,000057	0,0002	1	–	0,000057
Moedas de ouro								
solidus nummus	42.000.000	14.000	4,54	2.400	8.400	42.000.000	4,54	2.400
semisse	21.000.000	7.000	2,27	1.200	4.200	21.000.000	2,27	1.200
tremisse	14.000.000	4.667	1,51	800	2.800	14.000.000	1,51	800
Moedas de cobre								
follis	120.000	40	9,08	6,9	40	200.000	18,16	11,4
meio follis	60.000	20	4,54	3,4	20	100.000	9,08	5,7

decanummium	30.000	10	2,27	1,7	10	50.000	4,54	2,9
pentanummium	–	–	–	–	5	25.000	2,27	1,4
nummus minimus	3.000	1	0,90	0,17	1	5.000	0,55	0,29

Justiniano, sucessor de Anastácio, reconquistou a Itália, o reino dos vândalos e parte de outros territórios perdidos no Ocidente e também voltou a cunhar moedas em grande escala e modificar o peso do *follis* e sua relação com o sólido.

As mudanças ocorridas em seu reinado e nos sucessores até Heráclio foram as seguintes:

Ano	imperador	divisão do sólido			follis		sólido	valor em ñ		
		folles	nummus	denarii	peso em g	em X		follis	nummus	Denarius
498	Anastácio I	350	14.000	42.000.000	9,10	120.000	2.400	6,9	0,17	0,000057
512	Anastácio I	210	8.400	42.000.000	18,19	200.000	2.400	11,4	0,29	0,000057
538	Justiniano	210	8.400	42.000.000	24,95	200.000	2.400	11,4	0,29	0,000057
542	Justiniano	180	7.200	45.000.000	21,83	250.000	2.400	13,3	0,33	0,000053
550	Justiniano	216	8.640	45.360.000	18,19	210.000	2.400	11,1	0,28	0,000053
565	Justiniano	525	21.000	47.250.000	15,59	90.000	2.400	4,6	0,11	0,000051
570	Justino II	720	28.800	48.000.000	13,64	66.667	2.400	3,3	0,08	0,000050
579	Tibério II	432	17.280	48.000.000	18,19	111.111	2.400	5,6	0,14	0,000050
580	Tibério II	576	23.040	57.600.000	13,64	100.000	2.400	4,2	0,10	0,000042
587	Maurício	600	24.000	60.000.000	13,64	100.000	2.400	4,0	0,10	0,000040
614	Heráclio	720	28.800	72.000.000	13,64	100.000	2.400	3,3	0,08	0,000033
616	Heráclio	1.080	43.200	72.000.000	9,10	66.667	2.400	2,2	0,06	0,000033
618	Heráclio	1.152	46.080	76.800.000	9,10	66.667	2.400	2,1	0,05	0,000031
621	Heráclio	960	38.400	76.800.000	9,10	80.000	2.400	2,5	0,06	0,000031
624	Heráclio	864	34.560	76.800.000	9,10	88.889	2.400	2,8	0,07	0,000031

No Egito, a partir de Justiniano, circulou uma moeda de 12 *nummi* (*dodecanummium*). A partir de 565, com a redução do *follis*, moedas menores que 10 *nummi* deixaram de ser cunhadas.

Na Itália, onde os ostrogodos haviam mantido, com poucas modificações, o sistema monetário anterior a Anastácio, moedas baseadas no seu sistema continuaram a circular por algum tempo depois da reconquista de Justiniano:

Ano	imperador	divisão do sólido			follis			valor em ñ		
		folles	nummus	denarii	peso em g	em X	sólido	folles	nummus	Denarius
565	Justiniano	525	21.000	47.250.000	15,59	90.000	2.400	4,6	0,11	0,000051
570	Justino II	720	28.800	48.000.000	13,64	66.667	2.400	3,3	0,08	0,000050
578	Justino II	216	8.640	48.000.000	18,19	222.222	2.400	11,1	0,28	0,000050
585	Maurício	600	24.000	60.000.000	13,64	100.000	2.400	4,0	0,10	0,000040
590	Maurício	540	21.600	60.000.000	18,19	111.111	2.400	4,4	0,11	0,000040

As taxas de juros, que eram de 1/12 ou 8,33% ao ano na Roma Clássica, aumentaram para 12% ao ano no período da decadência, mas na época de Justiniano voltaram a cair para 5%. A receita do Império antes das conquistas de Justiniano foi estimada em 5 milhões de *solidi* ou 12 bilhões de ñ, pouco mais da metade da arrecadação romana na época de Trajano. Os funcionários de base recebiam 9 *solidi* anuais (21.600 ñ, 60 ñ/dia), tanto quanto um soldado de cavalaria. Chefes de *scrinia* (secretarias) provinciais recebiam 46 solidi (110.400 ñ, 306 ñ/dia) e funcionários intermediários de 11,5 a 23 *solidi*. Governadores recebiam 400 a 2.880 solidi (960 mil a 6,9 milhões de ñ, 2.667 a 19.200 ñ por dia) e o prefeito pretoriano da África, 7.200 solidi (17,28 mihões de ñ, 48.000 ñ por dia). A burocracia imperial dessa época, inflada pela absorção das antigas administrações municipais autônomas pelo império, foi estimada em 30 mil a 35 mil funcionários, com salários totais de 500 mil a 700 mi *solidi* anuais.

Início do período "bizantino" e da era do nomisma (629-714)

Oficialmente, o Império Romano nunca mudou de nome, mas os historiadores convencionam chamá-lo de Império Bizantino a partir da reforma administrativa de 629 por Heráclio (r. 610-641), com a qual o grego substituiu o latim como língua oficial e o soberano trocou o título de *augustus* pelo grego de *basileus*. No final do reinado de Heráclio, a maior parte da Itália foi perdida para os lombardos e a Síria e África do Norte para os árabes muçulmanos.

A partir de 615, foi cunhada uma moeda de prata de 6,84 gramas conhecida como *hexagramma*, para cobrir as necessidades da guerra com a Pérsia. O metal foi obtido do confisco emergencial de prata da Igreja. Com uma relação entre os preços da prata e do ouro de 1:18 (4 *solidi* por uma libra de prata, segundo documento de 578), seu valor foi de 1/12 do sólido.

Até o início do século VIII, os padrões monetários continuaram os mesmos de Focas e Heráclio, exceto pelo abandono dos nomes latinos e uso exclusivo dos gregos:

Denominação	Valor em pholles	gramas (629)	Valor em ñ (629)
Moedas de ouro			
nomisma	960	4,5	2.304
semisse	480	2,25	1.152
tremisse	320	1,5	768
Moedas de prata			
hexagramma	80	6,72	192
Moedas de cobre			
phollis	1	9	8
meio phollis (**)	½	4,5	4
decanoummion (*)	¼	2,3	2
pentanoummion (*)	1/8	1,1	1

(*) cunhados até Constantino V (741-775)
(**) desaparece a partir de Teófilo (829-842)

Houve uma pequena redução tanto no peso do nomisma quanto no seu teor de ouro (96% e 4,36 gramas, em vez de 98% e 4,41 gramas) a partir dos anos 680. Além disso, o peso do phollis (na grafia grega) caiu de 12 gramas na época de Focas para 3,6 nos anos 660, enquanto seu valor se reduzia de 1/480 do nomisma para 1/960 em 621 e 1/2.304 perto de 660.

A era do miliaresion (717-963)

No fim do século VII e até meados do VIII, o rompimento dos antigos circuitos comerciais romanos e a insegurança comercial levaram a um entesouramento em massa das reservas de metais preciosos do Estado ou de particulares. Isso fez subir o valor de troca dos metais preciosos e cair os preços de mercadorias expressos em moeda, tanto no Império Bizantino quanto no Califado muçulmano. A deflação teve seu auge por volta de 767, quando um nomisma comprava em Constantinopla 60 *thalassioi modioi* de trigo (cada um com 17,084 litros ou 12,8 quilos) e poderia ser considerado equivalente a aproximadamente 11.520 ñ.

A escassez de prata e a mudança da relação de preços com o ouro exigiu mudar o sistema monetário. No lugar do hexagrama, surgiu a partir do imperador Leão III (r. 717-741) uma moeda menor, de 2,27 gramas, chamada *miliaresion*, em latim *miliarensis* (nome derivado do antigo miliarense de Constantino I). No primeiro século de sua existência, parece ter sido cunhada apenas para fins cerimoniais, por ocasião da entronização de um co-imperador (sucessor). A partir do imperador Teófilo (r. 829-842), da dinastia macedônica, a moeda passou a pesar 3,03 gramas (correspondente a uma relação de 8:1) e a ser parte regular do meio circulante. Seu valor era 1/12 do nomisma.

No peso e na aparência, o miliarésio era uma versão cristã do dirrã muçulmano, pois foi criado para competir ideologicamente com a moeda árabe. Em vez da efígie do imperador, tinha apenas o seu nome e título no reverso e uma cruz no anverso. Mais tarde, no século X, passaria a ter o busto de Cristo, associado à Virgem e ao imperador. Pela equivalência de valores, a partir do século IX o dirrã árabe foi frequentemente chamado no mundo cristão de *miliarensis* em latim (*millar*és em castelhano, *migliarese* em italiano etc.).

O sistema passou a ser o seguinte:

Denominação	Valor em pholles	gramas (867)	Valor em ñ (867)
Moedas de conta			
keration	12		90
Moedas de ouro			
nomisma	288	4,50	2.160
semisse (*)	144	2,25	1.080
tremisse (*)	96	1,50	720
Moedas de prata			
miliaresion	24	3,03	180
Moedas de cobre			
phollis	1	5,7	7,5

(*) raros depois de 741, últimos exemplares são de Basílio I (867-886)

Anotações de cerca do ano 900 nos livros de Arethas, arcebispo de Cesareia, avaliam sua cópia de Platão em 21 *nomismata* (8 para o pergaminho) e a de Euclides em 14 *nomismata*, respectivamente cerca de 45 kñ (dos quais 17 kñ pelo pergaminho) e 30 kñ. Trabalhadores manuais em Bizâncio recebiam 6 a 10 *nomismata* por ano (54 a 90 ñ por dia, supondo 240 dias úteis por ano). Aqueles no serviço público parecem ter ganhado cerca de 72 *nomismata* por ano na base da escala (o equivalente a 430 ñ por dia, 360 dias por ano).

A era do histamenon (963-1000)

Neste período, o Império Bizantino consegue estabilizar suas fronteiras, reformar sua administração e iniciar uma expansão limitada, recuperando a maior parte dos Bálcãs e Anatólia e o sul da Itália.

A partir de Nicéforo II (r. 963-969), o nomisma foi cunhado em duas formas: *histamenon nomisma* ("moeda de pé" ou padrão) ou *stamenon*, com o peso do nomisma tradicional, mas mais larga, fina e côncava e o *tetarteron nomisma* ("moeda de um quarto", embora fosse 11/12 do padrão), que era dois quilates mais leve.

Denominação	Valor em pholles	gramas (963)	Valor em ñ (963)
Moedas de conta			
keration	12		90
Moedas de ouro			
histamenon nomisma	288	4,5	2.160
tetarteron nomisma	264	4,13	1.980
Moedas de prata			
miliaresion	24	3,03	180
2/3 miliaresion	16	2,02	120
1/3 miliaresion	8	1,01	60
Moedas de cobre			
phollis	1	14	7,5

Segundo o cronista bizantino Ioannes Zonaras, do século XII, a distinção era um truque fiscal: o imperador recebia os impostos com a moeda maior e pagava as despesas com a menor. Autores modernos rejeitam essa explicação e interpretam o *tetarteron*, que no século X foi cunhado em quantidades bem menores que a moeda padrão e só no século seguinte veio a circular em quantidades comparáveis, como uma imitação do dinar muçulmano para uso em províncias reconquistadas aos árabes.

O valor do miliaresion parece ter sido reduzido para 1/14 do nomisma no fim do século X, devido a novas mudanças na relação de preços entre os metais (1:9,4).

O Império Islâmico

Mercador e caravaneiro da rota Damasco-Meca, Maomé (570-632) estava familiarizado com as moedas bizantinas, mas também as moedas persas circulavam na Península Arábica. Os árabes davam o mesmo nome de **dinar** (plural *dananir*) à moeda de ouro que os sassânidas chamavam de denar e ao sólido ou *nomisma* bizantino, de igual valor. O *drahm*, moeda de prata persa baseada no dracma grego de Alexandre e dividida em 6 *dangs*, ou óbolos, era chamado *dirham* (plural *darahim*), termo aportuguesado como dirame, direme, derme, dirém ou **dirrã** (que adotamos). A relação entre elas no tempo de Maomé era cerca de 1:10, igual à relação de valor entre os metais, pois dinar e dirrã tinham o mesmo peso.

O *zakat* ("purificação"), contribuição religiosa compulsória, foi instituído como obrigação, para os muçulmanos com mais de 20 dinares ou 200 dirrãs em bens não essenciais à sua sobrevivência (limite de isenção chamado *nisab*), de pagar o equivalente a 1/40 desses bens por ano. Maomé teria dito que não é preciso pagar *zakat* por menos de 5 camelos, 5 *uqiyas* de prata (equivalentes a 200 dirrãs) ou 5 *wasaq* (cinco "cargas de camelo", um total de 300 *sa'*, 1.260 litros ou 653 quilos) de tâmaras. Se avaliarmos um camelo em 12.000 ñ, o poder aquisitivo original do *nisab* seria da ordem de 60.000 ñ, o do dinar 3.000 ñ e o do dirrã 300 ñ. Maomé teria dado a cada uma de suas esposas um dote (*mahr*) de 12 *uqiyas* e um *nash* (meia uqiya), ou 500 dirrãs, que muitos consideram ser o máximo para essa finalidade.

Os primeiros califas

Quando os árabes convertidos ao Islã conquistaram a Síria e a África do Norte aos bizantinos e o Iraque e Irã aos sassânidas, começaram por fazer cópias das moedas de ouro e cobre dos primeiros e das moedas de prata dos segundos, retirando símbolos cristãos e zoroastristas. O valor e a relação entre essas moedas no início do século VII pode ser exemplificado por um decreto do califa Omar (r. 634-644) pelo qual a compensação por homicídio culposo, originalmente de 100 camelos, poderia ser paga com mil dinares, 12 mil dirrãs, 200 vacas, 2 mil cabras ou 200 conjuntos completos de vestes. Isto sugere para este período um poder aquisitivo de aproximadamente 1.200 ñ para o dinar e 100 ñ para o dirrã. Entretanto, a partir de meados desse século os preços da maioria das mercadorias começaram a cair drasticamente (ou, dizendo de outra maneira, o ouro e a prata se valorizaram).

Esse processo deflacionário parece estar relacionado ao entesouramento maciço de metais preciosos tanto por governos (califado e Império Bizantino) quanto por particulares, resultado do fechamento de fronteiras e contração do comércio de longa distância após a conquista árabe. Durante a conquista do Império Persa, os soldados árabes recebiam 3.000, 2.500 ou 2.000 dirrãs por ano. Após as batalhas de al-Qadisiyya e Yarmuk (636), caíram para 1.000 e depois para 500, 300 e 200 dirrãs por ano.

Califado Omíada de Damasco (661-750)

Quando Otman se tornou o terceiro califa, nomeou governador da Síria o primo Muawiya. Em 656, Ali sucedeu Otman e destituiu Muawiya, que se rebelou. Ali marchou sobre Damasco e perdeu apoio após travar uma batalha inconclusiva, à qual se seguiram outras rebeliões. Muawyia tomou o Egito, Hejaz, Iêmen e partes do Iraque. Em 661, Ali foi assassinado e Muawiya fundou a dinastia omíada, que governou a partir de Damasco, em vez de Medina. Os simpatizantes de Ali, derrotados, dariam origem à vertente xiita do Islã.

Em 689, o califa de Damasco Abd al-Malik (r. 685-705), às voltas com a dissidência de um califa rival em Meca, fez um tratado de paz com o imperador bizantino Justiniano II, pelo qual pagaria um tributo de mil nomismas diários. Vencido o rival, fez cunhar *nomismas* com sua figura e a legenda "em nome de Alá" para pagar o tributo, em desafio ao imperador. Justiniano II declarou guerra, mas não conseguiu se impor ao califado, que reafirmou sua independência.

Por volta de 696, Abd al-Malik fez uma reforma monetária para combinar os sistemas romano e persa. Consistia num novo *dinar* de ouro derivado do *nomisma*, mas com o nome herdado do antigo *denarius aureus* (através do persa *denar*), no dirrã e no *daniq* de prata, derivados do dracma e do óbolo gregos e no *fals* (plural *fulus*), chamado em português **faluz** e derivado do *follis* de cobre, este último sem caráter oficial e cunhado para circulação local. A reforma também eliminou imagens nas moedas, que passaram a ser cunhadas apenas com a *shahada* ou profissão de fé islâmica ("Não há outro deus além de Alá e Maomé é o seu profeta").

O dinar pesou originalmente 4,25 gramas, um pouco menos que os 4,54 gramas teóricos do sólido ou seus 4,4 gramas reais. Isso costuma ser explicado pelo uso como padrão da média de sólidos já desgastados pelo uso, mas provavelmente se deveu a um ajuste consciente por parte do califa para criar seus próprios padrões de pesos e medidas unificados e acelerar a retirada de circulação das moedas cristãs e zoroastristas, pois 4,25 gramas era exatamente o peso teórico do *drahm* persa, adotado pelos árabes como sua unidade de peso, o *mithqal* (em português, metical). Na Síria omíada, *ratl* (em português, arrátel ou libra) pesava 80 meticais, no Egito, 100 meticais. Cem arráteis, por sua vez, faziam um quintal (*qintar*).

Da mesma forma, embora o *drahm* sassânida pesasse teoricamente 4,25 gramas (4,15 na prática), o peso original do dirrã foi 0,69 do dinar, ou 2,92 gramas. Segundo al-Maqrizi, autor árabe do século XV, o dinar foi fixado em 87 grãos ou *habbah* (22 *qirat* ou quilates menos um *habbah*, definido como "um grão de cevada com película, mas as extremidades removidas", 0,0483 grama) e o dirrã em 60 *habbah* (15 quilates), uma relação 1,45:1 em peso que correspondia a uma relação de 20:1 em valor (a relação de 10:1 ou 12:1 tida como canônica pela lei islâmica se refere ao *drahm* na época de Maomé e dos primeiros califas). A cunhagem de *dinar nisf* (1/2, correspondente ao semisse bizantino) e *dinar thulth* (1/3, correspondente ao tremisse e conhecido em português como dinar-atsolso ou atsolso) foram iniciadas na Ifriqiya (Tunísia) e em Al-Andalus (Ibéria árabe) após a conquista desta aos visigodos, em 711. Considerada a deflação até o final do século VII e a relação de preços dos metais na época, o sistema monetário islâmico original tinha a seguinte estrutura:

Denominação	Valor em dirrãs	gramas	Valor em ñ
Moedas de ouro			
dinar	20	4,25	6.000
dinar nisf	10	2,125	3.000
dinar thulth (atsolso)	6,67	1,417	2.000

Moedas de prata			
dirrã	1	2,92	300
dariq	1/6	0,49	50
Moedas de cobre			
faluz	1/60	2,2	5

O faluz no início costumava ser uma moeda de cobre de 2,2 gramas (3,5 gramas no Egito), mas ocasionalmente era usado chumbo, nesse caso 6,25 a 7,21 gramas. O valor poderia variar conforme a província ou a cidade e geralmente não é indicado, mas em diferentes cunhagens da região do Khurasan aparece a indicação "60 por dirrã" (mais comum), ou ainda "50 por dirrã", "120 por dirrã" e "360 por dirrã". O matemático Mansur Al-Bhaghdadi (c. 980 – 1037) formulou um problema famoso que supunha 60 por dirrã, de modo que se pode supor que essa foi a relação usual nos primeiros séculos do Islã.

Uma das consequências da deflação foi a valorização real de impostos e multas expressas em dinares e dirrãs. Principalmente o *kharaj*, cobrado pela exploração da terra agrícola (variando de 2 dirrãs anuais por jarib de 1.592 m² para cevada e 4 para trigo a 12 para oliveiras) e a *jizya*, tributo anual per capita exigido dos súditos não muçulmanos do califado (inicialmente apenas de homens livres, depois também mulheres, crianças e escravos), de 12 dirrãs para os pobres, 24 para os remediados e 48 para os ricos. Manter tais valores fixos enquanto caíam salários e preços de produtos expressos em dirrãs causou revoltas e contribuiu para a queda do califado omíada, sucedido em 750 pela dinastia dos abássidas.

Califado Abássida de Bagdá

O Califado abássida teve seu período mais brilhante com o califa Harun al-Rashid (r. 786-809), protagonista de muitas das histórias das *Mil e Uma Noites* e um contemporâneo e aliado de Carlos Magno. Após a morte de Harun, seus filhos Al-Amin (r. 809-813) e Al-Mamum lutaram entre si, com a vitória final do segundo (r. 813-833). Perto do final do reinado, Al-Mamun tentou centralizar tanto o poder político quanto o religioso em suas mãos e criou uma instituição chamada *mihna* para perseguir os ulemás que contestassem a versão mutazilita do Islã, que relativizava o Alcorão (considerado algo criado e não "coeterno com Alá") e punha a razão acima do precedente sagrado. Essa "inquisição muçulmana" durou de 833 a 851, quando foi abolida pelo califa Al-Mutawakkil. A partir de então, a teologia e a jurisprudência islâmicas foram plurais e independentes do califado, mas piorou o tratamento aos não muçulmanos.

Outra das consequências da derrota da *mihna* foi a institucionalização do ponto de vista dos clérigos expresso na *sharia* em relação às moedas, que passaram a ser consideradas como pequenos lingotes de metal precioso, a serem transacionados de acordo com seu peso e o valor do metal no mercado, variando conforme a relação de preços entre ouro e prata. Transacionar moedas pelo valor nominal, sem considerar seu peso real, passou a ser considerado uma forma de *riba*, o pecado da fraude ou troca desigual, assim como o juro ou multa por atraso no pagamento. Vale notar que a *sharia* trata como dinheiro sujeito à proibição da *riba* não só o ouro e a prata, mas também o trigo, a cevada, as tâmaras e o sal.

Como seria de se esperar de uma religião fundada por um mercador, o Islã proíbe a usura, mas enaltece o comércio honesto e rejeita a intervenção do Estado nos preços e taxas de câmbio. O próprio Maomé recusou forçar os mercadores a baixar os preços durante uma carestia em Medina, afirmando que "os preços dependem da vontade de Alá, que os faz subir e descer". A ortodoxia islâmica acredita que o Universo é recriado a cada instante e dá uma margem muito maior de intervenção divina no cotidiano que o cristão, para o qual o mundo é governado por leis naturais só excepcionalmente transcendidas por milagres. Enquanto a teologia cristã medieval acreditava em preços justos, desconfiava do comércio e postulava castigos (temporais ou espirituais) para o lucro abusivo, o Islã antecipou certos aspectos da "Mão Invisível" de Adam Smith e da doutrina liberal. O filósofo e teólogo muçulmano Al-Ghazali (1058-1111), em seu tratado *O Renascimento das Ciências Religiosas*, antecipou em 700 anos, com uma fábrica de agulhas, o exemplo da fábrica de alfinetes usado pelo pensador escocês para expor as vantagens da divisão do trabalho. Enquanto a cultura medieval europeia tinha como ideal o cavaleiro andante ou o santo católico indiferentes ao dinheiro e às recompensas materiais, o herói popular muçulmano era frequentemente um mercador ousado como Sindbad ou um jovem que enriquece graças à astúcia e boa sorte, como Aladin.

Como a senhoriagem era insignificante e o governante não tinha poder sobre seu valor nominal, também não via vantagem em padronizar as moedas. Seus pesos gradualmente deixaram de ser fixos e se tornaram praticamente aleatórios, embora o *metical* (unidade de peso de 4,25 gramas) dividido em 24 *qirats* e o peso de um dirrã convencionado pela lei islâmica como 0,7 metical (2,97 gramas) servissem de padrões para avaliá-los. Para facilitar as trocas, pequenas bolsas de metal contendo moedas eram seladas com o registro da quantidade de metal. Assim, uma bolsa de 72 dinares não necessariamente continha 72 moedas: podia conter mais ou menos, desde que somassem o peso canônico. Os soberanos muçulmanos só voltariam a ter controle sobre a moeda e padronizar seu peso nos últimos séculos da Idade Média.

A deflação se reverteu no fim do século VIII e os preços se inflacionaram consideravelmente até meados do século X, quando voltaram a cair. Durante esse período, também se alterou a relação entre o ouro e a prata. Apesar disso, a *sharia* ou jurisprudência islâmica fixou em dinares e dirrãs os dotes, multas e indenizações legais, bem como o valor do *nisab* e da *jizya*, de modo que o significado real desses valores em termos de poder aquisitivo variou com o tempo.

Os seguintes valores aproximados podem ser estimados, tomando como base preços de cereais e as razões entre os preços do ouro e da prata (14,5 em 700, 15,2 perto de 800, 17,3 por volta de 850, 15 no início do século X, 10 em meados do século X). É preciso ressalvar que estas são aproximadas e indicativas. A razão variou de ano para ano (e mesmo de um mês para outro) e de região para região, tendo sido especialmente volátil no século IX.

Denominação	gramas	700-780		780-910		910-975		975-1020	
		Valor em dirrãs	Valor em ñ	Valor em dirrãs	Valor em ñ	Valor em dirrãs	Valor em ñ	Valor em dirrãs	Valor em ñ
Moedas de ouro									
dinar	4,25	20	10.080	25	3.000	14,28	360	15	3.000
dinar nisf	2,125	10	5.040	12,5	1.500	7,14	240	7,5	1.500
dinar thulth	1,417	6,67	3.360	8,33	1.000	4,76	120	5	1.000
qirat	0,177	0,83	420	1,04	125	2,38	15	0,625	125
Moedas de prata									
dirrã	2,97	1	540	1	120	1	25	1	200
dariq	0,495	1/6	90	1/6	20	1/6	4	1/6	33
Moedas de cobre									
faluz	2,2	1/60	9	1/60	2	1/60	0,4	1/60	3,3

Ao nível de preços do final do século X e início do XI, um livro comum podia custar 10 dirrãs de prata e um de alta qualidade 100 dirrãs. A renda anual necessária para uma família de classe média era cerca de 24 dinares, o que sugere um valor novamente próximo de 3.000 ñ para o dinar. A biblioteca do Cairo sob Al-Hakim (r. 996-1020) teve um orçamento anual de 207 dinares por ano, 90 dos quais destinados a papel para copistas e 48 ao salário do bibliotecário. O guarda das fontes e reparador de livros ganhavam, cada um, 12 dinares.

Califado Omíada de Córdoba (929-1031)

Quando os omíadas foram depostos no Oriente Médio pelos Abássidas, em 750, um ramo da família fugiu pela África do Norte para Al-Andalus, como chamavam os árabes à Península Ibérica. Ali fundou um emirado em 756, com capital em Córdoba (*Qurtubah*, em árabe).

Inicialmente, o emirado de Al-Andalus foi teoricamente vassalo do califa abássida (sunita) de Bagdá. No século X, porém, o califado se desintegrou e o norte da África ficou sob o controle do califado xiita rival dos fatímidas, com sede no Cairo. Em 929, ao enfrentar uma invasão fatímida sem poder contar com a ajuda dos abássidas, o Emir Abd-ar-Rahman III (Abderramão III nas fontes portuguesas) proclamou-se califa em Al-Andalus e disputou o Marrocos com os fatímidas, até que a região ficou dividida entre emires e chefes tribais aliados de Córdoba.

Como se tornara praxe no mundo islâmico, as moedas de ouro (dinares) eram de metal puro, mas peso incerto. Os preços eram estabelecidos e pagos em meticais de ouro, unidade de 4,25 gramas. Foram cunhados também dirrãs *kail* de prata de 2,728 gramas, segundo o padrão redefinido pela dinastia abássida, e faluzes de cobre de 4,25 gramas.

Califado Idríssida do Marrocos (789-917)

Idris, um dos líderes xiitas que sobreviveram à batalha com os abássidas em Fakh, de 786, refugiou-se no Maghreb (África do Norte Ocidental) e fundou um califado xiita abrangendo o Marrocos e parte da Argélia com capital em Fez. Durou de 789 a 917, quando foi invadido e governada pelo Califado fatímida, que também tentou conquistar Al-Andalus.

Califado Fatímida (909-1171)

O califado xiita fatímida foi fundado em 909 na Tunísia e em 969 conquistou o Egito, tornado centro de um domínio que chegou a incluir a Sicília, parte da Argélia, a Líbia, Síria, Palestina e parte da Arábia. No século X, seus dirrãs tinham peso regular e 86% de prata, mas a partir do califa Al-Aziz (r. 975-996) a porcentagem decaiu (para 25%-29% com os últimos califas) e o peso tornou-se cada vez mais variável. O dinar, ainda relativamente regular, valia 40 dirrãs (relação de 9,3 entre os valores do ouro e da prata), mas as moedas de prata ficaram escassas e fragmentos de moedas de ouro foram frequentemente usados em seu lugar.

Ilhas Britânicas

Abandonada pelo Império Romano em 410, a Britânia começou a ser conquistada por anglo-saxões a partir de 450. Os bretões romanizados resistiram à assimilação até cerca de 570. Nesse período é tradicionalmente ambientado o ciclo arturiano. Tenham ou não sido liderados pelo legendário rei Artur e seus cavaleiros, os bretões certamente ainda usavam as moedas romanas desse período, ou seja, sólidos, semisses, tremisses, síliquas e meias síliquas.

Reinos anglo-saxões

A ilha, que inicialmente dispunha apenas de moedas romanas, usou tremisses cunhados no continente a partir de 550. Em 620 os chefes locais começaram a cunhar suas próprias versões, conhecidas como *thrymsas* pelos numismatas, mas **scillingas** pelos contemporâneos. Entretanto, as *thrymsas* logo foram aviltadas pela mistura de prata ao ouro, como também acontecia no continente. A evolução da moeda na futura Inglaterra foi paralela à da Frísia e da Jutlândia, que compartilhavam da mesma cultura.

Por volta de 675, começaram a ser feitas moedas de prata pura com o mesmo peso de 1,3 grama. Essas moedas são conhecidas como *sceattas* (singular *sceat*) pelos numismatas para distingui-las das posteriores, mas essa palavra significa simplesmente "moedas".

Elas provavelmente eram chamadas **pæningas** ou **denarii** (denários) pelos contemporâneos. Devido às diferentes proporções de ouro e prata em *scillingas* ou *thrymsas* de diferentes reinos, o *scilling* da Mércia valia 4 *pæninga*, e o de Wessex, 5 *pæningas*.

Nos anos 780, o rei Offa da Mércia (r. 757-796) começou a cunhar *pæningas* (singular *pæning*, do qual deriva penny) de um novo modelo, mais pesados (1,46 grama) e com o nome e a efígie do rei, depois imitados nos reinos do sul da Inglaterra (Ânglia Oriental, Wessex e Kent). Também cunhou uma moeda de ouro chamada *mancus* (do árabe *manqush*, "gravado") ou **mancuso**, equivalente ao dinar árabe (4,25 gramas), que, junto à inscrição latina "*Offa Rex*" tinha inscrições fielmente copiadas do árabe ("Não há outro deus senão Alá" e "Maomé é o mensageiro de Alá, que o enviou com a doutrina e verdadeira fé para prevalecer sobre todas as religiões") e data pelo calendário muçulmano ("Este dinar foi cunhado em nome de Alá no ano 157", correspondente a 774 d.C.).

Não só essa moeda foi evidentemente criada para o comércio com os árabes, como os *pæningas* de prata parecem ter sido reformados para ter a metade do peso e valor do dirrã árabe, de modo a facilitar as trocas. Mercadores judeus podem ter assessorado o rei nessa cunhagem para lucrar com a intermediação do comércio.

Na Nortúmbria, continuaram a ser cunhados *pæningas* mais leves, mas durante o reinado de Eanred (r. 810-840) seu conteúdo em prata foi muito reduzido. Essas moedas, feitas da liga conhecida na Baixa Idade Média como bolhão (mais cobre do que prata) ficaram conhecidas pelos numismatas como **stycas** e eram avaliadas na época como 1/8 do *pæning* de prata. Essas moedas foram cunhadas até a invasão da Nortúmbria pelos vikings, em 867. Estes trouxeram duas unidades de conta: o **marco**, equivalente a 160 *pæningas*, o **ora** (derivado do latim *aureus* e originalmente referido ao sólido) de 20 *pæningas* e o **arut** (1/3 ora, "ourinho", originalmente correspondente ao tremisse).

O sistema pós-Offa pode ser assim resumido:

Denominação	Valor em pæningas	gramas	Valor em ñ
Moedas de conta			
libra	240	349,9	36.000
marco	160	233,6	24.000
onça = ora	20	29,2	3.000
scilling (Kent)	12	17,5	1.800

arut	6,67	9,7	1.000
Moedas de ouro			
mancuso = dinar árabe	30	4,25	4.500
Moedas de electro			
scilling ou thrymsa (Wessex)	5	1,3	750
scilling ou thrymsa (Mércia)	4	1,3	600
Moedas de prata			
pæning ou sceat = ½ dirrã árabe	1	1,46	150
hælfling	½	0,73	75
feorthling	¼	0,37	38
Moedas de bolhão			
pæning ou styca (Nortúmbria)	1/8	1,3	19

O sistema também incluiu moedas de conta: 12 *pæningas* faziam um *scilling*, 20 *pæningas* uma onça (de 29,2 gramas) e 240 *pæningas* uma libra de 349,9 gramas, mais tarde conhecida como *Tower Pound*.

Alfredo, o Grande, rei de Wessex (r. 871-899), aumentou o peso da moeda para 1,56 grama e cunhou *hælflingas* (meios *pennies*) a partir de 880, sendo seguido pelo filho Eduardo, o Velho e pelo neto Athelstan, que em 927 conquistou a Nortúmbria e unificou a Inglaterra. Edgar (r. 959-975) reformou novamente a cunhagem para 1,44 grama e eliminou os *hælflingas*, passando a cortar-se os *pæningas* em metades ou quartos. Etelredo II (r. 978-1016) cunhou moedas de três pesos diferentes: 1,3 grama (978), 1,62 grama (990) e 1,2 grama (1016).

A maioria dos preços conhecidos da era anglo-saxã não são preços de mercado, mas valores que constam de códigos de leis como compensações ou indenizações devidas por danos, roubo ou destruição de propriedade. Muitas vezes incluem itens normalmente não postos à venda no mercado, como árvores e enxames de abelhas, bem como compensações devidas por morte e diferentes tipos de ferimento. Como em geral acontece na Alta Idade Média, esses valores eram estimados em moedas, porém mais frequentemente pagos com algum tipo de mercadoria, gado ou mesmo escravos.

Item	preço	ñ
escravo	£1	36.000
espada do rei Alfredo (899)	3.000d	450.000
espada de Aelfgar, *ealdorman* de Wiltshire (presente do rei Edmundo, 946)	3.600d	540.000

cavalo	150d	22.500
"	120d	18.000
égua	100d	15.000
boi	30d	4.500
vaca	20d	3.000
ovelha com cordeiro	5d	750
ovelha	4d	600
porco	10d	1.500
"	8d	1.200
cabra	2d	300
galinha	1,5d	225
tosão de ovelha	2d	300
um *hide* de terra (*)	118s	70.800
tributo anual por um *hide* de terra (*)	2s	1.200
1º ano de cuidado de uma criança abandonada	30d	4.500
2º ano de cuidado de uma criança abandonada	60d	9.000
3º ano de cuidado de uma criança abandonada	150d	22.500

(*) Hide era uma unidade fiscal que representava a terra necessária para o sustento de uma família de camponeses livres. Conforme as condições locais de fertilidade, variava de 6,5 a 20 hectares.

Nas leis de Athelstan (r. 924-939), vinte *pæningas* (3.000 ñ) eram uma quantia relevante: um proprietário que quisesse assegurar a posse de gado adquirido em valor superior a esse limiar devia convocar testemunhas sob juramento (visto que documentos escritos eram raros e quase todos eram analfabetos). Para afastar a suspeita de roubo, ninguém podia comprar mais do que esse valor em bens a não ser numa cidade e na presença do bailio do porto (*port-reeve*) ou outra testemunha de confiança, ou ainda na presença de bailios (fiscais do rei) em reuniões públicas. Oito *pæningas* (1.200 ñ) era a quantia a partir da qual um ladrão não seria poupado da forca se tivesse mais de 12 anos, depois aumentada para doze *pæningas* (1.800 ñ).

Indenizações devidas pela morte de uma pessoa (*weregild*) na Mércia, século IX:

Item	valor	ñ
escravo	60s	36.000
ceorl (camponês livre)	200s	120.000
thegn (nobre) sem terra	600s	360.000

thegn (nobre)	1.200s	720.000
arcebispo	15.000s	9.000.000
rei	30.000s	18.000.000
galês sem terra	50s	30.000
galês com 1/2 hide	80s	48.000
galês com 1 hide	120s	72.000
filho de galês com 1 hide	80s	48.000
cavaleiro galês do rei	200s	120.000
galês com 5 hides	600s	360.000

A ideia de que um homem valia seu *weregild* era tão arraigada que este designava as classes sociais. Um camponês livre era um *twyhind* ("two-hundred", 200), um nobre sem terra um *sixhind* (600) e um nobre pleno um *twelfhind* (1.200).

Gales

O único rei galês a cunhar suas próprias moedas foi Hywel Dda (r. 942-950), seguiu o modelo de Athelstan. De resto, os reinos e principados galeses usaram moedas anglo-saxãs. O penny saxão, *denarius* em latim, é em galês *ceiniog* (*keynyauc* em galês antigo), plural *ceiniogau*. Havia dois conceitos: o ceiniog legal (*denarius legalis* em latim, *ceiniog cyfreith* em galês), aparentemente igual ao penny anglo-saxão, e o ceiniog curto (*ceiniog cwta*), mais usual e considerado dois terços ou três quartos do ceiniog legal por diferentes fontes. O meio ceiniog curto (0,55 grama) era chamado *dimey* (*dimidium*, em latim) e o quarto (0,27 grama), *firdlyc*. Servindo tanto para fins legais quanto como referência para o escambo, os valores de indenizações das leis de Hywel Dda são particularmente minuciosos, como se vê a seguir:

Animais

Item	d	ñ
potro até 14 dias	4	400
potro até 1 ano	24	2.400
potro até 2 anos	48	4.800
cavalo da melhor qualidade	2.400	360.000
garanhão	180	18.000
palafrém ou cavalo de carga	120	12.000

égua	60	6.000
cavalo de tração ou selvagem	60	6.000
4 ferraduras com pregos	2	200
bezerro até 8 meses (depois acrescentam-se 2 pence a cada estação)	6	600
boi ou vaca crescidos (5 anos)	60	6.000
couro de boi ou vaca	8	1.200
carneiro	8	1.200
cordeiro que ainda mama	1	100
cordeiro desmamado até agosto	2*	300
ovelha	4*	600
cabra	4	400
ovelha estéril	3	450
cordeiro até 8 meses	1	150
leitão até 3 meses	2	300
ganso	2*	300
gansinho sob a asa da mãe	1	100
gansinho que já deixou a mãe	1*	150
galinha ou galo	1	100
gatinho recém-nascido até abrir os olhos	1*	150
gatinho que ainda não caça ratos	2*	300
gato crescido	4*	600
cachorrinho que ainda não abriu os olhos	1	100
cachorrinho de cama	2	200
cachorrinho de canil	3	300
cão de plebeu, crescido (1) ou vira-lata de um nobre	4	400
cão de guarda se morto a menos de nove passos de sua porta	24	2.400
cão pastor	60	6.000
galgo de um nobre	120	12.000
cão de caça de um nobre (1)	240	24.000
enxame de abelhas antigo	24	2.400

* especificado como *ceiniog* legal

(1) A lei explicita que "há um animal cujo valor sobe de 4 pence para uma libra no mesmo dia: é o cão de caça. Se pertence a um plebeu de manhã, vale 4 pence; se for dado ao rei à tarde, vale uma libra".

Armas

Item	d	ñ
lança	4*	600
arco e 12 flechas	4*	600
espada de punho branco	24	2.400
espada de punho redondo	16	1.600
espada simples	12	1.200
escudo dourado, prateado ou azul	12	1.200
escudo na cor natural de madeira	6	600
machado de guerra	2*	300
faca	1*	150

* especificado como *œiniog* legal

Itens diversos

Item	d	ñ
carvalho	120	12.000
ramo principal de um carvalho	30	3.000
faia	120	12.000
macieira	60	6.000
macieira silvestre	30	3.000
ramo de visco	60	6.000
teixo consagrado	240	24.000
teixo	15	1.500
espinheiro	7½	750
outras árvores (freixo, amieiro, salgueiro etc.)	4	400
machado de lenha	2*	300
panela de ferro	4*	600
carrinho de mão	1*	150
bigorna	12	1.200
fole de ferreiro	8	800
malho de ferreiro	4	400
garrafa para água	0,25	25
esporas simples	4*	600
esporas prateadas	6*	900
esporas douradas	8*	1.200
par de sapatos ou botas	4*	600
par de sapatos comuns	2*	300
par de borzeguins	1*	150
par de calças	8*	1.200

manto tingido ou capa	24	2.400
veste feita na cidade	24	2.400
veste feita em casa	8	800
camisa e calças	24	2.400
manto do rei ou da rainha	240	24.000
túnica de bebê	4*	600
sela	8	800
freio de cavalo simples	4	600
pedra de amolar	½	50
arado	2*	300
uma semana de leite de vaca (1)	1	100
serviço de arado, por dia	2*	300
cirurgião por tratamento de ferimentos graves	240	24.000
cirurgião por sangria	4	400
colheita de 576 feixes de aveia (2)	4*	600
colheita de 576 feixes de trigo (2)	8*	1.200

(1) cerca de 20 litros nas condições medievais
(2) um feixe pesava em média 3,2 quilos, dos quais 1/3 eram grãos e 2/3 palha
* especificado como *ceiniog* legal

Irlanda

O sistema de pesos de prata de suas leis tradicionais (tradicionalmente datadas de entre 430 e 600 e vigentes até a invasão normanda de 1169), embora aparentemente influenciado pelos vikings, usou nomes de unidades romanas de peso.

Denominação	Valor em pinginns	gramas	Valor em ñ
Prata			
unga (uncia)	72	28	7.200
screpall (scripulum)	3	1,2	300
pinginn (penny)	1	0,4	100
grão	1/8	0,05	12,5

Item	Preço (pinginns)	preço (ñ)
escrava (*cumhall*)	3 unga	21.600
vaca adulta (*bo mor*)	1 unga	7.200
novilha de 3 anos (*samhaisc*)	12 screpalls	3.600

novilhota de 2 anos (*colpach*)	6 screpalls	1.800
bezerra de 1 ano (*dairt*)	4 screpalls	1.200
leite de uma vaca pelo verão e colheita	6 screpalls	1.800
leite de uma cabra pelo verão e colheita	1¾ pinginn	175
velo de uma ovelha	1½ pinginn	150
leite de uma ovelha	½ pinginn	50
cabrito (*meinnan*)	2/3 pinginn	67

Vikings

A unidade de peso para a prata dos vikings era o **marco** ou *mörk* de 216 gramas, dividido em 8 *aurar* (singular **eyrir**). Esta palavra (*ora*, em anglo-saxão) é derivada do latim *aureus* e originalmente deve ter se referido ao sólido bizantino, mas depois veio a representar 27 gramas de prata, perto de uma onça romana ou dez dirrãs árabes ("dinar de dirrãs"). Importados da Pérsia e outras partes orientais do mundo muçulmano através da Rússia entre 870 e 960, eram as moedas mais comuns entre os vikings (71% a 97% dos achados).

O *eyrir* se dividia em 3 örtogar (singular örtog, "ourinho"), que originalmente deve ter correspondido ao tremisse bizantino. Até o século XII, o marco se dividia em 240 *peningar*, dez por örtog e cada um correspondente a 0,9 grama. Sem moeda própria, os vikings usavam lingotes e pulseiras de peso mais ou menos padronizado, moedas estrangeiras e fragmentos de moedas, joias e utensílios conhecidos em inglês como *hacksilver*. O pening era mais frequentemente representado por um fragmento (um terço) de dirrã

Denominação	Valor em peningar	gramas	Valor em ñ
Moedas de conta			
mörk	240	216	21.600
eyrir	30	27	2.700
örtog	10	9	900
Moedas de prata			
eyrir (pulseira)	30	27	2.700
dirrã	3	2,7	270
pening	1	0,9	90

Uma passagem da *Saga de Laxdæla* diz que o rei Haakon Haraldsson (r. 934-961) deu ao protagonista, o chefe viking Hoskuld Dala-Kollsson, um bracelete de ouro de um marco (172.800 ñ) e uma espada no valor de meio marco (86.400 ñ). Um marco de ouro valia oito marcos de prata e um marco de prata, quatro vacas leiteiras (5.400 ñ cada uma).

Nas moedas da era pagã da Jutlândia saxã e Frísia, contavam-se 8 *siccals*, *iesterlings* ou *saigas* de 1,18 grama de prata (100 ñ cada um) para cada *gull siccal* ou *skillingar* (xelim de ouro, derivado da tremisse) do mesmo peso (800 ñ).

As primeiras moedas escandinavas foram cunhadas após a cristianização dos reis vikings. O rei dinamarquês Harald Blåtand (r. 958-986) converteu-se em 960 e cunhou em 975 as primeiras moedas, inspiradas nos dinheiros de Carlos Magno, mas muito finas e leves (cerca de 0,35 grama) e cunhadas de um só lado, como as bracteatas que seriam adotadas mais tarde.

Rússia

O primeiro grande Estado russo, o principado Rus de Kiev, foi fundado em 862 por Rurik, líder do povo varegue, originado de vikings suecos que adotaram a língua eslava ao se impor como elite ao povo local, assim como os normandos na França. Como os vikings, os Rus tinham originalmente como meio de pagamento fragmentos de prata cortados e pesados em cada transação, chamados em inglês *hacksilver* e originários em grande parte de dirrãs árabes.

O nome mais usado para moedas de prata, principalmente o dirrã abássida de 2,97 gramas – moeda mais usada na Rússia e países nórdicos na Alta Idade Média –, era *kuna*, que significava originalmente "marta", animal cuja pele era usada na coleta dos tributos e como moeda-mercadoria no tempo do Império Romano. Talvez em algum período o valor da moeda tenha sido igual ao da pele do animal, algo em torno de 300 ñ.

Cem *kunas* formavam uma moeda de conta chamada "*grivna* de prata", de um termo que significava originariamente "torque", ornamento de pescoço. Uma grivna de prata se dividia em quatro "grivnas de kunas", cada uma de 25 kunas. Uma *kuna* cortada ao meio era uma *rezana* ("cortada"), em três, uma *bel* ou *bela* ("branca", nome também dado pelos russos aos *peningar* vikings e aos dinheiros dos reinos ocidentais, equivalentes a um terço de dirrã) e em quatro ou seis (neste último caso como o *dariq* árabe de 1/6 de dirrã), uma *veveritsa* ou *veksha*, duas palavras que significam "esquilo", cuja pele também era usada no comércio.

Suevos

Os suevos, estabelecidos no noroeste da Península Ibérica, criaram um reino com capital em Braga, que durou de 410 a 585. Cunharam sólidos de 3,75 gramas, tremisses de 1,25 grama e síliquas de 1,80 grama e foram os primeiros bárbaros, a partir do rei Requiário I (r. 448-456), a cunhar moedas com a face do próprio rei e não do imperador romano no anverso, de forma a afirmar sua independência.

Visigodos

Os visigodos também cunharam moedas em nome dos imperadores romanos, dos quais aceitavam uma suserania teórica, de 420 a 580, nos valores de sólido, tremisse, síliqua e ocasionalmente *nummus*. Os tremisses continuaram a ser cunhados, mas com as efígies dos reis visigodos, de 580 à conquista árabe de 710. O código visigótico de 654 registra as seguintes unidades:

Denominação	Valor em sólidos	gramas	Valor em ñ
Unidades de conta (ouro)			
libra	72	326,88	129.600
onça	6	27,24	10.800
statera	3	13,62	5.400
solidus	1	4,54	1.800
Unidades de conta (prata)			
dragma	1/2	–	900
Moedas de ouro 18 quilates			
tremisse	1/3	1,51	600
Moedas de prata			
siliqua (*)	1/24	1,80	75
argênteo (*)	1/32	1,35	56

(*) não cunhadas pelos visigodos, mas por suevos e romanos

Astúrias e Leão

As comunidades cristãs das montanhas do extremo norte da Península Ibérica resistiram à conquista muçulmana sob o comando de um chefe chamado Pelayo, fundador de uma dinastia cujos domínios se expandiram pelo noroeste da Península. Seu descendente Afonso II (r. 791-842) foi reconhecido como rei das Astúrias pelo Império Carolíngio e pelo Papa. No seu reinado "descobriu-se" o túmulo do apóstolo Tiago na Galiza e iniciaram-se as peregrinações a Santiago de Compostela, que criaram um laço econômico e cultural entre o novo reino e os domínios francos. Também durante seu reinado, os bascos a leste de sua fronteira se rebelaram contra os francos e fundaram o Reino de Navarra.

Em 910, com a abdicação forçada de Afonso III, o reino das Astúrias foi dividido entre três irmãos, formando-se os reinos de Galiza, Leão e Astúrias. Com a morte de seu irmão Garcia em 914, o rei Ordonho II, da Galiza, mudou a capital para Leão (León, em castelhano), como também fez o terceiro irmão, Fruela II, ao reunir em 924 os três domínios. Estes passaram a ser conhecidos como reino de Leão, embora continuassem a formar três Estados, cada qual com sua corte, administração e legislação, inclusive monetária. Com a continuação da Reconquista, mais reinos seriam somados à Coroa, criando um sistema quase federal. Em 931, o Condado de Castela, formado na sua região oriental, cheia de castelos, se rebelou, tornando-se um condado hereditário autônomo.

Os reis asturiano-leoneses e castelhanos não cunhavam moeda própria, mas usavam moedas árabes e francas. Foi frequente o uso de moios de trigo[32] e de ovelhas como moeda de conta e de troca equivalentes a um soldo (12 dinheiros) de prata. Assim, em documentos do mosteiro de Celanova (anos 961, 962, 964 e 1005) se mencionam *"ovelhas modiais"*. No mosteiro de Sahagún (1004) se estima um soldo por moio de trigo, em Santillana (1020) somam-se moios e soldos indistintamente para se chegar a um total em moios e em dois documentos leoneses de 951 e 1008 se avalia uma ovelha

---

32   Algumas obras interpretam o *modius* desses textos como a unidade romana de 8,78 litros ou 6,8 quilos, mas a equivalência com a ovelha indica tratar-se de uma unidade maior, embora não tão grande quanto o moio do Portugal do século XIX (60 alqueires ou 834 litros). No século XI, na região do Condado Portucalense, documentam-se moios com capacidades de 3 a 9 módios romanos. O valor mais comum seria de 6 módios romanos, o equivalente ao *modius publicus* de Carlos Magno. Estimamos uma equivalência ovelha = moio (6 a 9 moios romanos) = soldo = 480 a 720 ñ e dinheiro = 40 a 60 ñ.

em um moio e 100 ovelhas em 100 soldos. Uma vaca valia 4 soldos e um boi, 4 a 6 soldos.

Também usavam peças de ouro árabes: o conde de Barcelona Ramón Borrell (r. 988-1018) recebeu 100 delas por dia quando pôs suas forças a serviço de um emir em 1010. O mosteiro de Cluny, na França, recebia de Fernando I, na segunda metade de seu reinado, 1.000 meticais por ano. Embora tenham sido os últimos da Europa Ocidental a ter seu próprio sistema monetário, os reis ibéricos foram também os primeiros a usar regularmente moedas de ouro.

Vândalos (norte da África)

O reino dos vândalos, fundado em 435 durante a desintegração do Império do Ocidente e conquistado em 534 por Justiniano, cunhou síliquas e meias síliquas segundo o modelo do Império Romano tardio. A partir do rei Guntamundo (r. 484-496), acrescentou moedas de cobre de maior valor, que podem ter inspirado a reforma monetária do imperador romano Anastácio I em 498. Os vândalos chamaram de "denário" uma unidade de conta comparável ao *follis* romano de antes de Anastácio.

Denominação	Valor em nummi	gramas (388)	Valor em ñ (388)
Moedas de conta			
denário vândalo	5		1
Moedas de ouro			
solidus nummus (romano)	12.000	4,54	2.400
semisse	6.000	2,27	1.200
tremisse	4.000	1,51	600
Moedas de prata			
100 denários	500	2,0	100
50 denários	250	1,0	50
25 denários	125	0,5	25
Moedas de cobre			
42 nummi (1/12 síliqua)	42	10,94	8,4
21 nummi (1/24 síliqua)	21	8,03	4,2
12 nummi	12	4,55	2,4
4 nummi	4	1,11	0,8
nummus	1	0,9	0,2

Ostrogodos

Os ostrogodos reinaram como vassalos teóricos dos bizantinos na Itália de 493 a 535. Nesse tempo, cunharam moedas em nome dos imperadores romanos do Oriente, conforme os padrões vigentes no Império do Ocidente antes do seu colapso.

Denominação	Valor em nummi	gramas	Valor em ñ
Moedas de ouro			
solidus nummus	12.000	4,54	2.400
tremisse	4.000	1,51	600
Moedas de prata			
500 nummi (síliqua)	500	1,51	100
250 nummi	250	0,75	50
125 nummi	125	0,38	25
120 nummi	120	0,36	24
Moedas de cobre			
83 nummi (*)	83	12,5	16,6
42 nummi (*)	42	11	8,4
40 nummi	40	15	8
20 nummi	20	7,5	4
10 nummi	10	3,75	2
5 nummi	5	2	1
nummus	1	0,9	0,2

(*) cunhados sobre dupôndios e asses do Principado, para representar 1/6 e 1/12 da síliqua

Lombardos

Os lombardos, que tomaram aos romanos do Oriente uma grande parte da Itália de 568 a 774 até serem vencidos pelos francos carolíngios, cunharam tremisses que, ao contrário da maioria dos reinos ocidentais, continuaram a ser cunhados em ouro puro. Até 730, cunharam também síliquas de prata. O ducado lombardo de Benevento, ao sul, cunhou ainda *solidi* de ouro até meados do século IX.

Burgúndios

Os burgúndios eram um povo germânico supostamente originário da ilha de Bornholm, na atual Dinamarca, que migrou para a bacia do Vístula no século III. Em 406, aliados a suevos, vândalos e alanos, cruzaram o Reno e invadiram a Gália romana. Em 411, o rei burgúndio Gunter ocupou a Renânia romana, estabeleceu sua capital em Borbetomagus (atual Worms) e se fez reconhecer como "federado" ou vassalo por Roma.

É nessa época e região que se ambienta a *Canção dos Nibelungos*, poema épico composto na Baviera do final do século XII que serviu de inspiração à tetralogia *O Anel dos Nibelungos* de Richard Wagner e foi uma das fontes de *O Senhor dos Anéis* de J. R. R. Tolkien. O herói Sîfrit (Siegfried), príncipe de Xanten (a antiga Castra Vetera dos romanos, tomada pelos francos ripuários), depois de conquistar um tesouro (incluindo o famoso anel) e matar um dragão, ajuda Gunter a conquistar a mão de Brunhild, rainha (imaginária) da Islândia e é recompensado com Kriemhild, irmã do rei. Mais tarde, Siegfried é assassinado e seu tesouro jogado no Reno para impedir que Kriemhild criasse um exército. Ela encontra uma maneira de se vingar casando-se com o rei huno Átila, que convida os burgúndios a seu palácio, onde são mortos.

É uma versão distorcida da história real, na qual os romanos, enfurecidos com as pilhagens feitas pelos burgúndios na Gália Bélgica, convocaram mercenários hunos, que, sob o comando do general romano Flavius Aetius destruíram o reino de Gunter em 437. Os burgúndios sobreviventes foram reunidos em 443 por Aetius na região da Sapaudia (Savoia), onde puderam estabelecer um novo reino vassalo com capital em Lugdunum (atual Lyon) e em 451 lutaram ao lado de Aetius e dos romanos contra Átila na batalha dos Campos Cataláunicos, obrigando-o a se retirar para além do Reno.

Esse reino da Burgúndia, praticamente independente após a queda do Império Romano do Ocidente em 476, cunhou sólidos e tremisses de ouro, síliquas e meias síliquas de prata de 1,32 grama e numos de cobre segundo o modelo romano. Em 534, porém, o reino foi conquistado e anexado pelos francos.

Francos

Sob a dinastia dos Merovíngios, os francos usaram moedas bizantinas de 481 até o reinado de Teodeberto I (r. 553-548), quando começaram a cunhar seus próprios sólidos e tremisses. Entretanto, a partir de 570 seus pesos foram reduzidos para 3,9 gramas e 1,3 grama. Pelo final do século VI, apenas os tremisses continuavam a ser cunhados. O sólido, *solidus* em latim, continuou, porém, a ser usado como unidade de conta equivalente a três desses tremisses.

A partir de Cariberto II (r. 629-632), os francos começaram a cunhar uma moeda de prata de 1,1 grama (1/300 de libra romana) chamada em latim *denarius* (*scat* em franco antigo, *saiga* ou *saica* em alamano, *dener* no século X-XI, *denier* em francês moderno), pouco menor que o *paenning* ou *sceat* frísio e anglo-saxão e derivada das últimas síliquas romanas (381-498), que valia 1/24 do sólido ou 1/8 do tremisse e pesava 1,51 grama (o mesmo que a tremisse) dada a relação então vigente de 8:1 entre os valores do ouro e da prata. Como a moeda de prata diminuíra e a relação entre os pesos dos metais passara a 12:1, o sólido de ouro bizantino valia 48 e o sólido merovíngio, algo menor, 40 desses novos *denarii* ou dinheiros.

Assim, o *denarius* medieval não é a continuação do *denarius* clássico, que desaparecera como moeda física no século III e se tornara mera moeda de conta de valor ínfimo no fim da Antiguidade. Vem do *denarius argenteus* ou síliqua de Constantino no continente, ou de uma tremisse aviltada até o ponto de ser apenas prata, na Inglaterra. Para evitar mal-entendidos, chamamos em português a moeda antiga de *denário* e a medieval de **dinheiro**. Analogamente, chamamos de *sólido* a moeda romana-bizantina de ouro e suas imitações e **soldo** a unidade de conta medieval de 12 dinheiros derivada do sólido aviltado, embora se use em latim a mesma palavra.

Durante o século VII, o ouro da tremisse foi aviltado pela liga com prata para um teor de 30% e um poder aquisitivo também menor que o de 580. À razão próxima de 1:12 entre prata e ouro, em vigor no século VII, 12 *denarii* valiam um *solidus* como unidade de conta de três tremisses aviltadas, como se usava na prática nessa época. Entretanto, as indenizações previstas nas leis dos francos e dos povos a eles submetidos, originárias do período anterior (mesmo se foram codificadas mais tarde), continuaram a se basear no sólido de ouro de 40 dinheiros. Isso inclui a Lei Burgúndia ou

Gundobada (c. 500), a Lei Sálica (507-511), a Lei Ripuária (639) e a Lei dos Alamanos (c. 730).

O sistema resultante foi o seguinte:

Denominação	Valor em dinheiros	gramas	Valor em ñ
Moedas de conta			
solidus de ouro (originalmente moeda física)	40	–	3.600
solidus ou scillinga de electro (originalmente moeda física)	12	–	1.080
Moedas de electro 30%			
tremisse	4	1,3	360
Moedas de prata			
denarius, scat ou saiga (*)	1	1,1	90

(*) *scat* parece derivar do latim *excoctum* ("refinado") e *saiga* ou *saica* do latim *exagium* ("pesagem")

A mais importante foi a Lei Ripuária. Com base na Lei Sálica, foi ordenada por Dagoberto I para a Austrásia, parte oriental do reino franco entre o Mosa e o Reno, e por sua vez serviu de base para o direito dos Carolíngios, originários desta região. Especifica em sólidos o wergeld ou "preço do sangue", indenização devida pelo assassinato de pessoas de diferentes categorias, e o valor em sólidos que deveria ser atribuído a objetos usados para pagá-la.

Wergeld para diferentes categorias (lei Ripuária, salvo onde indicada outra)

Item	sólidos	ñ
Matar um escravo	36	129.600
Matar um servo do rei ou da Igreja	100	360.000
Matar uma serva da Igreja em idade fértil	300	1.080.000
Matar uma serva da Igreja de mais de 40 anos	200	720.000
Matar um ripuário livre	200	720.000
Matar um franco não ripuário	200	720.000
Matar um feto ou bebê não batizado	100	360.000
Matar uma menina livre antes da puberdade	200	720.000
Matar uma mulher fértil de até 40 anos	600	2.160.000
Matar uma mãe com a criança	700	2.520.000
Matar um burgúndio	160	576.000
Matar um romano	100	360.000
Matar um alemão, frísio, bávaro ou saxão	160	576.000
Matar um subdiácono	400	1.440.000
Matar um diácono	500	1.800.000

Matar um padre (presbítero)	600	2.160.000
Matar um guarda real	600	2.160.000
Matar um bispo	900	3.240.000
Matar um romano conviva do rei (lei sálica)	300	1.080.000
Matar um romano proprietário (lei sálica)	100	360.000
Matar um romano tributário (lei sálica)	45	162.000

Equivalentes em mercadorias (lei Ripuária, salvo onde indicada outra)

Item	sólidos	ñ
boi	2	7.200
boi de primeira qualidade (lei dos alamanos)	5/3	6.000
boi médio (lei dos alamanos)	4/3	4.800
vaca de primeira qualidade (lei dos alamanos)	4/3	4.800
vaca	1	3.600
cavalo comum	7	25.200
cavalo excelente (lei dos burgúndios)	10	36.000
garanhão (lei dos alamanos)	12	43.200
cabra (lei dos burgúndios)	1/3	1.200
jumento	3	10.800
égua	3	10.800
espada com bainha	8	28.800
espada sem bainha	3	10.800
elmo	6	21.600
par de grevas	6	21.600
cota de malha ou peitoral	12	43.200
lança e escudo	2	7.200
falcão não treinado	3	10.800
falcão treinado na caça aos grous	6	21.600
falcão que passou o tempo da muda	12	43.200
cão de terreiro (lei dos alamanos)	1	3.600
cão pastor (lei dos alamanos)	3	10.800
sabujo (lei dos alamanos)	3	10.800
cão chefe de matilha (lei dos alamanos)	6	21.600
cão de caça (lei dos alamanos)	12	43.200

Em 752, Pepino, o Breve, derrubou o último rei merovíngio com apoio do papa, do qual se tornara protetor após derrotar os lombardos. Em 754-755 reformou a cunhagem e determinou que a libra (romana) de prata entregue à casa da moeda fosse dividida em 264 dinheiros de 1,227 grama. Ou seja, 22 soldos de conta, um soldo dos quais (4,5%) ficaria com o moedeiro.

Império Carolíngio

Carlos Magno, filho de Pepino, subiu ao trono em 768, inicialmente dividido com o irmão Carlomano I. Com a morte deste em 771, unificou o reino e realizou outra reforma monetária em 793-794. Abandonou as moedas de ouro, pois os bizantinos controlavam agora Veneza, a Sicília e o comércio com a África do qual vinha esse metal e cunhou um dinheiro de maior peso (1,705 grama, metade do *denarius* de Nero ou da síliqua de Constantino e 5/8 do dirrã então adotado no Emirado de Córdoba, de 2,728 gramas). As unidades de peso foram redefinidas: a libra carolíngia usada para a prata (diferente da libra comercial de 435 gramas ou 16 onças) equivalia a 409 gramas, 15 onças romanas, , 20 soldos e 240 dinheiros[33].

Ao longo dos séculos, o dinheiro cairia gradualmente de peso e valor, mas a relação 1:20:240 entre libra (£), soldo (s) e dinheiro (d) seria mantida na maior parte da Europa Ocidental até o século XVIII e na Grã-Bretanha e suas colônias até o século XX, com diferentes nomes:

Língua	£	s	d	ob (½ d)	q (¼ d)
Latim	libra	solidus	denarius	obolus	quadrans
Português	libra	soldo	dinheiro	mealha	pogeia (*)
Francês	livre	sou (**)	denier	maille ou obole	pite, poise, poitevine ou pougeoise
Italiano	lira	soldo	denaro	medaglia ou maglia	quattrino ou quartaro
Castelhano	libra	sueldo	dinero	meaja	pugesa
Catalão	lliura	sou	diner	malla	pugesa
Saxão antigo	pund	scilling	pæning	hælfling	feorthling
Inglês	pound	shilling	penny	halfling, half-penny	farthing
Flamengo	pond	schelling	penning	mite	punt
Alemão	Pfund	Schilling	Pfennig	Hälbling, halber Pfennig	viertel Pfennig

(*) discutível (ver Portugal, adiante)

(**) *solt* no século XI, *sol* do século XII ao XVII

---

33 Não se tem documentação sobre a remuneração do moedeiro, mas é possível que fosse necessário entregar uma libra comercial (16 onças) de prata para se receber uma libra em moedas (15 onças), ou 6,25%, o que explicaria a coexistência e a diferença entre as duas unidades.

Na época de Carlos Magno, o sistema monetário tinha a seguinte estrutura:

Denominação	Valor em denários	gramas	Valor em ñ
Moedas de conta			
libra	240	409,2	28.800
uncia	16	27,3	1.920
solidus	12	20,5	1.440
Moedas de prata			
denarius	1	1,71	120
obolus (*)	½	0,85	60
quadrans (*)	¼	0,43	30

(*) moedas desses valores só foram cunhadas mais tarde, mas foi comum cortar os dinheiros ou paenningas em metades ou quartos para facilitar o troco

Abaixo listamos alguns preços da era carolíngia. Os preços de cereais são para a unidade chamada *modius publicus* (em francês, *muid*, em português moio), que equivalia, na época, a 52,4 litros (41 quilos de trigo ou 31 de cevada) e referem-se a tabelamentos decretados por Carlos Magno em 793 e 806, épocas de escassez.

item	unidade antiga	d	unidade moderna	ñ
aveia	modius publicus	1	kg	5,1
cevada	modius publicus	2	kg	7,4
centeio	modius publicus	3	kg	9,7
"	modius publicus	4	kg	12,9
espelta	modius publicus	3	kg	13,4
trigo	modius publicus	4	kg	11,9
"	modius publicus	6	kg	17,8
pães de trigo de 2 libras	12	1	kg	23
pães de centeio de 2 libras	15	1	kg	18
pães de cevada de 2 libras	20	1	kg	14
pães de aveia de 2 libras	24	1	kg	11

2 pares de sapatos	conjunto	7	par	420
peça de linho	unidade	4	unidade	480
peça de sarja	unidade	12	unidade	1.440
capa de pele de carneiro	unidade	12	unidade	1.440
manto curto	unidade	120	unidade	14.400
manto duplo	unidade	140	unidade	16.800
capa de marta ou lontra	unidade	360	unidade	43.200
capote de monge	unidade	60	unidade	7.200
carneiro	unidade	4	unidade	480
touro	unidade	72	unidade	8.640
cavalo	unidade	240	unidade	28.800
escravo (Itália)	unidade	107	unidade	12.840
escravo (Lyon)	unidade	240	unidade	28.800

Em 799, o papa Leão III foi deposto pelo povo de Roma. Buscou e obteve a proteção de Carlos Magno, que o restaurou no trono. Em parte por gratidão e em parte para aproveitar a oportunidade de deslegitimar o Império Romano de Constantinopla, então governado pela imperatriz Irene, o papa corou Carlos Magno como "Imperador dos Romanos".

Filho e herdeiro de Carlos Magno, Luís I (r. 814-840) cunhou em 816 uma moeda de ouro chamada **sólido** (diferente do soldo, embora com o mesmo nome em latim), com 4,4 gramas (equivalente ao nomisma bizantino e pouco maior que o dinar árabe) e com o valor de 30 dinheiros (3.600 ñ), que foi imitada na Frísia e na Inglaterra anglo-saxã.

Em 840, com a morte de Luís I, seu primogênito Lotário reivindicou o trono unido, mas seus irmãos Carlos, o Calvo e Luís, o Germânico, se aliaram e derrotaram o irmão, que em 843 concordou em dividir o império entre os três. Carlos (r. 843-877) tornou-se rei da Frância Ocidental (futura França); Luís (r. 843-876) da Frância Oriental (futura Alemanha) e Lotário (r.840-855) ficou com o título formal de imperador e a região central do antigo Império, da Itália aos Países Baixos, conhecida como Frância Média ou Lotaríngia.

Com as mortes desses três irmãos, suas terras e a coroa imperial (sempre associada à coroa da Itália) foram disputadas entre si e com os netos. Depois de várias redivisões e subdivisões, Carlos III, o Gordo, filho de Luís e inicialmente apenas rei da Alamânia, Suábia e Récia, herdou sucessivamente a Itália (879), foi coroado imperador pelo Papa (881), herdou o norte da Alemanha (882) e depois a

França (884) dos parentes falecidos e assim reunificou temporariamente o Império Carolíngio.

Para unir também os padrões monetários do leste e oeste dos reinos francos, que haviam divergido durante a divisão, Carlos III adotou uma nova libra de 475 gramas,dividida em 24 soldos e 288 dinheiros de 1,65 grama (cerca de 100 ñ). Entretanto, o imperador foi incapaz de repelir uma invasão viking em 886. Subornou-os para que deixassem Paris, mas ficou desacreditado. Seu sobrinho Arnulfo da Caríntia, filho ilegítimo de Carlomano, se rebelou em 887, e Carlos III fugiu, deixando o império ser dividido em seis reinos: Frância Ocidental, Lotaríngia, Alta Borgonha, Baixa Borgonha, Frância Oriental e Itália.

Frância Ocidental

A Frância Ocidental, futura França, foi inicialmente governada por Odão ou Eudes, conde de Paris aclamado rei por sua eficácia em combater os vikings, chamados "homens do Norte" ou normandos pelos francos. Entretanto, uma facção oposta da nobreza apoiou Carlos III, o Simples, filho de Luís II, o Gago, que com o apoio de Arnulfo se tornou rei. A dinastia carolíngia foi assim restaurada em 898 e durou até 987. Nesse ano, a morte de Luís V sem descendentes levou os nobres franceses a eleger Hugo Capeto, conde de Paris e sobrinho de Odão, como seu sucessor.

Durante os últimos carolíngios, o peso efetivo dos dinheiros de prata voltou a reduzir-se desde, pelo menos, o início do século X. Hugo Capeto reformou de novo os pesos e medidas e adotou como padrão a libra de Troyes de 367,13 gramas, agora constituída não de prata pura, mas 10 partes de prata para 2 de cobre e novamente dividida em 20 soldos e 240 dinheiros. Cada dinheiro pesava agora 1,53 grama com 83,3% de prata e continha 1,275 grama de prata pura e com poder aquisitivo de aproximadamente 80 ñ, padrão que chegou à Baixa Idade Média.

Aragão e Barcelona

Aragão surgiu em meados do século VIII como um condado do Reino dos francos e depois do Império Carolíngio. O condado de Barcelona surgiu da conquista da cidade aos árabes pelos francos em 801. Aragão era um conjunto estratégico de vales dos Pirineus de pouca importância econômica, Barcelona era um porto e centro comercial importante que logo começou a cunhar não só dinheiros carolíngios, como também mancusos (também chamados *manchosos*) e meios mancusos de ouro puro semelhantes aos dinares árabes, citados em documentos desde 858 e cunhados até o século XII.

Após a desintegração do Império Carolíngio em 888, os condados ibéricos foram feudos da Frância Ocidental, mas na prática se tornaram praticamente independentes. Em 925, o casamento da herdeira do condado de Aragão com o rei de Pamplona (depois Navarra) uniu os dois Estados.

O conde Borrell II de Barcelona pediu sem sucesso ajuda ao último rei carolíngio quando foi atacada em 985 e quando esse rei faleceu e não jurou fidelidade a Hugo Capeto quando este foi eleito para sucedê-lo em 988. Seu filho e sucessor, Ramón Borrell (r. 992-1017) seguiu seu exemplo e passou a cunhar moedas em seu próprio nome e não o do seu suserano teórico. No ano 1000, um mancuso de Barcelona (3,9 gramas de ouro, como o dinar de Córdoba) valia 6 soldos ou 72 dinheiros barceloneses.

Frância Oriental

Arnulfo foi eleito rei da Frância Oriental em 888 e em 895, após conseguir um herdeiro legítimo, deu a Lotaríngia a seu filho ilegítimo Zuentiboldo. Em 894-896, em parceria com este, invadiu a Itália e chegou a ser proclamado imperador pelo Papa, mas não conseguiu assegurar um controle duradouro antes que a doença o forçasse a retornar. Com sua morte em 899, o reino foi herdado pelo filho Luís IV, que no ano seguinte herdou também a Lotaríngia do irmão. Luís morreu em 911, antes de chegar à maioridade.

A linhagem carolíngia ficou assim extinta na Frância Oriental. Com exceção do duque da Lotaríngia, que se uniu ao reino ocidental, os duques do leste recusaram ceder o trono ao rei carolíngio da Frância Ocidental, Carlos III, e elegeram o duque Conrado da Francônia, mas não acataram sua autoridade. Ao morrer, em 918, aconselhou seu irmão Eberardo a promover a eleição do seu rival Henrique, o Passarinheiro, duque da Saxônia, que considerava o único capaz de unir o reino, e assim se fez. Durante seu reinado, a deposição de Carlos III por seus próprios nobres permitiu-lhe recuperar a Lotaríngia.

Com sua morte em 936, seu filho Oto I foi eleito para sucedê-lo e reforçou sua autoridade aos duques vassalos. Em 961, atendeu ao pedido de socorro do papa João XII contra o rei Berengário II da Itália, que invadira os Estados Pontifícios, e após a vitória foi coroado pelo papa como rei da Itália[34] e Imperador dos Romanos, ou seja, protetor do papado e chefe temporal nominal da cristandade ocidental. Surgia assim a entidade política que na Baixa Idade Média seria conhecida como Sacro Império Romano.

Nesse período, os dinheiros de origem carolíngia haviam se reduzido a 1,46 grama de prata 96%. Cunhados por Oto I (r. 962-973 como imperador) e seus sucessores Oto II (r. 973-983) e Oto III (r. 983-1002), foram conhecidos como *denarii othonienses*.

Frísia

Vale notar que o soldo, que na maior parte da Europa era uma moeda de conta de 12 dinheiros, no sul da Francônia Oriental (Baviera e Caríntia) contava 30 dinheiros e na Frísia, 36 dinheiros, devido ao contato com verdadeiros sólidos de ouro bizantinos obtidos no comércio pelo Danúbio e por Veneza, ou cunhados por mercadores frísios.

A região da Frísia, hoje parte dos Países Baixos e da costa alemã do Mar do Norte, foi conquistada pelos francos no século VIII e veio a ser parte da Frância Oriental, mas viveu por muito tempo com pouca interferência de grandes senhores ou do imperador, pois, para se defenderem dos frequentes ataques dos vikings, seus camponeses precisaram ser autorizados a possuir e portar armas em vez de serem submetidos à servidão.

A partir de 850, os dinheiros e sólidos carolíngios foram substituídos na região por imitações frísias, cunhadas por mercadores privados. Esse sólido valia, na Frísia, 36 dinheiros (dinheiros frísios de 1,3 grama, já reduzidos em relação ao dinheiro carolíngio com conteúdo efetivo de 1,7 grama), de modo que, nessa região,

---

34 O "Reino da Itália"(ou "dos Lombardos") compreendia inicialmente o centro e parte do norte da Itália atual. O Vêneto era da Germânia (oficialmente "reino dos Francos"), Veneza era independente e o sul estava dividido entre bizantinos, árabes e ducados lombardos independentes. Só em 1194 o imperador Henrique VI conquistou Sicília e Nápoles e os uniu temporariamente ao Império

convencionou-se até o século XIII que um soldo de conta valia 36 dinheiros (inicialmente cerca de 3.600 ñ, para um dinheiro de cerca de 100 ñ) e não 12, como na maior parte da Europa.

Até cerca do ano 1000, os mercadores frísios desempenharam um papel central no comércio do norte da Europa e bacia do Reno. Embora a cunhagem frísia não estivesse submetida a uma autoridade monetária estatal, seguiu uma tendência semelhante à de outras partes da Europa. As moedas de ouro desapareceram por volta de 900 e as de prata caíram gradualmente de peso, chegando a 0,9 grama perto do ano 1000, quando provavelmente valiam cerca de 60 ñ. Uma inflação anual média de 0,3% em conteúdo de prata, superior à dos grandes reinos.

Reino de Arles (segundo Reino da Burgúndia)

Com a desintegração do Império de Carlos III, em 888 Rodolfo, Conde de Auxerre, foi eleito pelos nobres locais senhor do Reino da Borgonha Transjurana (Alta Burgúndia) e em 890 os nobres da Baixa Burgúndia elegeram Luís, carolíngio por parte de mãe, rei de Arles, Provença e Burgúndia Cisjurana. Coroado imperador em 901, Luís foi derrotado por Berengário em 903 e cegado em 905 ao tentar retornar à Itália. O governo foi assumido por seu conselheiro e regente Hugo de Arles, que mais uma vez invadiu a Itália. Berengário foi morto e Hugo se tornou rei da Itália. Em 933, após a morte de Luís, Hugo de Arles cedeu a Baixa Burgúndia a Rodolfo II em troca da desistência deste de reinar na Itália. Este uniu Alta e Baixa Burgúndia no chamado Reino de Arles, cujas moedas foram dinheiros de cerca de 1,3 gramas.

Itália

A partir da queda do Império Carolíngio em 888, a Itália caiu numa série de guerras entre senhores locais que disputaram o trono e às vezes chegaram a ser coroados imperadores pelo papa: Beregário I de Friul, Guido de Espoleto, Lamberto II de Espoleto, Arnolfo da Caríntia, Luís da Baixa Burgúndia e Rodolfo II da Alta Burgúndia, até que Hugo da Provença, regente de Luís, o Cego, se apoderou do trono em 924 e nele permaneceu até 946. Deixou o reino ao filho Lotário II, mas este morreu em 950 e Berengário II de Ivrea se apoderou do trono. A viúva pediu a intervenção de Oto I da Frância Oriental, que se casou com ela e assumiu a coroa da Itália, mas deixou Berengário II como vice-rei. Este se rebelou pouco depois e em 961, Oto I novamente interveio na Itália, derrotou definitivamente Berengário e foi coroado imperador. Passaram a ser cunhados na Itália os dinheiros otonianos, conhecidos ali como *ottolini*.

Roma papal

Os papas Gregório II (r. 715-741) e Zacarias (r. 741-752) cunharam moedas bizantinas na qualidade de governadores de Roma em nome do imperador do Oriente. Interrompidas durante o período de caos criado pelas invasões dos lombardos, as cunhagens papais foram retomadas sob a proteção dos francos e depois de Adriano I (r. 772-795) a João XIV (r. 983-984) na forma de dinheiros segundo o padrão do império ocidental.

Em 902, o rei Luís da Provença, após ser coroado imperador em Roma, deixou a guarnição romana a cargo de Teofilato, conde de Túsculo, pequena cidade do Lácio, e partiu para enfrentar o rival Berengário I, que o derrotaria em 905. Aproveitando-se do conflito, Teofilato assumiu o controle de Roma e em 904 impôs a eleição de um papa ligado à sua família, Sérgio III (r. 904-911). A influência de Teodora, esposa de Teofilato, e depois de sua filha Marózia nos negócios da Igreja e nas eleições papais – o papa João XI (r.931-935) foi filho de Marózia e o infame João XII (r. 955-963), seu neto – deu origem à lenda da Papisa Joana[35].

Dessa data até 1048, Roma foi governada de fato pelos Tusculanos ou por seus rivais locais, os barões Crescêncios da região da Sabina. Esses clãs exerciam o poder temporal com os cargos de cônsules ou de prefeitos e impunham pontífices de suas famílias ou de seu gosto. Foi o ponto mais baixo da história do papado, reduzido a mero instrumento da nobreza local, que comprava e vendia abertamente cargos na Cúria papal.

---

35 Segundo Liutprando de Cremona (920-972), Marózia era filha de Teodora e Sérgio III e casada com o duque Alberico I de Espoleto, e foi, por sua vez, amante do mesmo Sérgio III e do próprio filho João XI. Seu relato levou historiadores protestantes a chamar esse período de "Pornocracia".

Bibliografia

AIDAN. *The price of a book in the Middle Ages*. Disponível em http://scribalculture.org/weblog/2010/09/16/the-price-of-a-book-in-the-middle-ages/

CHARLES, M. L. *Les vieilles maisons de La Ferté: Bernard, artistes et oeuvres de leur époque*. Caen: Le Blanc-Hardel, 1864.

DIRHAM, denar, coins and coinage. *Encyclopædia Iranica*. Disponível em http://www.iranicaonline.org/

GRAEBER, David. *Debt:* the first 5,000 years. New York: Melville, 2010.

KIMBER, Isaac, KIMBER, Edward. *Gentleman's monthly intelligencer*, v 44. Londres: R. Baldwin, 1775.

LOWE, John D. *Monetary development in fatimid Egypt and Syria* (358-567/969-1171). The University of Arizona, 1985.

MORRISON, Cécile. Money, Coins and the Economy. *The Byzantine World*, org. Paul Stephenson. New York: Rotlege, 2010.

PEYRÉ, M. J. F. A. *Lois des francs, contenant la loi salique et la loi ripuaire*. Paris, Firmin Didot, 1828.

REHMAN, Javaid, AHMEDOV, Aibek . *Islamic law of obligatory alms (Zakat):* a teaching and learning manual. UK Centre for Legal Education, 2011.

SCHINDEL, Nikolaus. *The Balkh 93 AH Fulus Revisited*. EUT Edizioni Università di Trieste, 2010.

Baixa Idade Média

A Baixa Idade Média (aqui entendida como o período de 1000 a 1453 na Europa, África do Norte e Oriente Médio) foi marcada na Europa Ocidental pelo ressurgimento das cidades, do comércio e do uso do dinheiro vivo. Dos séculos X ao XIII, a começar das cidades do norte da Itália (notadamente Veneza, Gênova, Milão e Florença), o renascimento dos mercados se espalhou para os Países Baixos, a França e a Inglaterra.

As Cruzadas, a partir de 1096, contribuíram para importar novos luxos e novas tecnologias do mundo árabe e bizantino, criar novas demandas, pôr em circulação metais preciosos saqueados do Oriente ou extraídos de novas minas e estimular a divisão social do trabalho, o comércio e as atividades financeiras.

Na Alta Idade Média, embora Bagdá, Constantinopla, Córdoba e Basra tivessem bem mais de 100 mil habitantes, as maiores cidades da Europa Ocidental cristã mal chegavam à metade desse número. Por volta do ano 800, Roma e Nápoles (esta ainda teoricamente bizantina) tinham 50 mil habitantes; Paris, Ratisbona (Regensburg) e Metz, 25 mil; Maiença (Mainz), Espira (Speyer) e Tours, 20 mil, Tréveris (Trier) e Colônia (Köln), 15 mil; Lião (Lyon), 12 mil; Worms, Poitiers, Provins, Rennes, Ruão e Londres, 10 mil.

Na Baixa Idade Média, a partir do século XIV, muitas cidades da Europa católica se tornaram comparáveis às grandes cidades árabes e bizantinas. Paris teve mais de 200 mil habitantes a partir de 1300, Veneza e Milão, mais de 100 mil; Gênova,Florença, Praga, Sevilha, Lisboa, Barcelona, Augsburgo, Londres, Palermo, Ruão, Bruges e Gante (Ghent), mais de 50 mil habitantes. Mesmo assim, ainda eram exceção: no conjunto da Europa, apenas 6% da população vivia em cidades, embora esse índice chegasse a mais de 10% nos Países Baixos e no Norte da Itália, os dois principais polos comerciais.

Taxa de urbanização
(% da população em cidades de mais de 10 mil habitantes)

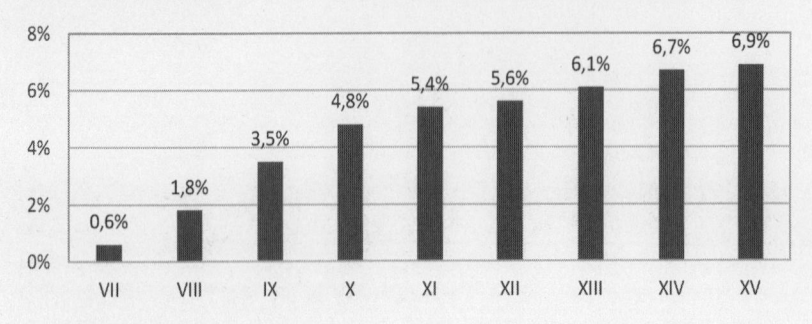

Século	%
VII	0,6%
VIII	1,8%
IX	3,5%
X	4,8%
XI	5,4%
XII	5,6%
XIII	6,1%
XIV	6,7%
XV	6,9%

Fonte: Eltjo Buringh e Jan Luiten Van Zanden

No século XII, mesmo na Inglaterra, distante dos centros urbanos mais dinâmicos, pagamentos em produtos e serviços estavam sendo substituídos por pagamentos em dinheiro e mercados rurais se espalhavam pelo interior. A quantidade de dinheiro em circulação aumentou de 15 mil a 30 mil libras em 1158 para 100 mil em 1180, 250 mil em 1205, 417 mil a 440 mil em 1247, 500 mil a 800 mil em 1279 e 1,1 milhão a 1,4 milhão em 1299. Embora as moedas não tivessem seu conteúdo em prata alterado, os preços mais que dobraram na virada do século XI para o XII, de 1080 para 1220 e mais intensamente de 1199 a 1204, instabilidade que, combinada com os novos impostos criados por João Sem Terra para financiar sua guerra na França, colaborou para a revolta da nobreza que resultou na Carta Magna em 1215. A partir daí, subiram mais lentamente até a primeira década do século XIV.

Daí em diante, a quantidade de prata disponível no Ocidente parou de crescer. Os preços avaliados em prata voltaram a cair gradualmente, salvo pela breve onda inflacionária causada pela epidemia da Peste Negra ao devastar a Europa em 1346-1353. O volume de dinheiro já existente ficou nas mãos de uma população reduzida em 33% no conjunto da Europa e 50% a 60% nas cidades mais apinhadas, com uma queda proporcional da produção. Isso resultou em um temporário aumento médio de preços de 50%, acompanhado de um aumento às vezes ainda maior dos salários, devido à escassez de mão de obra qualificada.

Apesar de assombrados pelo temor da peste, que continuou a se manifestar em surtos periódicos até 1671, os sobreviventes dispuseram, em geral, de um padrão de vida superior ao de seus antepassados. A fome se reduziu, a classe média prosperou, a alfabetização e a demanda de cultura fora do clero aumentaram, o que ajudou a desencadear as transformações culturais hoje conhecidas como Renascimento. A monetarização da economia estimulou a conversão das corveias e tributos (pagos em produtos) em arrendamentos a dinheiro e a transformação gradual e parcial dos servos em camponeses livres.

A quebra da moeda

O sistema de dinheiros, soldos e libras criado na Alta Idade Média pelos reis francos e anglo-saxões continuou a existir por toda a Europa Ocidental e Central até a Idade Moderna (exceto Portugal e Espanha) e nas Ilhas Britânicas até o século XX, mas o peso, conteúdo de metal precioso e poder aquisitivo das unidades e de seus múltiplos declinou quase continuamente e em ritmos diferentes em cada região a partir da desintegração do Império Carolíngio. Por quê?

A cunhagem de moedas era uma das principais fontes de recursos de um Estado medieval. Como foi prática da Antiguidade até o século XIX, proprietários de lingotes, moedas estrangeiras, moedas antigas, prataria ou outras peças de metal precioso precisavam convertê-las em moedas locais e atuais para ter liquidez para seus negócios.

Na Europa Ocidental, desde o início da Baixa Idade Média, os lingotes de metais preciosos eram geralmente múltiplos do marco, unidade de peso entre 210 e 250 gramas. O padrão mais "internacional", usado por mercadores e pela Igreja Católica, era o marco de Colônia de 233,856 gramas, mas unidades com o mesmo nome pesavam 280,66 gramas em Viena, 253,14 na Boêmia, 246,06 na Holanda, 245,05 em Hannover, 244,75 em Paris e Troyes, 239 em Montpellier, 238,62 em Würzburg, 237,52 em Nurenberg, 237 em

Grenoble, 235,4 em Erfurt, 234 em Marselha, 233,85 na Prússia, 233,6 em Aragão, 233,25 na Inglaterra, 230,35 em Castela, 230 em La Rochelle, 229,5 em Portugal, 227 em Tours, 226,3 em Florença, 226 em Limoges, 223,24 em Roma (marco da Cúria) e 215 em Bordéus e 197,98 em Cracóvia.

O interessado em obter dinheiro de curso legal entregava um ou mais marcos que eram talhados no número de moedas de prata determinado pela lei (192 dinheiros por marco, digamos). Além da talha, a lei também determinava a quantidade de cobre ou outro metal não precioso a ser ligado nas moedas. Por isso, o teor ou título de metal precioso era também chamado "lei". Alternativamente, "toque", visto que era testado pelos comerciantes riscando-se a peça de metal numa "pedra de toque" (ardósia, basalto, jaspe ou outra pedra dura e escura) para se avaliar a cor do risco.

No caso do ouro, a "lei" era estipulada em *quilates* de ouro puro equivalente a 4,167% e divididos em *grãos* (¼ de quilate) e oitavos de grãos. Esta prática derivou do uso de quilates (originalmente peso de uma semente de alfarroba) e grãos (originalmente o peso de um grão de cevada) para medir o conteúdo em ouro do sólido ou nomisma bizantino, que pesava originalmente 24 quilates.

Para a prata, o título era medido na maior parte da Europa[36] em *dinheiros* de prata pura[37], cada um deles equivalente a 1/12 ou 8,33%. Cada dinheiro se dividia em 24 grãos, estes subdivididos em 16 "grãos pequenos". Cada dinheiro (moeda física) devia pesar 1/192 de marco (1,2748 grama), mas 12 moedas físicas ou soldo deviam conter 6 dinheiros (unidades de peso de 24 grãos[38]) de prata pura – tratava-se, portanto, de "prata de 6 dinheiros". Uma "moeda de 2 dinheiros", conforme o contexto, pode significar uma moeda com valor nominal de 2 dinheiros, uma moeda feita de liga de 2/12 de prata (16,7%) ou mesmo uma moeda com peso de 2 dinheiros ou 48 grãos. A origem dessa exata metrologia está no padrão monetário francês de Luís VI (r. 1108-1137), que redefiniu unidades de peso e moeda e determinou a talha do marco em 192 dinheiros *ad*

---

36 Na Alemanha usou-se o *Lot*, equivalente a 1/16 ou 6,25%, divido em *Quentchen*, de 1/64 ou 1,5625%. O *Lot* era originalmente uma unidade de peso de meia onça (14,6 gramas), 1/16 do marco de 192 dinheiros, equivalente ao peso de 12 dinheiros ou um soldo de prata nesse padrão e o *Quentchen*, uma unidade de 3,65 gramas. A prata pura ou *16-lötig* continha 16 Lots de prata em um marco.
37 Prata "pura" em termos medievais, 96% a 98% pelos padrões modernos de análise.
38 No contexto farmacêutico, o mesmo peso de 24 grãos ou 6 quilates era chamado escrópulo.

medietatem, ou seja, com 50% de prata, mas a medida do teor de prata em dinheiros por soldo pode ser tão antiga quanto Hugo Capeto.

Em francês antigo, os lingotes de metal usados na fundição de moedas eram chamados *billons*, literalmente "toras", como de madeira. O sentido de lingote foi mantido no derivado inglês *bullion*, mas em francês significou também o metal derretido no cadinho, a liga transformada em moedas e depois especialmente a liga de prata baixa[39] (50% ou menos) com cobre e chumbo usada na fabricação da maioria das moedas medievais. A palavra foi aportuguesada desde a Idade Média como bilhão, belhão, bulhão ou bolhão. Adotamos a última forma por ser a mais usual em obras modernas e evitar a confusão com o número "bilhão".

Para obter dinheiro de curso legal, o proprietário de metal precioso o entregava à casa da moeda local, e esta ficava com uma parte do metal, tipicamente 4% a 8% da prata e 1% a 2% do ouro, mas às vezes bem mais. Esta é a chamada senhoriagem bruta, dividida entre a braçagem (custo de cunhagem) e a senhoriagem propriamente dita, recolhida como imposto.

Quando possível, os soberanos procuravam proibir ou dificultar a circulação local de moedas estrangeiras, pois isso os privaria da receita da senhoriagem. Dentro de seu território, ao menos dentro dos países cristãos, a lei exigia que fossem contadas e aceitas pelo valor nominal, embora seu conteúdo metálico real variasse consideravelmente devido à imprecisão das técnicas de fundição e cunhagem. Em moedas pequenas e de baixo teor, não é raro encontrar peças com pouco mais da metade do seu peso teórico ou 70% acima dele, ou que se desviavam em proporção semelhante de seu título legal, visto que a mistura de cobre, chumbo e prata no cadinho nem sempre era homogênea.

No comércio internacional (mas nos países muçulmanos também no interno), o valor das moedas era calculado por cambistas em função de seu conteúdo em metal precioso. Eram pesadas e avaliadas a cada transação, ou reunidas em bolsas seladas com o conteúdo atestado pelo banqueiro ou comerciante.

A autoridade emissora podia retirar o curso legal de uma moeda

---

39 Às vezes se faz a distinção entre bolhão preto, com até 25% de prata e bolhão branco, com até 50%, mas essa nomenclatura dá margem a confusão, porque muitas moedas ditas "brancas" tinham 25% ou menos de prata e eram assim chamadas para distingui-las de outras de título ainda mais baixo ou porque originalmente haviam tido um teor mais alto.

e impor um prazo para a sua troca por exemplares de uma nova emissão, impondo uma taxa de permuta, a chamada *renovatio monetae*. Alguns reinos recorreram a essa medida apenas excepcionalmente ou por ocasião da coroação de um novo monarca. Outros o faziam regularmente a cada poucos anos e mesmo cada ano ou seis meses, principalmente nos Estados que cunhavam *bracteatas* (moedas muito finas, cunhadas em uma só face). Nestes últimos casos, a taxa podia atingir 20% e às vezes essa receita custeava os gastos do Estado sem impostos adicionais.

A autoridade podia ainda impor uma *mutatio monetae*, chamada "quebra", quando reduzia o conteúdo em metal precioso da unidade monetária. Podia se dar em três modalidades:

- No valor nominal (*mutatio in apellatione*), decretando que uma moeda que até então valia, digamos, 240 dinheiros passasse a ser aceita por 300.

- No peso (*mutatio in pondere*), alterando a talha do marco e determinado que ele fosse dividido, digamos, em 200 dinheiros e não mais 192.

- Na liga ou mistura do metal precioso (*mutatio in materia*), determinando, digamos, que a moeda de prata passasse a ser feita com 10 dinheiros (83,3%) em vez de 11 (91,7%), ou a de ouro com 18 quilates (75%) em vez de 22 (91,7%).

Essa mutação podia ser imposta juntamente com a renovação ou ser adotada independentemente dela, confiando-se no interesse dos proprietários de moedas velhas de trocá-las espontaneamente por novas de maior valor nominal. Às vezes o rei negociava com os proprietários interessados em evitar a quebra da moeda uma taxa chamada monetágio, que substituía total ou parcialmente .o ganho para o Estado que resultaria da quebra

Mesmo sem recorrer à renovação obrigatória, uma autoridade monetária que decidisse diminuir ou avilecer o conteúdo metálico da moeda podia recolher muito mais – tipicamente 15% a 25% da prata (60% em alguns casos) e 4% a 8% do ouro (às vezes até 13%) – ao entregar moedas de prata reduzidas ou ligadas com maior quantidade de cobre ou chumbo (ou ambos). Muitos reis recorreram a essa prática quando necessitaram de receitas com urgência (mais frequentemente por motivo de uma guerra) sem poder recorrer a impostos ou empréstimos. Em períodos normais, a maioria dos governos obtinha menos de 5% de sua receita da senhoriagem, mas, em anos de quebra da moeda, podia chegar a mais de 50% e às vezes quase tudo, principalmente quando a guerra inviabilizava a coleta regular de impostos.

Entretanto, as guerras e a cobiça de soberanos não bastam para explicar a extensão do fenômeno. A redução gradativa de peso afetou moedas cunhadas por agentes privados (como na Frísia) e foi mais rápida não onde havia senhores mais gananciosos ou belicosos e súditos mais explorados, mas sim em prósperas cidades-estados italianas governadas por uma competente oligarquia mercantil, como Veneza e Gênova.

Mesmo se a quebra era decretada para atender às necessidades do Estado, era o interesse privado que a tornava viável e vantajosa para o governo que a promovia. Os detentores de metal precioso corriam para transformá-lo em moedas aviltadas e obter um valor nominalmente maior. Não era apenas uma ilusão monetária, pois o efeito inflacionário sobre os preços não era instantâneo. Estes levavam algumas semanas para se ajustarem ao aumento de oferta de moeda e quem a convertia obtinha um ganho real, ainda que volátil.

Em qualquer Estado integrado nas redes comerciais, o meio circulante era uma mescla de moedas locais e estrangeiras. A disponibilidade de moeda local dependia da disposição de mercadores de trazer prata à casa da moeda para cunhar e eles preferiam levá-la aonde lhes oferecessem maior valor nominal pelo metal. Assim, o sistema encorajava desvalorizações competitivas. Cada redução de peso ou teor de metal pressionava os vizinhos a seguir o exemplo para evitar que suas moedas fossem levadas ao exterior para serem fundidas e recunhadas com maior valor nominal (ou no mínimo entesouradas) e seu mercado fosse paralisado pela falta de liquidez.

Devedores e arrendatários, mesmo se não tinham dinheiro na mão, também ficavam felizes com a quebra do padrão monetário, pois seus ônus reais se reduziam. Os prejudicados eram os proprietários de terras arrendadas (nobres, igrejas, mosteiros), credores e assalariados. A decisão de recorrer ou não à quebra dependia em grande parte da relação entre o Estado e os grandes proprietários. Assim, a Inglaterra foi uma exceção a essa tendência até meados do século XIV devido ao relativo isolamento geográfico e ao poder de sua aristocracia feudal, reforçado pela Carta Magna de 1215, que a tornou capaz de se impor aos interesses do monarca para preservar a receita real dos contratos de arrendamento de suas terras a longo prazo.

Além de ser uma oportunidade para comerciantes, a quebra também atendia à necessidade do público ante uma economia que crescia sem que a disponibilidade de prata pudesse acompanhá-la. Também atendia à necessidade de moedas menores e mais numerosas para serem usadas nas compras quotidianas do varejo nas cidades por artesãos (principalmente têxteis) cujo número crescia e que precisavam comprar alimentos periodicamente. O dinheiro carolíngio e o *pæning* anglo-saxão tinham um poder aquisitivo de 90 ñ a 150 ñ. Uma só moeda comprava 12 a 24 filões de pão no século IX, e o poder aquisitivo dessa quantidade de prata era da mesma ordem de grandeza em meados do século XI.

Cidade ou país	ano	peso (g)	% prata	equivalente em prata (g)	inflação a.a. (*)	poder aquisitivo (ñ)
Inglaterra	1160	1,46	92,5%	1,35	0,01%	144
Colônia	1160	1,40	92,5%	1,30	0,07%	85
Paris	1160	1,00	50,0%	0,50	0,27%	39
Melgueil	1125	1,10	42,0%	0,46	0,39%	29
Gênova	1141	1,10	33,3%	0,37	0,44%	23
Lucca	1160	0,60	60,0%	0,36	0,42%	23
Toledo	1160	1,07	25,0%	0,27	0,50%	17
Milão	1160	0,70	33,3%	0,23	0,54%	15
Coimbra	1160	0,86	25,0%	0,22	0,56%	14
Barcelona	1160	0,66	20,0%	0,13	0,70%	8
Veneza	1160	0,55	20,0%	0,11	0,75%	7

(*) ante um peso teórico original de 1,7 g de prata a 98% de Carlos Magno (794) no continente e 1,46 g de prata a 96% do rei Offa (780) na Inglaterra. O poder aquisitivo da prata pouco mudara, mas era maior na Inglaterra que no continente.

A (des)organização do sistema monetário

O crescimento e diversificação da economia gerou a necessidade de moedas de valores variados para atender a todas as modalidades de comércio, a começar pelas prósperas cidades comerciais da Itália: Milão, Gênova, Florença e, principalmente, Veneza. No final do século XII, esta última começou a cunhar a primeira moeda menor que o dinheiro, o *denarius grossus* ("dinheiro grosso") ou *grosso*, com 2,18 gramas de prata e valor nominal inicial de 24 dinheiros venezianos. Moedas semelhantes, pouco menores ou até duas vezes maiores logo foram cunhadas pela maioria dos países europeus, geralmente com nomes relacionados a "grosso" (*gros* em francês, *grosh* em tcheco e outras línguas eslavas, *Groschen* em alemão, *garas* em húngaro) ou "grande" (*groot* em holandês, *groat* em inglês). Na Áustria, chamou-se *Kreuzer* ("cruzado"). Em algumas regiões da Itália, *patacca*. Em Castela, chamou-se *nummus regalis*, "moeda real" ou "real". Em Portugal, foi "grosso", "forte", "tornês" (pelo *gros tournois* francês), "real" e por fim "vintém". Às vezes foram também chamadas miliarenses, nome dado aos dirrãs árabes por serem equivalentes às antigas moedas bizantinas desse nome.

As primeiras cunhagens sistemáticas de moedas de ouro na Europa Ocidental cristã desde o fim do Império Romano começaram na Sicília do século XI e Península Ibérica no século XII, pois seus reis adotaram as moedas de ouro dos emirados árabes conquistados. A partir de 1252, também Gênova e Florença começaram a cunhar regularmente moedas de ouro, chamadas *genovini* (genovinos) em Gênova, *fiorini* (florins) em Florença e *ducati d'oro* ou *zecchini* (ducados de ouro ou cequins) em Veneza, com 3,5 gramas de ouro quase puro, equivalente ao *hyperpyron* ou besante de Constantinopla, que tinha um peso maior de ouro menos puro. Essas inovações monetárias foram imitadas pela França ainda no século XIII e chegaram à Inglaterra e ao Sacro Império no século XIV.

Entretanto, em quase toda a Europa da Baixa Idade Média (exceto a Inglaterra, onde se continuou a ser usada apenas prata esterlina até a Idade Moderna), as moedas mais comuns no quotidiano continuaram a ser as de bolhão, geralmente dinheiros, às vezes suas frações (metades e quartos) e múltiplos. Embora moedas de cobre fossem comuns em Constantinopla e nos países muçulmanos, os países cristãos do Ocidente medieval, com raras exceções, não as cunharam. Na sua concepção, as moedas "verdadeiras" tinham de conter alguma prata para ter valor, ainda que a liga fosse muito baixa, às vezes um dinheiro (8,3%) ou ainda menos. Por outro lado, fichas de cobre, estanho e chumbo feitas pela Igreja ou por particulares, conhecidas como "contos", foram usadas em muitos lugares como moeda paralela.

Chegou a acontecer de a moeda de ouro valer uma libra, a moeda de prata, um soldo e a de bulhão, um dinheiro, como na Florença de 1237 a 1296, mas essa ordem perfeita foi exceção e, mesmo nesse caso, convivia com moedas estrangeiras de diferentes valores. Em geral, o sistema monetário foi complexo e variável. As relações de valor entre as moedas medievais de determinado momento e lugar frequentemente parecem arbitrárias e irracionais, embora se expliquem pela história política e econômica.

A variação dos preços relativos dos metais, a quebra frequente dos padrões monetários (mais de uma vez por ano em tempos conturbados) e a coexistência de lingotes de diferentes teores metálicos e moedas de ouro, prata e bolhão de diferentes épocas e origens nos mesmos mercados só era funcional porque, dentro da ordem rígida da Idade Média, cada grupo social lidava com o tipo de moeda mais apropriado para suas necessidades e podia ignorar o restante da complexidade. Isso dava um papel particularmente importante aos cambistas e banqueiros, capazes de avaliar e comparar diferentes moedas de modo a criar uma interface entre esses circuitos monetários parciais e permitir que a economia funcionasse.

As principais categorias eram as seguintes:

- Mercadores internacionais

    Mercadores aventureiros, que se arriscavam na África, Oriente Médio e Europa Oriental e trabalhavam apenas com lingotes de ouro e prata puros, moedas de ouro tratadas, na prática, como pequenos lingotes ou escambo de mercadorias.

    Mercadores intra-europeus, que circulavam entre diferentes países da Europa Ocidental com cultura e práticas comerciais semelhantes e interligados por redes de cambistas e banqueiros, o que permitia, a partir do século XIV, o pagamento por meio de contas bancárias e letras de câmbio, além de lingotes e moedas de ouro.

- Comerciantes nacionais

    Comerciantes reinóis (atacadistas), que difundiam no país as mercadorias trazidas de fora ou difundiam para o exterior as mercadorias nacionais vendendo-as aos mercadores internacionais nas grandes feiras. Usavam cartas de obrigação, contas bancárias e moedas de ouro e prata.

Comerciantes locais (varejistas), que revendiam aos consumidores as mercadorias de produção local ou trazidas de outras partes do reino ou do mundo. Trabalhavam com moedas de prata e bolhão e com notas promissórias de clientes.

- Não comerciantes

    Nobreza, alto clero e alta burguesia, consumidores de bens de luxo e donos de tesouros pessoais. Usavam moedas de ouro, prata e bolhão e praticamente não lidavam com títulos de crédito.

    Povo miúdo, consumidor de produtos de primeira necessidade. Usava moedas de prata e bolhão e "contos".

Assim, a estrutura típica de um sistema monetário da Baixa Idade Média na Europa Ocidental e Central (com a exceção da Inglaterra) incluía:

- Lingotes de ouro e prata puros, com peso de um marco (cerca de 240 gramas) ou seus múltiplos, usados como meio de troca no comércio internacional ou para serem convertidos em moedas locais. Em média, um marco de ouro valia em torno de 90.000 ñ e um de prata cerca de 9.000 ñ.

- Títulos de crédito de circulação internacional (letras de câmbio e cartas de crédito, redimíveis nos principais centros comerciais), nacional (cartas de obrigação, usadas principalmente nas grandes feiras) e local (promissórias).

- Contas bancárias, geralmente denominadas em moedas de conta. Além do soldo (12 dinheiros) e da libra (240 dinheiros) usados em quase todo o Ocidente para facilitar a contagem de grandes quantias, foram usados em certas regiões o marco de conta (160 dinheiros na Inglaterra, 192 no norte da Alemanha), o "soldo longo" (*lange Schilling*) de 36 dinheiros na Frísia e 30 dinheiros na Baviera e Áustria e o pesante ou besante de miliarenses, equivalente ao *dinar darahim* árabe de dez dirrãs (ou dez grossos aproximadamente equivalentes), na Itália e Ibéria. Além disso, existiram várias outras moedas de conta locais, mais ou menos duradouras, para contabilizar arrendamentos e dívidas originalmente fixadas em moedas de ouro ou prata quando o preço relativo dos metais flutuava ou quando essas moedas eram reajustadas em relação à moeda básica de bolhão. Assim, o maravedi físico, moeda de ouro portuguesa com valor de 15 soldos ou 180 dinheiros no reinado de Afonso II, passou a valer 27 soldos ou 324 dinheiros com a quebra da moeda de bolhão por seu sucessor, mas contratos denominados em maravedis continuaram a ser pagos como se valessem 180 dinheiros e um "maravedi de 15 soldos" puramente contábil passou a ser usado ao lado da moeda real.

- Pelo menos uma pequena peça de ouro relativamente puro com peso em torno dos 3,5 gramas do florim florentino ou do cequim veneziano, principais moedas internacionais da época. Como servia principalmente para o comércio internacional e o pagamento de mercenários, raramente era reduzida em peso ou título, pois sua aceitação não podia ser imposta além das fronteiras. Entretanto, seu valor nominal era frequentemente reajustado em função da quebra das moedas de bolhão ou da alteração dos preços relativos do ouro e da prata (em média 10:1, mas variando de 7:1 a 12:1). Em alguns mercados, a cotação das moedas de ouro variava diariamente. Seu poder aquisitivo era tipicamente de 1.000 ñ a 2.000 ñ, e uma ou duas peças podiam pagar um mercenário ou trabalhador qualificado por um mês.

- Pelo menos uma pequena peça de prata relativamente pura com peso variando do 1,4 grama do grosso milanês ao 4,2 grama do tornês da França, com uso misto, atacadista e local. Estava sujeita a quebras, mas não tanto quanto as moedas de menor valor e mais na talha do que no título, pois moedas de boa prata eram no mínimo aceitas internacionalmente pelo peso. Em princípio, seu valor nominal não flutuava em relação aos das moedas menores, pois estas também estavam vinculadas à prata, mas podia ser reajustada para cima quando a moeda de bolhão sofria quebra. Seu poder aquisitivo era tipicamente de 50 ñ a 200 ñ, o que significava um ou dois dias de trabalho qualificado.

- Pelo menos uma peça de bolhão muito pequena, geralmente chamada "dinheiro", com peso em torno de uma grama ou menos de bolhão, frequentemente sujeita a quebras na talha e ainda mais no título. Era muito usada no varejo local, mas desprezada no grande comércio. Um poder aquisitivo de 5 ñ a 10 ñ (uma ou duas por um pão) era comum, e onde faltava moeda fracionária como troco era comum cortá-la em dois ou quatro com faca ou tesoura.

- Fichas de cobre, latão, chumbo ou couro, chamadas "contos" em português, de fabricação privada e usos múltiplos, inclusive como moeda paralela ou como frações de dinheiro.

Vale notar que Marco Polo, ao visitar a China entre 1271 e 1292 e comparar sua moeda à europeia, usou como referência o grosso veneziano, o *tonesel* (dinheiro tornês, da França), com o valor de 1/5 de grosso e o *besante* (moeda de ouro árabe ou bizantina) com valor de 20 grossos. Eram as três principais "moedas internacionais" de seu tempo e constituem uma referência adequada para um autor que deseje usar um sistema monetário simplificado, fácil de calcular e realista para expressar valores e transações na Idade Média continental (não britânica), para fins de história econômica, ficção histórica ou jogo de RPG.

Denominação	Valor em dt	Peso em gramas	Diâmetro em mm	Valor em ñ (c.1280, França)
Moeda de conta				
marco de Colônia (de prata 91,67% ou 11 dinheiros)	500	233,85		6.000
libra francesa	240			2.880
Moedas de ouro				
besante (florim, dinar, sequim etc.)	100	3,53	22	1.200
Moedas de prata				
grosso (veneziano)	5	2,18	20	60
Moeda de bolhão (30% prata, 70% cobre)				
dinheiro tornês ou tornesel (francês)	1	1,20	18	12

As Ilhas Britânicas foram exceção, pois até meados do século XIV conservaram intacto o sistema da Alta Idade Média, baseado em dinheiros de prata pura equivalentes ou pouco inferiores aos grossos cunhados no continente (o *penny* equivalia a 2/3 do grosso veneziano). A partir de 1344, houve pequenas quebras na talha, sem alteração no título. O penny inglês manteve um valor da ordem de 40 ñ e a falta de troco para pequenas compras continuou um problema crônico. Surgiram então também moedas de ouro, os nobles de 80 *pence* e groats de prata de 4 *pence*, mas vale notar que a libra de 240 *pence* e o shilling de 12 *pence* só vieram a existir muito depois. Na Escócia, a desvalorização foi mais acelerada a partir de 1367.

No Império Bizantino, o padrão monetário herdado dos romanos, que tinha sido razoavelmente estabilizado na Alta Idade Média, decaiu ao longo de toda a Baixa Idade Média. Em 1071, a derrota de Manzinkert, além de encerrar a história do Império como grande potência, fez seus soberanos reduzirem o sólido ou nomisma praticamente a uma moeda de prata. No final do século XI, foi substituído por uma nova moeda de ouro chamada hyperpyron ou besante, mas também esta perdeu gradualmente valor até desaparecer. Ainda assim, o império decadente manteve, até 1367, um sistema de moedas de ouro, prata e cobre.

Nos países árabes, moedas de ouro e prata eram de tamanho irregular e avaliadas pelo peso e título a cada transação como pequenos lingotes, ou então seladas em bolsas de peso certificado. As moedas de cobre, cunhadas em caráter local, eram contadas nas pequenas transações do varejo, mas também eram avaliadas a peso no grande comércio.

As moedas árabes da Baixa Idade Média frequentemente diminuíram de peso e título em relação a seus protótipos omíadas, mas isso parece ter se devido a uma questão de comodidade comercial e não a uma quebra para fins fiscais como no Ocidente. Para todos os fins, ouro e prata eram pesados de acordo com as unidades tradicionais de peso. A lei islâmica proibia os governantes de atribuir às moedas um valor nominal independente de seu conteúdo metálico e forçar a aceitação de moedas reduzidas em título ou talha pelo valor anterior. Isso era considerado *riba* (fraude e pecado), como qualquer forma de troca desigual ou juro.

Nos países muçulmanos não árabes surgidos nos atuais Irã, Ásia Central e Turquia, resultantes das invasões turcas e mongóis, outro sistema se impôs. Embora adotassem formalmente o Islã, esses soberanos impuseram sua concepção de cunhagem e senhoriagem e, como no Ocidente, verificaram-se quebras da moeda e a redução progressiva, às vezes acelerada, do valor das denominações. Em 1425, pouco antes da conquista otomana, também o sultanato do Egito chegou a impor um sistema desse tipo.

A Rússia, cujo sistema monetário surgiu sob o domínio dos tártaros (mongóis muçulmanos), criou no final do século XIV a denga, moeda de prata de cerca de um grama, intermediária entre o dirrã muçulmano e o dinheiro ocidental e originalmente definida como 1/200 do rublo, uma unidade de peso de prata de 204 gramas, pouco menor que o marco ocidental.

Ao lado dessa nova variedade de moedas físicas, a Baixa Idade Média continuou a fazer uso, principalmente no período inicial e nas regiões menos monetarizadas, de moedas-mercadorias. Na Península Ibérica, uma dívida ou arrendamento de um soldo podia ser paga tanto com 12 moedas de prata como com uma ovelha ou um moio de trigo. Os tecidos mais populares usados pelos camponeses, principalmente o burel (de lã) e o bragal (de estopa de linho), foram em certas regiões e períodos mais importantes que a prata como moeda. Na Islândia, os preços e multas eram fixados em peças de burel ou em vacas mais do que em moedas, costume que continuou até a Idade Moderna. Em Portugal, multas e contratos eram fixados em peças de bragal até o século XII. Mesmo no século XVI, capatazes e serviçais das áreas rurais continuavam a ser remunerados apenas parcialmente em dinheiro. Metade ou mais do valor real de seus salários era pago em pão, cereais, tecidos, roupas e sapatos.

Fichas, contos ou jetons

Por volta de 1200, começou a se tornar comum o uso de pequenas rodelas de metal barato (cobre, chumbo, latão, peltre) ou couro, com tamanho e forma de moedas com marcas particulares ou decorativas, chamadas *contos* em português, *méreaux* ou *jetons* em francês, *counters*, *tokens* ou *jettons* em inglês, *Rechenpfennig* ("dinheiro de cálculo") ou *Münzmeisterpfennig* ("dinheiro de moedeiro") em alemão. Sua função original era a de instrumentos de cálculo, postos sobre um tabuleiro de pano ou madeira marcado por linhas ou quadriculado[40]

---

40 Por isso o ministério da Fazenda britânico é chamado *Exchequer*, termo derivado de échiquier,

para representar diferentes quantidades conforme suas posições e facilitar a contabilidade, como num ábaco. As linhas representavam, de baixo para cima, unidades, dezenas, centenas e assim por diante; as colunas, operações aritméticas (adendo, minuendo, subtraendo, fator, divisor) e resultados dos cálculos.

Os contos foram usados também como fichas de jogo e comprovantes de pagamento de taxas Podiam servir como tíquetes de entrada numa feira ou cidade, ou de autorização para certas atividades, como a de vendedor ambulante, sendo neste caso costurados na roupa como insígnia (como uma estrela de xerife).

Mais importante, contos podiam comprovar prestação de serviço, presença em reuniões[41] ou distribuição de esmolas, e assim representar pequenas dívidas a serem eventualmente saldadas com dinheiro ou mercadorias e nesse caso às vezes acabavam por servir como moeda paralela. Essa função parece ter-se originado de práticas eclesiásticas no final do século XII e foi comum até ser proibida pelas autoridades estatais nos séculos XVI e XVII.

Uma abadia dava contos aos monges para comprovar sua participação nos ofícios religiosos ou aos irmãos leigos por seu trabalho nas vinhas; uma catedral podia usá-los para remunerar clérigos e cantores ou distribuí-los como esmolas a pobres e peregrinos. Em princípio, esses contos deviam ser trocados por comida, bebida e roupas fornecidos pela própria abadia ou catedral, ou por uma estalagem autorizada, mas a falta de moeda oficial frequentemente fazia essas fichas circularem pela comunidade como moedas de pequeno valor (1, 2 e 6 dinheiros em Macon, França, do século XII a 1557, por exemplo).

A partir do século XIV, organizações seculares, como guildas, também usaram contos em seus negócios internos e para remuneração de serviços. Vendedoras de velas, por exemplo, eram pagas com "contos de velas", com o valor de uma vela, que depois podiam ser reunidas e trocadas por dinheiro. Também foi comum que prostitutas fossem pagas com fichas.

Com ou sem autorização, conselhos municipais e comerciantes também fabricavam, aceitavam ou usavam contos para pagar serviços e suplementar o troco, frequentemente com valor de frações de dinheiro. Na Inglaterra, onde faltavam moedas oficiais menores que o penny,

---

tabuleiro de xadrez em francês, pela mesa onde se faziam os cálculos dos impostos devidos.
41   Daí a expressão moderna *jeton* para a remuneração de membros de certos órgãos colegiados por sessão a que comparecem.

eram frequentemente usados com o valor de ¼ de penny ou um farthing; na França, substituíam as mealhas ou óbolos (meio dinheiro) e os quartos de dinheiro (*poitevines*) e em Aragão eram cunhados em cobre, por particulares autorizados, como quartos de dinheiro (*pugesas*).

Talhas de fuste

Usadas desde a Antiguidade e também na Alta Idade Média, a "mossa de pau" ou "talha de fuste" (inglês *tally stick*, francês *bâton de taille*), se tornou um instrumento de crédito mais importante a partir de sua adoção por Henrique I da Inglaterra, a partir de 1100, para cobrar receitas da Coroa. As taxas eram registradas no fuste e parte dele, chamada *stub* ou *foil* (que servia de "canhoto"), dada ao contribuinte para que a quitasse no tempo devido. Para adiantar a receita, o governo podia vender com desconto o *stock* ou *stipe* que lhe ficava como comprovante da dívida a banqueiros e cambistas. Transformados em *stockholders*, se encarregavam da cobrança, com a qual o *stock* era entregue ao devedor.

Diferentes larguras de entalhes denotavam os valores: do tamanho da mão, £ 1.000; do polegar, £ 100; de um dedo, £ 20; de um grão de cevada, £ 1; um entalhe sem retirada de madeira, um xelim. A prática durou até 1826. Em 1834, o Parlamento decidiu livrar-se das talhas acumuladas em seus depósitos queimando-as na Câmara dos Lordes. A quantidade era tal que superaqueceu as fornalhas e o incêndio destruiu as duas Casas.

Finanças e bancos

Na Alta Idade Média, o crédito em grande escala e o comércio de longa distância eram na maior parte praticados por judeus, visto que a cobrança de juros era proibida tanto aos cristãos (que a consideravam usura) quanto aos muçulmanos (que a tinham por *riba*). Laços de parentesco e confiança uniam as comunidades judaicas toleradas em ambas as civilizações (e o Império Khazar, onde os judeus constituíam a classe dominante) e os mercadores judeus conhecidos como radanitas, cujas rotas se estendiam até a Índia e o Extremo Oriente.

Na virada do século X para o XI, porém, as rotas comerciais do Oriente foram rompidas pelas invasões dos turcos seljúcidas, pechenegues e cumanos. Iniciou-se ainda a ascensão das cidades-estados mercantis da Itália, para as quais os judeus eram concorrentes indesejáveis. Seus interesses confluíram com os da Igreja Católica, que, além de desejar promover a Guerra Santa para apoiar o periclitante Império Bizantino e reunificar a Cristandade, desconfiava das redes de crédito e comércio dos judeus que até então haviam interligado Ocidente e Oriente.

Nesse momento, a Igreja ainda fazia restrições à usura, e a banca italiana ainda era incipiente. Na transição, a Ordem dos Templários, graças à fama de probidade, ao respeito inspirado por seus cavaleiros e a comunidades e fortalezas espalhadas por todo o mundo cristão, proporcionou uma forma segura e confiável de transportar dinheiro ou enviá-lo por carta de crédito a qualquer parte da Europa e Palestina. A carta de crédito (*lettera di credito*) atestava o direito do beneficiário devidamente identificado, mercador viajante ou seu representante, a sacar determinada quantia, equivalente à que previamente fora depositada em outro local.

Fundada em 1119 e reconhecida pelo papado dez anos depois, a Ordem dos Templários reuniu vasta riqueza graças às doações e legados de nobres desejosos de salvar suas almas contribuindo para defender a Terra Santa. Suas comandarias chegaram a controlar 9 mil propriedades, necessárias para financiar seus gastos. Em 1180, um cavaleiro precisava de 30 mansos (300 hectares) para se equipar e manter; em 1260, de cinco vezes mais[42]. O preço médio de um cavalo triplicou entre 1140 e 1180 e dobrou de novo em 1220.

O Templo de Paris, onde residiam quatro mil templários, tornou-se um dos principais centros financeiros do noroeste da Europa. Seus empréstimos por várias vezes evitaram colapsos das finanças reais de Aragão e França, que constantemente recorriam a eles. Outras instituições eclesiásticas pediam garantias dos templários para emprestar à Coroa. Embora a usura fosse formalmente proibida, os financiamentos eram feitos com a garantia de uma renda da terra ou um benefício, e com frequência se concordava com que a Ordem deduzisse parte da importância coletada para cobrir

---

42 Considerando uma renda de 7.200 ñ por manso, isso significa 216.000 ñ (600 ñ por dia) em 1180 e 1.080.000 ñ (3.000 ñ por dia) em 1260.

suas despesas, como permitia o direito canônico. Sobre alguns empréstimos, isso significava na prática juros de 10%, 2% menos que o permitido a financistas cristãos em Aragão e metade da taxa dos judeus. Outros serviços financeiros proporcionados pelos templários incluíam a provisão de anuidades e pensões. Frequentemente, a doação de terras ou dinheiro estipulava que a Ordem deveria prover à subsistência de um homem e sua esposa até a morte.

Essa riqueza, porém, fez dos templários o alvo da cobiça dos reis europeus, principalmente depois que os cruzados foram derrotados e expulsos definitivamente da Palestina e a Ordem perdeu sua importância militar. O rei francês Filipe IV, necessitado de recursos para financiar seu projeto de centralização e unificação da França e tendo o papa Clemente V como virtual refém em Avinhão, conseguiu dele a dissolução da ordem em 1312. Embora o Papa determinasse a transferência das propriedades dos templários para a Ordem dos Hospitalários, vários soberanos europeus as confiscaram totalmente ou em parte, ou exigiram uma renda por sua transferência. No caso da França, o rei exigiu indenizações pela suposta perda de tesouros depositados no Templo e "dedução das despesas de custódia" que custaram aos hospitalários um total de 310 mil libras (cerca de 570 milhões de ñ) e deixaram sua ordem, no curto prazo, em pior situação financeira que antes. Uma exceção foi Portugal, onde D. Dinis fundou com os cavaleiros e suas propriedades a nova Ordem de Cristo.

Vale notar que os templários proporcionavam esses serviços financeiros aos reis, nobreza e clero, não aos mercadores. Os cambistas e banqueiros judeus e cristãos, que atendiam a essa categoria nas praças italianas desde o século XII, já desempenhavam um papel importante antes de os Templários deixarem de existir. As informações mais antigas sobre sua atividade vêm de Gênova, no final do século XII. Oficialmente eram *campsores* ou *cambiatores* (cambistas); porém, uma vez que atendiam não em lojas ou oficinas, como comerciantes e artesãos, mas por trás de uma banca ou bancada[43] na praça do mercado, foram chamados popularmente de "banqueiros". Sobre essa mesa coberta de pano verde, faziam o câmbio de moedas de diferentes origens, aceitavam depósitos pelos quais pagavam juros ou parte dos lucros, emprestavam dinheiro a prazo com cobrança de

---

43 A palavra *banco* ou *banca* em italiano refere-se tanto à banca de trabalho (pertinente ao caso) quanto ao banco de sentar.

juros por atraso e participavam em operações comerciais. Caso rompessem seus compromissos, eram declarados falidos, proibidos de voltar ao negócio, e sua banca era cerimonialmente quebrada – daí a expressão "bancarrota", banca quebrada. Nesse século, o câmbio era manual, o que implicava unidade de lugar e tempo, proximidade física dos interessados e a materialidade da moeda.

Às vezes, o Monte Vecchio ("Fundo Antigo") de Veneza, criado em 1156, é considerado o primeiro banco da Europa medieval. Era um fundo de dívida pública, formada por cinco milhões de ducados em empréstimos compulsórios com rendimento de 4% ao ano para financiar as guerras com o Sacro Império e o Império Bizantino. O consórcio dos credores foi autorizado a emitir títulos pagáveis em ducados, que podiam ser transferidos e circulavam livremente. Como o pagamento era especificado em ducados de prata fina, eram considerados mais seguros que as moedas de bolhão, sujeitas a quebras.

Durante o século XIII, surgiu o sistema moderno de contabilidade, o método das partidas dobradas, também chamado método veneziano, embora as evidências mais antigas de seu uso estejam nos livros-caixa de um contador florentino de 1299-1300 e na contabilidade da República de Gênova de 1340. A moeda escritural dos livros-caixa passa a desempenhar um papel importante nas transações, transferindo valores de um cliente para outro do mesmo cambista e mesmo de uma banca para outra da mesma cidade, sem necessidade de movimentar moeda física. Também não é incomum que os cambistas concedam adiantamentos a clientes, permitindo-lhes sacar a descoberto. Mais importante, permitem trocar moeda presente por ausente, a ser entregue em outro lugar ou outro momento.

Depois da carta de crédito, o próximo título de crédito a surgir, ainda no século XIII, foi a carta de obrigação (em inglês *letter of obligation*, na França *lettre obligatoire* ou *lettre de foire*) escrita em duas vias de pergaminho por um escabino (funcionário municipal) ou notário público na presença do credor e devedor, atestando o depósito de determinada quantia e especificando as garantias e os fiadores. Podia circular nas operações comerciais como meio de pagamento endossável (transmitido a outra pessoa que não o credor original), mas apenas no âmbito de um mesmo reino, geralmente de uma feira a outra e com vida útil de três meses.

Ainda no século XIII, ficções legais começaram a ser usadas, inicialmente por banqueiros de Asti, Piacenza e Cremona, na Lombardia, e Cahors, sul da França (o que fez de "lombardo" e "caorsino" sinônimos de "usurário" por séculos), para contornar a proibição da usura. Por exemplo, ofereciam dinheiro teoricamente sem juros, mas cobravam um "seguro" contra perdas, danos e atrasos e vendiam o direito ao lucro do tomador por uma porcentagem. Esses banqueiros, apelidados "usurários do Papa", reduziram a dependência dos poderosos em relação aos judeus. Estes até então haviam sido considerados necessários e autorizados a emprestar a juros altos (de 10% a 43% ao ano), apesar de frequentemente serem perseguidos ou terem suas propriedades confiscadas quando acumulavam valores substanciais. A partir de fins desse século, começaram a ser banidos de vários países: Inglaterra em 1290, França em 1396, Áustria em 1421, Espanha em 1492, Portugal em 1496.

A Igreja também começa a aceitar parcialmente a usura. Tomás de Aquino argumenta na *Suma Teológica*, escrita de 1265 a 1273, que, embora exigir juros pelo empréstimo para consumo seja pecado, não é pecado pagá-los, nem depositar dinheiro nas mãos de um usurário para "guardá-lo com maior segurança". Também conclui que quando se financia objeto de usufruto, como um imóvel, é lícito cobrar as rendas dessas propriedades.

No século XIV, surgiu a letra de câmbio (*lettera di cambio*), que envolve quatro pessoas, geralmente em jurisdições diferentes. Previa a troca ou câmbio de uma quantia expressa em uma moeda, em dado lugar e momento, contra um montante expresso em outra moeda, pagável posteriormente em outro lugar. Por exemplo, um mercador de Florença comprava tecidos de um vendedor do Flandres e mandava seu banqueiro florentino pagá-los na feira de Provins, na Champanha, com dinheiro em florins. A carta era remetida ao vendedor de tecidos, que a apresentava ao banqueiro de Provins para sacar o dinheiro ou creditá-lo em sua conta em francos. Da mesma forma, o mercador de Florença podia trazer a seu banqueiro cartas de pagamento recebidas de clientes estrangeiros para sacar ou creditar o dinheiro em moeda florentina. As letras de câmbio permitiram formar uma rede comercial que no século XIV abrangia as principais cidades da Itália, leste e sul da Península Ibérica (Barcelona, Valência, Sevilha), centros comerciais da França (Perpignan, Montpellier, Genebra, Avinhão, Paris), Londres e

Bruges. No século XV, alguns centros do Sacro Império Romano, Liga Hanseática e Polônia se incorporaram a essa rede. Surgiram também as primeiras letras de câmbio endossáveis, mas essa prática, rejeitada pelos italianos, só se tornou comum no século XVII.

Embora os banqueiros do século XIV já fossem influentes e o Banco Medici, fundado em Florença em 1397, tenha tido um enorme poder no século XV, o primeiro banco moderno foi o Banco di San Giorgio, fundado em Gênova em 1408 e extinto por Napoleão em 1805. Ao contrário dos Médici, para os quais o banco era instrumento de poder político, glória e mecenato, a instituição genovesa era uma sociedade de banqueiros sóbrios e metódicos e pôs a política a serviço do lucro. Foi para essa banco que o contemporâneo Maquiavel forjou a expressão "Estado dentro do Estado", pois controlou de fato a República de Gênova.

A teologia dos juros continuou a se flexibilizar. No século XV, escolásticos e juristas consideravam o "lucro cessante" uma justificativa sempre aceitável para cobrar juros, desde que o financista fosse um comerciante. A partir de 1463, os próprios frades franciscanos criaram e incentivaram os montepios (*Montes Pietatis*, "fundos piedosos"), instituições para fornecer empréstimos a juros baixos aos necessitados para libertá-los dos usurários. O Monte dei Paschi di Siena, criado em 1472 com base nesse modelo, existe ainda hoje como o banco mais antigo do mundo em atividade e o terceiro maior da Itália.

Quanto aos protestantes, Lutero aceitou de início a doutrina católica tradicional quanto à usura, ao passo que Calvino e os primeiros puritanos fizeram mais concessões: admitiam os juros em empréstimos comerciais, enquanto os proibiam em empréstimos de caridade para os necessitados.

Em 1540, uma portaria imperial Habsburgo para a Holanda permitiu o pagamentos de juros de até 12% para os empréstimos comerciais. Na Inglaterra, em 1545, o Parlamento de Henry VIII permitiu o pagamento de juros de até 10% sobre todos os empréstimos; quaisquer taxas mais elevadas constituíram usura. Em 1552, um parlamento hostil, dominado por protestantes radicais, revogou essa lei, restaurada com Elizabeth, em 1571. Parlamentos subsequentes, visando fomentar o comércio, reduziram a taxa máxima para 8% em 1624, 6% em 1651 e 5% em 1713, teto legalmente mantido até a abolição das leis de usura em 1854.

No século XVII, a Igreja Católica admitiu, na prática, tratados de leis comerciais que permitiam a cobrança de juros desde o início do empréstimo. Só em 1830, porém, desistiu de qualquer recriminação quanto à sua cobrança.

O Islã manteve a proibição tradicional da *riba*, comparável ao conceito cristão de usura. Mas, assim como os banqueiros cristãos do século XIII, desenvolveu práticas comerciais e financeiras para contornar a proibição, substituindo o juro proibido por formas de participação nos lucros. Um exemplo é a *bai' muajjal*, ou venda de crédito, contrato em que o banco ganha uma margem de lucro pré-estabelecida sobre o preço de compra e permite que o comprador pague o preço da mercadoria em uma data futura, em um montante fixo ou em parcelas. Deixadas de lado durante o período colonial, essas práticas foram ressuscitadas a partir dos anos 1970, quando o influxo dos petrodólares permitiu a criação de um importante setor financeiro nos países árabes tradicionalistas, e continuam em plena ascensão.

O poder aquisitivo da prata na Baixa Idade Média

De modo geral, o poder aquisitivo da prata pouco se alterou da Alta Idade Média até perto de 1200, quando caiu na maior parte do continente. A tendência de queda se reverteu no final do século XIV e passou a ser de alta até o início do século XVI, quando caiu rapidamente, devido ao enorme aumento da oferta trazido pelo influxo de prata das Américas. Do século XIII ao XV, mesmo as moedas mais "fortes" diminuíram gradualmente no peso ou no teor de prata, de modo a manter seu poder aquisitivo mais ou menos estável. As tabelas abaixo mostram a evolução do poder aquisitivo da prata na Inglaterra, país com tradição de história econômica para o qual há dados mais detalhados. Os dados se baseiam em trabalhos de E. H. Phelps Brown e Sheila V. Hopkins.

1264-1300

ano	grama de prata	peso (g)		penny (d)
	ñ	bruto	prata	ñ
1264	38,9	1,45	1,34	52,0
1265	40,4	1,45	1,34	54,0
1266	38,9	1,45	1,34	52,0
1267	42,4	1,45	1,34	56,7
1268	46,1	1,45	1,34	61,7
1269	38,9	1,45	1,34	52,0
1270	35,8	1,45	1,34	47,9
1271	33,0	1,45	1,34	44,1
1272	24,8	1,45	1,34	33,2
1273	33,0	1,45	1,34	44,1
1274	34,0	1,45	1,34	45,5
1275	32,4	1,44	1,33	43,2
1276	33,8	1,44	1,33	45,0
1277	33,4	1,44	1,33	44,5
1278	31,5	1,44	1,33	41,9
1279	34,5	1,44	1,33	46,0
1280	34,5	1,44	1,33	46,0
1281	34,9	1,44	1,33	46,4
1282	31,2	1,44	1,33	41,5
1283	29,2	1,44	1,33	38,9
1284	27,0	1,44	1,33	36,0
1285	39,1	1,44	1,33	52,0
1286	35,6	1,44	1,33	47,5
1287	35,6	1,44	1,33	47,5
1288	45,0	1,44	1,33	60,0
1289	47,0	1,44	1,33	62,6
1290	40,5	1,44	1,33	54,0
1291	30,6	1,44	1,33	40,7
1292	33,8	1,44	1,33	45,0
1293	34,9	1,44	1,33	46,4
1294	29,5	1,44	1,33	39,3
1295	24,8	1,44	1,33	33,0
1296	31,2	1,44	1,33	41,5
1297	34,9	1,44	1,33	46,4
1298	30,6	1,44	1,33	40,7
1299	33,8	1,44	1,33	45,0
1300	28,7	1,44	1,33	38,2

1301-1350

ano	grama de prata ñ	peso (g) bruto	prata	penny (d) ñ
1301	36,4	1,44	1,33	48,5
1302	34,9	1,44	1,33	46,4
1303	36,4	1,44	1,33	48,5
1304	34,5	1,44	1,33	46,0
1305	33,4	1,44	1,33	44,5
1306	32,4	1,44	1,33	43,2
1307	34,5	1,44	1,33	46,0
1308	30,9	1,44	1,33	41,1
1309	27,3	1,44	1,33	36,3
1310	24,0	1,44	1,33	32,0
1311	26,4	1,44	1,33	35,1
1312	30,0	1,44	1,33	40,0
1313	32,1	1,44	1,33	42,8
1314	29,0	1,44	1,33	38,6
1315	24,6	1,44	1,33	32,7
1316	15,0	1,44	1,33	20,0
1317	15,1	1,44	1,33	20,1
1318	21,1	1,44	1,33	28,0
1319	27,3	1,44	1,33	36,3
1320	30,6	1,44	1,33	40,7
1321	26,8	1,44	1,33	35,7
1322	23,0	1,44	1,33	30,6
1323	19,7	1,44	1,33	26,2
1324	23,7	1,44	1,33	31,5
1325	25,5	1,44	1,33	34,0
1326	26,2	1,44	1,33	34,8
1327	33,8	1,44	1,33	45,0
1328	33,8	1,44	1,33	45,0
1329	27,3	1,44	1,33	36,3
1330	27,0	1,44	1,33	36,0
1331	24,2	1,44	1,33	32,2
1332	24,8	1,44	1,33	33,0
1333	29,2	1,44	1,33	38,9
1334	32,8	1,44	1,33	43,6
1335	35,0	1,39	1,28	45,0
1336	33,3	1,39	1,28	42,8
1337	30,3	1,39	1,28	38,9
1338	39,6	1,39	1,28	50,8
1339	42,6	1,39	1,28	54,7
1340	35,0	1,39	1,28	45,0

ano	grama de prata	peso (g)		penny (d)
	ñ	bruto	prata	ñ
1341	39,1	1,39	1,28	50,2
1342	39,6	1,39	1,28	50,8
1343	40,0	1,39	1,28	51,4
1344	36,6	1,32	1,22	44,5
1345	36,5	1,31	1,21	44,1
1346	40,9	1,30	1,20	49,1
1347	33,1	1,30	1,20	39,6
1348	31,1	1,30	1,20	37,2
1349	37,1	1,30	1,20	44,5
1350	35,3	1,30	1,20	42,3

1351-1400

ano	grama de prata	peso (g)		penny (d)
	ñ	bruto	prata	ñ
1351	29,9	1,17	1,08	32,2
1352	25,0	1,17	1,08	27,0
1353	29,0	1,17	1,08	31,3
1354	34,2	1,17	1,08	36,9
1355	34,8	1,17	1,08	37,6
1356	33,1	1,17	1,08	35,7
1357	30,1	1,17	1,08	32,5
1358	28,8	1,17	1,08	31,1
1359	31,8	1,17	1,08	34,3
1360	29,7	1,17	1,08	32,0
1361	30,6	1,17	1,08	33,0
1362	26,2	1,17	1,08	28,2
1363	25,8	1,17	1,08	27,9
1364	26,5	1,17	1,08	28,6
1365	28,0	1,17	1,08	30,2
1366	33,1	1,17	1,08	35,7
1367	29,2	1,17	1,08	31,5
1368	28,8	1,17	1,08	31,1
1369	26,7	1,17	1,08	28,8
1370	21,8	1,17	1,08	23,5
1371	24,4	1,17	1,08	26,3
1372	30,3	1,17	1,08	32,7
1373	30,6	1,17	1,08	33,0
1374	32,0	1,17	1,08	34,6
1375	32,0	1,17	1,08	34,6
1376	27,4	1,17	1,08	29,6
1377	35,7	1,17	1,08	38,6
1378	42,1	1,17	1,08	45,5
1379	42,6	1,17	1,08	46,0

ano	grama de prata	peso (g) bruto	peso (g) prata	penny (d)
1380	37,8	1,17	1,08	40,7
1381	33,6	1,17	1,08	36,3
1382	36,1	1,17	1,08	38,9
1383	37,1	1,17	1,08	40,0
1384	34,5	1,17	1,08	37,2
1385	35,7	1,17	1,08	38,6
1386	38,5	1,17	1,08	41,5
1387	40,0	1,17	1,08	43,2
1388	39,2	1,17	1,08	42,3
1389	40,0	1,17	1,08	43,2
1390	37,8	1,17	1,08	40,7
1391	30,1	1,17	1,08	32,5
1392	38,5	1,17	1,08	41,5
1393	40,0	1,17	1,08	43,2
1394	39,6	1,17	1,08	42,8
1395	43,0	1,17	1,08	46,4
1396	40,4	1,17	1,08	43,6
1397	34,5	1,17	1,08	37,2
1398	33,1	1,17	1,08	35,7
1399	35,4	1,17	1,08	38,2
1400	38,5	1,17	1,08	41,5

1401-1450

ano	grama de prata ñ	peso (g) bruto	peso (g) prata	penny (d) ñ
1401	30,8	1,17	1,08	33,2
1402	31,5	1,17	1,08	34,0
1403	33,6	1,17	1,08	36,3
1404	40,4	1,17	1,08	43,6
1405	40,4	1,17	1,08	43,6
1406	40,0	1,17	1,08	43,2
1407	40,4	1,17	1,08	43,6
1408	37,4	1,17	1,08	40,4
1409	33,4	1,17	1,08	36,0
1410	30,8	1,17	1,08	33,2
1411	45,3	0,97	0,90	40,7
1412	46,6	0,97	0,90	41,9
1413	44,5	0,97	0,90	40,0
1414	44,5	0,97	0,90	40,0
1415	41,8	0,97	0,90	37,6
1416	38,7	0,97	0,90	34,8
1417	37,2	0,97	0,90	33,5
1418	42,1	0,97	0,90	37,9

Ano	grama de prata ñ	peso (g) bruto	peso (g) prata	penny (d) ñ
1419	50,6	0,97	0,90	45,5
1420	47,1	0,97	0,90	42,3
1421	51,7	0,97	0,90	46,4
1422	49,5	0,97	0,90	44,5
1423	44,5	0,97	0,90	40,0
1424	46,6	0,97	0,90	41,9
1425	44,1	0,97	0,90	39,6
1426	46,6	0,97	0,90	41,9
1427	50,0	0,97	0,90	45,0
1428	48,5	0,97	0,90	43,6
1429	37,8	0,97	0,90	34,0
1430	34,8	0,97	0,90	31,3
1431	41,8	0,97	0,90	37,6
1432	47,1	0,97	0,90	42,3
1433	42,9	0,97	0,90	38,6
1434	44,1	0,97	0,90	39,6
1435	45,8	0,97	0,90	41,1
1436	50,6	0,97	0,90	45,5
1437	51,7	0,97	0,90	46,4
1438	37,5	0,97	0,90	33,7
1439	31,2	0,97	0,90	28,0
1440	34,3	0,97	0,90	30,9
1441	51,7	0,97	0,90	46,4
1442	56,5	0,97	0,90	50,8
1443	49,5	0,97	0,90	44,5
1444	47,1	0,97	0,90	42,3
1445	55,2	0,97	0,90	49,6
1446	50,6	0,97	0,90	45,5
1447	48,0	0,97	0,90	43,2
1448	47,1	0,97	0,90	42,3
1449	45,3	0,97	0,90	40,7
1450	47,1	0,97	0,90	42,3

1451-1500

Ano	grama de prata ñ	peso (g) bruto	peso (g) prata	penny (d) ñ
1451	44,1	0,97	0,90	39,6
1452	49,5	0,97	0,90	44,5
1453	49,5	0,97	0,90	44,5
1454	45,8	0,97	0,90	41,1
1455	51,1	0,97	0,90	46,0
1456	47,6	0,97	0,90	42,8
1457	51,7	0,97	0,90	46,4

1458	48,5	0,97	0,90	43,6
1459	50,6	0,97	0,90	45,5
1460	49,5	0,97	0,90	44,5
1461	41,1	0,97	0,90	36,9
1462	41,8	0,97	0,90	37,6
1463	54,6	0,97	0,90	49,1
1464	69,8	0,78	0,72	50,2
1465	55,6	0,78	0,72	40,0
1466	55,1	0,78	0,72	39,6
1467	55,6	0,78	0,72	40,0
1468	56,7	0,78	0,72	40,7
1469	56,1	0,78	0,72	40,4
1470	58,9	0,78	0,72	42,3
1471	58,3	0,78	0,72	41,9
1472	57,7	0,78	0,72	41,5
1473	61,9	0,78	0,72	44,5
1474	63,2	0,78	0,72	45,5
1475	66,7	0,78	0,72	48,0
1476	70,6	0,78	0,72	50,8
1477	74,1	0,78	0,72	53,3
1478	67,5	0,78	0,72	48,5
1479	61,9	0,78	0,72	44,5
1480	58,3	0,78	0,72	41,9
1481	52,2	0,78	0,72	37,6
1482	41,4	0,78	0,72	29,8
1483	37,1	0,78	0,72	26,7
1484	46,9	0,78	0,72	33,7
1485	60,7	0,78	0,72	43,6
1486	69,8	0,78	0,72	50,2
1487	58,3	0,78	0,72	41,9
1488	54,6	0,78	0,72	39,3
1489	55,1	0,78	0,72	39,6
1490	56,7	0,78	0,72	40,7
1491	53,6	0,78	0,72	38,6
1492	58,3	0,78	0,72	41,9
1493	51,3	0,78	0,72	36,9
1494	62,6	0,78	0,72	45,0
1495	67,5	0,78	0,72	48,5
1496	63,9	0,78	0,72	46,0
1497	59,5	0,78	0,72	42,8
1498	62,6	0,78	0,72	45,0
1499	60,7	0,78	0,72	43,6
1500	63,9	0,78	0,72	46,0

Poder aquisitivo da prata
(ñ por grama de prata pura, média móvel centrada de 5 anos)

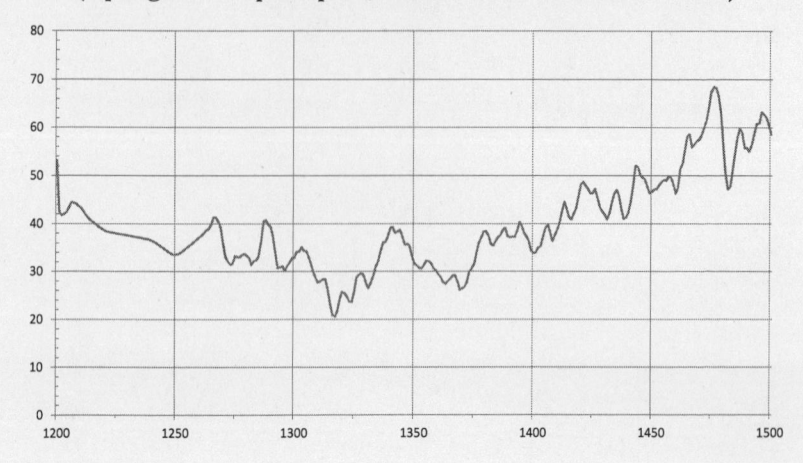

A relação de preços entre ouro e prata foi em certos períodos bastante díspar entre diferentes regiões da Europa e Oriente Médio, com uma leve tendência de valorização relativa do ouro. Em geral, o preço do ouro flutuou entre 8 e 12 vezes o da prata.

Relação de preços entre ouro e prata (Inglaterra)

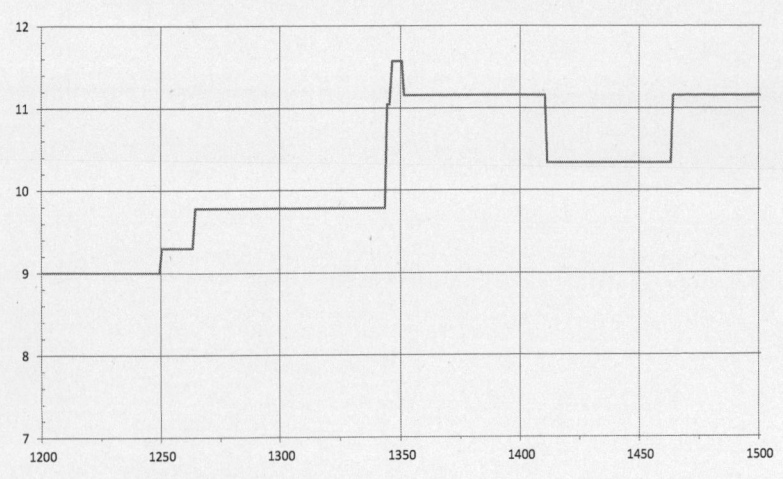

Não existem dados comparáveis para a maioria dos demais países e cidades-estados interessantes deste período. Para estimar o poder aquisitivo de suas moedas, nos baseamos no seguinte quadro comparativo:

Preços medianos do hectolitro de trigo (72 kg) em gramas de prata, 1260-1512

Mercado	gramas por hectolitro	índice de preço	índice de valor da prata
Países árabes			
Cairo	44,6	182,8	54,7
Síria	126,9	520,1	19,2
Meca	330,6	1.354,9	7,4
Inglaterra			
Londres	24,4	100,0	100,0
Chester	24,4	100,0	100,0
Exeter	24,4	100,0	100,0
Países Baixos			
Douai	27,9	114,3	87,5
Leuven	21,2	86,9	115,1
Bruges	30,9	126,6	79,0
Bruxelas	21,9	89,8	111,4
Leiden	37,1	152,0	65,8
Outros			
Estrasburgo (Renânia)	16,5	67,6	147,9
Klosterneuburg (Baixa Áustria)	10,2	41,8	239,2
Pisa até 1300, depois Florença (Toscana)	36,5	149,6	66,8
Valência	36,2	148,4	67,4
Aragão	26,7	109,4	91,4

Fonte: Johan Söderberg, "Prices in the Medieval Near East and Europe"

Nas estimativas de poder aquisitivo para as moedas medievais, supusemos, quando não se dispôs de dados suficientes de custo de vida e preços locais, que os preços acompanharam os altos e baixos da Inglaterra Na França, Países Baixos e Península Ibérica supusemos o mesmo nível geral de preços e poder aquisitivo semelhante para igual quantidade de prata. Adotamos um poder aquisitivo para a prata 33% menor na Itália, 50% menor no Cairo e 80% menor na Síria (Meca é um caso especial devido à demanda criada pelas peregrinações anuais). Por outro lado, estimamos um poder aquisitivo da prata 50% mais alto na Renânia e 100% mais alto na Europa Central e Oriental. Para o Império Bizantino e Estados Cruzados, baseamo-nos em dados sobre os preços locais do trigo, que sugerem preços semelhantes aos da Síria.

Orçamentos dos reinos europeus

Rendas anuais em ducados dos principais Estados da Europa em 1483, segundo o *Atlas da História Moderna* de Colin McEvedy. O poder aquisitivo foi estimado com base nos padrões da Europa Ocidental nesse período.

Estado	Renda anual em ducados	Renda anual em ñ
Império Otomano	4.000.000	7.000.000.000
França	2.750.000	4.812.500.000
Castela	1.300.000	2.275.000.000
Veneza	900.000	1.575.000.000
Aragão	500.000	875.000.000
Borgonha	500.000	875.000.000
Milão	300.000	525.000.000
Nápoles	300.000	525.000.000
Estados papais	300.000	525.000.000
Inglaterra	300.000	525.000.000
Portugal	300.000	525.000.000

Obs.: Nenhum outro Estado europeu tinha renda superior a 200.000 ducados (350 milhões de ñ).

Países Muçulmanos

No mundo islâmico, as moedas de ouro e prata vinham sendo tratadas como pequenos lingotes desde meados do século IX. Os pesos individuais das moedas pouco importavam, pois as de ouro (dinares) eram pesadas e avaliadas por seu conteúdo em metical (unidade de peso de 4,25 gramas) de ouro puro, dividido em 24 *qirats*, e as de prata (dirrãs) pelo peso relativo a um dirrã de prata pura, convencionado pela lei islâmica como 0,7 metical (2,97 gramas), dividido em 6 *dariqs*. Além disso, havia moedas de cobre, chamadas faluzes, de circulação local.

Para facilitar o comércio, pequenas bolsas de metal contendo moedas eram seladas com o registro da quantidade de metal. Assim, uma bolsa de 72 dinares não necessariamente continha 72 moedas, mas sim o peso canônico em ouro.

Egito, Síria e Arábia

O Califado abássida desintegrou-se a partir do século IX e no ano 1000 estava reduzido à região da Mesopotâmia. Durante toda a Baixa Idade Média, o Egito foi o centro do Estado mais importante do mundo árabe e na maior parte do tempo controlou também a Síria, a Palestina e parte da Arábia, inclusive Meca. Em 1258, com a invasão de Bagdá pelos mongóis, os últimos abássidas se refugiaram no Cairo, que passou também a ser a sede do califado.

Entre 1070 e 1091, rebeliões na África do Norte e as invasões dos seljúcidas na Síria, dos cruzados na Palestina e dos normandos na Sicília reduziram o califado fatímida ao Egito. Em 1169, o próprio Egito foi conquistado por Shirkuh, general do emirado seljúcida de Alepo. Seu sobrinho Saladino o sucedeu no comando e inicialmente governou como vizir do emir no Egito, mas com a morte deste proclamou-se sultão e fundou a dinastia sunita aiúbida (1171-1260).

Dirrãs *nuqra ou nasiri*, de prata, redondos e de boa qualidade voltaram a circular a partir de Saladino (r. 1174 – 1193) com teor superior a 97%, ao lado dos dirrãs pretos (*waraq dirham*, como os fatímidas) e suas frações de 33%, peças quadradas com peso mediano em torno de 1,3 grama e valor de 1/40 de dinar.

A técnica de cunhagem foi modificada partir de 1225 pelo sultão Al-Kamil (r. 1218-1238). Os dirrãs *kamili* eram cunhados em pelotas de prata a 33% resfriadas em água, e por isso são hoje conhecidos como "dirrãs globulares". Seu peso tornou-se ainda mais irregular, variando de 0,2 a 10,1 gramas (0,02 a 1,1 dirrãs teóricos de prata pura), mais comumente em torno de 1,3 (0,15 dirrã) ou de 7 gramas (0,8 dirrã). As moedas físicas de ouro eram de pureza uniforme em torno de 98%, mas pesos também muito variáveis, de 3 a mais de 15 gramas, ou seja, de 0,7 a mais de 3,5 dinares.

Na prática, a moeda de ouro mais comum no Egito era o ducado veneziano de 3,5 gramas, chamado *ifranti*, com valor de 0,9 dinar. Os valores eram sempre medidos em dinares teóricos, equivalentes a um *metical* (4,25 gramas) de ouro, equivalente a 13,33 dirrãs teóricos (2,975 gramas puros). No Cairo, o poder aquisitivo girava em torno de 1.000 ñ para o dinar teórico e 75 ñ para o dirrã teórico, e na Síria, em torno de 40% desses valores, mas as moedas físicas individuais, como se viu, tinham pesos e valores extremamente variáveis.

O último sultão aíubida, Al-Salih (r. 1240-1249), voltou a cunhar dirrãs redondos e regulares de 2,975 gramas e 67% de prata, avaliados a 20 por dinar e praticamente equivalentes ao grosso veneziano, conhecido em árabe como *bunduqi,* ao passo que as moedas de ouro continuaram irregulares. Sua decisão mais importante foi, porém, estruturar o núcleo do seu exército em torno da a casta dos mamelucos, escravos originários da Crimeia e Cáucaso que, desde o século IX, eram comprados na infância e treinados como guerreiros. Eles cresceram em importância a partir de 1200, tornando-se a força mais importante do Exército. Embora fossem tecnicamente escravos do sultão, tinham status superior ao dos súditos nativos livres. Em 1250, após a morte de Al-Salih, um mameluco de origem tártara crimeana apoderou-se do trono e fundou o sultanato mameluco (1250-1517), que a partir de 1261 abrigou os califas abássidas, refugiados da invasão de Bagdá pelos mongóis. Em 1382, a primeira dinastia mameluca foi sucedida por outra, de origem circassiana.

Nesse período, as relações de preço entre o dinar (4,25 gramas de ouro 98%) e o dirrã (2,97 gramas de prata 67%) variaram até 1393 conforme o quadro abaixo. Além disso, a partir de meados do século XIV, moedas de cobre ou faluzes, de 4,25 gramas, voltaram a circular à razão de 24 por um dirrã, ou 4 dirrãs por arrátel (408 gramas) de moedas de cobre. Em média, pode-se considerar que um dinar teórico valia 960 ñ; um dirrã físico, 48 ñ; e um faluz, 2 ñ no Cairo. Na Síria, cerca de 400 ñ, 20 ñ e 0,8 ñ, respectivamente.

período		dirrãs de prata por dinar	relação ouro/prata	dinar (ñ)	dirrã (ñ)	faluz (ñ)
1250	1259	20	9,6	1.040	52	2,2
1260	1277	28,5	13,6	1.516	53	2,2
1278	1299	25,5	12,2	1.278	50	2,1
1300	1309 (*)	17	8,1	832	49	2,0
1310	1323	20	9,6	951	48	1,5
1324		17	8,1	597	35	1,5
1325	1338	20	9,6	888	44	1,9
1339	1340	25	12,0	1.436	57	2,4
1341		20	9,6	1.168	58	2,4
1342		11	5,3	623	57	2,4
1343	1347	20	9,6	1.110	56	2,3
1348		15	7,2	792	53	2,2
1349	1371	20	9,6	872	44	1,8
1372		15	7,2	621	41	1,7

1373	1374	20	9,6	898	45	1,9
1375		24	11,5	1.127	47	2,0
1376	1379	20	9,6	1.080	54	2,3
1380		25	12,0	1.430	57	2,4
1381	1385	20	9,6	1.136	57	2,2
1386		21,825	10,4	1.221	56	2,3
1387	1393	25	12,0	1.406	56	2,3

(*) neste período, o dinar equivalia a 1,11 ducados venezianos ou ifranti e em 1310, a 1,25

No final do século XIV, a queda do preço da prata relativo ao ouro levou à fuga de prata para o Ocidente, onde era mais valorizada: a razão de valor ouro/prata era 10 em Gênova e 11,4 em Veneza. Os mercadores italianos compravam prata egípcia com cobre, mais valorizado em termos relativos, de modo que o mercado egípcio foi inundado por moedas de cobre. Entre 1392 e 1395, o dirrã de 67% foi exportado ou saiu de circulação para ser entesourado ou usado como joia. Em 1397-1398 já fora substituído na maior parte por **dirrãs-faluzes** *(dirham fulus)* com apenas 33% de prata, que, mesmo assim, eram trocados na proporção de 30 para um dinar, uma razão ouro/prata de 7 para 1. Isso reverteu o fluxo de ouro, que passou a escassear no Egito e desorganizou novamente a relação entre os preços do ouro, prata e cobre.

Para estabilizar a relação entre as moedas, os sultões mamelucos tentaram a partir de 1401 reintroduzir uma moeda de ouro muçulmana com um peso padrão, que fosse passível de ser contada e não pesada e mantivesse uma relação estável com as demais moedas. Depois de uma primeira cunhagem de 4,25 gramas conhecida como *dinar salami*, tentou-se em 1405-1406 uma moeda de 3,55 gramas (equivalente ao *ifranti* ou ducado) conhecida como *dinar nasiri*, reduzida em 1407 para 3,4 gramas. Essas tentativas não foram bem aceitas e a desordem monetária continuou até 1425.

O dirrã-faluz teve seu conteúdo em prata reduzido para 30% em 1404, 20% em 1405, 12% em 1406 e 10% a partir de 1412, ano em que também foi cunhado um dirrã com 1,48 grama de prata pura (a metade do dirrã clássico) e a palavra *nisf* (meio), avaliado em 7½ dirrãs-faluzes. De 4 dirrãs em 1392, o arrátel de moedas de cobre subiu para 4¼ em 1397, 4½ em 1403, 6 em 1404 e 12 em 1412. Em compensação, o peso individual das moedas de cobre caiu de 4,25 gramas para 0,74 grama em 1403-1404, de modo que 24 moedas fossem trocadas por um dirrã-faluz. O dinar passou a ser avaliado em 80 dirrãs-faluzes em 1403, 110 (oficialmente 100) em 1404, 170 em 1408 e flutuou de 208 a 290 (em média e oficialmente 250) de 1410 a 1424. Neste último período, pode-se estimar o poder aquisitivo local do dinar em 1.250 ñ, o do dirrã-faluz em torno de 5 ñ e o *dirham nisf* 37,5 ñ. O arrátel de moedas de cobre valia 60 ñ, de modo que a moeda de 4,25 gramas valia 0,6 ñ e a de 0,74 grama, 0,1 ñ.

Em 1425, o sultão Al-Ashraf Barsbay (r. 1422-1438) fez cunhar uma nova moeda de ouro de 3,45 gramas e dessa vez obteve aceitação suficiente para deslocar as moedas ocidentais e impor o costume de contar as moedas, em vez de pesá-las. Essa nova moeda ficou conhecida como *dinar ashrafi*, ou simplesmente **ashrafi**. Al-Ashraf também fez cunhar em 1435 novos faluzes de cobre ao valor de oito por dirrã-faluz (ou 27 dirrãs-faluzes por um arrátel de faluzes) e um *dirham ashrafi* de 2,47 gramas de prata a 94,5% para substituir os grossos ocidentais, com o valor de 20 dirrãs-faluzes. Em 1440, o sultão Az-Zahir Jaqmaq (r. 1438-1453) o substituiu por um novo *dirham zahiri*, com 2,975 e avaliado em 24 dirrãs-faluzes. De 1425 a 1479, a cotação do *ashrafi* variou de 237,5 a 450 dirrãs-faluzes (média 300).

Denominação	Valor em dirrãs-faluzes	Peso em gramas	Valor em ñ c. 1440
Moedas de ouro 98%			
dinar ashrafi	300	3,45	1.200
Moedas de prata 94,5%			
dirham zahiri	24	2,85	96
dirham ashrafi	20	2,47	80
½ dirham zahiri	12	1,42	48
¼ dirham zahiri	6	0,71	24
Moedas de bolhão 10%			
dirrã-faluz	1	2,85	4
Moedas de cobre			
faluz	1/8	1,9	0,5

O dinar girou em torno de 510 dirrãs-faluzes de 1480 a 1517, quando os mamelucos foram vencidos pelos otomanos e seus domínios incorporados ao novo império. Nesse período, o dinar teve poder aquisitivo de 1.360 ñ, o dirrã de prata 64 ñ e o dirrã-faluz de 2,67 ñ.

Irã e Iraque

Buídas

A partir do século IX, os califas abássidas de Bagdá perderam gradualmente o controle das regiões periféricas do califado, onde se formaram várias dinastias locais. Seus domínios se restringiam ao centro e sul do atual Iraque quando, em 934, foram invadidos por um ramo da dinastia xiita persa dos buídas, fundadora de um emirado de Bagdá que governou o atual Iraque, o norte da Síria e o sul do Irã e mantiveram os califas sob seu controle até 1055.

A cunhagem de faluzes de cobre cessara desde o início do século IX, mas os dinares e dirrãs continuaram a ser cunhados segundo os padrões tradicionais, e um dinar de um metical (4,25 gramas) de ouro valia 14 dirrãs de 0,7 metical (2,975 gramas) de prata. No início do século XI, porém, os dirrãs começaram a ser aviltados pela escassez de prata, atribuída à exportação de dirrãs para a Escandinávia, através da Rússia, para importar produtos do Norte, como peles e âmbar. Os preços do trigo sugerem um poder aquisitivo de 1.400 ñ para o dinar e 100 ñ para o dirrã em Bagdá.

Seljúcidas e Khwarezm (1055-1231)

Em 1055, Iraque e Pérsia, foram conquistados pelo sultanato seljúcida, fundado por turcomenos sunitas em 1037 no Khorasan, atual nordeste do Irã. Nas décadas seguintes, os seljúcidas derrotaram também os bizantinos e fatímidas e assumiram a tutela do califado e o controle da maior parte da Anatólia, da Síria e da Palestina. Em 1092, porém, o império se dividiu em sultanatos e emirados rivais, cujos conflitos abriram oportunidade à invasão dos cruzados e conquista cristã da Palestina e parte da Síria. A maior parte da Pérsia e o centro-sul do Iraque ficaram sob o controle do sultão de Hamadan, nominalmente o chefe supremo dos seljúcidas, até 1194, quando seus domínios persas foram anexados pelo xá de Khwarezm e os califas recuperaram temporariamente sua independência em Bagdá.

Neste período, não foram cunhadas moedas de prata, e não se sabe como eram feitas as pequenas transações (talvez com moedas antigas ou estrangeiras). As moedas de ouro deixaram de ter peso padronizado de um metical e foram cunhadas com pesos que variavam de 3 a 25 gramas, ou de menos de um dinar a cinco ou seis dinares canônicos, tendo de ser pesadas a cada transação. Os preços normais do trigo sugerem um poder aquisitivo médio de 1.500 ñ para o metical ou dinar teórico em Bagdá no século XII e 1.000 ñ na Alta Mesopotâmia por volta de 1225. Não há informações sobre a situação no Irã.

Ilcanato (1231-1335)

Os mongóis invadiram e conquistaram Khwarezm em 1231 e Bagdá em 1259. Os sucessores do califa se refugiaram no Cairo, sob a proteção dos mamelucos. O Iraque, Irã e partes da Síria, Anatólia e Ásia Central formaram o chamado ilcanato, governado por um Khan mongol teoricamente vassalo do Grande Khan em Pequim. O Khan Ghazan se converteu ao Islã em 1295, mas o ilcanato continuou em conflito com os Estados muçulmanos vizinhos.

A cunhagem de prata foi retomada pelos califas em Bagdá em 1231-32 e pelos mongóis em Tabriz em 1244-45. Nos anos seguintes, espalhou-se gradualmente, mas um padrão uniforme foi estabelecido apenas com a reforma monetária geral do Khan Ghazan em 1296-1297. Os novos dirrãs tinham anverso em uighur e reverso em árabe, como se fazia desde 1275, e pesavam meio metical, 12 nokhods ("quilates"), ou 2,16 gramas. Havia também moedas de ¼, ½, 2 e 6 dirrãs (12,96 gramas), esta última chamada **dinar**. As moedas de ouro não tiveram valor fixo em relação ao dirrã e eram de peso variável e na maioria dos casos entre um e dois meticais. Desenvolveu-se também a cunhagem local de moedas de cobre, de diferentes tipos e tamanhos conforme a cidade. Não há indicações diretas do poder aquisitivo dessas moedas, mas, supondo preços dos metais semelhantes aos do Egito, pode se estimar 50 ñ por dirrã de prata e 1.000 ñ por metical de ouro.

Em 1310, o Khan Öljeitu (r. 1304-1317) reduziu o peso do dirrã de 12 para 11 nokhods (1,98 grama) e o Khan Abu Said Bahadur (r.1317-1335) o reduziu sucessivamente para 10, 9 e 8 nokhods (1,8, 1,62 e 1,44 grama, respectivamente). As demais denominações acompanharam essa redução de peso.

Desintegração mongol, turcos e timúridas (1336-1517)

O ilcanato se desintegrou em 1336 e o Iraque e a Pérsia ficaram fracionados sob o governo de sucessivas dinastias rivais mongóis (das quais a mais importante foi a dos jalairidas, eliminados definitivamente em 1432), turcomenas (timúridas) e turcas (federações de tribos chamadas Kara Koyunlu, "Carneiro Preto"e Ak Koyunlu, "Carneiro Branco"), até voltarem a ser reunidos sob a dinastia iraniana safávida em 1517.

O peso do dirrã divergiu entre os estados rivais e se reduziu devido às despesas com seus conflitos. Em Tabriz, em meados do século 14, a moeda denominada seis dirrãs, ou um dinar, pesava e valia menos do que o dirrã original de 1296, e, no final do século XIV, menos de ½ grama. Uma inflação de mais de 26 vezes em 90 anos, cerca de 3,7% ao ano. Quando os safávidas reunificaram o Irã e criaram um novo sistema monetário, seu **shahi** de prata de 4,6 gramas (um *metical* do novo sistema) foi considerado equivalente a 50 dinares de conta. Um dinar se reduzira a 0,092 grama de prata ou menos de meio nokhod, 1/140 do valor original.

Ao conquistar a Pérsia oriental (e, temporariamente, o Iraque e Pérsia ocidental) em 1392-1394, o turcomano Timur ou Tamerlão, fundador da dinastia timúrida, substituiu o dirrã pela tanga, moeda de prata de origem afegã e nome de raízes indo-gregas, com peso de 6,2 gramas, equivalentes a quatro dirrãs de sua Samarcanda nativa (na Ásia Central). Supondo o poder aquisitivo da prata semelhante ao do Egito, estima-se um poder aquisitivo de 175 ñ.

Logo após a morte de Timur em 1405, o peso da tanga foi reduzido para 5,65 g. Em 1424 seu sucessor Shahrukh Mirza (r. 1405-1447) introduziu uma versão de 5,15 g, o que veio a ser conhecido como *tanga shahrukhi*. Esse padrão foi mantido pelos sucessores timúridas até 1490, quando o sultão Husayn Mirza Bayqara o reduziu a 4,78 g, o peso do metical local. Entre os turcos do Carneiro Preto e Carneiro Branco, que governaram a Pérsia Ocidental, o peso continuou em 5,15 gramas até a conquista pelos safávidas.

Um desenvolvimento peculiar foi a cunhagem na cidade persa de Lar, a partir de sua conquista por Shahrukh em 1423, de uma moeda de uma tanga (5,15 g) na forma de um arame de prata de cerca de 10 centímetros dobrado como um grampo, talvez inspirada em moedas indianas semelhantes vistas desde o século XII. Essa moeda, conhecida como *larin* (plural *lari*) em persa e larim (plural larins) em português, foi amplamente usada no Golfo Pérsico e depois nas costas asiáticas do Oceano Índico durante a Idade Moderna, chegou ao início do século XX e deu nome às moedas hoje usadas nas Ilhas Maldivas e na Geórgia.

No século XV, o imposto inflacionário obtido pelo aviltamento da moeda foi parcialmente substituído por um imposto sobre o dinheiro, atestado por uma contramarca estampada na moeda, sem a qual sua circulação se tornava ilegal. Inicialmente era cobrado por ocasião da entronização de um novo monarca, mas foi exigido com frequência a partir de 1485 entre os turcos do Carneiro Branco (algumas moedas dos quais foram contramarcadas seis ou sete vezes) e de 1495 entre os timúridas.

Turquia

Após a vitória dos turcos seljúcidas sobre os bizantinos em Manzinkert, em 1071, os vencedores se apoderaram da maior parte da Anatólia. Em 1077, o comandante militar da região se proclamou sultão de Rum (nome dado pelos turcos ao Império Romano do Oriente, que conhecemos hoje como Império Bizantino) e estabeleceu sua capital em Niceia. Esse sultão foi vencido e morto pelo sultão seljúcida da Síria em 1086, mas em 1092 seu filho foi libertado e restaurou o sultanato. Em 1097, a aliança dos bizantinos e cruzados reconquistou parte da Anatólia, inclusive Niceia. O sultão passou a residir na cidade de Icônio, renomeada Konya, e seu Estado foi conhecido pelos cristãos como sultanato de Icônio.

O sultanato sobreviveu aos ataques dos cruzados e prosperou nos séculos XII e XIII até 1243, quando foi derrotado pelos mongóis e reduzido à condição de vassalo. Vários pequenos estados, conhecidos como beiliques, começaram a se separar do sultanato enfraquecido. Os mongóis foram expulsos pelos mamelucos do Egito em 1277, mas a fragmentação continuou. Em 1307 o último sultão foi assassinado, consolidando a independência dos novos pequenos estados.

Entre estes, estava o beilique fundado por Osman I em 1299 em torno de Thebasion, chamada Söğüt pelos turcos. O filho Orhan I (r. 1327-1359) conquistou Nicomédia, Niceia e Bursa, onde estabeleceu sua capital. O neto Murad I, ao chegar ao trono em 1362, se proclamou sultão, conquistou Adrianopla (que renomeou Edirna) e iniciou a expansão nos Bálcãs, transformando Sérvia, Bulgária e Império Bizantino em vassalos. Beyazid I (r.1389-1402) anexou definitivamente a Bulgária, mas foi capturado ao enfrentar a invasão de Tamerlão e morreu logo depois. Os filhos lutaram entre si e os vassalos europeus se rebelaram até 1413, quando Mehmed I (r. 1421-1451) reunificou o sultanato. Seu filho Mehmed II (r. 1451-1481) liquidou o Império Bizantino e conquistou Constantinopla em 1453 – o que convencionalmente encerra a Idade Média – e completou a conquista dos Bálcãs e da Anatólia.

A primeira moeda dos otomanos foi o *akçe* (pronunciado áktche), "branquinha" em turco, chamada aspron, "branco" em grego, e **aspre** em português antigo. Foi cunhada pela primeira vez no reinado de Orhan I. As leis especificavam o aspre como determinada fração de um peso de 100 dirrãs-peso de Tabriz, equivalentes a 307,2 gramas, padrão herdado do ilcanato.

ano	aspres por 100 dirrãs-peso	peso (g)	Poder aquisitivo estimado (ñ)	Câmbio (aspres por ducado veneziano)	relação ouro/prata
1326	265	1,16	26	n/d	n/d
1360	260	1,18	27	30-32	9,3
1388	255	1,20	36	30	9,0
1400	255	1,20	31	32	9,7
1410	265	1,16	35	35	10,2
1420	255	1,20	45	35	10,5
1431	260	1,18	37	35-36	10,6
1444	290	1,06	42	39-40	10,6
1451	305	1,01	37	40-41	10,4
1460	320	0,96	34	42-43	10,3
1470	330	0,93	41	44	10,4
1475	400	0,77	40	45	8,8
1481	410	0,75	29	46	9,0

Orhan e seus sucessores também fizeram cunhar moedas de 5 aspres. No reinado de Murad I começou a ser emitido o mangir de cobre. No reinado de Mehmed II, havia duas moedas de cobre: a maior pesava um dirrã-peso (3 gramas) e a menor um terço disso. Oito das moedas maiores ou 24 das menores valiam um aspre. Valiam respectivamente, portanto, cerca de 4,5 ñ e 1,5 ñ, enquanto o aspre valia 36 ñ e a peça de cinco, 180 ñ.

Nesse período, a escassez de meio circulante levou o sultão a proibir a exportação de prata e forçar sua conversão em moedas.

Apenas joalheiros e bordadores podiam possuir lingotes até o limite de 200 dirrãs-peso (600 gramas). Funcionários foram encarregados de fazer buscas nos pertences de mercadores e cambistas e nos quartos de estalagens e apreender prata ilegal, que era comprada pelo Estado a um preço um terço inferior ao do mercado.

Em 1477, Mehmed II cunhou sua moeda de ouro, o **sultani**, inicialmente 129 por 100 meticais de Tabriz (metical equivalente a 1,5 dirrã-peso ou 4,608 gramas), um peso individual de 3,572 gramas de ouro a 99,7%. Seria reduzido em 1526 para 130 por 100 meticais, ou 3,545 gramas. Era cambiado ao par com o sequim ou ducado veneziano, de 3,4909 gramas a 98,6%.

Denominação	Valor em aspres	Peso em gramas	Valor em ñ (c.1477)
Moedas de ouro 99,7%			
sultani	45	3,572	1.800
Moedas de prata			
5 aspres	5	3,85	200
aspre (akçe)	1	0,77	40
Moedas de cobre			
mangir grande (büyük mangir)	1/8	3	5
mangir pequeno (küçuk mangir)	1/24	1	1,67

Península Ibérica e Marrocos

Primeiros Reinos de Taifas (1009-1110)

Em 1009, uma guerra civil dividiu o califado de Córdoba em várias facções, *ta'waif* em árabe. Os pequenos emirados decorrentes desse fracionamento ficaram conhecidos em português como "reinos de taifas"; chegou a haver 39 deles. Vários começaram a cunhar cópias das moedas do califado e, após a derrota definitiva de Hisham III, o último califa, em 1031, os mais poderosos começaram a cunhar moedas com seu próprio nome. Estas eram, na maioria, dirrãs aviltados (praticamente de cobre) e frações de dinar (de 0,78 a 1,49 grama) de baixo teor de ouro.

Almorávidas (1050-1147)

É de *ribat*, mosteiro-fortaleza muçulmano chamado em português arrábita ou arrábida, que se originam o termo marabuto (originalmente *al-murabit*, um membro da arrábita, hoje um místico ermitão muçulmano), o nome dos almorávidas (*Al-Murabitun*) e o nome de morabitino dado às suas moedas. Nos anos 1040, um marabuto de Suz (atual Marrocos) chamado Abdallah ibn Yasin foi convidado por Yahya ibn Umar al-Lamtuni, chefe dos lumtala, da Mauritânia, para pregar a seu povo. Em nome de sua versão puritana do Islã, os lumtala unificaram os povos azenagues (atual Mauritânia, Saara Ocidental e sul do Marrocos) a partir de 1053 e prosseguiram em suas conquistas. Seu movimento ficou conhecido como dos almorávidas, assim como o da dinastia fundada por Al-Lamtuni. Em 1062, haviam conquistado todo o Marrocos e fundaram Marrakesh. Em 1080, conquistaram parte da atual Argélia.

Em 1085, o rei Afonso VI de Leão e Castela, cristão, conquistou a cidade árabe de Toledo. Os reis de taifas, alarmados, pediram socorro aos almorávidas. O Emir Yusuf desembarcou em 1086 e derrotou os castelhanos, mas em 1090 retornou com a intenção de anexar a Península. Com o apoio do clero islâmico ibérico, destronou a maioria dos emires locais até 1094. Em 1099, venceram o cavaleiro cristão Rodrigo Díaz de Vivar, o Cid. Em 1102 anexaram seu principado cristão-muçulmano em Valência e em 1110 tomaram Saragoça, o último emirado muçulmano independente. Seu império, governado de Marrakesh e reconhecido pelo califa de Bagdá, se estendeu da Mauritânia à maior parte dos atuais Portugal e Espanha.

No período almorávida, moedas de boa qualidade voltaram a ser cunhadas na Península Ibérica, atestando a recuperação da economia e do comércio. A mais importante foi o dinar almorávida, com 3,9 gramas de ouro, que ficou conhecido como **morabitino** ou **maravedi**, circulou nos reinos cristãos e influenciou a formação de seus sistemas monetários. Houve também moedas de um terço de dinar, em árabe *dinar thulth*, conhecidaa em português como dinar atsolso ou atsolso e um quarto de dinar, em árabe *dinar ruba'i*.

Cunharam-se moedas chamadas em português e castelhano de **quirate**, do árabe *qirat*, "quilate", termo originalmente aplicado a um peso de ouro de 1/24 do dinar ou 0,177 grama, mas neste caso aplicado a uma moeda de prata com o mesmo valor, portanto ½ do dirrã canônico, cujo valor teórico era então de 1/12 do dinar. Os quirates almorávidas pesavam 0,94 grama. Também houve moedas de ½ quirate.

Segundos Reinos de Taifas, Almóadas e Terceiros Reinos de Taifas (1147-1248)

A partir dos anos 1100, os almorávidas sofreram sucessivas derrotas na Península Ibérica e África, inclusive a perda de Saragoça para Aragão em 1118 e de Lisboa para o recém-fundado reino de Portugal em 1147. Entre 1140 e 1145, vários novos pequenos emirados escaparam a seu controle, formando os "segundos reinos de taifas". As moedas de ouro cunhadas pelas taifas, conhecidas pelos cristãos como **mencais**, eram avaliadas a 3,5 por morabitino.

Enquanto isso, uma nova onda de berberes fundamentalistas do Marrocos, os almóadas (de *al-Muwahhidun*, "unitários" ou "monoteístas"), se organizava a partir das tribos masmudas do Alto Atlas em 1121 para depor os almorávidas, considerados heréticos, acomodados e decadentes. Em 1147, seu líder Abd al-Mu'min tomou Marrakesh e se proclamou califa. Até 1173, conquistou o Marrocos, Argélia, Tunísia, Líbia e os emirados do Al-Andalus (exceto Mallorca, tomada em 1203).

Os almóadas prosperaram até 1224, quando a morte de um jovem califa sem herdeiros deflagrou um conflito dinástico e uma guerra civil entre ramos da família reinante e chefes muçulmanos locais que pretendiam criar seus próprios emirados. Os reis cristãos ibéricos aproveitaram-se do caos para vencer uns e outros. Os almóadas retiraram-se para o Marrocos em 1228 e os cristãos conquistaram os "terceiros reinos de taifas" ou emirados, um a um, de 1230 a 1248, quando caíram Algarve (em Portugal) e Sevilha (na Espanha). Restou de Al-Andalus apenas o emirado de Granada.

As principais moedas de ouro dos almóadas tinham 4,6 gramas (duplo dinar) ou 2,3 gramas (dinar). Estas últimas ficaram conhecidas em português e castelhano como **masmudinas**, do nome da tribo original dos almóadas. A dupla masmudina de 4,6 gramas deu origem à moeda de ouro chamada dobra em português e *dobla* em castelhano.

Também foram cunhados neste período dirrãs de prata quadrados de 1,54 grama e 14 mm de lado, bem como meios dirrãs e quartos de dirrã.

Emirado de Granada e Sultanato Merínida (1238-1492)

O único dos "reinos de taifas" a sobreviver à Reconquista do século XIII foi o Emirado de Granada, governado pela dinastia nasrida. Depois de ajudar Castela a conquistar outros emirados muçulmanos, tornou-se seu tributário. Como principal intermediário do comércio entre a África e a Europa através do Saara, foi um Estado pequeno, mas muito próspero, até os anos 1450, quando a abertura pelos portugueses do comércio marítimo com a África Ocidental minou seu monopólio. Em 1482, os reis Fernando e Isabel de Aragão e Castela decidiram tomar esse último reduto muçulmano, e o último emir, Maomé XII Boabdil, capitulou após uma guerra de dez anos.

No Marrocos, os almóadas foram derrotados pelos merínidas (em português antigo, benamerins), uma tribo berbere que desde 1213 afirmava sua autonomia no nordeste. Entre 1244 e 1248, os merínidas tomaram Taza, Rabat, Salé, Meknès e Fez, e em 1269 conquistaram Marrakesh, último reduto dos almóadas. Estabeleceram sua capital em Fez e foram um poderoso aliado de Granada, ajudando o emirado a se defender dos cristãos enquanto repeliam as tentativas de Portugal e Castela de invadir o Marrocos. O sultanato atingiu o apogeu nos anos 1330 e 1340, quando chegaram a dominar as atuais Argélia e Tunísia, além do extremo sul da Península Ibérica em torno de Algeciras e Gibraltar.

Na segunda metade do século XIV, os merínidas perderam poder e seus domínios começaram a se fracionar. Em 1415, os portugueses lhes tomaram Ceuta, e em 1465 o último sultão merínida foi deposto e morto por uma revolta. A dinastia dos oatácidas, originária da mesma tribo, tomou o poder e governou até 1554, mas não impediu os portugueses de conquistar e dominar boa parte do país, inclusive Tânger, Arzila, Mazagão e Azamor.

As primeiras cunhagens nasridas em Granada incluíram dinares ("dobras") de 4,66 gramas de ouro 97% (23½ quilates) e dirrãs de prata 97% quadrados de 1,55 grama, meios dirrãs e faluzes de cobre de 2,7 gramas.

O sultão merínida marroquino Abu Yusuf Yaqub (r. 1258-1286) reformou a cunhagem de prata, passando a um dirrã de 0,5166 grama, um terço do padrão anterior, e um duplo dirrã ou quebir. Esse dirrã reduzido equivalia ao *dinero blanco* de Afonso X de Castela, que em 1276 passou a conter 1,1935 grama de prata a 43,4%, ao *cornado seisen* de Fernando IV, que em 1297 conteve 1,6187 grama de prata a 32% ou ao *cornado* de Afonso XI de 1330, com 1,068 grama de prata a 48,5%.

Por volta de 1306, Granada adotou também um dirrã quadrado com conteúdo de prata semelhante ao do marroquino, mas na forma de uma peça de 0,71 grama de prata a 72%. Foi também chamado pelos castelhanos de *dinero*. O pesante passou a ser dez desses dirrãs reduzidos, o equivalente a pouco mais de 5 gramas de prata pura.

Em 1369, o dinar ou dobra de Granada tinha 4,6 gramas de ouro de 22 quilates, ou 4,276 gramas de ouro puro, então equivalentes a 36 maravedis castelhanos (moeda que continha 1,412 grama de prata pura). Maomé V, no seu segundo reinado (1362-1391), passou a cunhar moedas de 4,66 gramas de 19 quilates (79%), equivalentes aos morabitinos castelhanos.

Abu al-Hasan Ali (r. 1464-1483) reformou o sistema monetário em 1474 e cunhou dinares de 4,66 gramas de 22 quilates, chamados *hacenes* pelos castelhanos e um *dinar 'ayni*, moeda de prestígio de nada menos de 181,26 gramas de ouro, equivalente a 15.400 maravedis ou 40 dinares em 1473. Também emitiu dirrãs de 0,62 grama de prata a 92,3%, equivalentes aos maravedis de Castela cunhados desde Henrique III (r. 1390-1406) à reforma monetária de Henrique IV em 1471, que tinham 0,62 grama de prata a 91,7%.

Foram cunhados ainda "dinares de prata" de 4,66 gramas de prata a 54% que tinham o valor de cinco dirrãs ou meio pesante. Por fim, existiram dinarins (*dinarines* em castelhano), pequenas moedas quadradas de ouro de 0,19 grama (1/24 do dinar ou um quilate) e 6x6mm, assim como duplos e meios dinarins.

No final do século XV, um dinar ou "dobra mourisca" valia 150 dirrãs ou 1.200 faluzes. A equivalência com as moedas castelhanas era de 450 maravedis em 1490. O poder aquisitivo aproximado está indicado abaixo:

Denominação	Valor em dirrãs	Peso em gramas	Valor em ñ (c.1475)
Unidades de conta (de prata)			
pesante	10	6,2	240
maravedi	1/3	–	8

Moedas de ouro 91,7%			
dinar 'ayini	6.000	181,26	144.000
dinar ("dobla")	150	4,66	3.600
dinar nisf	75	2,33	1.800
duplo dinarim	12,5	0,38	300
dinarim	6,25	0,19	150
meio dinarim	3,125	0,10	75
Moedas de prata 54%			
"dinar de prata"	5	4,66	120
Moedas de prata 92,3%			
dirrã ("dinero")	1	0,62	24
quirate	½	0,31	12
Moedas de cobre			
faluz ("flaz")	1/8	2,7	3

Império Romano do Oriente

O Império Romano do Oriente, chamado Bizantino pelos historiadores modernos, viveu um período de prosperidade e expansão até o fim do reinado de Basílio II em 1025, mas em seguida começou a sofrer dificuldades crescentes. Primeiro com a invasão normanda do sul da Itália a partir de 1060, depois com a tomada da costa da Dalmácia pelos croatas em 1064 e por fim com a perda de grande parte da Anatólia para os turcos em 1071.

Em 1095, o imperador Aleixo I, acossado pelos turcos, pediu socorro aos cristãos do Ocidente. O resultado foi a primeira cruzada, que conquistou Edessa, o litoral da Síria e a Palestina, onde foram fundados Estados francos que, embora se recusassem a reconhecer a suserania de Constantinopla, aliviaram temporariamente a pressão sobre o Império. A segunda e a terceira cruzadas, porém, pouco fizeram para conter o avanço muçulmano, e a quarta foi fatal para o Império Bizantino, ao ser desviada da reconquista da "Terra Santa" para a pilhagem e conquista de Constantinopla pelos cruzados transformados em mercenários e piratas impiedosos.

Um "Império Latino" foi criado em 1204 nas terras conquistadas pelos cruzados e venezianos, mas os gregos bizantinos refugiados em Niceia fundaram um império rival que conseguiu retomar a capital em 1261. Entretanto, esse Império Bizantino parcialmente restaurado jamais se recuperou do golpe e existiu como um Estado reduzido e de importância secundária, cada vez menor e mais fraco, até Constantinopla ser tomada pelos turcos otomanos em 1453, evento que por convenção põe um ponto final à Idade Média.

O histamenon escifato (1000-1092)

Até o início do século XI, o *histamenon nomisma* e o *tetarteron nomisma* eram semelhantes, salvo pela pequena diferença de peso, e tinham 20 mm de diâmetro, mas perto do final do reinado de Basílio II (r. 976-1025), o tetarteron diminuiu ligeiramente de peso (de 22 para 21 quilates ou 3,98 gramas), ficou mais espesso e de menor diâmetro (para cerca de 18 mm), ao passo que o histamenon, que conservou o peso original, passou a ser cada vez mais fino e largo. A partir de Constantino VIII (r. 1025 – 1028), as duas moedas passaram também a ser iconograficamente diferentes. No ano 1000, o *histamenon* tinha em média 23 milímetros; em meados do século XI, 25 mm; em 1085, 31 mm.

Além disso, a partir de Miguel IV (r. 1034-1041), o histamenon começou a ser cunhado numa forma ligeiramente côncava, talvez para aumentar a resistência da moeda à deformação, prática que se tornou padrão com Isaac I (r. 1057 – 1059). O formato côncavo era chamado *trachy* ("irregular" ou "torto") em grego e escifato (*scyphatus*) em documentos latinos, termo relacionado ao grego *skyphos*, "copo", mas provavelmente derivado do árabe *shafah*, "borda", devido à borda larga que sobrava em torno da estampa central. Devido à associação inicial desse formato com o *histamenon nomisma* ("moeda padrão"), a palavra *stamenon* (e sua versão latina *staminum*) veio mais tarde a se aplicar a outras moedas com o mesmo formato.

Além disso, verificou-se uma redução do valor do miliaresion para 1/14 do *histamenon* a partir do fim do século X, por nova mudança na relação de preços entre prata e ouro (para 1:9,4).

Denominação	Valor em pholles	gramas (1040)	Valor em ñ (1040)
Moedas de ouro 90%			
histamenon nomisma	288	4,5	2.304
tetarteron nomisma	252	3,98	2.016
Moedas de prata 90%			
miliaresion	21	3,03	168

2/3 miliaresion	14	2,02	112
1/3 miliaresion	7	1,01	56
Moedas de cobre			
phollis	1	14	8
Moedas de conta			
keration		12	96

Em consequência das despesas crescentes das guerras e queda da arrecadação pela perda de territórios, o orçamento imperial tornou-se deficitário e o *histamenon* sofreu um aviltamento continuado do seu conteúdo em ouro, conforme mostra o quadro abaixo:

Reinado	início	fim	ouro	prata	cobre	valor metálico (*)
Justiniano II a Leão VI	695	912	97,3%	2,0%	0,7%	97,5
Constantino VII	914	959	94,4%	4,8%	0,7%	94,8
Miguel IV	1034	1041	90,0%	7,0%	3,0%	90,6
Constantino IX	1041	1055	87,0%	10,9%	2,1%	87,9
Romano IV	1068	1071	70,0%	24,8%	5,2%	72,1
Miguel VII	1071	1078	58,1%	37,1%	4,8%	61,2
Nicéforo III	1078	1081	35,8%	56,6%	7,6%	40,5
Aleixo I	1081	1092	10,6%	72,5%	16,9%	16,7

(*) ouro puro =100, considerando o valor da prata =1/12 e o do cobre =1/1.440 do ouro

Os juros, de 5% ao ano na época de Justiniano, voltaram a subir para 8,33%, mas o nível geral de preços não acompanhou de início a queda do conteúdo em ouro. Em 1073, os preços dos cereais continuavam compatíveis com um valor da ordem de 2.300 ñ.

O aviltamento se acelerou, porém, após a catastrófica derrota de Manzinquerta em 1071, que levou o Império, a perder a maior parte da Anatólia, até então o seu celeiro, para o sultão seldjúcida de Rum. Então a moeda começou a perder valor de modo muito acelerado.

O teor das moedas de prata permanecia acima de 90% até Constantino X (r. 1059-1067), começou a se reduzir no reinado de Romano IV (de 90,7% no início a 71% no fim) e caiu para 45% com Nicéforo III, após o qual elas praticamente desapareceram e foram fundidas junto com o ouro nos *nomismata* de baixo teor. As moedas de cobre caíram para metade de seu peso, de 1/24 da libra em 1028-1067 (cerca de 14 gramas) para 1/48 (cerca de 7 gramas) em 1068-1081, chegando a ser substituídas por moedas de chumbo em 1092.

A era do hyperpyron (1092-1204)

Em 1092, o imperador Aleixo I (r. 1081-1118) efetuou uma drástica reforma do sistema monetário e substituiu o desacreditado nomisma por uma nova moeda chamada *hyperpyron nomisma* (literalmente, "moeda super-refinada", plural *hyperpyra*) com os mesmos 4,5 gramas e 31 mm de diâmetro do antigo nomisma, mas apenas 21 quilates (87,5% de ouro) a partir das moedas do início do século XI ainda existentes. Essa moeda foi chamada *perperum* em latim, *perpero* ou *pipero* em italiano e *perper* nas línguas eslavas, mas o nome pelo qual foi mais popularmente conhecido no Ocidente foi o de *besante* (palavra derivada do latim *Byzantius nummus*, "moeda de Bizâncio"), aplicado também aos dinares árabes.

Para recolocar em circulação o estoque de moedas de ouro baixo foi criada uma moeda de electro de 7 quilates, chamada *nomisma trachy aspron* ("moeda côncava branca"), *nomisma deuteron* ("segunda moeda") ou *trikephalon* ("três cabeças", por ter uma no anverso, Cristo ou a Virgem, e duas no reverso, o Imperador e um santo padroeiro) e em latim *trimenus* ou *manuelatus* (alusão a Manuel I). Dado o desaparecimento da prata, o novo sistema não incluiu moedas de prata pura, mas uma moeda de bolhão com 7% de prata também chamada *trachy aspron*, apelidada *stamenon*, pela semelhança com a antiga moeda padrão, e chamada por cronistas ocidentais de *stater*. A moeda de cobre se chamou *tetarteron* pela semelhança com a antiga moeda de ouro menor, e os ocidentais a chamaram de óbolo.

O sistema monetário baseado no *hyperpyron* teve inicialmente a seguinte composição:

Denominação	1092			1180		1190		1200	
	pholles	gramas	ñ	pholles	ñ	pholles	ñ	pholles	ñ
Moedas de ouro 21 quilates									
hyperpyron nomisma	288	4,5	960	288	960	288	960	288	960
Moedas de electro 7 quilates									
trikephalon	96	4,5	320	72	240	48	160	48	160
Moedas de bolhão 7%									
stamenon	6	4,5	20	6	20	2,4	8	1,57	5,2

Moedas de cobre								
tetarteron	1/3	4	1,11	1/3	1,11	1/3	1,11	1/3 1,11
meio tetarteron	1/6	2	0,56	1/6	0,56	1/6	0,56	1/6 0,56
Moedas de conta								
keration	12		40	12	40	12	40	12 40
pholles	1		3,3	1	3,3	1	3,3	1 3,3

O teor de ouro do *hyperpyron* caiu lentamente entre os reinados de Andrônico I (r. 1183-1185) e Aleixo III (r. 1195-1203), de 20½ (85%) para 19 quilates (79%). O *trikephalon* foi rebaixado pela primeira vez durante o reinado de Manuel I (r. 1143-1180), para ¼ do *hyperpyron* e em seguida para 1/6 sob Isaac II (r.1185-1195). A cunhagem de bolhão ou *stamenon* caiu de 6-7% sob João II (r. 1118-1143) para 2-3% com Aleixo III e seu valor em relação ao *hyperpyron* caiu para 1/120 em 1190 e 1/184 em 1199.

Os cruzados cambiaram o hyperpyron por 180 dinheiros na I Cruzada (1098), 240 dinheiros na II Cruzada (1145) e 5,5 hyperpyra por um marco de prata na III Cruzada (1190).

Após a tomada de Constantinopla pelos cruzados, o Império com capital em Niceia foi o único Estado bizantino a continuar a cunhar as denominações tradicionais, mas de forma aviltada. O *hyperpyron* teve seu conteúdo em ouro reduzido para 17 quilates (70%) em 1230-1260 e era considerado equivalente ao ducado veneziano, cujas 3,5 gramas quase puras tinham conteúdo de ouro ligeiramente maior. O *trikephalon* ou *trachy aspron* perdeu seu conteúdo em ouro e tornou-se uma moeda de pura prata, e o *stamenon* de bolhão perdeu sua pouca prata e tornou-se puro cobre.

Denominação	Valor em stamenon	gramas (1250)	Valor em ñ (1250)
Moedas de ouro 17 quilates			
hyperpyron nomisma	288	4,5	2.016
Moedas de prata			
trachy aspron	24	4,5	168
Moedas de cobre			
stamenon	1	4,5	7
tetarteron	½	2,2	3,5

A era do baslikon (1304-1367)

Em 1304, foram introduzidas duas moedas baseadas em modelos ocidentais: o *basileo argyrion doukaton* ("ducado de prata imperial") ou *basilikon* ("real"), uma moeda de prata pura baseada no ducado ou grosso veneziano, e o *tournesion* ou *politikon*, uma moeda de bolhão a 22% baseada no dinheiro de países europeus. O *hyperpyron* foi reduzido a 11 quilates (45,8% ouro) em 1325-1353, quando foi cunhado em pequena quantidade antes de desaparecer. Era considerado equivalente a meio ducado veneziano.

Denominação	Valor em stamenon	gramas (1350)	Valor em ñ (1350)
Moedas de ouro 11 quilates			
hyperpyron nomisma (até 1353)	384	4,5	768
Moedas de prata 94%			
basilikon	32	2,1	64
meio basilikon ou argyridion	16	1,1	32
Moedas de bolhão 22%			
tournesion ou politikon	4	0,7	8
Moedas de cobre			
stamenon	1	4,2	2
assarion ou tetarteron	½	2,1	1

A era do stavraton (1367-1453)

Após uma aparente inflação da moeda de cobre e abandono da cunhagem em ouro, os últimos imperadores bizantinos cunharam moedas de prata de tamanho relativamente grande para a época, o *stavraton* ("cruzado"), acompanhado de frações. O *hyperpyron* continuou a existir apenas como moeda de conta de prata e equivalia a um terço de ducado veneziano ou 14 aspri otomanos.

Essas moedas parecem ter circulado apenas na capital e suas imediações e mesmo ali aparecem misturadas com grande quantidade de moedas venezianas, búlgaras e otomanas em quantidade crescente.

Denominação	Valor em follari	gramas (1400)	Valor em ñ (1400)
Moeda de conta			
hyperpyron	576	-	460,8

keration ou kokkion	24	-	19,2
Moedas de prata 95%			
stavraton	288	8,8	230,4
meio stavraton	144	4,4	115,2
doukatopoulon	36	1,1	28,8
Moedas de cobre			
tournesion	3	2,4	2,4
follaro	1	0,8	0,8

Reino de Jerusalém e vassalos

O Reino de Jerusalém foi fundado pelos cruzados ao invadir a Palestina na I Cruzada em 1099 e teve como vassalos o Condado de Trípoli, o Principado de Antioquia e o Condado de Edessa. O reino prosperou até 1132, quando os vassalos tentaram se revoltar contra o soberano. Os conflitos internos enfraqueceram os cruzados, e em 1144 o sultanato seljúcida de Bagdá retomou Edessa.

A segunda cruzada fracassou em 1146 e os cristãos continuaram suas disputas internas, por vezes aliando-se com muçulmanos para lutar uns com os outros, enquanto os árabes do Egito e Mesopotâmia se uniam sob o comando do sultão egípcio Saladino, que em 1187 tomou quase todo o reino de Jerusalém, inclusive sua capital. A terceira cruzada pôde apenas retomar uma estreita faixa costeira e assegurar o direito de peregrinação dos cristãos à cidade santa, que permaneceu sob controle árabe. Antioquia caiu em 1268, Trípoli em 1289 e o que restou do reino de Jerusalém, com capital em Acre, em 1291.

A economia no Oriente Médio era muito mais monetarizada do que a da Europa contemporânea e havia uma variedade muito maior de mercadorias. Pela maior abundância relativa de metais preciosos, os preços eram cinco a dez vezes mais altos em termos de ouro ou prata, o que levou os primeiros cruzados a se julgarem explorados pelos bizantinos. Entretanto, o reino de Jerusalém, em sua curta vida, chegou a ser rico e próspero a ponto de pagar por mercenários europeus ou muçulmanos. As cruzadas e a experiência da conquista temporária de terras árabes teve um forte impacto econômico e cultural na Europa ao introduzir novos conhecimentos e novos luxos.

As primeiras moedas cunhadas pelos cruzados em Edessa, pouco depois de 1100, eram de cobre, semelhantes ao *follis* bizantino ou ao faluz árabe, pesavam 6,5 a 8,5 gramas e tinham inscrições em grego. Foram reduzidas em 1110 para 4,5 gramas, provavelmente para se igualar ao padrão de Antioquia. Moedas fiduciárias de chumbo, de 3 ou 4 gramas, foram também usadas para circulação local nas principais cidades.

As moedas de ouro ficaram conhecidas como *besantes*, o mesmo nome pelo qual eram chamados os dinares do Egito e os *hyperpyra* bizantinos. Em latim eram chamadas de *byzantii saracenati* (besantes sarracenos) e tinham inscrições árabes com o nome de Maomé e data no calendário muçulmano. Só em 1251, por uma ameaça papal de excomunhão, passaram a ter data e inscrições cristãs (em árabe) e uma cruz.

Os besantes cruzados originais ("primeira fase"), que começaram a ser produzidos em algum momento entre 1104 e 1142, pesavam até 4,1 gramas de ouro puro e eram de ouro de 91% a 97%, quase iguais aos modelos árabes. Caíram entre 1148 e 1159 para um padrão de 3,74 gramas com 80% de ouro, 17,5% de prata e 2,5% de cobre até 1187 ("segunda fase") e 3,366 gramas com 66,7% de ouro, 22,2% de prata e 11,1% de cobre de 1187 a 1260 ("terceira fase"), quando eram avaliados no Egito como equivalentes a apenas 0,6 de um dinar árabe.

Na época da primeira cruzada, havia pouca prata em circulação no Oriente. As moedas de prata surgiram trazidas pelos cavaleiros ou do comércio dos Estados cruzados com a Europa e seguiram, de início, modelos europeus, principalmente franceses: dinheiros (*deniers*) e óbolos (*oboles*) com inscrições em latim. No cerco de Antioquia (1097-1098), um *hyperpyron* bizantino valia 180 dos dinheiros trazidos pelos cruzados e o *aspron trachy* 3¾ dinheiros. Isso significa que os cruzados obtinham por seus dinheiros um poder aquisitivo de cerca de 12 ñ, quando em seus países de origem ele variava de 40 ñ (no sul da Europa) a 150 ñ (no norte e leste).

A cunhagem regular de moedas de prata pelos cruzados foi iniciada por volta de 1140, com dinheiros de 0,9 a 0,95 grama de prata a 45% e óbolos com a metade desse peso. No século XIII, os dinheiros foram reduzidos a meio grama ou menos.

Em 1216 começaram a ser cunhadas também imitações do dirrã e meio dirrã de Saladino (inclusive com a inscrição "Maomé[44] é o profeta de Alá" e a data pelo calendário muçulmano), de 2,8 a 2,85

---

[44] Em uma cunhagem de 643 AH (1245 d.C.) "Maomé" foi substituído por "Miguel" (o arcanjo) e foram acrescentadas pequenas cruzes nas margens. Por exigência papal, os últimos dirrãs cunhados pelos cruzados, de 1251 a 1258, receberam cruz, inscrições e datas cristãs.

gramas com 80% a 94% de prata e aparentemente aceitas no mundo árabe como equivalentes. Também foram cunhados dirrãs (chamados *drachmae* em latim, *dragmas* pelos cruzados) com inscrições latinas em 1219 e grossos de modelo veneziano de 2,1 gramas antes de 1240, em Trípoli. Os dois últimos condes de Trípoli (1251-1287) cunharam moedas de prata de 4,2 gramas e 2,1 gramas segundo o padrão do grosso veneziano que podem ter inspirado o *gros* francês de 1266.

Como na Europa, 12 dinheiros faziam um soldo e 240 dinheiros, uma libra. O besante valia 120 dinheiros. Um cavalo de guerra custava 80 libras (cerca de 57.600 ñ) e uma armadura de cavaleiro, 40 libras (28.800 ñ). Cada um dos 700 cavaleiros recebia do rei, como direito feudal, 500 besantes por ano nos anos 1160-1170 (cerca de 1.000 ñ/dia). A construção do castelo dos templários em Safed custou um milhão de besantes e sua manutenção custava 40 mil besantes por ano. Uma propriedade rural, incluindo vilãos (servos) custava a partir de 200 besantes (em média, cerca de 500 besantes). Uma vinha, 26 a 140 besantes. O arrendamento de uma casa de camponês custava 5 a 8 besantes anuais (10 a 16 ñ/dia). O uso de um banho público custava meio dinheiro (3 ñ).

Um cavaleiro que ferisse um plebeu deveria pagar 1.200 deniers (7.200 ñ) de indenização, mas no caso inverso se deveria pagar 100 besantes (72.000 ñ) – um valor não só dez vezes maior, como em metal mais nobre. O resgate de um nobre valia mil besantes (720.000 ñ). Pelo rei Luís IX, capturado em 1250, os egípcios pediram um milhão de besantes ou 500 mil libras. Libertaram-no após um adiantamento de 250 mil levantado graças aos recursos financeiros dos templários, e o restante jamais foi pago.

Fragmentos triangulares e retangulares de 0,34 a 1,08 grama com 50,4% a 62,1% de ouro são muitas vezes encontrados em tesouros de cruzados. Como não se encontram moedas completas com os mesmos desenhos, arqueólogos acreditam que essas frações foram especialmente feitas como "peças de oferenda" para peregrinos que queriam fazer uma doação em ouro a um local sagrado, mas não podiam pagar um besante inteiro (um mês de salário para um mercenário). São provavelmente as *pezzetti di bisanti* ("pecinhas de besante") mencionadas em listas de mercadores italianos.

O padrão monetário dos cruzados no século XII foi aproximadamente o seguinte:

Denominação	Valor em d	Peso em gramas	Valor em ñ c. 1160
Unidades de conta (de prata ou bolhão)			
libra	240	230	1.440
soldo	12	11	72
Moedas de ouro 80%			
besante	120	3,74	720
rabouin (1/4 besante)	30	0,94	180
Moedas de prata 90%			
dragma, dirrã nasiri (dirrã de Saladino) ou dirrã nuqra (de prata)	6	2,85	36
meio dragma ou nisf dirrã	3	1,42	18
Moedas de prata 30%			
dirrã aswad ("dirrã preto", pré-Saladino)	2	2,85	12
Moedas de prata 45%			
dinheiro	1	0,95	6
óbolo	½	0,475	3
Moedas de cobre			
follis	¼ (?)	4,5	1,5 (?)

Armênia Menor

O reino armênio da Cilícia ou Armênia Menor foi um Estado fundado por armênios na costa do Mediterrâneo que durou de 1078 a 1375 e foi um aliado dos cruzados. Cunhou dinheiros semelhantes aos dos cruzados, uma moeda de prata chamada *tram* (dracma) baseada no dirrã turco (juntamente com meios trams e duplos trams) e a partir de 1301 uma moeda de prata chamada *takvorin*, baseada no grosso veneziano.

Bulgária

O Segundo Império Búlgaro, criado após uma rebelião contra os bizantinos em 1185, cunhou suas próprias moedas a partir do tsar Ivan Asen II (r. 1218 – 1241), segundo modelos bizantinos. São conhecidas das primeiras emissões moedas côncavas de ouro de 16 quilates, de 4,33 gramas, chamadas *perpera* (de *hyperpyron*, do qual era derivada) e moedas de bolhão de 3 gramas.

A partir de Teodoro Svetoslav (r. 1300 – 1321), cunharam-se moedas de prata de 1,4 a 1,9 grama chamadas *aspra* (derivada do *aspron* bizantino) e com Ivan Alexandre (r. 1331 – 1371) e sucessores, moedas de cobre côncavas (*stamini*) e chatas (*asarioni*), cópias do *stamenon* e *asarion* bizantinos. A cunhagem cessou com a conquista da Bulgária pelos otomanos em 1396.

Rússia

Como os vikings, os russos começaram a cunhar moedas a partir de sua cristianização, cujo marco foi o batismo do grão-príncipe Vladimir de Kiev (r. 980-1015), em 987, em troca de uma aliança com os bizantinos e o casamento com uma irmã do Imperador. As primeiras moedas russas foram imitações das moedas bizantinas, principalmente o nomisma, chamado em russo *zlatnik*, e o *miliaresion*, chamado *srebrenik*, com suas frações, mas os sucessores de Vladimir cunharam apenas prata. Após 1100, porém, o principado de Kiev decaiu devido ao enfraquecimento do comércio com Constantinopla e se fracionou em Estados rivais, conquistados em 1240 pelos mongóis. Do século XII ao XIV, a cunhagem de moedas foi abandonada e os russos retornaram ao uso de prata pesada em lingotes e fragmentos.

Com o aviltamento dos dirrãs árabes antes usados como principal moeda na Rússia, o nome de *kuna*, usado em russo para denominá-los na Alta Idade Média (e derivado da palavra para "marta", cuja pele era amplamente usada no comércio), foi usado para o dirrã corrente. Um dirrã mais antigo e de maior valor foi chamado *nogata* (que pode estar relacionado ao árabe *naqada*, "selecionar [dinheiro]" ou ao estoniano *nahat*, "pele"). No século XI, no norte da Rússia, a nogata valia 2,556 gramas de prata ou 2½ kuna, uma grivna de 204,5 gramas, valia 80 nogatas, 200 kunas ou 300 belas e uma "grivna de kunas" valia 20 nogatas ou 50 kunas. No sul da Rússia, a grivna pesava 163,68 gramas, a nogata 2,046 gramas. As demais unidades variavam na mesma proporção, exceto a *bela*, ali equivalente a um terço de kuna.

A Rússia foi conquistada pelos mongóis de Ögedei Khan em 1240 e permaneceu sob o seu domínio e o de seus descendentes convertidos ao Islã, os tártaros, por 240 anos. Seu império, conhecido como Horda Dourada e com capital em Sarai (atual Volgogrado), usava como moeda o dirrã. A grivna de 204,5 gramas era o padrão usado em Novgorod e Moscou como base da arrecadação de tributos pelos tártaros, mas, nesse período, começa-se a usar a palavra rublo, atestada pela primeira vez em 1316 e que deriva de *rubit*, "cortar [um lingote de prata]". Tinha então o peso de 204,5 gramas da antiga grivna e dividia-se em 10 "grivnas de kunas", 200 *mordka* (1,02 grama) e 250 kuna (0,82 grama).

O Khan Tokhtamysh (r. 1359 - 1389) começou a conceder aos principados russos o privilégio de cunhar em nome do Khan (e com inscrições em árabe e russo) a sua própria moeda de prata, primeiro em Moscou e depois em Novgorod, Riazan, Pskov, Suzdal e outros locais. No início do século XV, havia cerca de 20 centros de cunhagem na Rússia.

Nessas moedas, um guerreiro armado era retratado com a inscrição "peças estampadas do grão-príncipe" (sem o nome do príncipe) no anverso e uma inscrição em árabe com o nome do Khan Tokhtamysh no reverso. Foram chamadas *denga* (do mongol *tenge*, "balança", provavelmente relacionado à *tanga* persa e à *tanka* indiana), e seu peso era de 1,02 grama (talvez cerca de 40 ñ), 2/3 do *dirkhem* (dirrã tártaro) de 1,53 grama e 1/200 do rublo de 204,5 gramas.

A partir de 1380, o dirkhem foi reduzido para 1,42 grama e a denga caiu para 0,94 grama (1/216 do rublo) para acompanhá-lo. No verão de 1382, Dmitri Donskoi, grão-príncipe de Moscou, cunhou moedas com seu próprio nome e removeu a inscrição em árabe com o nome de Tokhtamysh. Isso foi considerado um sério desafio: o Khan imediatamente lançou uma campanha de guerra na qual incendiou várias cidades. As moedas voltaram a ser cunhadas em nome do Khan até a rebelião de Ivã III de Moscou, em 1480.

Usavam-se também moedas de meia denga, chamadas em Moscou de *poludenga* ou *polushka* ("metadinha").Em Novgorod, a denga chamada *mortka* ou *mordka* ("focinho", geralmente entendido como alusão à pele de marta) se dividia em duas *chetvertsa*, 10 *lobtsa* e 20 *veksha* ("esquilo") e equivalia a 2/3 da nogata (nome ali dado ao dirrã). Circulavam em algumas cidades moedas de cobre chamadas *pulo* (do árabe *fuls* ou faluz), de cerca de meia grama, avaliadas em 60 peças por uma denga. Todas essas moedas eram chamadas "dinheiro de arame", por serem feitas de arames de prata ou de cobre laminados e depois cortados em fatias do peso desejado para a cunhagem. Por isso, tinham geralmente a forma de ovais alongadas. Como moeda de conta, usavam-se o rublo, a "grivna de kunas" de 20 dengas e o *altyn* (do tártaro *alti*, "ouro") de dois dirrãs ou três dengas.

Em 1410, o dirrã foi de novo reduzido para 1,19 grama e o rublo-peso original subiu a 260 dengas. Registrou-se, porém, divergência crescente entre as dengas e rublos dos principados russos, e em alguns deles passou-se a usar uma grivna-peso de dois rublos. Após Basílio II desvalorizar a denga de Moscou (1468), o altyn, agora reduzido a 2,38 gramas (cerca de 103 ñ), valia dois dirrãs tártaros ou de Riazan, três dengas de Novgorod, quatro dengas de Tver ou seis dengas de Moscou. Em Novgorod, 1494, a kuna valia duas dengas; a nogata, sete dengas; a "grivna de kunas", 14 dengas e o rublo, 216 dengas.

Veneza

Originalmente uma possessão do Império Romano do Oriente, Veneza tornou-se independente na prática durante o século X. Intermediária entre Constantinopla e o Ocidente, tornou-se o mais desenvolvido centro comercial da Europa Ocidental. Suas necessidades exigiram novas práticas e também novas moedas.

O dinheiro teve em Veneza um de seus aviltamentos mais extremos em relação à época carolíngia. Na época do doge Sebastiano Ziani (1172 – 1178), o dinheiro veneziano, conhecido como *piccolo* ("pequeno") ou *denaro scudellato* ("dinheiro escudelado", pela forma côncava), era uma moeda de 0,55 grama. Com os doges Orio Mastropiero (r. 1178-1192) e Enrico Dandolo (r. 1192 – 1205), reduziu-se para 0,3 grama (840 por marco), com cerca de 20% de prata. Tinha diâmetro de 5 a 11 mm e espessura de 0,5 mm.

A primeira moeda maior que o dinheiro foi cunhada por Dandolo em 1192 ou 1194. Era chamada *denarius grossus* ("dinheiro grosso") ou simplesmente **grosso**, com 2,18 gramas de prata a 98,5% (109½ por marco), equivalente a 1½ penny inglês. Com a figura do doge e de São Marcos no anverso e Cristo no reverso, o desenho imitava o *trikephalon* ou *aspron trachy* bizantino de electro, no qual o imperador aparecia ao lado de um santo com Cristo também no reverso, mas tinha a forma plana e espessa das moedas ocidentais. Seu valor original era 24 dinheiros venezianos, mas subiu logo depois para 26 e foi novamente elevado para 28 em 1269 e 32 em 1282. Para fins contábeis, surgiu uma distinção entre a *lira di piccoli*, "libra de dinheiros", que continuava a ser uma unidade de conta de 240 dinheiros, e a *lira a grossi*, "libra de grossos", reajustada para acompanhar a valorização da moeda de prata para 294 dinheiros.

O grosso também foi conhecido como *ducato* (ducado, pois o título de doge, embora eletivo, equivalia a duque) e *matapan*, palavra talvez derivada do árabe *mawthaban*, "rei sentado", em alusão à imagem de Cristo sentado no anverso. Essa palavra pode ter dado origem ao termo marzipã ou maçapão, doce vendido em caixas semelhantes às usadas para moedas.

Ainda em 1192, o doge Dandolo de Veneza fez cunhar uma moeda de ½ dinheiro chamada *bianco*, com meia grama e apenas 5% de prata, e uma moeda de ¼ de dinheiro (poder aquisitivo de 2 ñ) chamada *quartarolo*, de cobre, que continuou a ser cunhada até 1328. Com apenas 0,2% de prata, é às vezes considerada a primeira moeda fiduciária (sem valor intrínseco em metal precioso) na Europa Ocidental desde os tempos romanos, mas permaneceu um caso isolado por séculos.

O grosso teve um papel importante no financiamento da quarta cruzada em 1200. Esta foi promovida pelo Papa com o objetivo de atacar o Egito para retomar Jerusalém que, conquistada pelos cristãos na primeira cruzada (1096-99), fora recapturada pelo Sultão Saladino em 1187. A terceira cruzada (1189-1192), embora recuperasse parte dos territórios perdidos, fracassara em retomar a Cidade Santa.

O planejado era reunir 33,5 mil combatentes. Veneza forneceria 500 navios para transportá-los e receberia 85 mil marcos (450 milhões de ñ) pela travessia. Entretanto, os cruzados a princípio conseguiram reunir apenas 12 mil homens e 35 mil marcos. A muito custo, rasparam seus cofres para obter mais 14 mil marcos, mas o doge Dandolo exigiu o pagamento integral. A cidade paralisara seu comércio para construir a frota (que custara 40 mil marcos, mais de 200 milhões de ñ) e preparar a expedição e contava com ela para empregar tripulantes.

Ante o impasse, as tropas cristãs aceitaram a proposta do doge. Em 1202, partiram para tomar Zara (atual Zadar, Croácia), antiga possessão veneziana que se rebelara sob a proteção do rei cristão da Hungria. Dali rumaram para Constantinopla, a capital do Império Romano do Oriente. A quarta cruzada tornou-se, assim, uma das maiores e mais terríveis expedições de pirataria da história. Estima-se que o saque da capital bizantina, em 1204, rendeu 900 mil marcos (4,8 bilhões de ñ a preços italianos), dos quais Veneza recebeu 200 mil (um bilhão). O núcleo do antigo Império Romano do Oriente foi dividido entre os cruzados e os venezianos, originando o efêmero Império Latino, com o catolicismo como religião oficial. O Papa, que inicialmente ameaçara excomungar a expedição, aceitou a situação, o que permitiu a Veneza estabelecer novas colônias no Oriente e manter boas relações comerciais com os herdeiros de Saladino. Entretanto, a destruição de Constantinopla enfraqueceu a resistência cristã, transformou gregos e latinos em inimigos e abriu caminho para o avanço dos conquistadores muçulmanos sobre a Terra Santa e, na Idade Moderna, sobre a Europa Oriental.

Em 1284, em substituição ao aviltado *hyperpyron* bizantino, Veneza começou a cunhar uma moeda praticamente do mesmo peso e valor do florim de Florença (3,5 gramas de ouro a 98,5%, 22 mm), chamada *ducato d'oro* (ducado de ouro). A partir do século XVI, foi conhecida também como *zecchino* (cequim ou cequim; em inglês e francês, *sequin*), palavra derivada do veneziano *zecca* ("casa da moeda"), por sua vez derivada do árabe *zikkah* ("cunho"). Copiada por muitos outros países (inclusive Portugal, como "cruzado"), o cequim ou ducado, sempre com o mesmo peso, se tornaria uma das principais moedas do comércio internacional europeu até o século XIX. Em Veneza, teve inicialmente o valor de 588 dinheiros ou duas *lire a grossi*. Devido à valorização do ouro em relação à prata (cuja proporção subiu de 11 ou 11,5:1 em 1285 para 15:1 em 1320), foi oficialmente reavaliado como 768 dinheiros em 1328.

De 1285 a 1330 (época de Marco Polo), Veneza teve o seguinte sistema monetário:

Denominação	Valor em d	Peso em gramas	Valor em ñ (1285)
Unidades de conta (de prata ou bolhão)			
lira a grossi	294	20	470
lira di piccoli	240	72	384
soldo a grossi	14,7	1	23,5
soldo di piccoli	12	6	19,2
Moedas de ouro			
sequim ou ducado de ouro (*)	588	3,5	940

Moedas de prata			
grosso, ducado de prata ou *matapan*	32	2,2	51
Moedas de bolhão			
dinheiro ou *piccolo*	1	0,3	1,6
bianco	½	0,3	0,8
Moedas de cobre			
Quartarolo	¼	0,9	0,4

(*) existiram moedas fracionárias de ¼ e ½ ducado e múltiplas de até 10 ducados

Em 1331, na época do doge Francesco Dandolo (r. 1328-1339), o sistema monetário veneziano foi reformado pela introdução do *soldino*, moeda equivalente a 12 dinheiros ou um soldo, que até então fora uma moeda de conta sem existência física. As frações do dinheiro foram canceladas e a cunhagem do grosso foi reduzida, passando o soldino a ser a moeda mais usual do dia-a-dia. De 1331 a 1457, o sistema monetário de Veneza teve a seguinte estrutura:

Denominação	Valor em d	Peso em gramas	Valor em ñ c. 1375
Unidades de conta (de prata ou bolhão)			
lira di grossi	7.680	414	7.680
lira a grossi (abolida em 1404)	294	20	294
lira di piccoli	240	72	240
grosso di conta	32	1,6	32
Moedas de ouro			
ducado de ouro (*)	768	3,5	768
Moedas de prata			
grossone (a partir de 1429)	96	4,4	96
grosso, ducado ou *matapan* (**)	48	2,2	48
mezzanino (até 1413)	16	0,8	16
soldino (***)	12	0,57	12
Moedas de bolhão			
tornesello (a partir de 1353)	3	0,75	3
dinheiro ou *piccolo* (até 1457)	1	0,3	1

(*) existiram moedas fracionárias de ¼ e ½ ducado e múltiplas de até 10 ducados

(**) o valor em dinheiros subiu ao longo do período, devido ao seu aviltamento

(***) o peso e o conteúdo em prata caíram ao longo do período, sem que o poder aquisitivo fosse significativamente alterado

O peso e conteúdo em prata do soldino decaíram até o fim da Idade

Média (aviltamento médio de 0,4% ao ano de 1331 a 1421), mas seu poder aquisitivo se manteve aproximadamente estável, flutuando entre 12 e 20 ñ (correspondente a um dinheiro entre 0,9 e 1,6 ñ).

ano	peso (g)	teor de prata	conteúdo em prata (g)
1331	0,57	98,5%	0,56
1347	0,56	96,5%	0,54
1353	0,55	96,5%	0,53
1369	0,51	96,5%	0,50
1379	0,50	96,5%	0,48
1391	0,47	96,5%	0,45
1397	0,46	95,2%	0,43
1407	0,44	95,2%	0,42
1417	0,40	95,2%	0,39
1421	0,40	94,8%	0,38

Foi também cunhado o *mezzanino*, 16 dinheiros ou, teoricamente, meio grosso, e o *tornesello*, uma moeda com 15% de prata que valia um quarto de soldino ou três dinheiros. Dada a redução progressiva do conteúdo em prata do dinheiro e do soldino, o valor de mercado do grosso, cujo conteúdo em prata permaneceu relativamente estável, tendeu a aumentar em dinheiros. Entretanto, para fins contábeis usou-se um grosso teórico de 32 dinheiros (valor de mercado em 1341), bem como uma *lira di grossi* ("libra de grossos") de 240 x 32 dinheiros.

Valor do grosso em dinheiros ou piccoli:

ano	dinheiros
1192-1201	24
1202-1254	26,12
1236	38
1254	26,12
1259	26,67
1265	27
1267	26
1268-1280	28
1275	30
1276	27
1278	30
1307	28

1328	33
1331-1332	36
1341	32
1344	41
1352	41
c.1370	44-48
1380	43
1410	48
1417	58
1472	62

Em 1472, o doge Nicolò Tron (r. 1471-1473) fez cunhar a primeira moeda de uma lira, com peso de 6,52 gramas de prata a 94,8% e valor nominal de 240 dinheiros, uma das maiores moedas de prata europeias até a data.

Essa moeda, conhecida como *lira tron* ou lira trono, foi notável também por ter sido a primeira moeda europeia desde o fim da Antiguidade com um retrato realista (não estilizado ou simbólico) do governante. Essa prática foi logo imitada por Milão, Gênova, Pávia e depois pela Escócia, mas foi criticada pelos venezianos e descontinuada por seus sucessores, que voltaram a cunhar moedas com a figura de São Marcos. O doge Nicolò Marcello (r. 1473-1474) fez cunhar também uma meia lira de 3,26 gramas, conhecida como *marcello*.

Sacro Império Romano

Desde 962, os domínios da coroa imperial, compreendendo os reinos da Alemanha, Itália, em 1002 também a Boêmia e, a partir de 1032, também a Burgúndia, formavam aos olhos dos contemporâneos o "Império dos Romanos". O nome de "Sacro Império Romano" foi usado a partir de 1157, quando os imperadores chegavam ao auge de seu poder e disputavam a primazia com o Papa, mas o de "Sacro Império Romano-Germânico" só foi adotado na Idade Moderna, em 1512, quando havia perdido a maior parte de seus territórios fora da Alemanha.

Ao contrário da França, Inglaterra e reinos ibéricos, que caminharam para a submissão dos senhores feudais e a centralização e consolidação do poder monárquico até o fim da Idade Média, o Sacro Império Romano, formado por regiões muito díspares, teve sua autoridade central cada vez mais enfraquecida a partir do século XIII. O sistema monetário criado por Carlos Magno continuou a ser usado por seus primeiros sucessores, mas aos poucos cada cidade e cada domínio local adotou seus próprios padrões, que se tornaram mais e mais divergentes.

Em boa parte, isso era consequência da grande variação do grau de monetarização da economia conforme a região, cada uma com necessidades diferentes. Na Baixa Idade Média, o norte da Itália foi a região mais rica e desenvolvida da Europa e suas cidades-estados foram pioneiras no desenvolvimento do urbanismo, do comércio, das manufaturas e das finanças, o que exigiu um sistema monetário dinâmico e sofisticado. O Vale do Reno, conexão entre a Itália e o norte da Europa, estava numa situação intermediária, mas era o centro político do Império, de modo que seus sistemas monetários, embora mais arcaicos, ditaram por muito tempo o padrão para o Sacro Império e mesmo para outras partes da Europa, como mostrou o uso generalizado do marco de Colônia como referência legal e comercial.

Já as partes setentrionais e orientais do Império continuavam isoladas e rurais no ano 1000 e foram gradualmente urbanizadas e incorporadas à economia monetária durante a Baixa Idade Média, com ajuda de um desenvolvimento monetário peculiar, as *bracteatas*, peças de folha de prata às vezes grandes (10 a 50 mm), porém leves (0,05 a 1 grama) e muito finas (0,05 a 0,2 mm). Eram de face única, batidas, de modo que o reverso era a imagem espelhada e negativa da figura do anverso.

As primeiras bracteatas surgiram para atender à demanda criada pelo crescimento da população e da divisão do trabalho na Turíngia no início do século XII. Como a única casa da moeda da região, em Erfurt, era insuficiente para atender à demanda, três monastérios, Pegau, Saalfeld e Nordhausen, recorreram a joalheiros para supri-la. Sem conhecimento das técnicas apropriadas de cunhagem, esses artesãos adaptaram práticas de seu ofício para obter moedas vistosas e frequentemente de alta qualidade artística, mas pouco duráveis.

Eram fáceis de cunhar, mas frágeis, e sua recunhagem periódica (anual até cerca de 1200, depois geralmente semestral) era obrigatória. Isso proporcionava uma receita considerável às autoridades: quatro moedas antigas eram trocadas, por exemplo, por três novas. Essa forma de dinheiro desencorajava o entesouramento, tendia a acelerar a velocidade de circulação e tornava dispensável o aviltamento (e, às vezes, qualquer outro imposto) como fonte de receita para o governo. Eram tão finas que eram fáceis de dividir em metades (*Hälblinge*) e quartos (*Vierlinge*) quando convinha, mas frágeis demais para serem guardadas em bolsas, exigindo caixinhas e vasos especiais.

Surgida na Turíngia e Alta Saxônia nos anos 1120, a prática se difundiu para a Baixa Saxônia, Hesse, Suábia, Brisgóvia, Brandemburgo e Silésia de 1140 a 1200 e para a Boêmia, Morávia e Pomerânia de 1200 a 1250, anos em que também se estendeu, para além das fronteiras do Sacro Império, à Polônia, Hungria, Prússia, Países Bálticos e Escandinávia. Foi a forma predominante de moeda nessas regiões até os anos 1320 e só desapareceu totalmente por volta de 1550.

O sistema chegou a conviver com moedas mais tradicionais na região do Reno, mas nunca foi adotado nas economias mais complexas e monetarizadas da Europa Ocidental, onde a exigência de recunhagem não era frequente e moedas mais sólidas e duráveis foram preferidas, mesmo se estavam sujeitas a aviltamentos de anos em anos.

Até 1300, as bracteatas tinham o valor de um dinheiro ou *Pfennig*, pesavam em torno de um grama (60 ñ a 120 ñ) e geralmente eram as únicas moedas em circulação em suas regiões. Depois de 1300, foram conhecidas como *Hohlpfennige* ("dinheiro oco"), pesavam 0,3 a 0,4 grama (20 ñ a 30 ñ) e circulavam ao lado de *Groschen, Witten, Örtug, Schilling* e outras moedas de duas faces e maior valor.

Baixa Renânia (União Monetária do Reno)

A região da Baixa Renânia, incluindo cidades como Colônia (Köln), Aquisgrana (Aachen), Coblença (Koblenz), Maiença (Mainz), Düsseldorf, Frankfurt e Trier, foi a região da atual Alemanha onde o Império Romano chegou a se estabelecer na Antiguidade. Permaneceu na Idade Média como a região culturalmente mais avançada do país e um de seus principais eixos comerciais e manufatureiros. Foi o centro político do Império Carolíngio e, até o século XII, era a única região da Alemanha com uma economia monetária relativamente desenvolvida.

No século XII, o arcebispado de Colônia cunhava o dinheiro ou *Pfennig* (plural *Pfennige* para moedas físicas, *Pfennig* para quantias) com 1,46 grama de prata a 92,5%, quase o mesmo conteúdo de prata da era carolíngia (poder aquisitivo de cerca de 120 ñ nesse século, 72 ñ no seguinte), o que o fazia uma das moedas mais estáveis da Europa continental (na maior parte da Alemanha, o Pfennig tinha metade desse peso). Com 160 dinheiros se obtinha um marco de Colônia ("marco de Colonha" em português medieval) de 233,85 gramas (19.200 ñ e 11.520 ñ, respectivamente), uma das unidades de conta mais usadas no continente, principalmente no Sacro Império Romano e Itália. A senhoriagem era de um *Schilling* ou soldo (12 dinheiros) por marco, ou 7,5%. Colônia também cunhou *Hälblinge* ou *Obole* de meio Pfennig a partir de 983 e *Vierlinge* de ¼ de Pfennig a partir de 1150.

Em 1288, uma revolta expulsou o arcebispo para Bonn e transformou Colônia em cidade livre. Registros de 1292 mostram que havia então paridade entre o Pfennig local e o *penny* inglês, que o *gros tournois* era avaliado em três Pfennig e o Pfennig da cidade suábia de Hall – conhecido como *Heller* e que graças às recém-descobertas minas de prata de sua região também era muito difundido na Renânia – valia ½ Pfennig de Colônia. Seis anos depois, porém, outro contrato mostra uma depreciação de 56% ou 57% da moeda de Colônia, possivelmente consequência de problemas financeiros decorrentes da mudança de regime: um *gros tournois* valia então 7 Pfennig, o penny inglês 2¼ Pfennig e o Heller estava ao par. O Pfennig de Colônia e o Heller valiam então, provavelmente, cerca de 27 ñ.

A partir de 1314, a necessidade de moedas mais substanciais levou Colônia a cunhar os chamados *Großpfennige* ("dinheiros grossos"), de cerca de 1,2 grama e com o valor de 2½ Pfennig tradicionais. O próximo passo, em 1318, foi o *Sterling*, equivalente ao penny britânico e avaliado em 4 Pfennig. Seguiu-se em 1328 o *Turnose* ou *Turnosegroschen,* de 3,83 gramas e baseado no gros tournois francês, avaliado em 12 Pfennig, e em 1335 o *Zehnpfennig* (10 Pfennig) ou *Groschen* de 2,23 gramas.

Denominação	Valor em d	Peso em gramas	Valor em ñ c. 1330
Moedas de prata 100%			
Turnose	12	3,83	216
Groschen	10	2,23	180
Sterling	4	1,4	72

Großpfennig	2	1,2	45
Pfennig ou Heller	1	0,7	18
Obol ou Hälbling	½	0,35	9

Em 1346, o Imperador Carlos IV conferiu a Trier e Colônia o privilégio de cunhar moedas de ouro, como recompensa pelo apoio em sua eleição, estendido a Maiença e ao Palatinado até 1356. Surgiu assim o florim do Reno (*rheinisch Goldgulden* ou, em latim, *florenus Rheni*), originalmente baseado no florim de Florença e equivalente a 1/66 de marco de ouro, ou 3,54 gramas, com teor de 23½ quilates ou 98%. Seu nome em alemão medieval era *guldin Pfenninc*, "dinheiro (*pfennig*) de ouro", depois apenas *Gulden* ("áureo"), traduzido como *guilder* em inglês e florim em português. Na Idade Moderna, após surgir o *Guldengroschen* de prata originalmente de igual valor, foi pleonasticamente chamado *Goldgulden* ("áureo de ouro").

Em 1348, formou-se uma união monetária entre Colônia, Trier e os ducados de Jülich, e Luxemburgo. Nesse padrão monetário, o Groschen ou Schilling era uma moeda de 12 Pfennig e 1,98 grama e o *Doppelschilling* tinha 3,96 gramas e 24 Pfennig.

Em 1368, a moeda de 24 Pfennig estava reduzida a 2,55 gramas e se chamava *Weißpfennig* ou *denarius albus* ("dinheiro branco"). 18½ dessas moedas equivaliam a um florim. Em 1372, com nova união monetária entre Colônia e Trier, estendida em 1386 a Maiença e ao Palatinado (Pfalz) com o nome de *Rheinischer Münzverein* ("União Monetária do Reno"), o Weißpfennig passou a valer 12 *Großpfennig*. O padrão monetário de Colônia, no início desse processo, era o seguinte:

Denominação	Valor em Heller	Peso em gramas	Valor em ñ c. 1369
Moedas de ouro 98%			
florim do Reno ou Gulden	222	3,44	1.332
Moedas de prata 79%			
Weißpfennig ou denarius albus	12	2,55	72
Schilling	6	1,3	36
Großpfennig	1	0,2	6

Vale notar que os Turnosegroschen de Aquisgrana e do feudo vizinho de Schönvorst-Sichem foram as primeiras moedas medievais europeias a serem regularmente datadas, a partir de 1372 (houve cunhagens datadas isoladas em Toledo, Espanha, 1166 e Roskilde, Dinamarca, 1234). A prática se difundiu a partir de 1424 para outras cidades suíças e alemãs e na Idade Moderna para a maior parte da Europa.

Após a união monetária, o conteúdo em ouro do florim do Reno foi reduzido a 23 quilates e continuou a cair nas décadas seguintes: 22½ quilates em 1399, 22 em 1409, 20 em 1417 e 19 em 1420-1490, quando o peso também foi reduzido a 1/68 do marco (3,44 gramas). Em 1495, houve nova redução para 1/71,33 do marco (3,278 gramas) e 18½ quilates, e em 1559 para 1/72 (3,248 gramas) com o mesmo teor. Apesar das reduções, o florim do Reno continuou a ser a principal moeda dentro do Sacro Império até cerca de 1500, quando foi substituída pelo Taler, mesmo se a partir de 1409 o governo imperial começou a cunhar seus próprios *Reichsgulden*, de igual valor.

Em 1488, o florim de ouro, mesmo aviltado, valia 26 *Albus* ou 312 *Großpfennige*.

Denominação	Valor em Heller	Peso em gramas	Valor em ñ c. 1488
Moedas de ouro 79%			
florim do Reno ou Gulden	312	3,44	1.872
Moedas de prata 58%			
Weißpfennig ou Albus	12	2,05	72
Schilling	6	1,0	36
Großpfennig ou Heller	1	0,2	6

Alta Renânia (União Monetária do Rappen)

A cidade de Friburgo da Brisgóvia, no atual estado alemão de Baden-Würtenberg, cunhou no século XIII uma bracteata de 2 Pfennig com uma figura de águia imperial estilizada a ponto de lembrar um corvo (em alemão, *Rabe*), o que levou a moeda a ser popularmente chamada de *Rappen* ("corvino"). Sua popularidade na região do Alto Reno a levou a ser adotada como padrão da *Rappenmünzbund*, "União Monetária do Rappen".

O primeiro acordo monetário na região foi formado entre Zurique, governada pelos Habsburgos, e Basileia, na atual Suíça, em 1311. Em 1387, logo depois que Friburgo da Brisgóvia aceitou a suserania dos Habsburgos, o acordo foi reformulado e ampliado, chegando a incluir 70 cidades e cantões, incluindo Friburgo da Brisgóvia e Breisach (em Baden), Colmar (na Alsácia), Zurique, Berna, Solothurn (na Suíça) e as dependências dos Habsburgos na Áustria Anterior, incluindo Sudgau (sul da Alsácia), Brisgóvia e noroeste da atual Suíça (mas não o Ducado da Áustria propriamente dito).

O Rappen da união foi fixado como 1/1.242 de um marco de Colônia (0,188 grama) de prata a 66,7%, equivalente a 0,125 grama de prata pura. Em 1425, a União adotou uma moeda adicional conhecida como *Plappart* ("pálida"), com o valor de 6 Rappen e 1/145 de marco de prata (1,62 grama) a 93,8%. Seguiram-se outras moedas e em 1498, o sistema monetário era o seguinte:

Denominação	Valor em Pfennig	Peso em gramas	Valor em ñ c. 1498
Moedas de ouro 77%			
florim do Reno ou Gulden	240	3,28	1.920
Moedas de prata 93,8%			
Dickplappart	32	7,32	256
Groschen	24	3,24	192
Plappart	12	1,62	96
Bracteatas de prata 65,6%			
Doppelvierer	8	0,76	64
Vierer	4	0,38	32
Rappen ou Zweilinge	2	0,19	16
Pfennig ou Heller	1	0,09	8

A união foi dissolvida em 1584, mas vários cantões suíços continuaram a cunhar os Rappens, que no século XIX se tornariam a moeda divisionária do país.

Alemanha do Norte (União Monetária Vêneda)

A Liga Hanseática ou Hansa (do alemão *Hanse*, "corporação mercantil") foi uma aliança econômica e política que chegou a reunir 170 cidades independentes ou autônomas das atuais Holanda, norte da Alemanha e margens do Báltico, na maioria incluídas no Sacro Império Romano. Começou a se formar no século XIII e fez assembleias formais em Lübeck de 1356 a 1669. Atingiu seu auge perto de 1400 e decaiu a partir do século XVI, mas só foi formalmente abolida em 1862.

A Hansa nunca chegou a ter uma moeda única, mas, de 1373 a 1569, várias das cidades do círculo Vênedo-Saxão[45], um dos três (depois quatro) em que se organizou a Liga[46], formaram a *Wendische Münzverein* ("União Monetária Vêneda") e compartilharam um padrão monetário comum, o *Lübische Mark* (Marco de Lübeck). Lübeck adquiriu direito de cunhagem do Sacro Império em 1226 e fez o primeiro acordo sobre moeda comum com Hamburgo, em 1255, cunhando nesse período bracteatas de 0,5 grama cujo conteúdo em prata foi reduzido em 40% nos anos seguintes. Em 1341, a cidade foi autorizada a cunhar também florins de ouro (*Goldgulden*) e os fez de ouro mais puro que as moedas da Renânia.

Como em outras partes da Europa, o padrão monetário sofreu sucessivas quebras, como indica o quadro abaixo. Já em 1329, o "marco" como moeda de conta continha menos de um terço de um marco como unidade de peso de prata e em 1502, apenas 1/13.

ano	dinheiros por marco	gramas de prata			ñ		
		dinheiro	xelim	marco	dinheiro	xelim	marco
1329	616	0,38	4,55	72,9	16,6	199	3.192
1346	728	0,32	3,85	61,6	17,2	206	3.295
1372	804	0,29	3,49	55,8	12,1	146	2.329
1375	816	0,29	3,44	55,0	13,6	163	2.603
1379	823	0,28	3,41	54,5	16,3	196	3.139
1403	1.112	0,21	2,52	40,4	11,2	134	2.142
1411	1.157	0,20	2,42	38,5	12,2	146	2.334
1461	2.016	0,12	1,39	22,3	8,3	99	1.586
1502	2.496	0,094	1,12	18,0	7,8	94	1.500
1506	2.678	0,087	1,05	16,8	7,7	92	1.470

---

45 Os vênedos eram um povo eslavo, aliado de Carlos Magno contra os saxões. Viviam no atual leste da Alemanha, submeteram-se ao Sacro Império em 1170 e foram aos poucos germanizados. Lübeck e a maioria das cidades desse círculo foram fundadas por alemães no país dos vênedos, que contribuíram para sua cultura e população e cuja língua, na Idade Média, ainda predominava nas áreas rurais.

46 A união monetária incorporou inicialmente Lübeck, Hamburgo, Lüneburg e Wismar, às quais se juntaram depois Rostock, Stralsund e Hannover. Outras cidades da Pomerânia, Mecklemburgo e Holstein cunharam moedas idênticas sem se unir formalmente ao acordo. As de Bremen, Göttingen e Hoexter foram legalmente reconhecidas como equivalentes.

As cunhagens relacionadas à união monetária começaram em 1356, com a cunhagem da peça de 1,33 grama de prata a 87,5%, com valor nominal de 4 Pfennig ou dinheiros, inicialmente destinadas à cidade de Witten, no vale do Ruhr, por isso conhecida como *Witten*, seguida pelo *Blaffart* ("pálido") de 2 dinheiros. O tratado de união monetária entre oito cidades foi assinado em 1373 e o Witten adotado como moeda comum.

Em 1392, um novo tratado criou peças de um dinheiro (*Hohlpfennige*), 3 dinheiros (*Dreilinge*) e 6 dinheiros (*Sechslinge*) e retirou o Witten, que retornou em 1398. Após novas quebras no padrão, resultou o seguinte sistema monetário:

Denominação	Valor em Pfennig	Peso em gramas	Valor em ñ c. 1406
Moedas de conta			
Mark	192	–	2.304
Schilling	12	–	144
Moedas de ouro			
Goldgulden (de Lübeck)	192	3,54	2.304
Goldgulden (da Renânia)	144	3,54	1.728
Moedas de prata 75%			
Sechslinge	6	1,68	72
Witten	4	1,12	48
Dreilinge	3	0,84	36
Blaffart	2	0,56	24
Hohlpfennig	1	0,28	12

Em 1433 o Schilling foi cunhado como moeda de 12 dinheiros. Em 1468 surgiu o *Doppelschilling*, ou duplo xelim de 24 dinheiros, e em 1506 apareceria o *Mark*, ou marco de 16 xelins ou 192 dinheiros (metade do Goldgulden, então avaliado em 32 xelins), que veio a ser a primeira moeda física alemã com esse nome.

Tirol e Áustria

As primeiras moedas de Pfennig (dinheiros) dos Babenbergs, a primeira dinastia a governar a Áustria (976-1246), foram produzidas em Krems, sob o margrave Leopoldo III (r. 1095-1136) . Da primeira metade do século XII para a segunda do século XV, a emissão foi dominada por dois tipos de moedas: o Pfennig de Friesach (cidade da Caríntia) e o Pfennig de Viena. O primeiro, com peso inicial de 1,225 grama e 93,75% de prata, começou a ser cunhado em 1125 e teve seu auge na primeira metade do século XII, quando era de 0,99 grama com 87,5% de prata. Em 1334, era de 0,8 grama de prata a 83,9%. Os últimos, cunhados em meados do século XIV, pesavam menos de 0,7 grama com 70% de prata.

O Pfennig vienense começou a ser cunhado entre 1189 e 1203, após a transferência da casa da moeda dos Babenbergs para Viena. Em 1246, com a extinção da linhagem dos Babenberg, o rei Ottokar da Boêmia assumiu o controle dos seus territórios, mas Rodolfo I de Habsburgo, eleito imperador do Sacro Império Romano em 1273, derrotou Ottokar e se apoderou da Áustria.

Importa notar que na Áustria e Baviera, diferentemente do restante da Europa, o soldo ou Schilling era formado não por 12 dinheiros ou Pfennigen, mas por 30 dinheiros, reflexo do uso de moedas de ouro puro (e não electro) de origem bizantina na Bacia do Danúbio durante a Alta Idade Média. A libra valia 240 dinheiros e o marco, 160 dinheiros.

Por volta de 1350, o Pfennig dominou as regiões ao longo do rio Danúbio, circulou da Baviera a Florença e permaneceu como principal moeda dos domínios Habsburgos até o século XV. Embora fosse uma moeda de duas faces, foi recunhada anualmente e teve o desenho modificado a cada ano até o final do século XIV. Sua desvalorização está demonstrada abaixo:

ano	peso bruto (g)	Peso em prata (g)	% prata	ñ
1157 (*)	1,17	1,17	100,00%	248
1252	1,12	0,78	69,44%	53
1317	0,61	0,54	88,91%	22
1335	0,61	0,40	65,60%	26
1399	0,64	0,26	41,25%	18
1400 (**)	0,70	0,39	56,25%	27
1404	0,58	0,26	43,75%	19
1438	0,58	0,22	37,50%	18

(*) cunhagem em Krems

(**) tentativa fracassada de reforma monetária

No Tirol, o conde Meinhard II fez cunhar em Merano, a partir de 1271, a primeira moeda alemã semelhante ao grosso italiano, com peso de 1,64 grama de prata 88% e o valor de 20 dos dinheiros veroneses que então circulavam na área (cerca de 100 ñ). Como era marcada por uma dupla cruz no anverso, formando uma cruz de oito braços, ficou conhecida em alemão como *Kreuzer* ("cruzado") ou *Etschkreuzer* ("cruzado do Ádige", o rio que passa pelo Tirol) e em italiano como *grosso aquilino*, pela figura de águia no reverso. O peso foi reduzido para 1,25 grama a 83% em 1361, cerca de 60 ñ.

Em 1363, na falta de descendentes masculinos, a última condessa do Tirol descendente de Meinhard II legou o condado ao duque da Áustria, Rodolfo IV de Habsburgo. O Kreuzer passou a circular em seus territórios com o valor de 4 Pfennigen vienenses e acompanhou sua desvalorização. Em 1458, era feito de 0,972 grama de prata a 43,7%, cerca de 42 ñ.

No século XV, uma séria crise monetária afetou Baviera, Salzburgo e a Áustria em consequência das disputas entre o imperador Frederico III (r. 1452-1493), o primeiro da casa de Habsburgo e o mestre de sua casa da moeda em Graz, Balthasar Eggenberger. Balthasar agia como empresário, e seu lucro baseava-se na relação entre o valor das moedas como dinheiro e o seu custo de produção, baseado no conteúdo em prata. De 1457 a 1459 sua casa da moeda diminuiu a quantidade real de prata na cunhagem a ponto de deixar as moedas praticamente sem valor. Segundo um cronista, "o imperador permitiu a cunhagem de moedas ruins, chamadas *Schinderlings* ('do escorchador'). Qualquer um faria melhor usando chaleiras de cobre velhas". O florim de ouro, que deveria valer 100 dinheiros pela fracassada reforma de 1400 e valia de fato 150 d em 1404 e 240 d em 1455, saltou para 960 a 1.020 d.

Na primavera de 1460, suas moedas deixaram de ser aceitas e o imperador mandou prender Balthasar, que fugiu para Veneza com 40 mil libras em ouro, prata e jóias. Meses depois, no entanto, chegaram a um acordo pelo qual Balthasar pagou ao imperador uma quantia desconhecida em troca da anistia e da renovação do contrato, sob a condição de que as moedas cunhadas não poderiam ter menos de uma determinada quantidade de prata. O imperador também emitiu um decreto de fixação de preços com base no valor das moedas a serem cunhadas sob o novo acordo. Mais tarde, Balthasar voltou a desagradar o imperador e terminou seus dias em uma masmorra, em 1493.

O acordo, entretanto, serviu de base para uma modernização do sistema monetário com efeito duradouro em toda a Europa. No início do século XV havia sido descoberto um importante veio de prata em Schwaz (segundo a lenda, em 1409, por um touro, ao escavar o solo com a pata), o qual, nas décadas seguintes, se mostrou o mais rico da Europa. Com isso, deixou muito para trás as minas da Turíngia, Hungria (na atual Eslováquia) e Boêmia e por algum tempo fez da pequena Schwaz a segunda maior cidade dos Habsburgos. Por volta de 1520, 50 mil pessoas trabalhavam nas minas do Tirol, que, de 1470 a 1525, respondeu por mais de metade da produção europeia de prata. A mineração caiu para a metade na segunda metade do século XVI devido à concorrência da prata das Américas, mas continuou até 1827.

A abundância de prata fez da moeda do Tirol a base do meio circulante da Áustria e dos domínios Habsburgos em expansão. Sigismundo da Áustria, primo de Frederico III e por ele nomeado governador do Tirol e Áustria anterior (r. 1446-1490), usou esse recurso para criar uma série de moedas de prata cada vez maiores, que culminaram em 1486 com uma peça de 60 Kreuzers com o peso sem precedentes de 31,93 gramas (uma onça), chamada *Guldengroschen* ("grosso-florim" ou "grosso-áureo") por ser originalmente equivalente ao *Gulden* (florim, literalmente "áureo"). Moedas como essa, imitada em 1493 pelo *Guldiner* de Berna, em 1500 pela moeda de mesmo nome da Saxônia e no século XVI pelo *Joachimsthaler* da Boêmia (1518) e pela peça de oito espanhola, suplementaram as escassas moedas de ouro e proporcionaram a expansão de meio circulante de que o nascente capitalismo mercantil globalizado necessitava no início da Idade Moderna. Quanto à moeda de ouro propriamente dita, veio a ser chamada em alemão e holandês *Goldgulden* ("florim", mas literalmente "áureo de ouro"), pleonasmo tornado necessário pela existência do *"Gulden"* de prata.

Denominação	Valor em Kreuzer	Peso em gramas	Valor em ñ c. 1490
Moedas de ouro 77%			
Goldgulden	60	3,44	1.800
Moedas de prata 93,75%			
Guldengroschen ou Guldiner	60	31,93	1.800
Halber Guldengroschen ou Halbguldiner	30	15,97	900

Pfunder	12	6,39	360
Halbstück ou Sechser	6	3,19	180
Moedas de prata 43,7%			
Kreuzer	1	1,14	30
Moedas de bolhão			
Pfennig	¼	0,4	7,5
Heller	1/8	0,2	3,75

Alguns preços do final do século XV

Item	Kreuzer	ñ
ovelha	14	420
espada	20	600
besta	40	1.200
cota de placas	12	360
couraça com espaldeiras	39	1.170
cota de malha	80	2.400
"	280	8.400
cota de malha especial	400	12.000
armadura milanesa	240	7.200
armadura milanesa de prova	424	12.720
equipamento para um besteiro montado	660	19.800
equipamento para um cavaleiro-lanceiro	1.800	54.000

Ganhos anuais

Categoria	Florins por ano	ñ/ano	ñ/dia
Lanceiro (cavalaria pesada)	60	108.000	300
Hussardo (cavalaria leve)	40	72.000	200
Infantaria leve	32	57.600	160
Infantaria pesada	64	115.200	320
Escudeiro	64	115.200	320
Camponês livre	20	36.000	100
"	30	54.000	150

Frísia

A partir do século XI, a construção dos diques que hoje caracterizam os Países Baixos ampliou a agricultura, mas reduziu a importância relativa do comércio frísio ao dificultar o acesso dos novos navios, de maior calado, à maior parte do litoral. A região perdeu sua predominância comercial para a Liga Hanseática, com centro na Saxônia, enriquecida pela abertura de minas de prata, e para o Flandres, na atual Bélgica e norte da França. Mesmo assim, seus camponeses livres lutaram contra as tentativas dos senhores saxões de feudalizar a região e criaram uma aliança de 25 cantões republicanos liderada pela cidade de Groningen, cuja resistência durou até depois do fim da Idade Média, para ser vencida em 1498.

Enquanto isso, pela diluição crescente do metal precioso em cobre, os dinheiros frísios continuaram a ser reduzidos em conteúdo de prata para cerca de 0,6 grama em 1090, 0,33 grama em 1160, 0,2 grama em 1200 e 0,12 grama[47] em 1250/1260 (4 ñ), uma inflação anual média de 0,8% em 260 anos. Em 1288 caíram para 0,04 grama (1,5 ñ).

Por volta de 1270, tornou-se mais prático usar na contabilidade o penny inglês (*engelse*, em frísio), cujo peso permanecia inalterado desde a Alta Idade Média e equivalia então a 12 dinheiros frísios (50 ñ). Logo em seguida começou-se a cunhar imitações locais, chamadas em frísio de *skillinga cona*, mas estas começaram logo a se aviltar. Em 1317 seu conteúdo em prata estava reduzido ao de meio penny inglês (ainda estável).

A partir do século XIV, começaram a circular na região também moedas de ouro, principalmente o écu francês (chamado *schild* na Frísia, com o mesmo sentido de "escudo") e o *guilder* da Renânia (3,5 gramas até 1419, 2,8 depois), bem como moedas de prata de maior valor, originárias do Flandres: meio *grote* de 1,8 grama até 1337, seguido do *leeuwengrote* ou *vleemse grote* de 1,5 grama (1337-1365), *vleemse placke* de 2 gramas (1365-1384), *butken* de 1 grama e *butdrager* de 2 gramas (1390-1402) e *kromsterte*, originalmente de 1,7 grama e depois reduzido para 1,5 (1418-1432). A partir de 1433, o *stuver* da Borgonha, de 1,6 grama até 1455 e 1,4 grama desde então a 1474, passou a predominar na região.

---

47   O dinheiro de Paris continha, nesse mesmo período, 0,45 grama de prata

Groningen

Em Groningen, o *vleemse grote* frísio foi adotado em 1394 como padrão para um *skilling* ou 12 dinheiros, embora não fosse cunhado desde 1367 e o desgaste o tivesse reduzido para 1,4 grama (cerca de 56 ñ, com dinheiro de 4,7 ñ). O écu ou schild, originalmente moeda de ouro de valor equivalente a 30 *groten* de 1,6 ou 1,7 grama, tornou-se uma moeda de conta equivalente a 10 skillings (560 ñ) ou 120 dinheiros, cerca de um terço do valor da antiga moeda de ouro. Por um tratado entre os cantões frísios, esse padrão foi adotado por toda a aliança em 1422.

A continuação do desgaste natural das moedas para 1,2 a 1,3 grama levou ao abandono oficial do vleemse grote em 1435, quando Groningen passou a cunhar um butdrager de 2 gramas com a intenção de substituí-lo. O comércio resistiu, porém, à moeda valorizada e continuou a usar *o* vleemse grote na contabilidade até que, em 1454, uma nova administração passou a cunhar uma moeda de 1,4 grama chamada *stadvlieger*, esta sim bem aceita.

Boêmia

Entre os anos 800 e 900, aproximadamente,, as atuais República Tcheca e Eslováquia formaram o reino da Grande Morávia, convertido ao cristianismo a partir dos anos 830. Após sua desintegração sob ataque dos magiares, o duque da Boêmia submeteu-se como vassalo à Frância Oriental em 950, derrotou os invasores na Morávia e assumiu no século X o controle do território da atual República Tcheca e partes da atual Polônia e Ucrânia.

Em 1003, com apoio de nobres rebelados, o rei da Polônia invadiu a Boêmia e se proclamou seu soberano, mas os irmãos do duque deposto pediram ajuda ao Sacro Império Romano, que os ajudou a expulsar os poloneses em troca de a Boêmia tornar-se sua vassala. Seus governantes receberam do imperador pela primeira vez o título de "rei" em 1085 e este se tornou hereditário a partir de 1198. Nos séculos seguintes, a Boêmia, que no século XIV controlava também a Morávia, Silésia, Lusácia e Brandemburgo, foi um dos Estados mais poderosos do Império. A partir de 1526, quando os Habsburgos herdaram a coroa da Boêmia, o trono do Sacro Império passou definitivamente às suas mãos.

A Boêmia começou a emitir moeda com o duque Boleslau I (r. 935-972), um dinheiro (*denáry*) cunhado segundo o modelo carolíngio, inicialmente de cerca de 1,3 grama, mas reduzindo-se gradualmente. Em 1050, com uma reforma monetária do duque Bretislau I (r. 1035-1055), os dinheiros foram estabilizados com o peso de 1,05 grama, 1/240 do marco da Boêmia ou grivna (*hřivny* em tcheco) de 253,14 gramas e diâmetro de 15-20 mm.

Em 1210, pouco depois de a Boêmia ser reconhecida como reino hereditário, o rei Otacar I (r. 1198- 1230) adotou a cunhagem de bracteatas, com o peso dos antigos dinheiros, mas diâmetro de 40-50 mm. No reinado de Otacar II (r. 1253-1278), o diâmetro foi reduzido para 27 mm e o peso para 0,75 grama.

Em 1298, no reinado de Venceslau II (r. 1278-1305), foram descobertas novas minas de prata em Kutná Hora, na Boêmia. O rei se apossou delas e promoveu uma reforma monetária. Contratou moedeiros de Veneza que, em 1300, começaram a cunhar *Prager Groschen (Pražský groš* em tcheco, plural *groše*) ou *Böhmischer Groschen*, versão local do grosso italiano com peso de 1/64 de marco ou 3,96 gramas de prata a 93,3% (cerca de 240 ñ pelo poder aquisitivo local), equivalente a 6 bracteatas, que se tornou a moeda mais importante de seu tipo na Europa Central. Para substituir as bracteatas, cunhou-se uma moeda mais prática para o varejo chamada *denarius parvus*, "dinheiro pequeno", em latim, de 15-16 mm. Em 1325 o rei João da Boêmia (r. 1310-1346) fez cunhar a primeira moeda de ouro do Sacro Império fora da Itália, o florim de ouro (alemão *Goldgulden,* tcheco *zlatý florén*), com 3,44 gramas de ouro a 98% e o valor variável conforme o mercado de 84 a 90 dinheiros ou 7 a 7½ *groše*.

Denominação	Valor em parvi	Peso em gramas	Valor em ñ c. 1325
Moedas de ouro 98%			
florén	84	3,44	1.344
Moedas de prata 93%			
groš (denarius grossus)	12	3,96	192
denáry (bracteata, retirada de circulação em 1300)	2	0,75	32
Moedas de prata 54%			
parvus (denarius parvus)	1	0,57	16

Alguns preços do século XIV: um *groš* comprava uma faca; três, um machado; 3 a 8, um par de sapatos; 5 a 29, um porco; 22 a 55, uma vaca; e 50, um arado. Um mercenário ganhava 4 a 6 *groše* por semana e um mestre carpinteiro, 16 a 20.

O peso do Groschen foi reduzido para 3 gramas em 1348 e em 1353, o rei da Boêmia e Imperador Carlos IV fez cunhar uma nova moeda de ouro chamada ducado (*dukat*), com 3,54 gramas e o valor inicial de 13 groše de prata a 63%. Em 1384, o rei Venceslau IV (r. 1363-1419) estabeleceu a correspondência de 1 groš = 7 peníze (moedas ou numos) = 14 haléře (hallers ou dinheiros, de prata a 47,6%) = 28 obole (óbolos). O sistema passou a ser o seguinte:

Denominação	Valor em Peníz	Peso em gramas	Valor em ñ c. 1384
Moedas de ouro 98%			
dukat	91	3,54	1.820
Moedas de prata 63%			
groš	7	2,9	140
peníz	1	0,65	20
haléř	½	0,32	10
obol	¼	0,16	5

Em 1407, o mesmo Venceslau IV reduziu o teor do groš a 61% e depois a 56,2%, com peso de 2,4 gramas. Nos anos 1450-1460, um groš era o salário diário de um artesão qualificado ou de um mercenário e um pequeno nobre tinha uma renda de 2 mil groše anuais. Uma camisa custava 4 groše, um par de calças 6 ou 7 e uma saia 16 a 28. Uma arca ou armário custava 6 groše, uma carrada de carvão 44 a 114, uma carroça 5 ou 6, um cavalo de guerra 240 a 1.140. Um florim húngaro valia 34 a 48 groše.

Em 1419, a morte de Venceslau IV provocou a rebelião dos hussitas, que se recusaram a acatar seu sucessor Sigismundo porque este nada fizera para salvar seu líder, o reformador religioso Jan Hus, condenado à fogueira pelo Concílio de Constança em 1415. Iniciou-se uma guerra civil que durou até 1436, com um acordo que, apesar dos protestos do Papa, permitiu a convivência entre hussitas moderados e católicos até 1620. Durante a revolta, os hussitas cunharam haléře chamados *flútky* ("lascas") ou *kalísky* ("calicezinhos"), neste caso por terem sido feitos com prataria confiscada às igrejas.

O peso do *groš* foi novamente reduzido a 1,2 grama em 1485 e 0,8 grama em 1540.

Milão

Juntamente com Pávia, Milão foi uma das duas cidades italianas nas quais foram cunhadas moedas (tremisses e depois dinheiros) desde 774, época de Carlos Magno. No reinado de Oto I, os dinheiros milaneses tinham 1,56 grama de prata, no de Conrado II (r. 1024-1039), cerca de 1 grama com 75% de prata (0,72 grama de prata pura). Caíram para 0,7 grama a 75% com Henrique IV (r. 1084-1105).

Em 1109 se fala de *denari bruni*, "dinheiros marrons", o que indica um baixo conteúdo de prata, e de "dinheiros velhos" em contraste com os novos, de menor valor, o que indica uma manobra monetária de Milão por razões desconhecidas. O dinheiro novo era chamado *terzolo*, "de terço", por conter apenas um terço de prata.

Em 1162, o imperador Frederico I (r. 1152-1190) ordenou a cunhagem de novos dinheiros imperiais para uso supra-regional, de 0,875 grama e 50% de prata e poder aquisitivo próximo de 30 ñ. Valiam dois dinheiros milaneses antigos de 0,696 grama e 33% de prata. O dinheiro milanês terzolo continuou a circular paralelamente ao imperial e foi também chamado *denaro mediano* por equivaler à sua metade. Em 1167, a tentativa de Frederico de reduzir a autonomia das cidades italianas provocou a revolta da Liga Lombarda, formada por 26 (depois 30) cidades do norte da Itália lideradas por Milão. Em 1183, o Tratado de Constança reconheceu as liberdades dessas cidades dentro do Império.

Milão tornou-se uma cidade-estado organizada como comuna, a chamada Primeira República, que durou até 1310, liderada pela família Della Torre de 1240 a 1277. Seguiu o exemplo de Gênova e Veneza e cunhou pela primeira vez um grosso, de 2,1 grama e com o valor de 6 dinheiros imperiais ou 12 terzoli, conhecido como *ambrosino* (por ter a figura de Santo Ambrósio, padroeiro da cidade), depois um *ambrosino grande* de 2,8 gramas e 18 terzoli e um *ambrosino d'oro*, equivalente ao florim e com o valor de 240 terzoli.

Denominação	Valor em dt	Peso em gramas	Valor em ñ c. 1261
Moedas de ouro			
florim ou ambrosino d'oro	240	3,5	900
Moedas de prata			
ambrosino grande	18	2,8	67,5

ambrosino piccolo	12	2,1	45
grosso da união monetária	8	1,4	30
Moedas de bolhão			
dinheiro imperial	2	0,8	7,5
dinheiro terzolo ou mediano	1	0,6	3,75

Em 1254, foi emitido um grosso menor, de 1,4 grama e valor de 4 dinheiros imperiais (cerca de 30 ñ), adotada por uma união monetária que reuniu também Bérgamo, Bréscia, Como, Pávia e Tortona, na Lombardia, e Placência[48], na Emília. Os grossos da união monetária continham 75-80% de prata e os dinheiros imperiais, 22%.

Em 1277, a disputa entre as famílias Della Torre e Visconti pelo trono de arcebispo de Milão terminou com a vitória dos Visconti e sua hegemonia sobre a cidade-estado, que durou até 1302. Os Della Torre retomaram o poder nessa data e governaram ditatorialmente até 1310, quando o retorno dos Visconti encerrou o regime republicano. Entretanto, ainda foi cunhado em 1311 um *ambrosino grandissimo*, de 4 gramas e valor de 48 terzoli.

Como senhores de Milão, os Visconti obtiveram direito de cunhar moeda em 1329 e o título de duques em 1395. As moedas cunhadas por Azzone Visconti (r. 1329-1339) incluíram o *pegione* ou *picchione*, moeda de um soldo e meio assim chamada pela figura de um pombo (*piccione*).

Denominação	Valor em dt	Peso em gramas	Valor em ñ c. 1330
Unidades de conta (de prata)			
libra (lira)	240	–	480
soldo	12	–	24
Moedas de ouro			
florim	360	3,5	720
Moedas de prata			
grosso	24	2,8	48
pegione	18	2,0	36
soldo	12	1,4	24
Moedas de bolhão			
oitavo de soldo	3	1,0	6
dinheiro imperial	2	0,5	4
dinheiro terzolo ou mediano	1	0,3	2

---

48 Placência cunhava desde 1219 um grosso de 1,8 grama de prata a 95-96%, com valor de 6 dinheiros placentinos antigos.

Com Giovanni Visconti Arcivescovo (r. 1349-1354) surgiu o *sesino* de 6 dinheiros e com Galeazzo II Visconti (1354-1378), o pegione de um soldo e meio (18 dinheiros, 2,5 gramas de prata a 68%).

Em 1348, um novo ajuste na relação entre as moedas de ouro e de prata revalorizou o florim ou ambrosino para 32 soldos ou 384 dinheiros. A partir de 1403, quando as moedas de prata sofreram novas desvalorizações, passou a existir uma distinção entre os florins de conta de 32 soldos e os florins de ouro, cujo valor nominal continuou a subir, referidos em contratos e testamentos como *florenorum auri in auro*, ou seja, "florins de ouro em ouro", até o fim do século XV.

ano	conteúdo em prata pura (g)			poder aquisitivo em ñ			florim de ouro		florim de conta	
	libra	soldo	dinheiro	libra	soldo	dinheiro	d	ñ	d	ñ
1354	23,41	1,17	0,098	487	24	2,03	384	780	384	780
1403	20,56	1,03	0,086	485	24	2,02	480	970	384	776
1465	11,26	0,56	0,047	436	22	1,82	780	1.418	384	698
1474	9,42	0,47	0,039	402	20	1,68	984	1.649	384	643

No tempo do duque Giovanni Maria Visconti (r. 1402-1412) foi cunhada a *trillina* de 3 dinheiros e o dinheiro ficou conhecido como *bissolo* ou *bissona* devido à marca da serpente (*biscione*), símbolo dos Visconti, no anverso. O duque Filippo Maria Visconti (r. 1412-1447), conhecido por seu interesse por ocultismo e astrologia e por ter encomendado alguns dos primeiros baralhos de tarô, fez cunhar grossos de 36 e 24 dinheiros.

A dinastia Visconti extinguiu-se em 1447 e foi sucedida pela breve Segunda República ou República Ambrosina (1447-1450), cujas moedas foram também chamadas ambrosinas. Foi instaurada em seguida a dinastia Sforza, cujos duques governaram a cidade até 1535 e cujas moedas de ouro foram chamadas de ducados. O primeiro, Francesco I Sforza (r. 1450-1466), genro de Filippo Maria, fez cunhar as seguintes moedas:

Denominação	Valor em d	Peso em gramas	Valor em ñ c. 1450
Unidades de conta (de prata)			
florim de conta	384	–	576
libra (lira)	240	–	360
soldo	12	–	18

Moedas de ouro			
ducado ou sequim	600	3,5	900
Moedas de prata 60%			
grosso de 3 soldos	36	2,8	54
grosso de 2 soldos	24	2,1	36
Soldo	12	1,4	18
Moedas de bolhão			
Sesino	6	0,94	9
Trillino	3	0,61	4,5
dinheiro ou bissolo	1	0,6	1,5

Seu filho e sucessor, Galeazzo Maria Sforza (r. 1466-1476), enfrentou uma crise resultante de uma série de desvalorizações competitivas contra Florença e Veneza, na tentativa de captar prata e senhoriagem para os cofres do ducado. Em 1474, promoveu uma reforma monetária para estabilizar a moeda, cuja inovação mais importante foi o *grossone* ou *testone* ("cabeção", pela cabeça do duque no anverso), *tostão* em português, moeda de prata com o peso inédito de 9,77 gramas de prata a 96,4%.

Com isso, rompeu com a tradição medieval de moedas pequenas com figuras simbólicas ou imagens simplificadas e estilizadas de reis e santos e abriu caminho para as moedas típicas da Idade Moderna, de maior tamanho e com retratos realistas (tendência iniciada pela lira *tron* veneziana).

Denominação	Valor em d	Peso em gramas	Valor em ñ c. 1474
Unidades de conta (de prata)			
florim de conta	384	–	640
libra (lira)	240	–	400
Soldo	12	–	20
Moedas de ouro			
duplo ducado	1.968	7,0	3.280
ducado ou cequim	984	3,5	1.640
meio ducado	492	1,75	820
quartarola	246	0,88	410
Moedas de prata			
tostão, testone, grossone ou lira	240	9,8	400
meio tostão	120	4,9	200

grosso de 5 soldos, quarto de tostão ou quarto de lira	60	3,2	100
grosso de 4 soldos	48	2,5	80
grosso de 3 soldos	36	2,0	60
meio grosso ou parpaiola	30	1,6	50
pegione	18	1,6	30
soldo ou dodesino	12	1,3	20
Moedas de bolhão			
sesino	6	1,3	10
trillino	3	0,9	6
dinheiro ou bissolo	1	0,7	1,67

Gênova

A República de Gênova surgiu em 1005 como cidade-estado vassala do Sacro Império e logo se tornou uma potência marítima regional, aliada de Pisa e Veneza contra os árabes. Teve uma participação importante na primeira cruzada em 1097-1098 e se tornou uma aliada do Reino de Jerusalém, passando a intermediar grande parte de seu comércio.

Inicialmente, Gênova usava como moeda dinheiros paveses, cunhados em Pávia em nome da autoridade Imperial, desde 1102 conhecidos como *bruni* ou *bruneti* ("marrons") pelo baixo teor de prata. Recebeu autorização para cunhar suas próprias moedas em 1139, herdando um dinheiro fortemente inflacionado e desvalorizado: 1,1 grama (1/24 da onça genovesa de 26,396 gramas) de bolhão a 33%, cerca de 0,366 grama de prata pura. Em 1172, cunhavam-se 672 dinheiros com um marco de Colônia, indicando que cada um pesava 1,04 grama e continha 0,348 grama de prata pura.

Em 1201, o dinheiro contém 0,329 grama de prata pura, e em 1241, 0,275 grama. Por volta de 1220, surge o **grosso** de 6 dinheiros, resposta à concorrência iniciada em 1218 por Marselha ao iniciar a cunhagem de moedas desse valor e por Pisa e Lucca, que cunharam moedas de 12 dinheiros, mas cujos dinheiros eram equivalentes à metade do genovês. Encontram-se também moedas de 5,5 gramas que devem ter sido de 18 dinheiros, mas das quais não se tem menção em documentos históricos.

Até recentemente, considerava-se que Gênova cunhara já em 1176 o primeiro *denarius grossus* ("dinheiro grosso") da Europa, com 1,4 grama de prata a 95,8%, similar em conteúdo metálico aos dinheiros de Colônia contemporâneos e com o valor nominal de 4 dinheiros genoveses. Pesquisas recentes indicam, porém, que esta moeda é posterior à de 6 dinheiros, o que faz do grosso veneziano o verdadeiro pioneiro.

Em 1252, juntamente com Florença, Gênova tornou-se uma das primeiras cidades italianas a cunhar sistematicamente moedas de ouro. A moeda principal era chamada *genovino*, tinha 3,54 gramas de ouro a 99% e o valor de oito soldos ou 96 dinheiros. Surgiu também a moeda de ¼ de genovino, chamada *quartarola*, equivalente ao *dinar ruba'i* (quarto de dinar) árabe ou ao seu correspondente normando na Sicília, o *tari*, e destinada a facilitar a compra de cereais sicilianos. Existiu também uma moeda de 1/8 de genovino, o *ottavino* ou soldo de ouro.

Denominação	Valor em d	Peso em gramas	Valor em ñ c.1260
Unidades de conta (de prata)			
libra (lira)	240	–	2.400
soldo	12	–	120
Moedas de ouro			
genovino	96	3,54	960
quartarola	24	0,88	240
ottavino	12	0,44	120
Moedas de prata			
grosso multiplo (?)	18	5,6	180
grosso da 6 denari	6	1,8	60
grosso da 4 denari	4	1,2	40
Moedas de bolhão (prata a 33%)			
dinheiro (*denaro*)	1	0,9	10
mealha (*medaglia*)	½	0,45	5

Por volta de 1250, um artesão genovês ganhava cinco dinheiros por dia de trabalho, e um quilo de trigo valia um pouco menos de dois dinheiros.

O genovino sofreu uma quebra de cerca de 25% e passou a pesar 2,6 gramas e a ser de ouro 95,8% durante o longo e ditatorial governo dos "capitães do povo" Oberto Doria e Oberto Spinola (1270-1286), marcado pela dispendiosa guerra com Pisa. Esta foi derrotada em 1284, e Gênova conquistou a hegemonia no Mediterrâneo Ocidental. Tornou-se a principal rival de Veneza em poder naval e no tráfico de escravos.

Em 1287, o peso original do genovino foi restaurado, mas agora com o valor nominal de 16 soldos. O grosso, de 2,8 gramas de prata a 91%, passou a valer 12 dinheiros. e surgiu um *mezzo grosso* de 6 dinheiros. Continuaram a ser cunhadas mealhas, e surgiu uma moeda de cobre quase puro chamada *quartaro* e apelidada *clapuccino* (de *clapuci*, trabalhador em cobre) ou *griffone* (pela figura de grifo). O genovino teve seu valor nominal novamente aumentado em 1309 para 20 soldos ou uma libra, pois o conteúdo em prata pura dos dinheiros genoveses caiu para 0,233 grama em 1288, 0,201 grama em 1306, 0,180 em 1327 e 0,176 em 1335.

Em 1336, o governo por dois capitães do povo chegou ao fim e o povo de Gênova passou a eleger um *dux* ou doge vitalício, como Veneza. No início do governo do primeiro doge, Simone Boccanegra, o sistema monetário era o seguinte:

Denominação	Valor em d	Peso em gramas	Valor em ñ c. 1340
Unidades de conta (de prata)			
libra (lira)	240	–	960
soldo	12	–	48
Moedas de ouro			
genovino	240	3,53	960
terzarola	80	1,18	320
quartarola	60	0,88	240
Moedas de prata 95,8%			
grosso	18	3,32	72
meio grosso	9	1,66	36
Moedas de bolhão (prata a 33%)			
dinheiro (*denaro*)	1	0,55	4
mealha (*medaglia*)	½	0,28	2
Moedas de bolhão (prata a 2%)			
quartaro ou griffone	¼	0,9	1

Em 1363, o grosso de 3,045 gramas de prata 95,8% valia 24 dinheiros, e surgiu uma moeda de 1,3 grama de prata a 53% chamada *sesino* (de 6 dinheiros), *patacchina* ou *petachina* ("pataquinha", diminutivo de *patacca*, um nome popular da moeda grosso). Em 1380, Gênova foi derrotada pelos venezianos e expulsa do Mediterrâneo Oriental. A cidade decaiu, mas a fundação do Banco di San Giorgio em 1408 a tirou do caos financeiro e estabilizou sua economia e política ao assumir o controle de fato do

Estado. Em 1415, o genovino passou a ser conhecido como ducado. O grosso de 3,045 gramas valia 37 dinheiros em 1429 e 38 em 1437. Surgiu uma nova moeda, chamada *soldino*, com 1,81 gramas de prata a 50%, enquanto a sesina passou a 1,33 grama de prata a 33%. A cunhagem de dinheiros fora interrompida em 1344, mas a moeda retornou em 1396 com o nome de *denaro minuto* ("dinheiro miúdo"), ou simplesmente *minuto*. Novas quebras e a variação relativa dos preços dos metais levaram o ducado a valer duas libras em 1434 e três libras em 1484.

Denominação	Valor em d	Peso em gramas	Valor em ñ c. 1445
Unidades de conta (de prata)			
libra (lira)	240	–	600
soldo	12	–	30
Moedas de ouro			
ducado	480	3,53	1.200
Moedas de prata 95,8%			
grosso	38	3,05	95
Moedas de prata a 50%			
soldino	12	1,81	30
Moedas de bolhão			
sesina ou petachina	6	1,33	15
minuto	1	0,9	2,5

Em 1464, facções genovesas insatisfeitas com o governo do doge e arcebispo Paolo Fregoso levaram-nas a expulsá-lo e pedir a proteção do duque de Milão, Francesco Sforza, que governou a cidade até 1477. Governantes locais retomaram então o poder, e Paolo Fregoso, elevado a cardeal, voltou a se impor de 1483 a 1488, quando foi mais uma vez deposto. O poder foi entregue aos duques de Milão, que governaram até 1499. Nesse período foi introduzido o *testone* ou tostão, moeda de origem milanesa, bem como seus múltiplos, inspirados pelas moedas ainda maiores então cunhadas no Tirol.

Denominação	Valor em d	Peso em gramas	Valor em ñ c. 1490
Unidades de conta (de prata)			
libra (lira)	240	–	600
soldo	12	–	30

Moedas de ouro			
ducado triplo	2.160	10,59	5.400
ducado duplo	1.440	7,06	3.600
ducado	720	3,53	1.800
½ ducado	360	1,76	900
Moedas de prata 95,8%			
4 testoni	720	38,4	1.800
3 testoni	540	28,0	1.350
2 testoni	360	19,0	900
testone da 20 soldi ou lira	240	13,1	600
testone da 15 soldi	180	9,8	450
mezzo testone da 1/2 lira	120	6,6	300
mezzo testone	90	4,9	225
quarto di testone	60	3,2	150
Moedas de bolhão			
minuto	1	0,6	2,5

Florença

Florença se emancipou como república pela primeira vez em 1115, ao se rebelar contra o marquês da Toscana. Foi reconquistada, mas reconquistou sua independência em 1197 e em 1201 já tinha uma guilda de banqueiros.

Inicialmente, usou como moeda os dinheiros de 0,7 grama com 25% de prata e os grossos de 12 dinheiros (ou um soldo) de Luca e Pisa, cidades vizinhas. Começou a cunhar seu próprio grosso em 1237, sua moeda de ouro, o *fiorino d'oro* (florim de ouro) em 1252 e sua moeda de dinheiro antes de 1260. Inicialmente, um florim[49] valia 20 grossos ou 240 dinheiros ou uma *lira* (libra) florentina. Pesava 3,5369 gramas, 1/100 da libra *tower* britânica.

Denominação	Valor em d	Peso em gramas	Valor em ñ c.1260
Unidades de conta (de prata)			
libra (lira)	240	44	1.200
soldo	12	2,2	60

---

[49] Fiorino era, em Florença, qualquer moeda cunhada com a flor (*fiore*) de lis, símbolo de Florença. No estrangeiro, o nome foi mais aplicado à moeda de ouro, mais usada no comércio exterior.

Moedas de ouro			
fiorino d'oro	240	3,54	1.200
Moedas de prata			
grosso, fiorino d'argento ou popolino	12	2,2	60
Moedas de bolhão (prata a 25%)			
dinheiro, fiorino di rame, fiorino nero ou *picciolo*	1	0,7	5

A necessidade de quebrar o padrão monetário para dar conta da escassez e valorização da prata e a alteração das relações de preço entre o ouro e a prata modificaram, aos poucos, essa relação simples. Em 1296, o grosso passou a 24 dinheiros e o florim de ouro a 480 dinheiros. Dois anos depois, com a falência da família Bonsigniori de Siena, os banqueiros de Florença atingiram a supremacia na Europa, inicialmente liderados pelas famílias Albizzi e Strozzi. Nesse período (1295-1300), Dante Alighieri, do partido burguês dos guelfos brancos, era um dos seis priores que governavam a república. Em 1301, enviado como embaixador ao papa Bonifácio VIII, foi preso enquanto a facção política rival – os guelfos negros, ligados à nobreza rural e aliados do Papa – tomava o poder na cidade. Exilado e condenado por Florença, Dante escreveu a *Divina Comédia* entre 1304 e 1321.

No século XIV, o valor do florim de ouro passou a flutuar livremente em relação às moedas de prata, com as cotações anunciadas diariamente na praça do mercado. Com a circulação de moedas desgastadas ou cerceadas (com as bordas cortadas ou lixadas para se retirar metal), havia se tornado comum o uso de florins pesados e selados em bolsas de couro de peso atestado (às vezes, de milhares de moedas), chamados *fiorini di suggello* ("florins de selo").

Uma vez que a prata era a base dos contratos, um florim de conta ou *fiorino affiorini*, nem sempre igual ao florim de ouro, foi usado para expressar valores originalmente expressados em florins quando mudava a relação entre ouro e prata. A evolução do florim de conta está resumida abaixo:

ano	soldos	dinheiros	salário diário de pedreiro em soldos	valor aproximado do soldo em ñ
1252	20	240	n/d	60
1296	40	480	n/d	25
1300	50	600	3	20

1325	65	780	4	16
1350	65	780	10	16
1375	70	840	10	16
1400	75	900	10	16
1425	80	960	10	16
1450	85	1.020	10	16
1475	110	1.320	10	16
1500	140	1.680	10	12
1525	140	1.680	10	10
1550	140	1.680	12	7
1575	140	1.680	18	6
1600	140	1.680	20	4

Em 1345, um trabalhador não qualificado ganhava 30 dinheiros por dia, ou cerca de 60 ñ. A estrutura das denominações monetárias era a seguinte:

Denominação	Valor em d	Peso em gramas	Valor em ñ c. 1345
Unidades de conta (de prata ou bolhão)			
florim de conta	780	20	1.040
libra (lira)	240	72	320
soldo	12	1,6	16
Moedas de ouro			
fiorino d'oro	744	3,5	992
Moedas de prata (95,83%)			
guelfo ou grosso	48	2,5	64
Moedas de bolhão (16,67%)			
quattrino	4	1,26	5,33
Moedas de bolhão (8,33%)			
dinheiro ou *picciolo*	1	0,57	1,33

Nesses anos, a partir de 1337, Francesco Petrarca, filho de um amigo de Dante, que nascera no exílio em Arezzo, mas tinha raízes florentinas, iniciava sua carreira de poeta laureado e fundador do humanismo e do Renascimento, ideia surgida da sua caracterização algo exagerada do período anterior como uma "Idade das Trevas". Em 1348, Florença foi atingida pela Peste Negra e Giovanni Boccaccio, amigo de Petrarca, escreveu o *Decameron*.

Em meados do século XIV, devido a um típico processo medieval de desvalorização competitiva, a cunhagem de prata foi praticamente paralisada. Moedas relativamente aviltadas de Pisa invadiram a economia florentina, expulsando a moeda local por efeito da lei de Gresham. Em 1366, o picciolo florentino foi aviltado em 36% e o guelfo em 2,5%, para colocá-los a par com seus similares de Pisa. As autoridades resistiram a aviltar o quattrino, no qual era denominada a maioria dos preços varejistas locais, com receio de desestabilizar os preços, mas em 1371 cederam à concorrência de Pisa e reduziram o conteúdo em prata dessa moeda em 18% e do picciolo em mais 5%. A prata voltou a fluir para a cidade e possibilitou à Casa da Moeda criar uma enxurrada de moedas de pequeno valor, com os efeitos esperados de um aumento súbito da quantidade de dinheiro em circulação.

Os preços aparentemente aumentaram mais que os salários. Em 1378, eclodiu uma revolta de artesãos, liderada por cardadores de lã, ou *ciompi* (cerca de 25% da população da cidade nessa época,) contra o aviltamento do quattrino em 1371 e a alta de preços. Os revoltosos começaram por reivindicar aumento de 50%, direitos políticos e organização de sua própria guilda, o que resultou na tomada do palácio do governo e instauração da primeira "ditadura do proletariado" da história, a qual durou cinco semanas (22 de julho a 31 de agosto) antes de ser esmagada.

O patrício Salvestro de Médici, inicialmente aliado dos cardadores contra a nobreza rural, tornou-se em seguida um dos líderes da contra-revolução da classe média urbana e governou como ditador até 1382, quando foi deposto e exilado. Entretanto, seu primo Giovanni de Médici, na época empregado da casa bancária de Vieri di Cambio, logo se tornaria, por outras vias, o homem mais poderoso da cidade. Em 1397, esse banco se cindiu em três. Um deles, dirigido por Giovanni, teria um enorme crescimento graças às suas conexões com a Cúria papal e à conquista de Pisa por Florença, que, em 1406, deu à cidade-estado uma saída para o mar e lhe abriu as portas do comércio marítimo.

Na fundação do Banco Médici, o capital, dividido entre Giovanni e um sócio, era de 10 mil florins. Quando Giovanni morreu em 1429, deixou uma herança de 180 mil florins, 150 mil dos quais a seu filho Cosimo de Médici, cujo enorme poder financeiro levou as tradicionais famílias Albizzi e Strozzi a prendê-lo e exilá-lo em 1433.

Cosimo levou a Veneza seu banco, tornado o mais poderoso da Europa, e com isso provocou tal fuga de capital que a aristocracia se viu forçada a chamá-lo de volta no ano seguinte. Cosimo tornou-se o governante de fato da cidade e o patrono de alguns dos nomes mais famosos da Renascença, como Fra Angelico e Donatello. Promoveu pela primeira vez a progressividade dos impostos, o que reforçou sua popularidade.

O filho Piero e o neto Lorenzo continuaram a tradição dos Médici e se concentraram na política e no patrocínio das artes e da cultura (notadamente o pintor Botticelli e o filósofo Pico della Mirandola)[50]. Entretanto, descuidaram do Banco Médici, que faliu em 1498, quatro anos depois de uma aliança entre o fanático pregador Savonarola e a elite florentina aproveitar-se da invasão pelo rei francês Carlos VIII para depor e exilar o bisneto Piero II, restaurando uma república aristocrática que teve a seu serviço três dos maiores artistas da Renascença: Rafael Sanzio, Leonardo da Vinci e Michelangelo. Politicamente, a república foi marcada pelas relações turbulentas com o cardeal e duque e general César Bórgia, filho do papa Alexandre VI, mediadas pelo secretário da chancelaria Nicolau Maquiavel.

Os Médici ainda contavam com seus laços com outras famílias poderosas e com a Cúria. Lorenzo casara sua filha com um filho do papa Inocêncio VIII, que em troca nomeou cardeal o irmão (então com 13 anos) de Piero II, futuro papa Leão X (r. 1513-1521). Outro filho de Lorenzo viria a ser o papa Clemente VII (r. 1523-1534). Com o apoio de Leão X, Lorenzo II, filho de Piero II, retornou a Florença e devolveu o poder à família. Maquiavel, exilado, escreveu *O Príncipe* e o dedicou a Lorenzo com a esperança de ser perdoado, embora suas ideias fossem inspiradas principalmente pela carreira de César Bórgia.

Em 1532, os chefes da família Médici receberam de Clemente VII o título de duques de Florença. Conquistaram Siena em 1555 e em 1569 foram elevados por Pio V a grão-duques da Toscana. Salvo breves interrupções, governaram até 1743.

Com um guelfo (60 dinheiros a partir de 1347 e 66 de 1390 a 1448) se comprava na segunda metade do século XIV cinco litros de

---

50 Em 1471, Lorenzo calculou que, desde 1434, sua família gastara 663 mil florins em caridade, construções e impostos para sua cidade.

vinho barato, um quilo de carne de carneiro, 20 ovos, um litro de azeite de oliva ou um mês de aluguel para um trabalhador manual solteiro.

Até o fim da Idade Média houve poucas mudanças, à parte o aviltamento das moedas de menor valor. O florim de ouro caiu ligeiramente de peso (para 3,3 gramas em 1402), mas o peso de 3,5 gramas foi restaurado em 1422 com aumento de 20 para 22 milímetros do diâmetro, o chamado *fiorino largo*. Nesse período, as moedas de Florença eram as seguintes:

Denominação	Valor em d	Peso em gramas	Valor em ñ c. 1425
Unidades de conta (de prata ou bolhão)			
florim de conta	960	37	1.200
libra (lira)	240	45	300
Soldo	12	2,25	15
Moedas de ouro			
fiorino d'oro	970	3,5	1.212
Moedas de prata (95,83%)			
Grosso	66	2,56	82,5
Moedas de bolhão (16,67%)			
Quattrino	4	0,75	5
Moedas de bolhão (8,33%)			
dinheiro ou *picciolo*	1	0,4	1,2

Roma

O enfraquecimento dos Tusculanos e Crescêncios pela ascensão de novas famílias poderosas permitiu ao papado recobrar sua autonomia e influência política a partir de Leão IX (r. 1049-1054) e impor o processo de eleição papal pelo colégio de cardeais, de modo a neutralizar a influência do povo e da nobreza romana. Essa reafirmação pôs o papado em conflito tanto com o Império Romano do Oriente e sua Igreja, com os quais rompeu em 1055, quanto com os imperadores ocidentais, pelo poder de investir novos bispos. A Igreja conseguiu impor a humilhação do imperador Henrique IV em Canossa, em 1077, assumiu a liderança efetiva da cristandade ocidental ao convocar a primeira cruzada em 1095 e e encerrou a disputa sobre as nomeações dos bispos com a concordata de Worms, em 1122.

Não se encerrou, porém, o conflito entre o Papa e o Imperador pelo poder temporal, que até o fim da Idade Média dividiu a nobreza e a alta burguesia italianas em dois partidos. Um era o dos guelfos (de Welf, nome da família de duques da Baviera e Saxônia aliados do Papa), partidários do Papado ligados na maioria à alta burguesia mercantil e a cidades cuja autonomia era ameaçada pelo imperador, notadamente Milão e Florença. O outro era o dos gibelinos (de Waiblingen, castelo dos duques Hohenstaufen da Suábia que defendiam a supremacia imperial), partidários do Império e geralmente baseados na nobreza rural ou em comunidades ameaçadas pelo poder do Papa e seus aliados, tais como Pávia, Arezzo, Pisa e Urbino.

Em 1144, a nobreza gibelina da região de Roma rebelou-se contra o Papa e estabeleceu uma república aristocrática que durou até 1193. A cunhagem de dinheiros papais havia sido interrompida depois de João XIV (r. 983-984) e depois a região romana usara dinheiros de Pávia e depois de Luca, mas o novo Senado romano fez cunhar seus próprios *dinheiros provisinos*, assim chamados por serem cópias do *denier provinois* (da cidade de Provins), usados na época nas feiras de Champanhe que os mercadores romanos frequentavam, de 1,02 grama com 35,5% de prata e poder aquisitivo local perto de 16 ñ (24 ñ na França).

Em 1193, o Papa restaurou sua autoridade sobre Roma, mas o governo civil continuou a ser chefiado por um "senador" e as moedas cunhadas em nome do "Senado e do Povo Romano"(SPQR) com a figura de um leão no anverso e da alegoria de Roma no reverso, aparentemente sem interferência papal..

Em 1251, foi cunhado o primeiro grosso senatorial romano, com 3,45 gramas de prata a 93,8% e o valor nominal de 12 dinheiros, aumentado ainda nesse século para 16 dinheiros, depois 24 no século seguinte e várias vezes até chegar a 48 dinheiros em 1342-1359.

Houve também meio grossos e em 1268-1278 um "grosso reforçado" de 4,15 gramas a 94,4% e avaliado em 21 a 23 dinheiros, 1/10 do florim de ouro florentino que também circulava em Roma.

Denominação	Valor em d	Peso em gramas	Valor em ñ c. 1270
Unidades de conta (de prata ou bolhão)			
libra (lira) de provisinos	240		1.200
Soldo	12		60

Moedas de ouro			
romanino (ou florim)	210	3,5	1.050
Moedas de prata			
grosso reforçado	21	4,15	105
Grosso	16	3,45	80
meio grosso	8	1,73	40
Moedas de bolhão 15%			
dinheiro ou provisino	1	0,8	5

Essa série foi interrompida em 1297-1303 por um meio grosso de 12 dinheiros chamado *samperino* por ter a figura de São Pedro em vez da alegoria, provavelmente emitido por Bonifácio VIII para o Jubileu de 1300.

O florim de Florença foi imitado em Roma por uma moeda ali cunhada e conhecida como *romanino* a partir de João XXII (r. 1316-1334). De 1393 em diante, foram cunhados dois florins ou romaninos, o florim papal de 3,60 gramas de ouro 97% e o florim da Câmara de 3,54 gramas de ouro puro, ambos equivalentes ao de Florença.

De 1309 a 1377, os papas foram forçados pelos reis da França a se estabelecer em Avinhão. Apesar de Roma continuar sob o governo papal, a distância da Cúria proporcionou autonomia ao governo civil. Moedas com a figura do Papa e a insígnia das chaves de São Pedro foram cunhadas em Avinhão, das quais as mais características foram os carlinos ou *gigliati* (4,01 gramas de prata 92,9%) que seguiam o modelo napolitano criado por Carlos II de Anjou em 1303. Roma continuou a cunhar moedas "laicas" com os símbolos tradicionais da cidade.

De 1350 a 1377, o florim valia 47 soldos ou 564 provisinos e o grosso, 48 provisinos. Foram cunhados em outras casas da moeda papais dinheiros de menor valor que o provisino, conhecidos como *piccolo* ou *paparino*, provavelmente destinados a estrangeiros e peregrinos e ao movimento criado pelo Jubileu de 1350. Uma moeda cunhada nesse período de quatro provisinos ficou conhecida como *cinquina* por valer 5 dinheiros paparinos. Foi cunhado ainda um grosso papal de 1,41 grama derivado da moeda cunhada em Bolonha (também sob controle papal) e conhecido como *bolognino*.

Denominação	Valor em d	Peso em gramas	Valor em ñ c. 1360
Unidades de conta (de prata ou bolhão)			
libra (lira) de provisinos	240		300
Soldo	12		15
Moedas de ouro			
florim ou romanino	564	3,6	705
Moedas de prata			
grosso reforçado	60	4,15	75
grosso	48	3,45	60
meio grosso reforçado	30	2,08	38
meio grosso	24	1,73	30
bolognino	18	1,41	23
Moedas de bolhão			
cinquina	4	1,0	5
dinheiro provisino	1	0,3	1,25
dinheiro paparino	0,8	0,3	1

Com a morte do sétimo papa de Avinhão em 1378, a multidão exigiu a eleição de um papa em Roma, Urbano VI. Este enfrentou, além de um papado rival eleito em Avinhão pelos cardeais franceses, as pressões da nobreza da capital e a rebeldia das demais cidades dos Estados Pontifícios, acostumadas à autonomia durante a ausência dos papas. Em 1398, seu sucessor Bonifácio IX (r. 1389-1404) reconstruiu os Estados Pontifícios pela retomada militar do controle dos castelos e cidades e reduziu a Comuna de Roma a funções puramente administrativas, à custa de muita repressão.

Mesmo após a reunificação da Igreja em 1415, seus sucessores voltaram a enfrentar rebeliões dos gibelinos. Em 1434, Eugênio IV (r. 1431-1447) teve de fugir de Roma ante a proclamação de uma nova República de Roma liderada pela família Colonna, descendente dos Tusculanos. Com a derrota dessa rebelião no ano seguinte, toda alusão à instituição do Senado romano foi proibida e as cunhagens laicas definitivamente encerradas. Todas as moedas subsequentes foram emitidas em nome dos papas e com a sua própria figura, ou a de santos.

Eugênio IV também iniciou a cunhagem de ducados papais de 3,70 gramas, com desenho baseado naquele dos ducados venezianos, nesse período mais prestigiosos e internacionalmente aceitos que os florins de Florença.

Sicília e Nápoles

Os vândalos tomaram a Sicília ao Império Romano do Ocidente em 440, mas a perderam para os ostrogodos em 488. Estes foram por sua vez derrotados pelos romanos de Constantinopla, e a Sicília ficou sob seu domínio a partir de 552. Em 827, a ilha foi invadida pelos árabes do emirado de Ifriqiya (Tunísia), que fundaram um emirado semi-independente em 831, completaram a conquista em 902 e resistiram a várias tentativas de reconquista pelos bizantinos e de invasão pelo Sacro Império. Por volta de 1050, Palermo, capital da Sicília árabe, tinha 350 mil habitantes e era a maior cidade da Europa depois da também árabe Córdoba.

Enquanto isso, senhores da guerra normandos serviam como mercenários aos bizantinos e aos principados lombardos do sul da Itália desde 999. A partir de 1030 começaram a estabelecer seus próprios feudos e a ser reconhecidos como vassalos do Sacro Império. Entre eles estava o condado da Apúlia, fundado em 1042. Em 1059, o papa Nicolau II, em busca de uma aliança com os normandos contra o imperador Henrique IV, deu ao conde da Apúlia Roberto de Altavila, o Guiscardo ("astuto"), o título de duque da Apúlia, Calábria e Sicília. Com o apoio do papa, Roberto invadiu a Sicília em 1061. Em 1091 tinha completado a conquista da ilha e também de Malta, possessões bizantinas e alguns principados rivais do sul da Itália. Seu sobrinho Rogério II obteve do antipapa Anacleto II o título de Rei da Sicília em 1130 e em 1137 conquistou Nápoles. Todo o sul da Itália ficou sob seu domínio e de seus sucessores até 1194.

Nesse período, o Reino da Sicília era um dos mais ricos da Europa. Mesmo tendo caído para 150 mil habitantes, Palermo ainda era a maior cidade da cristandade ocidental. E, ao manter na essência o sistema monetário herdado dos árabes, o Ducado e depois Reino da Sicília foi o primeiro reino cristão do Ocidente a cunhar sistematicamente moedas de ouro. Essas moedas eram chamadas *tari* ("fresca", em árabe, isto é, recém-cunhada) em italiano e *tarenus* em latim, e eram a continuação do quarto de dinar ou *ruba'i* cunhado na ilha desde 913.

Até o reinado de Guilherme I (r. 1154-1166), o tari da Sicília tinha inscrições em árabe e latim, 13 mm de diâmetro, 05 grama e 68,1% de ouro, enquanto os taris de Salerno e Amalfi eram cunhados com 41,6% de ouro e um *trappeso* (0,88 grama), unidade de peso napolitana correspondente a 1/1000 do *rotolo* (arrátel) ou 3/100 da onça. A moeda de cobre maior, chamada *follaris*, tinha 2 gramas ou 1/6 do peso original do follis bizantino e valor de 1/72 de tari. Circulavam também a *romesina*, dinheiro de bolhão trazido pelos normandos segundo o modelo de Ruão, e a *carruba*, moeda de bulhão herdada dos árabes.

Em 1140, foi abolida a romesina e emitido o *ducalis* (ducado), moeda de prata côncava como o *stamenon* escifato bizantino e peso do dirrã árabe (2,74 gramas), além da moeda de um terço de ducalis, equivalente em valor ao dirrã preto *(waraq dirham)* fatímida. Como moedas de conta, havia a *uncia* (onça) de 30 taris, o *solidus regalis* de quatro taris (um dinar teórico) ou doze ducales e o *granum* de 1/6 *ducalis*.

Denominação	Valor em follari	Peso em gramas	Valor em ñ c. 1140
Unidades de conta			
uncia	2.160		8.640
solidus regalis	288		1.152
granum	4		16
Moedas de ouro			
tari (Sicília)	72	1,05	288
tari (Amalfi ou Salerno)	36	0,89	144
Moedas de prata			
ducalis	24	2,74	96
terço de ducalis	8	0,91	32
Moedas de bolhão			
romesina (abolida em 1140)	3	1,09	12
carruba	½	0,32	2
Moedas de cobre			
follari	1	2	4

A partir de Guilherme II (1166-1189), o tari deixou de ter peso fixo e variou de 0,8 a 3,5 gramas, sendo pesado em *trappesi* a cada transação. Além disso, dinheiros estrangeiros de bolhão começaram a substituir as moedas de cobre.

Guilherme II morreu sem herdeiro legítimo e o trono foi reivindicado pelo imperador Henrique VI (r. 1191-1197), da família Hohenstaufen, casado com sua tia. Os barões locais elegeram Tancredo, um primo ilegítimo do rei morto, mas ele morreu justamente quando Henrique VI chegava. Assim, este foi coroado sem oposição e o reino mais rico da Itália foi incorporado aos seus Estados e ao Sacro Império Romano.

Os Hohenstaufen completaram a substituição dos *follari* de cobre por dinheiros de bolhão (0,89 grama, com 25% de prata), introduzidos em 1221 ao câmbio de 16 por tari, quando seu valor, segundo a proporção entre ouro e prata da época (8,4:1 e não 5,9:1), deveria ser de 23 por tari. Esses dinheiros foram rejeitados pelos comerciantes, que os consideraram "falsos", e Frederico II (r. 1220-1250) reagiu com a proibição do uso interno de moedas de ouro e de moedas de bolhão estrangeiras.

As moedas de ouro foram cunhadas com variação de peso ainda maior (0,3 a 10 gramas) que na época de Guilherme II, até que em 1231 o imperador Frederico II (r. 1220-1250) introduziu uma moeda de peso fixo, o *augustalis* ou *agostaro*, de 5,31 gramas de ouro a 85,4%, com um conteúdo de ouro puro semelhante ao do *hyperpyron* bizantino, 25% maior que o dos futuros florins e ducados, com sua cabeça coroada como um imperador romano no anverso e a águia romana no reverso.

Em seu reinado, a moeda de bolhão teve seu teor de prata reduzido para 16,7% em 1225 (com o câmbio de 18 dinheiros por tari), 12,5% em 1236 (20 d por tari), 8,33% em 1239 (ainda 20 d por tari), 6,25% em 1243 (20 d por tari, 23 d no mercado) e 2,08% em 1249 (24 d por tari, 60 d no mercado) para financiar suas campanhas na Itália. A redução do valor da moeda não foi proporcional à redução do teor de prata, de modo que o valor da moeda de bolhão foi cada vez mais fiduciário, escorado no padrão-ouro do tari.

Denominação	Valor em d	Peso em gramas	Valor em ñ c. 1236
Unidades de conta			
uncia	600		3.600
libra	240		1.440
solidus regalis	80		480
soldo	12		72
Moedas de ouro			
augustalis	150	5,31	900
meio augustalis	75	2,65	450
tari de um trappeso	20	0,89	120
Moedas de bolhão 12,5%			
dinheiro	1	0,89	6
óbolo	½	0,44	3
quarto de dinheiro	¼	0,22	1,5

Com a continuação da hostilidade entre os Hohenstaufen e o papado, a Igreja obteve o apoio de Carlos I, duque de Anjou, que liderou um exército contra o rei Manfredo (r. 1258-1266). Com a morte deste em batalha, Carlos foi coroado rei da Sicília pelo Papa Clemente IV e tornou-se seu vassalo nominal. De início, limitou-se a rebatizar o *augustalis* de pretensões imperiais com um *reale d'oro* mais modesto no nome e na simbologia, mas com o mesmo peso e título de ouro. Em 1278, fez uma reforma monetária que criou uma nova moeda de ouro conhecida como *saluto d'oro* (pela figura da Anunciação no anverso) ou *carlino d'oro* (pelo nome do rei) com o mesmo conteúdo de ouro puro, mas em 24 quilates, e uma moeda de prata similar aos grossos de outros países, chamada *carlino d'argento*.

Denominação	Valor em d	Peso em gramas	Valor em ñ c. 1280
Unidades de conta			
uncia	720		4.320
libra	240		1.440
solidus regalis	96		576
soldo	12		72
Moedas de ouro			
saluto ou carlino d'oro	180	4,53	1.080
meio saluto ou carlino d'oro	90	2,27	540
tari	24	0,89	144
Moedas de prata 93,4%			
saluto ou carlino d'argento	12	3,34	72
meio saluto ou carlino d'argento	6	1,67	36
Moedas de bolhão 2,1%			
4 dinheiros	4	3,40	24
3 dinheiros	3	2,55	18
2 dinheiros	2	1,70	12
1 dinheiro	1	0,85	6

A oposição dos barões gibelinos aos governantes franceses e ao aumento dos impostos levou em 1282 a uma insurreição, conhecida como as Vésperas Sicilianas, que teve o apoio de Pedro III de Aragão, casado com a filha de Manfredo. A rebelião foi vitoriosa, e Pedro III foi coroado rei da Sicília pelos barões da ilha. O reino ficou assim dividido em dois, pois Carlos I continuou a governar a parte continental, também oficialmente chamada Reino da Sicília.

A "Sicília insular", às vezes chamada Reino da Trinácria para distingui-la da "outra Sicília", foi um reino independente governado por irmãos mais novos ou outros parentes próximos do rei de Aragão em seu nome até 1409, quando foi incorporada à Coroa de Aragão. Desde Pedro III, os aragoneses substituíram os carlinos por moedas equivalentes chamadas *pierreali* ("reais de Pedro") ou *raonesi* (corruptela de *aragonesi*) e deixaram de cunhar o tari. De resto, o sistema permaneceu sem maiores modificações até o início do século XV.

Na "Sicília continental", também chamada Reino de Nápoles, a dinastia angevina fundada por Carlos I continuou a reivindicar a ilha até 1373, quando fez a paz com Aragão. Seus herdeiros, apesar de muitas disputas dinásticas, continuaram a governar o sul da Itália. Os angevinos substituíram em 1302 o carlino de prata por uma moeda maior chamada *carlino gigliato* (de *giglio*, "lírio") por ser decorada com lírios, símbolo da dinastia de origem francesa. O carlino de ouro deixou de ser cunhado depois de 1309 e foram cunhados ducados de ouro a partir de 1343, *bolognini* de prata a partir de 1391, *quattrini* a partir de 1395 e *celle* (de *ucello*, "pássaro", pela figura de uma águia) a partir de 1414.

Denominação	Valor em d	Peso em gramas	Valor em ñ c. 1414
Unidades de conta			
libra	240		240
soldo	12		12
Moedas de ouro			
ducado ou florim	1.200	3,5	1.200
Moedas de prata			
gigliato	120	3,9	120
½ gigliato	60	1,9	60
grosso	40	1,6	40
¼ gigliato = cella	30	1,1	30
bolognino	20	0,8	20
Moedas de bolhão			
quattrino	4	3,40	4
dinheiro	1	0,85	1

Em 1435, com a morte da angevina Joana II sem herdeiro direto, Afonso V de Aragão invadiu o sul da Itália, e em 1442 conquistou Nápoles. Sua moeda mais característica foi o alfonsino ou sesquiducado, chamado *ducatone* em italiano, com o valor de um ducado e meio. Também cunhou um *reale* de 3 gramas, de origem espanhola, e um *tornese* de 1,86 grama.

Entretanto, em vez de reunificar as "Duas Sicílias", Afonso V deixou Nápoles para Ferrante, um filho ilegítimo, que em 1458 criou uma moeda de 3,98 gramas de prata a 92% chamada *coronato* para celebrar sua coroação. Também cunhou uma moeda conhecida como *armellino* (pela figura de um arminho), um *tari* de prata equivalente à antiga moeda de ouro e um *grano* de bolhão teoricamente equivalente a 1/600 de onça de ouro de 26,72 gramas (embora o grão como unidade de peso equivalesse a 1/576 de onça). Em 1472 trocou o dinheiro de bolhão por uma moeda de cobre conhecida como *cavallo* por ter a figura do animal (trocadilho com o lema *equitas regni*, "justiça do reino", semelhante a *equus*, "cavalo" em latim), cujo valor era o de 1/12 de um grão de prata

Denominação	Valor em d	Peso em gramas	Valor em ñ c. 1480
Unidades de conta			
libra	240		240
soldo	12		12
Moedas de ouro			
alfonsino	1.800	5,3	1.800
ducado ou florim	1.200	3,5	1.200
Moedas de prata			
tari	240	7,2	240
coronato	132	4,0	132
carlino	120	3,6	120
armellino ou grossone	60	1,9	60
cinquina, quartarola ou trentino	30	1,0	30
Moedas de bolhão			
grano	12	3,6	12
tornese	6	1,8	6
Moedas de cobre			
duplo cavalo ou sestino	2	3,6	4
cavalo	1	1,8	1

Em 1494, com a morte de Ferrante, o rei Carlos VIII da França reivindicou o trono em nome de seu parentesco com os angevinos e iniciou uma longa disputa entre a França e a Espanha pelo domínio da Itália.

Ordem Teutônica (Prússia)

A Ordem dos Cavaleiros Teutônicos de Santa Maria de Jerusalém foi fundada em Acre, Palestina, em 1198, e adquiriu em 1220 o castelo de Montfort, sua sede até 1271. Visou a reunir cruzados de língua alemã que desejavam prestar serviço religioso na "Terra Santa", mas tinham dificuldades com as ordens dos Templários e Hospitalários, formadas na maioria por latinos (ou ingleses descendentes de normandos, que falavam francês) que tinham o francês como língua franca. Seguiram a regra agostiniana dos hospitalários, e, assim como eles, mantinham conventos femininos. Seu símbolo era uma cruz pátea negra sobre manto branco.

Em 1226, o soberano do Sacro Império lhes concedeu o território da Prússia, que as ordens de Dobrin e Calatrava tinham fracassado em tomar aos pagãos que ainda a habitavam. Em 1234, sua soberania sobre as terras conquistadas foi confirmada por uma bula papal. Em 1236, incorporaram a derrotada Ordem dos Irmãos da Espada da Livônia, encarregada desde 1202 de conquistar e converter a região desse nome (atuais Estônia e Letônia), que se tornou um ramo autônomo dos Cavaleiros Teutônicos com o nome de Cavaleiros da Livônia.

A conquista e pacificação dos prussianos e livonianos foi completada em 1290, após muitas batalhas e revoltas. Em 1291, com a expulsão dos cruzados da Palestina, a ordem passou a operar apenas na região do Báltico, com sede em Marienburg (atual Malbork, na Polônia). Em 1387, com a cristianização da vizinha Lituânia, última nação pagã da Europa, a Ordem Teutônica perdeu seu propósito religioso e se tornou mais uma potência beligerante, principalmente contra a Polônia e a Lituânia, até estas a derrotarem decisivamente em 1410, reduzindo seu poderio bélico. Os cavaleiros da Livônia ampliaram então sua autonomia e formaram uma confederação com os bispados da região e com a cidade livre de Riga.

A Ordem Teutônica cunhava bracteatas desde sua chegada à Prússia nos anos 1200 e começou a cunhar outras moedas em 1370, para substituir os *groschen* de Praga e Cracóvia que até então circulavam livremente em suas terras. O grão-mestre Winrich de Kniprode criou um sistema monetário cuja peculiaridade foi o *Halbskoter* ou *Halbschoter*. *Skot(er)* em alemão deriva do polonês *skojec*, originalmente "gado", uma unidade de conta de 30 dinheiros ou unidade de peso de 8,2 gramas, 1/24 da *grzywna* polonesa ou grivna de 196,26 gramas.

Denominação	Valor em d	Peso em gramas	Valor em ñ c. 1370
Unidades de conta			
libra	240		3.600
soldo	12		180
Moedas de prata			
halbskoter	16	5,2	240
schilling	12	3,9	180
vierchen	4	1,3	60
pfennig	1	0,33	15

Países Nórdicos

A partir dos anos 1020 Canuto II, o Grande (rei da Dinamarca, Noruega e Inglaterra), passou a cunhar *peningar* baseado nas moedas anglo-saxãs, com cerca de 1,5 grama. Olaf Tryggvason (r. 995-1000), primeiro rei a construir igrejas na Noruega, já cunhara em 995 cópias dos *pennies* ingleses e a vizinha Suécia fizera o mesmo pouco depois por iniciativa do rei Olof Skötkonung (r. 995-1022), batizado em 1008.

Segundo o sistema de conta viking, um *mark* (marco, unidade de peso de 214 gramas) valia 8 øre (originalmente "áureo" ou sólido), 24 ørtuger (originalmente uma tremisse) ou 240 *penge* (moedas) ou *penninge* (dinheiros). Estes tinham peso de 0,89 grama segundo o padrão de Haroldo III da Noruega (r. 1047-1066) e inicialmente 90% de prata, mas reduzida a menos de 50% antes do final do seu reinado, continuando com esse teor no reinado de seu sucessor Olavo III (r. 1067-1093). Magno III (r. 1093-1103) reformou, porém, a cunhagem, voltando a cunhar moedas de 90% de prata, mas com a metade do peso. Assim, o marco norueguês passou a ser dividido em 8 øre, 24 ørtuger e 480 dinheiros de 0,44 grama. Como o *penning* de 0,9 grama era a unidade de peso, um *penning* pesado valia dois *penninge* contados.

Na Dinamarca, desenvolveram-se dois sistemas diferentes: na Jutlândia, um marco de 218 gramas era dividido em 288 dinheiros de 0,76 grama, enquanto na Fiônia, Zelândia e Escânia proporcionava 192 dinheiros de 1,14 grama. Além das bracteatas de um dinheiro (em dinamarquês, **hulpenning**), havia também as de meio dinheiro (**halvpenning** ou **skærv,** "lasca") e ¼ de dinheiro. Na Suécia, a cunhagem de moedas locais foi interrompida em 1030 e só seria retomada em 1180.

Na Escandinávia e colônias vikings da Irlanda até o século XIV e até o século XVIII na Islândia, foi também comum o uso de pano como dinheiro. O padrão monetário era um tipo de tecido grosseiro de lã não tingida ou burel conhecido como *vaðmál* em nórdico antigo ou islandês moderno (*vadmal* em sueco, *vadmel* em norueguês, *wadmal* em inglês) com dois *alnir* (cúbitos) ou uma *stika* (vara) de largura, equivalente a 98,4 cm. O *lôgeyrir* ("onça legal"), unidade monetária de pano, equivalia a seis cúbitos. Vinte lôgaurar ou 120 alnir faziam um *hundruðum* (literalmente, "cento e vinte"), equivalente a um *kúgildi* ("valor de vaca"). Estima-se que uma tecelã tecia um cúbito por dia. O tecido pesava 800 a 900 gramas por metro quadrado, 400 gramas por cúbito.

A partir de 1146, as bracteatas surgidas na Turíngia nos anos 1120 foram introduzidas na Dinamarca, com um sistema de recunhagem anual que durou 200 anos. Nos anos 1150, essa prática chegou à Noruega (onde durou até Magno VI, r. 1263-1280) e em 1180, à Suécia (onde acabou em 1290). Neste último país, o número de dinheiros por marco era de 192 em Svealand (Suécia central), onde pesavam 1,14 grama, 384 em Götaland (Suécia do sul), onde seu peso era 0,57 grama e 288 nas ilhas de Gotland e Öland e nas áreas continentais vizinhas (cidade de Kalmar), onde eram de 0,76 grama.

No reinado de Sverre da Noruega (r. 1184-1202), foram cunhadas bracteatas de ¼ de dinheiro com 0,06 grama, as menores moedas de seu tipo na Europa.

Na Dinamarca, caiu o conteúdo em prata para 33% em 1231, 20% em 1284 e 10% ou menos com Érico VI (r. 1286-1319) e Cristóvão II (r. 1320-1326).

Na Suécia, as bracteatas foram substituídas por moedas duradouras de duas faces. A região de Götaland adotou o mesmo padrão monetário de Svealand, 192 dinheiros por marco em 1290, durante o reinado de Birger (r. 1280-1319). O teor de prata dos dinheiros foi, porém, reduzido de 94% (1,07 grama) para 63% (0,72 grama). Em 1319, uma revolta da nobreza sueca expulsou Bilger e elegeu em seu lugar o menino Magno II, pouco depois escolhido também rei da Noruega, cujo filho Haquino (Haakon) VI herdou os dois reinos. O padrão de Svealand foi então adotado também na Noruega. A quebra da moeda se acelerou em 1352-1354 e as moedas voltaram a ser cunhadas na forma de bracteatas, cujo conteúdo em prata caiu de 45% para 10% até 1363, quando a moeda foi reformada e voltou a ser cunhada em prata 90%.

Ainda em 1363, o rei Valdemar IV da Dinamarca casou a filha Margarida (então com 10 anos) com o rei Haquino VI da Noruega e Suécia, visando a unificação. No ano seguinte, porém, nobres suecos se rebelaram contra Haquino e ofereceram a coroa a Alberto III, filho do duque de Mecklemburgo, que dela se apossou após oito anos de guerra civil, com a condição de deixar a maior parte do poder nas mãos do conselho real.

Em 1340, a ilha de Götland cunhou a primeira moeda nórdica ou báltica maior que o dinheiro, o *gote* de 12 dinheiros locais. Em 1370, Alberto III a fez cunhar na Suécia como o örtug (ørtug na grafia dinamarquesa) de 1,3 grama, 81% de prata, poder aquisitivo de 40 ñ e valor nominal de oito *penningen*.

Nascido em 1370, Olavo, filho único de Margarida e Haquino, herdou a Dinamarca em 1376 e a Noruega em 1380, tendo a mãe como regente. Em 1385, Margarida conseguiu retomar à Liga Hanseática vários castelos da Escânia (sul da Suécia) e em 1386 recuperou dos condes de Holstein o ducado de Schleswig. Em 1387, morreu o filho adolescente e os tronos da Dinamarca e Noruega foram reivindicados pelo duque Henrique de Mecklemburgo e pelo rei Alberto III da Suécia, respectivamente. Margarida conseguiu, porém, o apoio das elites dinamarquesa e norueguesa, que a elegeram "senhora e tutora" até a escolha de um novo rei, embora os países escandinavos nunca tivessem sido antes governados por mulheres. Ao mesmo tempo, Alberto III perdeu o apoio da nobreza sueca ao tentar se afirmar contra ela e reduzir seu poder e seus feudos. Margarida se aliou aos rebeldes, que concordaram em elegê-la sua senhora e aceitar o rei que ela indicasse.

Alberto foi derrotado, e em 1389 Margarida adotou seu sobrinho-neto Érico da Pomerânia (neto de Henrique de Mecklenburgo) e assumiu novamente o papel de regente. Para consolidar a unidade, Margarida convocou em junho de 1397 um congresso em Kalmar, na Suécia, no qual Érico VII (r. 1396-1439) foi coroado rei dos três países, embora a mãe continuasse a exercer o poder de fato até a morte em 1412. A chamada União de Kalmar, com sede na Dinamarca, duraria, com interrupções, até 1523.

Durante o reinado de Margarida, os pesos e medidas vikings foram substituídos pelos padrões de Lübeck, cidade sede da Liga Hanseática, passando-se a usar como unidade de peso o marco de Colônia de 233,85 gramas e como unidade de conta o marco de 192 *penninge* ou dinheiros e o *skilling* (xelim) de 12 dinheiros.

Em 1403 ou 1405 surgiram as primeiras moedas dinamarquesas de valor maior que os dinheiros, nesse período reduzidas a moedas de puro cobre (*kobberpenning*). Incluíram o *sterling* ou *engelsk* ("inglês") de 3 *penningen* e o *hvid* ("branco") de 4 *penningen*, este com 1,1 grama de prata 75% em 1411.

Denominação	Valor em penninge	Peso em gramas	Valor em ñ c. 1411
Moedas de conta			
mark	192	–	1.536
skilling	12	–	96
Moedas de ouro			
Goldgulden (de Lübeck)	192	3,54	1.536
Moedas de prata 81%			
örtug (Suécia)	5	1,3	40
Moedas de prata 75%			
hvid	4	1,1	32
sterling ou engelsk	3	0,8	24
Moedas de cobre			
kobberpenning	1	0,8	8
halvpenning	½	0,4	4

Em 1424-1425, a Dinamarca fez um acordo com a União Monetária Vêneda, que, liderada por Lübeck, incluía várias cidades da Liga Hanseática no Báltico e cunhou o *søsling* de 6 *penningen*, com 1,38 grama de prata a 70%, um conteúdo de prata 6,5% menor que o do *Sechsling* de Lübeck na mesma época e poder aquisitivo de cerca de 66 ñ. Na Suécia, o örtug continha agora 0,88 grama de prata.

Nos anos 1430, revoltas camponesas na Suécia e Noruega e a insatisfação da nobreza dinamarquesa com o sucessor designado provocaram a deposição de Érico e a eleição em 1440 de um novo rei, Cristóvão III da Baviera. Em seu reinado (r. 1440-1448), as principais moedas foram o *skilling* de 12 penninge e o meio skilling ou *korshvide* ("branco cruzado").

Após a morte sem herdeiros de Cristóvão III, Cristiano I de Oldemburgo foi eleito rei da Dinamarca (r. 1448-1481), enquanto Carlos VIII foi escolhido na Suécia. A disputa pela Noruega foi decidida a favor do primeiro, que por duas ocasiões tomou também o trono da Suécia e foi deposto em favor de Carlos. Nesses reinados, não houve mudança no sistema monetário.

Cristiano I foi sucedido por seu filho João I (r. 1481-1513), que em 1483 foi também reconhecido como rei da Suécia (governada desde 1470 por um regente). Em seu reinado, foram cunhadas as primeiras moedas de ouro dinamarquesas, um florim (3,25 gramas de ouro 74%, inferior ao florim do Reno que imitava), equivalente a 24 skilling e o *nobel*, com 14,83 gramas e similar ao *real d'or* dos Países Baixos. O skilling dinamarquês valia então cerca de 60% do valor do schilling de Lübeck.

Denominação	Valor em penninge (1497)	Peso em gramas	Valor em ñ c. 1497
Moedas de conta			
mark	192	–	960
skilling	12	–	60
Moedas de ouro			
triplo noble (98%)	6.912	44,49	34.560
duplo noble (98%)	4.608	29,66	23.040
noble (98%)	2.304	14,83	11.520
gylden (74%)	384	3,25	1.920
½ gylden (74%)	192	1,63	960
Moedas de bolhão			
skilling (38%)	12	2,44	60
hvid (24%)	4	1,05	20
Moedas de cobre			
penning	1	0,8	5

Islândia

Organizada como Estado viking independente em 930 e dominada pela Noruega a partir de 1264, a Islândia medieval tinha no *vaðmál* seu principal produto de exportação. Na Islândia dos anos 1220, um homem muito rico possuía de 16 mil a 20 mil *lôgaurar* (5,8 milhões a 7,2 milhões de ñ). Um homem de leis (*lögsögumaður*), encarregado de memorizar e recitar as leis quando dos julgamentos, recebia 240 *alnir* por ano (cerca de 40 ñ/dia), mais metade do valor das multas arrecadadas.

O valor do em relação ao *eyrir* (onça propriamente dita, plural *aurar*) de prata de 27 gramas mudou com o tempo. Visto que as tecnologias da criação de ovelhas e da tecelagem permaneceram praticamente inalteradas nesse período, as mudanças na equivalência com a prata devem ser entendidas como mudanças do poder aquisitivo do metal na Islândia (que não acompanhava necessariamente o do continente), enquanto o poder aquisitivo local do wadmal deve ser considerado praticamente constante, como indica a tabela abaixo:

ano	lôgeyrir por eyrir de prata	alnir por eyrir de prata	Valor do eyrir de prata em ñ	grama de prata em ñ
1000	3	18	900	33,3
1100 (*)	8	48	2.400	88,9
1200	7,5	45	2.250	83,3
1300	6	36	1.800	66,7

(*) a relação de 48 alnir por eyrir foi mantida no período posterior do ponto de vista legal, para multas e indenizações

Alguns preços e equivalências na Islândia, cerca de 1200:

Item	Preço (lôgeyrir)	preço (ñ)	unidade alternativa	Preço (ñ)
Um cúbito de burel (*alin*)	1/6	50	metro	102
6 cúbitos de burel (*lôgeyrir*)	1	300	metro	102
Dois cúbitos de linho inglês	1	300	metro	305
3 cúbitos de linho largo	2	600	metro	407
Capa de lã adornada (207x98cm, com 13 faixas e borlas)	2	600	unidade	600
6 peles de raposa do Ártico	1	300	unidade	50
6 tosões de ovelhas	1	300	unidade	50
6 carneiros tosquiados	1	300	unidade	50
2 peles de gatos crescidos	1	300	unidade	150
3 peles de gatos de um ano	1	300	unidade	100
5 cúbitos de *mórendr* (wadmal tingido de vermelho)	1	300	metro	122
Dois marcos (432 gramas) de cera	1	300	kg	694
Uma onça de ouro (27 gramas)	60	18.000	grama	667

Um marco de prata (216 gramas)	60	18.000	grama	83
Um pening (0,45 grama de prata)	1/8	37,5	unidade	83
Um caldeirão de ferro pesando ½ vætt (18 kg)	15	4.500	unidade	4.500
3 foices de aço de 486 gramas	2	600	unidade	200
Um vætt (36 kg) de limonita (*bog iron*)	5	1.500	kg	42
Um vætt (36 kg) de ferro forjado	6	1.800	kg	50
3 reses de um ano	20	6.000	unidade	2.000
2 reses de dois anos	20	6.000	unidade	3.000
Um novilho e um boi de três anos	20	6.000	-	3.000
Um boi de quatro anos, castrado ou não	20	6.000	unidade	6.000
Uma vaca (*kúgildi*)	20	6.000	unidade	6.000
6 ovelhas ou cabras, 2 de dois anos e 4 mais velhas, com filhotes	20	6.000	-	1.000
Um cavalo de 4 a 9 anos	20	6.000	unidade	6.000
Uma égua de 4 a 9 anos	15	4.500	unidade	4.500
Uma porca de 2 anos ou mais com 9 leitões	20	6.000	-	6.000
3 *vættir* (108 kg) de lã de ovelha	20	6.000	kg	56
3 *vættir* (108 kg) de comida	20	6.000	kg	56
Um couro de boi	6,67	2.000	unidade	2.000
Dois couros de vaca	6,67	2.000	unidade	1.000
Um escravo (*thrall*) masculino (a escravidão existiu até c.1100)	12	3.600	unidade	3.600
Wergeld (indenização por morte) de homem livre	400	120.000	unidade	120.000
Wergeld (indenização por morte) de homem importante	800	240.000	unidade	240.000

Polônia

Os povos da atual Polônia começaram a se organizar em Estados no século VIII, principalmente o dos vistulanos, em torno da atual Cracóvia, e o dos polanos, na região de Gniezno. Estes últimos unificaram o país sob a liderança do chefe Miecislau (r. 962-992), da dinastia Piast, que em 966 se converteu ao cristianismo e recebeu o título de duque do imperador Oto I.

Em 1138, o duque Boleslau III dividiu o país entre os seis filhos, iniciando um período de fragmentação e conflitos internos que durou até 1320, quando o duque Vladislau II completou a reunificação e se coroou rei com a aprovação do papa. No reinado de seu filho e sucessor Casimiro III (r. 1333-1370), em 1367, foi criado o *Kraków grosz*, com 3,2 gramas de prata e valor de 12 dinheiros, segundo o modelo da Boêmia.

Casimiro foi o último descendente masculino da dinastia Piast e foi sucedido por seu sobrinho Luís I da Hungria. Como este não teve filhos homens, sua filha Edviges (em polonês, *Jadwiga*) tornou-se a herdeira. Em 1386, ela casou-se com o Grão-Duque Jagelão (*Jogaila*, em lituano) da Lituânia, que para isso converteu-se ao cristianismo juntamente com sua aristocracia e assumiu também o título de rei Ladislau II da Polônia. Criou-se uma união dinástica entre os dois países, conhecida como Polônia-Lituânia.

Em 1496, três anos depois de criado, o parlamento polonês aprovou uma moeda de ouro de 3,5 gramas chamada *złoty* ("de ouro", como o alemão *gulden*), dividida em 30 *groszy*, 60 *półgrosz* ("meios grossos") ou 90 *solidi*.

Hungria

A Hungria foi fundada como principado em 895 e suas primeiras moedas foram dinheiros cunhados pelo príncipe Geza (r. c. 970-997) conforme modelos carolíngios contemporâneos. Seu filho Estêvão obteve do papa a coroação como rei no ano 1000. Em seu tempo, uma libra de 408 gramas de prata 80% era dividida em 510 *denárs* (chamados óbolos) de 0,8 grama. No reinado de Ladislau I (r.1077-1095) o peso do denár aumentou para 470 por libra de prata a 90%, ou 0,868 grama.

No reinado de Bela III (r. 1172-1196) foram também cunhadas moedas côncavas de cobre de 2-3 gramas e cerca de 27 mm de inspiração bizantina, conhecidas como escifatos. No reinado de Bela IV (r. 1235-1270), foram cunhadas bracteatas.

Na metade do século XIII, o dinheiro pesava 0,38 a 0,8 grama de prata a 80% e se dividia em dois óbolos, moeda também chamada *filler*, *parvus* ou *pankart*. Em 1265-1340, pesava 0,5456 grama de prata a 66,7%.

O rei Luís I (r 1342-1382) fez cunhar moedas de ouro de 3,5 gramas chamadas em húngaro de *arany forint* ("florim de ouro") e moedas de groschen (*garas*, em húngaro) de 3,96 gramas de prata a 93,7%. Um *forint* valia 16 garas e um *garas*, 5 dinheiros ou 10 óbolos de prata a 66,7%.

No reinado de Sigismundo (r. 1387-1437) foram introduzidas moedas de ¼ de dinheiro, de 0,49 grama de prata a 12,5%, conhecidas como *quartings*, resultando no seguinte sistema:

Denominação	Valor em d	Peso em gramas	Valor em ñ c. 1388
Moedas de ouro			
forint	100	3,54	3.200
Moedas de prata			
garas	5	3,86	200
denar	1	0,76	40
obulus ou parvus (*)	½	0,38	20
Moedas de bolhão			
quarting	¼	0,5	10

(*) tirado de circulação em 1427

Inglaterra

A conquista em 1066 da Inglaterra anglo-saxã pelos normandos de Guilherme, o Conquistador, alterou drasticamente a sociedade inglesa; a língua da corte passou a ser o dialeto normando do francês. O sistema monetário, contudo, foi pouco alterado. Os normandos restauraram o peso e o conteúdo de prata dos *pæningas* anglo-saxões do rei Offa. Originalmente tão puro quanto os mineiros conseguiam produzi-la (94% a 96%), o teor de prata foi, em 1158, fixado em 92,5% pelo rei Henrique II. Esse padrão, definido em lei a partir de 1275, veio a ser conhecido como *sterling*, ou esterlino, nome originalmente dado à moeda física, depois a essa composição de prata, usada em moedas britânicas (com interrupções) até 1672 e na prataria de melhor qualidade até hoje (a chamada "prata esterlina"[51]). Desde 1600, *sterling* também é o nome do padrão monetário britânico em abstrato (*currency*) em contraste com a moeda ou unidade monetária prática, *pound* ou libra.

O termo *sterling* foi interpretado como derivado de *easterling*, "oriental", por ter esse padrão de prata se originado do Leste (nas cidades alemãs da Liga Hanseática) e como diminutivo do inglês medieval *sterre*, "estrela", devido à estrelinha que marcava uma das primeiras cunhagens normandas (de 1077 a 1080). Uma tese mais recente faz a palavra derivar da raiz *ster*, "forte" ou "sólido", porque as moedas normandas vieram a substituir moedas anglo-saxãs "enfraquecidas" de 1,2 grama.

A moeda era conhecida em linguagem comum como *penny* e abreviada como *d*, por ser chamada em latim de *denarius*. Pesava 1,458 grama ou 32 grãos *tower* de 0,046 grama cada um (peso de um grão de trigo). O *shilling* (abreviado *s*, do latim *solidus*) não era nesse período uma moeda, mas apenas uma unidade de conta constituída de 12 sterlings ou pennies com o peso de uma onça *tower* de 29,2 gramas (quando se trata de moedas físicas de penny, o plural é *pennies;* quando se trata de uma quantia abstrata, o plural é *pence*). A *pound* (abreviada £, do latim libra) ou libra esterlina era constituída de vinte shillings ou 240 pennies ou sterlings com o peso de uma libra *tower* ou 349,9 gramas.

Paralelamente, existia uma libra troy de 373,2 gramas, 16/15 da libra tower. A unidade maior ficou conhecida como *Troy Pound* em 1414 e se tornaria no século XVI a unidade padrão de massa para metais preciosos no sistema britânico, dividida em 12 onças troy de 31,103 gramas e 5.760 grãos troy de 0,064799 grama (o penny pesava, portanto, 22½ grãos troy). Possivelmente, o mercador que desejava converter sua prata em moedas devia entregar uma libra troy em prata esterlina para receber uma libra tower em moedas; a diferença de 6,25% era retida pelo rei como senhoriagem, prática que pode ter-se originado com o rei Offa.

A origem do termo "troy", atestado só a partir de 1390, gerou várias teorias (inclusive a de que o padrão teria sido trazido diretamente de sua pátria pelo troiano Brutus, fundador lendário da nação britânica), mas mais provavelmente se originou da cidade francesa de Troyes, sede de uma importante feira medieval, cuja libra de 367 gramas era padrão na França desde o final do século X, ou

---

51 Em português existe a expressão "prata de lei", mas esta se refere, a rigor, a qualquer liga com teor igual ou superior a 80% de prata, como exigiam as leis portuguesas desde o século XV.

da expressão semilatina *troni ponderacionem*, "pesagem no mercado", encontrada em estatuto do reinado de Eduardo I (r. 1272-1307).

Século XII

Até cerca de 1160, o poder aquisitivo do *penny* era praticamente o mesmo da era anglo-saxã. Uma ovelha custava em média 4 d (576 ñ), um boi 36½ d (5.256 ñ), um quarter de trigo (8 *bushels*, 290 litros ou 220 quilos) valia 18½ d (12 ñ por quilo), um palafrém (cavalo de montaria) 377½ d (54.360 ñ), um cavalo de guerra médio 480 d (69.120 ñ), com um máximo de £6 13s.4d (230.400 ñ). Em 1190, um cavalo de guerra custava 800 d (100.000 ñ).

O custo médio de equipar um cavaleiro foi estimado em cinco libras (172.800 ñ). Em 1181, todo homem livre com bens no valor de 10 marcos (1.600 d, 160.000 ñ) devia possuir uma cota de malha, um capacete e uma lança. Todos os outros homens livres deviam ter capacete, lança e jaquetão (túnica protetora almofadada).

Século XIII

As décadas seguintes trouxeram um significativo aumento de preços devido ao crescimento do comércio e da oferta de prata, embora o padrão monetário ficasse inalterado. De 144 ñ em 1160, o poder aquisitivo caiu para 100 ñ em 1180, 60 ñ em 1200 e 50 ñ em 1220, patamar em torno do qual permaneceu até o início do século XIV.

Em 1257, no reinado de Henrique III, houve a primeira tentativa de cunhar em ouro, acompanhando a tendência iniciada pelas cidades-estados italianas. Chamada *gold penny*, a moeda valia 20 pence (1.000 ñ) e continha 2,9 gramas de ouro a 99,5% (o que supunha uma relação ouro/prata de 9,3:1), mas teve pouca aceitação. Em 1265, com a valorização relativa do ouro para cerca de 11:1, passou a valer 24 pence e quase todos os gold pennies existentes foram fundidos com lucro.

Como o penny continuava a ter um poder aquisitivo considerável, o crescimento do comércio varejista urbano demandou moedas de prata de ¼ de penny (*farthing*) e ½ penny, cunhadas a partir de 1279, quando o poder aquisitivo do penny era cerca de 50 ñ. Entretanto, essas moedas fracionárias eram em quantidade insuficiente e seu valor ainda era bem superior ao dos dinheiros do continente, onde era mais fácil, para os pobres, fazer as compras diárias. A falta de moedas era parcialmente suprida por pennies cortados em metades ou quartos e por *tokens* privados de metal barato para representar farthings, mas os comerciantes ingleses continuaram a se queixar à Câmara dos Comuns da falta de troco miúdo em repetidas petições até 1444. A Inglaterra só começou a cunhar moedas de cobre a partir de 1672, e elas só foram inteiramente aceitas no século XIX.

No século XIII, o custo de equipar um cavaleiro cresceu consideravelmente em relação ao século anterior. Era estimado em 20 a 100 libras, ou 240.000 a 1.200.000 ñ. Isso impediu que muitos nobres se armassem como tais, criando uma distinção entre *knights* e *squires*, estes formalmente escudeiros, mas desempenhando o papel de homens-d'armas ou sargentos-d'armas, ou seja, guerreiros a cavalo com proteção inferior. Muitos cavaleiros se armaram com a ajuda de subvenções reais de 5 a 15 libras.

Aqueles com renda de 2 a 5 libras (camponeses ricos ou *yeomen*) eram obrigados a possuir arcos e praticar tiro ao arco aos domingos e feriados.

Alguns preços do século XIII

Item	unidade original	preço (d)	ano	unidade atual	ñ
cavalo de guerra	unidade	960	séc. XIII	unidade	48.000
cavalo de montaria de alta categoria	unidade	2.400	séc. XIII	unidade	120.000
palafrém	unidade	1.200	séc. XIII	unidade	60.000
cavalo de tração	unidade	120	séc. XIII	unidade	6.000
"	unidade	240	séc. XIII	unidade	12.000
ovelha	unidade	10	séc. XIII	unidade	500
"	unidade	16	séc. XIII	unidade	800
boi	unidade	120	séc. XIII	unidade	6.000
"	unidade	144	séc. XIII	unidade	7.200
trigo	quarter	28	séc. XIII	kg	6,4
"	quarter	60	séc. XIII	kg	13,6
cevada	quarter	20	séc. XIII	kg	5,6
"	quarter	48	séc. XIII	kg	13,3
aluguel de livro	pecia-ano (*)	0,5	séc. XIII	pecia-ano	25
"	pecia-ano	1	séc. XIII	pecia-ano	50
obra de construção de igreja (38m, sem torre)	unidade	27.120	séc. XIII	unidade	1.356.000

cota de malha (hauberk) e grevas	conjunto	80	1224	conjunto	4.000
cota de malha (hauberk) do rei João Sem-terra	unidade	240	c.1210	unidade	12.000
cota de malha curta (haubergel) do rei João	unidade	160	c.1210	unidade	8.000
sobreveste, corselete e par de botas de ferro para Henrique III	conjunto	1.280	c. 1220	conjunto	64.000
cota de malha	unidade	180	1275	unidade	6.701
cavalo de guerra	unidade	12.000	c.1210	unidade	600.000
"	unidade	3.360	c.1210	unidade	168.000
besta de um pé	unidade	18	c.1285	unidade	809
besta de dois pés	unidade	48	c.1285	unidade	2.157
besta de torno	unidade	120	c.1285	unidade	5.392
vinho mais barato	galão	3	1275	litro	35
"	galão	4	1275	litro	47
vinho bom	galão	8	1275	litro	93
"	galão	10	1275	litro	117
pão (**)	4 unidades	1	séc. XIII	unidade	12,5
pimenta	libra (***)	12	1279	kg	1.465
"	libra	48	séc. XIII	kg	6.400
tabardo e sobretúnica de artesão	unidade	36	1285	unidade	1.618
couraça de mercador (de couro)	unidade	60	1285	unidade	2.696
manter um cavalo de guerra	82 dias	441,5	1287	dia	294
quarto e sala modesto, sem materiais	conjunto	2.880	1289	conjunto	154.429
pano provido por lorde a escudeiros	jarda	35	1289	metro	2.052
pano provido por lorde a camponeses livres (yeomen)	jarda	24	1289	metro	1.407
pano provido por lorde a servos inferiores	jarda	19	1289	metro	1.114

(*) Uma pecia eram 16 colunas de 62 linhas de 32 letras, 31.744 letras, 7.500-8.000 palavras. A Bíblia equivalia a 126 pecias.

(**) pão de 3½ libras troy (1,3 kg).

(***) Libra troy, usada para pesar especiarias, materiais preciosos e pão no século XIII

Rendas e salários, cerca de 1300

Item	d por ano	ñ por ano	ñ por dia
receitas da Coroa	7.200.000	319.219.452	886.721
conde (máximo)	2.640.000	117.047.132	325.131
conde (mínimo)	96.000	4.256.259	11.823
barão (máximo)	120.000	5.320.324	14.779
barão (mínimo)	48.000	2.128.130	5.911
camponês rico (máximo)	1.200	106.405	296
camponês rico (mínimo)	480	21.281	59
trabalhador (máximo)	480	21.281	59

Século XIV

Em 1344, o peso do penny, estável em 22½ grãos troy desde a conquista normanda, foi reduzido para 20 grãos ou 1,3 grama. Além disso, o rei Eduardo III fez uma nova tentativa de cunhar moedas de ouro. Sua primeira cunhagem teve o nome de florim, continha 7 gramas (108 grãos) de ouro puro, valia 72 pence e foi acompanhada de um meio florim ou leopardo (*leopard*) e um quarto de florim ou elmo (*helm*). Entretanto, a proporção ouro/prata implícita de 14,5:1 não correspondia à realidade da época, e a moeda foi rejeitada pelo público. Uma segunda cunhagem foi providenciada ainda no mesmo ano, desta vez uma moeda chamada *noble* de 80 pence e 9 gramas de ouro, juntamente com metades e quartos de *noble*. A proporção de 12,5 para 1, mais realista, foi aceita, e o ouro foi incorporado ao sistema monetário inglês. O peso foi novamente ajustado para 8,3 gramas em 1346 e 7,8 gramas em 1351, estabilizando-se na proporção de 12,9 para 1.

A lei de 1279 também havia autorizado a cunhagem de *groats* (derivado do *groot* flamengo, por sua vez inspirado no *grosso* italiano) de 4 pence, mas eles só foram emitidos de fato a partir de 1351, quando o peso do penny foi de novo reduzido para 18 grãos ou 1,166 grama. Nesse período, a inflação resultante da Peste Negra fez o poder aquisitivo do penny cair para cerca de 34 ñ, mas os salários reais urbanos melhoraram: o de um pedreiro, por exemplo, subiu de 9d semanais em 1280 (450 ñ, 75 ñ/dia) para 18d em 1351 (612 ñ, 102 ñ/dia). O penny voltou a ser reduzido, para 15 grãos, em 1411, em contrapartida à valorização da prata.

A Inglaterra teve, nesse período, o seguinte sistema monetário:

Denominação	Valor em d	Peso em gramas 1346-1350	Peso em gramas 1351-1410	Peso em gramas 1411-1463	Valor em ñ (1351-1375)	Valor em ñ (1375-1463)
Unidades de conta (de prata)						
libra	240	311	280	233	8.160	10.560
marco	160	207	187	155	5.440	7.040
xelim	12	15,6	14	11,7	408	528
Moedas de ouro						
noble (*)	80	8,3	7,8	7,0	2.720	3.520
½ noble	40	4,2	3,9	3,5	1.360	1.760
¼ noble	20	2,1	2,0	1,75	680	880
Moedas de prata						
groat	4	5,18	4,66	3,89	136	176
half groat	2	2,59	2,33	1,94	68	88
penny	1	1,30	1,17	0,97	34	44
halfpenny	½	0,65	0,58	0,49	17	22
farthing	¼	0,32	0,29	0,24	8,5	11

(*) 9 gramas em 1344-46, 8,3 gramas em 1346-51.

Seguem alguns exemplos de preços do século XIV inglês:

Estada numa estalagem para 3 cavalheiros e 4 serviçais, em 1331, por um dia

Item	d	ñ
pão	4	144
cerveja	2	72
vinho	1,25	45
Carne	5,5	198
sopa	0,25	9
velas	0,25	9
combustível	2	72
camas	2	72
forragem para os cavalos	10	360
Total	**27,25**	**981**

Depois, os serviçais ficaram sozinhos na estalagem e dormiram duas noites por 1 d (36 ñ) Em Londres, cobrava-se pelas camas 1 d por cabeça e por noite.

Instrução

Item	unidade	d	ano	ñ
escola monástica (anuidade)	ano	480	1392	19.269
mestre-escola em Croyden: pensão	semana	24	1394	1.044
mestre-escola em Croyden: instrução	ano	160	1394	6.962
Oxford: pensão	ano	1.248	1374	41.031
Oxford: roupas	ano	480	1374	15.781
Oxford: instrução	ano	320	1374	10.521
Universidade (mínimo)	ano	480	1375	16.342
Universidade (mínimo)	ano	720	1375	24.513
Universidade (para estudante bem-nascido)	ano	960	1375	32.684
Universidade (para estudante bem-nascido)	ano	2.400	1375	81.710
livros (média de 126)	unidade	215,2	1397	8.662

Tecidos, preços no atacado (1300-1320)

Item	unidade	d	unidade	ñ
wadmal (burel espesso e grosseiro)	jarda	3½	metro quadrado	96
worsted (estamenha, 250 g/m²)	jarda	3½	metro quadrado	96
"	jarda	4½	metro quadrado	124
say (tecido leve de lã, 400 g/m²)	jarda	2½	metro quadrado	69
say de Louth	jarda	8½	metro quadrado	233
broadcloth (pano fino de lã, 600-800 g/m²)	jarda	24	metro quadrado	659
"	jarda	29	metro quadrado	797
red broadcloth (idem, tingido de vermelho)	jarda	48	metro quadrado	1.318
escarlate de Lynn	jarda	84	metro quadrado	2.307
escarlate de Lincoln	jarda	136	metro quadrado	3.736
"	jarda	166	metro quadrado	4.560

Obs.: Peças de panos ingleses, por regulamento de 1328, deviam ter 28x1,5 jardas (25,6x1,37 m) se listrados e 26x1,625 jardas (23,8x1,49 m) se tingidos. O cálculo em ñ supõe que a jarda se refere a pano de 1,49 m de largura. Peças de panos flamengos tinham a mesma largura, mas 40 côvados (30,8 m) de comprimento.

Armas e armaduras

Item	d	ano	ñ
jaquetão (aktun), espada e broquel (buckler)	40	1328	1.597
jaquetão (*)	81,5	1314	3.034
bacinete (capacete sem viseira) com collaret (*)	61	1314	2.271
arbalesta (besta com arco de aço) (*)	41	1314	1.526
boldrié (baldric) (*)	12	1314	447
aljava (*)	3	1314	112
quadrela (quarrel), milheiro (*)	240	1314	8.934
jaquetão para o rei Eduardo II	120	1312	4.579
conserto da espada do rei Eduardo II	112	1312	4.274
cota de malha (**)	84	1312	3.205
elmo coberto (**)	40	1312	1.526
par de manoplas (**)	20	1312	763
flechas (centena)	80	1312	2.978
par de manoplas para o rei Eduardo III	715	c.1350	27.283
par de grevas para o rei Eduardo III	320	c.1350	11.912
elmo de guerra para o rei Eduardo III	480	c.1350	17.869
bacinete para o rei Eduardo III	81	c.1350	3.015
haubergeon (cota de malha curta) com pisan, collaret e aventail (proteção do pescoço e cabeça)	1.600	1324	50.928
bacinete	120	1324	3.820
espada de guerra	40	1324	1.273
arco longo	80	1324	2.546
coxotes, joelheiras e grevas (proteção para as duas pernas)	180	1324	5.729
tenda de campanha	480	1324	15.278
cota de malha (hauberk)	480	1393	24.770
baselarda (espada curta) decorada com prata	160	1393	8.257
espada longa e broquel	120	1393	6.192
quatro arcos com um feixe de flechas	240	1393	12.385
bacinete	160	1369	4.519
ajuste do bacinete	40	1369	1.130
bacinete com camal	480	1393	24.770
armadura completa de cavaleiro	3.920	1374	128.879
armadura do Duque de Gloucester	24.720	1397	994.877
espada barata (de camponês)	6	1340	317

(*) equipamento para 120 homens defenderem Berwick (uma unidade por soldado, mais 4 mil quadrelas ou virotes pesados para as arbalestas), pagos a 4 pence (149 ñ) por dia.

(**) comprados pelo Condestável para a defesa da Torre de Londres

Alimentos e bebidas

Item	unidade original	d	ano	unidade atual	ñ
melhor vinho da Gasconha em Londres	galão	4	1331	litro	37
melhor vinho do Reno em Londres	galão	8	1331	litro	74
melhor cerveja (ale), Somerset	galão	0,75	1338	litro	9
melhor cerveja (ale), Londres	galão	1,25	1338	litro	16
cerveja (ale) boa	galão	1,5	séc. XIV	litro	15
" média	galão	1	séc. XIV	litro	10
" fraca	galão	0,75	séc. XIV	litro	7
frutas secas (groselhas, tâmaras, figos, passas, ameixas), amêndoas e arroz	libra (*)	1	séc. XIV	kg	100
"	libra (*)	6	séc. XIV	kg	600
especiarias (canela, cravo, noz-moscada, gengibre, pimenta)	libra (*)	12	séc. XIV	kg	1.200
"	libra (*)	36	séc. XIV	kg	3.600
açafrão	libra (*)	144	séc. XIV	kg	14.400
"	libra (*)	180	séc. XIV	kg	18.000
queijo	80 lb (**)	40	1375	kg	39
arenque salgado (atacado)	5 un	1	1382	unidade	8
"	10 un	1	1382	unidade	4
trigo	quarter	64	1328-1377	kg	10,6
"	quarter	120	1328-1377	kg	19,8
cevada	quarter	48	1328-1377	kg	7,9
"	quarter	64	1328-1377	kg	10,6
aveia (Somerset)	quarter	12	1338	kg	4,8
aveia (Londres)	quarter	26	1338	kg	10,5
custo diário de alimentação, lorde	dia	7	1380	dia	280
custo diário de alimentação, escudeiro	dia	4	1380	dia	160

custo diário de alimentação, camponês livre (yeoman)	dia	3	1380	dia	120
custo diário de alimentação, cavalariço	dia	1	1380	dia	40

(*) libra troy, usada para especiarias, doces e medicamentos
(**) libra mercantil de 437 gramas, usada nos séculos XIV e XV

Animais

Item	unidade	d	ano	unidade	ñ
cavalos de cavalaria	par	2.400	1374	unidade	39.452
cavalo para o rei Eduardo III	unidade	40.320	1338	unidade	1.965.172
cavalo de batalha (*charger*)	unidade	12.000	1338	unidade	584.873
cavalo veloz ou corcel (*courser*)	unidade	6.000	1338	unidade	292.436
cavalo do chanceler Ralph Neville	unidade	4.800	1335	unidade	207.878
cavalos dos cavaleiros que o acompanhavam	unidade	3.200	1335	unidade	138.586
cavalos dos seus homens-d'armas	unidade	2.400	1335	unidade	103.939
vaca	unidade	113	séc. XIV	unidade	4.207
boi	unidade	168	1328-1377	unidade	6.108
"	unidade	288	1328-1377	unidade	10.471
ovelha	unidade	17	séc. XIV	unidade	633
carneiro (Somerset)	unidade	9	1338	unidade	439
carneiro (Somerset)	unidade	10	1338	unidade	487
carneiro (Londres)	unidade	17	1338	unidade	829
porco (Somerset)	unidade	24	1338	unidade	1.170
porco (Londres)	unidade	36	1338	unidade	1.755
2 galinhas	par	1	séc. XIV	unidade	19
2 dúzias de ovos	duas dúzias	1	séc. XIV	unidade	1,5
ganso (Londres, preço fixado por lei)	unidade	6	1375	unidade	204
ganso (Londres, preço efetivo)	unidade	7	1375	unidade	238
"	unidade	8	1375	unidade	272

Tecidos e roupas

Item	unidade	d	ano	unidade	ñ
veste nobre	unidade	120	1375	unidade	4.086
"	unidade	600	1375	unidade	20.428
toga de bailio, vermelho-escuro	unidade	76	1349	unidade	3.033
toga de bailio, vermelha	unidade	63	1349	unidade	2.514
camisa de linho	unidade	8	1313	unidade	306
sapatos	unidade	6	1313	unidade	230
veste de lã	unidade	36	1313	unidade	1.379
veste com guarnição de pele	unidade	80	1325	unidade	2.779
túnica	unidade	36	1325	unidade	1.251
linho	unidade	12	1325	unidade	417
túnica de servo sem terra	unidade	1	1350	unidade	37
"	unidade	6	1350	unidade	223
pano para túnicas camponesas	jarda	8	1325	metro	304
"	jarda	15	1325	metro	570
tecido da melhor lã	jarda	60	1380	metro	2.721

Obs: túnicas usavam 2¼ a 2½ jardas. No final do século XIV, passou-se a usar gibões, que precisavam de 4 jardas

Veículos

Item	d	ano	ñ
carruagem da rainha	96.000	séc. XIV	3.573.721
carruagem comum	1.920	1381	77.530
manutenção de carruagem (por ano)	12	séc. XIV	447
"	36	séc. XIV	1.340
barcaça	120	séc. XIV	4.467
carroça montada com ferro	48	séc. XIV	1.787

Utensílios e móveis

Item	Unidade original	d	ano	Unidade atual	ñ
velas de sebo (Somerset)	libra	1,5	1338	kg (ou dúzia)	167
velas de sebo (Londres)	libra	2	1338	kg (ou dúzia)	223
"	libra	2,5	1338	kg (ou dúzia)	279
2 lençóis, 4 cobertores	conjunto	68	1349	conjunto	2.714
leito de duque, com tecido de ouro e dossel de cetim azul	conjunto	43.716	1397	conjunto	1.759.386

jarro de metal	unidade	6	1349	unidade	239
panela de bronze	unidade	24	1349	unidade	958
bacia e jarro	conjunto	8	1349	conjunto	319
"	conjunto	32	1349	conjunto	1.277
toalha	unidade	6	1349	unidade	239
cofre	unidade	12	1349	unidade	479
banco	par	8	1349	unidade	160
panela de cerâmica	unidade	0,5	1340	unidade	26

Joias e prataria

Item	quantidade	d	ano	ñ (unidade)
colheres de prata	6	168	1382	1.082
anéis de ouro com diamantes	2	3.600	1382	69.547
anel de ouro com rubi	1	320	1382	12.364
fieiras de pérolas	3	840	1382	10.818
colares de ouro	6	1.200	1382	7.727

Taxas de guildas

Item	d	ano	ñ
registrar um aprendiz de mercador	24	séc. XIV	893
registrar um aprendiz de carpinteiro	12	séc. XIV	447
unir-se à guilda dos mercadores	240	séc. XIV	8.934
unir-se à guilda dos carpinteiros	40	séc. XIV	1.489
livrar-se das obrigações feudais e ganhar a liberdade em uma cidade	40	séc. XIV	1.489
"	240	séc. XIV	8.934

Soldos e salários

Item	período	d	ano	ñ	ñ/dia
cavaleiro abandeirado (comandante de grupo)	dia	48	1316	1.355	1.355
cavaleiro bacharel (comandado)	dia	24	1316	678	678
homem-d'armas ou escudeiro	dia	12	1316	339	339
escudeiros, condestáveis e *centenars* (chefes de 100)	dia	12	1346	513	513
arqueiros montados, infantaria pesada, cavalaria ligeira, *vintenar* (chefe de 20)	dia	6	1346	256	256
comandantes de 20 galeses	dia	4	1346	171	171
arqueiros	dia	3	1346	128	128
infantaria galesa	dia	2	1346	85	85

guardas das pontes de Londres	ano	2.400	1382	92.729	258
mestre pedreiro	dia	4	1351	135	135
mestre carpinteiro	dia	3	1351	101	101
estipêndio da guilda dos carpinteiros para um membro doente	semana	14	1351	472	67
padre para missas das almas	ano	1.120	1379	46.374	129
escudeiros	ano	160	séc. XIV	5.956	17
"	ano	240	séc. XIV	8.934	25
carreiros, porteiros, falcoeiros, cavalariços, mensageiros	ano	60	séc. XIV	2.234	6,2
"	ano	104	séc. XIV	3.872	10,8
serviçais da cozinha	ano	24	séc. XIV	893	2,5
"	ano	48	séc. XIV	1.787	5,0
meninos e pajens	ano	12	séc. XIV	447	1,2
"	ano	72	séc. XIV	2.680	7,4

Construções

Item	d	ano	ñ
cabana (1 vão, 2 pisos)	480	1325	16.674
casa geminada em York	1.200	1325	41.685
casa de artesão (com loja, oficina, 2-3 vãos e telhado)	2.400	1325	83.370
"	3.600	1325	125.055
casa de mercador	7.920	1325	275.122
"	15.840	1325	550.244
casa com pátio	21.600	1325	750.332
casa de joalheiro (Londres, com sala, cozinha, copa e 2 quartos)	32.640	1365	1.004.661
celeiro grande com telhado	19.920	1309	768.425
construção de guarita de madeira (9 m), celeiro e ponte levadiça	3.840	1341	203.256
construção de guarita de pedra (12 x 5,4 m)	7.200	1313	275.803
torre em muralha de castelo	79.920	1375	2.720.953
"	94.800	1375	3.227.557
transepto da Abadia de Gloucester	187.440	1368	5.644.499

Aluguéis (anuais)

Item	d	ano	ñ	ñ/unidade
as 138 lojas na Ponte de Londres	38.448	1365	1.183.431	8.575

as 3 tavernas de Londres com privilégio de vender vinho temperado (hipocrás)	24.000	1370	683.534	227.844
cabana de camponês	60	séc. XIV	2.234	2.234
casa de artesão	240	séc. XIV	8.934	8.934
casa de mercador	480	séc. XIV	17.869	17.869
"	720	séc. XIV	26.803	26.803

Outras informações interessantes: no século XIV inglês, o dote de uma camponesa livre variava de 160 a 760 pence (6.000 a 28.000 ñ). Uma festa de casamento de um camponês rico custava em torno de 240 pence (9.000 ñ). Taxas pagas por servos a seus senhores para se casarem variavam, conforme suas posses, de 12 a 160 pence (450 a 6.000 ñ).

Século XV

Em 1464, o custo da Guerra das Rosas iniciada em 1455 entre as casas de York e Lancaster (principal inspiração para a série *Guerra dos Tronos* de G.R.R. Martin) levou Eduardo IV (r. 1461-1470 e 1471-1483) a nova quebra da moeda. O peso das moedas de prata foi reduzido de 15 para 12 grãos por penny (de 0,972 para 0,778 grama) e as moedas de ouro foram proporcionalmente reavaliadas para cima, o nobre a oito xelins e quatro pence (100 pence). Novas moedas foram introduzidas, o rial (*ryal* ou *rose noble*, por causa de uma rosa no navio no anverso) com um valor de dez xelins e o *angel*, assim chamado pela figura no anverso do arcanjo São Miguel lanceando um dragão, com o valor de 80 pence. Quando Eduardo IV retornou ao trono em 1471, após o breve segundo reinado de Henrique VI, as moedas de ouro antigas foram eliminadas e só o angel e o meio-angel (*angelet*) continuaram a ser cunhadas.

Denominação	Valor em d	Peso em gramas	Valor em ñ (1464-1488)
Unidades de conta (de prata)			
libra	240	187	10.560
xelim	12	9,3	528
Moedas de ouro			
rial	100	7,0	4.400
angel	80	5,2	3.520
½ noble	50	3,5	2.200

½ angel ou angelet	40	2,6	1.760
Moedas de prata			
groat	4	3,12	176
half groat	2	1,56	88
penny	1	0,78	44
halfpenny	½	0,39	22
farthing	¼	0,20	11

O dote da filha de um escudeiro (pequena nobreza) girava em torno de 16 mil pence (746.000 ñ) e o dote da filha de um barão (aristocracia) era da ordem de mil libras (11.000.000 ñ). O funeral de uma pessoa de importância custava o equivalente a um ano de renda. O funeral básico de um cavalheiro, incluindo toque de sinos, padre e banquete, custava 7 libras em 1497 (105.500 ñ). O do bispo de Mitford, em 1407, custou 130 libras (1.290.000 ñ) e atraiu 1.450 convidados. Os ganhos de um jurista (*serjeant-at-law*) era de 300 libras por ano (3.540.000 ñ, 9.800 ñ por dia) em 1455. Um costureiro ganhava 5 pence por dia (207 ñ) em 1407.

O arrendamento de um castelo e colégio em Tattershall custava 450 libras por ano (4.980.000 ñ, 13.800 ñ por dia) em 1434-1446.

Preços na Inglaterra do século XV

Item	Unidade original	d	ano	Unidade atual	ñ
velas de cera	libra	6,5	1406	kg (ou dúzia)	638
velas de sebo	libra	1,5	séc. XV	kg (ou dúzia)	160
congro salgado	unidade	6	1422	unidade	287
castelo e colégio em Tattershall	ano	108.000	1434	unidade	4.976.416
capela memorial para o conde de Warwick	unidade	595.440	1439	unidade	24.574.552
efígie de bronze em tumba dourada	unidade	96.000	1439	unidade	3.962.040
armadura de Milão	unidade	2.000	1441	unidade	89.285
armadura de escudeiro	unidade	1.200	1441	unidade	53.571
"	unidade	1.640	1441	unidade	73.214
alimentação da casa de um cavaleiro ou mercador	ano	7.200	séc. XV	dia	932
"	ano	24.000	séc. XV	dia	3.108
limpar uma fossa numa cidade	unidade	80	séc. XV	unidade	3.730
pá	unidade	3	1457	unidade	150
machado	unidade	5	1457	unidade	249
verruma	unidade	3	1457	unidade	150

roca de fiar	unidade	10	1457	unidade	500
cuba	unidade	4	1457	unidade	200
barril	unidade	3	1457	unidade	150
garrafa	unidade	4	1457	unidade	200
baldes	2	12	1457	unidade	300
lençol	unidade	4	1457	unidade	200
colchão	unidade	2	1457	unidade	100
travesseiros	4	4	1457	unidade	50
tábuas para cama	3	4	1457	unidade	67
mesa	unidade	6	1457	unidade	299
cadeira	unidade	3	1457	unidade	150
arca com conteúdo	unidade	26	1457	unidade	1.297
arca	unidade	6	1457	unidade	300
barril para limpar cota de malha	unidade	9	1467	unidade	502
sapatos	par	4	1470	par	230
botas	unidade	6	1470	unidade	345
bolsa	unidade	1,5	1470	unidade	86
chapéu	unidade	10	1470	unidade	575
"	unidade	14	1470	unidade	806
livros	7	1.200	1479	unidade (média)	10.767
seda	jarda	120	séc. XV	metro	6.119
"	jarda	144	séc. XV	metro	7.342
lã tingida, marrom ou vermelha	jarda	72	1479	metro	4.946
guarnição de peles	unidade	240	séc. XV	unidade	11.190
"	unidade	720	séc. XV	unidade	33.569

Escócia

O primeiro rei escocês a cunhar moeda própria foi Davi I (r. 1124-1153), cujos pennies foram semelhantes aos do contemporâneo rei Estêvão da Inglaterra. Meios pennies e farthings foram cunhados a partir de 1280.

No reinado de Davi II (r. 1329-1371) foram cunhadas a partir de 1357 a primeira moeda de ouro, o *noble* de 80 pence e as primeiras moedas de prata de maior tamanho, o *groat* de 4 pence e o *half groat* de 2 pence, todas originalmente semelhantes e equivalentes às moedas inglesas de mesmo nome. Dez anos depois, porém, o groat sofreu a primeira redução, para 3,95 gramas, afastando-se pela primeira vez do padrão inglês. Já em 1373, os groats escoceses de 4 pence eram avaliados na Inglaterra como equivalentes a 3 pence locais.

Denominação	Valor em d	Peso em gramas 1357	Valor em ñ (1357)
Unidades de conta (de prata)			
libra	240		8.160
marco	160		5.440
xelim	12		408
Moedas de ouro			
noble	80	7,8	2.720
Moedas de prata			
groat	4	4,66	136
half groat	2	2,33	68
penny	1	1,17	34
halfpenny	½	0,58	17
farthing	¼	0,29	8,5

Sob Roberto II (r. 1371-1390) os pesos se mantiveram, mas sob Roberto III (r. 1390-1406) o groat foi reduzido para 2,97 gramas. Além disso, o noble, reavaliado a 92 pence, deixou de ser cunhado, e veio uma nova moeda de ouro, o leão *(lion)* ou coroa *(crown)* de 3,87 gramas, 22 quilates e valor nominal de 60 pence, equivalente à metade do noble inglês e acompanhado por um meio leão *(demi lion)* ou meia coroa *(half crown)*, equivalente a um quarto de noble. Em 1403, a escassez de metais preciosos levou à redução do peso das moedas de ouro e prata. Os groats pesavam 2,6 a 2,9 gramas e valiam a metade dos groats ingleses de seu tempo.

Com Jaime I, o peso do groat caiu para 1,94 a 2,33 gramas, o valor nominal subiu para 6 pence e o peso caiu para 2,33 gramas. A moeda de ouro equivalente a meio noble passou a se chamar *demy* e pesar 3,50 gramas, com o valor de 108 pence. Curiosamente, a moeda equivalente a um quarto de noble foi chamada *half demy* (literalmente, "meio meio").

A primeira cunhagem de Jaime II (r. 1437-1460) teve as mesmas características, mas em 1451 houve uma reorganização pela qual o peso do groat cresceu para 3,88 gramas. O valor subiu primeiro para 8 pence, e a moeda de ouro, que voltou a se chamar *lion*, a 80 pence; em 1456, esses valores passaram, respectivamente, para 12 pence e 120 pence.

Denominação	Valor em d (1456)	Peso em gramas	Valor em ñ (1456)
Unidades de conta (de prata)			
libra	240		3.600
marco	160		2.400
xelim	12		180
Moedas de ouro			
leão	120	3,43	1.800
meio leão	60	1,72	900
Moedas de prata 92,5%			
groat	12	3,88	180
half groat	6	2,33	90
Moedas de bolhão			
penny	1	0,75	15
halfpenny	½	0,37	7,5

Jaime III (r. 1460-1488) fez as primeiras moedas com retratos realistas fora da Itália. Em 1467, determinou que o groat inglês valia 16 pence, o groat escocês 12 e o penny inglês 3 pence escoceses. No ano seguinte, o groat escocês passou a 14 pence e o penny inglês a 4 pence. Em 1475, foram cunhados groats de 12 pence e 2,59 gramas, e o demy passou a valer 160 pence. Em 1483, cunhou-se groats de 3,11 gramas e 14 pence e uma nova moeda de ouro foi ordenada, com o peso do rose noble inglês (7,8 gramas) e o valor de 420 pence. Com Jaime IV (r. 1488-1513) não houve novas mudanças.

França

No início da Baixa Idade Média, a libra francesa redefinida por Hugo Capeto se dividia em 20 soldos (*sols* do século XII ao XVII, *sous* em francês moderno) e 240 dinheiros (*deniers*) Com a desintegração feudal, cada ducado passou a cunhar seu próprio *denier*, e a redução gradual do peso e conteúdo de prata das moedas seguiu ritmos diferentes em cada região. Originalmente de prata quase pura, os dinheiros passaram a ter seu teor de prata medido em *deniers* de prata pura por *sou*, ou seja, em frações de 1/12 e *grains*, frações de 1/288. Assim, uma moeda de sete *deniers* ou *septena* era feita de prata com teor 7/12 (58,3%) e uma moeda de 10 deniers e 12 grains equivalia a 10,5 deniers ou 87,5%. Em algumas regiões, o dinheiro era, por sua vez, dividido em dois óbolos (*oboles*) ou mealhas (*mailles*), cunhados até 1322, e quatro *pites, poises, poitevines* ou *pougeoises* (de Le Puy-en-Velay, Auvergne, cujo bispo emitiu dinheiros com a metade do valor usual em outras regiões) cunhadas até a época de Luís IX. Na contabilidade, usou-se também o *semi-pite*, meio *pite* ou 1/8 de dinheiro.

Para comparar moedas de diferentes localidades e como base da divisão do metal em peças, usou-se a partir de 1090 o marco (unidade de peso) de Paris ou de Troyes, de 244,75 gramas ("marco de Tria" em português medieval), metade da libra de Paris de 489,5 gramas[52] e dois terços da libra de Troyes de 367,13 gramas adotada por Hugo Capeto no final do século X.

Havia vários padrões monetários. O mais importante até o século XII foi a libra de Paris ou *livre parisi*, usada nos domínios reais. Sua evolução do tempo de Carlos Magno até a Baixa Idade Média está resumida abaixo. Nesses 472 anos, a inflação anual média foi de 0,3% em termos de conteúdo de prata e 0,4% em poder aquisitivo.

período		dinheiro		Conteúdo em gramas de prata			Poder aquisitivo aproximado em ñ		
		peso (g)	teor	libra	soldo	dinheiro	libra	soldo	dinheiro
794	877	1,71	98,0%	400,80	20,04	1,6700	28.880	1.440	120
885	987	1,65 (*)	98,0%	465,12	19,38	1,6150	28.880	1.200	100
987	1060	1,53	83,3%	305,60	15,28	1,2733	19.200	960	80
1060	1090	1,38	66,7%	220,55	11,03	0,9189	14.440	720	60
1090	1108	1,34	58,3%	187,02	9,35	0,7793	12.000	600	50
1108	1180	1,26	50,0%	151,02	7,55	0,6293	9.600	480	40
1180	1226	1,22	39,5%	115,56	5,78	0,4815	6.690	335	28
1226	1266	1,21	37,2%	108,00	5,40	0,4500	3.929	196	16

(*) neste período, a libra foi dividida em 24 soldos e 288 dinheiros; nos demais, em 20 soldos e 240 dinheiros

Mais tarde, o padrão mais importante foi a libra de Tours ou *livre tournois* (em português, "libra tornesa") originada da abadia de São Martinho dessa cidade e usada nos domínios angevinos, vassalos do rei da Inglaterra e também no Hainaut e Borgonha. Uma libra parisi

---

52 Do século XIX até os anos 1960, especialistas acreditaram que a libra de Paris era a libra carolíngia original e os dinheiros originais tinham um peso teórico de 2,04 gramas. Estudos de 1965-1967 demonstraram que a libra de Carlos Magno tinha 409 gramas; a libra de 489 gramas surgiu mais tarde.

equivalia a 5/4 de libra tornesa, ou 300 dinheiros torneses (dt) em 1203, quando o rei francês Filipe II Augusto derrotou o inglês João sem Terra e apoderou-se do Anjou e da Touraine. Os dinheiros e a libra de Tours passaram a ser usados também nos domínios reais.

Em 1262, o rei Luís IX decidiu fazer da libra tornesa o seu padrão monetário (provavelmente por facilitar a redução de diferentes moedas a um denominador comum) e assim permaneceu até a revolução francesa, embora *deniers* e *doubles* parisis continuassem a ser cunhados até o século XIV e a libra parisi continuasse a ser usada como moeda de conta local no norte (Flandres e Artois) até 1667, quando seu uso foi proibido. A partir de 1360, a libra tornesa foi também chamada popularmente de franco (*franc*), nome oficializado pelo governo revolucionário republicano em 1795. A evolução de seu valor até o século XVI está demonstrada abaixo. Na média desses 401 anos, a inflação foi de 0,4% ao ano.

período		Conteúdo em gramas de prata			Poder aquisitivo aproximado em ñ		
		libra	soldo	dinheiro	libra	soldo	dinheiro
1113	1158	83,03	4,15	0,3459	5.760	288	24
1158	1222	88,56	4,43	0,3690	5.760	288	24
1222	1226	81,14	4,06	0,3381	3.087	154,4	12,86
1226	1285	79,74	3,99	0,3323	2.755	137,8	11,48
1285	1313	81,99	4,10	0,3416	2.707	135,4	11,28
1313	1321	76,32	3,82	0,3180	1.815	90,7	7,56
1321	1344	64,85	3,24	0,2702	1.981	99,0	8,25
1344	1364	44,24	2,21	0,1843	1.391	69,6	5,80
1364	1380	42,12	2,11	0,1755	1.291	64,5	5,38
1380	1422	31,59	1,58	0,1316	1.225	61,3	5,11
1422	1461	25,29	1,26	0,1054	1.165	58,3	4,85
1461	1483	22,10	1,10	0,0921	1.245	62,3	5,19
1483	1497	20,12	1,01	0,0838	1.135	56,8	4,73
1497	1514	17,64	0,88	0,0735	1.019	50,9	4,24

Em 1080, o senhor de Uxelles, na Borgonha, deu ao abade de Cluny um manso (10 hectares) em troca de uma cota de malha no valor de 100 sous (cerca de 72.000 ñ).

Por volta de 1200, um cavaleiro a serviço de João Sem-Terra ganhava 8 soldos torneses (cerca de 2.304 ñ) por dia, e um infante, um soldo (cerca de 288 ñ).

Em 1250, a renda anual de um cavaleiro era 160 libras (440.800 ñ, 1.224 ñ por dia). A receita da coroa francesa era 250 mil libras (689 milhões de ñ).

Luís IX

Influenciado pelas moedas árabes que conhecera na sétima cruzada e pelas inovações das cidades-estados italianas, Luís IX fez cunhar a partir de 1266 o *gros* francês, com 4,22 gramas, quase o dobro do peso do *grosso* italiano, no valor de 12 dinheiros franceses, um soldo ou 1/20 da libra tornesa de 84,4 gramas de prata de 23 quilates. Também fez cunhar em 1270 o *denier d'or à l'écu*, ou simplesmente écu (escudo), moeda de ouro no valor de meia libra tornesa, dez soldos ou 120 dinheiros, também com peso de 4,22 gramas, equivalente ao dinar árabe.

Foram ainda cunhadas moedas reais segundo o padrão *toulousain* ou *tolza* a partir da anexação de Toulouse, decorrência da destituição da família Trencavel, protetora dos hereges cátaros, após sua derrota na Cruzada Albigense e o casamento forçado da filha do último conde com o irmão de Luís IX. Um *denier toulousain* valia dois dinheiros torneses.

Denominação	Valor em dt	Peso em gramas	Valor em ñ c. 1270
Unidades de conta (de prata ou bolhão)			
livre parisis	300	105,5	3.600
libra tornesa (*livre tournois*)	240	84,4	2.880
soldo (*sou*) parisis	15	5,3	180
soldo (*sou*) tornês	12	4,2	144
Moedas de ouro			
escudo (écu)	120	4,2	1.440
Moedas de prata (95,83%)			
grosso (*gros*)	12	4,2	144
angevino (*angevin*)	7,5	2,6	90
Moedas de bolhão (58,3%)			
dinheiro (denier) toulousain	2	1,2	24
óbolo (obole) toulousain	1	0,6	12
Moedas de bolhão (36%)			
dinheiro (denier) parisi	1,25	1,2	15
óbolo (obole) parisi	0,625	0,6	7,5

pite parisi	0,3125	0,3	3,75
Moedas de bolhão (29,9%)			
dinheiro (denier) tornês	1	1,2	12
óbolo (obole) tornês	½	0,6	6
pite tornês	¼	0,3	3

Os vassalos do rei continuavam a cunhar suas próprias moedas feudais, não necessariamente segundo o mesmo padrão das moedas reais. Filipe VI decretaria um monopólio real da cunhagem em 1346, mas essa lei só se impôs de fato depois de Carlos VIII anexar o ducado da Bretanha aos domínios reais pelo casamento, em 1491.

Filipe IV

Filipe IV, o Belo (r. 1285-1314), fez cunhar vários tipos diferentes de moedas, de ouro, prata e bolhão, para financiar suas guerras e reformas administrativas e provocou um processo inflacionário. Em 1290, iniciou a cunhagem regular de moedas francesas de ouro com o *petit royal assis* ("pequena figura real sentada") ou florim de ouro praticamente puro, de peso igual ao florim florentino e com valor nominal de meia libra tornesa (120 dt). Foi a primeira moeda a representar a figura do soberano na Europa Ocidental desde o fim do Império Romano.

Em 1295, começou a cunhar o *double* (duplo), moeda de bolhão de dois dinheiros, e o *demi double* (meio duplo) de um dinheiro, ambas com peso e conteúdo de prata menor do que seu valor nominal indicava. Em 1296 cunhou moedas de meio grosso, chamadas *mailles* ou *oboles blanches* (de prata) para distinguir-se das *mailles* ou *oboles noires* (frações do denier, de bolhão) e uma moeda de ouro conhecida como *masse d'or* com peso e valor nominal de dois florins, então 300 dinheiros torneses, mas de ouro de 22 quilates (91,7%). Isso a tornava mais dura e resistente, daí ser também chamada de *royal dur*, mas reduzia seu conteúdo em ouro.

Essas medidas não agradaram aos súditos, que começaram a chamar o rei de "moedeiro falso". Essa reputação foi piorada nos anos seguintes, com a cunhagem de *doubles* e *grosses* ainda mais aviltados a partir de 1303 e a tentativa de substituir os dinheiros *parisis* por dinheiros *bourgeois* (com o mesmo teor de prata dos torneses) em 1311, revertida por seu sucessor.

Alguns preços no final do século XIV

Item	Unidade Original	valor	ano	Unidade atual	ñ
cavalo (de carroça)	Unidade	3 libras 10 soldos	1295	unidade	8.904
navio	Unidade	1200 libras	1295	unidade	162.480
"	Unidade	600 libras	1295	unidade	81.240
ajudante de pedreiro	semana de 5 dias	59 dinheiros	1299	dia	133
montador de andaimes	semana de 5 dias	72 dinheiros	1299	dia	162
pedreiro	semana de 5 dias	9 soldos e 8 dinheiros 2/3	1299	dia	262
mestre pedreiro	Dia	2 soldos	1299	dia	271
canteiro (homem ou mulher)	semana de 5 dias	10 soldos	1299	dia	270
marinheiro do rei	Mês	40 soldos (*)	1300	dia	180
trigo (Paris)	100 kg	7 soldos	1300	kg	9,4
"		20 soldos		kg	27
carne de porco (Paris)	100 kg	12 soldos	1300	kg	16
"		16 soldos		kg	22

(*) mais alimentação

Também em 1303, foi cunhada uma nova moeda de ouro de dois florins, a *chaise d'or*, desta vez de ouro puro e valor nominal de 600 dinheiros torneses, dada a desvalorização das moedas menores. Seguiram-se o *mantelet d'or* de 1305 com a metade desse peso e valor; o *denier à la reine* em 1305-1309, com dois terços do peso e valor da *chaise*; e o *agnel d'or* em 1311, com 60% do peso da *chaise* e valor nominal de 240 dinheiros torneses.

O preço do marco de prata subiu de 648 para até 810 dinheiros em seu reinado, um aumento de 25%. Além de inflacionar a moeda para obter fundos, o rei também confiscou bens de abadias e lançou impostos sobre a Igreja a partir de 1292. Iniciou um conflito com o Vaticano que terminou com a eliminação dos papas Bonifácio VIII e Bento XI e o virtual cativeiro de Clemente V, forçado a se mudar de Roma para Avinhão e transformado em títere do rei. O passo seguinte foi expulsar os judeus em 1306 e obrigar os súditos a pagarem aos cobradores da coroa os juros e amortizações devidos até então a eles. Em 1312, Filipe IV fez o Papa abolir a Ordem dos Templários e extinguir seu sistema bancário para apoderar-se de suas propriedades, além de obter dele a canonização de seu avô Luís IX como "são Luís".

Falta de escrúpulos à parte, essas manobras, além de ajudá-lo a obter vitórias militares e políticas, fizeram parte de um processo de modernização e centralização que, além de reforçar o poder da monarquia, instituiu uma administração mais estável e profissional.

Denominação	Valor em dt	Peso em gramas	Valor em ñ c. 1296
Unidades de conta (de prata ou bolhão)			
libra tornesa (*livre tournois*)	240	84,4	2.400
soldo (*sou*) tornês	12	4,2	120
Moedas de ouro			
masse d'or (1296-1303)	300	7,06	2.400
petit royal ou *florin d'or* (1290-1291)	150	3,547	1.200
Moedas de prata (95,83%)			
grosso (*gros tournois*)	13,33	4,2	106
petit tournois ou *maille blanche demie*	6,67	2,1	53
maille blanche tierce	4,44	1,4	36
Moedas de bolhão			
double parisi	2,5	1,5	20
demi-double parisi	1,25	0,75	10
double tornês	2	1,44	16
demi-double tornês	1	0,72	8
dinheiro (*denier*) parisi	1,25	1,1	10
óbolo (*obole* ou *maille*) parisi	0,625	0,5	5
dinheiro (*denier*) tornês	1	1,0	8
óbolo (*obole* ou *maille*) tornês	½	0,5	4

Século XIV

Os sucessores de Filipe IV continuaram a cunhar moedas de ouro de vários nomes, tamanhos e feitios (3,4 a 8,15 gramas, 180 a 900 dinheiros). A partir de 1347, o nome mais comum passou a ser écu (escudo), moeda, de 4,53 gramas e 200 dinheiros (c. 1.200 ñ) ao ser cunhada por Filipe VI, valor nominal aumentado para 225 em 1351.

Também em 1351, começou a se cunhar uma moeda chamada *denier blanc* ou simplesmente *blanc*, "dinheiro branco", por ser feito com 37,5% da prata (depois 33%), em contraste com os "dinheiros pretos" tradicionais, com 2,3% de prata. Tinha 1,7 grama e valor inicial de 7,5 dinheiros torneses. Após vários ajustes, a partir de 1355, a moeda conhecida como *blanc* valia 10 dinheiros e circulava ao lado de um *demi-blanc* com a metade desse peso e valor.

Os primeiros francos foram cunhados em Compiègne em 1360, para libertar o rei João II, o Bom, capturado em 1356 na Batalha de Poitiers, uma das mais importantes da Guerra dos 100 Anos (1337-1453). O rei inglês Eduardo III exigiu três milhões de libras (cerca de 4 bilhões de ñ) de resgate, o equivalente a dois anos de receita da França. Para atendê-lo, o rei fez cunhar uma moeda oficialmente denominada *franc d'or* e conhecido como *franc à chéval* ("rei franco a cavalo") pela figura no anverso com a inscrição *Rex Francorum* ("rei dos francos"), mas com o duplo sentido de *franc*, "livre", dada sua finalidade. O rei foi libertado após pagar uma primeira parcela de 300 mil francos ou libras, mas não pôde reunir o restante e se entregou aos ingleses para morrer no cativeiro. Em 1365, uma moeda do mesmo peso e valor foi cunhada com a imagem do novo rei Carlos V, representado caminhando sob um dossel e chamada *franc à pied*. Desde então, o franco se tornou um sinônimo popular da libra tornesa de 240 dinheiros.

Denominação	Valor em dt	Peso em gramas	Valor em ñ c. 1365
Unidades de conta (de prata ou bolhão)			
libra tornesa (*livre tournois*)	240	42,2	1.200
soldo (*sou*) tornês	12	2,1	60
Moedas de ouro			
franc d'or	240	3,88	1.200
Moedas de prata (95,83%)			
blanc a l'étoile	30	5,1	150
grosso (*gros tournois*)	15	2,9	75
Moedas de bolhão			
blanc	10	4,53	50
obole d'argent	7,5	3,1	37,5
demi-blanc	5	2,55	25
double parisi	2,5	1,46	12,5
double tournois	2	1,33	10
denier parisi (37,5%)	1,25	1,11	6,25
denier tournois (31%)	1	1,11	5
obole	½	0,55	2,5

Outros valores do século XIV: em 1348, o papa Clemente VI comprou a cidade de Avinhão por 80 mil florins (125 milhões de ñ) e em 1357, seu sucessor Inocêncio VI pagou 40 mil escudos de resgate a Arnaud de Cevole, chefe mercenário a serviço do rei da Inglaterra que assediava a cidade (56 milhões de ñ). O resgate do condestável da França Bertrand du Guesclin, capturado pelos ingleses em 1364, custou 100 mil libras (123 milhões de ñ), pagas 40% pelo rei e 60% por Guy XII de Laval. A construção do porto militar de Honfleur, 1391-1401, custou 50 mil francos (59 milhões de ñ).

Alguns salários do século XIV

Item	unidade	valor	dt	ano	unidade	ñ
visita de cirurgião	unidade	12 soldos	144	1348	unidade	942
marinheiro do rei	mês	30 soldos	360	1346	dia	79
"	dia	24 dinheiros	24	1346	dia	158
"	mês	100 soldos	1.200	1369	dia	184
carreteiro	ano	7 libras	1.680	1351	dia	27
pedreiro	dia	2 soldos 6 dinheiros	30	1400	dia	134
ajudante de pedreiro (Paris)	dia	16 dinheiros	16	1350	dia	93
"	dia	20 dinheiros	20	1350	dia	117
"	dia	2 soldos	24	1400	dia	107
ajudante de pedreiro (mulher)	dia	12 dinheiros	12	1350	dia	70
"	dia	5 dinheiros	5	1400	dia	22
mão de obra não especializada	dia	7 dinheiros	7	1400	dia	31
"	dia	2 soldos	24	1400	dia	107
" (Lyon)	dia	1 soldo	12	1400	dia	53
camareiro ou camareira	ano	30 soldos (*)	360	1351	dia	6

(*) mais comida, roupas e calçados

Alguns preços do século XIV

Item	unidade	valor	dt	ano	unidade	ñ
galera	unidade	424 libras tornesas	101.760	1347	unidade	670.244
"	unidade	211 libras tornesas	50.640	1347	unidade	333.541

cinto do rei	unidade	700 escudos de ouro	168.000	1352	unidade	950.231
cinto de ouro (587 gramas)	unidade	136 francos 3 soldos 6 d parisis	32.693	1397	unidade	160.488
manto para o Delfim	unidade	589 libras 16 soldos parisis	176.940	1352	unidade	1.000.797
manto de nobre	unidade	150 escudos	36.000	1352	unidade	203.621
"	unidade	80 soldos	960	1352	unidade	5.430
escarlate	vara	40 soldos	480	1352	metro	2.285
"	vara	50 soldos	600	1352	metro	2.856
estivaux (botins) para o rei	par	32 soldos	384	1352	par	2.172
sapatos de nobre	par	31 libras 4 soldos parisis	9.360	1352	par	52.941
sapatos	par	3 soldos 6 dinheiros	42	1400	par	187
chapéu	unidade	8 dinheiros	8	1400	unidade	36
banho de água morna	unidade	4 dinheiros	4	1380	unidade	20
banho de vapor (estufa)	unidade	4 dinheiros	4	1380	unidade	20
"	unidade	2 dinheiros	2	1380	unidade	10
aluguel de toalha para banho	unidade	1 dinheiro	1	1380	unidade	5
pão	unidade	1 dinheiro	1	1380	unidade	5
pão branco	unidade	1 dinheiro	1	1400	unidade	4
pão	libra	1 dinheiro 1 óbolo	1,5	1400	kg	14
carne de boi	libra	9 dinheiros	9	1400	kg	82
farinha	sesteiro	20 soldos torneses	240	1400	kg	12
amêndoas	libra	14 dinheiros	14	1400	kg	127
velas	libra	3 soldos 4 dinheiros	40	1400	kg ou dúzia	364
tocha	libra	3 soldos	36	1400	kg ou par	328
carvão vegetal	saco	10 soldos	120	1400	saco	535
capão	unidade	2 soldos	24	1400	unidade	107
frango	unidade	12 dinheiros	12	1400	unidade	53

cabrito	unidade	4 soldos	48	1400	unidade	214
gansinho	unidade	3 soldos	36	1400	unidade	160
pombo	unidade	10 dinheiros	10	1400	unidade	45
trigo polido	libra	8 dinheiros	8	1400	kg	73
arroz	libra	1 soldo	12	1400	kg	109
doces (galettes)	100	8 dinheiros	8	1400	100	36
gofre (waffle) recheado	18	3 soldos	36	1400	18	160
hipocrás (vinho temperado)	quarta (3,2 l)	10 soldos	120	1400	litro	168
pimenta-longa (*Piper longum*)	1/8 de libra	4 soldos	48	1400	kg	3.496
canela	½ libra	5 soldos	60	1400	kg	1.093
açafrão	onça	3 soldos	36	1400	kg	5.244

Século XV

Em 1420, a Inglaterra esteve perto de encerrar definitivamente a Guerra dos 100 Anos a seu favor, pois tomou Paris e todo o norte da França e forçou Carlos VI a deserdar seu filho e declarar o rei inglês seu herdeiro. Dois anos depois, ele e Henrique V da Inglaterra morreram e os ingleses esperaram que o recém-nascido Henrique VI herdasse as duas coroas. Entretanto, Carlos VII recusou-se a aceitar o arranjo, resistiu em Bourges e reconquistou seu reino com a ajuda de Joana d'Arc, chegando à vitória definitiva em 1453. As moedas usadas nesse período foram as seguintes:

Denominação	Valor em dt	Peso em gramas	Valor em ñ c. 1435
Unidades de conta (de prata ou bolhão)			
libra tornesa (*livre tournois*) ou franco	240	25,29	1.200
soldo (*sou*) tornês	12	1,26	60
Moedas de ouro			
royal (ouro puro)	300	3,82	1.500
écu à la couronne (20 quilates)	270	3,64	1.350
chaise (16 quilates)	240	3,60	1.200
mouton (19 quilates)	180	2,55	900
Moedas de prata (95,8%)			
grosso de prata (*gros d'argent*)	20	2,8	100
grosso de prata (*gros d'argent*)	15	2,0	75

Moedas de bolhão			
grosso (gros) (39,6%)	14	3,6	70
grosso (gros) (33%)	12	2,7	60
blanc (33%)	10	3,1	50
petit blanc (33%)	5	1,9	25
double parisi	2,5	2,0	12,5
double ou pataque	2	2,0	10
denier parisi	1,25	1,0	6,25
denier tournois	1	1,0	5
obole	½	0,5	2,5

O grosso de prata de 3,6 gramas de 95,8% voltou a ser cunhado a partir de 1456 com o valor de 30 dinheiros, passando a 33 em 1461 com nova quebra do padrão monetário. Um novo tipo de moeda de bolhão, o *liard* (aparentemente de um termo dialetal para "cinzento") ou *hardi*, cunhado no Delfinado desde o século XIV e com o valor de três dinheiros torneses, foi emitido em outras partes do reino a partir do reinado de Luís XI (r. 1461-1483) e se tornou parte do sistema monetário por séculos. Outra moeda de bolhão, o *karolus*, de dez dinheiros, foi cunhada por Carlos VIII (r. 1483-1498) e descontinuada pelos sucessores, mas continuou a ser popularmente usado por muito tempo para se referir a essa quantia.

Na segunda metade do século XVI, a autoridade dos reis da França se consolidou com a derrota e morte do duque da Borgonha Carlos I, o Temerário, em 1477. A partilha de seus estados entre a França e os Habsburgos reduziu o poder dos grandes senhores feudais e fortaleceu as grandes casas reais. Luís XI pagou 150.000 florins (300 milhões de ñ) aos suíços, mais 10.000 por ano (20 milhões de ñ) para apoderar-se da Borgonha propriamente dita, mas em 1493 a perdeu para seu rival Maximiliano da Áustria.

Moedas francesas especificadas na Ordenação de 4 de janeiro de 1470 de Luís XI

Denominação	Valor em dt	Peso em gramas	Valor em ñ c. 1470
Unidades de conta (de prata ou bolhão)			
libra tornesa (*livre tournois*) ou franco	240	22,1	1.200
soldo (*sou*) tornês	12	1,1	60
Moedas de ouro			
royal e franc d'or	360	3,77	1.800

écu d'or	330	3,40	1.650
mouton de Montpellier	180	3,35	900
demi écu	165	1,70	825
Moedas de prata (95,8%)			
grosso de prata (*gros d'argent*)	30	3,66	150
Moedas de bolhão			
grand blanc (37,5%)	10	3,0	50
petit blanc (37,5%)	5	1,5	25
liard ou *hardi* (37,5%)	3	1,0	15
double parisi	2,5	n/d	12,5
double ou *pataque*	2	n/d	10
denier parisi	1,25	n/d	6,25
denier tournois	1	n/d	5
obole	½	n/d	2,5

Moedas feudais e estrangeiras toleradas na Ordenação de 4 de janeiro de 1470 de Luís XI

Denominação	Valor em dt	Peso em gramas	Valor em ñ c. 1470
Moedas de ouro			
noble de Eduardo da Inglaterra	760	7,65	3.800
noble da Inglaterra	680	6,80	3.400
lion de Flandres	400	4,25	2.000
florim do Reno	385	3,35	1.925
florim novo de S. André (Borgonha)	384	3,35	1.920
bandas e henriques da Espanha	360	4,46	1.800
ridre de Flandres	360	3,61	1.800
ducados de Veneza, Milão e Roma	346	3,45	1.730
salut (anglo-francesa) e meio *noble*	340	3,35	1.700
escudos de Savoia, Provença, Avinhão e Bretanha	320	3,40	1.600
escudo de Béarn	300	3,35	1.500
escudo de Aragão	270	3,19	1.350
clincart de Guilherme (Holanda)	265	3,61	1.325
florim de Utrecht	255	3,19	1.275
piètre de Flandres e Brabante	250	3,29	1.250
dordre de Filipe (Dordrecht, Holanda)	200	3,29	1.000
florim do gato (Normandia) (*)	170	3,19	850
Moedas de prata e bolhão			
grosso da Bretanha	32	3,68	160
grosso da Inglaterra (*groat*) antigo	32	3,89	160
grosso de Flandres, Béarn, Inglaterra (*groat*) e Espanha (real)	25	3-3,5	125

grosso de Navarra	14	70
virelans de Flandres	12,5	62,5
outros grossos	11	55
targe (Bretanha)	11	55
double de Aragão	9	45
blanc de Béarn, Savoia, Lausanne, Provença e Milão	8	40
blanc de Navarra	5,5	27,5
quart de Savoia, Gênova, Provença e Delfinado	3	15
hardi de Morlans (Béarn)	2,5	12,5

(*) nome popular; era assim chamado por ter a figura de um leopardo

Preços do século XV: alimentos

Item	unidade	valor	dt	ano	unidade	ñ
trigo duro (*blé*)	sesteiro	16 soldos parisis	240	1414	kg	11
"	alqueire	16 soldos parisis	14	1462	kg	8
trigo macio (*froment*)	sesteiro	20 soldos parisis	300	1414	kg	15
"	alqueire	20 soldos parisis	16	1462	kg	10
aveia	sesteiro	16 soldos parisis	192	1411	kg	18
"	alqueire	16 soldos parisis	7	1462	kg	7
cevada	sesteiro	10 soldos parisis	150	1414	kg	9
"	alqueire	10 soldos parisis	7	1462	kg	5
"	4 alqueires	4 soldos 6 dinheiros	54	1498	kg	9
malte	4 alqueires	4 soldos	48	1498	kg	10
centeio	sesteiro	10 soldos parisis	150	1414	kg	7
pão de trigo macio	14 onças	4 dinheiros	4	1439	kg	41
pão de *méteil* (50% trigo, 50% centeio)	18 onças	4 dinheiros	4	1439	kg	32
pão *demie* (de meio dinheiro)	12 onças	½ dinheiro	0,5	1439	kg	6
pão *denrée* (de um dinheiro)	16 onças	1 dinheiro	1	1439	kg	9
pão *doublel* (de dois dinheiros)	24 onças	2 dinheiros	2	1439	kg	12

azeite de olivas	pinta	5 soldos parisis	75	1437	litro	360
óleo de zimbro	pinta	16 blancs	160	1438	litro	727
óleo de nozes	pinta	7 soldos	84	1419	litro	531
banha	½ pinta	4 blancs	40	1435	kg	462
mel	pinta	2 blancs	20	1437	litro	96
sal	sesteiro	72 soldos parisis	1.080	1417	kg	61
leite	pinta	11 dinheiros	11	1419	litro	70
queijo fresco	libra	3 soldos parisis	45	1419	kg	553
manteiga salgada	libra	8 blancs	80	1417	kg	905
ovos	centena	16 soldos parisis	240	1421	unidade	15
arenque fresco	unidade	10 dinheiros parisis	12,5	1434	unidade	61
arenque salgado (pequeno)	unidade	3,5 dinheiros parisis	3,5	1418	unidade	20
choco (pequeno)	unidade	3,5 blancs	35	1419	unidade	211
linguado	5 unidades	Um soldo	12	1419	unidade	14
especiarias	libra	5 soldos	75	1420	kg	972
amêndoas	libra	5 soldos parisis	75	1420	kg	972
cerejas	9 libras	1 blanc	10	1426	kg	11
figos	libra	4 dinheiros parisis	5	1442	kg	51
nozes	sesteiro	4 blancs	40	1438	kg	4
peras	25 unidades	4 soldos parisis	60	1418	unidade	14
maçãs	alqueire	2 blancs	20	1441	kg	19
alho	2 cabeças	4 dinheiros	4	1419	cabeça	12
favas	alqueire	2 soldos parisis	30	1423	kg	13
nabos	alqueire	2 doubles	4	1436	kg	2
cebolas (grandes)	6 unidades	4 dinheiros parisis	5	1443	unidade	5
ervilhas	alqueire	14 dinheiros	14	1436	kg	7
alho-poró	maço	1 dinheiro	1	1436	maço	5

Preços do século XV: tecidos e calçados

Item	unidade	valor	dt	ano	unidade	ñ
forro de lã	vara	14 soldos	168	1451	metro	702
fuste	vara	16 soldos parisis	240	1420	metro	1.281
sarja	vara	16 soldos parisis	240	1420	metro	1.281
pano de cânhamo e linho	vara	12 soldos parisis	180	1420	metro	961
calções	peça	40 soldos	480	1420	peça	3.045
pantufas	par	8 blancs	80	1418	par	454
sapatos de homem	par	10 soldos parisis	150	1418	par	852
sapatos de couro de Córdova	par	24 soldos parisis	360	1421	par	2.306
murça	unidade	6 soldos parisis	90	1411	unidade	475
bolsa	unidade	2 soldos 8 dinheiros	32	1411	unidade	169
bolsa de pele de cabra (chevrotin)	unidade	15 dinheiros parisis	18,75	1411	unidade	99

Alguns preços do século XV: armas, utensílios e itens diversos

Item	unidade	valor	dt	ano	unidade	ñ
navio baleeiro	unidade	225 libras	54.000	1415	unidade	293.812
"	unidade	70 libras	16.800	1415	unidade	91.408
brigandina de rebites dourados	unidade	48 libras 2 soldos 6 dinheiros	11.550	1447	unidade	59.956
brigandina de rebites prateados	unidade	30 libras 5 soldos	7.260	1447	unidade	37.686
corselete de brigandina	unidade	8 escudos	2.640	1465	unidade	14.137
camal (touca de cota de malha)	unidade	8 soldos parisis	120	1411	unidade	634
armadura de placas (*harnois blanc*)	conjunto	80 libras 10 soldos	19.320	1411	conjunto	93.502
"	conjunto	33 libras 12 soldos	8.064	1449	conjunto	39.375
adaga	unidade	4 soldos parisis	60	1411	unidade	317
adaga com cabo de buxo	unidade	2 soldos parisis	30	1411	unidade	158

esporas	par	2 soldos 8 dinheiros parisis	40	1411	par	211
garrafa	unidade	18 dinheiros	18	1419	unidade	108
faca	unidade	10 dinheiros	10	1411	unidade	53
frigideira de ferro	unidade	3 soldos parisis	45	1411	unidade	238
faca de rebite	unidade	30 dinheiros parisis	37,5	1411	unidade	198
tesoura	unidade	8 dinheiros	8	1411	unidade	42
tesoura de tosquiar	unidade	32 dinheiros parisis	40	1411	unidade	211
tesoura de tosar cavalos	unidade	12 soldos	144	1411	unidade	760
candelabro de latão	unidade	2 soldos 8 dinheiros	32	1411	unidade	169
barril	unidade	17 soldos parisis	255	1424	unidade	1.244
cobre (*airain*)	libra	6 dinheiros	6	1419	kg	74
latão (*potin*)	libra	5 dinheiros	5	1419	kg	61
estanho	libra	9 dinheiros	9	1419	kg	111
"	libra	10 dinheiros	10	1419	kg	123
velas	libra	7,5 blancs	75	1418	kg ou dúzia	870
gesso	saco	12 soldos parisis	180	1415	saco	979
carvão	saco	12 soldos parisis	180	1415	saco	979
lenha (toras médias)	cento	23 soldos parisis	345	1417	cento	1.911
rosário (*patenostre*) de âmbar	unidade	12 soldos	144	1411	unidade	760
quadro de Nossa Senhora	unidade	4 soldos parisis	60	1411	unidade	317
carta de indulgência (homem rico)	unidade	40 soldos parisis	600	1444	unidade	3.275
carta de indulgência (homem meio rico)	unidade	20 soldos parisis	300	1444	unidade	1.637
carta de indulgência (homem pobre)	unidade	2 soldos parisis	30	1444	unidade	164

Remunerações do século XV

item	período	valor	dt	ano	ñ	unidade	ñ
capitão da guarda do duque da Lorena	mês	30 florins	7200	1480	37.309	dia	1.244
capelão do duque da Borgonha	ano	400 francos	96000	1406	502.223	dia	1.395
capelão do rei da França	ano	500 francos	120000	1403	558.524	dia	1.551
cambista	escudo	2 dinheiros	2	1421	13	%	0,74%
carreteiro	dia	7 soldos 6 dinheiros	90	1488	444	dia	444
lixeiro	dia	7 soldos 6 dinheiros	90	1488	444	dia	444
escolta (em tempo de guerra)	légua	16 soldos parisis	240	1419	1.445	km	445
"	légua	20 soldos parisis	300	1419	1.806	km	556
guarda	mês	9 florins	2.160	1480	11.193	dia	373
vindimador	dia	2 blancs	20	1436	97	dia	97
"	dia	3 blancs	30	1436	145	dia	145
missa baixa (lida)	unidade	4 soldos parisis	60	1418	341	unidade	341
missa cantada	unidade	16 soldos parisis	240	1418	1.363	unidade	1.363
"	unidade	18 soldos parisis	270	1418	1.534	unidade	1.534
moleiro	sesteiro moído	8 blancs	80	1419	482	kg	4
"	sesteiro moído	8 soldos parisis	120	1420	761	kg	6
"	sesteiro moído	10 soldos parisis	150	1420	951	kg	8
operário	dia	2 soldos parisis	30	1444	164	dia	164
prostituta	cliente	2 blancs	20	1436	97	cliente	97

Flandres

A Flandres, correspondente a partes da Bélgica e norte da França, era parte do núcleo original do reino franco. Condado do Império Carolíngio, foi na maior parte incluída na França quando de sua partilha e tornou-se um polo comercial e têxtil de importância crescente na Baixa Idade Média.

Como em outras partes do Império Carolíngio, o dinheiro criado por Carlos Magno sofreu um processo de aviltamento, porém mais lento do que na vizinha Frísia. Na primeira metade do século XI, o dinheiro de Flandres ou *penning* pesava pouco menos de um grama de prata pura e em 1200, cerca de 0,42 grama de prata a 83%, com praticamente o mesmo conteúdo em prata que o dinheiro tornês da França (0,95 grama a 33%), com o qual esteve em paridade até o aviltamento da moeda francesa em 1290. O *penning* era dividido em 2 *mites* e 4 *punts*.

A primeira moeda de prata mais pesada foi o *cavalier d'argent* de 1269, com 2,5 gramas, resultando no seguinte sistema:

Denominação	Valor em d	Peso em gramas	Valor em ñ c. 1290
Unidades de conta (de prata ou bolhão)			
libra	240	100,8	2.880
soldo	12	5,0	144
Moedas de prata			
cavalier	6	2,5	72
duit	2	0,84	24
penning	1	0,42	12
Moedas de bolhão			
mite	½	1	6
punt	¼	0,5	3

O *cavalier* foi sucedido em 1290 pelo *turnose* ou *groot* de 3,79 gramas (derivado do *gros tournois* francês) de prata pura e 12 dinheiros, e em 1339 pelo *Leeuwengroot* (*Löwengroschen* em alemão, *gros de lion* em francês), "grosso do leão", inicialmente de 3,78 gramas de prata 66,7%, adotado simultaneamente pela Flandres e pelo vizinho Brabante. Além disso, em 1335 começaram a ser cunhadas as primeiras moedas de ouro flamengas. As primeiras foram imitações do florim de Florença, seguidas por outras de padrões franceses ou próprios. Ao todo, o conde Luís II de Mâle (r. 1346-1384) cunhou 15 tipos diferentes de moedas de ouro.

Em 1365, a Flandres adotou um *botdrager, plak, dubbele groot* ou *double gros* de 4,89 gramas de prata a 50%. A redução relativamente rápida do valor da moeda flamenga – 50% de 1337 a 1364, uma inflação média de 2,6% ao ano – não impediu suas moedas de circular nos condados vizinhos e substituir na Frísia as moedas locais tradicionais. O aviltamento atraía metal para ser cunhado no país e aumentava o volume de moeda em circulação.

Denominação	Valor em dt	Peso em gramas	Valor em ñ c. 1369
Unidades de conta (de prata ou bolhão)			
livre de quarante gros ou livre d'Artois (*)	240	84	1.440
Moedas de ouro (exemplos)			
mouton d'or	168	4,70	2.016
franc à chéval	162	3,86	1.944
Moedas de prata 62,5%			
double gros ou plak	12	4,89	72
grosso	6	2,10	36
meio grosso	3	1,12	18
Moedas de bolhão			
double mite	½	0,9	3
mite	¼	0,5	1,5

(*) equivalente à libra tornesa francesa, foi adotada como moeda de conta para simplificar transações com a França

O *double gros*, nesse período, equivalia a 24 mites do Flandres, 36 mites do Brabante, 8 pennings da Holanda, 12 dinheiros de Hainaut e 12 dinheiros torneses.

Borgonha e Países Baixos

Em 1004, o rei Roberto II da França anexou o ducado da Borgonha, que tinha sido parte do reino de Arles criado por Rodolfo II em 933. O restante do reino, incluindo a Provença e o condado da Borgonha (hoje Franco-Condado), tornou-se um reino do Sacro Império em 1032. O ducado e o condado da Borgonha se tornaram feudos separados, vassalos de diferentes monarcas até 1295, quando o conde Oto IV, casado com a sobrinha-neta de Luís IX da França, cedeu o condado como dote à sua filha Joana, que se casou em 1318 com o duque Eudes IV da Borgonha francesa. As duas Borgonhas foram assim unidas sob a mesma família, vassala do rei e do imperador ao mesmo tempo.

Na falta de herdeiros, a primeira Casa de Borgonha, um ramo colateral da dinastia dos Capetos, extinguiu-se em 1361 com a morte de Filipe I. Seus feudos reverteram ao rei da França, mas, dois anos depois, João II, da dinastia Valois que reinava na França desde 1328, os cedeu a seu filho Filipe II, o Audaz. Isso deu início a uma nova Casa de Borgonha, cujas quatro gerações, Filipe II (r. 1363-1404), João I (r. 1404-1419), Filipe III (r. 1419-1467) e Carlos III, o Temerário (r. 1467-1477), construíram por vias matrimoniais e militares um Estado mais rico e poderoso que os de seus suseranos.

O passo mais decisivo foi o casamento em 1369 de Filipe II com Margarida III, viúva de Filipe I e herdeira de Flandres, de Nevers, Rethel e Artois por parte de pai e do Brabante e Limburgo por parte de mãe, feudos ricos e estratégicos que, com a própria Borgonha, se estendiam dos dois lados da fronteira entre a França e o Sacro Império.

Com o duque Filipe III, o Bom, as aspirações da Casa de Borgonha a seu próprio reino se evidenciaram. A corte ducal virou as costas ao enfraquecido reino da França, que esteve a ponto de ser conquistado pelos ingleses e centralizou seu poder nos feudos dos Países Baixos. Em 1425-1428, conquistou a Holanda, Zelândia e Hainault. Em 1429 criou a Ordem do Tosão de Ouro para celebrar seu casamento e um aparato cerimonial e protocolar que superava em pompa os reis de seu tempo, enquanto construía um novo palácio em Bruxelas. Em 1437, herdou o Luxemburgo. O projeto não chegou a se realizar e os feudos da Casa de Borgonha nunca deixaram de ser tecnicamente vassalos da França ou do Sacro Império, mas o poder dessa casa ducal justifica tratá-la como um Estado à parte.

Parte do projeto de Estado foi a criação em 1434 de uma união monetária em seus domínios nos Países Baixos. Isso se fez por meio de um decreto conhecido como *Vierlander*, "Quatro Terras", referente a Flandres, Brabante, Hainaut e Holanda. A partir desse período, a contabilidade em dinheiros, flamengos (2 mites), brabantinos (2/3 do dinheiro flamengo) ou torneses (2 dinheiros flamengos), tendeu a cair em desuso nos domínios borgonheses, tanto por a variedade de "dinheiros" em circulação dar margem a confusão, quanto por serem de valor muito reduzido. A unidade monetária prática passa a ser o *gros* ou grosso, moeda comum às várias províncias, e as expressões "soldo" e "libra" a se referir a valores de 12 e 240 grossos, respectivamente.

Sobre os novos nomes de moedas, *stuiver* é "toco" em flamengo e *briquet*, "pedaço" em francês. *Patard* é uma alteração do provençal *patac*, derivado do italiano *patacca* e originalmente aplicado a moedas do tipo do grosso. O nome *courte* ("curta") para a moeda de 2 mites refere-se ao desenho da cruz que a marcava.

Denominação	Valor em gros	Peso em gramas	Valor em ñ c. 1434
Unidades de conta (de prata)			
libra flamenga (*livre de Flandre*) (*)	240		8.640
livre de quarante gros ou *livre d'Artois*	40		1.440
soldo flamengo	12		432
Moedas de ouro			
noble	96	6,80	3.456
gouden leeuw / lion d'or	60	4,15	2.160
gouden rijder / chevalier d'or / philippus (*)	48	3,50	1.728
½ *noble*	48	3,40	1.728
2/3 *gouden leeuw* / 2/3 *lion d'or (lioncel)*	40	2,77	1.440
½ *gouden rijder* / ½ *chevalier d'or* (*)	24	1,75	864
¼ *noble*	24	1,70	864
1/3 *gouden leeuw* / 1/3 *lion d'or*	20	1,38	720
Moedas de prata 100%			
dubbele stuiver	4	3,26	144
stuiver ou *briquet*	2	1,63	72
Moedas de prata 50%			
duplo grosso, *vierlander* ou *patard* (*)	2	3,4	72
grosso ou ½ *vierlander* (*)	1	1,7	36
meio grosso ou ¼ *vierlander* (*)	½	0,85	18
¼ grosso ou 1/8 *vierlander* (*)	¼	0,42	9
Moedas de bolhão			
duit	1/6	1,6	6
double mite ou *courte* (*)	1/12	1,2	3
mite (*)	1/24	0,8	1,5

(*) moedas citadas no decreto Vierlander

Em 1455, foi reduzido o conteúdo de prata do stuiver, a moeda mais importante no comércio. Em 1467, logo após herdar o ducado,

Carlos, o Temerário dispôs sobre a cunhagem de moedas, e em 1474, promoveu uma reavaliação, como demonstra o quadro abaixo:

Denominação	Valor em gros (1467)	Valor em gros (1474)	Peso em gramas	Valor em ñ c. 1467	Valor em ñ c. 1474
Moedas de conta					
libra	240	240		9.600	9.600
soldo	12	12		480	480
Moedas de ouro					
florim de Borgonha	42	48	3,40	1.680	1.920
meio florim	21	24	1,70	840	960
Moedas de prata 91,7%					
dubbele stuiver, *double patard* ou *double briquet* (*)	4	4½	3,18	160	180
Moedas de prata 50%					
stuiver, *patard*, *briquet* ou *double gros*	2	2¼	2,91	80	90
Moedas de bolhão					
grosso (37,5%) (*)	1	1	1,88	40	40
meio grosso (33%)	½	½	1,05	20	20
4 mites (22%)	1/6	1/6	0,76	6,7	6,7
double mite ou *courte* (3,8%)	1/12	1/12	1,20	3,3	3,3
mite (2,1%)	1/24	1/24	0,93	1,7	1,7

(*) o *double patard* equivalia ao *groat* inglês de 4 pence e o gros ao *penny*.

Com a morte de Carlos, o Temerário, em 1477, sua filha e herdeira Maria de Valois casou-se com Maximiliano de Habsburgo, filho do imperador Frederico III. Em nome da"lei sálica" que, adotada na França para bloquear as pretensões dos ingleses ao trono francês, vedava às mulheres a herança feudal, o rei Luís XI apoderou-se dos feudos em território francês, incluindo a Borgonha, o Flandres e o Artois, nos Países Baixos. Maximiliano considerava, porém, os Países Baixos como um domínio indivisível e marchou contra os franceses. Venceu a batalha de Guinegate em 1479 e pelo tratado de Arras de 1482 apoderou-se do Flandres, enquanto a França manteve o Artois e as duas Borgonhas. Em 1486, herdou também o Sacro Império Romano, embora só em 1508 fosse confirmado pelo papa como imperador Maximiliano I. Em 1493, após novo conflito com a França, Maximiliano obteve de Carlos VIII o Condado de

Borgonha, o Charolais e o Artois. Em 1494 Filipe chegou à maioridade, tornando-se senhor do que restou dos antigos domínios borgonheses, agora vassalos do Sacro Império.

Em 1487, Maximiliano havia reformado a cunhagem como demonstrado abaixo:

Denominação	Valor em gros (1487)	Peso em gramas	Valor em ñ c. 1487
Moedas de conta			
libra	240		5.760
soldo	12		288
Moedas de ouro 24 quilates			
réal d'or	432	14,83	10.368
noble d'or	216	7,42	5.184
florim de Borgonha	108	3,71	2.592
meio florim	54	1,85	1.296
Moedas de prata			
réal d'argent	18	7,20	432
double griffon	9	3,60	216
6 gros	6	3,06	144
double patard ou double briquet	5	3,18	120
griffon (prata 50%)	4½	3,35	108
patard ou briquet	2½	2,91	60
meio patard ou briquet	1¼		30
Moedas de bolhão			
3 gros (41,7%)	3	3,06	72
1½ grosso (33%)	1½	1,87	36
grosso (22%)	1	1,81	24
1/6 griffon (20,8%)	¾	1,24	18
meio grosso (22%)	½	0,91	12
1/12 griffon (20,8%)	3/8	0,83	9
¼ grosso ou gigot (22%)	¼	0,45	6
1/24 griffon (12,5%)	3/16	0,49	4,5
6 mites (5,2%)	¼	1,55	6
4 mites (3,8%)	1/6	1,21	4
double mite ou courte (2,1%)	1/12	0,91	2

O interesse de Maximiliano pela cunhagem abundante de novas moedas com seu nome, principalmente o *réal d'or*, de tamanho e valor insólito para a Europa do norte da época (mas logo imitado pela Inglaterra e Dinamarca), levou seus partidários nos Países Baixos a serem apelidados de *Monetanen*, em contraste com os *Philippinen*, que protestavam contra essa prática e consideravam Maximiliano um mero regente e seu filho Filipe, herdeiro da Casa de Borgonha, como seu senhor, fosse o suserano alemão ou francês.

Para ajudar a serenar os ânimos, as cunhagens seguintes referiram-se a Maximiliano como "pai de Filipe". A ordenação de 1489 determinou a cunhagem das seguintes moedas, com base em um grosso revalorizado:

Denominação	Valor em gros (1490)	Peso em gramas	Valor em ñ c. 1490
Moedas de conta			
libra	240		9.600
soldo	12		480
Moedas de ouro 24 quilates			
duplo florim de Santo André	80	5,47	3.200
Moedas de ouro 19 quilates			
florim de Borgonha	40	3,40	1.600
meio florim	20	1,70	800
Moedas de prata			
réal d'argent	9	7,20	360
grand double (98%)	8	6,28	320
double patard (83%)	4	3,71	160
griffon (50%)	2	3,35	80
patard (50%)	2	3,06	80
Moedas de bolhão			
grosso (41,7%)	1	1,80	40
meio grosso (33%)	½	1,11	20
quarto de grosso (25%)	¼	0,73	10
dinheiro (16,7%)	1/6	0,69	6,7
courte (4,17%)	1/12	1,07	3,3
mite (2,08%)	1/24	0,82	1,7

O *griffon* (grifo), ainda em circulação, foi reavaliado em 2 grossos e o *réal d'argent* (real de prata) em 9 grossos. Em 1491, as moedas de ouro foram reavaliadas em 20% e moedas de prata ligeiramente reduzidas em peso e conteúdo de prata. Em 1492, foi cunhado um florim reduzido a 3,26 gramas e 18½ quilates, conhecido como "florim de Cristo" e avaliado em 46 grossos.

Leão e Castela

Em 1028, Castela foi herdada pelo rei Sancho III de Navarra, que, ao morrer, em 1035, legou Castela a um de seus filhos, Fernando Sánchez[53]. Este venceu o rei de Leão em 1038 e apossou-se de sua coroa como Fernando I (r. 1038-1065), mas manteve Castela como mais um reino administrativamente separado.

Em 1085, Afonso VI (r. 1065-1109) conquistou o importante Emirado de Tulaytulah (Toledo) e com ele a primeira grande cidade árabe e a primeira casa da moeda nas mãos de cristãos ibéricos. Ali se cunharam as primeiras moedas castelhano-leonesas. Inicialmente foram dirrãs árabes, mas já em 1088 existiam dinheiros com 1,07 grama de bolhão a 25% e 17 mm de diâmetro e óbolos ou mealhas com a metade desse peso e 13 mm. Essas moedas foram cunhadas em estilo visigodo para reforçar a pretensão do rei como herdeiro do antigo Reino dos Visigodos, cuja capital fora Toledo. Seu poder aquisitivo era provavelmente próximo de 25 ñ.

Em 1117, um morabitino, dinar de ouro almorávida de 3,9 gramas, valia 48 dinheiros (1.200 ñ). A rainha Urraca I (r. 1109-1126) e o rei Afonso VII (r. 1126-1157)[54] criaram novas casas da moeda e este último cunhou em Baeza um dinar de ouro com legendas islâmicas.

Em 1157, os dois reinos foram legados a herdeiros diferentes, Fernando II de Leão e Sancho III de Castela, e permaneceram sob linhagens distintas até 1230.

A primeira grande redução ou quebra das moeda de bolhão se verificou no início do século XII, marcado por grandes batalhas com os almóadas em Alarcos (1195) e Navas de Tolosa (1212). Em 1202, Afonso VIII de Castela (r. 1158-1214) aviltou o dinheiro de Toledo em 50%. Esse dinheiro reduzido (0,9 grama de bolhão a 12,5%) foi conhecido como *pepión*. No reino de Castela original, com capital em Burgos, a moeda continuou no padrão anterior.

A partir de 1180, Afonso VIII e seu sucessor Henrique I (r. 1214-1217) foram os primeiros reis cristãos do Ocidente a cunhar

---

53 Outro filho de Sancho III herdou a região de Aragão, e em 1076 um seu descendente anexou Navarra como rei Sancho V, mas manteve o território original como reino governado à parte. Em 1135, Navarra e Aragão foram legados a herdeiros diferentes e definitivamente separados.
54 No seu reinado, em 1139, o Condado Portucalense, criado em 1096, proclamou-se independente como Reino de Portugal.

sistematicamente moedas de ouro, chamadas morabitinos ou maravedis "velhos", "castelhanos" ou "afonsinos", baseados na moeda dos almorávidas, embora estes tivessem sido expulsos da península nos anos 1140. Tinham 4,05 gramas de ouro a 87%.

No tratado de Toro, de 1217, estabeleceu-se uma taxa de câmbio de um morabitino por 90 dinheiros burgaleses (de Burgos), logo 180 dinheiros *pepiones*. Documentos leoneses da mesma época estabelecem a equivalência entre um morabitino e 96 dinheiros locais. Doze *pepiones* (um soldo) equivaliam a um dirrã clássico de prata ou dois dirrãs almóadas de 1,54 grama. Dezoito pepiones faziam um *mencal (*ou *mercal)*, moeda de conta derivada das moedas de ouro baixo dos emirados dos século XI e XII, que eram avaliados a 3,5 por morabitino e em algum momento do século XII devem ter sido equivalentes a 18 dinheiros físicos. A masmudina (dinar almóada) de 2,34 gramas de ouro era avaliada em 65 dinheiros burgaleses.

Coroa de Castela

A história monetária de Castela entre a unificação com Leão (1230) e a união com Aragão (1474) na Coroa de Castela foi caracterizada pela segunda inflação mais alta da Europa, superada apenas pela de Portugal. As moedas básicas de bolhão, *dineros, seiséns, novéns* ou *cinquéns*, podiam ter peso comparável ao do dinheiro original do século XII ou maior, mas, a cada geração, ou seu conteúdo em prata se reduzia, ou seu valor nominal em dinheiros ficava maior. Nesses 244 anos, a inflação medida em moedas de conta ou de bolhão foi de 190 vezes em conteúdo teórico de prata ou poder aquisitivo (e 260 vezes em conteúdo real de prata das moedas de menor valor). Equivale a uma média de 2,2% ao ano, comparável a taxas do século XX e XXI, mas não se deu de forma gradual e sim em ondas sucessivas, relacionadas à necessidade da monarquia de fazer frente a despesas com guerras externas ou civis sem ter outros meios de aumentar a arrecadação.

Evolução dos valores das principais moedas de bolhão:

Ano	moeda	dinheiros	peso (g)	% de prata	g de prata		poder aquisitivo estimado (ñ)		
					da moeda	por dinheiro	moeda	dinheiro	maravedi
1088	dinheiro	1	1,07	25%	0,27	0,27	17	17	837
1202	dinheiro burgalês	1	0,90	25%	0,23	0,23	9,4	9,4	845
1202	dinheiro leonês	15/16	0,90	23%	0,21	0,21	8,8	9,4	845
1202	dinheiro toledano (pepión)	1/2	0,90	12,5%	0,11	0,22	4,7	9,4	845
1264	blanca	1	0,90	18,8%	0,17	0,17	6,6	6,6	896
1268	seisén	6	0,93	34,1%	0,32	0,053	41	6,9	620
1268	pepión	2/3	0,68	8,9%	0,06	0,091	4,6	6,9	620
1278	seisén	6	0,90	22,9%	0,21	0,034	17,1	2,9	257
1286	coronado ou novén	9	0,87	25%	0,22	0,024	8,4	0,93	84
1297	coronado ou novén	9	0,87	16,7%	0,15	0,016	7,1	0,79	71
1334	coronado	15	0,87	25%	0,22	0,015	11,9	0,79	71
1391	coronado ou novén	9	0,88	9,4%	0,08	0,0092	4,2	0,46	42
1399	blanca de vellón ou cinquén	45	2,06	8,3%	0,17	0,0038	7,7	0,17	15
1462	blanca de vellón ou cinquén	45	1,51	6,6%	0,10	0,0022	6,4	0,14	13
1471	blanca de vellón ou cinquén	45	1,12	3,5%	0,04	0,00086	3,5	0,08	7,1
1497	blanca de vellón ou cinquén	45	1,20	2,4%	0,03	0,00065	3,3	0,07	6,5

Com isso, o valor nominal das moedas de ouro e prata em maravedis (moeda de conta a partir de 1268) aumentou consideravelmente, como mostra o quadro abaixo:

Ano	Valor em maravedis (=90 dinheiros)						Poder aquisitivo estimado em ñ						
	dobra	dobra da banda	florim de Aragão	florim de Florença	real de prata	marco de prata	maravedi	real	dobra	dobra da banda	florim de Aragão	florim de Florença	marco de prata
1253	2					10	1.000		2.000				10.000
1268	3					15	620		1.860				9.298
1288	20		5										9.377
1310	25												6.373
1331	25			18		90	68		1.692			1.218	6.092
1334	25					100	71		1.783				7.131
1351	35			20	3	190	38	114	1.325			757	7.193
1369	38		23										6.021
1391	35				3	205	42	126	1.464				8.576
1400	95		50	66	8	505	15	123	1.465		771	1.018	7.789
1429		100	52	73	8	505	19	155		1.940	1.009	1.416	9.797
1438		111	70	105	8,5	600	16	134		1.747	1.102	1.652	9.442
1440		123			10	800	12	121		1.494			9.716
1442		100	65		8	560	20	157		1.964	1.277		10.999
1455	210	150	105	165	16	1.000	11	181	2.373	1.695	1.186	1.864	11.298
1461	280	180	120		20	1.300	8,4	168	2.353	1.513	1.009		10.926
1462	210	150	103		16	930	13	203	2.667	1.905	1.308		11.812
1465	320	200	150	260	20	1.400	10	191	3.057	1.910	1.433	2.484	13.373
1471	420	300	210	315	31								13.476
1473	400	300	200		30	1.900	7,5	224	2.982	2.236	1.491		14.163
1475	435	335	240	360	30								15.485
1476	440	335	240	360	31	2.000	7,9	244	3.463	2.637	1.889	2.833	15.741
1497	490			375	34	2.210	6,5	222	3.203			2.451	14.445

Em 1230, após a retirada dos almóadas, a conquista da maioria dos emirados árabes e a morte de Afonso IX de Leão (r. 1188-1230), as cortes de Leão e Castela foram definitivamente unificadas sob o rei Fernando III (r. 1217-1252) e a maior parte da atual Espanha ficou sob seu controle da Coroa de Castela, enfeixando de início oito reinos (Leão, Castela, Galiza e cinco reinos tomados aos muçulmanos), o principado de Astúrias e o senhorio de Biscaia. Fernando III iniciou a cunhagem de dobras (em castelhano, *doblas*), moedas de ouro baseadas nas moedas almóadas de dois dinares, com 4,6 gramas de ouro a 99% (23¾ quilates).

Em 1252, o maravedi "bom" (de peso e teor original) equivalia a 180 pepiones, mas o maravedi efetivamente cunhado valia 112 pepiones ou meia dobra. Uma regulação de preços desta época sinaliza um poder aquisitivo próximo de 1.000 ñ para o maravedi e logo de 5,6 ñ para o pepión, 11 ñ para o dinheiro burgalês e 10,4 para o leonês.

item	maravedis	ñ
melhor cavalo	150	150.000
égua	20	20.000
mulo, mula ou palafrém	50	50.000
asno de carga	7	7.000
asna de carga	6	6.000
asno reprodutor	11	11.000
boi domado	5	5.000
vaca com bezerro	4	4.000
vaca sem filhote	3	3.000
touro	4	4.000
novilho por domar	4	4.000

Em 1264-1268, para financiar a guerra com Granada e a repressão de revoltas de mudéjares (muçulmanos conquistados), Afonso X (r. 1252-1284) introduziu uma moeda de prata desvalorizada, chamada dinheiro alfonsino, moeda de guerra ou *blanca*, 3 das quais equivaliam a 2 dinheiros burgaleses.

Em 1268, o rei reformou e unificou os sistemas monetários. O maravedi ou morabitino "velho" foi definido como 1/60 do marco de Colônia em ouro, ou 3,896 gramas e a dobra como 1/50 do marco, mas o maravedi de conta foi separado do morabitino de ouro e passou a se depreciar juntamente com a moeda de bolhão. Uma dobra equivalia agora a três maravedis e o maravedi a 90 *blancas*. Em Leão, usou-se, porém, o *maravedí longo*, de 96 *blancas*.

Afonso X fez cunhar um soldo (12 dinheiros) de prata 92,7% de 1,41 gramas, apelidado "metal" e um "dinheiro preto" ou *dinero seisén* ("de seis") de 0,94 grama de bolhão a 34,1% com valor nominal de 6 *blancas*, mas conteúdo efetivo de prata de 3 *blancas*. Os *pepiones* continuaram a ser cunhados até 1277, com 0,68 grama, 8,9% de prata e valor nominal de 2/3 de *blanca*. Com seu desaparecimento, extinguiu-se também o mencal de 18 *pepiones*.

Durante a segunda guerra com Granada, em 1278, se cunhou um *seisén* reduzido conhecido como *moeda nueva blanca* ou somente *blanca*, com 0,9 grama de bolhão a 22,9%, de modo que as *blancas* de 1265 passaram a ser conhecidas como *blanquillas* e o soldo saiu de cena.

Dobras, meias dobras (também chamadas masmudinas ou *maravedís chicos*) e quartos de dobras também foram cunhadas por

Afonso X e também moedas de prata pura de um maravedi (5,6 gramas), meio maravedi e um quarto de maravedi, em 1281, que não tiveram continuidade nos reinados posteriores. A dobra valia então seis maravedis, 90 *seisenes* ou 540 dinheiros.

Moedas no final do reinado de Alfonso X

Denominação	Valor em dinheiros	Valor em maravedis	Peso em gramas	Valor em ñ 1281
Moedas de ouro 99%				
dobra	540	6	4,6	1.080
meia dobra, masmudina ou *maravedí chico*	270	3	2,3	540
quarto de dobra	135	1½	1,2	270
Moedas de prata 93%				
maravedi de prata	90	1	5,6	180
½ maravedi de prata	45	½	2,8	90
¼ maravedi de prata	22½	¼	1,4	45
Moedas de bolhão				
seisén ou *blanca*, 22,9%	6	1/15	0,94	12
blanquilla ou dinheiro	1	1/90	0,87	2
mealha	½	1/180	0,43	1
Moedas de conta				
maravedi longo (Leão)	96	1,066		192
maravedi (Castela)	90	1	-	180
dinheiro	1	1/90		2

Sancho IV, Fernando IV e Afonso XI recorreram à quebra do padrão monetário pelo menos uma vez a cada reinado. Em 1286, Sancho IV (r. 1284-1295) lançou uma nova moeda de prata chamada *coronado* (pela efígie do rei com coroa) ou *cornado*, com valor nominal de "nove dinheiros da primeira guerra" (de 1265), por isso também chamada *dinero novén*, mas peso de 0,87 grama de bolhão a 25%. Dez *coronados* ou 90 dinheiros continuavam a valer um maravedi de moeda de conta, mas uma dobra valia agora 20 maravedis.

Fernando IV (r. 1295-1312) reduziu o conteúdo em prata do *novén* para 16,7% em 1297. Em seu tempo, moedas dos antecessores continuavam em circulação com valor reajustado. Conforme disposição de 1305, o *seisén* de 1278 valia agora 12 dinheiros ou um soldo, os coronados 15 dinheiros e as mealhas (*meajas*, meios coronados), 7,5 dinheiros. Esse rei foi o primeiro a cunhar "grandes dobras", moedas de ouro de tamanho e valor múltiplos da dobra tradicional, inicialmente de 10 dobras ou 46 gramas, cunhadas de maneira especialmente artística e minuciosa. Eram "moedas de prestígio", destinadas não à circulação normal, mas para premiar os favoritos do rei ou pagar por serviços especialmente importantes, embora pudessem ser entesouradas e usadas em caso de necessidade.

Com Afonso XI (r. 1312-1350), foram novamente cunhados *coronados* como os de Sancho IV, mas com valor nominal de quinze dinheiros em vez de nove. A dobra valia 25 maravedis em 1331, mas perto do final do seu reinado chegou a 35 maravedis. Também se cunharam moedas de 25, 15 e 10 maravedis.

Um ciclo inflacionário começou por volta de 1354 para pagar tropas reais de Pedro I em sua tentativa de reprimir a revolta da nobreza e foi continuada por ambos os lados quando as revoltas levaram a uma guerra civil entre Pedro I e seu irmão Henrique de Trastâmara. O primeiro era apoiado por tropas inglesas e o segundo por mercenários franceses. Uns e outros exigiam grandes pagamentos, e a desvalorização proporcionou grande parte dos meios.

Moedas no reinado de Pedro I

Denominação	Valor em dinheiros	Valor em maravedis	Peso em gramas	Valor em ñ 1351
Moedas de ouro 99%				
grande dobra	31.500	350	46,0	12.600
	3.600	40	5,3	1.440
dobra	3.150	35	4,6	1.260
	2.250	25	3,3	900
	1.350	15	2,0	540
	900	10	1,3	360
Moeda de prata 93%				
Numus regalis ou real	270	3	3,48	108
Moedas de bolhão				
4 maravedis	360	4	4,75	144
2 maravedis	180	2	2,38	72
cornado, antigo *novén*, 25%	15	1/6	0,87	6
soldo, antigo *seisén*, 22,9%	12	2/15	0,94	4,8
novén, 16,7%	9	1/10	0,87	3,6
mealha ou óbolo, 25%	7½	1/12	0,43	3
Moedas de conta				
maravedi	90	1	-	36
dinheiro	1	1/90		0,4

No reinado de Pedro I (r. 1350-1369) foi cunhado pela primeira vez o *numus regalis* ("moeda real") ou real de prata, com 3,48 gramas de prata a 93%, análogo ao grosso de outras nações europeias e caracterizado pela letra inicial do nome do rei encimada por uma coroa. Com valor inicial de 3 maravedis, 30 *novéns* ou 270 dinheiros, seria a principal moeda espanhola por séculos. Houve também moedas de bolhão de 4,75 gramas com valor de 4 maravedis e de 2,35 gramas, de 2 maravedis. Continuou a ser cunhada a dobra de 35 maravedis e as frações de 20 e 15 maravedis, além de uma moeda especial de 40 maravedis (5 gramas) para pagar as tropas do seu aliado, o Príncipe Negro (Edward de Woodstock, herdeiro da Inglaterra), contra seu meio-irmão rebelado Henrique de Trastâmara, além de uma "grande dobra" de dez dobras. Este rei parece ter sido o que as cunhou essas moedas superdimensionadas em maior número.

Em 1351, um lavrador cobrava 120 maravedis por ano e alimentação (12 ñ por dia); um pastor 80 maravedis (8 ñ por dia) e alimentação; uma criada de casa 60 maravedis (6 ñ por dia) e alimentação; canteiros e carpinteiros 2 ou 2,5 maravedis diários (72 a 90 ñ) conforme a época do ano; e mestres canteiros, 3,5 maravedis (126 ñ) diários.

Henrique de Trastâmara venceu a guerra civil e reinou como Henrique II (r. 1369-1379). No início do reinado, para fazer frente às suas dívidas para com mercenários, fez cunhar moedas muito aviltadas: reais (3 maravedis) de 3,3 gramas com 25% de prata, cruzados (1 maravedi) de 1,9 grama com 12,5% de prata, coronados (1/6 maravedi) de 0,93 grama com 6,25% de prata. Em 1370, pagas as dívidas, essas moedas foram reavaliadas a um terço do valor nominal original e a partir de 1373, retornou-se aos padrões anteriores à guerra civil.

Nova onda inflacionária, breve mas intensa, deu-se em 1386, no reinado de João I (r. 1379-1390), para pagar a defesa contra a ameaça de invasão de João de Gante (John of Gaunt), duque de Lancaster, em aliança com Portugal. Em 1391, com Henrique III (r. 1390-1406), o *novén* passou a ter 0,88 grama de bolhão a 9,4%. Além disso, o rei estabeleceu que suas moedas e as de seu pai, de baixo teor, valeriam a metade das cunhadas por Henrique II (r. 1369-1379) e antecessores. Portanto, um maravedi de moedas velhas valia dois maravedis das novas e o real passou a valer 3 maravedis de moedas antigas ou 6 maravedis das novas.

Em 1399, o mesmo rei fez cunhar uma moeda conhecida como *blanca de vellón* ou *cinquén*, não por equivaler a cinco dinheiros, mas sim a cinco *novenes*, ou seja, 45 dinheiros ou meio maravedi novo, com 2,06 gramas (110 por marco) de bolhão a 18,75%. O maravedi "novo" foi então adotado na contabilidade oficial, mas o "velho", com o dobro do seu valor, continuou a ser usado por muitos anos do século XV.

Denominação	Valor em dinheiros	Valor em maravedis	Peso em gramas	Valor em ñ 1401
Moedas de ouro 99%				
Dobra	6.300	70	4,6	1.400
Moeda de prata 93%				
Real	540	6	3,48	120
Moedas de bolhão				
cinquén, 18,75%	45	½	2,06	10
novén, 9,375%	9	1/10	0,87	2
Moedas de conta				
maravedi velho	180	2		40
Maravedi	90	1	-	20
Dinheiro	1	1/90		0,22

Outro período de inflação, iniciado em 1429, pagou a guerra com Navarra e Aragão e durou duas décadas, para financiar as lutas internas de Álvaro de Luna contra o partido aragonês da nobreza castelhana. Em 1430, no reinado de João II de Castela (1406-1454), foi cunhado um novo tipo de moeda de ouro chamada "dobra da banda" (com o escudo da Ordem da Banda Real de Castela no anverso), com 4,69 gramas e 19 quilates (79% ou 3,7 gramas de ouro puro), em vez do ouro praticamente puro usado até então, e valor de 100 maravedis, equivalente à dobra de Granada e com teor de ouro semelhante ao de outros países europeus.

Foram também cunhadas moedas de prestígio, não só de 10 dobras, como também de 20 e 50. Entretanto, as moedas de bolhão continuaram a ser progressivamente aviltadas e o valor das moedas de ouro e prata a aumentar em maravedis.

Henrique IV (r. 1454-1474) voltou em 1455 a cunhar dobras de padrão antigo, com 99% de ouro e valor inicial de 210 maravedis, chamadas "henriques de ouro" pela figura do rei sentado em seu anverso. Depois de seu reinado, foram continuadas com o nome de "castelhanos", enquanto as dobras de banda passavam a valer 150 maravedis e o real 16 maravedis. Houve moedas de prestígio de 5, 10, 15, 20, 30, 50, 100 e 200 "henriques". Estas últimas, com um peso de 932 gramas e um poder aquisitivo da ordem de 475.000 ñ, foram as mais valiosas moedas do mundo até serem superadas pelas peças de 500 cruzados de D. Manuel no século XVI e pelas peças de 200 e 1.000 *mohur* de Shah Jahan no século XVII. Foram cunhadas também moedas de bolhão de quartos de real ou *cuartillos* (3,71 gramas a 20,8%, 4 maravedis) e oitavos de real, *medios cuartillos* ou *ochavos* (1,86 grama a 20,8%, 2 maravedis).

Em 1461, o "henrique" ou dobra castelhana passou a valer 280 maravedis e o real 20. Foram cunhadas moedas de bolhão empobrecidas, um *dinero* de 1,44 grama a 4,17% (no valor de meio maravedi ou 45 dinheiros antigos) e um *medio dinero* de 0,72 grama. Em 1462, essa cunhagem de bolhão foi tirada de circulação, a dobra castelhana voltou a 210 maravedis e cunharam-se moedas de um maravedi com 2,396 gramas de bolhão a 8,33% e 25 mm, *blancas* de meio maravedi e *medias blancas* de um quarto de maravedi.

Denominação	Valor em maravedis	Peso em gramas	Valor em ñ 1462
Moedas de ouro 99%			
200 henriques	42.000	932	420.000
100 henriques	21.000	466	210.000
50 henriques	10.500	233	105.000
30 henriques	6.300	139,8	63.000
20 henriques	4.200	93,2	42.000
15 henriques	3.150	69,9	31.500
10 henriques	2.100	46,6	21.000
5 henriques	1.050	23,3	10.500
henrique ou castelhano	210	4,66	2.100
meio henrique	105	2,33	1.050
Moedas de ouro 79%			
dobra da banda	150	4,69	1.500
meia dobra da banda	75	2,34	750
Moeda de prata 93%			
real	16	3,48	160
meio real	8	1,74	80
quarto de real	4	0,87	40
Moedas de bolhão			

cuartillo (20,8%)	4	3,71	40
ochavo (20,8%)	2	1,86	20
maravedi (8,3%)	1	2,40	10
meio maravedi ou *blanca* (6,6%)	½	1,51	5
quarto de maravedi ou *media blanca* (6,6%)	¼	0,76	2½

A última onda inflacionária antes da união de Aragão e Castela começou em 1463 e continuou para sustentar as guerras civis de Henrique IV contra a nobreza. Em 1465, houve novo aviltamento. A dobra passou a 300 maravedis, a dobra de banda a 200, o real a 20 e o marco a 1.400. Foram cunhados quartos de 3,29 gramas a 18,8% e meios quartos, com a metade do peso.

Em 1471, o padrão monetário foi mais uma vez reformado e o real de prata ligeiramente reduzido (para 3,43 gramas). Pela reforma de 1473, o henrique foi a 400 maravedis, a dobra da banda a 300, o real a 30 e a *blanca* ou *dinero* de 1,12 grama 3,5% a 1/3 de maravedi. Havia ainda a *media blanca* de 0,56 grama.

Portugal

Em 1096, Afonso VI de Leão e Castela delegou o governo do Condado Portucalense a seu genro D. Henrique, da família ducal de Borgonha, que estabeleceu sua capital em Guimarães. Com a morte do conde em 1112, o governo do condado passou à viúva D. Teresa, leal à rainha D. Urraca, que sucedeu ao pai em 1109 e a seu filho Afonso VII, coroado em 1126. Entretanto, o filho do conde, Afonso Henriques, rebelou-se contra o rei e a mãe em 1125, e em 1128 a expulsou. Em 1131, estabeleceu a nova sede de governo em Coimbra, e em 1139, após uma importante vitória contra os mouros, proclamou-se rei de Portugal, título reconhecido em 1143 por Afonso VII de Leão e Castela, que, entretanto, continuou a se considerar suserano de Afonso I de Portugal com o título de imperador. Até 1147, o rei português tomou as regiões mais tarde conhecidas como Ribatejo e Estremadura, inclusive a cidade de Lisboa. Em 1179 conseguiu do Papa Alexandre III o reconhecimento formal da independência do seu reino, passando a prestar vassalagem apenas ao Sumo Pontífice.

A história monetária do Portugal medieval é especialmente

interessante, não apenas por sua importância para os povos lusófonos como por sua complexidade fora do comum. Para financiar suas guerras com Castela e as primeiras conquistas coloniais, os reis portugueses, principalmente João I de Avis, recorreram à quebra da moeda e à inflação, acompanhadas de mudanças de moedas e correção monetária legal de contratos, numa escala comparável à do Império Romano do século IV, sem igual na Idade Média e que o mundo não voltou a ver antes do século XX nem mesmo com os *assignats* da Revolução Francesa. Curiosamente, o país emergiu desse processo como uma das nações mais prósperas do início da Idade Moderna.

Ao se tornar independente, Portugal tinha um sistema monetário semelhante ao de Leão, Castela e demais reinos cristãos da Europa Ocidental, baseado num pequeno dinheiro de bolhão, com o soldo (12 dinheiros) e a libra (240 dinheiros) como múltiplos. Até 1261, sofreu uma série de quebras bem mais acentuada que as dos vizinhos, mas ainda dentro dos padrões medievais. Nesse ano, o dinheiro velho foi substituído por um dinheiro novo, manobra peculiar para justificar um forte aumento da senhoriagem.

Em 1367-1370, Fernando I impôs uma inflação particularmente elevada para financiar sua guerra com Castela, na tentativa de apoderar-se do trono. Fracassou no seu objetivo e restaurou parcialmente o valor da moeda. Seu rival Henrique II de Castela recorreu à mesma política de forte inflação seguida de restauração, mas esta foi mais completa.

Seguiu-se então a Revolução de Avis, financiada por João I com uma inflação tão intensa que o sistema de dinheiros, soldos e libras foi pulverizado. Ao final do processo, a unidade monetária prática era uma moeda conhecida como "real branco" cujo conteúdo de prata era pouco superior ao do dinheiro do primeiro rei português, mas com valor nominal de 35 libras ou 8.400 dinheiros. Era assim chamado porque circulava ao lado de um "real preto" de puro cobre que representava um degrau anterior do processo inflacionário, de 3½ libras ou 840 dinheiros.

O real branco continuou a sofrer quebras nos reinados seguintes e tornar-se, por sua vez, moeda de puro cobre, enquanto o real preto desaparecia. O real branco passou a ser conhecido apenas como "real" e, embora continuasse a perder valor até se tornar pura abstração, continuou a ser a unidade monetária teórica de Portugal e do Brasil até o início do século XX, embora em seus últimos tempos existisse apenas na forma do plural "réis", contração que substituiu "reais" a partir do reinado de D. Sebastião.

De 1300 a 1500, a inflação da moeda de Portugal em prata foi de 4.324 vezes. No mesmo período, a inflação da moeda de Castela foi de 65 vezes, Colônia 16,8, Flandres 6,1, Áustria 5, França 3,9, Roma 3,8, Florença 3, Liga Hanseática 2,7, Boêmia 2,5, Veneza e Aragão 1,9 e Inglaterra 1,5. O gráfico abaixo compara Portugal, França e Castela quanto à desvalorização de suas respectivas moedas durante a Baixa Idade Média.

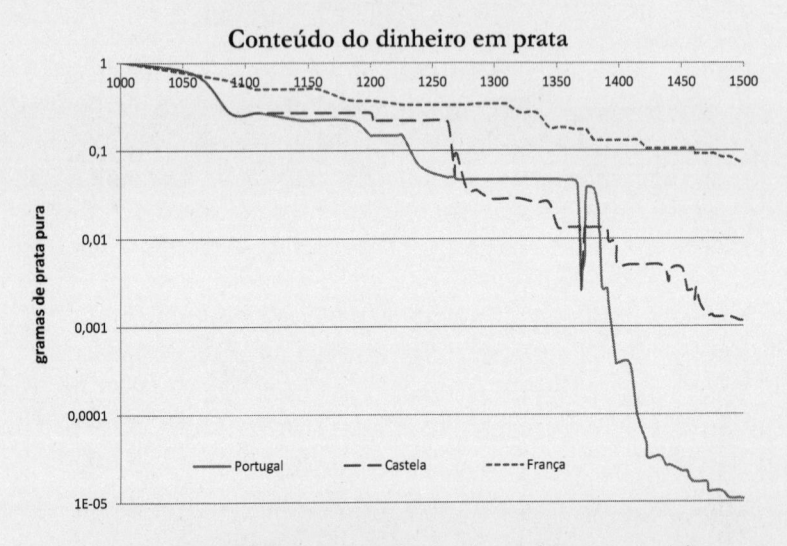

Conteúdo do dinheiro em prata

(gráfico: gramas de prata pura, 1000–1500, Portugal, Castela, França)

A tabela a seguir detalha a evolução do padrão monetário português da fundação do reino à dinastia de Avis:

ano	rei	moeda	dinheiros	reais	peso (g)	% de prata	g de prata moeda	g de prata dinheiro	poder aquisitivo (ñ) moeda	poder aquisitivo (ñ) real	poder aquisitivo (ñ) dinheiro
1143	Afonso I	dinheiro	1	-	0,90	25,0%	0,224	0,224	24	-	24
1190	Sancho I	dinheiro	1	-	0,90	22,9%	0,205	0,205	20	-	20
1200	Sancho I	dinheiro	1	-	0,90	16,7%	0,149	0,149	8	-	8
1240	Sancho II	dinheiro	1	-	0,80	8,3%	0,066	0,066	5	-	4,84
1261	Afonso III	dinheiro novo	1,33	-	0,80	8,3%	0,066	0,050	5	-	3,74
1270	Afonso III	dinheiro novo	1,33	-	0,75	8,3%	0,063	0,047	4	-	3,35
1357	Pedro I	dinheiro novo	1,33	-	0,74	8,3%	0,062	0,046	4	-	2,93
1367	Fernando I	real	84	-	3,83	91,7%	3,506	0,042	204	-	2,43
1369	Fernando I	tornês de busto	96	-	3,64	25,0%	0,911	0,0095	48	-	0,50
1369	Fernando I	tornês de cruz	120	-	2,94	30,6%	0,899	0,0075	47	-	0,39
1370	Fernando I	barbuda	240	-	4,33	25,0%	1,083	0,0045	57	-	0,24
1370	Fernando I	grave	180	-	2,05	25,0%	0,512	0,0028	27	-	0,15
1371	Fernando I	pilarte	60	-	1,55	16,7%	0,258	0,0043	14	-	0,23
1372	Fernando I	pilarte	42	-	1,55	16,7%	0,258	0,0062	14	-	0,34
1374	Fernando I	pilarte	7	-	1,55	16,7%	0,258	0,037	12	-	1,75
1375	Fernando I	real	120	-	3,59	83,3%	2,988	0,025	210	-	1,75
1384	João I	real	120	-	3,19	75,0%	2,391	0,020	174	-	1,45
1384	João I	real	120	-	3,19	50,0%	1,594	0,013	116	-	0,97
1385	João I	real	120	-	3,19	41,7%	1,328	0,011	99	-	0,82
1386	João I	real	120	-	3,06	16,7%	0,510	0,0043	19	-	0,16
1387	João I	real	120	-	2,55	12,5%	0,319	0,0027	12	-	0,10
1392	João I	real	120	-	1,28	16,7%	0,213	0,0018	8	-	0,07
1398	João I	real de 3½ libras	840	-	2,55	12,5%	0,319	0,00038	12	-	0,014
1415	João I	real de 35 libras	8.400	1	3,19	25,0%	0,797	0,000095	33	33	0,0039
1422	João I	real de 35 libras	8.400	1	3,19	12,5%	0,398	0,000047	19	19	0,0023
1423	João I	real de 35 libras	8.400	1	3,19	8,3%	0,266	0,000032	13	13	0,0015
1433	Duarte I	leal	84.000	10	3,06	91,7%	2,805	0,000033	124	12	0,0015
1438	Afonso V	leal	84.000	10	2,87	91,7%	2,630	0,000031	108	11	0,0013
1438	Afonso V	leal	100.800	12	2,87	91,7%	2,630	0,000026	108	9	0,0011
1451	Afonso V	leal	117.600	14	2,87	91,7%	2,630	0,000022	124	9	0,0011
1438	Afonso V	leal	100.800	12	2,87	91,7%	2,630	0,000026	108	9	0,0011
1457	Afonso V	grosso	168.000	20	3,37	91,7%	3,093	0,000018	154	8	0,0009
1460	Afonso V	grosso	184.800	22	3,37	91,7%	3,093	0,000017	143	7	0,0008
1472	Afonso V	chinfrão	100.800	12	1,45	91,7%	1,331	0,000013	80	7	0,0008
1489	João II	real de prata	168.000	20	2,01	91,7%	1,845	0,000011	103	5,1	0,0006
1499	Manuel I	vintém	168.000	20	1,99	91,7%	1,821	0,000011	100	5,0	0,0006
1509	Manuel I	vintém	168.000	20	1,96	91,7%	1,798	0,000011	100	5,0	0,0006
1522	João III	vintém	168.000	20	1,84	91,7%	1,683	0,000010	70	3,5	0,0004
1539	João III	vintém	168.000	20	1,91	91,7%	1,753	0,000010	78	3,9	0,0005
1555	João III	vintém	168.000	20	1,77	91,7%	1,618	0,000010	48	2,4	0,0003
1558	Sebastião I	vintém	168.000	20	1,70	91,7%	1,558	0,000009	48	2,4	0,0003
1570	Sebastião I	vintém	168.000	20	1,91	91,7%	1,753	0,000010	57	2,8	0,0003
1573	Sebastião I	vintém	168.000	20	1,73	91,7%	1,588	0,000009	48	2,4	0,0003
1573	Sebastião I	vintém	168.000	20	1,79	91,7%	1,637	0,000010	49	2,5	0,0003
1577	Sebastião I	vintém	168.000	20	1,70	91,7%	1,558	0,000009	42	2,1	0,0002

A era dos dinheiros: Dinastia de Borgonha (1143-1383)

Assim como no reino de Leão, em Portugal se usaram inicialmente moedas árabes ou francas e, como moeda de conta, um soldo equivalente a 12 dinheiros francos, uma ovelha ou um moio de trigo (cerca de 480 ñ). Também se assinala, até o século XII, o uso em contratos de peças de bragal, tecido grosseiro de linho usado na roupa de baixo, como moeda. Uma peça de oito varas (mais tarde, sete) era referida como um bragal ou bragádiga (também cerca de 480 ñ) e meia peça como "um merendal".

A primeira moeda portuguesa, um dinheiro de bolhão, pode ter sido cunhada em 1143, antes da primeira moeda de Castela (1180). Era marcada por uma cruz no reverso e símbolos no anverso variáveis a cada emissão, dos quais o mais característico é o pentagrama, na época símbolo da Trindade cristã. O diâmetro variou de 15 a 18 mm. Eram frequentemente cortados pela metade com tesoura ou faca para criar mealhas (meio dinheiros) ou pogeias[55], pratica oficialmente aceita e muito popular. As taxas pagas pelos comerciantes à câmara municipal pelo lugar que ocupavam nos mercados era expressa em mealhas e chamada "mealharia" e os termos "mealheiro" para cofre ou vaso de moedas e "amealhar" para poupar ainda são correntes na língua portuguesa.

O reino de Portugal recorreu de 1143 a 1261 à renovação da moeda a cada sete anos, retirando as moedas antigas de circulação e as substituindo por novas com uma taxa ou dedução e às vezes também as reduzindo. As primeiras emissões de dinheiros tiveram peso médio de 0,86 grama de bolhão com 25% de prata. Há um morabitino de ouro atribuído a Afonso I, com o rei a cavalo no anverso e o símbolo dos cinco escudetes com cinco besantes cada um, futuro escudo português, no reverso. Teria sido cunhado em 1179 e sua autenticidade é discutível. Contém 4,33 gramas de ouro a 95,3%.

O primeiro morabitino português fidedigno, com o mesmo desenho, foi cunhado por seu filho e sucessor Sancho I (r. 1185-1211) e tem 3,82 gramas de ouro (1/60 de marco) a 80% e 28 mm de

---

55   Os cronistas da época de D. Fernando (fim do século XIV) dão pogeia como sinônimo de mealha, mas o nome certamente está relacionado com a *pougeoise* francesa e a *pugesa* aragonesa, moedas de ¼ de dinheiro. Talvez os portugueses também tenham inicialmente dividido o dinheiro em quatro, mas abandonado a prática já no século XIII devido ao enfraquecimento precoce de sua moeda e, por isso, esquecido o significado original da palavra.

diâmetro. Pode-se estimar o poder aquisitivo em aproximadamente 2.400 ñ para o morabitino e 20 ñ para o dinheiro. O teor de prata foi de 25% ou 23% no início do reinado de Sancho I para 16,7% no seu final e continuou nesse padrão no reinado de Afonso II (r. 1211-1223). No reinado de Sancho II (r.1223-1248), agitado por conflitos internos, o padrão caiu para 8,3% e muitos dinheiros foram cunhados com liga ainda inferior. Refletindo o aviltamento do dinheiro, um morabitino velho valia 10 soldos ou 120 dinheiros (meia libra) até o reinado de Sancho I, 15 soldos ou 180 dinheiros no de Afonso II e 27 soldos ou 324 dinheiros no de Sancho II e sucessores.

Algumas emissões desses reinados têm peso médio de 0,6 grama, menor que o padrão usual do dinheiro. Alguns autores as consideraram mealhas, moedas de meio dinheiro, mas, como pesam mais de meio dinheiro e têm liga semelhante, é mais provável se tratar de rebaixamento temporário do peso do dinheiro por razões fiscais. É comum, por outro lado, encontrar-se em tesouros da época moedas de dinheiro partidas ao meio, de forma a criar mealhas. Os cronistas não falam de mealhas inteiras, mas citam essa prática.

Em 1253, Afonso III (r. 1248-1279) regulamentou por uma lei de almotaçaria (fiscalização de pesos, medidas e preços pelo almotacel) o uso de quatro tipos de moedas de ouro: morabitino novo (do seu reinado) de 22 soldos, morabitino velho (de Sancho I e sucessores) de 27 soldos, morabitino alfonsi (de Afonso VIII de Castela) de 30 soldos e quadrado (*quadratus*) de 45 soldos, mais de dois morabitinos novos. Documentos da época falam também em meios morabitinos ou "mealhas de ouro", também chamados masmudinas, e quartos de morabitino.

O valor do marco de ouro (marco português de 229,48 gramas) era definido como 88 libras (80 morabitinos novos), 1.760 soldos ou 21.120 dinheiros e o marco de prata a 91,7% a 12 libras e 2 dinheiros ou 2.882 dinheiros. O dinheiro, com bolhão de apenas 8,3% de prata (padrão que seria mantido até o final do reinado de Pedro I, 1369) e peso de 288 por marco ou 16 grãos (0,797 grama), estava reduzido a um terço do conteúdo em prata original. Dado que com um marco de prata a 91,7% se podiam fazer 3.168 dinheiros, a senhoriagem bruta era 9%, incluindo a braçagem e o custo do cobre acrescentado, que deviam somar 6,3%.

Valia consideravelmente menos que os dinheiros de Leão e Castela, onde o "maravedi novo" equivalia a 90 dinheiros burgaleses,

96 leoneses ou 180 toledanos. Pelo decreto de Afonso III, o dinheiro leonês, que também circulava em Portugal, valia 3 dinheiros portugueses, o burgalês, 3½ e o tornês (da França) 4½.

Denominação	Valor em dinheiros	Peso em gramas	Valor em ñ c.1253
Moedas de conta			
marco de ouro	21.120	229,5	105.600
marco de prata	2.882	229,5	14.410
marco de bolhão	288	229,5	1.440
libra portuguesa	240	-	1.200
morabitino de prata	180		900
soldo português	12	-	60
diinheiro usual	1		5
Moedas de ouro			
quadrado (dobra marroquina, ouro 99%)	540	4,66	2.700
morabitino alfonsi	360	4,0	1.800
morabitino velho	324	3,8	1.620
morabitino novo	264	3,7	1.320
Moedas de bolhão			
dinheiro tornês (30%)	4½	1,2	22,5
dinheiro burgalês (25%)	3½	0,9	17,5
dinheiro leonês (23%)	3	0,9	15
dinheiro português (8,3%)	1	0,8	5

A lei de almotaçaria de 1253 também fornece vários preços máximos de mercadorias urbanas (geralmente para as "melhores" de cada categoria), algumas das quais listamos nas tabelas seguintes. Ressalve-se que há certa incerteza sobre os valores das unidades portuguesas do século XIII usadas nessa lei e adotamos quintal = 45,9 kg; arroba = 11,5 kg; quarteiro = 140 litros; alqueire = 8,7 litros (5,7 kg de cereais); onça = 28,7 gramas; arrátel = 358,6 gramas; pedra = 2,87 kg; côvado = 66 cm; vara = 1,1 m; braça = 1,84 m.

Animais

Item	dinheiros	ñ	ñ por unidade
boi	972	4.860	4.860
almalho (novilho que ainda não trabalha)	810	4.050	4.050
vaca prenhe ou parida	648	3.240	3.240

outra vaca	324	1.620	1.620
4 carneiros, ovelhas paridas ou cabras	324	1.620	405
3 bodes	324	1.620	540
zebro (*Equus hydruntinus*) (*)	600	3.000	3.000
veado (*Cervus elaphus*)	360	1.800	1.800
gamo (*Dama dama*)	240	1.200	1.200
corço (*Capreolus capreolus*)	144	720	720
lebre sem pele	6	30	30
coelho	4	20	20
mulo ou mula	14.400	72.000	72.000
rocim (cavalo) que não seja de bafordo (justa, combate com lança)	6.000	30.000	30.000
rocim de bafordo	12.000	60.000	60.000
égua	3.600	18.000	18.000
burro	1.800	9.000	9.000
porco de 3 anos	6.480	43.200	43.200
porco de 2 anos	4.320	21.600	21.600
cabrito vivo	24	120	120
anho (cordeiro)	16	80	80
capão (galo capado)	18	90	90
galinha	12	60	60
frango ou franga	6	30	30
2 ovos	1	5	2,5
pato	8	40	40
cerceta	4	20	20
garça	24	120	120
betouro	18	90	90
alcaravão	10	50	50
maçarico	12	60	60
fuselo	4	20	20
sisão	4	20	20
galeirão	4	20	20
camão	6	30	30
cornelhã	6	30	30
ganso	20	100	100
grua	36	180	180
abetarda	36	180	180
perdiz	5	25	25
pombo	3	15	15
seixa	2	10	10
rola	1,5	7,5	7,5
pombo torcaz	3	15	15
2 lavercas	1	5	2,5
3 pássaros menores	1	5	1,7
2 pássaros de costela (**)	1	5	2,5

(*) equídeo selvagem ibérico extinto em Portugal no século XIII e na Espanha no século XVI; a zebra africana foi assim denominada pelos portugueses por sua semelhança com esse animal.

(**) apanhados em costela, costil ou costilha, um tipo de armadilha (pardais, piscos, rouxinóis etc.)

Produtos diversos

Item	dinheiros	ñ	unidade moderna	ñ
quintal de cobre (1)	2.880	14.400	kg	314
quintal de estanho	2.880	14.400	kg	314
quintal de chumbo	600	3.000	kg	65
aciela (barra) de ferro (2)	60	300	kg	40
arroba de pimenta	3.600	18.000	kg	1.569
arroba de amêndoas	360	1.800	kg	157
arroba de cera	1.800	9.000	kg	784
arroba de alúmen	720	3.600	kg	314
arroba de sebo	120	600	kg	52
arroba de unto	192	960	kg	84
pedra de lã	60	300	kg	105
alqueire de óleo de pescada	90	450	l	52
alqueire de mel	108	540	l	62
alqueire de trigo (3)	12	60	kg	10
alqueire de castanhas	2	10	kg	2
quintal de greda	360	1.800	kg	39
quintal de pez (resina)	360	1.800	kg	39
quintal de alcatrão	600	3.000	kg	65
arroba de grã (cochonilha do carmim)	4.320	21.600	kg	1.883
onça de açafrão	96	480	kg	16.734
onça de seda de Rota	144	720	kg	25.100
onça de seda de Aspa	108	540	kg	18.825

(1) como o quintal equivalia a 200 marcos, o preço do cobre era 1/200 do preço da prata

(2) considerou-se uma fornada de 7,5 kg

(3) preços de 1238 em Alenquer e 1264 em Pedroso; há valores de 1 dinheiro a 30 soldos conforme ano, local e fonte, e o volume do alqueire variava conforme a região, o que torna esse preço particularmente incerto.

Tecidos

Item	dinheiros	ñ	ñ/metro
côvado de escarlata inglesa	840	4.200	6.364
côvado de escarlata flamenga	720	3.600	5.455
côvado de inglês tingido com carmim	540	2.700	4.091
côvado de pano tingido de Gand, Rouen ou Ypres	480	2.400	3.636
côvado de camelino	360	1.800	2.727
côvado de grisai, bifa, melhor branqueta de Comines ou bom pano de Abbeville	240	1.200	1.818

côvado do melhor listrado de Lille ou de Ypres, reforçado	240	1.200	1.818
côvado de tiritana	216	1.080	1.636
côvado do melhor de Bruges para fralda ou do melhor Stamford de Bruges	180	900	1.364
côvado de Saint-Omer, sarja ou Provins	156	780	1.182
côvado de prumas da Normandia, Rouen, Chartres ou La Rochelle	156	780	1.182
côvado de Arras	132	660	1.000
côvado de Stamford listrado de Ypres	132	660	1.000
côvado de panos listrados e lisos de Northampton	132	660	1.000
côvado de Valenciennes ou Stamford de Caen	108	540	818
côvado de Tournai ou Chartres	120	600	909
côvado de frisa ou barragana (tecido de lã de cabra)	96	480	727
côvado de picote (tecido de lã) de Palência	60	300	455
côvado de picote de Segóvia	48	240	364
côvado de melhor sarja cardada castelhana	48	240	364
côvado de outra sarja	36	180	273
côvado de almáfega (tecido áspero de lã branca)	24	120	182
vara do melhor lenço (tecido de linho fino, o melhor feito em Portugal na época)	48	240	218
vara de bom pano de linho	36	180	164
vara de burel (tecido de lã parda ou cinzenta)	24	120	132
vara do melhor bragal (tecido de estopa, linho grosseiro, para roupas interiores)	12	60	55

Peles e couros

Item	dinheiros	ñ
vaca ou boi	324	1.620
cabra	36	180
bode	72	360
zebro (*Equus hydruntinus*)	360	1.800
coelho de inverno	96	480
coelho de verão	60	300
enho (cria de veado)	24	120
gamito (cria de gamo)	12	60

cordeiro	18	90
bezerro	12	60
cabrito	6	30
gato doméstico	12	60
gato bravo, raposa ou fuinha	36	180
fuinha tingida	72	360
marta	60	300
marta tingida	144	720
tourão (furão selvagem, *Mustela putorius*)	12	60
tourão tingido	24	120
lontra	720	3.600
luberna (lince ibérico *Lynx pardinus*) ou gineta (*Genetta genetta*)	90	450
arminho	144	720
guarnição da melhor lontra	144	720
guarnição de pez	36	180
pele cordária	648	3.240
pele cabritínia	324	1.620
couro vermelho de bode	300	1.500
couro vermelho de carneiro	144	720
pele negra ou branca de bode	240	1.200
pele negra ou branca de carneiro	96	480
pele de baldréu (pelica)	30	150
pele do melhor baldréu escodada (alisada)	36	180
pele do melhor baldréu não escodada	18	90
pele de ouropel (couro dourado)	84	420
pele de argempel (couro prateado)	42	210
veste de coelho de inverno	960	4.800
veste de coelho de verão	600	3.000
pena (*) branca (de coelho de inverno)	1.920	9.600
pena purada	1.440	7.200
pena larga	540	2.700
pena mesclada	420	2.100
pena de lebre	600	3.000
pena de lombo do leirão (roedor)	540	2.700
outra pena de leirão	360	1.800

(*) pena, em português medieval, era uma veste de pele fina e sedosa (arminho, lontra, esquilo, lebre etc.)

Equipamento de cavaleiro, 1ª qualidade

Item	dinheiros	ñ
sela de ouropel	1.800	9.000
peitoral ornado e dourado e freio dourado	1.800	9.000
escudo e capelo (elmo) pintados bem guarnecidos de couro vermelho e de escarlata nova	1.440	7.200
ferro de áscuma (lança de arremesso)	84	420
douração do ferro de áscuma	48	240
melhor haste de áscuma	84	420
ferro de lança	48	240
douração do ferro de lança	24	120
melhor haste de lança	120	600
cabeçadas duplas vermelhas de rocim ou de mula com as suas rédeas	72	360
correias de esporas	3	15
esporas douradas	144	720
estribeiras vermelhas	72	360
estribos estanhados	30	150
Total	**5.769**	**28.845**

Obs.: o patrimônio padrão de um cavaleiro vilão (plebeu) era 600 libras (720.000 ñ) sem contar moradia, adega e roupa de cama

Equipamento de cavaleiro, um pouco inferior

Item	dinheiros	ñ
sela que não seja de ouropel	1.440	7.200
peitoral e freio guarnecidos	1.440	7.200
escudo e capelo (elmo)	1.080	5.400
ferro de áscuma (lança de arremesso)	84	420
melhor haste de áscuma	84	420
ferro de lança	48	240
melhor haste de lança	120	600
cabeçadas duplas pretas ou brancas de rocim ou de mula com as suas rédeas	54	270
correias de esporas	3	15
esporas estanhadas	30	150
estribeiras pretas ou brancas	54	270
estribos estanhados	30	150
Total	**4.467**	**22.335**

Outros itens de montaria

Item	dinheiros	ñ
albarda (sela) de azêmola (mula)	120	600
albarda de burro	60	300
torteloeira	12	60
torteloeira de burro	8	40
taleiga (saco para cereais)	16	80
almofaça (escova para cavalgaduras)	12	60
cilha de cavalo com látego, couro e ferros	66	330
cilha de mula com ferros e couros bem cosidos	44	220
cilha de azêmola com látego e armelas	16	80

Itens de falcoaria

Item	dinheiros	ñ
aljaveira (bolsa para itens de falcoaria) de ouropel ou argempel	120	600
outra aljaveira	60	300
luva da melhor [pele] de corço ou da melhor [pele] de gamo para açor	20	100
luva para açor ou para gavião de carneiro escodada	10	50
luva para açor ou para gavião de carneiro não escodada	6	30
melhor cascavel (guizo) para açor	12	60
melhor cascavel para gavião	8	40
melhores piós (correia de couro que envolve o tarso) para açor sem fio de seda	36	180
melhores piós para gavião	24	120

Alfaiataria

Item	dinheiros	ñ
manto	30	150
çorame (capa)	12	60
garnacha (toga de juiz ou clérigo) escotada (alisada) com pena	24	120
sem pena	12	60
saia	18	90
cáligas (sandálias com pregos)	12	60
guardacós (casaco) ou garnacha com mangas e com pena,	30	150
sem pena	18	90
capa forrada	96	480

capa sem forro	48	240
tabardo (capote com capuz e mangas) forrado	48	240
tabardo sem forro	24	120
manto para dama	36	180
garnacha escotada (para dama), com pena	36	180
sem pena	18	90
guarnacha com mangas para dama, com pena	42	210
sem pena	21	105
pôr guarnição de arminho, lontra ou pez	6	30
camisa para homem	18	90
calças curtas	8	40
camisa de bragal	8	40
calças curtas de bragal	4	20
camisa de linho para mulher	24	120
camisa de bragal para mulher	12	60
froque (manto com capuz ou hábito) de burel	10	50
saia de burel	6	30

Obs.: preço do feitio; tecidos e peles eram fornecidos pelo cliente. Uma camisa, saia, froque ou capa simples exigia 3 varas.

Calçados e chapéus

Item	dinheiros	ñ
solius (sapato nobre ou clerical)	960	4.800
sapatos com correia para o alganame (guardador de gado)	60	300
sapatos de cordovão (couro de cabra) com malhó	36	180
sapatos de couro vacaril	48	240
sapatos de cordovão com cordão	30	150
sapatos dourados	30	150
sandálias de festo de vaca	24	120
sapatos pretos ou brancos de carneira sem dourado	18	90
socos vermelhos ou dourados	108	540
sapatos de cabrito com cordão	24	120
sapatos de cordovão preto ou vermelho para mulher	36	180
idem, de carneiro	24	120
sombreiro de ouropel ou argempel	120	600
sombreiro grande, que não seja coberto, de lã	84	420
sombreiro de lã, pequeno, não revestido	42	210

Acessórios de vestuário

Item	dinheiros	ñ		ñ
alfrés largo, dourado, de Londres	1.440	7.200	unidade	7.200
cintas estreitas de Londres	720	3.600	unidade	3.600
alfrés largo, prateado	1.200	6.000	unidade	6.000
cinta prateada	480	2.400	unidade	2.400
alfrés largo de Santiago [de Compostela]	1.200	6.000	unidade	6.000
outro alfrés não tão bom	720	3.600	unidade	3.600
cinta de lenço prateada	60	300	unidade	300
cintas mais estreitas de lenço, douradas	36	180	unidade	180
cintas mais estreitas de lenço, prateadas	24	120	unidade	120
cordões para dama com ouro e prata de Londres ou de Montpellier	1.440	7.200	unidade	7.200
cordões para dama com ouro e prata de Santiago ou Portugal	960	4.800	unidade	4.800
cordões encabados de um cauto para cavaleiro	120	600	unidade	600
outros cordões compridos de quatro ramais para cavaleiro, de Londres ou de Montpellier	300	1.500	unidade	1.500
braça da melhor cinta de lenço dourada de Montpellier	84	420	m	228
uma braça do melhor cordão grosso de seda feito no reino de Portugal	36	180	m	98
uma braça do melhor cordão de linho entrançado	30	150	m	82
uma braça do melhor cordão fino redondo feito de fio de seda	12	60	m	33
uma braça de qualquer ourela de fio de seda	15	75	m	41
uma braça da melhor endegrossa (cordão de seda) de Toledo	60	300	m	163

Salários (por ano)

Item	em dinheiro		em produtos	valor		total
	d	ñ		d	ñ	ñ
abegão (administrador rural) por ano	900	4.500	2 quarteiros de pão meado, 12 côvados de burel, 6 varas de bragal e 2 pares de sapatos	1.200	6.000	10.500
outro melhor mancebo de lavoura	720	3.600	20 alqueires de pão meado, 12 côvados de burel, 6 varas de bragal e 2 pares de sapatos	912	4.560	8.160
azemel (condutor de mulas)	900	4.500	12 côvados de burel, 6 varas de bragal e 2 pares de sapatos	432	2.160	6.660
cachopo (camponês) de lavoura	360	1.800	1 froque, 1 saia de burel, panos de linho, 2 sapatos e 10 alqueires de pão	420	2.100	3.900
maior mancebo de vacas	900	4.500	9 varas de burel, 6 varas de bragal e 2 pares de sapatos	360	1.800	6.300
conhecedor de ovelhas	900	4.500	5 cordeiros, 9 varas de burel, 6 varas de bragal e 2 pares de sapatos	360	1.800	6.300
conhecedor de porcos	900	4.500	5 leitoas, 9 varas de burel, 6 de bragal e 2 pares de sapatos	440	2.200	6.700
outros mancebos de ovelhas e porcos	540	2.700	3 leitoas ou 3 cordeiras, 9 varas de burel e 6 varas de bragal;	368	1.840	4.540
cachopo do gado	360	1.800	7 varas de burel, 6 varas de bragal e 2 pares de sapatos	360	1.800	3.600
manceba	360	1.800	sudário e saia de 30 soldos, 2 camisas, touca de dez soldos e 2 pares de sapatos	672	3.360	5.160
homem	360	1.800	çorame e saia	174	870	2.670
rapaz	360	1.800	capa de burel e saia de Valenciennes	534	2.670	4.470
cardador (por 60 varas de burel)	120	600	1 alqueire de trigo	16	80	680

Obs: estimou-se 24 d (120 ñ) para o alqueire de pão meado (50% trigo, 50% outro cereal) e 16 d (80 ñ) para o alqueire de trigo.

Os salários parecem muito baixos, mesmo pelos padrões medievais. Vale notar que um alqueire de 8,7 litros ou 5,7 quilos significa 12 pães de uma libra. Dez alqueires de pão por ano parecem insuficientes mesmo para uma pessoa só.

Em 1255, a capital de Portugal foi transferida de Coimbra para Lisboa. A casa da moeda da nova capital foi inaugurada em 1259 e a última cunhagem em Coimbra é de 1261. Nesse ano, o rei fez cunhar dinheiros novos, 12 dos quais valiam 16 dos velhos.

Essa revalorização resultou de uma negociação entre Afonso III e os proprietários interessados em evitar a quebra da moeda, que em troca pagaram um monetágio assim discriminado:

Escalão	Valor mínimo das propriedades, exclusive moradia (ñ)	Imposto (libras)	Imposto (ñ)
1.000 libras ou mais	1.200.000	3	3.600
100 a 1.000 (exclusive)	120.000	2	2.400
20 a 100 libras (exclusive)	24.000	1	1.200
10 a 20 libras (exclusive)	12.000	½	600
até 10 libras	–	0	0

Os dinheiros novos eram cunhados com 1/12 de prata (8,3%, variando na prática de 5% a 12%) e um marco de bolhão fazia 288 dinheiros novos ou alfonsins, de modo que seu peso médio era de 0,797 grama (na prática, 0,43 a 1,34 grama), com 0,066 grama de prata pura, ou seja, o **dinheiro novo** era fisicamente equivalente à cunhagem anterior. O que mudou foi a senhoriagem: em vez de taxar o meio circulante a cada sete anos com a renovação da moeda, o rei passou a fazê-lo regularmente a cada cunhagem. O marco de prata 11/12 era comprado a 3.168 dinheiros velhos e com ele se faziam 11 marcos de bolhão no valor de 3.168 dinheiros novos ou 4.224 dinheiros velhos, proporcionando um ganho bruto de 25% ao Estado, em vez dos 9% do sistema anterior. Os dinheiros velhos ou dinheiros usuais, com o valor de ¾ de dinheiro novo, continuaram a ser usados na contabilidade, de modo que a libra e o soldo, múltiplos do dinheiro velho, passaram a valer 180 e 9 dinheiros novos, respectivamente.

A partir de 1267, com a cessão definitiva por Castela do disputado Algarve a Portugal, o soberano passa a ser referido como "rei de Portugal e Algarve".

Em 1270, o marco de prata 91,67% passou a ser comprado por 14 libras ou 3.360 dinheiros velhos e do marco de bolhão a 8,33% se faziam 306 moedas. O peso médio caiu para 0,75 grama e desse marco de prata se faziam 3.366 dinheiros novos com valor de 4.488 dinheiros velhos (18 libras e 14 soldos), mantendo a senhoriagem de 25%. São feitos maravedis novos de 50 soldos ou 600 dinheiros usuais ou velhos (450 novos). Entretanto, o maravedi de 27 soldos continuou a ser usado como moeda de conta no norte de Portugal, sendo às vezes chamado "maravedi d'além-Douro", em contraste com o maravedi de 15 soldos usado no sul.

D. Dinis I (r. 1279-1325), primeiro rei português alfabetizado e conhecido pelos dotes de trovador, começou a cunhar uma moeda de prata à semelhança do *gros tournois* francês e chamada **tornês**, forte ou grosso, com 26 mm de diâmetro, peso médio de 3,85 gramas em prata a 91,67%. O *gros tournois* francês era avaliado em 66 dinheiros portugueses e a versão de Dinis provavelmente algo menos, 60 dinheiros (era um pouco maior que o real cunhado por Pedro I de Castela décadas depois). No lugar dos morabitinos, fez cunhar uma **dobra** de 4,6 gramas, com valor inicial provavelmente próximo de 720 dinheiros. A contia (pensão) de um escudeiro vassalo do rei era de 100 maravedis de 15 soldos ou 18 mil dinheiros velhos (cerca de 67.500 ñ). Em Portugal, o escudo (écu) francês valia 720 dinheiros e o franco, 600 dinheiros.

Ficou registrado que o rei pagava pela braçagem (serviço de cunhagem) 3 dinheiros por libra (1,25%) aos moedeiros e um soldo por marco (0,36%) aos trabalhadores das fornaças. Considerando também o preço do cobre acrescentado à liga (4,7%), o custo de fabricação total era 6,3% do valor nominal, menos de 0,3 ñ por moeda.

Denominação	Valor em dinheiros velhos	Peso em gramas	Valor em ñ c.1300
Moedas de conta			
marco de ouro	48.000	229,5	144.000
marco de prata 91,7%	3.360	229,5	10.080
marco de bolhão	384	229,5	1.152
morabitino de 27 soldos	324		1.296
libra portuguesa	240	-	720
morabitino de 15 soldos	180		540
soldo português	12		36
dinheiro velho	1		3
Moedas de ouro			
dobra	720	4,6	2.160
morabitino novo	600	3,7	1.800
meia dobra	360	2,3	1.080

Moedas de prata 91,7%			
tornês ou forte	60	3,8	180
meio tornês	30	1,9	90
Moedas de bolhão 8,3%			
dinheiro novo	1,33	0,75	4

No reinado de Afonso IV, (r. 1325-1357), iniciador das explorações marítimas, o escudo francês valia 840 dinheiros velhos e o franco, 720. Em documento de 1355, esses valores tinham passsado a 960 e 840 e o marco de prata era avaliado em 18,7 libras ou 4.488 dinheiros velhos. O florim (chamado "frolença") valia 720 dinheiros, assim como o "real" francês de Luís IX.

No reinado de Pedro I de Portugal (r. 1357-1367), lembrado pela brutalidade de sua vingança pelo assassinato de sua amante Inês de Castro, o marco de prata era dividido em 19 libras ou 4.560 dinheiros velhos, com poder aquisitivo provavelmente reduzido para 2 ñ cada um. Como os dinheiros novos continuavam a ser de bolhão a 8,33%, seu peso médio caiu para 0,74 grama. A dobra de 1/50 marco (4,6 gramas) de ouro valia de 984 dinheiros e a meia dobra 492 dinheiros. O tornês de 1/65 marco (3,53 gramas) de prata, equivalente ao real castelhano, valia 84 dinheiros e o meio tornês (1,77 grama), 42 dinheiros. A dobra mourisca valia 900 dinheiros velhos, o escudo francês, 924 e o *mouton* (moeda francesa) 948.

O sistema monetário sofreu uma mudança mais brusca no reinado de D. Fernando I (r. 1367-1383), cuja guerra com Castela, provocada por sua reivindicação à sucessão de Pedro I de Castela em disputa com Henrique II, exauriu o tesouro e forçou a uma quebra mais drástica da moeda. No primeiro momento (janeiro de 1367 a abril de 1369), Fernando I cunhou as dobras chamadas *pé-terra* (30 mm), nas quais o rei ergue uma espada em atitude bélica. Com elas, Fernando I adiantaria a Pedro IV de Aragão 200 mil dobras por 1.500 lanças (cavaleiros, com seus auxiliares) para ajudá-lo contra Henrique II de Castela. Também cunhou uma moeda de prata de 1/60 marco semelhante aos fortes ou torneses de reinados anteriores, mas agora conhecida como *real* como as moedas castelhanas de peso e valor comparáveis e também caracterizada por uma letra coroada no anverso (neste caso, o F de Fernando). O plural era *reais*: a forma "réis" só foi usada por escrito a partir de 1559, no reinado de D. Sebastião.

Os dinheiros continuaram a ser cunhados, mas com uma redução ou eliminação total do conteúdo em prata. Segundo os cronistas, sua cunhagem era de 8 grãos, ou 2,8%, o que provavelmente seria o estabelecido em lei, mas a maioria das moedas de seu reinado que foram analisadas mostraram ser de cobre quase puro, com 0,2% de prata ou menos.

Denominação	Valor em dinheiros velhos	Peso em gramas	Valor em ñ c.1368
Moedas de conta			
marco de ouro	48.000	229,5	120.000
marco de prata	4.560	229,5	11.400
libra portuguesa	240	-	600
soldo português	12		30
dinheiro velho	1		2,5
Moedas de ouro 88%			
dobra pé-terra	984	5,2	2.460
meia dobra-pé-terra	492	2,6	1.230
Moedas de prata 91,7%			
real	84	3,8	210
meio real	42	1,9	105
Moedas de cobre			
dinheiro novo	1,33	0,75	3,33

Logo depois de iniciada a guerra, em setembro de 1369, as moedas de ouro e prata subiram cerca de 45% em valor nominal, passando a dobra pé-terra a 1.440 dinheiros velhos e o real a 120 dinheiros. O marco de prata passou a 27 libras (6.480 dinheiros velhos).

Supondo-se mantido o valor real da prata, o poder aquisitivo do dinheiro velho teria caído a 1,75 ñ e o dinheiro novo a 2,3 ñ. Nesse momento, pagavam 30 soldos por dia (630 ñ) ao cavaleiro de "cavalo tari com faca armado", 20 soldos (420 ñ) ao ginete (cavalaria ligeira, de lança e adaga sem escudo) e 15 soldos (315 ñ) "ao de cavalo sem faca".

Provavelmente foi então cunhada a primeira dobra chamada *gentil*, na qual o rei aparece sentado no trono e não brandindo a espada. No início tinha 3,5 gramas, como o florim usado em Aragão e outras partes da Europa e deve ter tido o valor nominal de 1.200 dinheiros velhos. Houve quatro emissões de pesos decrescentes, distinguidas por serem marcadas com um, dois, três ou quatro pontos. Supõe-se que tiveram originalmente o mesmo valor nominal e marcaram degraus do processo inflacionário.

Pouco depois, veio a moeda conhecidas como *tornês de busto* (com o busto do rei), com peso pouco menor que o do real e valor de 96 dinheiros, mas teor de prata de apenas 25%. Nesse momento, a dobra pé-terra devia valer cerca de 3.840 dinheiros velhos. Seguiu-se o *tornês de cruz*, com peso um pouco menor e teor mais alto, presumivelmente de valor nominal mais elevado (120 ou mais), mas que não foi registrado.

O próximo passo, provavelmente na primavera de 1370, foi cunhar moedas de 26 mm e 4,33 gramas, teoricamente um "forte", marcada com a efígie do rei com "barbuda", ou seja, elmo de viseira caída (vistos pela primeira vez em Portugal nessa guerra) e a marca AR, normalmente reservada para prata de alto teor (bolhão era marcado com B). Chamada popularmente *barbuda*, tinha valor nominal de 240 dinheiros, apesar de conter apenas 25% em metal precioso. "Barbuda" se tornou em Portugal, por muito tempo, um sinônimo de fraude. Um marco de prata, teoricamente 27 libras, produzia 195 libras (46.800 dinheiros) em barbudas. A dobra pé-terra deveria valer então 8.280 dinheiros.

No segundo semestre de 1370, deve ter aparecido a moeda chamada de *grave* ("lança com pendão"), alusão aos porta-bandeiras subordinados na hierarquia militar aos cavaleiros que usavam "barbudas". Com menos de metade do conteúdo de prata da barbuda, tiveram valor nominal de 180 dinheiros, o que implicava uma dobra de 13.044 dinheiros.

Após o tratado de paz de Alcoutim (31 de Março de 1371) começou a ser cunhada uma moeda com cerca de um quarto do conteúdo de prata da barbuda e apelidada *pilarte* (pagem ou escudeiro) segundo a lógica hierárquica, com valor de 60 dinheiros.

Em algum momento entre maio e julho, o valor nominal da barbuda foi reduzido para 14 soldos ou 168 dinheiros e o do grave para 84 dinheiros, representando o primeiro passo para a renormalização do sistema monetário e reversão do processo inflacionário, que havia causado protestos. Nas Cortes de 1371, celebradas em Lisboa a seguir, os representantes das vilas e cidades se queixavam de que os preços haviam subido quatro vezes por causa da moeda e eram necessárias 200 libras para se ter cavalo, em vez de 50 "como dantes", o que sugere um poder aquisitivo de 150 ñ para a libra e 0,6 ñ para o dinheiro velho .Um pouco depois, também o pilarte passou a 42 dinheiros.

O antigo real de prata teve o valor nominal reduzido a 96 dinheiros para ser retirado de circulação, e foi cunhada uma moeda conhecida como *forte*, com 87,5% de prata, valor nominal de 240 dinheiros e desenho semelhante ao do *gros tournois*.

Mais tarde, mas antes de 1375, o forte e as moedas de bolhão foram fortemente desvalorizadas: o forte caiu para 120 dinheiros, a barbuda para 28, os torneses para 24, o grave para 14, o pilarte para 7 e os dinheiros cunhados durante a guerra para o valor de uma mealha (meio dinheiro). Algum tempo depois, o forte foi substituído por um novo *real* de teor ligeiramente inferior, também de 120 dinheiros, semelhante àquele do início do reinado, mas marcado com as letras FR. O marco de prata, inicialmente, retornou ao valor oficial de 27 libras ou 6.480 dinheiros velhos e, em um momento posterior, ainda antes do fim do reinado, a 22 libras ou 5.280 dinheiros velhos. Preços de 24 a 40 dinheiros para o alqueire de trigo e 16 dinheiros para o centeio e cevada, na maioria dos dados disponíveis entre 1374 e 1379, indicam que um poder aquisitivo de 1,75 ñ para o dinheiro é plausível para este período.

Mesmo sem considerar a circulação de moedas estrangeiras, isso deixou Portugal com um sistema monetário particularmente confuso, com muitas moedas de tamanho e aparência semelhantes, facilitando fraudes e falsificações. Cronistas contam que muitos, principalmente entre os menos instruídos, se viram vítimas de trapaças.

Denominação	Valor em dinheiros velhos	Peso em gramas	Valor em ñ c.1380
Moedas de conta			
marco de ouro	60.000	229,5	105.000
marco de prata	6.480	229,5	11.340
libra portuguesa	240	-	420
soldo português	12		21
dinheiro velho	1		1,75
Moedas de ouro 88%			
dobra pé-terra	1.440	5,22	2.520
dobra gentil (1 ponto)	1.080	4,17	1.890

dobra gentil (2 pontos)	960	3,70	1.680
dobra gentil (3 pontos)	840	3,28	1.470
dobra gentil (4 pontos)	780	3,02	1.365
meia dobra pé-terra	720	2,61	1.260
Moedas de prata 87,5%			
forte	120	3,53	210
meio forte	60	1,77	105
Moedas de prata 83,3%			
real	120	3,58	210
meio real	60	1,79	105
Moedas de bolhão 30,5%			
tornês de cruz	24	2,94	42
meio tornês de cruz	12	1,47	21
Moedas de bolhão 25%			
barbuda	28	4,33	49
tornês de busto	24	3,64	42
meia barbuda	14	2,17	25
grave	14	2,05	25
meio tornês de busto	12	1,82	21
quarto de barbuda	7	1,08	12
Moedas de bolhão 16,7%			
pilarte	7	1,55	12
Moedas de bolhão 8,3%			
dinheiro novo	1,33	0,75	2,33
Moedas de bolhão 2,8%			
mealha (dinheiro de D. Fernando)	0,67	0,75	1,17

A era dos reais: Dinastia de Avis até Afonso V (1383-1481)

Com a morte de D. Fernando I em 1383, o trono foi herdado por sua filha D. Beatriz, uma menina de 10 anos casada meses antes com o rei João I de Castela com a condição de que o reino não fosse herdado por este e sim pelo neto, com sua viúva como regente. Entretanto, o rei de Castela repudiou o tratado e se proclamou rei de Portugal.

Descontentes com a virtual anexação, nobres e burgueses portugueses incitaram João, Mestre da Ordem de Avis e filho bastardo de D. Pedro I, a tomar o poder como regente. Após derrotar os partidários dos castelhanos em Portugal, foi proclamado rei em abril de 1385, com o título de D. João I. Com ajuda dos aliados ingleses, D. João I venceu os castelhanos na batalha de Aljubarrota em agosto, casou-se com uma dama inglesa da casa de Lancaster (Lencastre, em Portugal) e em 1390, com a morte de João I de Castela sem filhos de Beatriz, assegurou seu direito ao trono, apesar de Castela só o reconhecer oficialmente como rei de Portugal em 1411. Em 1415 deu início à expansão colonial com a conquista da cidade marroquina de Ceuta, estratégica para a navegação no norte da África, e ali fez seus filhos serem armados cavaleiros. Nos anos seguintes, foram descobertas as ilhas de Porto Santo (1418), da Ilha da Madeira (1419) e dos Açores (1427), e teve início o povoamento desses arquipélagos.

Para fazer frente às despesas das guerras com Castela e depois para a conquista de Ceuta, D. João se tornou o maior "quebrador de moeda" (pulverizador seria mais exato) da história de Portugal e da Europa medieval ou moderna. Em seu reinado, o país viveu o que poderia haver de mais parecido com uma hiperinflação medieval. Em 39 anos, o número de libras em um marco de prata se multiplicou por 1.260, o equivalente a uma inflação anual média de 20%.

Para preservar a cunhagem e a inflação como fonte de recursos, o rei proibiu que contratos fossem denominados em marcos de ouro ou prata e que os ourives comprassem ou vendessem metais preciosos sem ser na casa da moeda. Por outro lado, reconheceu a necessidade de correção monetária dos contratos, estabelecendo a partir de 1386 que os contratos em moeda antiga deveriam ser corrigidos à razão de cinco libras por uma. Isso era menos do que a desvalorização da moeda em relação à prata e foi considerado insuficiente pelos proprietários. Nas cortes de Coimbra de 1395, populares queixaram-se dos mosteiros, igrejas e senhores por não quererem receber os foros e rendas a menos de 10 ou 12 libras por uma das antigas. Foram atendidos pelo rei, que ordenou que se cumprisse como estabelecera.

Em contraste com Fernando I, lembrado pelos historiadores como "O Inconsciente" ou "O Inconstante", D. João é cognominado "O de Boa Memória" pelo seu legado de independência e grandeza. "Vale mais terra padecer do que terra se perder", teria dito sobre suas medidas monetárias drásticas. Ao clero, que se queixou das novas correções de contratos que considerava insuficientes, respondeu em 1398: "Que se guarde a dita Ordenação por todos, porque foi feita em prol comunal", e, ante nova insistência em 1427, os pôs em seu lugar:

"Já não há agora moeda antiga, e foi ordenado de se pagar por cada uma libra de moeda antiga quinhentos por um desta moeda, que ora corre, consentindo os Prelados nisso; e ainda que o não consentissem, devem-no consentir, porquanto é prol comunal, e bem de toda a terra; porque ao Rei pertence somente fazer moeda e mudá-la, e pôr-lhe a valia, segundo entender por prol comunal, e seu serviço, e boa defesa da terra; e eles devem nisto de usar, como usam os outros todos, e assim se usou sempre em esses Reinos, e em Castela, e em Aragão, e em França, e em Inglaterra, e em outros Reinos, e Lugares, onde se moedas fazem."[56]

Os primeiros reais cunhados por D. João, de 1384, tiveram a reputação de curar certas dores, seja pela boa reputação do rei, seja por terem sido feitos, em parte, com prata tiradas de igrejas. Muitos os usaram como joias penduradas ao pescoço. Existe a lenda, não comprovada, de que foram feitos reais com sola de sapato durante o cerco de Lisboa desse ano. O quadro a seguir resume a evolução dos reais, moeda de referência:

Moeda	Emissão	Características			Valor nominal		Valor legal do marco de prata 91,7%		Índice 1383=100			Valor em ñ	
		Peso (g)	% de prata	g prata	em £	em d	em £	em d	correção legal	valor real	prata legal	real	£
real de ½ libra	1383	3,59	83,3%	2,99	½	120	22	5.280	100	100	100	210	420
	1384 (1ª)	3,19	75,0%	2,39	½	120	44	10.560	100	121	200	174	348
	1384 (2ª)	3,19	50,0%	1,59	½	120	66	15.840	100	181	300	116	232
	1385	3,19	41,7%	1,33	½	120	79,2	19.008	100	213	360	99	197
	1386	3,06	16,7%	0,51	½	120	206,3	49.500	500	1.095	938	19	38
	1387-1391	2,55	12,5%	0,32	½	120	330	79.200	714	1.702	1.500	12	25
	1392-1397	1,28	16,7%	0,21	½	120	495	118.800	1.250	2.656	2.250	8	16
real de 3½ libras	1398-1408	2,55	12,5%	0,32	3½	840	2.310	554.400	5.000	12.673	10.500	12	3,3
meio real cruzado	1409-1415	1,91	8,3%	0,16	1¾	420	2.310	554.400	5.000	12.309	10.500	6	3,3
real de 35 libras	1415-1421	3,19	25,0%	0,80	35	8.400	9.240	2.217.600	25.000	44.618	42.000	33	0,94
	1422	3,19	12,5%	0,40	35	8.400	18.480	4.435.200	50.000	77.053	84.000	19	0,55
	1423-1433	3,19	8,3%	0,27	35	8.400	27.720	6.652.800	50.000	117.059	126.000	13	0,36

Depois de 1415, o real de 3½ libras continuou a ser cunhado como moeda de puro cobre (a primeira oficialmente sem nenhuma

---

56 Ordenações Afonsinas, Livro II, Título VII, artigo XXIII

prata) de 1,9 grama, apelidada real preto em contraste com o real branco de 35 libras ou dez reais pretos, inicialmente cunhado em bolhão de cor mais clara. O real preto foi muitas vezes confundido por autores posteriores com o ceitil, gerando a falsa ideia de que este foi criado logo após a conquista de Ceuta em 1411. Na verdade, o ceitil surgiria mais tarde. Também continuou a ser cunhado o "meio real cruzado" na forma de um meio real preto de 1,0 grama e uma nova moeda chamada *leal*, com o valor de 10 reais brancos.

Não foram cunhadas moedas de ouro, mas no início do reinado circulavam dobras mouriscas (marroquinas ou tunisinas) com valor de 4½ libras, dobras cruzadas (castelhanas) de 5 libras e francos franceses de 4 libras. Em 1415, a dobra mourisca valia 80 a 90 reais, e num documento entre 1411 e 1421 se menciona que um "maravedi velho" valia 20 reais (brancos, provavelmente). No final do reinado de João I, o sistema monetário era o seguinte:

Denominação	Valor em dinheiros velhos	Valor em libras	Valor em reais brancos	Peso em gramas	Valor em ñ c.1430
Moedas de conta					
libra	240	1	1/35	-	0,33
dinheiro	1	1/240	1/8.400	-	0,0014
Moedas de prata 91,7%					
leal	84.000	350	10	3,19	120
Moedas de prata 75%					
real de ½ libra (de 1384)	60.000	250	7	3,19	86
Moedas de bolhão 8,3%					
real branco	8.400	35	1	3,19	12
Moedas de cobre					
real preto	840	3½	1/10	1,91	1,2
meio real preto	420	1¾	1/20	1,04	0,6

No reinado de D. Duarte (1433-1438), uma lei de 1435 estabeleceu uma correção monetária dos contratos anteriores a 1395 de 700 libras por uma, de modo a equivaler uma libra de contratos antigos a 20 reais brancos e um soldo a um real. Depois disso, o real branco é a unidade monetária geralmente citada. Provavelmente em 1436, voltaram a ser cunhadas moedas de ouro portuguesas de 4,6 gramas de ouro de 18 quilates chamadas *escudos*, cujo valor inicial em reais é incerto – 90 a 140, segundo diferentes fontes, mais provavelmente 120, como se atribuiu à "dobra de banda" castelhana, da qual o escudo era uma imitação.

Duas *blancas* castelhanas equivaliam a um real branco. A dobra cruzada valia 150 reais, a coroa velha, dobra valedia ou de banda, 120 e o frolim (florim) de Aragão, 70 reais. O marco de prata era avaliado em 700 reais para compra e produzia 75 leais (de 3,06 gramas cada um) equivalentes a 750 reais. Um marco de prata lavrada e dourada valia 1.000 reais.

Segundo uma carta ao rei um pouco posterior, o marco de ouro fino valia 7.430 reais, e amoedado em dobras cruzadas (castelhanas) de 165 reais cada uma, 8.250 reais. O marco de prata fina valia 845 reais e a prata 11/12 rendia 770 reais no mercado. O quintal (equivalente a 200 marcos) de chumbo valia 360 a 400 reais, o de estanho 950 a 1.000 reais, o de cobre 800 a 900 reais, o de ferro 130 a 140 reais e o de aço 450 reais.

Afonso V (r. 1438-1481, sob regência até 1448) ampliou as conquistas portuguesas no Marrocos e fracassou ao tentou tomar da rainha Isabel o trono castelhano. No seu reinado, os portugueses exploraram a costa da África Ocidental da atual Mauritânia ao Gabão e obtiveram direitos coloniais sobre a região, em troca de abrir mão das ilhas Canárias para Castela. As novas guerras foram financiadas em parte por novas quebras, e o preço da prata, em seu reinado, subiu mais 152,8% (uma média de 2,2% ao ano).

O leal, com peso reduzido a 1/80 de marco (2,87 gramas), teve seu valor nominal aumentado de 10 para 12 reais em 1441 e, portanto, o valor do marco de prata aumentou de 800 para 960 reais. Consequentemente, o escudo português (às vezes também chamado "dobra") valia 140 reais em 1449. O marco de prata foi novamente elevado para 1.100 reais em 1451, e, em 1457, o leal foi substituído por uma moeda chamada *real grosso*, grosso ou *alfonsim de prata* de 3,4 gramas (similar ao real castelhano) e provavelmente 20 reais (30 em 1479) e o escudo pelo *alfonsim de ouro* ou *cruzado* (caracterizado por uma cruz no anverso), inicialmente de 253 reais (1,1 dobra de banda castelhana de 230 reais) e 3,55 gramas de ouro a 99%, reavaliado em 324 reais em 1472 e 370 em 1479 (340 pela dobra castelhana).

O marco passou a 1.500 reais em 1460 e 1.896 em 1472, quando foi criado o *chinfrão* ("real chanfrado", ou seja, fino ou delgado em contraste com o real grosso) de 1,45 grama e 12 reais. Apesar de valer menos que metade do grosso, também foi chamado meio grosso ou meio alfonsim. O real branco foi substituído por duas moedas de bolhão. Uma de 1,9 grama de prata a 6,25%, equivalente a 5 ceitis ou um real branco, era conhecida como *cotrim*, nome que pode ser derivado do italiano *quatrino*, nome de uma moeda de pequeno valor. A outra, de 2 gramas e liga supostamente superior (mas nem sempre na prática), era o *espadim* de 4 reais, com a figura de uma mão segurando uma espada.

O *ceitil* é mencionado pela primeira vez em documentos de 1449. Moeda de puro cobre de 2,5 gramas e 25 mm, é caracterizada pela figura de um castelo de três torres à beira-mar que representa a cidade de Ceuta. No reinado de Afonso V valia 1/5 de real, e em 1485 se fixou em 1/6. Por ser a menor moeda pelos seguintes 120 anos, tornou-se sinônimo de quantia insignificante em português em expressões como "não vale um ceitil" ou "ficar sem um ceitil", ainda em uso séculos depois de a moeda ter saído de circulação. Entretanto, até o reinado de D. Manuel, encontram-se ceitis cortados ao meio como se fazia com os antigos dinheiros.

Em 1473, foi decretada nova correção monetária, pela qual as libras antigas, corrigidas à razão de 500 por uma no reinado de D. João I e 700 por uma em 1435, no reinado de D. Duarte (20 reais por libra), passariam a 36 reais por libra (correção de 80%). Além disso, contratos feitos de 1446 a 1453 seriam corrigidos a 14 reais pretos por real branco (40%) e os de 1453 a 1462 a 12 reais pretos por real branco (20%). Foram então proibidos os contrato por libras antigas ou outras, passando a ser obrigatório fazê-los em moeda corrente.

Desvalorização do real branco nos reinados de D. João I a D. Afonso V

Moeda principal	Emissão	Características			valor nominal em reais brancos		poder aquisitivo em ñ	
		Peso (g)	% de prata	g prata	moeda	marco	moeda	real
leal	1423-1433 (D. João I)	3,19	91,7%	2,92	10	720	120	12,0
	1433-1438 (D. Duarte)	3,06	91,7%	2,81	10	750	115	11,5
	1438-1441 (D. Afonso V)	2,87	91,7%	2,63	10	800	110	11,0
	1441-1450	2,87	91,7%	2,63	12	960	108	9,0
	1451-1456	2,87	91,7%	2,63	14	1.100	110	8,0
grosso	1457-1459	3,38	91,7%	3,09	20	1.360	130	6,5
	1460-1471	3,38	91,7%	3,09	22	1.500	132	6,0
chinfrão	1472-1484	1,45	91,7%	1,33	12	1.820	60	5,0

No final do reinado de Afonso V, o sistema monetário era o seguinte:

Denominação	Valor em reais	Peso em gramas	Valor em ñ c.1480
Moedas de conta			
marco de prata	1.820	229,5	9.100
real	1	–	5
Moedas de ouro 99%			
cruzado	370	3,55	1.850
Moedas de ouro 75%			
escudo (obsoleto) ou dobra castelhana	340	4,6	1.700
Moedas de prata 91,7%			
grosso	30	3,38	150
chinfrão	12	1,45	60
Moedas de bolhão 25%			
espadim	4	2,0	20
Moedas de bolhão 6,25%			
cotrim	1	1,9	5
Moedas de cobre			
ceitil	1/5	2,5	1

Aragão

Barcelona cunhava moedas desde os tempos carolíngios e era independente, na prática, desde a coroação de Hugo Capeto na França (988). Em 1071, dez mil mancusos de Barcelona valiam 1.437 onças de ouro, de modo que cada um devia ter 3,9 gramas. Um desses mancusos valia 17 soldos, ou 204 dinheiros barceloneses.

O rei Sancho Garcês III (r. 1004-1035) de Pamplona foi o primeiro a cunhar moedas em Aragão, instalando uma casa da moeda em Jaca, onde tinha uma fortaleza. Por isso, as moedas de Aragão foram chamadas *jaquesas*. Suas primeiras moedas foram *dinheiros jaqueses* de um grama de prataa 50% e óbolos ou mealhas com a metade desse peso, mas até o final de seu reinado a proporção de prata foi reduzida a 33,3%. Documento de 1020 atesta que um boi era avaliado em 5 soldos ou 60 dinheiros. Na mesma época, um mancuso (dinar árabe) valia 30 dinheiros jaqueses. Como em Portugal, as moedas eram obrigatoriamente renovadas a cada sete anos, com o recolhimento de parte de seu valor como imposto.

Sancho voltou a separar Navarra de Aragão ao dividir seus Estados entre seus filhos. Ramiro, que recebeu o condado de Aragão, deveria ser vassalo do primogênito Garcia Sanches III, mas na prática agiu com independência. Seu filho Sancho Ramires (r. 1063-1094) obteve do papa o título de rei, apesar da exiguidade de seu território, em troca da vassalagem e de um tributo anual de 500 mancusos, moeda de ouro semelhante a um meio dinar árabe, com 1,91 grama de ouro 18 quilates, que parece ter sido cunhada apenas para essa finalidade.

Quando da morte em 1076 de seu primo Sancho Garcês IV, rei de Pamplona, Sancho Ramires herdou também sua coroa, de modo que os reinos de Aragão e Navarra voltaram a se unir. Seu filho Pedro I (r. 1094-1104) reduziu o teor de prata a 25% e o peso a 0,46 grama. Documentos da época falam também de argênteos, argentos, *argentazos* ou *arienzos*, que são provavelmente dirrãs árabes e valiam seis dinheiros. No seu reinado, um documento sobre o empréstimo de um breviário (livro de orações) de um abade a outro estipulava uma indenização de 2.400 dinheiros jaqueses caso o livro fosse perdido ou queimado.

Afonso I de Aragão (r. 1104-1134) voltou a elevar o conteúdo de prata dos dinheiros para 33% e o peso para 0,64 grama. Conquistou

Saragoça em 1118 e transferiu para lá a capital do reino e a casa da moeda, mas suas cunhagens continuaram a ser chamadas "jaquesas". Morreu sem filhos e a nobreza não aceitou o testamento que legaria seus reinos às ordens militares dos Templários, Hospitalários e do Santo Sepulcro. Reis diferentes foram eleitos para os dois reinos, que não voltaram a se unir. Aragão coube ao bispo e monge Ramiro, que se casou e, em 1137, prometeu a filha recém-nascida Petronila ao conde de Barcelona Ramón Berenguer IV, ao qual delegou o poder de fato para retornar à vida eclesiástica. Afonso II, filho de Ramón e Petronila, herdou Aragão e Barcelona em 1164, unidos a partir de então na Coroa de Aragão.

Em 1189, o morabitino de ouro árabe de 3,9 gramas corria pelo valor de 84 dinheiros jaqueses ou barceloneses, uns e outros com 1,08 grama e 33% de prata.

Em 1204, Pedro II de Aragão (r. 1196-1213) renovou o tratado de vassalagem ao Papa, comprometendo-se a pagar um tributo anual de 250 masmudinas, moedas almóadas de 2,3 gramas de ouro e com o valor de 65 dinheiros.

A partir de 1205, a renovação periódica das moedas a cada sete anos foi substituída por um imposto chamado "moedagem", de 12 dinheiros por libra (5%) sobre bens móveis e imóveis a cada sete anos, cobrado (inclusive da Igreja e da nobreza) até o século XVI. Acompanhado pelo compromisso de não "quebrar" a moeda, não criar moedas novas e retirar as de qualidade inferior, esse imposto evitou que Aragão recorresse às quebras sucessivas e à consequente inflação elevada verificada em Castela e Portugal nos séculos seguintes. Por outro lado, retardou a evolução do sistema monetário, desestimulou a cunhagem e criou uma escassez crescente de meio circulante, que se tornaria aguda no século XV.

O rei Jaime I (r. 1213-1276) ampliou a Coroa de Aragão com a conquista de Valência e Maiorca, mas em 1258 renunciou pelo tratado de Corbeil aos feudos que possuía no sul da França (Languedoc, Béarn, Bigorra) e à Provença. Em troca, os reis da França reconheceram formalmente a independência de Aragão. Em 1234, reduziu o teor de prata dos dinheiros a 25% e seu peso a 1,06 grama, moeda então declarada "perpétua e inalterável".

Jaime I também autorizou particulares a cunharem, para o comércio exterior, masmudinas (dinares) de ouro de 2,3 gramas e *millareses* ou miliarenses (dirrãs) quadrados de prata de 1,54 grama. Ambos eram imitações fiéis da moedas árabes, inclusive com a invocação a Alá e Maomé. Dez dirrãs ou miliarenses constituíam a moeda de conta ali chamada *pesante* (de besante, nome dado às moedas de ouro bizantina e árabe), correspondente ao *dinar darahim* ("dinar de dirrãs") árabe e ao *bisanti di migliaresi* ("besante de miliarenses") em italiano.

A "moedagem" era cobrada como 10 morabitinos ou 840 dinheiros por casa a cada sete anos. Um *cahiz* (180,5 litros ou 140 kg) de trigo valia então 288 dinheiros.

Pedro III (r. 1276-1285) fez de Aragão em uma importante potência do Mediterrâneo ao conquistar a Sicília e derrotar o rei da França, instigado pelo Papa a conquistar seus reinos. Em seu reinado foi cunhada uma nova moeda barcelonesa chamada *croat* ("cruzado"), um grosso de 3,2 gramas de prata 95,8% e valor de 12 dinheiros, mas sua cunhagem em Aragão foi proibida pelo pacto da moedagem. Não foram cunhadas mais moedas jaquesas até 1307

A partir do final do século XIII, vários municípios, principalmente das regiões de Lleida (Lérida) e Balaguer, na Catalunha, começaram a cunhar *pugesas* e *meias pugesas*, moedas de cobre ou latão com o valor de um quarto e um oitavo de dinheiro, para suplementar a falta de moeda miúda. A mais conhecida é a pugesa de Lérida, que tinha diâmetro de 18 mm e 2 gramas.

Em 1309, a dobra (dupla masmudina) valia 20 soldos ou 240 dinheiros. O chefe da justiça de Aragão ganhava 2000 soldos anuais; o capelão do palácio de Saragoça, 435 soldos; o barbeiro do rei, 1000 soldos; um escrivão 400 soldos e um pesador, 90 soldos. Cada súdito maior de 7 anos era obrigado a comprar da coroa real um almude (1,88 litro) de sal por 12 dinheiros a cada ano.

Em 1323, Aragão inicia a conquista da Sardenha, completada em 1409. Ali também circularam os *croats*, com o nome de *alfonsís d'argent*, que corriam pelo valor de 18 *alfonsís menuts* (dinheiros locais) de bolhão.

Em 1340, o rei Pedro IV (r. 1336-1387) começou a cunhar florins, meios florins e quartos de florim semelhantes às moedas florentinas, cunhadas em Perpignan (então parte do reino de Maiorca), para contornar o veto a novas moedas em Aragão. Tinham inicialmente 3,42 gramas de ouro 24 quilates, com valor de 14 soldos ou 168 dinheiros. Em 1350, as Cortes de Aragão determinaram que 15 dinheiros jaqueses valeriam 18 barceloneses. Ainda nesse ano, os condados de Barcelona, Gerona e Osona, dinasticamente unidos desde o final do século IX, foram formalmente reunidos no Principado da Catalunha.

De 1369 a 1372, o rei tentou cunhar florins em Saragoça, estes de 18 quilates e 132 dinheiros, mas as Cortes de Aragão exigiram sua suspensão. Deste período existem também moedas de bolhão de 10 a 13 gramas que podem ter sido soldos em forma física.

Para tentar contornar as restrições a novas moedas que limitavam a senhoriagem, em 1394 Juan I (r. 1387-1396) fez cunhar em Perpignan uma nova moeda de ouro chamada *timbre*, pelo escudo de armas que apresentava. Tinha 4 gramas de ouro a 98% e o valor nominal de 216 dinheiros, ante os 132 que então valia o florim (então reduzido a 81% de ouro), mas o mercado não a aceitou por esse valor e a avaliou em 186 dinheiros. Também criou uma moeda de prata chamada *blanca coronada*, de 1,6 grama de prata 41%, que deveria ser aceita por 4 dinheiros. Entretanto, também essa moeda não foi muito bem aceita pelo comércio e nenhuma delas teve continuidade.

En 1395 um *cahiz* de azeitonas custava 11 soldos e uma quarta de vinho 4 dinheiros. Por um cavalo, se chegava a pagar 10 florins.

Martin I (r. 1396-1410), tentando mais uma vez contornar as restrições à cunhagem, emitiu em Maiorca e Valência, a partir de 1407, uma nova moeda chamada *ral* (real), semelhante ao real castelhano, com 3,48 gramas de prata a 91,7%. Os dinheiros de bolhão, que não eram cunhados desde 1350, encontravam-se então desgastados e desvalorizados e eram aceitos a 18 por croat ou ral, em vez dos 12 que deveriam corresponder a seu peso original.

A desvalorização dos dinheiros levou ao desaparecimento gradual das pugesas. Em compensação, começaram a circular *senyals* (contos ou jetons) locais de cobre com o valor de um dinheiro para fazer frente à escassez crescente de moeda oficial. Foram também cunhadas moedas chamadas *coronats* ("coroados"), com valor de 4 dinheiros e 1,62 a 1,66 grama de bolhão com teor de prata de 37,9% a 39,6%

Após a morte de Martin I sem herdeiros, foi eleito para sucedê-lo seu sobrinho Fernando I (r.1412-1416), até então a serviço de Castela, que não voltou a cunhar moedas em Aragão. Afonso V (r. 1416-1458), seu filho, conquistou o reino de Nápoles e nos últimos anos de seu reinado, moveu guerras contra Castela e Gênova, mas o bom momento econômico permitiu-lhe custear esses combates. A falta de moeda em Aragão, porém, tornou-se crítica e surgiram oficinas clandestinas para fabricar moeda castelhana. Em 1428, as

Cortes aprovaram leis proibindo os notários de documentar transações que não fossem em moeda jaquesa e em 1442 foi proibida a circulação de dinheiros barceloneses e valencianos. Em 1442, o florim foi oficialmente reavaliado em 120 dinheiros jaqueses, como já era avaliado na prática desde Fernando I. 15 dinheiros jaqueses continuavam a valer 18 de Barcelona.

Juan II (r. 1458-1479) enfrentou a revolta das Cortes da Catalunha, iniciando uma guerra civil de dez anos na qual se aliou ao rei francês Luís XI (ao qual pagou 200 mil escudos e ofereceu o Rossilhão) e as Cortes ofereceram a Coroa, sucessivamente, a Henrique de Castela, Pedro de Portugal e Renato de Anjou, mas foram derrotadas. Durante a revolta, Pedro e Renato cunharam em Barcelona de 1466 a 1472, uma moeda chamada *pacífico*, com 3,54 gramas de ouro de 20 quilates e o valor nominal de 240 dinheiros, ante os 156 que valia então o florim.

Juan II, por sua vez, fez cunhar *ducados* de ouro de 3,54 gramas de ouro puro, reais de 3,85 gramas de prata e meios reais de 1,8 grama em Valência e também em Saragoça, pois Aragão suspendeu a proibição de cunhagem de novas moedas devido à guerra. Nesse período, o alfonsí de Nápoles (de Afonso V) corria por 432 dinheiros, a dobra castelhana por 360, o ducado de Juan II por 288, o pacífico por 240, o florim por 198 e o croat de prata de Barcelona por 20.

Um coelho custava 7 dinheiros, um frango, 15 dineros, uma arroba de azeite 108; uma libra de açúcar 32. Um trabalhador rural ganhava 36 dinheiros por dia e um vigia noturno 60 por noite, tanto quanto um soldado a pé, que ganhava 1.800 dinheiros por mês.

Em 1479, Fernando II, filho de Juan II que já era rei de Castela pelo casamento com a rainha Isabel, herdou também a Coroa de Aragão, unindo os dois reinos na futura Espanha. As moedas de maior valor dos dois reinos foram também unificadas com base no ducado castelhano, chamado *principat* na Catalunha, *ral d'or* em Maiorca, *ducat* em Valência, *trionfo* ou *aliga* na Sicília e *ducato* en Nápoles. Foram cunhadas moedas de 2, 4 e 10 ducados. Pela primeira vez desde 1350, foram também cunhados dinheiros, mas com o teor de prata reduzido a 12% em vez dos antigos 33,3%.

Bibliografia

ARAGÃO, A. C. Teixeira *Descripção geral e histórica das moedas cunhadas em nome dos reis, regentes e governadores de Portugal.* Tomo I. Lisboa: Imprensa Nacional, 1874.

ASHDOWN, Charles Henry. *Armour & weapons in the middle ages.* London: Harrap, 1925.

BACHARACH, Jere L. Monetary Movements in Medieval Egypt, 1171-1517. *Precious metals in the later medieval and early modern worlds.* Durham: University of Carolina, 1983.

BARRABDON, J. N., GUERRA, M. Filomena, MAGRO, F. A. Costa. Chemical compositions of Portuguese dinheiros. *Problems of medieval coinage in the iberian area.* Santarém: 1988.

BAUER, N. *Wörterbuch der Münzkunde.* Berlim: Walter de Gruyter, 1970.

BLANC, Jérôme. La complexité monétaire en France sous l'ancien régime: étendue et modes de gestion. *De Pecunia*, 1994, VI (3), pp.81-111.

BLANCHARD, Ian. *Mining,metallurgy and minting in the Middle Ages.* Franz Steiner Verlag, 2005

BRESC, Cécile. Quseir al-Qadim : a Hoard of Islamic Coins from the Ayyubid period". *Revue numismatique*, 6e série - Tome 164, année 2008, pp. 407-436.

BROWN, E. H. Phelps, HOPKINS, Sheila V. Builders' wage-rates, prices and population: some further evidence. *Economica* (fevereiro de 1959): p. 18-37

_____. Seven centuries of the price of consumables, compared with builders' wage-rates. *Economica* (novembro de 1956): p. 296-314;

_____. Wage-rates and prices: evidence for population pressure in the sixteenth century. *Economica* (novembro de 1957): p. 289-306

BURINGH, Eltjo, VAN ZANDEN, Jan Luiten. Charting the 'Rise of the West': manuscripts and printed books in Europe, a long-term perspective from the sixth through eighteenth centurie". *The Journal of Economic History*, Vol. 69, No. 2 (June 2009).

ČÍM se dříve v českých zemích platilo a co se dalo z výplaty koupit. Disponível em http://finance.idnes.cz/cim-se-drive-v-ceskych-zemich-platilo-a-co-se-dalo-z--vyplaty-koupit-1cc-/bank.aspx?c=A020211_135901_fi_osobni_mir

CLAUGHTON, Peter. *Production and economic impact*: Northern Pennine (English) silver in the 12th century. University of Exeter.

D´ANDREA, Alberto, ANDREANI, Christian. Il sistema monetale medioevale. Disponível em http://www.edizionidandrea.it/A-Il%20sistema%20monetale%20 medioevale.pdf

DAHLERUP, Troels. Pengepolitik. Disponível em http://www.denstoredanske.dk/Danmarkshistorien/De_fire_st%C3%A6nder/Samfundet/ Skattens_m%C3%B8nt/Pengepolitik

DE WITTE, Alphonse. *Histoire monetaire des Comtes de Louvain, Duques de Brabant et Marquis du Saint Empire Romain*. Anvers: Veuve de Backer, 1894

DESAN, Christine. *Making money:* coin, currency, and the coming of capitalism. Oxford: 2014.

DESIMONI, Cornelio. Le prime monete d'argento della zecca di Genova ed il loro valore [1139-1493]. *Atti della Società Ligure di Storia Patria.* Volume XIX — Fascicolo II. Genova: Tipografia Del R. Istituto Sordo-Muti, 1888 . Disponível em http:// www.storiapatriagenova.eu/docs/biblioteca_digitale/ASLi_vs/ASLi_vs_19.txt

DIEUDONNÉ, A. Les conditions du denier parisis et du denier tournois sous les premiers Capétiens. *Bibliothèque de l'École des Chartes*, tome 81. pp. 45-60, 1920.

ESPINAR GIL, David. La Moneda de Enrique IV de Castilla y sus Textos Legislativos. *Ab Initio*, Núm. Ext. 2 (2012)

FERRO, Maria José Pimenta. *Catálogo de moedas portuguesas do Gabinete de Numismática da Biblioteca Nacional de Lisboa*, v. I 1185-1383. Biblioteca Nacional de Lisboa: 1978.

FONTENLA BALLESTA, Salvador. Notas sobre el sistema monetario nazarí. *OMNI, Numismatic journal.* Special Issue N°1 – 05-2014.

FRIEDMAN, David. Private creation and enforcement of law: a historical case. Disponível em http://www.daviddfriedman.com/Academic/Iceland/Iceland.html

GAMBETTA, Agostinho Ferreira. *História da moeda antiga portuguesa: décima-quarta palestra na Emissora Nacional.* Lisboa, 29 de setembro de 1967.

_____. *História da moeda antiga portuguesa: décima-quinta palestra na Emissora Nacional.* Lisboa, 9 de outubro de 1967.

GARUFI, C. A. *Monete e conii nella storia del diritto siculo dagli arabi al martini,* Parte 1ª. Palermo: Alberto Reber, 1898.

GENTILE, Alberto. La monetazione in epoca federiciana. Disponível em http://www.stupormundi.it/monetazione.html

GOLDTHWAITE, Richard A. *The Economy of Renaissance Florence*. Baltimore: Johns Hopkins University, 2009.

GRAEBER, David. *Debt:* the first 5,000 years. New York: Melville, 2010.

GUILHIERMOZ, Paul. De la taille du denier dans le haut Moyen Âge. *Bibliothèque de l'école des Chartes*. 1923, tome 84. pp. 265-283.

HENSTRA, Dirk Jan. *The evolution of the money standard in medieval Frisia*: a treatise on the history of the systems of money of account in the former Frisia (c.600–c.1500). Groningen: 2000.

HUFFMAN, Joseph P. *Family, commerce, and religion in London and Cologne:* anglo-german emigrants, *c. 1000 – c. 1300*. Cambridge, 1998.

ISSUES of the Holy Roman Empire, The Archbishops of Cologne, and the City of Cologne".

JENSEN, Niels Jørgen, SKJKOLDAGER, Mogens . *Dansk Mønt*. Disponível em http://www.danskmoent.dk/

KLASSEN, John M. *The letters of the Rožmberk sisters:* noblewomen in fifteenth-century Bohemia. Cambridge: 2001.

KOOL, Robert. Coin circulation in the *villeneuves* of the Latin Kingdom of Jerusalem: the cases of Parva Mahumeria and Bethgibelin. *Archaeology and the Crusades: proceedings of the Round Table*. Nicosia, 1 February 2005.

_____. *The circulation and use of coins in the Latin Kingdom of Jerusalem 1099-1291 CE*. Hebrew University, January 2013.

LA MONEDA en el condado de Castilla. Disponível em http://www.condadodecastilla.es/economia/moneda-condado-castilla

LA POLITIQUE monétaire troublé de Philippe le Bel. Disponível em http://www.sacra-moneta.com/Numismatique-medievale/La-politique-monetaire-trouble-de-Philippe-le-Bel.html

LAS MONEDAS y su historia. Disponível em http://monedashistoria.blogspot.com.br

LATIMER, Paul. Early Thirteenth-Century Prices. *King John:* New Interpretations. Org. S. D. Church. Woodbridge: Boydell, 1999.

LE BLANC, François. *Traité historique des monnoyes de France:* dissertation historique sur quelques monnoyes de Charlemagne, de Louis le Débonnaire, de Lothaire et de leurs successeurs, frapées dans Rome. Pierre Mortier, 1692.

LOPES, Luís Seabra. A cultura da medição em Portugal ao longo da história. *Educação e Matemática, nº 84*, Associação de Professores de Matemática, 2005, p. 42-48.

_____. Sistemas legais de medidas de peso e capacidade, do Condado Portucalense ao século XVI. *Portugália, Nova Série, vol. XXIV*, FL/Univ. Porto, 2003.

LÜBISCHES Münzsystem. Disponível em http://www.hagen-bobzin.de/hobby/muenzverein_wendisch.html

MADDEN, Thomas F. *Venice:* A New History. Londres: Penguin, 2012.

MAGRO, F. A., GUERRA, M. Filomena, GONDONNEAU, Alexandra Gondonneau. Numária de D. Afonso Henriques. *Separata das Actas do IV Congresso Nacional de Numismática.* Lisboa: 1998;

MARINHO, José Rodrigues. Sobre o achado de dinheiros da Herdade da Gramacha (Évora). *O Arqueólogo Português*, série IV, 6/7, 1988-89; p. 271-285.

MARKOWITZ, Mike. Medieval numismatics: coins of the crusaders. Disponível em http://www.coinweek.com/featured-news/medieval-numismatics-coins-of-the-crusaders/

MARQUES, Mario Gomes, CABRAL, João M. Peixoto. *Cronologia da numária de Dom Fernando.*

McEVEDY, Colin. *Atlas da História Moderna.* São Paulo: Verbo, 1990.

MEDIEVAL sourcebook: medieval prices. Disponível em http://faculty.goucher.edu/eng240/medieval_prices.html

MOEDAS portuguesas da época dos descobrimentos. Disponível em http://docvirt.com/docreader.net/DocReader.aspx?bib=Moedas&PagFis=260&Pesq=

MUJANI, Wan Kamal. The fineness of dinar, dirham and fals during the mamluk pPeriod". *Journal of Applied Sciences Research*, 7(12): 1895-1900, 2011.

MUNRO, John H. *Coinage and monetary policies in burgundian Flanders during the late-medieval 'bullion famines', 1384 – 1482.* University of Toronto, 2009.

_____. *The 'industrial crisis' of the English Textile Towns, c.1290 - c.1330.* University of Toronto, 1998.

_____. *Warfare, liquidity crises, and coinage debasements in burgundian Flanders, 1384 - 1482:* monetary or fiscal remedies?" University of Toronto, 2009.

NUMISMATICS Hungary: metrológia I - Denár Rendszerek. Disponível em http://www.numismatics.hu/metrologia.htm

OLMOS, José María de Francisco. *La moneda de la Castilla bajo medieval: medio de propaganda e instrumento económico.* Universidad Complutense de Madrid.

ORIGIN of coinage in Russia. Disponível em http://www.goznak.name/eng/about/history/xiv-xvii/

PAMUK, Sevket. *A Monetary history of the Ottoman Empire.* Cambridge University Press, 2000.

PENÍZE v období středověku a renesance. Disponível em http://www.php-pohadky.unas.cz/Penizeaceny.php

PERES, Damião. *Considerações relativas à amoedação luso-indiana de Goa no tempo de D. Afonso de Albuquerque.* Museu Numismático Português, 15/2/1960.

_____. *Reflexões a respeito da classificação de duas das mais antigas moedas indo-portuguesas.*

PINTO, Fernando. Lei de Almotaçaria. *Inf. Numismática.* Disponível em http://numismaticafernandopinto.weebly.com/inf-numismatica.html

PIOT, C. Monnaies de Charles-Le-Téméraire frappées à Nimègue. *Revue de La Numismatique Belge*, Tome II. Bruxelas: Librairie Ancienne et Moderne de A. Van Dale, 1846.

PRESTWICH, Michael. Miles in armis strenuus: The knight at war. *Transactions of the Royal Historical Society*, sixth series, v. 5 (1995). 201-220

PRIX au Moyen Âge (ordre chronologique). Disponível em http://medieval.mrugala.net/Commerce%20et%20l%27argent/Prix%20au%20moyen%20age%20-%20ordre%20chronologique.htm

RAMOS, Fernando Rodamilans. La moneda y el sistema monetario em la Castilla medieval. *Ab Initio*, n. 1, 2010.

READ, Piers Paul. *Os Templários.* Rio de Janeiro: Imago, 2001

REDISH, Angela, WEBER, Warren. *A Model of commodity money with minting and melting.* Federal Reserve Bank of Minneapolis, julho de 2011.

_____. *A Model of the monetary system of Medieval Europe*. 30 de março de 2011.

ROYO ORTÍN, Marco L. La moneda en Aragón: la Edad Media. www.numisma.org – 2011.

SAINZ VARONA, Félix-Angel. *La Moneda de vellón de Enrique IV: la Ordenanza de 1462*

SARGENT, Thomas J., VELDE, François R. *The Big Problem of small change*. Princeton: 2001.

_____.*The Evolution of small change*. Dezembro de 1997.

SIDELKO, Paul L. *The Acquisition of the Landed Estates of the Hospitallers in the Latin East, 1099-1291*. University of Toronto, 1998.

SISSIA, Adolfo. La zecca senatoriale di Roma e il grosso d'argento: un breve excursus. *Panorama Numismatico 07-08/2014*

SKAARE, Kolbjörn .Coins and mints. *Medieval Scandinavia: an encyclopedia*. New York: Garland, 1993.

SVENSSON, Roger. *Re-coinage in Medieval Sweden*. Stockholm: Research Institute of Industrial Economics (IFN), 1 September 2014.

_____. *The Bracteate as economic idea and monetary instrument*. IFN Working Paper No. 973, 2013.

UNITS of measurement from Viking Age law and literature. Disponível em http://www.vikinganswerlady.com/measurement.shtml

VALÉRIO, José. *As moedas desconhecidas de Malaca: uma nova perspectiva*. 2011.

VIANA, Mário. A Lei de almotaçaria e a política económica de Afonso III. *Abordagens à história rural continental e insular portuguesa, séculos XIII-XVIII*. Lisboa: Univ. Açores, 2013.

_____. Alguns preços de cereais em Portugal (Séculos XIII-XVI). *Arquipélago: História*, 2ª série, XI - XII (2007 - 2008).

ZACOUR, N. P, HAZARD, H. W. *The impact of the Crusades on Europe*. University of Wisconsin Press, 1989. Disponível em http://digital.library.wisc.edu/1711.dl/History.CrusSix

Moedas ficcionais de fantasia

Na literatura de fantasia, cujos exemplos hoje mais influentes foram criados por escritores britânicos ou se inspiram (como a série de George R. R. Martin) na Inglaterra medieval ou renascentista, as moedas ficcionais frequentemente se baseiam nas libras (ou guinéus), shillings e pence do antigo sistema britânico. Isso também vale, em geral, para a ficção steampunk, cujo cenário favorito é o Império Britânico da era vitoriana. Mas é frequente que os autores, acostumados com os valores inflacionados das moedas modernas (inclusive a atual libra esterlina), subestimem o poder aquisitivo da libra medieval, renascentista ou vitoriana.

Outros autores, como também a maior parte dos RPGs de mesa, evitam as complexidades do sistema britânico ou de outros sistemas monetários europeus medievais e adotam um sistema decimal (ainda que anacrônico) ou um sistema simplificado de "peças de ouro", "peças de prata" e "peças de cobre". Na maioria dos casos, o poder aquisitivo dos metais e das moedas é subestimado em relação à realidade medieval ou renascentista, mas há exceções.

AD&D e D&D

D&D é uma série de RPGs de fantasia originalmente publicada em 1974. A versão "avançada" (AD&D) surgiu em 1977, com segunda edição em 1989, terceira (retornando ao nome D&D e com o novo nome de sistema "d20" para o núcleo genérico de regras) em 2000, quarta em 2008 e quinta em 2014. As diferentes edições usaram diferentes padrões monetários, como mostra a tabela abaixo:

Peça	Valor em peças de cobre					
	D&D			AD&D		D&D/d20
	1974	1979	1981	1979	1989	2000 e seguintes
platina (pp)	250	250	500	1.000	500	500
ouro (gp)	50	50	100	200	100	100
electro (ep)	25 ou 100	25	50	100	50	50
prata (sp)	5	5	10	10	10	10
cobre (cp)	1	1	1	1	1	1

As primeiras versões do jogo descreviam a peça de ouro como "aproximadamente do tamanho e peso de uma moeda de meio dólar estadunidense", ou seja, 30,6 mm de diâmetro e 11,3 gramas (na realidade, uma moeda desse exato tamanho pesaria 16,5 gramas se fosse prata pura e 30,5 gramas se ouro puro). Entretanto, para fins de cálculo de carga, adotou-se que uma peça de qualquer metal pesava 1/10 de libra-peso, ou 45,39 gramas. Um tamanho inusitado para um cenário inspirado na Idade Média, na qual as moedas geralmente eram bem pequenas e o poder aquisitivo dos metais preciosos era alto.

A partir de 1989, considerou-se que cada peça pesava 1/3 de onça-peso ou 1/50 de libra peso – 9,45 ou 9,07 gramas, respectivamente – e foi ilustrada, a partir do *Player's Handbook* de 2000, com exatamente 31 mm de diâmetro, o que implicaria (para ouro puro) uma moeda de 0,65 mm de espessura, delgada, mas não impossível: as *hyperpyra* e *aspra* bizantinas e as bracteatas medievais foram ainda mais finas. Tais moedas ainda seriam grandes pelos padrões medievais, mas não descabidas – o *noble* inglês teve de início um peso semelhante.

Os preços, a se julgar por animais e itens simples, são na maioria dos casos compatíveis com uma peça de platina com valor perto de 2.500 ñ, de ouro de 500 ñ, de electro de 250 ñ, de prata de 50 ñ e de cobre de 5 ñ.

Item	preço (AD&D, 1989 ou D&D, 2000)	ñ
Galinha	2 cp	10
Vaca	10 gp	5.000
Cabra	1 gp	500
Boi	15 gp	7.500
Porco	3 gp	1.500
Ovelha	2 gp	1.000
Trigo (libra)	1 cp	5
Farinha (libra)	2 cp	10
Linho (jarda)	4 gp	2.000

Esta equivalência resulta também em valores plausíveis para os salários mais comuns, 1 sp (50 ñ) por dia para trabalhadores não especializados e 3 sp (150 ñ) por dia, para trabalhadores qualificados (pedreiros, artesãos, escribas, tropeiros) e mercenários. Isso implica um poder aquisitivo para o ouro e prata de aproximadamente 1/30 da realidade medieval do século XIV nas primeiras versões[57] e 1/6 nas publicadas de 1989 em diante. Note-se, porém, que as armas e armaduras, mesmo não mágicas, estão em geral supervalorizadas em relação aos padrões reais da Baixa Idade Média e Renascença, períodos aos quais a maioria delas pertence, por um fator de seis ou mais. O quadro abaixo compara os preços de itens no guia básico do jogo com itens semelhantes no jogo GURPS (mais realista) e na Idade Média histórica:

Item	preço AD&D (gp)	ñ	preço GURPS ($)	ñ	Preço histórico	local e tempo	ñ
arco curto	30	15.000	50	750	4d	Gales, século X	600
arco longo	75	37.500	200	3.000	80d	Inglaterra, século XIV	2.546
besta pesada	50	25.000	180	2.700	48d	Inglaterra, século XIII	2.157

---

57   Uma adaga simples custa 2 gp, impressionantes 90 gramas de ouro na versão original. A 1ª edição justificava isso com o fato de aventureiros saquearem ouro de monstros e tumbas e gastá-lo aos montes, inflacionando o metal como nos garimpos da "corrida do ouro", o que deu ocasião a ironias e paródias e se tornou TVTrope (http://tvtropes.org/pmwiki/pmwiki.php/Main/CheapGoldCoins). GURPS e edições posteriores de D&D quiseram ser menos irreais, mas valores ainda mais absurdamente inflacionados são comuns em videogames como *RuneScape* (1 ou 2 peças de ouro por uma caneca de cerveja, uns 5 ñ por moeda) e *Dragon Quest* (45 peças de ouro por uma bandana, uns 2 ñ por moeda).

besta leve	35	17.500	150	2.250	18d	Inglaterra, século XIII	809
quadrela	0,1	50	2	30	0,24d	Inglaterra, século XIV	9
adaga ou punhal	2	1.000	20	300	2 soldos parisis	França, século XV	158
lança de peão	8	4.000	40	600	4d	Gales, século X	600
lança de cavalaria média	10	5.000	60	900	168d	Portugal, século XIII	840
espada curta	10	5.000	400	6.000	20 Kreuzer	Áustria, século XV	600
espada longa	15	7.500	500	7.500	40d	Inglaterra, século XIV	1.273
escudo médio	7	3.500	60	900	4d	Gales, século X	600
cota de malha	75	37.500	550	8.250	180d	Inglaterra, século XIII	6.701
armadura simples	600	300.000	2.000	30.000	40 libras	Palestina, século XIII	28.800
armadura de batalha	2000	1.000.000	4.000	60.000	2.000d	Inglaterra, século XV	89.285
armadura completa	4000	2.000.000	6.000	90.000	3.920d	Inglaterra, século XIV	128.879

A peça de ouro pode ganhar nomes especiais conforme o reino de fantasia em que se ambienta a aventura, sem que seu peso seja alterado. No cenário Forgotten Realms, os nomes incluem *Golden Lion* (Cormyr), *Dantar* (Amn), *Bicenta* (Calimport), *Dragon* (Waterdeep), *Shilmaer* (Cormanthyr) e *Dinar* (Southern Lands). No cenário *Dragonlance*, porém, o padrão monetário é a "peça de aço" (Stl), com o mesmo valor da peça de ouro usual e as peças de ouro valem muito menos – 1/10, 1/40, 1/50 Stl, ou mesmo nada.

GURPS Fantasy

O sistema GURPS foi lançado em 1986 e na primeira edição, sua unidade monetária, designada simplesmente como "$", teve seu poder aquisitivo explicitamente vinculado ao do dólar estadunidense dessa época, ou seja, 16,9 ñ. Na terceira edição, o valor foi redefinido como dólar de 1994, ou 12,5 ñ. Na quarta edição, não foi dada uma definição explícita, mas preços e níveis de riqueza parecem iguais aos das edições anteriores. O valor aproximado de 15 ñ é razoável para simplificar as conversões.

No módulo básico essa unidade foi identificada, para cenários "realistas" inspirados na "Inglaterra da Idade Média, século XIV" como uma "moeda de cobre mais ou menos do tamanho de uma moeda de 25 centavos de dólar" ou um "farthing inglês medieval" (24 mm, 5,7 gramas). É um equívoco: na Inglaterra medieval não havia moedas de cobre. O farthing era uma moeda de prata muito pequena ou uma fração de um penny de prata cortado em quatro. O farthing de cobre foi cunhado pela primeira vez em 1714. Na Idade Média, muitos países da Europa continental usavam moedas de bolhão (liga de cobre com 50% ou menos de prata), mas nunca de cobre puro, salvo em Constantinopla e nos sultanatos árabes. A moeda de prata sugerida é pouco maior que o penny inglês do início do século XIV (1,49 grama) e vale $4 ou 60 ñ; 250 dessas moedas valem $ 1.000 e pesam uma libra troy (373 gramas). Ouro vale 20 vezes mais que a prata[58], de modo que uma libra de ouro vale $ 20.000.

Estes valores estão algo superestimados. No século XIV, o poder aquisitivo de um *penny* (cujo peso era um pouco menor e caiu ao longo do período) girava em torno de 40 ñ, 240 dessas moedas faziam uma libra, o valor do ouro era 10 vezes maior que o da prata e esta valia 200 vezes mais que o cobre. Em certos períodos da Idade Média esse valor aquisitivo para a prata seria realista, mas mesmo neste caso, GURPS atribui ao ouro o dobro do valor real e ao cobre um poder aquisitivo 13,3 vezes superior ao da época.

Os preços de armas e armaduras são realistas, exceção feita às espadas, supervalorizadas por um fator de seis ou mais. Tais preços seriam plausíveis apenas para espadas excepcionais ou para a Alta Idade Média, período no qual muitas das armas e armaduras listadas não existiam.

Ressalva-se no módulo básico que o mestre pode querer que a riqueza seja mais vistosa e difícil de carregar. Sugere-se que o $ (15 ñ) seja uma moeda de prata de uma onça (31,1 gramas) e uma moeda de ouro de $ 20 (300 ñ) tenha o mesmo peso. Neste caso, 12 moedas de

---

[58] No Ocidente, a proporção real girou entre 8 e 12 vezes da Antiguidade ao século XVI e de 13 a 18 vezes de 1610 a 1870. As principais moedas de ouro inglesas (e de outros países) frequentemente tiveram o valor de 20 das principais moedas de prata, o que talvez tenha originado o equívoco, mas pesavam o dobro, embora tivessem volume semelhante (o ouro é 84% mais denso que a prata).

ouro, com peso de uma libra *troy*, valeriam apenas $ 240. A prata teria um poder aquisitivo 65 vezes menor que o da média do século XIV e o ouro 35 vezes, trocando o relativo realismo por uma desproporção ainda maior que a da versão então em uso do jogo AD&D.

O cenário *Gurps Fantasy*, um dos primeiros a serem publicados, optou por um sistema decimal. Estipulou que a moeda de cobre vale $1 (15 ñ), a de prata $10 (150 ñ), a de ouro vinte vezes mais (3.000 ñ) e 100 moedas de prata ($ 1.000 ou 15.000 ñ) pesam uma libra (373 gramas). As moedas de ouro e prata deveriam pesar 3,73 gramas cada uma (pouco maiores que os ducados venezianos de ouro e prata da Idade Média real) e o poder aquisitivo de 40 ñ por grama de prata é idêntico ao do módulo básico.

Harry Potter (J. K. Rowling)

O sistema monetário do mundo mágico de Harry Potter é vagamente baseado no sistema britânico antes da decimalização. Um galeão (*galleon*) de ouro vale 17 sicles (*sickles*) de prata ou 493 nuques (*knuts*) de bronze. Segundo J. K. Rowling, em um *chat* de março de 2001, "o valor de um galeão é cerca de cinco libras britânicas, embora a taxa de câmbio varie" e no livro *Monstros Fantásticos e Onde Encontrá-los*, do mesmo ano, deu-se o valor exato de £ 5,12. Isso significaria um poder aquisitivo, na época, de 91 ñ (comparável ao da libra esterlina em 1975), resultando em um sicle de 5,4 ñ e um nuque de 0,185 ñ. Réplicas do nuque vendidas para fãs têm 22 mm e 7 gramas, do sicle 32 mm e 11,3 gramas e do galeão 38,6 mm e 28,3 gramas.

É difícil avaliar o poder aquisitivo dessa moeda usada para comprar itens inexistentes no mundo dos trouxas, mas caso se admita que uma cerveja amanteigada (*butterbeer*), que custa dois sicles, equivale a um refrigerante ou cerveja barata trouxa, isso é compatível com o valor acima citado. Vale notar, porém, que 91 ñ é muito pouco para uma moeda de ouro de 28 gramas. No mundo real, esse peso em ouro valia 30 vezes mais, cerca de 2.700 ñ no ano 2000.

Terra Média (J. R. R. Tolkien)

No Condado (*Shire*) e na vizinha aldeia de Bri (*Bree*) usam-se moedas de prata (*silver pennies*, no original) e peças de ouro. A melhor pista para seu poder aquisitivo é quando os cinco pôneis dos hobbits são roubados da estalagem. Para indenizá-los, o estalajadeiro Cevado Carrapicho (Barliman Butterbur) compra um pônei por 12 moedas de prata (segundo o narrador, o triplo do preço justo pelo animal, magro e maltratado) e oferece a Merry mais dezoito moedas, o que dá a entender que o preço justo médio de um bom pônei era de seis moedas. Visto que o preço de um pônei na Inglaterra de 1870 era 6 a 12 guinéus, o poder aquisitivo da moeda de prata dos hobbits seria de pelo menos 1.000 ñ, cerca de seis vezes mais que o de um *penny* inglês do século X ou 25 vezes mais que o *penny* do século XIV. Ou os *pennies* da Terra Média eram muito maiores que os medievais, ou a prata muito mais escassa.

Em Gondor, mencionam-se duas moedas: a *castar*, moeda de prata chamada *mirian* pelos elfos e o *tharni*, também de prata, equivalente a ¼ de castar e chamada pelos elfos de *canath*. "Tharni" é o termo em Westron para "Farthing" e este é o nome em inglês de cada uma das quatro partes do Condado ("Quarta", na tradução brasileira), mas também o da antiga moeda inglesa de ¼ *penny* da história real. Pode-se supor, portanto, que o castar é o nome em Westron da moeda de prata ou *penny* usada pelos hobbits e o tharni ou *farthing* vale 250 ñ.

No RPG "O Senhor dos Anéis", o tharni é também chamado "dinheiro de prata" e vale 100 "dinheiros de cobre" (não mencionados na obra literária). Uma "peça de ouro" (mencionada no romance, mas sem indicação de poder aquisitivo) vale 4 castars.

Curiosidade: em 2012 a revista financeira *Forbes* estimou a fortuna do dragão Smaug em US$ 62 bilhões (504 bilhões de ñ), dos quais US$ 14,7 bilhões corresponderiam ao monte de ouro e prata visto no desenho de Tolkien do animal deitado, US$ 3,9 bilhões aos diamantes incrustados em seu ventre, US$ 39 bilhões a outros montes de ouro, prata, diamantes e armas antigas e US$ 4,4 bilhões à Pedra Arken (*Arkenstone of Thrain*), avaliada por Thorin em 1/14 de todo o ouro e prata contido no tesouro. Atribuiu a Smaug um comprimento de 19,5 metros e considerou um monte de 7,6 metros de diâmetro, 4 metros de altura e 41,8 metros cúbicos, sendo 35% ocupados por ouro, 35% por prata e 30% por "ar e excreções".

Castelo Falkenstein

O RPG Castelo Falkenstein, uma fantasia steampunk, adotou uma versão supersimplificada do sistema britânico vitoriano: uma libra (1.000 ñ) divide-se em 200 *pennies* ("centavos" na versão brasileira) e outros países usam marcos, dólares, francos etc., mas essas moedas sempre valem meia libra (500 ñ) e se dividem em 100 *pennies* ou centavos (5 ñ cada um).

Iron Claw

Nesse RPG de fantasia *furry* da Sanguine Productions, publicado pela primeira vez em 1999, animais antropomórficos vivem em um cenário comparável à Europa de 1600. A moeda mais comum é o denário de prata (*silver denar*), com o valor de um dia de trabalho não qualificado, ou um dia de boa comida e um quarto numa pousada (cerca de 100 ñ) e o *aureal* de ouro vale 24 denários (2.400 ñ).

Anima: Beyond Fantasy

Nesse RPG de fantasia medieval com sabor de mangá ou anime, publicado originalmente na Espanha em 2005 e depois traduzido em inglês e francês, uma moeda de prata vale um dia de trabalho não qualificado (cerca de 100 ñ) e uma moeda de ouro equivale a 100 moedas de prata (10.000 ñ).

Discworld (Terry Pratchett)

Na série *Discworld*, a moeda da cidade-estado de Ankh-Morpork (principal cenário dos romances) é chamada "dólar de Ankh-Morpork" (AM$). É teoricamente baseado no padrão-ouro, aparentemente dourado e do tamanho de um cequim (3,5 gramas, 22 mm), mas "contém menos ouro que o volume equivalente em água do mar". Em várias passagens, o dólar é referido como uma moeda de prata.

Um dólar equivale a 100 *pennies* e há moedas de 50 *pence* (conhecida como *nob, ton, half a bar* ou *knocker*), 25 *pence* (*half a ton*), 6 pence (*sixpence*), 3 pence (*thruppenny*) e 2 pence (*tuppeny*). O *penny*, por sua vez, divide-se em dois *halfpennies*, ou quatro *farthings*, ou oito *mites*, ou 16 *elims*. Cita-se em algumas passagens o shilling como unidade de conta. Seu valor não é explicitado na série, mas o *RPG GURPS Discworld* supõe que equivale a 10 pence.

Os custos de cunhagem, no romance *Making Money*, são os seguintes:

Moeda	valor em pence	custo de cunhagem
Dólar	100	6
Meio dólar	50	7
Sixpence	6	2¼
Thrupenny	3	7
Tupenny	2	7 1/16
Penny	1	1 ¼
Farthing	¼	½
Mite	1/8	6
Elim	1/16	"um shilling"

O poder aquisitivo do elim é descrito em *Making Money* como um pedaço de vela, uma maçã meio comida ou uma batatinha não muito estragada. Ao longo desse romance, o papel-moeda é introduzido em Ankh-Morpork.

O RPG *GURPS Discworld* estima o valor do dólar de Ankh-Morpork em $20 ou 300 ñ, o que resultaria em um pêni de 3 ñ e um elim de 0,19 ñ. Mas os preços e salários mencionados nos livros parecem mais compatíveis com um poder aquisitivo mais próximo de 100 ñ. Um rato custa 4p, um rato com feijão 5p, um "pão de anões" (duro como pedra) 5p, um exemplar do *Ankh-Morpork Times* 5p, um curry com vegetais 8 p, um curry com carne "sem nome" 10p, um curry com carne "com nome" 15p, uma refeição decente 30p. O salário mensal de uma criada é 4 dólares mensais, o de um trabalhador não qualificado 50p diários, o de um guarda 30 dólares mensais e o de um alto funcionário, 20 dólares semanais.

Existe também o rhinu agateano, que é feito de ouro puro e cujo valor em Ankh-Morpork é imenso (um rhinu compraria dois ou três bairros da cidade), embora seja trivial no Império Agateano. Há moedas de um, ½ e ¼ de rhinu e notas de 5 e 10 rhinus.

Outras moedas de Discworld incluem o talento de Djelibeybi e o óbolo omniano, que o RPG considera equivalentes ao pêni; o *derechmi* de Ephebe, equivalente ao dólar e divido em 50 cercs; o meio-dong hershebiano, que vale um oitavo de pêni, e o quarto de iotum de Zchloty, que "vale menos que o chumbo do qual é feito".

Era Hiboriana (Robert E. Howard)

Embora apareçam moedas de ouro e prata às mancheias nos contos sobre Conan, raramente são especificados os seus nomes, características ou poder aquisitivo. Uma exceção é a moeda de ouro "luna", mencionada no conto "A Cidadela Escarlate". A história se passa em Koth, mas as lunas são aparentemente cunhadas em Aquilônia, o reino de Conan.

O feiticeiro Tsotha-Lanti oferece cinco mil lunas de ouro ao rei Conan, feito prisioneiro, para que abdique. Mais tarde, Conan oferece dez mil lunas, depois quinze mil lunas e um palácio ao escravo Shukeli para que o ajude a fugir. O escravo acha pouco e Conan oferece seu peso em ouro. Pode-se concluir que a luna é uma moeda de peso reduzido (quinze mil lunas pesam substancialmente menos que um homem) e valor considerável (alguns milhares de lunas pagam um palácio). Uma moeda de 1,5 grama com um valor próximo de 1.000 ñ (comparável à tremisse romana no início da Alta Idade Média) se ajustaria bem à narrativa.

No RPG *GURPS Conan*, Aquilônia usa como dinheiro um *penny* de prata com valor $1 (15 ñ) e vinte deles valem um "nobre" (*noble*), mas isso não tem respaldo na obra de Howard.

Melniboné (Michael Moorcock)

A série *Elric*, ambientada na ilha de Melniboné e imediações e escrita de 1963 a 1991, cita uma moeda chamada "dragão de prata" (*silver dragon*), com 3 polegadas (76 mm) de diâmetro, de prata ligada com pequena porcentagem de platina. Uma moeda desse tamanho deveria pesar cerca de 100 gramas, mas não há indicação de seu valor.

Cita-se também a "roda de ouro" (*gold wheel*), octogonal, com 6 polegadas (152 mm) de diâmetro e meia polegada (12,7 mm) de espessura. Esta não é cunhada, mas sim entalhada em ouro pelo melhor artesão de Melniboné. Cada imperador cria uma para comemorar seu reinado, de modo que existiam 427 na época de Elric – o que a caracteriza como medalha comemorativa (com peso de 1,4 kg, se ouro puro) e não como verdadeira moeda.

As Crônicas de Gelo e Fogo (George R. R. Martin)

O sistema monetário de Westeros, o reino que serve de cenário à maior parte das *Crônicas de Gelo e Fogo*, é parcialmente inspirado no sistema inglês antes da decimalização. A moeda de ouro é chamada dragão (*dragon*) e equivale em moedas de prata a 30 luas (*moons*) ou 210 veados (*stags*) e em moedas de cobre a 1.470 estrelas (*stars*), 2.940 groats, 5.880 *half groats*, 11.760 dinheiros (*pennies*) ou 23.520 *halfpennies*.

Uma boa armadura completa custa 800 veados em *O Cavaleiro dos Sete Reinos*. Isto permite estimar a ordem de grandeza do poder aquisitivo como segue:

Moeda	Valor em dinheiros	ñ
Dragão	11.760	23.520
Lua	392	784
Veado	56	112
Estrela	8	16
Moeda de quatro dinheiros (groat)	4	8
Half-groat	2	4
Dinheiro (penny)	1	2
Half-penny	½	1

Uma réplica do "veado" vendida para fãs e colecionadores tem 21 mm de diâmetro e pesa 3,1 gramas de prata pura. A do "dinheiro" tem o mesmo peso em cobre, enquanto a do "dragão" tem 27 mm de diâmetro e pesa 16,9 gramas de ouro 22 quilates.

O poder aquisitivo implícito da prata, de 36 ñ por grama, é compatível com o verificado no final do século XIV e início do XV na Inglaterra medieval, mas o do ouro, 1.518 ñ por grama é maior que o registrado em qualquer época. A relação implícita de 42:1 entre o preço do ouro e da prata é razoável para os séculos XX e XXI, mas não para Idade Média ou início da Moderna, quando era mais próximo de 10 ou 11 para 1.

Mencionam-se também as antigas moedas da região da Campina (*The Reach*), chamadas "mãos" e com o valor de meio dragão. Entre as cidades-estados da Baía dos Escravos, Qarth, Volantis e Meereen usam moedas de ouro chamadas "honras" (*honors*), do tamanho de um dinheiro de Westeros, Yunkai usa "marcos de ouro", Lys tem moedas ovais e Braavos, moedas de ferro quadradas.

Um Ianque na Corte do Rei Artur (Mark Twain)

Nesse romance de 1889, Hank Morgan, engenheiro do Connecticut, é misteriosamente transportado para a época do rei Artur e luta para implantar tecnologia e costumes modernos na Alta Idade Média. Ele atribui às moedas que encontra um poder aquisitivo imenso, exagerando o fato de que ouro e prata valiam, na Idade Média, muito mais do que no século XIX. Segundo Morgan, "um pêni na terra de Artur e um par de dólares no Connecticut eram a mesma coisa, gêmeos em poder aquisitivo", ou seja, pouco mais de 500 ñ. Com três *pennies*, pode-se pagar desjejum para doze pessoas.

Logo a seguir, ele começa a substituir as moedas em circulação por um sistema monetário baseado no dólar estadunidense. Uma moeda de ouro com o valor de "um terço de dólar" (talvez uma *tremis* do século VI, com 1,3 grama e 30% ou 40% de ouro) era dada pelo rei a cada doente de escrófulas que vinha ao palácio para ser curado, mas Morgan a substituiu por níqueis de 5 cents para poupar o tesouro real. Essa moeda também compra um exemplar de um jornal por ele introduzido.

O ianque faz cunhar moedas de ouro de até 20 dólares, bem como moedas de prata de meio dólar, quarto de dólar e décimo de dólar, além de níqueis, cents (traduzidos como "tostões" por José Geraldo Vieira, versão da Brasiliense de 1961), *mills* (1/1.000 de dólar, traduzidos como "centavos") e *milrays* (1/10.000 de dólar, traduzidos como "réis"). O nome "inglês" deste último evidentemente deriva do mil-réis português e brasileiro (o real era a unidade monetária de menor valor no tempo de Mark Twain) e é descrito como um grão de cobre do tamanho de um grão de mostarda. O tamanho médio destes é cerca de 2,2 de diâmetro e 1,6 mm de espessura, 4 mg de peso. O mesmo volume em cobre ou bronze pesaria 36 mg, ou seja, pouco mais de 1/100 de um *cent* estadunidense do final do século XIX.

Para pagar valores nessas duas últimas moedas, Hank inventa um dispositivo chamado *miller gun*[59], um pequeno tubo de cano duplo de vidro temperado com uma mola que, ao ser pressionada, faz cair na mão do usuário "tiros" de um *milray* ou um *mill* para fazer seus pagamentos. Eram feitos em vários tamanhos, no maior dos quais cabia um dólar (10 mil *milrays*) e no mais comum 15 cents (1.500 *milrays*).

No capítulo 33, Hank tenta convencer o ferreiro Dowley das vantagens do livre comércio, e vários preços e salários são citados na discussão. No reino de Artur, um trabalhador não especializado (pastor, porqueiro, caçador etc.) ganha ¼ *cent* por dia, um especializado (pedreiro, pintor, carpinteiro etc.), ½ *cent* e uma mulher camponesa, 1 *mill*. Alguns preços:

Mercadoria	Preço (*milrays*)
Uma libra (453,6 g) de sal	40
Uma libra (453,6 g) de carne	33
Uma dúzia de ovos	20
Uma pinta (473 ml) de cerveja	4
Um bushel (27 kg) de trigo	400
Um traje masculino de linho	600
Um traje feminino	400

A intenção aparentemente era atribuir ao *cent* um poder aquisitivo cem vezes maior ao da época de Mark Twain, ou seja, cerca de 250 ñ. Os preços acima sugerem, porém, um valor mais próximo de 100 ñ para o *cent* ou "tostão" e 1 ñ para o *milray* ou "real". Ainda assim, isso implicaria um poder aquisitivo de mais de 416 ñ por grama de prata, cerca de quatro vezes superior ao da realidade da Alta Idade Média.

---

59 "Espingarda de moleiro" na tradução brasileira, mas trata-se de um equívoco: *miller*, nesse contexto, é um neologismo, derivado do nome da moeda *mill*. Uma tradução mais correta (considerando o tamanho do dispositivo) seria "pistola centaveira" (ou realeira).

Crônicas de Atlântida (Antonio Luiz M. C. Costa)

Na série *Crônicas de Atlântida*, o tical, na transliteração própria do senzar, *tikal*, "ti (unidade de peso de 18,14 gramas) nobre", é a unidade monetária da Atlântida. Trata-se de uma moeda de prata a 96% (23 quilates) de 18,9 gramas e diâmetro de 31 milímetros. O poder aquisitivo é de 100 ñ, que em Atlântida é o salário médio diário de um trabalhador livre não qualificado.

O tamanho e peso da moeda são pouco maiores que o de uma tetradracma grega clássica ou do tical como peso e moeda histórica do Sudeste Asiático, mas o poder aquisitivo é bem menor. Em Atlântida, a prata vale por grama 5,5 ñ, o que é comparável a seu valor no mundo real do século XX, e o ouro dez vezes mais ou 55 ñ por grama, próximo do ponto historicamente mais baixo de seu poder aquisitivo – fins dos anos 1960, logo antes da abolição definitiva do padrão-ouro. A platina, também conhecida no mundo de Atlântida, vale o dobro do ouro. Os valores relativamente baixos dos metais se explicam pelo desenvolvimento da alquimia no Império Atlante, que barateia a extração dos metais dos minérios e permite transmutá-los (embora não a custo zero).

Todas as moedas atlantes têm a Tríplice Montanha no reverso, mas o anverso é caracterizado por diferentes divindades conforme o valor, como mostra a tabela abaixo:

Moeda	Valor (ticais)	Anverso	peso (g)	diâmetro (mm)	Valor (ñ)
Platina					
Denvehn	100	Varjá	93,3	50	10.000
Meio denvehn	50	Kupás	46,6	40	5.000
Ouro					
Duplo ás	20	Sanin	37,9	38	2.000
Ás	10	Derjó	18,9	30	1.000
Meio ás	5	Sunó	9,47	24	500
Prata					
Vehn	2	Muxan	37,9	39	200
Tical	1	Atlás	18,9	31	100
Meio tical	1/2	Vedriô	9,47	25	50
Xam	1/10	Quaxar	1,89	16	10
Diversos					
Man	1/100	variável	variável	variável	1

O Estado atlante não cunha moedas de valor inferior ao xam, mas comerciantes emitem vales-moeda na forma de certificados em papel, fichas de metal barato ou de couro que só têm valor local e são denominadas em *man*, unidade equivalente a um centésimo do tical. Variam de fichas de um man, usadas como troco miúdo, a certificados de milhões de mans. Quando se trata de somas consideráveis, é comum se pagar clarividentes para atestar o risco de crédito do emissor desses vales e certificados.

O man é também usado como unidade de conta, para reduzir moedas exóticas a um denominador comum. Na capital Atlântis, porto movimentado onde o comércio é extremamente ativo e grande a presença de moedas estrangeiras, o povo acostumou-se a denominar a maioria dos preços em mans e ases (mil mans).

Entre as moedas estrangeiras que se pode encontrar no comércio de Atlântida, destacam-se as seguintes:

Moeda	Metal	peso (g)	diâmetro (mm)	Valor (ñ ou mans)
Império de Agarta				
suvarnam	ouro	9,2	24	500
palam	prata pura	37,9	39	200
dharanam (unidade)	prata pura	3,7	20	20
nagham	prata 80%	2,3	15	10
bhanam	prata 80%	1,15	12	5
masham	prata 80%	0,23	8	1,25
Acaia				
mina	platina	22,5	31	2.400
histana	electro	16,4	28	480
histana	ouro	8,84	25	480
dedragma	ouro	4,42	20	240
dedragma	prata	42	45	240
tradragma	prata	18,2	29	96
dudragma	prata	9,1	23	48
dragma (unidade)	prata	4,5	20	24
obelo	prata	0,75	11	4
folis	cobre	8	40	4
calco	cobre	1	20	0,5
Império Mugal				
kem	ouro	18,4	30	1.000
leaung	prata	37	42	200
dseem	prata	3,7	20	20

phen	cobre	6	27	2
mhen	cobre	3,7	23	0,2
Kaldu e Musru (*)				
darik	ouro	9,47	25	500
deben	prata	94,7	53	500
shat	prata	47,7	42	250
uqija	prata	37,9	39	200
sela	prata	18,9	31	100
tekel ou qedet (unidade)	prata	9,47	25	50
beka	prata	4,74	20	25
Lemúria e Ilanka				
gin	prata	15,14	(**)	80
san	prata	3,7	(**)	20
bakun	cobre	18,9	(**)	1
ospar	jade	12	(***)	5
ap (saca)	conchas		(****)	500
ri (cabaça)	conchas		(****)	50
gba (cacho)	conchas		(****)	5
kun (réstia)	conhas		(****)	1

(*) vice-reinos atlantes com moedas próprias, herdadas do desaparecido Império Cari

(**) fundidas em formatos variados conforme o templo ou centro cerimonial de onde se originam, geralmente imitando pequenas ferramentas – pás, facas etc.

(***) peça de jade lapidada em forma de búzio

(****) búzios amarrados em fieiras. Em média têm 4 cm de comprimento e pesam 1,4 grama.

Alguns preços no mundo de Crônicas de Atlântida

Mercadoria	Preço (mans ou ñ)
Serviço de parteira-xamã	2.000
Canoa de pescador	4.000
Aluguel de cabana simples para dois, por um dia	50
Refeição simples	50
Pekenan (amuleto contra estupro, gravidez e doenças venéreas)	500
Diária em boa hospedaria do interior, para dois	500
Tratado de anatomia	3.500
Passagem de navio de Raltlor a Atlântis (camarote, refeições incluídas)	2.000
Passagem de navio de Raltlor a Atlântis (rede)	500
Serviço de cabeleireira	200
Recompensa por escravo fugido	30.000
Diária na hospedaria do Templo Tricolor por pessoa, refeições incluídas	200
Espadão ou sabre de oricalco em Atlântida (mínimo)	100.000

Gládio de oricalco em Atlântida (mínimo)	50.000
Adaga de oricalco em Atlântida (mínimo)	30.000
Arco compósito atlante em Atlântida (mínimo)	30.000
Visita a museu de armas de Atlântis	20
Serviço de gôndola do centro à periferia de Atlântis, dois passageiros	900
Tawit (espécie de harpa)	3.000
Cuia de marçó (bebida alcoólica barata)	5
Garrafa de vinho de luxo	105.000
Galó (casarão) para família ampliada senzar, em bairro nobre de Atlântis	10.000.000
Pequena aeronave particular	30.000.000
Tonel de vinho, média qualidade	10.000
Serviço de mensageiro, 150 estádios (30 km) ida e volta, com urgência	200
Escravo jovem, não especializado (*)	200.000
Escrava-concubina, jovem e muito bonita (*)	2.000.000
Serviço de hetaira em Atlântis (típico)	100.000
Serviço de prostituta em Atlântis, classe ouro	1.000
Serviço de prostituta em Atlântis, classe prata	500
Serviço de prostituta em Atlântis, classe oricalco	200
Serviço de prostituta em Atlântis, classe estanho	100
Serviço de prostituta em Atlântis, classe cobre	50
Um kahn (1,814 kg) de platina	200.000
Um kahn de ouro	100.000
Um kahn de prata	10.000
Um kahn de oricalco	2.500
Um kahn de estanho	500
Um kahn de cobre	100
Sabre de oricalco (em Acaia)	300.000
Adaga de oricalco (em Acaia)	100.000
Arco compósito atlante (em Acaia)	100.000
Serviço de mercenário na caravana de Calípolis a Manova (seis meses)	240.000
Égua de boa qualidade	28.800
Serviço de prostituta em Manova	200
Diamante comum (um quilate)	25.000
Compota de senquó (uma fruta rara em calda)	900

(*) Em regra, um escravo vale o equivalente a 2 mil vezes o pagamento diário de um trabalhador livre com a mesma qualificação. Servos, sobre os quais os poderes do senhor são mais limitados, valem a metade de escravos.

O Brasil dos Outros 500 (Antonio Luiz M. C. Costa)

Na série *Brasil dos Outros 500*, a linha do tempo começa a divergir da história real de Portugal na Baixa Idade Média, mas a revolução de Avis igualmente leva ao abandono dos dinheiros, soldos e libras e cria um sistema baseado em reais. Portugal evita maiores conflitos no Marrocos no século XVI e suas navegações são mais lucrativas, de modo que não necessita quebrar a moeda na primeira metade do século XVI. Em 1557, quando Dom Sebastião foge para o Brasil e funda o Império do Brasil, Portugal e Algarves, o sistema monetário é semelhante ao de Dom Manuel na nossa realidade.

Houve um período de quebras e inflação nas primeiras décadas da construção do novo império, mas a descoberta de ouro e o comércio com os impérios inca e asteca, ricos em prata, permite a estabilização da moeda e dos preços durante o século XVII. D. Sebastião manda cunhar com o ouro das Minas Gerais e depois também de Carajás uma nova moeda com o valor de 1.000 réis, que por ter como marca a constelação do Cruzeiro do Sul, passa a ser conhecida como *cruzeiro* e servir de padrão monetário.

No século XVII, o Brasil atrai muitos dissidentes e hereges de uma Europa católica e ultraconservadora. Entre estes está Isaac Newton, que chega a ser ministro da Fazenda do Imperador D. João V de Avis e em 1708 aprova a adoção de um sistema métrico decimal baseado no *módulo* (10 centímetros), no *pôndio* (um quilo) e no *nicto* (0,216 segundo ou 1/400.000 do dia).

O cruzeiro passou a pesar exatamente 8 milipôndios ou escrópulos (ou seja, 8 gramas) com 90% de ouro, e os valores, tamanhos e pesos de todas as demais moedas foram padronizados de acordo com o sistema decimal. A relação de valor entre ouro e prata é 15,625 para 1, de modo que um cruzeiro de ouro equivale a 125 escrópulos de prata e dois cruzeiros a um marco métrico ou um quarto de pôndio (250 gramas).

Oficialmente, o cruzeiro se divide em dez siclos (popularmente conhecidos como tostões), cem dinheiros (popularmente chinfrões), mil réis e dez mil mínimos (conhecidos popularmente como ceitis furados). Dez cruzeiros fazem um brasileiro, cem cruzeiros um laque e mil cruzeiros ou um milhão de réis fazem um conto. Várias moedas têm apelidos populares.

Moeda	peso (g)	diâmetro (mm)	Valor (réis ou ñ)
Ouro 90%			
brasileiro	80	48	10.000
português	40	38	5.000
peça, marco ou libra nova	16	28	2.000
cruzeiro	8	22	1.000
cruzado	4	19	500
Prata 90%			
patacão	50	45	400
pataca	25	36	200
tostão	12,5	29	100
macuta	6,25	25	50
vintém	2,5	18	20
Bolhão (75% cobre, 25% prata)			
chinfrão ou dinheiro novo	4	20	10
espadim ou óbolo	2	16	5
Cobre			
bazaruco	10	27	2
real	5	21	1
mealha	2,5	17	½
mínimo ou ceitil furado	0,5	14	1/10

Essas moedas circulam em todo o Império, mas os nomes populares são regionais. Na Índia e na Malásia, por exemplo, o cruzado é chamado de *pardau*, a macuta de tanga e o ceitil de *pitis*, o tostão de *rúpia* e o vintém de *fanão*. No Marrocos, o cruzado é chamado de *dinar*, o vintém de *dirrã* e o bazaruco de *faluz*. Na Etiópia, a pataca é chamada de *bir*, o chinfrão de *girsh* e o espadim de *bessa*.

O sistema foi concebido de forma que um quilo de moedas do mesmo metal representa um valor redondo: ouro, 125 cruzeiros; prata, 8 cruzeiros; bolhão, 2.500 réis; cobre, 200 réis. Portanto, uma pequena bolsa (200 - 250 gramas) de moedas de cobre de até 2 réis vale cerca de 50 réis, uma bolsa de moedas de bolhão de 5 a 10 réis vale 500 réis, uma bolsa de moedas de prata de lei (90%) vale 2 cruzeiros e uma bolsa de moedas de ouro vale cerca de 30 cruzeiros. Uma barra de ouro de 8 kg vale 1.000 cruzeiros ou um conto. Uma arca (de cerca de 50 kg) de moedas de prata vale cerca de 400 cruzeiros e uma arca de moedas de ouro vale 6 mil cruzeiros

(6 contos). O papel-moeda é emitido pelo Banco do Brasil, através de sua sede em Brasília ou das sedes regionais nas capitais dos vice-reinos, nos valores de 500 réis, 1, 2, 5, 10, 20, 50 e 100 cruzeiros, Há também notas especiais de 1 conto de réis (1.000 cruzeiros) e 10 contos de réis (10 mil cruzeiros) usadas em compensações interbancárias. Os tamanhos, cores e estampas das cédulas são padronizados.

As principais moedas estrangeiras no mundo do *Brasil dos Outros 500* são as seguintes:

Moeda	Metal	Valor (réis ou ñ)
Tawantinsuyu (Império Inca)		
inti	ouro	2.500
killa	prata	250
ch'aska	prata	25
qoillur	cobre	2,5
Império Mexica		
cuauhtli	ouro	2.000
maxtlatl	prata	100
tecpatl	bolhão	5
cacauatl	cobre	¼
Holanda		
florim de ouro	ouro	1.200
florim de prata	prata	100
stuiver	prata 58%	5
duit	cobre	1,25
Colômbia do Norte		
daalder	prata	200
plak	cobre	2
Império do Grão-Mogol		
mohur	ouro	1.500
rúpia	prata	100
Império Sino-Japonês		
riô	ouro	1.875
tael	prata	300
maz	prata	30
conderim	cobre	3
sapeca	cobre	0,3
Sacro Império		
pistola	ouro	960
escudo	ouro	480
libra	prata	120
soldo	cobre	6

dinheiro	cobre	½
Rússia		
rublo	prata	160
denga	cobre	1,6

Alguns preços no Brasil dos Outros 500, por volta de 1780

Mercadoria	réis ou ñ	Mercadoria	réis ou ñ
Banana ou laranja	2	Selo para carta simples	4
Cafezinho ou chá	5	Selo para carta aérea simples	10
Cuia de açaí, tacacá ou um acarajé	10	Telegrama até 10 palavras e até 150 km	50
Dose de cachaça	5	Telegrama até 10 palavras e 150 a 1.500 km	100
Prato feito ou marmita	30	Telegrama até 10 palavras e 1.500 a 4.000 km	200
Refeição em restaurante simples	100	Cabograma Piratininga – Lisboa até 10 palavras	500
Quilo de açúcar refinado	20	Cabograma Piratininga – Goa até 10 palavras	1.000
Quilo de arroz branco	30	Bicicleta simples	6.000
Quilo de café em grão	60	Cavalo de sela domado	10.000
Quilo de erva-mate	25	Cavalo de raça domado	30.000
Quilo de carne fresca	70	Carro a motor aberto, duas pessoas	125.000
Quilo de carne seca	35	Carro a motor aberto, quatro pessoas	250.000
Quilo de farinha de mandioca	10	Charrete aberta, cocheiro e dois passageiros	5.000
Quilo de farinha de trigo	25	Charrete fechada, cocheiro e dois passageiros,	30.000
Garrafa de cerveja	25	Carruagem de gala, para dois passageiros	100.000
Garrafa de vinho bom	100	Carroça leve para 300 kg, duas rodas	3.000
Dúzia de ovos	25	Carro de boi para 800 kg, duas rodas	3.000
Quilo de folhas de coca	300	Passagem em carruagem, 260 km (14 horas)	300
Litro de azeite de dendê	100	Idem (do lado de fora)	100
Litro de azeite de oliva	150	Táxi, charrete, bandeirada de 2 km	30
Quilo de folhas de tabaco	100	Idem (km adicional)	15
touro	10.000	Idem (hora parada)	30
Boi gordo	7.500	Passagem de ônibus urbano	10

Vaca de criar	5.000	Passagem de jerê (bonde)	5
Jumento domado	4.000	Itaetetapé (ferrovia), primeira classe, por km	4
Cavalo ou mula para tração	6.000	Itaetetapé (ferrovia), segunda classe, por km	3
Lhama ou alpaca	2.000	Itaetetapé (ferrovia), tercera classe, por km	2
Quilo de marfim	500	Itaetetapé, Piratininga-Rio, 1ª classe (7 horas)	1.500
Terra de cultivo (hectare)	30.000	Igatatá (navio a vapor), suíte de luxo (por km)	80
Terra não cultivada (hectare)	10.000	Igatatá, 1ª classe (por km)	4
Encyclopaedia brasilica (30 volumes)	10.000	Igatatá, 2ª classe (por km)	2
Romance (edição popular)	100	Igatatá, 3ª classe (por km)	1
Romance (edição de capa dura)	300	Igatatá, lugar para amarrar a rede (por km)	½
Lápis ou penas de canetas (dúzia)	10	Igatatá, Rio – Lisboa, 1ª classe (10 dias)	33.000
baralho	30	Veleiro, Rio – Lisboa, 1ª classe (20 a 40 dias)	11.000
Velas (kg ou dúzia)	100	Uiraçu (dirigível), por quilômetro	20
Caixa c/ 100 fósforos	5	Uiraçu, Rio-Lisboa	350.000
banco	150	Litro de álcool	10
sofá	3.000	Litro de gasolina	15
penteadeira	3.000	Litro de óleo de baleia	140
poltrona	1.500	Tonelada de lenha	400
Colchão simples	500	Tonelada de carvão mineral	1.000
Alpargatas (par)	200	Tonelada de carvão vegetal	1.400
Sapatos de boa qualidade (par)	800	Teatro (galeria)	30
Calças de brim ou algodão	200	Teatro (anfiteatro ou plateia de teatro popular)	50
Camisa popular	50	Teatro (balcão nobre)	250
Saia simples ou chiripá	100	Teatro (camarote de 6 lugares, 1ª classe)	4.000
Camisa social, túnica ou vestido simples	200	Hospedaria de luxo (diária)	500
Botas (par)	1.000	Hospedaria boa (diária)	300
Terno de linho ou vestido formal	2.000	Hospedaria simples (diária)	100
Violão	1.000	Albergue (leito, diária)	30
Piano	40.000	Corte de cabelo simples	30

Alguns salários e rendas no Brasil dos Outros 500, por volta de 1780

Cargo ou profissão	réis/ano	réis/mês	réis/dia
Imperador D. Pedro II de Avis	3.600.000.000	300.000.000	10.000.000
Banqueiro, mercador ou industrial médio	36.000.000	3.000.000	100.000
Aristocrata luso-brasileiro ou indiano médio	36.000.000	3.000.000	100.000
Presidente de grande empresa mercantil	10.800.000	900.000	30.000
Primeiro-ministro	5.400.000	450.000	15.000
Vice-rei	3.600.000	300.000	10.000
Presidente de empresa média ou grande cooperativa (**)	3.600.000	300.000	10.000
Grande fazendeiro (1.000 hectares)	3.600.000	300.000	10.000
Toureiro famoso	3.600.000	300.000	10.000
Cortesã bem-sucedida	3.600.000	300.000	10.000
Ministro	2.700.000	225.000	7.500
General ou Almirante (*)	1.080.000	90.000	3.000
Capitão de navio mercante (*)	1.080.000	90.000	3.000
Presidente de cooperativa média (**)	1.080.000	90.000	3.000
Comerciante bem sucedido	720.000	60.000	2.000
Mestre-de-campo ou Capitão-de-mar-e-guerra (*)	576.000	48.000	1.600
Ouvidor ou desembargador	576.000	48.000	1.600
Juiz, advogado, médico, cirurgião, engenheiro ou arquiteto	360.000	30.000	1.000
Capitão do exército ou capitão-tenente da Armada (*)	360.000	30.000	1.000
Fazendeiro (100 hectares)	360.000	30.000	1.000
Tenente (*)	324.000	27.000	900
Primeiro-sargento (*)	288.000	24.000	800
Alferes ou Guarda-marinha (*)	252.000	21.000	700
Guarda imperial (*)	252.000	21.000	700
Bancário ou contador	252.000	21.000	700
Furriel ou Quartel-mestre (*)	216.000	18.000	600
Mineiro, repórter, inspetor escolar, professor de colégio	216.000	18.000	600
Policial, enfermeira, escriturário experiente, sacerdote, secretária-chefe	180.000	15.000	500
Garçom em bom restaurante, supervisor de fábrica, mestre de cooperativa	180.000	15.000	500

Prostituta	180.000	15.000	500
Cabo (*)	144.000	12.000	400
Secretária, professor primário, pequeno comerciante, artesão	144.000	12.000	400
Sitiante médio (30 hectares)	108.000	9.000	300
Contramestre (**)	108.000	9.000	300
Soldado ou Marinheiro da Armada (*)	108.000	9.000	300
Mordomo (*)	108.000	9.000	300
Escriturário iniciante, funcionário público, telegrafista, assistente social	108.000	9.000	300
Vaqueiro, pedreiro, carpinteiro, ferreiro, mecânico, taxista	108.000	9.000	300
Governanta (*)	72.000	6.000	200
Vendedora	72.000	6.000	200
Operário ou trabalhador agrícola de cooperativa (**)	72.000	6.000	200
Marinheiro mercante (*)	54.000	4.500	150
Cozinheira ou cocheiro (*)	54.000	4.500	150
Garçonete ou garçom em restaurante popular	54.000	4.500	150
Vendedor ambulante	54.000	4.500	150
Operário assalariado ou estivador	54.000	4.500	150
Pequeno sitiante (10 hectares)	54.000	4.500	150
Trabalhador agrícola assalariado	43.200	3.600	120
Engraxate	36.000	3.000	100
Camareira, ama-seca ou empregada doméstica (*)	36.000	3.000	100
Salário mínimo	36.000	3.000	100

(*) mais alojamento, comida e uniforme de serviço

(**) parte (até 50%) do salário de trabalhadores e executivos de cooperativas pode ser fornecido na forma de habitação, gêneros e serviços

Bibliografia

GYGAX, Gary. *Advanced Dungeons& Dragons:* Livro do Jogador. São Paulo: Abril Jovem, 1995.

JACKSON, Steve. *GURPS: módulo básico.* São Paulo: Devir, 1994.

NOER, Michael. How much is a Dragon Worth, Revisited, 23/4/2012. Disponível em http://www.forbes.com/sites/michaelnoer/2012/04/23/how-much-is-a-dragon-worth-revisited/

Este livro foi impresso em Papel Pólen Bold
na renovagraf em julho de 2019